TRAITÉ THÉORIQUE ET PRATIQUE

DE LA

LÉGISLATION

SUR LES

ACCIDENTS DU TRAVAIL

PAR

ADRIEN SACHET

Président du Tribunal civil de Vienne

TROISIÈME ÉDITION

Entièrement refondue et mise au courant de la législation
et de la jurisprudence

TOME DEUXIÈME

PARIS

LIBRAIRIE DE LA SOCIÉTÉ DU RECUEIL GÉNÉRAL DES LOIS & DES ARRÊTS
FONDÉ PAR J.-B. SIREY, ET DU JOURNAL DU PALAIS

Ancienne Maison L. LAROSE & FORCEL
22, rue Soufflot, 5e arrond.

L. LAROSE, Directeur de la Librairie

1904

TRAITÉ THÉORIQUE ET PRATIQUE

DE LA

LÉGISLATION

SUR LES

ACCIDENTS DU TRAVAIL

———

TOME II

IMPRIMERIE
CONTANT-LAGUERRE

BAR-LE-DUS

TRAITÉ THÉORIQUE ET PRATIQUE

DE LA

LÉGISLATION

SUR LES

ACCIDENTS DU TRAVAIL

PAR

ADRIEN SACHET

Président du Tribunal civil de Vienne

TROISIEME EDITION

Entièrement refondue et mise au courant de la législation
et de la jurisprudence

TOME DEUXIÈME

PARIS

LIBRAIRIE DE LA SOCIÉTÉ DU RECUEIL GÉNÉRAL DES LOIS & DES ARRÊTS
FONDÉ PAR J.-B. SIREY, ET DU JOURNAL DU PALAIS

Ancienne Maison L. LAROSE & FORCEL
22, rue Soufflot, 5e arrond.

L. LAROSE, Directeur de la Librairie

—

1904

TITRE III

COMPÉTENCE. — JURIDICTION. — PROCÉDURE. — RÉVISION.

Notions générales.

1095. — Le commencement de cette étude nous a montré que si la loi de 1898 consacrait des règles plus équitables pour le règlement des accidents industriels, il serait téméraire de penser qu'elle dût mettre un terme aux contestations judiciaires; tout au plus peut-on espérer en voir diminuer le nombre dans une certaine mesure.

Le législateur a eu en vue surtout de rendre la justice plus expéditive et moins coûteuse. Pour atteindre ce but, il s'est préoccupé du point de savoir devant quelles juridictions les litiges seraient portés et quelle procédure il convenait de suivre.

Cette double question a été diversement résolue suivant les nationalités. En France, elle a soulevé devant le Parlement et dans la doctrine de vives controverses.

1096. — L'*Allemagne et l'Autriche* ont adopté la juridiction arbitrale avec égale participation de l'élément patronal et de l'élément ouvrier. La loi allemande de 1884 a institué des tribunaux arbitraux composés d'un président choisi par l'empereur et de quatre assesseurs dont deux sont élus par les représentants des patrons et deux par les représentants des ouvriers. Les décisions de ces tribunaux sont susceptibles d'être déférées à une juridiction supérieure appelée l'Office impérial. L'Office impérial, qui siège à Berlin, a à sa tête un président désigné par l'Empereur; et il est, en outre, composé de deux membres permanents nommés également par le Gouvernement et de huit membres temporaires dont quatre sont élus par le Conseil fédéral, deux par les comités des corporations et deux par les délégués ouvriers.

En Autriche, les tribunaux arbitraux ont une composition qui rappelle celle des tribunaux allemands; on y trouve un président et quatre assesseurs. Comme en Allemagne, le président est choisi par l'Empereur; mais sur les quatre assesseurs, deux ont la même origine gouvernementale, de telle sorte que les deux derniers seulement sont soumis à l'élection : l'un est issu des suffrages des patrons, l'autre de ceux des ouvriers. Une autre différence caractéristique sépare les juridictions autrichiennes des juridictions allemandes : il n'existe en Autriche aucun tribunal supérieur chargé de mettre de l'unité dans la jurisprudence ; tous les tribunaux arbitraux jugent en dernier ressort et leurs décisions ne sont susceptibles d'aucun recours. Il en résulte des divergences et des contradictions fâcheuses entre les tribunaux de telle ou telle région de l'Empire austro-hongrois.

1097. — En *Norvège*, l'influence des patrons et celle des ouvriers sont moins directes sur la composition du tribunal spécial chargé de régler les litiges concernant les accidents industriels. Ce tribunal est unique ; il siège à Christiania et il est composé de sept membres : un jurisconsulte comme président, un ingénieur et un médecin, tous trois désignés par le Roi, puis deux patrons et deux ouvriers choisis par l'assemblée du Storthing (Chambre des députés).

1098. — La loi *anglaise* s'est montrée encore plus réservée dans l'institution de l'arbitrage. Elle dispose que tout litige relatif à l'application de la loi sur les accidents du travail doit être soumis en principe à un comité ayant qualité pour représenter le patron et ses ouvriers. Toutefois, s'il y a opposition de l'une des parties, la contestation est tranchée en dernier ressort par le juge du comté ou par un arbitre désigné par ce juge.

Au *Danemark*, la loi du 15 janvier 1898 a établi un *conseil d'assurance ouvrière* dont la composition et les attributions judiciaires se rapprochent beaucoup de l'organisation de la juridiction norvégienne.

1099. — En France, l'institution des tribunaux arbitraux a trouvé d'ardents défenseurs chez les socialistes chrétiens et chez certains membres de la gauche; mais elle n'a réuni qu'une seule fois la majorité des suffrages de la Chambre et il n'a rien moins fallu que l'éloquence persuasive de M. Ricard pour en faire admettre le principe dans le projet de 1893 [1]. D'après ce texte, les contestations entre victimes d'accidents et chefs d'entreprise devaient être jugées par un tribunal arbitral présidé par le président du tribunal civil et composé de trois patrons et de trois ouvriers. Ces six membres étaient tirés au sort, comme des jurés, sur une liste préparée chaque année. Ne pourraient

---

[1] Séance du 18 mai 1893, *J. O.*, Déb. parl., p. 1452.

y figurer que les chefs de service ou les ouvriers âgés de trente ans, sachant lire et écrire, résidant dans le canton depuis deux ans au moins et jouissant de leurs droits civils et politiques.

Ce projet fut repoussé par le Sénat qui se montra partisan irréductible de l'unité de juridiction [1]. La Chambre se rangea d'autant plus volontiers à son avis que, déjà dans plusieurs votes antérieurs, elle avait partagé la même manière de voir [2]. Enfin le parlement tomba d'accord pour attribuer compétence aux juges de paix en matière d'accidents ayant entraîné une incapacité temporaire et aux tribunaux de première instance pour les autres accidents. Il modifia en outre certaines règles de procédure afin d'accélérer l'expédition des affaires [3].

1100. — Le législateur *italien* est entré, lui aussi, dans la même voie ; il a déféré au conseil des prud'hommes, ou, à défaut au préteur, les litiges afférents à une somme ne dépassant pas 200 francs et il a renvoyé les autres devant les tribunaux de droit commun.

1101. — Notre titre comprendra sept chapitres : — 1° Instance en justice de paix ; — 2° Assistance judiciaire et conciliation devant le président ; — 3° Instance devant le tribunal. Voies de recours ; — 4° Prescription ; — 5° Révision ; — 6° Faute inexcusable ; — 7° Exécution des décisions judiciaires.

---

[1] Séances des 7 et 8 nov. 1895, *J. O.*, Sénat, Déb. parl., p. 883 et 893, et séance du 23 mars 1896, *J. O.*, Déb. parl., p. 307.

[2] Cl. des dép., séance du 28 oct. 1897, *J. O.*, Déb. parl., p. 2224.

[3] Sénat, séance du 4 mars 1898, *J. O.*, Déb. parl., p. 255.

CHAPITRE 1

INSTANCE EN JUSTICE DE PAIX.

1102. — Ce chapitre comporte trois paragraphes, le premier relatif à la compétence, le deuxième à la procédure et le troisième aux voies de recours.

I

Compétence.

1103. — L'art. 15 de la loi de 1898 est ainsi conçu : « *Les contestations entre les victimes d'accidents et les chefs d'entreprise, relatives aux frais funéraires, aux frais de maladie ou aux indemnités temporaires sont jugées en dernier ressort par le juge de paix du canton où l'accident s'est produit, à quelque chiffre que la demande puisse s'élever* ».

a) *Compétence* ratione materiæ.

1104. — A ce point de vue l'art. 15 contient une double dérogation au droit commun : 1° en attribuant aux juges de paix la connaissance d'actions personnelles et mobilières dont la valeur est supérieure à 200 francs ; 2° en supprimant le droit d'appel pour ces contestations.

1105. — Deux conditions sont exigées des litiges qui rentrent dans cette compétence spéciale ; il faut : 1° qu'ils soient pendants entre les victimes d'accidents et les chefs d'entreprise ; 2° qu'ils soient relatifs aux frais funéraires, aux frais de maladie ou aux indemnités temporaires.

La première condition n'implique pas nécessairement que l'action ait été exercée par la victime elle-même ou par ses représentants ; il suffit qu'elle ait pour objet de faire valoir les droits de la victime ou de ses représentants à l'une des trois catégories de frais ou indemnités spécifiées et qu'elle ait été intentée par une personne ayant qualité à cet effet. Examinons dans quels cas le demandeur peut être une personne autre que la victime ou ses représentants.

1106. — FRAIS FUNÉRAIRES. — Les frais funéraires, dus en vertu de l'art. 4 en cas d'accidents mortels (V. nos 630 et s.), sont en général réclamés par les héritiers de la victime qui justifient les avoir payés. Ils peuvent aussi être réclamés directement par le service des pompes funèbres, la fabrique, les porteurs, etc., qui ont procédé aux funérailles. Dans tous les cas la compétence du juge de paix ne saurait être mise en doute.

1107. — FRAIS DE MALADIE. — Tout d'abord quand le blessé a fait choix de son médecin et de son pharmacien, ces deux hommes de l'art ont aussi, à coup sûr, le droit de faire valoir contre le patron l'action de notre article en paiement de leurs honoraires, mais seulement dans les limites fixées par l'art. 4, c'est-à-dire conformément au tarif établi pour la médecine légale gratuite. Le juge de paix est donc compétent pour statuer sur une telle contestation[1].

Il en serait de même aussi de l'action intentée par l'administration d'un hôpital contre un chef d'entreprise en paiement des frais d'hospitalisation concernant un de ses ouvriers victime d'un accident du travail; car le juge de paix doit appliquer en pareil cas les principes de la loi de 1898[2].

1108. — Mais tout autre est la situation d'un médecin qui a été choisi par le patron pour soigner un de ses ouvriers blessé dans un accident du travail. Quand il réclame ses honoraires au chef d'entreprise, ce n'est plus dans les limites fixées par notre loi, mais en vertu du contrat écrit ou verbal intervenu entre eux et dont le juge a à apprécier les clauses et conditions. En pareil cas, la compétence de droit commun reprend son empire[3].

1108 *bis.* — De même, l'instance en paiement de frais de maladie afférents à une période postérieure à la fixation de la

---

[1] T. Saumur, 3 juill. 1901, *Gaz. Pal.*, 1902. 1. 88.
[2] T. paix Versailles, 1er sept. 1900, T. civ. Versailles, 22 mai 1901, *Rec. min. Comm.*, no 3, p. 91 et 540. T. paix Boulogne-sur-Mer, 5 janv. 1901, *Rec. min. Comm.*, p. 111. Cass. req., 13 juill. 1903, *Gaz. Pal.*, 5 déc. 1903.
[3] T. Poitiers, 26 mars 1901, *Gaz. Pal.*, 1901. 1. 493.

rente viagère ne rentre pas dans la compétence spéciale du juge de paix; car les frais médicaux et pharmaceutiques ne sont dus que jusqu'au jour où l'état de la victime est devenu définitif[1].

1109. — INDEMNITÉS TEMPORAIRES. — Les indemnités temporaires ne peuvent être, en principe, réclamées que par la victime elle-même, à raison de leur caractère d'incessibilité et d'insaisissabilité.

1110. — Cette compétence spéciale des juges de paix peut avoir à fléchir parfois devant l'application des règles de la connexité. En effet, les frais de maladie et l'indemnité temporaire sont dus, non seulement, en matière d'accidents entraînant une incapacité temporaire, mais aussi dans les accidents suivis d'incapacité permanente. Or l'action en paiement de la rente viagère due dans ce dernier cas relève de la compétence du tribunal civil. Il peut donc arriver qu'au moment où l'action en paiement des frais de maladie ou de l'indemnité temporaire est portée devant le juge de paix, le tribunal soit déjà saisi d'une instance entre les mêmes parties à raison du règlement de la rente viagère. Nous montrerons plus loin (nos **1200** et s.) qu'à raison de la connexité de ces divers chefs de demande, le tribunal civil peut statuer sur tous ces chefs sans transgresser les limites de sa compétence[2]. Que devra donc faire le juge de paix en pareille occurrence? Une distinction s'impose.

1111. — Si le tribunal civil n'est encore saisi d'aucune action, la question de connexité ne peut pas se poser. Le juge de paix est, à coup sûr, compétent, alors même que les parties seraient déjà en conciliation devant le président du tribunal. Toutefois il arrivera souvent que l'indemnité temporaire aura été fixée d'un commun accord par les parties devant le magistrat conciliateur qui en aura donné acte dans

---

[1] Cass. req., 26 oct. 1903, *Gaz. Pal.*, 1903. 2. 478 (V. no 606).

[2] La commission du Sénat a déposé au mois de décembre 1903, un projet de loi qui donne au juge de paix une compétence exclusive pour toutes les contestations relatives aux indemnités journalières et aux frais de maladie, sans distinction entre les accidents suivis d'incapacité permanente et ceux entraînant seulement une incapacité temporaire. La Chambre des députés avait déjà voté un texte à peu près identique.

une ordonnance. Un tel accord rendra évidemment inutile toute décision du juge de paix sur ce point spécial.

1112. — Lorsque le juge de paix est saisi après l'introduction de l'instance devant le tribunal civil, il ne peut pas davantage se déclarer d'office incompétent; rien dans la loi ne l'y autorise. Il faut que l'incompétence pour cause de connexité soit soulevée par l'une des parties; et la partie, qui se prévaudra de cette exception, devra produire à l'appui une décision par laquelle le tribunal a effectivement affirmé sa compétence sur les chefs de contestation déféré au juge de paix; dans le cas où elle ne pourrait encore la produire, le juge de paix devra lui accorder un délai suffisant pour lui permettre de provoquer du tribunal une décision de ce genre.

1113. — En ce qui concerne les frais funéraires, le juge de paix est toujours compétent, alors même que le tribunal serait saisi par les ayants-droit de la victime d'une demande de rente ou pension (V. n° 1202). Il en est de même pour l'indemnité temporaire qui pourrait être due, en cas d'accident mortel, à raison de la période antérieure au décès du blessé (V. n° 1203).

1114. — Il y aurait les plus graves inconvénients pratiques à ce que le juge de paix se déclarât incompétent d'office, par le seul motif que la blessure paraît devoir entraîner une incapacité permanente ou que le tribunal est déjà saisi de la demande en paiement de rente viagère. Souvent en effet, après le dépôt de l'expertise médicale, le tribunal décide que, contre toutes les prévisions premières, l'accident n'a entraîné qu'une incapacité temporaire et il se déclare incompétent tant sur la demande d'indemnité temporaire que sur le règlement des frais médicaux et pharmaceutiques. Si donc le juge de paix s'était, lui aussi, déclaré incompétent, on se trouverait en présence d'un conflit négatif nécessitant l'ouverture d'une procédure en règlement de juge (art. 363, C. proc. civ.).

1115. — Enfin, nous verrons (n°s 1125 et s.), que toutes les fois qu'une partie conteste la compétence du juge de paix, la décision rendue par ce magistrat est sujette à appel en ce qui concerne la compétence.

b) *Compétence* ratione loci.

1116. — Aux termes de l'art. 15, le juge de paix compétent pour statuer sur ces litiges est celui du lieu où l'accident s'est produit. Cette disposition dérogatoire aux règles du droit commun est en harmonie avec les principes spéciaux de compétence adoptés dans notre matière pour faciliter aux victimes l'accès du prétoire et permettre aux magistrats de faire une lumière plus complète sur les circonstances de l'accident générateur de la contestation.

1117. — La compétence territoriale n'a pas un caractère d'ordre public ; par suite le juge de paix ne peut pas la soulever d'office[1], et la partie, qui s'en prévaut, doit, à peine de forclusion, faire valoir son exception avant toute défense au fond (art. 173, C. proc. civ.).

1118. — Lorsqu'un accident a eu lieu sur le territoire étranger, les dispositions de notre loi étant matériellement inapplicables, le droit commun reprend son empire ; et c'est le tribunal du domicile du défendeur, c'est-à-dire du chef d'entreprise ou du siège de la société patronale qui est compétent (nos 981 et 1016).

1119. — M. Félix Martin avait proposé de rendre compétent le juge de paix du domicile de la victime, quand l'accident s'était produit en dehors du canton où est situé l'atelier ou le dépôt auquel l'ouvrier est attaché. L'honorable sénateur avait surtout en vue les accidents qui surviennent dans les chemins de fer ou les entreprises de transport. Son amendement a été repoussé[2]. Le législateur se préoccupe de compléter la loi sur ce point (V. no 1210 *bis*).

1120. — Il peut arriver parfois que dans un accident il y ait plusieurs victimes, les unes appelées à bénéficier de notre loi, les autres placées sous l'empire du droit commun. Cette hypothèse a été prévue pas M. le sénateur Millaud. Le rapporteur de la commission du Sénat lui a répondu que, dans ce cas, il y aurait plusieurs instances distinctes : l'une conforme à la loi de 1898 et fondée sur le risque professionnel, l'autre sui-

---

[1] T. paix Courbevoie, 20 mai 1900, *Gaz. Pal.*, 1900. 1. 580.
[2] Sénat, séance du 21 nov. 1895, *J. O.*, Déb. parl., p. 995.

vie dans les règles de procédure du droit commun et ayant
sa base dans un quasi-délit [1].

II
Procédure en justice de paix.

1121. — PRÉLIMINAIRE DE CONCILIATION. — Aux termes de
l'art. 17 de la loi du 25 mai 1838 modifié successivement par
les lois des 2 mai 1855 et 25 août 1871, les instances en justice de paix doivent être précédées d'un préliminaire de conciliation excepté lorsque le défendeur est domicilié hors du
canton. Le juge de paix peut aussi, dans les cas qui requièrent
célérité, dispenser les parties de cette formalité préalable.
Sans doute, notre matière est de celles qui requièrent célérité ; mais elle est aussi de celles pour lesquelles on doit s'efforcer d'amener les parties à un arrangement amiable. Aussi
nous n'hésitons pas à émettre cet avis que les juges de
paix doivent, à moins de circonstances exceptionnelles, repousser toute requête tendant à une dispense de préliminaires
de conciliation. Si, à l'audience des conciliations, les parties
se mettent d'accord, le juge de paix dressera procès-verbal
des conditions de leur arrangement, conformément à la loi,
et l'affaire n'ira pas plus loin. En cas de désaccord, la victime
ou ses ayants-droit feront signifier une citation au chef d'industrie.

1122. — ASSISTANCE JUDICIAIRE. — Aux termes de l'art. 22,
« *le bénéfice de l'assistance judiciaire s'étend de plein droit aux
instances devant le juge de paix...* »

Le billet d'avertissement à comparaître en conciliation devant le juge de paix bénéficie de la gratuité de l'assistance
judiciaire. Les greffiers n'auront donc de ce chef aucune
consignation préalable à exiger de l'ouvrier demandeur. Ils
sont autorisés à porter les 0 fr. 15 d'affranchissement sur le
mémoire des frais à rembourser immédiatement par le Trésor
à titre d'avance et à comprendre le surplus du droit que leur
accorde l'art. 5 du décret du 24 novembre 1871, pour l'envoi

---

[1] Sénat, séance du 4 mars 1898, *J. O.*, Déb. parl., p. 254.

du billet, dans les frais dont le recouvrement sera opéré, s'il y a lieu, sur le patron à la fin du procès[1].

1123. — L'assistance judiciaire est accordée de plein droit, même sans visa du procureur de la République. C'est donc au juge de paix seul qu'il appartiendra d'assurer l'exécution de la loi. Toutes les fois qu'en suite d'une comparution sur billet d'avertissement les parties ne se seront pas conciliées ou encore lorsqu'à raison de l'urgence l'employé demandeur aura été dispensé du préliminaire de conciliation, le magistrat cantonal devra, conformément à l'art. 13 de la loi des 22-30 janvier 1851, inviter le syndic des huissiers à désigner l'huissier chargé de prêter gratuitement son ministère à l'assisté ; il fera en même temps parvenir au receveur de l'enregistrement un avis destiné à suppléer à l'envoi d'un extrait de la décision du bureau, formalité prescrite, en matière ordinaire, par la disposition finale de l'art. 13 de la loi de 1851.

1124. — INSTANCE. — La procédure devant les tribunaux de paix est tracée par les vingt-deux premiers articles du Code de procédure civile.

L'instance étant régulièrement engagée, le juge de paix n'éprouvera pas de sérieuses difficultés si l'objet de la demande concerne les frais de médecin ou les frais funéraires. Il en sera autrement si le demandeur réclame une indemnité journalière. On sait en effet que les accidents, entraînant une incapacité temporaire de travail, ne donnent lieu à aucune enquête. Il en résultera que l'affaire arrivera en justice sans instruction préalable. Toutefois l'inspecteur du travail ou l'ingénieur des mines aura généralement procédé à des constatations et à des recherches au point de vue technique et administratif. Le résultat de ces constatations pourra être utilement consulté par le juge ; mais celui-ci ne pourra légalement fonder son appréciation sur ces documents qu'après communication aux parties litigantes qui auront dû être mises à même de les discuter et d'y contredire[2].

---

[1] Décision du ministre des Finances du 9 avr. 1900. Circ. du ministre de la Justice du 22 août 1901.

[2] C. 8 juill. 1885, S. 85. 1. 480 ; 2 mars 1886, S. 86. 1. 204 ; 12 mai 1886, S. 86. 1. 408 ; 3 août 1887, S. 87. 1. 320 ; 20 nov. 1889, S. 90. 1. 7.

1125. — Sans doute plusieurs des chefs de contestation les plus fréquents en matière d'accidents suivis de mort ou d'incapacité permanente ne sont pas applicables aux instances concernant les indemnités temporaires. C'est ainsi qu'il n'y a pas lieu de rechercher si l'incapacité de travail est totale ou partielle et par suite dans quelle mesure la pension doit être proportionnée au salaire ; l'indemnité journalière est toujours égale à la moitié du salaire touché par la victime au moment de l'accident. C'est ainsi encore qu'il est inutile de se préoccuper du point de savoir si l'accident est dû à une faute inexcusable du patron ou de la victime ; les fautes de cette nature n'ont une influence sur l'indemnité qu'en cas d'accidents mortels ou d'infirmités incurables du blessé. Seul le fait intentionnel de la victime, lorsqu'il est le générateur de l'accident, enlève à celle-ci tout droit à indemnité, même en cas d'incapacité temporaire (art. 20).

1126. — Mais ces difficultés ne sont pas les seules qui soient susceptibles d'être soulevées et pour lesquelles une enquête ou une expertise soit nécessaire. Le patron peut répondre au demandeur que sa blessure provient d'un fait complètement étranger à l'exploitation de l'usine ou encore qu'il ne le reconnaît pas pour être son employé. Le litige peut porter sur la durée de l'incapacité de travail, etc. Avant de statuer, le juge de paix sera donc parfois dans la nécessité de recourir à une enquête ou à une expertise. L'enquête ou l'expertise se fera, conformément aux règles du Code de procédure civile (art. 34 et s.) qui sont d'ailleurs celles que notre législateur s'est appropriées. En général elle n'aura pas lieu dans un délai aussi bref que celui prescrit par notre loi ; c'est là un inconvénient qui pourrait faire regretter que l'obligation de l'enquête n'ait pas été étendue aux accidents suivis d'incapacité temporaire. Mais ces sortes d'accidents sont si nombreuses que le personnel des juges de paix n'eût pas suffi à une tâche si lourde. D'autre part, les procès-verbaux dressés par les ingénieurs des mines ou par les inspecteurs du travail contiendront souvent des éléments qui dispenseront de recourir à une mesure d'instruction.

1127. — Enfin lorsque le juge de paix a condamné un

patron à payer à un blessé l'indemnité temporaire jusqu'à la guérison de celui-ci, la contestation qui pourra surgir au sujet de la fixation de la date de cette guérison rentre aussi dans les limites de sa compétence de dernier ressort[1]. Pour s'éclairer, il pourra avoir recours aux lumières d'un médecin expert.

1128. — Nous verrons au chapitre suivant que l'art. 16, al. 5 autorise le tribunal à condamner, avant toute décision au fond, le chef d'entreprise à payer en cours d'instance une provision à la victime ou à ses représentants. Est-ce que le même droit appartient au juge de paix saisi d'une demande en paiement d'indemnité temporaire? Si, pendant la durée de la procédure, le patron refuse d'allouer une pension provisoire à l'ouvrier demandeur, le juge de paix peut-il l'y obliger par jugement avant dire droit au fond? Je ne le pense pas. Les dispositions de l'al. 5 de l'art. 16 constituent une exception au droit commun; elles doivent être interprétées restrictivement. Au surplus, la différence faite par le législateur entre les instances en justice de paix et celles qui sont portées devant le tribunal se justifie aisément. Dans les actions en paiement d'indemnité pour cause d'accident, le litige peut porter ou sur le droit de la victime qui est contesté ou seulement sur le quantum de l'indemnité. Dans le premier cas, il est imprudent pour le juge d'accorder une pension provisionnelle; car, si la victime ou ses représentants succombent dans leurs prétentions, le chef d'entreprise aura été obligé de payer certaines sommes d'argent dont il n'était point débiteur. Dans le second cas, les procédures se régleront généralement à l'amiable ou tout au moins elles se termineront dans un délai très bref qui rend inutile une décision provisionnelle.

III

Voies de recours.

1129. — Dans les contestations visées par l'art. 15, nous distinguerons les décisions rendues sur la compétence et celles rendues au fond.

---

[1] T. Fontainebleau, 22 mai 1901, *Rec. min. Comm.*, n° 3, p. 377.

a) *Décisions sur la compétence.*

1130. — Il est interdit aux tribunaux et aux juges de paix de statuer en dernier ressort sur leur propre compétence. Ce principe élémentaire d'ordre public, posé par les art. 453 du Code de procédure civile et 14 de la loi du 25 mai 1838, est en effet indispensable pour maintenir ces juridictions dans les limites de compétence tracées par le législateur. L'art. 15 de la loi de 1898 n'y a point fait échec.

1131. — Quand un juge de paix statue-t-il sur sa propre compétence? La solution de cette question ne saurait être douteuse si le défendeur a expressément soulevé une exception d'incompétence; le juge de paix est en effet tenu d'y répondre, et sa décision sur ce point est sujette à appel[1]. Toutefois l'appel ne peut être interjeté qu'après jugement sur le fond si le juge de paix s'est déclaré compétent (art. 14 de la loi de 1838).

1132. — Mais pour qu'il y ait décision sur la compétence, il n'est pas nécessaire qu'il y ait eu de la part du défendeur une exception d'incompétence expressément formulée; il suffit que les conclusions prises contestent implicitement la compétence du juge. Tout spécialement le seul fait par le patron de soutenir que l'accident litigieux n'est pas survenu par le fait ou à l'occasion du travail implique contestation de compétence et le jugement rendu sur de telles conclusions est sujet à appel[2]. Pour arriver à cette solution, la Cour de cassation tient le raisonnement suivant : en matière d'accidents du travail, le juge de paix est investi par l'art. 15 de la loi de 1898 d'une compétence spéciale exceptionnelle qui est illimitée quant au chiffre de la demande, mais qui est au contraire très limitée quant à son objet : ce texte de loi ne lui permet de juger les contestations relatives aux frais funéraires, aux frais de maladie et aux indemnités temporaires que quand les parties se trouvent dans l'un des cas prévus par l'art. 1er de ladite loi de 1898. Par suite toutes les fois qu'un

---

[1] Cass. civ., 4 août 1902, D. 1902. 1. 581. Cass., 25 nov. 1903, *Gaz. Pal.*, 19 déc. 1903.

[2] Cass. civ., 3 févr. 1902, S. 1902. 1. 329, D. 1900. 2. 100. Cass. civ., 27 oct. 1902, S. 1902. 1. 519, D. 1903. 1. 84.

patron défendeur en justice de paix soutient que l'art. 1er de
la loi de 1898 ne lui est pas applicable, il y a contestation sur
la compétence. Or soutenir que l'accident n'est pas survenu
par le fait ou à l'occasion du travail, c'est prétendre par cela
même que l'art. 1er de ladite loi n'est pas applicable.

1133. De cette jurisprudence il faut conclure qu'il y a contestation de compétence et par suite décision en premier ressort, lorsque le patron soutient soit que son entreprise n'est
pas assujettie soit qu'il n'existe pas entre le demandeur et lui
un contrat de louage d'ouvrage ou un contrat d'apprentissage. L'art. 1er exige en effet pour l'applicabilité du risque
professionnel la réunion de ces trois conditions : 1° relation
de causalité entre l'accident et le travail; 2° assujettissement
de l'entreprise; 3° existence d'un contrat de louage d'ouvrage
ou d'apprentissage.

1134. DÉLAI DE L'APPEL. — Le délai pour interjeter appel
des décisions rendues en premier ressort par les juges de paix
est-il le délai de droit commun (art. 13 de la loi de 1838) ou
le délai spécial de l'art. 17 de la loi du 9 avril 1898? Dans le
silence de la loi, il y a lieu de s'en référer aux principes
du droit commun et de décider que le délai d'appel est celui
fixé par l'art. 13 de la loi du 25 mai 1838, c'est-à-dire de
trente jours à partir du jour de la signification. Si l'art. 17 de
la loi du 9 avril 1898 détermine un délai spécial en ce qui
concerne l'appel dont sont susceptibles les jugements des tribunaux de première instance statuant sur les indemnités dues
en cas de mort ou d'incapacité permanente et fait courir ce
délai de la date du jugement et non de celle de la signification,
cette disposition exceptionnelle ne saurait être étendue à un
cas autre que celui en vue duquel elle a été édictée[1].

b) *Jugement sur le fond, quand la compétence n'est pas contestée.*

1135. — Quand la compétence du juge de paix n'a pas
été contestée, les décisions de ce magistrat sur les contestations relatives aux frais funéraires, aux frais de maladie et à
l'indemnité temporaire sont rendues en dernier ressort (art.

[1] Cass. civ., 25 nov. 1903, *Gaz. Pal.*, 19 déc. 1903. Besançon, 18 déc. 1901, *Gaz. Pal.*, 1902. 1. 294. — *Contrà*, T. Seine, 4 janv. 1902, *Gaz. Pal.*, 1902. 1. 444.

15). Si de telles décisions ne sont pas sujettes à appel, elles peuvent toujours être attaquées par la voie du recours en cassation pour excès de pouvoir, conformément à l'art. 15 de la loi du 25 mai 1838; mais elles ne peuvent pas l'être pour violation de la loi[1].

L'excès de pouvoir a donné lieu à de nombreuses définitions. Tout d'abord la doctrine et la jurisprudence se sont toujours accordées à reconnaître qu'il y avait excès de pouvoir lorsque le juge de paix, dépassant le cercle de ses attributions judiciaires, entreprend sur celles du pouvoir législatif ou des pouvoirs exécutif ou administratif[2]. Un tel empiétement constitue d'ailleurs la forfaiture qui est prévue et réprimée par l'art. 127 du Code pénal. La Cour de cassation, se fondant sur les travaux préparatoires de la loi du 25 mai 1838, a admis que l'excès de pouvoir de la part du juge de paix n'impliquait pas nécessairement un empiétement sur les attributions d'un autre pouvoir, qu'il pouvait consister d'une façon générale dans « une atteinte à l'ordre général par la violation des principes de droit public que toutes les juridictions sont tenues de respecter »[3], et faisant application de ces principes, elle a considéré comme excès de pouvoir : 1º la violation du principe de l'autorité de la chose jugée[4]; 2º l'atteinte aux droits de la défense, en rendant une décision contre une personne qui n'a pas été appelée à comparaître[5]. Cette jurisprudence de la Cour de cassation a été très heureusement formulée dans la définition suivante : « L'excès de pouvoir est synonyme d'usurpation et signifie l'acte d'un tribunal qui a empiété sur les attributions des pouvoirs législatif ou exécutif ou qui, sans empiéter sur aucun domaine, est sorti du sien en s'arrogeant des droits refusés à l'autorité ju-

---

[1] Cass. civ., 29 janv. 1901, S. 1902. 1. 17, D. 1901. 1. 57, et les arrêts cités nº 1136. La commission du Sénat a adopté, en décembre 1903, un projet de loi qui permet de déférer à la Cour de cassation, pour violation de la loi, les décisions des juges de paix en matière d'accidents du travail.

[2] Cass., 10 févr. 1868, S. 68. 1. 223, D. 68. 1. 422; 26 avr. 1892, S. 92. 1. 364, D. 93. 1. 162; 9 juill. 1894, S. 94. 1. 440; 1er août 1898, S. 99. 1. 71, D. 98. 1. 424, Glasson, *Précis de proc.*, t. II, p. 97; Garsonnet, *Tr. proc. civ.*, t. V, § 1089.

[3] Cass., 5 juill. 1875, S. 76. 1. 106, D. 75. 1. 475. Cf. Cass., 21 mai 1855, S. 56. 1. 415, D. 55. 1. 410.

[4] Cass., 3 août 1898, S. 99. 1. 76, D. 98. 1. 557.

[5] Cass., 10 janv. 1900, S. 1900. 1. 89, D. 1900. 1. 294.

diciaire » [1]. Il suit de là qu'un défaut de motifs, un mal jugé, une violation de la loi, une décision rendue *ultra petita* ne constituent pas des excès de pouvoir susceptibles de donner ouverture à un pourvoi en cassation.

1136. — Conformément à cette jurisprudence, la Cour de cassation a décidé, en matière d'accidents du travail que le pourvoi en cassation n'est pas recevable : 1° contre un jugement de justice de paix donnant une interprétation soi-disant erronée des mots : « indemnité journalière » qu'emploie la loi de 1898, ou en condamnant à des dommages-intérêts sans relever l'existence d'une faute [2]; 2° contre un jugement de justice de paix qui aurait débouté à tort un ouvrier de sa demande en paiement de frais médicaux et pharmaceutiques [3]; 3° contre celui qui aurait mal interprété l'art. 16 de la loi de 1898 sur le point de savoir si l'indemnité temporaire est due pendant la durée de l'instance [4]. De même l'incompétence n'est pas un excès de pouvoir et un jugement n'est pas susceptible d'être attaqué par la voie du pourvoi en cassation par le motif qu'il aurait été incompétemment rendu. Ainsi, en admettant que le juge saisi d'une demande d'indemnité temporaire ait retenu à tort la connaissance du litige parce que antérieurement le tribunal civil aurait été saisi par l'ordonnance de non-conciliation du président, il n'y aurait là qu'une question de compétence étrangère à la question d'excès de pouvoir et le pourvoi contre cette décision n'est pas recevable [5].

1137. — Les prescriptions de la loi de 1898 étant d'ordre public peuvent être invoquées pour la première fois devant la Cour de cassation [6].

---

[1] Garsonnet, *Tr. th. et pr. de proc. civ.*, t. V, § 1111. — V. aussi sur cette question deux notes remarquables, l'une de M. l'avocat général Sarrut, sous Cass., 29 janv. 1901, D. 1901. 1. 57 et de M. le professeur Wahl, S. 1902. 1. 17.

[2] Cass. civ., 29 janv. 1901 (2 arrêts), S. 1902. 1. 17, D. 1901. 1. 57, *Pand. fr.*, 1901. 1. 533.

[3] Cass. req., 16 déc. 1901, S. 1902. 1. 183 (1er arrêt), D. 1902. 1. 382.

[4] Cass. req., 16 déc. 1901 (2e arrêt), S. 1902. 1. 183, D. 1902. 1. 382.

[5] Cass. req., 22 janv. 1902, S. 1902. 1. 183, D. 1902. 1. 158; 8 juill. 1902, *Gaz. Pal.*, 1902. 2. 164, D. 1902. 1. 424.

[6] Cass. civ., 4 août 1902, *Gaz. Pal.*, 1902. 2. 305.

CHAPITRE II

PRÉLIMINAIRE DE CONCILIATION.

1138. — Ce chapitre sera divisé en trois sections : — 1° Formalités préalables : assistance judiciaire et convocation ; — 2° Comparution des parties : mandataire et conseil, incapacité légale ; — 3° Pouvoirs du président : ordonnances, exceptions, voie de recours.

PREMIÈRE SECTION.

Formalités préalables.

1139. — Nous avons vu qu'aux termes de l'art. 13, à l'expiration des cinq jours qui suivent la clôture de l'enquête, le dossier est transmis au président du tribunal. Ce magistrat doit, à réception, le remettre au greffier qui, aux termes des art. 1040 du Code de procédure civile et 93 du décret du 30 mars 1808, est le gardien dépositaire des minutes de tous actes et procès-verbaux du ministère du juge et qui, à partir de cette remise, a seul qualité pour délivrer à qui de droit expédition des pièces et documents y contenus[1].

1140. — Une fois dépositaire du dossier, le greffier du tribunal sera tenu de le communiquer immédiatement au parquet du procureur de la République pour le visa nécessaire à l'octroi de l'assistance judiciaire et de le rapporter sans retard dans le cabinet du président pour la convocation des parties. Ces deux formalités vont être successivement étudiées.

a) *Assistance judiciaire.*

1141. — Art. 22 (nouveau) : « *Le bénéfice de l'assistance judiciaire est accordé de plein droit, sur le visa du procureur*

---

[1] Circ. du ministre de la Justice du 22 août 1901.

de la République, à la victime ou à ses ayants-droit, devant le président du tribunal civil et devant le tribunal. — Le procureur de la République procède comme il est prescrit à l'art. 13 (§§ 2 et suiv. de la loi du 22 janv. 1851 modifiés par la loi du 10 juill. 1901) ».

1142. — Lorsque le procureur de la République sera en possession du dossier, il devra s'assurer d'urgence que l'affaire rentre bien dans le cadre de la loi sur les accidents du travail, apposera son visa et invitera, conformément à l'art. 13 de la loi du 22 janvier 1851, le bâtonnier de l'ordre des avocats, le président de la Chambre des avoués et le syndic des huissiers à désigner l'avocat, l'avoué et l'huissier qui prêteront leur ministère à l'assisté. S'il n'existe pas de bâtonnier ou de chambre de discipline des avoués, c'est au président du tribunal qu'il appartiendra de faire cette désignation. Il est bien entendu que le procureur de la République n'aurait pas le droit de refuser son visa par le seul motif qu'il lui semblerait que l'exploitation dans laquelle l'accident est survenu n'appartient pas à la catégorie des exploitations assujetties, ou qu'il n'y a pas de relations entre l'accident et le travail, etc. Le tribunal est seul juge de trancher une question de cette nature; et le magistrat du parquet, qui prendrait une telle initiative, s'exposerait à engager gravement sa responsabilité. Cette obligation du visa permet au procureur de la République d'exercer sur les juges de paix une surveillance efficace en ce qui concerne l'application de la loi de 1898. S'il remarque des irrégularités, des lacunes, des lenteurs, il doit en faire l'observation aux magistrats cantonaux, mais il lui est interdit de prescrire la moindre modification aux pièces d'une procédure terminée.

Enfin le procureur de la République doit faire parvenir au receveur d'enregistrement l'avis prévu par la circulaire du 10 juin 1899.

1143. — L'ancien art. 22 de la loi de 1898 n'accordait de plein droit le bénéfice de l'assistance judiciaire à la victime ou à ses représentants que pour les instances devant le tribunal. Les dispositions nouvelles de notre article en étendent le bénéfice à la tentative de conciliation devant le président.

Bien que cette procédure n'expose l'ouvrier à aucun frais, l'octroi de l'assistance judiciaire devant le président du tribunal permet à la victime qui n'a pas d'ami désintéressé pour l'assister comme conseil, lors de la comparution en conciliation, d'obtenir la commission d'un avocat.

1144. — L'assistance judiciaire devant le président présente encore de l'intérêt lorsque les parties ont à solliciter avant l'instance une ordonnance de référé. C'est surtout cette hypothèse que le législateur paraît avoir envisagée. En effet, il peut arriver qu'un ouvrier victime d'un accident du travail décède après la clôture de l'enquête et avant la comparution en conciliation devant le président du tribunal. Si les héritiers demandent l'autopsie à l'effet de déterminer si la mort se rattache à l'accident, le juge de paix étant dessaisi, le président du tribunal sera seul compétent pour ordonner cette mesure par voie de référé [1]. La procédure de référé peut aussi servir à la désignation d'un expert à l'effet de déterminer le degré d'invalidité consécutif à l'accident (V. n° 1075).

b) Convocation des parties.

1145. — Notre loi impose au président du tribunal le devoir de prendre lui-même l'initiative de convoquer les parties. C'est une dérogation au principe que, dans les contestations privées, il appartient à la partie la plus diligente, en général au demandeur, de requérir la signification des actes de procédure. A la vérité, l'appel en conciliation n'est pas, à proprement parler, un acte de procédure. Émanant directement du magistrat conciliateur, il a plus de chance d'aboutir que s'il était adressé par une des parties litigantes. C'est ce qu'avaient déjà compris les rédacteurs de la loi du 2 mai 1855, qui, modifiant l'art. 17 de la loi du 25 mai 1838, instituèrent, comme mode d'invitation en conciliation dans les causes soumises à la juridiction cantonale, le billet d'*avertissement,* délivré par le greffier au nom et sous la surveillance du juge de paix.

1146. — Quoi qu'il en soit, le devoir du président du tribunal civil est nettement tracé par l'art. 16. Dans les cinq

[1] Circ. du ministre de la Justice du 11 juill. 1902.

jours qui suivent la transmission du dossier de l'enquête faite par le juge de paix, il est tenu de convoquer les parties. Ce délai est celui qui est imparti pour faire la convocation. Il ne s'ensuit pas que la date de la comparution doive être fixée dans ces cinq jours. Le législateur s'en rapporte sur ce point à l'appréciation des magistrats conciliateurs. Si ceux-ci ne sont pas légalement tenus de se conformer à un délai impératif, ils doivent du moins fixer la tentative de conciliation à la date la plus rapprochée. Cependant il importe de laisser entre le jour de la convocation et celui de la comparution un intervalle de quarante-huit heures au moins. L'art. 51 du Code de procédure civile qui fixe à trois jours au moins le délai de la citation en conciliation, sans être applicable à notre matière, nous paraît cependant avoir posé un principe sage. Les parties, en effet, ne sont pas, comme dans une enquête, convoquées pour dire simplement ce qu'elles savent et contribuer par leurs déclarations à faire jaillir la lumière sur les causes de l'accident; elles sont appelées à se concilier, c'est-à-dire à contracter l'une vis-à-vis de l'autre des engagements ou tout au moins à sanctionner une situation nouvelle qui leur est faite par la loi. Pour donner leur consentement en connaissance de cause, elles ont besoin de connaître l'étendue de leurs droits et de leurs obligations. Il est donc naturel qu'on leur laisse le temps de réfléchir et de consulter.

1147. — La loi est muette sur la forme de la convocation. Toutefois l'expression de « *convocation* » dont elle s'est servie montre clairement qu'elle a entendu assimiler notre cas à la « *convocation* » dont elle avait parlé précédemment à l'art. 13 et pour laquelle elle avait expressément prescrit l'emploi de la *lettre recommandée,* dont les frais sont avancés par le Trésor[1]. Les présidents peuvent aussi se servir utilement des juges de paix, maires, commissaires de police, etc., pour faire parvenir leurs convocations à destination. Mais, dans ce dernier cas, les fonctionnaires ou agents doivent dresser procès-verbal de la remise de l'avertissement à la personne intéressée; ce procès-verbal permet au président, en cas de non-

---

[1] Circ. du ministre de la Justice du 10 oct. 1899.

comparution, de rendre une ordonnance par défaut, et, à raison de sa force probante, il peut aussi, au même titre qu'une lettre recommandée, être considéré comme un acte interruptif de prescription [1].

1148. — La convocation, dit l'art. 16, doit être adressée *à la victime* ou *à ses ayants-droit et au chef d'entreprise*. — Lorsque la victime est vivante, c'est elle seule qui doit être convoquée avec le chef d'entreprise. Les ayants-droit ne sont appelés qu'en cas d'accidents mortels. Nous avons indiqué plus haut, en traitant de l'enquête, les personnes qui ont la qualité d'ayants-droit (n°s 1027 et s.).

DEUXIÈME SECTION.

Comparution des parties.

1149. — Cette section comporte deux paragraphes : 1° des personnes qui assistent à la conciliation; 2° incapacité légale de l'une des parties.

I

Personnes qui assistent à la conciliation.

1150. — Il faut distinguer celles dont la présence est obligatoire et celles dont la présence est facultative.

a) Personnes dont la présence est obligatoire.

1151. — Les personnes dont la présence est obligatoire sont les parties qui ont qualité pour traiter, c'est-à-dire : 1° la victime elle-même ou, en cas d'accidents mortels, ses ayants-droit; 2° le chef d'entreprise. Si l'une des parties est en état d'incapacité légale, c'est-à-dire mineure, interdite, etc. etc., elle doit être représentée par son mandataire légal. Le droit des mandataires légaux en conciliation sera étudié au paragraphe suivant.

1152. — Aux termes de l'art. 16 le chef d'entreprise n'est pas

[1] Cass. civ., 18 mars 1903, *Gaz. Pal.*, 1903. 1. 460; 30 mars 1903, *Gaz. Pal.*, 1903. 1. 556. Circ. du ministre de la Justice du 12 mai 1903.

tenu de comparaître *en personne* devant le président. Il peut se faire représenter par un mandataire muni d'un pouvoir régulier[1], à moins qu'il ne s'agisse d'un avoué. Le préposé d'un chef d'entreprise ne saurait être dispensé de produire une procuration. Dans les sociétés anonymes, c'est l'un des administrateurs gérants ou des directeurs généraux qui a seul qualité pour traiter au nom de la société ou pour donner mandat à une autre personne[2].

1153. — De ce que l'art. 16 ne prévoit que le mandataire conventionnel du patron, doit-on conclure que la loi oblige les victimes ou leurs ayants-droit à comparaître *en personne* devant le président et leur interdit de se faire représenter ? Non, évidemment. En fait la constitution d'un mandataire est souvent une nécessité soit pour la victime encore en traitement médical soit pour les ayants-droit âgés, infirmes ou habitant à une grande distance. En droit le silence du législateur ne peut avoir pour effet de priver les victimes ou leurs ayants-droit de la faculté qui appartient à tout citoyen de se faire représenter par un mandataire. Aussi bien le législateur n'a-t-il jamais eu une telle intention. La question n'a été discutée que pour les chefs d'entreprise, auxquels certains membres du parlement craignaient de voir, en fait, substituer, en qualité de mandataires, les assureurs ou d'autres tiers étrangers animés de sentiments peu conciliants. Après une courte discussion, on n'eut pas de peine à reconnaître que la présence personnelle du chef d'entreprise en conciliation dans toutes les affaires d'accident était incompatible avec les nécessités de la grande industrie. Le directeur d'une grande société ou un industriel comme M. Schneider ne peut, à l'occasion de chaque accident, être dans l'obligation de s'aboucher personnellement avec les victimes. Cette dernière considération a fini par convaincre les rédacteurs de notre loi qui, pour ne laisser place à aucune ambiguïté, ont ajouté à « *chef d'entreprise* » ces mots : « *qui pourra se faire représenter*[3] ».

---

[1] La procuration doit être dressée sur papier libre et enregistrée gratis (art. 29, V. n° 1845).

[2] C. Besançon, 11 juill. 1900, *Gaz. Pal.*, 1900. 2. 256, S. 1901. 2. 193.

[3] La rédaction adoptée par le Sénat le 21 nov. 1895 était beaucoup plus claire à ce point de vue. « Les parties, lisait-on à l'art. 14 de ce texte, doivent com-

Toutefois avant d'accueillir un mandataire, le président du tribunal doit, non seulement vérifier la procuration au point de vue de la régularité apparente, mais encore s'assurer dans la mesure du possible que cette procuration n'a pas été obtenue à l'aide d'une pression ou de moyens frauduleux. Dans les cas douteux ou suspects, il lui est toujours loisible d'ordonner la comparution personnelle de la victime ou de faire interroger celle-ci par le juge de paix ou encore de se transporter lui-même auprès d'elle.

1154. — La présence du greffier est également nécessaire, le président étant appelé à donner acte des accords intervenus entre les parties.

b) Personnes dont la présence est facultative.

1155. — En dehors des parties et de leurs mandataires légaux ou conventionnels, d'autres personnes peuvent-elles figurer dans la tentative de conciliation ? L'art. 22 modifié par la loi du 22 mars 1902 dispose que le bénéfice de l'assistance judiciaire est accordé à la victime devant le président. Cette modification permet à l'ouvrier, non seulement de pouvoir introduire sans frais une instance en référé dans certains cas urgents, mais aussi d'avoir dès le début de la procédure des conseils éclairés qui le renseignent exactement sur la nature et l'étendue de leurs droits. On ne saurait cependant conclure des termes de ce nouveau texte que la victime ou ses ayants-droit peuvent exiger l'assistance en conciliation de leur avoué ou de leur avocat. Le président a, à cet égard, un pouvoir d'appréciation absolu : il peut, suivant les cas, refuser, autoriser ou même ordonner la présence de l'avocat ou de l'avoué. Il est bien entendu que, du moment où il autorise l'une des parties à se faire assister d'un conseil, l'autre partie a le droit, elle aussi, d'avoir une assistance identique. D'une façon générale, c'est seulement dans des cas tout exceptionnels que l'une des parties pourrait être autorisée à se faire accompagner dans le cabinet du président par un conseil pris en dehors des membres du barreau ou de la corporation des

paraître en personne ou par fondé de pouvoir, à moins d'empêchement justifié, etc. » (*J. O.*, Sénat, 1895, Déb. parl., p. 923.)

avoués. Le nom du conseil, qui est présent à une conciliation, doit être mentionné dans le procès-verbal; mais la signature de ce conseil est inutile.

1156. — La principale préoccupation du président en conciliation doit être de tenir la balance égale entre les deux parties et de s'assurer, avant de donner acte d'un accord, qu'elles se sont, l'une et l'autre, rendu compte exactement de l'étendue de leurs droits. Toutes les fois qu'il s'apercevra que l'une d'elles est, à ce point de vue, dans un état d'infériorité vis-à-vis de son adversaire, il n'hésitera pas à solliciter lui-même la présence de l'avocat ou de l'avoué.

1157. — Quant à l'assureur, il n'a pas plus le droit d'assister, en cette qualité, à la tentative de conciliation qu'il ne peut prendre part à l'enquête (n° 1054). La volonté du législateur sur ce point résulte soit du texte de la loi soit des travaux préparatoires[1]. Mais rien ne s'oppose à ce que, sur la demande des deux parties, un assureur soit, à titre officieux, admis quelques instants dans le cabinet du président, si cette tolérance paraît de nature à faciliter un arrangement amiable. Dans tous les cas un patron a incontestablement le droit de choisir comme mandataire un agent de la société à laquelle il est assuré.

1158. — Toutefois un assureur a parfois intérêt à demander en conciliation acte des réserves qu'il formule contre un chef d'entreprise assuré qui aurait encouru une déchéance à raison de mentions inexactes insérées dans sa police ou pour toute autre cause. En pareil cas, le président peut, sans inconvénient, autoriser l'intervention officielle de l'assureur, mais seulement pour lui permettre d'obtenir acte de ses réserves. Il est bien entendu que de telles réserves sont inopérantes au regard de la victime, aucune clause de déchéance n'étant opposable aux ouvriers ou à leurs représentants (V. n°s 1790 et s.). Quand un agent d'assurance comparaît en conciliation comme mandataire du chef d'entreprise, il ne saurait être

---

[1] L'opinion du législateur paraît avoir une tendance à se modifier sur ce point. Dans son dernier projet (déc. 1903) la commission du Sénat fait figurer l'assureur au nombre des personnes que le président doit convoquer en conciliation. La Chambre des députés avait précédemment voté un projet dans le même sens.

admis à faire des réserves au nom de l'assureur; car il ne peut pas être en même temps le mandataire de deux personnes ayant des intérêts opposés. Le patron doit, alors, se présenter en personne ou constituer un autre fondé de pouvoir.

ll
Incapacité légale de l'une des parties.

1159. — L'art. 49 du Code de procédure civile qui dispense du préliminaire de conciliation les demandes intéressant les mineurs, les interdits, l'État, les communes ou les établissements publics n'est pas applicable à la comparution devant le président du tribunal[1]. Nous verrons, en effet, que dans beaucoup de cas les représentants légaux de ces personnes ont capacité suffisante pour conclure un règlement.

L'étendue des pouvoirs de ces représentants varie suivant que les incapables dont ils ont l'administration, sont : 1° les ayants-droit de la victime; 2° la victime elle-même; 3° le chef d'entreprise.

a) Minorité des ayants-droit de la victime.

1160. — La victime, décédée des suites de l'accident, a laissé plusieurs enfants mineurs de seize ans qui ont droit à une pension temporaire (art. 3-B). Ils seront représentés, suivant les cas, ou par leur tuteur ou par le père administrateur légal.

1161. — Le tuteur aura-t-il pouvoir pour acquiescer devant le président à un règlement de la pension temporaire légalement due à ses pupilles? L'affirmative ne me paraît pas douteuse; un tel acquiescement est un acte d'administration rentrant dans les limites des attributions du tuteur (art. 450, C. civ.). On ne saurait en effet y voir une transaction interdite au tuteur, la transaction impliquant des concessions réciproques des deux parties en vue de terminer ou de prévenir un litige. Or, en pareil cas, le tuteur n'a à faire aucune concession pour son mineur, les droits de celui-ci étant déterminés et tarifés par la loi. En réalité, il s'agit

[1] Circ. du ministre de la Justice du 22 août 1901.

d'une créance certaine et exigible qui, au lieu d'avoir son fondement dans une convention, résulte de la loi elle-même. Bien plus, la loi ne s'est pas contentée de la créer, elle a établi sa liquidation d'après un tarif. La comparution devant le président est à la fois une garantie de la stricte application de ce tarif et un moyen de conférer à l'ayant-droit un titre authentique. Or la liquidation d'une créance de son pupille, lorsque cette liquidation repose sur des données incontestables, et l'accomplissement des formalités nécessaires à la confection d'un titre authentique sont, à coup sûr, des actes d'administration relevant du pouvoir du tuteur. Au surplus il n'est pas indifférent de considérer que la pension à liquider porte uniquement sur des arrérages destinés à être dépensés au jour le jour à l'entretien du mineur et qui prendront fin avant l'échéance de la majorité légale. A plus forte raison le père administrateur légal a-t-il pouvoir pour souscrire un tel règlement [1].

1162. — La question serait plus délicate si l'enquête révélait l'existence d'une faute grave à la charge du chef d'entreprise; car cette faute pourrait être suivant les cas, classée au nombre des fautes dites inexcusables qui ont pour effet de majorer l'indemnité légale. Il en résulterait que le tarif légal ne serait plus nécessairement applicable et que l'adhésion du tuteur au règlement pourrait impliquer une renonciation au bénéfice de cette situation exceptionnelle : on verrait ainsi apparaître les caractères de la transaction. Mais, même dans ce cas, le père administrateur légal aurait le pouvoir de traiter; car les dispositions de l'art. 467 du Code civil ne lui sont pas applicables [2].

b) *Incapacité de la victime.*

1163. — Tout d'abord il est certain que le règlement amiable de l'indemnité temporaire doit être classé au nombre des actes d'administration pour lesquels le tuteur ou le mineur émancipé ont plein pouvoir.

[1] Paris, 18 févr. 1901. *Gaz. Pal.*, 1901. 2. 231. Douai, 24 févr. 1901 et Bordeaux, 24 janv. 1901, *Gaz. Pal.*, 1901. 2. 233.
[2] Cass. civ., 29 juill. 1903, *Gaz. Pal.*, 1903. 2. 276.

En ce qui concerne les accidents suivis d'invalidité permanente totale, la rente de la victime est fixée d'une façon ferme aux 2/3 du salaire annuel. Cette tarification, qui ne laisse place à aucun pouvoir d'appréciation arbitraire, permet d'assimiler cette hypothèse à celle de l'incapacité légale d'un ayant-droit et, par suite, d'autoriser le tuteur et le mineur émancipé à souscrire valablement un arrangement en conciliation.

Dans les accidents entraînant une incapacité permanente partielle, les conditions sont toutes différentes : le tarif, qui alloue une rente égale à la moitié de la réduction du salaire, n'est fixe qu'en apparence. En réalité, la détermination du montant de la réduction du salaire, ne pouvant se calculer qu'approximativement, ouvre la porte aux appréciations les plus diverses ; un arrangement amiable ne s'obtient qu'au prix de concessions réciproques et devient alors une véritable transaction pour le règlement de laquelle l'avis du conseil de famille et la consultation de trois jurisconsultes seraient nécessaires. Mieux vaut, en pareil cas, constater la non-conciliation et renvoyer les parties devant le tribunal [1].

1164. — Il en serait autrement dans le cas où la victime en état de minorité serait placée sous l'administration légale de son père, la jurisprudence la plus récente admettant que les dispositions de l'art. 467 cessent alors d'être applicables [2].

1165. — Un tuteur ou un père administrateur légal ont incontestablement le droit de renoncer, au nom du mineur, à la demande en paiement d'une rente viagère, s'il est démontré que la victime en état de minorité n'a subi, contrairement aux prévisions, qu'une incapacité temporaire de travail et qu'elle est entièrement guérie des suites du traumatisme. Une telle renonciation n'a point les caractères d'une

---

[1] En sens contraire, circ. du garde des Sceaux du 22 août 1901, qui est d'avis que le tuteur a, en pareil cas, plein pouvoir pour transiger, les garanties de l'art. 467 du Code civil étant remplacées par l'intervention du président du tribunal et par les dispositions de l'art. 30 de notre loi qui frappe de nullité toute convention contraire à la loi.

[2] Cass. civ., 29 juill. 1903, *Gaz. Pal.*, 1903. 2. 276. — *Contrà*, Aubry et Rau, t. 1, § 123, note 8 ; Demolombe, t. 6, n° 466.

transaction, si du moins elle est sincère. Pour lever tous les doutes à cet égard, le président doit exiger la production d'un certificat médical et viser le document dans l'ordonnance donnant acte de la renonciation. La question serait plus délicate si l'abandon de la procédure était motivé par le défaut de relation de cause à effet entre l'accident et le travail ou sur la circonstance que l'exploitation du patron n'était pas assujettie à la loi de 1898. Dans ces deux cas le président ne devra consentir à donner acte de la renonciation que si l'inapplicabilité de la loi est incontestable; et il agira prudemment en exigeant la présence même de l'avocat ou de l'avoué du tuteur ou du père administrateur légal.

La femme mariée doit toujours être assistée de son mari.

c) *Incapacité du chef d'entreprise.*

1166. — Le chef d'entreprise est-il assuré et l'assureur se reconnaît-il garant des conséquences du sinistre, le tuteur du patron mineur ou interdit ou bien le patron mineur émancipé ont plein pouvoir pour consentir tous les arrangements amiables, un tel consentement étant un acte d'administration qui, aux termes de l'art. 26 deuxième paragraphe de notre loi, n'engage en aucune façon la fortune de l'incapable.

Si le patron n'est pas assuré ou bien si l'assureur fait des réserves vis-à-vis de lui en ce qui concerne sa garantie, il sera prudent de ne pas traiter à l'amiable; car, si certaine que soit une dette, la reconnaissance en est toujours un acte important dont un administrateur ne doit pas assumer la responsabilité.

1167. — L'administrateur gérant ou le directeur général d'une société anonyme a pouvoir pour régler en conciliation les rentes et pensions dues aux victimes d'accidents (V. n° 1152), toutes les fois que, suivant les distinctions ci-dessus, le règlement ne constitue pas une véritable transaction. Lorsqu'un tel règlement présente les caractères d'une transaction, il doit être approuvé par le conseil d'administration tout entier ou par un administrateur muni d'un pouvoir spécial du conseil d'administration.

1168. — Des distinctions analogues mériteront d'être

faites en ce qui concerne les représentants légaux de l'État, des départements, des communes et des établissements publics. En principe, l'État est représenté par le préfet[1]. Toutefois, par une circulaire du 28 septembre 1899, le ministre des Travaux publics a donné spécialement plein pouvoir aux ingénieurs en chef des ponts et chaussées pour régler amiablement les indemnités temporaires et rentes viagères dues aux victimes d'accidents dans les travaux de l'État exécutés en régie. Les ingénieurs ont le droit de se faire représenter par un agent de leur service; ils ont également qualité pour suivre les instances devant toutes les juridictions.

TROISIÈME SECTION.

Pouvoirs du président.

1169. — En 1892, l'honorable M. Ricard, alors rapporteur d'un projet de loi sur les accidents, disait dans son rapport : « La commission a pensé que pour les contestations portant sur des rentes ou pensions dues à la suite d'accidents ayant entraîné soit la mort soit une incapacité permanente, il y avait lieu d'organiser une procédure spéciale. Il fallait, tout d'abord, essayer d'éviter les procès et faire en sorte de rapprocher les parties intéressées en les éclairant sur l'étendue de leurs obligations et de leurs droits. La conciliation devait être tentée et, pour en assurer le succès, il était bon de s'en remettre au magistrat investi dans l'arrondissement de la plus haute fonction judiciaire et de le charger d'opérer cette tentative de rapprochement ». La même opinion avait été exprimée dès 1887 par l'honorable M. Duché dans son rapport à la Chambre des députés. « On peut espérer, disait-il en parlant de l'essai de conciliation devant le président, on peut espérer que le plus souvent cette mission sera remplie avec succès. L'autorité du juge, sa haute compétence, son impartialité reconnue s'exerçant sur le terrain relativement restreint, délimité par la loi nouvelle, ne sauraient manquer d'être écoutées dans la plupart des cas. L'ordonnance de conciliation deviendra certainement la règle générale, le procès ne sera plus que l'exception rare ». Le Sénat, après avoir dans un premier texte confié aux magistrats cantonaux le soin de tenter un rapprochement entre les

[1] T. Narbonne, 27 nov. 1901, *Gaz. Pal.*, 1902. 1. 442.

parties, a fini par se ranger à l'opinion de MM. Duché et Ricard[1].

1170. — Nous étudierons les pouvoirs du président :
1° comme juge de sa compétence ; 2° au point de vue des
mesures d'instruction ; 3° comme conciliateur. Un quatrième
paragraphe sera consacré à la force probante de ses ordonnances et un cinquième à leur force exécutoire.

I

Compétence.

a) *Compétence* ratione materiæ.

1171. — Le président peut-il et doit-il en conciliation se
faire juge de sa propre compétence *ratione materiæ ?* La question est controversée. Les uns lui refusent le droit de statuer
sur sa propre compétence[2], les autres lui en font un devoir[3].
Nous n'hésitons pas à nous ranger en principe à la première
opinion. Il est certain qu'en confiant au président une mission de conciliation, le législateur n'a pas entendu autoriser
devant ce magistrat l'ouverture de débats sur la compétence
ratione materiæ, et toutes les fois que l'applicabilité de la loi
de 1898 prêtera à des controverses, le président se bornera à
ordonner le renvoi devant le tribunal, les exceptions soulevées par l'une des parties impliquant d'ailleurs de la part
de celle-ci le refus de se concilier. Rien ne s'oppose d'ailleurs
à ce que l'ordonnance donne acte des exceptions formulées.

1172. — Nous n'entendons parler ici que des affaires dans
lesquelles l'applicabilité de la loi est discutable. Mais il arrive
parfois dans le cabinet du président des procédures qui, à
coup sûr et sans controverse possible, ne rentrent pas dans
le cadre de la loi de 1898, soit que l'exploitation de chef d'entreprise ne puisse, à aucun point de vue, être considérée
comme assujettie, soit qu'il y ait une démonstration certaine
que la victime n'était pas au service du chef d'entreprise

---

[1] Sénat, séance du 21 nov. 1895 (*J. O.*, Déb. parl., p. 923) et séance du 4 mars
1898, *J. O.*, Déb. parl., p. 254.
[2] Dijon, 10 nov. 1900, Bordeaux, 15 janv. 1901, D. 1902. 2. 175.
[3] Dijon, 13 juin 1900, D. 1901. 2. 253.

ou que la lésion, dont elle est atteinte, n'est pas imputable à
un accident. Nous avons vu en effet que les procédures d'accident ne sont soumises à aucun contrôle efficace au point de
vue de l'applicabilité de la loi : le juge de paix se borne à rechercher si la victime paraît atteinte d'une incapacité permanente, et le procureur de la République ne vérifie que la régularité de la forme. Le président n'a-t-il pas le pouvoir
d'arrêter de telles procédures et d'éviter ainsi des frais frus-
tratoires? Et d'abord, lorsque les parties sont présentes devant lui, il lui appartient de s'assurer encore par le récit
verbal des faits si la procédure a été vraiment introduite à
tort et, en cas d'affirmative, de demander à la victime ou à
ses représentants s'ils ne renoncent pas à leurs prétentions.
Le donné acte de l'abandon de l'affaire serait formulé comme
il sera dit ci-dessous. Mais il peut arriver que la victime ou
ses représentants persistent dans leurs prétentions sans motifs
plausibles : le président ne peut-il pas, en pareil cas, rendre
une ordonnance d'incompétence et décider qu'il n'y a pas
lieu à renvoi devant le tribunal? Nous admettons volontiers
l'affirmative; car il serait vraiment regrettable que le mécanisme automatique par lequel l'assistance judiciaire est oc-
troyée en matière d'accident du travail, devînt pour quelques-
uns un moyen de chantage assuré de l'impunité. Au surplus
une telle ordonnance serait susceptible d'appel, comme toutes
les décisions sur la compétence (V. nos 1130 et s.).

b) *Compétence* ratione loci.

1173. — Cette compétence n'étant pas d'ordre public, le
président ne peut, à plus forte raison, la trancher par une
décision rendue en conciliation. Il peut arriver qu'en présence d'une exception d'incompétence soulevée par l'une des
parties, l'autre partie en reconnaisse le bien fondé et déclare
renoncer à poursuivre l'instance devant le tribunal de l'arrondissement; le président n'aura, dans ce cas, qu'à donner acte
de l'accord des parties sur ce point. Ce donné acte sera formulé comme il sera dit ci-dessous.

II

Mesure d'instruction.

1174. — Lorsque le président reçoit le dossier, l'enquête de juge de paix est close ; il ne lui appartient pas de la rouvrir ni même d'ordonner officiellement et de son propre chef une mesure d'instruction. Sans doute, il peut demander au juge de paix des renseignements complémentaires qui lui paraîtraient nécessaires ou utiles ; mais ces renseignements ne seront insérés dans la procédure qu'à titre purement officieux[1].

1175. — A-t-il le droit d'ordonner une expertise médicale, si du moins les deux parties sont d'accord pour la demander ? Avant la loi de 1902, la question était fort controversable ; car, pendant la durée de la conciliation, la victime n'était pas encore admise au bénéfice de l'assistance judiciaire ; par suite, les frais de cette mesure d'instruction pouvaient ne pas être admis en taxe. Cette objection a disparu depuis la loi de 1902 qui accorde de plein droit le bénéfice de l'assistance judiciaire aux victimes d'accidents, non seulement en conciliation, mais encore pour les instances de référés. Il n'est pas contestable que le président, agissant en référé, peut, sur la demande des deux parties, ordonner une expertise médicale ; et cette expertise aura la même valeur que si elle avait été ordonnée par le tribunal lui-même. Les avantages de cette mesure apparaissent clairement, tant au point de vue de la célérité que de la diminution des frais : les parties n'auront qu'à attendre en conciliation le résultat de l'expertise et presque toujours elles concluront un accord sur les bases formulées par l'homme de l'art. Par mesure de précaution et pour éviter des contestations ultérieures, le président agira sagement en exigeant la présence de l'avocat ou de l'avoué du blessé, et souvent aussi de celui du chef d'entreprise, au moment où les deux parties se mettront d'accord pour solliciter une expertise : il constatera leur adhésion

[1] Dans ce sens, Cass., 15 juin 1874, S. 74. 1. 483, D. 76. 1. 167 ; 18 août 1877, S. 78. 1. 384, D. 78. 1. 213 ; 17 mai 1887 (motifs), S. 90. 1. 315, D. 88. 1. 60.

et mentionnera tout spécialement dans son ordonnance qu'il statue comme juge des référés du consentement des intéressés. Généralement l'expertise a pour but de rechercher : 1° si l'accident a entraîné une incapacité permanente de travail; 2° en cas d'affirmative, quel est le degré d'invalidité de la victime ; 3° à partir de quel moment son état est devenu définitif. Les dépens de cette ordonnance suivront le sort de ceux de l'instance principale.

<h1 style="text-align:center">III</h1>

Ordonnances de conciliation ou de non-conciliation.

1176. — Art. 16, al. 2 et 3 : « *S'il y a accord des parties intéressées, l'indemnité est définitivement fixée par l'ordonnance du président, qui donne acte de cet accord. — Si l'accord n'a pas lieu, l'affaire est renvoyée devant le tribunal qui statue comme en matière sommaire, conformément au titre 24 du livre II du Code de procédure civile.* »

La question est loin d'être aussi simple que semble le penser le législateur. Tout d'abord, lorsque l'affaire arrive en conciliation, elle est rarement en état de recevoir une solution définitive, à moins qu'il ne s'agisse d'un accident mortel. La plupart du temps, le blessé se trouve encore en traitement et on doit attendre plusieurs semaines ou plusieurs mois avant de pouvoir être fixé sur son état. Pendant ce temps il importe de déterminer l'indemnité temporaire, si les parties ne l'ont déjà fait régler par le juge de paix. Enfin nous avons vu que le président, agissant comme juge des référés, peut, avec l'adhésion des parties, ordonner une expertise. Ceci exposé, on peut prévoir dix hypothèses différentes que nous examinerons successivement.

a) Accord complet des parties tant sur la rente
que sur l'indemnité temporaire.

1177. — Si les parties sont d'accord tant sur la rente ou pension que sur l'indemnité temporaire, et si cet accord paraît conforme aux dispositions de la loi, le président en

donne acte ; en pareil cas, tous les frais faits jusqu'au jour de
l'ordonnance sont à la charge du chef d'entreprise reconnu
débiteur de l'indemnité légale. L'ordonnance indiquera aussi
le point de départ de la rente, qui, dans les accidents suivis
d'incapacité permanente, est le jour où l'indemnité temporaire cesse d'être due.

Enfin le président doit mentionner dans son ordonnance
tous les éléments pouvant permettre de vérifier si l'accord est
conforme à la loi. Ces éléments sont : 1° le montant du salaire
annuel ; 2° en cas d'incapacité partielle, la réduction que l'accident a fait subir à ce salaire [1] ; 3° en cas d'incapacité absolue, l'indication de l'invalidité complète de la victime ; 4° en
cas d'accidents mortels, le nombre et la qualité des ayants-
droit, le taux de la rente ou pension, la reconnaissance par
les deux parties que les conditions légales de l'allocation de
la rente (âge des enfants, ascendants à la charge de la victime, etc.) sont effectivement remplies.

b) Accord partiel sur la pension.

1178. — En matière d'accidents mortels, le patron peut
tomber d'accord avec l'un des ayants-droit survivants et être
en désaccord avec les autres. Le président doit rechercher, en
pareil cas, non seulement si l'accord intervenu est conforme
à la loi, mais aussi si l'instance n'est pas indivisible. Si cela
est possible, il donne acte de l'accord et renvoie les parties
en désaccord devant le tribunal. Dans les rapports des parties, dont il a constaté l'accord, les frais faits jusqu'à l'ordonnance doivent aussi rester à la charge du chef d'entreprise.

c) Accord sur l'indemnité temporaire, désaccord sur la rente ou pension.

1179. — En pareil cas, il y a lieu d'ordonner le renvoi
devant le tribunal, les frais restant réservés.

d) Désaccord complet tant sur l'indemnité temporaire que sur la rente.

1180. — Le renvoi devant le tribunal s'impose.

---

[1] Le projet de la commission du Sénat (décembre 1903) fait de l'omission de la
mention de ces deux premières indications une cause de nullité de l'ordonnance.

e) Accord sur la rente ou pension, mais désaccord sur l'indemnité
temporaire, ou sur les frais médicaux et pharmaceutiques
ou sur les frais funéraires.

1181. — Le président donne acte de l'accord sur la rente ou pension, si cet accord est conforme à la loi et renvoie les parties devant le juge de paix compétent pour trancher le litige sur l'indemnité temporaire, les frais de maladie ou les frais funéraires. Les frais de procédure doivent, en pareil cas, être supportés par le patron reconnu débiteur de l'indemnité légale.

f) Accord sur l'indemnité temporaire, mais renonciation de la victime
à une demande de rente viagère.

1182. — Il arrive souvent que, contrairement aux prévisions, un accident n'entraîne qu'une incapacité temporaire de travail. Le blessé, après avoir régulièrement touché son indemnité temporaire, peut renoncer à sa demande de rente viagère. Le président a qualité pour donner acte de cette renonciation et ordonner que la procédure sera classée sans suite. Toutefois, avant de consentir un donné acte de cette nature, il devra s'assurer par tous les moyens en son pouvoir que les parties sont sincères ou ne sont pas induites en erreur. La production d'un certificat médical constatant la guérison complète sera la plus sûre des garanties. Dans cette hypothèse, le président s'abstient de statuer sur les frais qui restent ainsi à la charge de l'État.

g) Renonciation complète de la victime ou de ses représentants.

1183. — La loi de 1898 peut aussi ne pas être applicable, soit pour défaut de relation entre l'accident et le travail soit à raison du non-assujettissement de l'exploitation à laquelle appartenait la victime. La victime ou ses représentants ont incontestablement le droit de se désister de leur demande et le président peut donner acte de ce désistement; mais, comme il s'agit ici d'une question de droit, il sera prudent d'exiger que, pour cette renonciation, la victime ou ses représentants soient assistés de leur avocat ou de leur avoué. La présence de ces hommes d'affaires démontrera que le désistement a été donné en connaissance de cause. Ici encore les frais doivent rester à la charge de l'État.

b) *Accord contraire à la loi.*

1184. — Pour que le président puisse donner acte de la conciliation, il faut que l'arrangement intervenu entre les parties soit conforme à la loi. Ce point est très important. Les parties peuvent, par ignorance de la loi, demander acte d'une convention qui violerait une des dispositions de notre texte. Le président leur signale leur erreur et cherche avec elles une combinaison qui, tout en étant légale, leur donnerait satisfaction. Mais le plus souvent les violations directes ou indirectes de la loi sont intentionnelles, sinon de la part des deux parties, du moins de l'une d'elles. La perspective de toucher immédiatement un capital sollicite beaucoup d'ouvriers à reconnaître, contrairement à l'évidence, que la rente à laquelle ils ont droit ne dépasse pas cent francs. Le président ne doit pas tolérer de pareilles compromissions contraires au vœu de la loi et à l'intérêt des parties. Dans ce cas, il refuse de donner acte de la conciliation et renvoie les parties devant le tribunal ; rien ne s'oppose à ce qu'il rende une ordonnance motivée. Nous verrons plus loin n° 1196 qu'une telle ordonnance est sujette à appel.

Il peut arriver que la victime ou ses ayants-droit, après avoir traité secrètement avec le chef d'entreprise, viennent devant le président déclarer qu'à raison de telle ou telle circonstance plus ou moins fantaisiste, ils ne réclament aucune pension ou indemnité. Cette fraude sera déjouée également par une ordonnance refusant de donner acte de l'accord illégal des parties et renvoyant celles-ci devant le tribunal.

i) *Défaut.*

1185. — Le législateur suppose que la convocation du président du tribunal est suivie de la comparution de tous les intéressés. Cette hypothèse ne se réalisera pas toujours. Il arrivera fréquemment que l'une ou l'autre des parties ne se présentera pas ou même que toutes les deux feront défaut. Aucune sanction n'a été prévue. Si l'une des deux par-

ties est présente, le président donnera acte de sa comparution et de l'absence de l'autre partie, et il ordonnera le
renvoi devant le tribunal. Mais; dans ce cas, le tribunal ne
sera pas saisi de plein droit; il sera nécessaire que la partie
qui s'est présentée seule en conciliation fasse signifier à
l'autre partie l'ordonnance de renvoi et une assignation à
comparaître devant le tribunal. Au surplus la partie défail-
lante en conciliation pourrait elle-même, si elle y avait intérêt, prendre l'initiative de l'assignation.

Enfin il est moins invraisemblable qu'on ne pense de prévoir la défaillance des deux parties. Cette hypothèse trahira
même un accord clandestin et prohibé que le président aura
pour devoir de ne pas sanctionner. Il ordonnera en conséquence le renvoi devant le tribunal.

j) Des offres faites en conciliation.

1186. — Dans le procès-verbal de non-conciliation le président donne acte, s'il y a lieu, des offres faites par le chef
d'entreprise et refusées par la victime ou ses ayants-droit.
Cette constatation peut avoir une grande importance au point
de vue des dépens de l'instance. Si en effet les offres faites
par le patron sont jugées suffisantes par le tribunal, la
victime ou ses ayants-droit, qui les ont à tort refusées, seront
condamnés en tous les frais postérieurs au procès-verbal
de non-conciliation [1]. En notre matière, les offres, pour être
valables, n'ont pas besoin d'être réelles, c'est-à-dire d'être accompagnées de la présentation des espèces [2], car la dette du
patron consiste toujours, à l'origine du moins, dans une
rente dont les arrérages ne sont pas payables d'avance et pour
laquelle la victime ou ses représentants ne peuvent exiger
aucune sûreté spéciale, le cautionnement du fonds de garantie leur étant accordé de plein droit.

[1] Cass. req., 17 nov. 1903, *Gaz. Pal.*, 1903. 2. 699.
[2] Même décision.

IV
Force probante et force exécutoire.

a) *Force probante. Rescision. Nullité.*

1187. — Une ordonnance de conciliation est un acte judiciaire qui constate une convention, c'est-à-dire l'accord de deux parties sur un objet déterminé. Elle a donc la force probante d'un contrat judiciaire. Ce contrat est, comme les contrats ordinaires, rescindable pour vice du consentement, dans les termes de l'art. 1109 du Code civil, c'est-à-dire pour *dol, violence* ou *erreur sur la substance de la chose*[1]. Nous ne pensons pas qu'il y ait lieu d'appliquer ici l'art. 2052 du Code civil sur les transactions; car, ainsi que nous l'avons montré nos 1161 et s., l'accord devant le président constitue rarement une transaction; et, quand il présente un caractère transactionnel, les concessions réciproques des parties ne peuvent porter que sur des questions de fait, mais non sur des points de droit, notre loi étant d'ordre public[2]. Il suit de là que, contrairement aux dispositions de l'art. 2052 du Code civil, une erreur de droit c'est-à-dire une erreur sur l'interprétation de la loi de 1898 constitue toujours une cause de nullité. En d'autres termes, aux vices du consentement indiqués plus haut, il convient d'ajouter comme cause de nullité la *violation de la loi.*

1188. — Violence. — Les circonstances dans lesquelles interviennent une ordonnance de conciliation sont exclusives de cette cause de nullité.

1189. — Dol. — Le dol sera aussi très rare. Cependant on peut supposer que l'une des parties parvienne à obtenir le consentement de l'autre en produisant une pièce fausse, par exemple un faux certificat médical en vue d'atténuer la gravité d'une incapacité de travail ou bien des livres falsifiés au sujet du montant du salaire.

[1] C. Paris, 14 juin 1900, *Gaz. Pal.*, 1900. 2. 154, S. 1901. 2. 235. C. Rennes, 15 avr. 1902, *Gaz. Pal.*, 1902. 2. 48. On ne saurait toutefois considérer comme un contrat judiciaire la simple déclaration faite par l'une des parties relativement au salaire annuel, lorsque cette déclaration n'a pas été suivie d'un accord fixant la rente viagère. Grenoble, 8 août 1900, *Pand. fr.*, 1901. 2. 329.

[2] *Contrà*, C. Besançon, 6 mars 1901, *Gaz. Pal.*, 1901. 2. 69.

1190. — Erreur. — L'erreur peut porter soit sur la substance de la chose soit sur la personne ; mais, pour être une cause de rescision, il faut qu'elle ait été telle que, sans elle, l'une des parties n'aurait pas contracté (art. 1110, C. civ.); tel serait, par exemple, le cas du chef d'entreprise qui traite avec une victime d'accident dans la croyance qu'elle était son ouvrier, alors qu'elle était en réalité au service d'une autre personne [1].

1191. — Violation de la loi. — Comme exemple de violation de la loi, on peut citer l'admission comme ayant-droit d'un parent autre que ceux limitativement désignés par la loi, par exemple d'un frère, d'un neveu, etc., l'application du risque professionnel à un industriel non assujetti, le calcul de l'indemnité sur un taux illégal, par exemple l'allocation d'une rente égale au 1/4 du salaire annuel ou à la totalité de ce salaire.

Mais une constatation matérielle qui rentre nécessairement dans les pouvoirs d'appréciation des parties contractantes ou des juges du fait, telle que l'évaluation du degré d'incapacité de travail, ne saurait donner lieu à une action en nullité pour violation de la loi; ainsi une des parties ne pourrait soutenir qu'il y a eu violation de la loi parce que la rente aurait été fixée sur le pied d'une incapacité absolue, alors qu'il s'agissait d'une incapacité partielle [2].

1192. — L'action en nullité pour vice du consentement et l'action en nullité pour violation de la loi doivent être introduites devant le tribunal dans les formes du droit commun. Toutefois elles diffèrent essentiellement l'une de l'autre. La première se prescrit par dix ans (art. 1304, C. civ.), et peut être couverte par une ratification. Au contraire la deuxième étant d'ordre public ne se prescrit que par trente ans et résiste à toute ratification; par suite elle peut être soulevée pour la première fois devant la Cour de cassation [3].

1192 bis. — C'est à celui qui invoque un vice du consen-

---

[1] C. Besançon, 6 mars 1901, *Gaz. Pal.*, 1901. 2. 69.
[2] C. Pau, 14 janv. 1900, *Gaz. Pal.*, 1900. 2. 154.
[3] Cass., 6 août 1902, D. 1902. 1. 580.

tement ou une violation de la loi qu'il appartient d'en rapporter la preuve.

b) Force exécutoire.

1193. — En principe les décisions rendues et les actes
dressés par les juges dans les limites de leurs attributions
ont à la fois la force probante et la force exécutoire des actes
authentiques (art. 146, 545 et 1040, C. proc. civ.). Par suite
une ordonnance de conciliation a la même force exécutoire
qu'un jugement qui donnerait acte de l'accord de deux parties
sur un objet litigieux.

1194. — Il ne nous semble pas qu'il y ait lieu d'assimiler
l'ordonnance de conciliation rendue par le président en matière d'accident du travail aux procès-verbaux de conciliation
dressés par les juges de paix en exécution de l'art. 17 de la
loi du 2 mai 1855, ou de l'art. 54 du Code de procédure
civile. On sait qu'aux termes de ces deux articles les conventions, insérées dans le procès-verbal, ont seulement force
d'obligation privée, ce qui signifie que le procès-verbal, tout
en étant un acte authentique, n'a pas force exécutoire. La
conciliation devant le juge de paix est toute différente de
la conciliation spéciale prescrite par notre loi. Et d'abord le
magistrat conciliateur n'est pas le même. D'autre part, en
matière d'accident du travail les parties n'ont pas le droit
de traiter hors la présence du magistrat. Enfin, à la différence du juge conciliateur du droit commun qui se borne à
constater, dans un procès-verbal, les conventions intervenues
devant lui, le président, agissant en vertu des pouvoirs que
lui confère la loi sur les accidents du travail, ne rend exécutoire l'accord des parties qu'après avoir reconnu que cet
accord est conforme aux dispositions impératives de la loi du
9 avril 1898, auxquelles il n'est pas permis de déroger. L'ordonnance du président, qu'elle donne acte de l'accord des
parties ou qu'elle les renvoie devant le tribunal, est donc un
acte de juridiction, qui doit avoir la force probante et la
force exécutoire des actes authentiques[1].

---

[1] Dans ce sens (motifs), Cass. civ., 18 mars 1903, *Gaz. Pal.*, 1903. 1. 460. En sens
contraire, Pau, 14 juin 1900, *Gaz. Pal.*, 1900. 2. 154.

V

Voies de recours.

1195. — Si l'ordonnance est rendue en l'absence de l'une des parties, celle-ci peut-elle faire opposition? La question est controversée. Nous inclinons vers la négative; car une ordonnance par défaut ne pouvant que prononcer le renvoi devant le tribunal ne préjudicie en aucune façon aux droits de l'une ou de l'autre des parties; d'autre part, le caractère d'urgence des affaires de cette nature fait, comme en matière de référés, obstacle à l'admission de la voie de l'opposition (art. 809, C. proc. civ.)[1].

1196. — Les ordonnances rendues par le président sont-elles susceptibles d'appel?

Celles qui constatent l'accord des parties ne peuvent pas être frappées d'appel, puisqu'elles présentent le caractère d'un contrat judiciaire. L'action en nullité dans les conditions indiquées plus haut est la seule voie qui soit ouverte contre elles.

Les ordonnances qui, constatant le désaccord des parties, se bornent à renvoyer devant le tribunal, ne tranchent aucune question litigieuse; par suite, elles ne sauraient être susceptibles d'appel[2]. Il en serait autrement d'une ordonnance qui refuse de donner acte de l'accord des parties par le motif que cet accord serait contraire à la loi. Une telle ordonnance tranche en effet un point de droit; elle peut dès lors être frappée d'appel[3].

Enfin les ordonnances, qui statuent sur la compétence *ratione materiæ* ou *ratione loci*, ne sont rendues qu'en premier ressort; c'est là un principe constant[4].

1197. — Pour les délais et les formes de l'appel, il y aura lieu de suivre les dispositions de l'art. 809 du Code de procédure civile sur les référés ou celles de l'art. 17 de notre loi.

---

[1] En sens contraire, C. Rouen, 23 janv. 1901, *Gaz. Pal.*, 1901. 1. 336.
[2] C. Dijon, 10 déc. 1900, Bordeaux, 15 janv. 1901, D. 1902. 2. 175.
[3] Rouen, 23 janv. 1901, précité.
[4] Dijon, 13 juin 1900, D. 1901. 2. 253

CHAPITRE III

DE L'INSTANCE.

1198. — Ce chapitre comporte trois sections : — 1° Compétence. Exception. Des parties en cause; — 2° Première instance; — 3° Appel et cassation.

PREMIÈRE SECTION.

Compétence. Exception. Partie en cause.

I

Compétence *ratione materiæ.*

1199. — Nous avons vu que l'art. 15 attribue compétence aux juges de paix pour toutes les contestations relatives aux frais funéraires, aux frais de maladie et aux indemnités temporaires. Aux termes de l'art. 16, les contestations relatives aux autres indemnités prévues par notre loi relèvent de la compétence du tribunal civil; ces autres indemnités sont les rentes ou pensions dues soit à la victime elle-même en cas d'incapacité permanente totale ou partielle soit aux ayants-droit de la victime en cas d'accidents mortels.

1200. — Les accidents suivis d'incapacité permanente totale ou partielle donnent eux-mêmes droit à des indemnités de deux natures différentes : 1° à l'indemnité temporaire et aux frais médicaux pendant la période de traitement médical; 2° à une rente viagère à partir du jour où l'état du blessé est devenu définitif. Une victime atteinte d'incapacité permanente devra-t-elle introduire deux instances différentes contre son patron, l'une devant le juge de paix en paiement de l'indemnité temporaire, l'autre devant le tribunal en règlement de la rente viagère? Cette question, qui a divisé la jurisprudence, nous a toujours paru devoir être tranchée par la négative, le tribunal, compétemment saisi de la demande principale en paiement de la rente viagère, ayant plénitude de juridiction pour statuer sur la demande connexe en paiement de l'indemnité journalière, alors même que cette dernière relève de la compétence du juge de paix. En effet, dans le concours de deux juridictions, l'une ordinaire, l'autre exceptionnelle, quand il s'agit d'une action comprenant des chefs distincts, mais unis par les liens d'une connexité si étroite qu'on risquerait en les jugeant séparément de leur donner des solutions inconciliables, la juridiction ordinaire doit, par l'effet d'une prorogation légale, prévaloir sur la juridiction exceptionnelle et rester saisie de l'affaire. Or, on ne saurait nier les liens d'étroite connexité qui unissent la demande en paiement de la rente viagère et la demande en paiement de l'indemnité temporaire, toutes deux étant pendantes entre les mêmes parties et ayant leur cause dans un fait unique, l'accident litigieux. D'autre part, le droit à l'indemnité temporaire dépend des mêmes conditions que le droit à la rente viagère et nécessite l'examen des mêmes questions, à savoir : 1° assujettissement de l'exploitation du défendeur; 2° existence d'un contrat de louage d'ouvrage ou d'apprentissage entre les deux parties; 3° relation de cause à effet entre l'accident et le travail. En d'autres termes, l'existence du droit à la rente viagère implique l'existence du droit à l'indemnité temporaire. Par suite, soumettre l'examen de ces deux droits à deux juridictions différentes, c'est exposer les parties à des contrariétés de décisions qu'une bonne administration de la justice doit s'efforcer d'éviter : ainsi il pourrait arriver qu'un même accident fût envisagé par un juge de paix comme ne rentrant pas dans les termes de la loi, alors que le tribunal y trouverait les caractères d'un accident industriel, ou réciproquement; d'où cette conséquence qu'un demandeur atteint d'une incapacité permanente, qu'il prétendrait avoir contractée dans un accident du travail, obtiendrait une rente viagère devant le tribunal après s'être vu refuser l'indemnité temporaire par le juge de paix ou inversement obtiendrait une indemnité temporaire mais serait débouté de sa demande en rente viagère. Ces motifs ont paru péremptoires à la Cour de cassation qui, dans plusieurs arrêts, a affirmé la compétence du tribunal pour statuer sur l'indemnité temporaire affé rente aux accidents entraînant une incapacité permanente[1].

1201. — Par les mêmes motifs il y a lieu d'admettre la compétence du tribunal pour la demande en paiement des frais médicaux et pharmaceutiques en matière d'accidents suivis d'incapacité permanente[2].

1202. — Dans les accidents mortels, le tribunal n'est compétent que pour statuer sur la rente viagère ou pension temporaire due aux ayants-droit. Les principes de connexité exposés plus haut ne pourraient lui permettre d'étendre sa compétence aux frais funéraires; car ceux-ci sont dus à la succession de la victime, tandis que la rente viagère ou la pension temporaire sont attribuées à certains parents expressément déterminés, abstraction faite de leurs droits successoraux (enfants mineurs de seize ans, veuves, ascendants, petits-enfants). D'où il suit que l'instance en remboursement des frais funéraires, et celle en paiement de la rente n'intéressant pas les mêmes parties sont complètement distinctes[3].

1203. — Les mêmes motifs nous portent à penser que la demande en paiement de l'indemnité temporaire, qui serait due en cas d'accident mortel pour la période antérieure au

---

[1] Cass. civ., 21 janv. 1903, *Gaz. Pal.*, 1903. 1. 198, D. 1903. 1. 177; 9 mars 1903, *Gaz. Pal.*, 1903. 1. 394. T. paix Paris, 5 janv. 1900, J. *Le Droit*, 26.janv. 1900, D. 1900. 2. 73. T. Chalon-sur-Saône, 18 nov. 1899, Nantes, 27 nov. 1899, Nancy, 12 déc. 1899, *Gaz. Pal.*, 1900. 1. 60. C. Besançon, 14 févr. 1900, Narbonne, 13 févr. 1900, *Gaz. Pal.*, 1900. 1. 355. Seine, 26 mars 1900, *Gaz.'Pal.*, 1900. 1. 624. Dôle, 13 avr. 1900, J. *La Loi*, 12 mai 1900. C. Orléans, 30 mai 1900, S. 1901. 2. 279. Toulouse, 28 déc. 1900, D. 1900. 2. 176, Lyon, 16 déc. 1900, D. 1902. 2. 352. Loubat, *op. cit.*, n° 345. — *Contrà*, Angers, 12 déc. 1899, *Gaz. Pal.*, 1900. 1. 60. T. paix Paris, 1 et 6 déc. 1899, *Gaz. Pal.*, 1900. 1. 51. C. Douai, 18 janv. 1900, *Gaz. Pal.*, 1900. 1. 411. Douai, 22 févr. 1900, J. *Le Droit*, 12 mai 1900. Réf. Seine, 6 nov. 1900, *Gaz. Pal.*, 1901. 1. 449. Douai, 18 janv. et 28 févr. 1900, S. 1901. 2. 17 et la note de Wahl. Caen, 6 févr. 1901, D. 1902. 2. 332. Cette question a préoccupé aussi le législateur : le Sénat a été saisi par sa commission, au mois de décembre 1903, d'un projet qui enlève aux tribunaux toute compétence dans les contestations relatives aux indemnités journalières et frais de maladie en cas d'incapacité permanente et l'attribue exclusivement aux juges de paix.

[2] C. Angers, 16 janv. 1900, D. 1900. 2. 117. T. Narbonne, 13 févr. 1900, *Gaz. Pal.*, 1900. 1. 355. Limoges, 27 nov. 1901, D. 1902. 2. 394. — *Contrà*, Angers, 12 déc. 1900, D. 1900. 2. 79. C. Besançon, 14 févr. 1900, D. 1900. 2. 117.

[3] T. Rochefort, 6 mars 1900, *Rec. min. Comm.*, n° 3, p. 224. Saint-Yrieix, 31 oct. 1900, *op. cit.*, p. 436. Lyon, 30 nov. 1900, *op. cit.*, p. 463. — *Contrà*, Bourg, 3 avr. 1900, *op. cit.*, p. 274.

décès du blessé, ne pourrait être portée devant le tribunal saisi par les ayants-droit du défunt d'une action en paiement de rente viagère ou de pension temporaire ; car l'indemnité temporaire est, comme les frais funéraires, due à la succession du défunt. Par suite les créanciers de cette indemnité et les ayants-droit à la rente ou à la pension ne sont pas les mêmes personnes, ou, si en fait elles sont les mêmes personnes, elles n'agissent pas en la même qualité.

1204. — Si le tribunal, saisi d'une demande de rente viagère et d'une indemnité journalière, décide que l'incapacité de la victime n'a été que temporaire, il est tenu de se déclarer incompétent pour le tout, c'est-à-dire aussi bien sur la demande d'indemnité journalière que sur celle de rente viagère ; car il s'agit ici d'une incompétence d'ordre public qui doit être proclamée d'office et qui peut être soulevée en tout état de cause [1].

1205. — Le jugement du tribunal civil qui alloue une indemnité temporaire en matière d'accident suivi d'incapacité permanente est susceptible d'appel, si le jugement sur la rente viagère est lui-même susceptible d'appel ; car la demande d'indemnité temporaire doit suivre le sort de la demande de rente viagère dont elle est l'accessoire [2]. Toutefois le tribunal peut décider que la somme allouée à titre d'indemnité temporaire a, en même temps, le caractère d'une provision dont le paiement doit être effectué nonobstant appel (art. **16**, *in fine*).

II

Compétence *ratione loci*.

1206. — En ce qui concerne la compétence *ratione loci*, nous trouvons la même dérogation que celle déjà signalée dans le chapitre concernant les juges de paix. Le tribunal du lieu où l'accident s'est produit est seul compétent à l'exclusion de celui du domicile de la victime. Si cette disposition, dont le motif est connu, n'est pas écrite expressément dans notre texte,

[1] T. Havre, 11 janv. 1900, *Gaz. Pal.*, 3 mars 1900. Toulon, 23 janv. 1900, D. 1900. 2. 297. — *Contrà*, Toulouse, 23 févr. 1900, D. 1900. 2. 297.
[2] C. Dijon, 5 mars 1900, S. 1901. 2. 77.

elle résulte implicitement de ses termes : l'art. 13, *in fine* prescrit en effet au greffier de la justice de paix où l'enquête a eu
lieu de transmettre, à l'expiration du délai de cinq jours, le
dossier au président du tribunal civil de l'arrondissement. Et
l'art. 16 ajoute : « *Le président du tribunal civil de l'arrondissement convoque, dans le délai de cinq jours à partir de la
transmission du dossier, la victime ou ses ayants-droit et le
chef d'entreprise*, etc. ». Au surplus, le texte voté en première
délibération par le Sénat ne laissait subsister aucun doute
sur ce point ; il a été modifié entre la première et la deuxième
lecture, non pour en changer le sens, mais uniquement pour
éviter une répétition dans les art. 13 et 16.

1207. — Il peut arriver que, la déclaration initiale ayant
été faite à une mairie située dans un arrondissement autre que
celui de l'accident, le tribunal saisi de l'affaire soit incompétent
ratione loci. Cette incompétence, n'étant pas d'ordre public,
ne peut être soulevée d'office ni par les juges, ni par le ministère public ; et celle des parties, qui veut s'en prévaloir, est
tenue, à peine de forclusion, de la proposer *in limine litis*
(art. 169, C. proc. civ.). Toute défense au fond implique de sa
part une renonciation. On ne saurait en principe assimiler à
une défense au fond la présence à l'enquête devant le juge de
paix ou la comparution en conciliation dans le cabinet du président ; car ce n'est pas reconnaître la compétence d'un tribunal que de prendre part à des formalités qui ne s'accomplissent pas devant ce tribunal et qui sont antérieures à l'acte
introductif d'instance. Toutefois celle des deux parties, dont
la déclaration faite à un maire incompétent a eu pour effet
de saisir le tribunal, est irrecevable à exciper de l'incompétence de celui-ci ; c'est en effet par sa propre faute que la
procédure a été mal engagée.

1208. — Un jugement d'incompétence *ratione loci* n'a pas
pour effet d'annuler l'enquête faite incompétemment par le
juge de paix, si les deux parties y ont pris part sans réserve
ni protestation. Il en serait autrement si la partie, qui a provoqué l'incompétence du tribunal, avait également demandé
au début de l'enquête que le juge de paix se déclarât incompétent.

1209. — L'assignation devant le tribunal nouvellement saisi devra être précédée d'un préliminaire de conciliation dans le cabinet du président de cette juridiction.

1210. — Lorsqu'un accident survient sur le territoire étranger pendant le cours des travaux d'une exploitation assujettie ayant son siège social en France, la loi du 9 avril 1898 est applicable et le tribunal français compétent est celui du siège social[1], qui est en même temps celui du domicile du défendeur. La compétence exceptionnelle de notre loi ne pouvant recevoir son exécution, le droit commun reprend son empire (V. nos 981 et 1016).

1210 *bis*. — Si l'attribution de compétence au tribunal du lieu de l'accident présente de sérieux avantages pour les exploitations sédentaires, il en est tout autrement dans les entreprises de transport et spécialement dans les chemins de fer, où un agent de la compagnie peut être tué ou blessé loin de son domicile. Cette objection, qui avait été présentée au moment de la discussion de la loi de 1898[2], préoccupe encore aujourd'hui le législateur[3].

III

Exception de chose jugée.

1211. — Il peut arriver qu'un ouvrier ayant, à la suite d'un accident, assigné son patron devant le juge de paix en paiement de l'indemnité temporaire et des frais médicaux et pharmaceutiques, ait été débouté de sa demande par le motif que l'accident ne réunissait pas les conditions prescrites par la loi du 9 avril 1898. Cette décision fera-t-elle obstacle à ce qu'il intente ultérieurement devant le tribunal contre

[1] Com. cons., 7 mars 1900, *J. O.*, 4 avr. 1900, p. 2113. C. Rennes, 22 déc. 1902, *Gaz. Pal.*, 1903. 1. 81. Alais, 27 janv. 1903. *Gaz. Pal.*, 1903. 1. 413.
[2] Disc. de M. Félix Martin au Sénat, 21 nov. 1895, *J. O.*, Déb. parl., p. 995.
[3] La commission du Sénat, dans son projet déposé en décembre 1903, propose de laisser aux chauffeurs, mécaniciens et autres agents des compagnies de chemins de fer la faculté d'assigner lesdites sociétés : 1o devant le tribunal du lieu de leur siège social 2o devant le tribunal du lieu où les faits dommageables se sont accomplis ; 3o devant le tribunal du lieu le plus rapproché du domicile de la victime au jour de l'accident, et dans lequel la compagnie aura une gare constituant pour elle une succursale. Ces dispositions avaient été adoptées par la Chambre des députés.

le même patron l'action spéciale de notre loi en paiement
d'une rente viagère à raison du même accident ? Nullement,
le patron ne peut, en pareil cas, exciper de la chose jugée;
car la demande soumise au tribunal n'avait pas le même
objet que celle sur laquelle le juge de paix avait statué : il
s'agissait dans l'une d'une simple indemnité journalière et
dans l'autre d'une rente viagère pour incapacité permanente.
On ne saurait admettre que le législateur ait voulu subor-
donner la décision du tribunal et de la cour d'appel, statuant
d'ailleurs sur un objet différent, à celle du juge de paix et
leur imposer l'obligation de se conformer à l'appréciation de
ce magistrat relativement au caractère et aux conditions de
l'accident[1].

IV

Des parties en cause.

1212. — Victime et ayants-droit. — Le demandeur dans
l'instance en règlement de l'indemnité légale est : 1° en cas
d'incapacité permanente ou partielle, la victime elle-même
ou si celle-ci est mineure ou interdite, son représentant légal
(père, administrateur légal ou tuteur); 2° en cas d'accident
mortel, les seuls ayants-droit désignés à l'art. 3. Aucune autre
personne ne peut exercer l'action spéciale de la loi de 1898.

1213. — Chef d'entreprise. — Le chef d'entreprise a la
qualité de défendeur ; c'est contre lui que l'action est dirigée.

1214. — Assureur. — L'assureur peut-il, lui aussi, figurer dans l'instance soit comme défendeur, soit comme appelé
en garantie, soit comme intervenant forcé ou volontaire?

Comme défendeur, non. La loi de 1898 ne confère à la
victime ou à ses ayants-droit une action spéciale que contre
le chef d'entreprise[2]. L'action, que la victime ou ses représentants pourraient exercer contre l'assureur, ayant sa source
dans le contrat d'assurance lui-même, serait sans lien de
connexité avec l'action spéciale de notre loi; elle devrait
donc faire l'objet d'une procédure complètement distincte

---

[1] Cass. req., 10 nov. 1903, *Gaz. Pal.*, 1903. 2. 577. Dans le même sens, Paris,
4 juill. 1902. *Gaz. Pal.*, 1902. 2. 482.
[2] Dans ce sens, T. Seine, 21 mai 1900, *Rec. min. Comm.*, n° 3, p. 318.

et suivie suivant les formes de droit commun. Au surplus, l'intérêt de la question se restreint à l'indemnité temporaire et aux frais médicaux et pharmaceutiques, puisque, pour les indemnités afférentes aux incapacités permanentes ou aux accidents mortels, la victime et ses ayants-droit ont la garantie de la Caisse nationale à laquelle ils peuvent s'adresser sur un simple refus de paiement (n° 1587 [1]).

1215. — L'assureur peut-il être appelé en garantie par le chef d'entreprise? Nous ne le pensons pas, et cela pour un motif identique. L'action de l'ouvrier contre son patron et celle de celui-ci contre l'assureur dérivent de deux obligations distinctes sans lien de connexité entre elles, l'une ayant son fondement dans la loi de 1898, l'autre dans un contrat d'assurance; aucune de ces deux actions ne pouvant être considérée comme l'accessoire et la dépendance de l'autre, il n'y a pas de raison pour qu'elles ne restent pas soumises, chacune de leur côté, aux règles de compétence qui leur sont propres; dès lors l'art. 181 du Code de procédure civile ne saurait recevoir ici son application [2]. Enfin la plupart des polices d'assurances interdisent au chef d'entreprise d'appeler l'assureur en garantie.

1216. — La compagnie ou société d'assurances peut-elle être contrainte par le chef d'entreprise d'intervenir dans l'instance en règlement d'indemnité? L'affirmative ne nous paraît pas douteuse, mais à la condition que la compagnie ait refusé de diriger elle-même la procédure de défense, comme elle en avait pris l'engagement par sa police, et aussi de se reconnaître débitrice de l'indemnité afférente à l'accident litigieux. C'est en effet seulement dans ce cas que le chef d'entreprise a intérêt à ce qu'elle figure dans l'instance en règlement d'indemnité, pour qu'elle ne puisse pas se plaindre plus tard de ce qu'il aurait opposé une résistance insuffisante aux préten-

---

[1] V. aussi sur les droits de la victime ou de ses ayants-droit contre l'assureur du patron n° 1586 et aussi sur les tendances actuelles du législateur à vouloir admettre l'assureur comme partie défenderesse dans les instances en fixation de la rente ou pension (n°s 1157, note et 1585, note).
[2] Jurisprudence constante en ce qui concerne l'action dérivant de l'art. 1382 du Code civil et celle ayant son fondement dans un contrat d'assurance. Cass., 15 déc. 1874, S. 75. 1. 227; 23 juill. 1881, S. 81. 1. 470; 3 janv. 1882, S. 82. 1. 120. Limoges, 11 nov. 1884, S. 85. 2. 182.

tions de la victime. L'intervention forcée du chef d'entreprise est, en pareil cas, conforme aux principes généraux de notre droit[1]. En effet, la compagnie assureur, s'étant engagée à supporter les conséquences des accidents dont les ouvriers du patron assuré sont victimes, a un intérêt réel et direct à ce que la demande en indemnité de l'ouvrier soit rejetée ou ne soit accueillie que dans les limites les plus restreintes. Par suite, le jugement qui fixe l'indemnité dans les rapports du patron et de la victime peut préjudicier à ses droits et il est de ceux auxquels elle peut former tierce opposition aux termes de l'art. 474 du Code de procédure civile. Or, il est universellement admis qu'une partie défenderesse peut mettre en cause par voie d'intervention forcée toute personne qui aurait le droit de faire opposition à la décision à intervenir[2].

1217. — A plus forte raison l'assureur d'un chef d'entreprise a-t-il le droit d'intervenir volontairement dans l'instance en règlement d'indemnité dirigée contre son propre assuré[3].

1218. — Tiers responsable. — La question de savoir si le tiers responsable peut figurer dans l'instance en règlement d'indemnité comme défendeur, comme appelé en garantie ou comme intervenant a été étudiée nos 779, 781 et s.

DEUXIÈME SECTION.

Procédure devant le tribunal.

La présente section sera divisée en cinq paragraphes : — 1° Introduction de l'instance ; — 2° Des instances intéressant les départements et communes ; — 3° Mesures provisoires ; — 4° Instruction et jugement ; — 5° Voies de recours.

---

[1] Dans ce sens, T. Nancy, 13 août 1900, *Rec. min. Comm.*, n° 3, p. 412.
[2] Cass., 25 janv. 1832, S. 32. 1. 153; 1er août 1859, S. 60. 1. 67, D. 59. 1. 353; 5 nov. 1877, S. 78. 1. 147, D. 80. 1. 79.
[3] V. au sujet de l'intervention de l'assureur en conciliation, n° 1158.

I

Introduction de l'instance.

1219. — Les instances en règlement de l'indemnité légale sont soumises pour leur introduction à une procédure spéciale que nous avons décrite plus haut : déclaration de l'accident, enquête devant le juge de paix, comparution en conciliation devant le président. « *Si l'accord n'a pas lieu devant ce magistrat*, dit l'art. 16, § 3, *l'affaire est renvoyée devant le tribunal*, etc. ».

Le tribunal est saisi par une assignation à la requête de la victime ou de ses ayants-droit ; et cette assignation, dressée conformément aux dispositions des art. 60 et s. du Code de procédure civile, devra notamment contenir une copie de l'ordonnance de renvoi, par assimilation aux dispositions de l'art. 65.

1220. — La procédure introductive spéciale à notre loi (déclaration d'accident, enquête devant le juge de paix, préliminaire de conciliation) est-elle prescrite à peine de nullité de l'instance ? Par exemple, il peut arriver qu'une action en responsabilité ait suivi son cours devant le tribunal civil, le demandeur et le défendeur ayant cru de bonne foi être soumis aux règles de droit commun, et que, les enquête et contre-enquête une fois terminées, l'examen plus attentif des pièces de la procédure révèle seulement que la loi de 1898 était applicable. Le tribunal pourra-t-il, dans ce cas, déclarer le défendeur redevable de l'indemnité fixée par notre texte ou devra-t-il proclamer l'irrecevabilité de la demande ? Les art. 2, 7, 11 et s. ne laissent subsister aucun doute sur ce point ; le tribunal est tenu de déclarer la demande irrecevable en la forme. En effet, l'instance de notre loi diffère des instances de droit commun, non seulement par son introduction (déclaration, enquête, conciliation), mais par des règles relatives à la compétence, aux délais d'appel, à l'exécution des jugements, etc. Il n'est pas possible d'admettre que ces diverses mesures de garantie, jugées nécessaires dans les affaires de ce genre, puissent être éludées par un artifice de procédure, alors même que les parties seraient de bonne foi. Au surplus, aux termes de l'art. 2, les ouvriers protégés par l'art. 1er ne peuvent se prévaloir d'aucune disposition autre que celles de la présente loi. Cette disposition conçue en termes impératifs et qui est d'ailleurs une conséquence du principe d'ordre public proclamé par l'art. 30, s'applique aussi bien aux questions de forme qu'aux questions d'incompétence ou à celle du fonds du droit[1].

1221. — Toutefois cette solution serait beaucoup trop rigoureuse, si la victime s'était trouvée, par des circonstances indépendantes de sa volonté, dans l'impossibilité de mettre en mouvement la procédure spéciale de notre loi et avait dû saisir directement le tribunal de sa demande en paiement de l'indemnité légale. On sait, en effet, que l'ouvrier comme le patron, n'a d'autre droit que de faire une déclaration et de déposer un certificat médical; il n'a point qualité pour requérir l'enquête à laquelle le juge de paix doit procéder ni pour appeler en conciliation le chef d'entreprise devant le président du tribunal dans l'arrondissement duquel l'accident s'est produit. Or, l'erreur d'un maire qui aurait omis de transmettre la déclaration au juge de paix ou l'inobservation par les magistrats des prescriptions légales ne saurait avoir pour effet de priver la victime d'un accident ou ses représentants de leur droit de faire condamner par le tribunal compétent le chef d'entreprise à leur servir la rente que le législateur a mise à sa charge. En pareil cas, une citation signifiée au chef d'entreprise par la victime d'un accident ou par ses ayants-droit en vue d'obtenir le paiement de l'indemnité légale a le double effet d'interrompre la prescription et de saisir le tribunal, si d'ailleurs elle est régulière. Le tribunal ainsi saisi doit surseoir à statuer et ordonner que les formalités substantielles des art. 13 et 16 de la loi du 9 avril 1898 seront remplies[2]. La continuation de l'instance

---

[1] T. Lille, 28 déc. 1899, *Gaz. Pal.*, 21 janv. 1900, C. Nîmes, 10 août 1900, *Gaz. Pal.*, 1901. 2. 130. C. Montpellier, 22 mars 1901, T. Bagnères, 14 août 1900, D. 1902. 2. 86. Cass. civ., 9 mars 1903 (2 arrêts), sol. impl., *Gaz. Pal.*, 1903. 1. 394. — *Contrà*, Seine, 10 mars 1900, D. 1902. 2. 86. Paris, 21 juill. 1900, D. 1901. 2. 157. C. Besançon, 18 déc. 1901, *Gaz. Pal.*, 1902. 1. 294.

[2] Cass. civ., 9 mars 1903 (2 arrêts), *Gaz. Pal.*, 1903. 1. 394.

se fait ensuite d'après les règles de la procédure spéciale de
la loi de 1898.

1222. — Des principes exposés plus haut il résulte que
dans une instance introduite en vertu de la loi de 1898, le
demandeur ne peut pas conclure subsidiairement à une demande en dommages-intérêts fondée sur les art. 1382 et s.
du Code civil [1].

1223. — La loi anglaise a spécialement prévu le cas dont nous
venons de nous occuper et a admis une solution différente. On lit, en
effet, à l'art. 4 : « Lorsque dans les délais fixés par la présente loi
pour l'ouverture d'une procédure, les dommages-intérêts seront réclamés indépendamment de la présente loi en raison d'un accident
industriel, et, s'il est prouvé par le procès que le dommage n'est pas
de ceux dont le patron est responsable aux termes de l'action introduite, mais s'il est établi qu'il pourrait être tenu d'une indemnité en
vertu de la présente loi, le demandeur sera débouté de sa demande
initiale; toutefois le tribunal pourra, si le demandeur le requiert,
procéder à la fixation de ladite indemnité et il lui sera loisible de
réduire son montant de tous les frais qui, à son appréciation, auraient
pu être évités si le demandeur, au lieu d'intenter un procès, avait engagé tout d'abord la procédure visée par la présente loi [2].

II

Instances intéressant les départements et les communes.

1224. — Art. 18, al. 2 (loi du 22 mars 1902) : « *L'art. 55
de la loi du 10 août 1871 et l'art. 124 de la loi du 5 avril 1884
ne sont pas applicables aux instances suivies contre les départements ou les communes en exécution de la présente loi.* »

Sous l'empire de la loi du 9 avril 1898, les instances dirigées par les victimes d'accident du travail contre les départements ou les communes, considérés comme chefs
d'entreprise, devaient être précédées des formalités préalables prescrites par la loi de 1871 et celle de 1884, et qui consistaient dans le dépôt d'un mémoire à la préfecture suivi

---

[1] C. Besançon, 2 juill. 1902, *Gaz. Pal.*, 1902. 2. 234. T. Châteauroux, 27 nov.
1900, D. 1902. 2. 86.
[2] *Bul. off. trav.*, novembre 1897, p. 725.

d'un délai de deux mois. Le législateur de 1902 a pensé avec raison que l'accomplissement de ces formalités était incompatible avec la célérité des procédures relatives aux accidents du travail ; il a en conséquence disposé qu'à l'avenir, au point de vue de l'introduction des instances de cette nature, les départements et les communes seraient de tous points assimilés aux autres chefs d'entreprise.

Par la généralité de ses termes, l'art. 18, al. 2, s'applique aussi bien aux instances en révision qu'aux instances initiales en paiement d'une rente ou pension.

III

Mesures provisoires.

1225. — Art. 16, al. 4 et 5 : « *Si la cause n'est pas en état, le tribunal surseoit à statuer, et l'indemnité temporaire continuera à être servie jusqu'à la décision définitive. — Le tribunal pourra condamner le chef d'entreprise à payer une provision; sa décision sur ce point sera exécutoire nonobstant appel* ».

Nous avons vu (n°ˢ 638 et s.), que la disposition de l'art. 16, relative à la continuation du paiement de l'indemnité temporaire jusqu'à la décision définitive, ne doit pas être considérée comme impérative et applicable dans tous les cas; elle prévoit seulement ce qui se passe en général. Le payement de l'indemnité temporaire en cours d'instance, de même que l'allocation d'une provision, implique nécessairement que le droit de la victime ou de ses représentants à l'indemnité légale n'est pas contesté ou est juridiquement établi dans son principe et que le litige porte uniquement sur le quantum de la rente ou pension. Par suite, le tribunal ne peut, en cours d'instance, condamner le chef d'entreprise à payer l'indemnité temporaire ou une provision : 1° lorsqu'il y a une contestation sérieuse sur l'assujettissement de l'exploitation du patron à la loi de 1898, ou sur l'existence d'un contrat de louage ou d'apprentissage entre la victime et le défendeur ou sur la relation de cause à effet entre l'accident et le travail, ou encore sur le caractère traumatique de la lésion de la victime (par exemple en matière de hernies); 2° lorsque, des certificats produits par le chef d'entreprise, il semble résulter que le blessé est entièrement guéri et que l'accident ne paraît devoir entraîner aucune incapacité permanente [1].

1226. — Le paiement de l'indemnité temporaire et l'allocation d'une provision ne font pas double emploi. Ils répondent à des situations juridiques différentes. Ainsi, l'indemnité temporaire doit être payée en cours d'instance dans les accidents suivis d'incapacité permanente, lorsque le droit de la victime n'est pas contesté en principe et que la procédure contient des éléments suffisants pour établir le salaire journalier.

Il y a lieu à l'allocation d'une provision : 1° dans les accidents mortels, car les ayants-droit n'ont droit à aucune indemnité temporaire; 2° en matière d'accidents suivis d'incapacité permanente, lorsqu'il y a contestation sur le quantum du salaire journalier et que le tribunal ne possède pas des éléments suffisants pour l'établir immédiatement, ou encore lorsque, le service de l'indemnité journalière ayant cessé par suite de la reprise du travail du blessé, celui-ci a fait une rechute qui nécessite un nouveau repos et un nouveau traitement médical [2].

1227. — Le tribunal peut aussi substituer à l'indemnité temporaire une provision moins élevée, lorsque, sans être encore en mesure de statuer au fond, il a cependant la certitude que l'état du blessé est devenu définitif et que la blessure doit entraîner une incapacité de travail très réduite susceptible de donner droit à une rente viagère de beaucoup inférieure à l'indemnité temporaire. L'intérêt du blessé, aussi bien que celui du chef d'entreprise, commande une telle décision; car on sait que l'indemnité temporaire, payée à partir du jour où l'état du blessé est devenu définitif, s'impute sur la rente due par le patron.

1228. — Il est rationnel d'admettre que la provision

---

[1] Dans ce sens, Trib. Dijon, 19 déc. 1900, *Gaz. Pal.*, 1901. 1. 514. Agen, 2 juill. 1902, *Gaz. Pal.*, 1902. 2. 305.
[2] Besançon, 6 juin 1900, D. 1902. 2. 67.

allouée à l'ouvrier en cours d'instance ne doit pas être supérieure à l'indemnité temporaire[1]. Toutefois ce n'est pas là
une règle inflexible. Certaines circonstances tout à fait exceptionnelles peuvent déterminer les tribunaux à fixer une provision plus élevée ou à accorder une allocation provisionnelle
en capital cumulativement avec l'indemnité temporaire[2].

1229. — Lorsque l'indemnité temporaire est servie en
cours d'instance, elle doit continuer à être payée pendant la
procédure d'appel, si du moins le jugement du tribunal con-
damne le patron à payer une rente viagère. Si la décision de
première instance déboutait la victime de sa demande, il est
évident que le chef d'entreprise serait autorisé, même nonobstant appel, à cesser le service de l'indemnité temporaire.
Toutefois la cour d'appel aurait toujours le droit ou d'en ordonner la continuation ou d'allouer une provision.

1230. — Nous avons jusqu'à présent prévu le cas où le
tribunal statue par provision, avant que la cause soit en état,
par une décision préalable au jugement sur le fond du litige.
Notre article va plus loin : il permet au tribunal de prononcer, en même temps que son jugement sur le fond, une décision condamnant le chef d'entreprise à payer une provision,
et cette décision est exécutoire nonobstant appel. Ce droit
résulte avec la plus claire évidence des travaux préparatoires
et des débats parlementaires; c'était même le seul que le
projet primitif de la commission reconnût expressément au
tribunal. En effet, à l'origine, l'ordre des deux derniers alinéas de notre article était interverti; le sixième alinéa était à
la place du cinquième et réciproquement le cinquième occu-
pait le sixième rang. Il en résultait que la condamnation provisionnelle du patron ne paraissait pouvoir être prononcée que
par jugement statuant au fond. Sur une observation présentée
par M. Félix Martin et après avis conforme de la commission,
le Sénat adopta dans la séance du 4 mars 1898 le texte actuel,
afin qu'il fût bien entendu qu'en tout état de cause le tribunal
aurait le droit de statuer sur une demande de provision.

1231. — Par exécution provisoire, on doit entendre l'exé-

---

[1] C. Lyon, 30 oct. 1901, *Gaz. Pal.*, 1902. 2. 653.
[2] C. Paris, 5 janv. 1901, S. 1901. 2. 192.

cution provisoire *sans caution*. Il est évident que le législateur n'a pu songer à imposer à la victime ou à ses ayants-droit, qui se trouvent en général dans une noire misère, l'obligation de fournir caution.

1232. — L'exécution provisoire doit-elle avoir lieu *nonobstant opposition?* La loi ne le dit pas et il paraît difficile de suppléer au silence de son texte. Cette omission s'explique par ce fait qu'en édictant les dispositions de notre alinéa le législateur avait à l'origine en vue de déjouer surtout la tactique de la plupart des compagnies d'assurances qui, même dans les causes perdues d'avance, épuisaient tous les degrés de juridiction uniquement pour retarder l'exécution du jugement et lasser la patience des demandeurs.

Quoi qu'il en soit, la faculté accordée par notre article d'allouer en cours d'instance une pension à la victime d'un accident ou à ses ayants-droit et l'exécution provisoire de cette décision comble une lacune du Code de procédure civile. Aucun texte ne permettait jusqu'à présent aux tribunaux d'accorder, en pareil cas, une pension avant la décision sur le fond; et cette décision une fois rendue n'était pas exécutoire nonobstant appel. Les termes de l'art. 135 du Code de procédure civile ne se prêtaient pas à cette extension.

IV

Instruction et jugement.

1233. — Aux termes de l'art. 16, al. 3, le tribunal *statue comme en matière sommaire, conformément au titre XXIV du livre II du Code de procédure civile.*

Les matières sommaires sont jugées à l'audience après l'expiration des délais de citation, sur un simple acte, sans autres procédures ni formalités (art. 405, C. de proc. civ.). Aucun délai n'est accordé par la loi aux parties pour la signification de leurs conclusions, comme cela existe en matière ordinaire.

Pour éclairer sa religion, le tribunal a déjà à sa disposition la procédure faite par les soins du juge de paix, et, le cas échéant, la procédure criminelle entreprise à la requête du parquet; enfin il peut lui-même ordonner une expertise ou une enquête. Nous étudierons successivement chacun de ces éléments d'instruction ; la question des dépens a été traitée n° 1186.

a) Procédure dressée par le juge de paix.

1234. — Cette procédure contient, avec le premier certificat médical produit par le chef d'entreprise ou par la victime, l'enquête faite conformément à la loi. Cette enquête sera généralement de nature à éclairer le tribunal sur le caractère industriel de l'accident et sur le calcul des salaires de base devant servir à établir l'indemnité temporaire et la rente viagère. Quelquefois aussi le juge de paix aura usé de la faculté que lui accorde la loi de commettre un médecin pour examiner le blessé. Le rapport de cet expert peut être pris en considération pour évaluer le degré d'incapacité de travail de la victime.

b) Procédure criminelle.

1235. — L'art. 20, al. 4 (complété par la loi du 22 mars 1902) est ainsi conçu : « *En cas de poursuites criminelles, les pièces de procédure seront communiquées à la victime ou à ses ayants-droit. — Le même droit appartient au patron ou à ses ayants-droit.* »

La lecture de ce texte semblerait laisser supposer que les parties n'ont droit à des communications de pièces de la part du ministère public que dans le cas où il y a eu des poursuites exercées effectivement devant une juridiction répressive. Les travaux préparatoires démontrent qu'on doit l'interpréter dans un sens beaucoup plus large. Les procédures closes par une ordonnance de non-lieu du juge d'instruction sont aussi de celles dont les parties peuvent exiger la communication. Il en est de même des enquêtes officieuses faites par les juges de paix, des procès-verbaux de gendarmerie ou de police, etc., et d'une façon générale de toutes les pièces de renseignements classées sans suite par le parquet.

Il est bien entendu que les seules procédures ou pièces susceptibles d'être communiquées dans ces conditions sont celles relatives aux causes ou aux circonstances de l'accident litigieux.

1236. — Les personnes qui ont droit à cette communication sont : 1° *la victime ou ses ayants-droit*, c'est-à-dire le blessé lui-même ou, en cas d'accident mortel, les personnes qui peuvent prétendre à l'indemnité légale (veuve, descendants ou ascendants) ou les représentants légaux de ces personnes ;

2° *Le patron ou ses ayants-droit*. Par ayant-droit du patron, le législateur a voulu parler ici tout spécialement de l'assureur.

Enfin, si dans l'instance en paiement de l'indemnité légale d'autres personnes étaient valablement intervenues, elles auraient droit, elles aussi, à la communication.

1237. — Quant au tribunal, il peut puiser dans ces pièces, qui ont été régulièrement versées aux débats et soumises à la libre discussion des parties, des éléments d'appréciation pour asseoir sa décision[1].

c) *Expertise.*

1238. — En général une expertise médicale est nécessaire en cas d'incapacité permanente, pour déterminer le degré d'invalidité de la victime. Le tribunal pourra parfois trouver des éléments suffisants d'appréciation dans le rapport de l'expert que le juge de paix aura cru devoir désigner. Souvent aussi, ainsi que nous l'avons expliqué plus haut, n° 1175, l'expertise aura été ordonnée par le juge du référé. Enfin, le tribunal aura toujours la faculté de commettre un ou plusieurs experts par jugement préparatoire. Mais, aux termes de l'art. 17, al. 4 (nouveau texte), il est interdit, à peine de nullité, de choisir comme expert le médecin qui a soigné le blessé ou un médecin qui a été attaché à l'entreprise ou à la société d'assurance à laquelle le chef d'entreprise est affilié[2].

[1] Paris, 12 mai 1900, Nancy, 21 mai 1900, Saint-Gaudens, 11 avr. 1900, Angers, 12 déc. 1899, D. 1901. 2. 9. 12 et 79.

[2] Cet art. 17 ne met pas obstacle à ce que le patron se fasse représenter à l'expertise par le médecin qui a soigné le blessé ou qui est attaché à son exploitation ; car, en pareil cas, ce médecin n'agit que comme mandataire du patron qui a lui-même le droit d'assister à l'expertise ou de s'y faire représenter par un mandataire (arg. de l'art. 317, C. proc. civ.). Rouen, 30 avr. 1902 (S. 1903. 2. 63).

d) *Enquête.*

1239. — Il arrive malheureusement trop souvent que l'enquête du juge de paix présente des lacunes graves, soit en ce qui concerne la relation de l'accident et du travail, soit au point de vue de la détermination du salaire annuel. Il sera toujours loisible au tribunal d'ordonner une nouvelle enquête sur des faits reconnus pertinents et dont l'inexactitude ne serait pas d'ores et déjà démontrée par les autres pièces de la procédure. Ce droit pour le tribunal d'ordonner une nouvelle enquête a été contesté, à tort, selon nous. On a fait valoir les deux arguments suivants.

Tout d'abord, a-t-on dit, l'art. 13 de la loi de 1898 qui régit les enquêtes faites par le juge de paix renvoie aux art. 35 à 39 du Code de procédure civile, c'est-à-dire aux règles de droit commun. Or; d'après le droit commun, il n'est pas permis d'ordonner une nouvelle enquête sur les mêmes faits quand la prorogation n'en a pas été demandée après l'expiration des délais de clôture. Ce premier argument trouve sa réfutation dans le texte même de la loi. Les art. 35 et s. du Code de procédure civile, auxquels renvoie notre art. 13, ne visent que la forme des enquêtes. Le droit des parties en matière de prorogation est réglé par l'art. 279 du Code de procédure civile que la loi de 1898 n'a en aucune façon rendu applicable. Au surplus, toute assimilation à ce point de vue entre le droit commun et la situation faite aux parties par ladite loi est impossible. Si l'art. 279 interdit des prorogations d'enquête, c'est qu'il y a eu déjà des faits articulés par l'une des parties, que cette partie a eu les moyens légaux d'en administrer la preuve et qu'elle a été hors d'état de faire ce qu'elle avait déclaré être en mesure de faire. Tout au contraire dans l'application de notre loi l'enquête est faite d'office par le juge de paix; les parties n'ont articulé aucun fait, n'ont offert de faire aucune preuve. Comment dès lors pourrait-on les déclarer irrecevables dans leur demande ultérieure en preuve. Enfin au moment de l'accident les parties ne se rendent pas encore un compte exact de leurs droits et de leurs obligations; elles n'ont reçu aucun conseil. Tel fait, qui leur paraissait insignifiant à ce moment et sur lequel elles n'ont pas cru devoir insister, a souvent en droit une importance capitale.

On objecte encore que le législateur a voulu que les en- quêtes fussent faites immédiatement, parce que les témoi- gnages recueillis après un certain temps ne présentent plus les mêmes garanties d'exactitude et de sincérité. Sans doute, l'enquête immédiate est indispensable ; elle constitue pour le tribunal un document précieux, mais elle n'exclut pas, si cela est reconnu nécessaire, une enquête ultérieure ; et le tribunal, qui a un pouvoir souverain pour apprécier la valeur des témoi- gnages, sera libre, en présence de contradictions, de s'attacher surtout aux affirmations de la première heure.

V

Voies de recours. Délai.

a) De l'opposition.

1240. — L'art. 17, al. 2 est ainsi conçu : « *L'opposition ne sera plus recevable en cas du jugement de défaut contre partie, lorsque le jugement aura été signifié à personne, passé le délai de quinze jours, à partir de cette signification* ».

Les délais d'opposition, tels qu'ils sont fixés par le Code de procédure civile, étaient inconciliables avec la célérité que le législateur a entendu donner à la solution des litiges en matière d'accidents du travail. L'art. 158 ne fait courir les délais d'opposition qu'à partir de l'exécution du jugement et ces délais sont de six mois. D'autre part, l'art. 159 qui définit ce qu'on doit entendre par jugement exécuté soulève des con- troverses nombreuses sur lesquelles l'accord n'est pas établi. Il fallait enlever au défendeur le droit de s'abriter derrière ces textes pour prolonger outre mesure sa résistance et faire traîner les procès en longueur. Les rédacteurs de la loi de 1898 n'ont pas hésité à faire une brèche dans l'édifice du Code de procédure. Nous ne pouvons que les en féliciter. Désormais quinze jours après la signification à personne d'un jugement de défaut rendu contre partie, l'opposition ne sera plus recevable. Il n'est rien changé aux formes et délais de l'opposition aux jugements de défaut contre avoué.

b) *Jugement en premier ressort. — Délai d'appel.*

1241. — Art. 17 (modifié par la loi du 22 mars 1902) :
« *Les jugements rendus en vertu de la présente loi sont suscep-*
tibles d'appel selon les règles du droit commun. Toutefois
l'appel, sous réserve des dispositions de l'art. 449 du Code de
procédure civile, devra être interjeté dans les trente jours de la
date du jugement s'il est contradictoire, et, s'il est par défaut,
dans la quinzaine à partir du jour où l'opposition ne sera plus
recevable. »

1242. — Premier ressort. — Les règles du droit commun
sont maintenues en ce qui concerne la détermination du premier et du dernier ressort.

Toutefois, comme la demande tendra toujours à obtenir
le paiement d'une rente viagère ou d'une pension temporaire,
l'application du principe posé par l'art. 1 de la loi du 11 avril
1838, soulèvera une difficulté sur laquelle la jurisprudence
est restée divisée. Devra-t-on considérer la prétention du
demandeur comme étant une valeur indéterminée et par
suite comme ne pouvant être jugée qu'à charge d'appel,
quelque modique que soit le taux de la rente? Ou bien
faudra-t-il calculer le capital représentatif de la rente ou de
la pension et se fonder sur la somme ainsi obtenue pour savoir si la valeur de la demande excède ou non 1.500 francs?
Nous inclinons à admettre cette dernière opinion, car notre
législateur a indiqué lui-même un moyen légal de faire l'é-
valuation du capital d'une rente viagère : ce moyen consiste
à se conformer aux tarifs dressés pour les victimes d'accidents
par la Caisse des retraites pour la vieillesse (art. 9, 1er al.)[1].

Le jugement statuant sur une provision (art. 16, *in fine*)
est-il susceptible d'appel? Oui, si le jugement sur le fond est
en premier ressort, car la demande accessoire suit le sort du
principal[2]. Il en est de même du jugement qui alloue une
indemnité temporaire[3].

1243. — Délai. — Sous l'empire de l'ancien art. 17, le

---

[1] Cass. req., 2 mars 1903, *Gaz. Pal.*, 1903. 1. 415. — *Contrà*, C. Lyon,
25 mars 1902, *Gaz. Pal.*, 1902. 1. 671.

[2] Rouen, 5 févr. 1855, S. 56. 2. 406.

[3] C. Dijon, 5 mars 1900, S. 1901. 2. 77.

délai pour interjeter appel était seulement de quinze jours à partir du jugement. Aussi admettait-on que les dispositions de l'art. 449 du Code de procédure civile qui prohibe les actes d'appel dans la huitaine du jugement n'étaient pas applicables à notre matière[1]. Ce délai a été élevé à trente jours par la loi du 22 mars 1902 qui a en même temps rendu applicable l'art. 449 du Code de procédure civile. Pour les jugements par défaut, il est seulement de quinze jours, mais il commence à courir à partir de la signification.

1244. — Le jour du jugement dans les décisions contradictoires et le jour de la signification dans les décisions par défaut ne comptent pas dans le calcul du délai; c'est l'application d'un principe général que l'art. 1033 n'a fait que consacrer.

1245. — Le jour de l'échéance ou *dies ad quem* devra-t-il compter? Nous ne le pensons pas, car le législateur s'est servi d'une formule inclusive; il dit expressément : l'appel devra être interjeté dans les quinze jours. Les dispositions de l'art. 1033 du Code de procédure civile, qui sont d'ailleurs exceptionnelles sur ce point, ne sauraient donc prévaloir contre la volonté manifeste des rédacteurs de notre loi.

1246. — Si le dernier jour du délai est un jour férié, le délai sera-t-il prorogé au lendemain? Nous n'hésitons pas à adopter l'affirmative; car l'appel se faisant par voie d'assignation, on doit lui appliquer celles des dispositions de l'art. 1033 du Code de procédure civile qui ne sont pas contraires à notre texte. Aussi bien, rien n'est plus juste; si l'on n'admettait pas la prorogation du délai, les décisions rendues quinze jours avant un jour férié ne pourraient être frappées d'appel que pendant quatorze jours, aucun exploit ne pouvant être signifié un jour de fête légale (art. 63 et 1037, C. proc. civ.).

1247. — En principe le délai d'appel n'est pas suscepti-

---

[1] C. Paris, 5 janv. 1901, Nancy, 18 janv. 1901, S. 1902. 2. 126, D. 1901. 2. 60. Cass. civ., 5 févr. 1902, 17 mars 1902, S. 1902. 1. 276, D. 1902. 2. 99. Cass. civ., 4 août 1902, *Gaz. Pal.*, 1902. 2. 270. — Cass., 10 nov. 1902, S. 1902. 1. 521. Cass. civ., 2 févr. 1903, *Gaz. Pal.*, 1903. 1. 293, D. 1903. 1. 83. — *Contrà*, Lyon, 5 nov. 1900, Grenoble, 14 nov. 1900, Toulouse, 22 janv. 1901, S. 1902. 2. 126, D. 1901. 2. 60. Loubat, *op. cit.*, n° 371.

ble d'augmentation à raison des distances[1]. Si par exception ce délai est prorogé pour certaines matières spéciales, telles que la saisie immobilière, l'ordre, les faillites, etc., c'est en vertu d'une disposition expresse de la loi. La législation de 1898 étant muette sur ce point, le droit commun doit être appliqué ; par suite le délai qu'elle impartit est invariable[2].

1248. — Enfin nous estimons que, conformément à l'art. 447 du Code de procédure civile, le délai de quinze jours est suspendu par la mort du condamné ; il ne devra reprendre son cours qu'après la signification du jugement faite au domicile du défunt, avec les formalités prescrites en l'art. 61 du Code de procédure civile et à compter de l'expiration des délais pour faire inventaire et délibérer, si le jugement a été signifié avant que ces délais fussent expirés.

1249. — Les dispositions de l'art. 17 sont évidemment exclusives de l'application de l'art. 444 du Code de procédure civile qui exige la signification au tuteur et au subrogé tuteur pour faire courir les délais d'appel des jugements rendus contre les mineurs non émancipés. Aucune signification n'est nécessaire, alors même que la partie condamnée est un mineur non émancipé.

TROISIÈME SECTION.

Procédure en appel et en cassation.

I

Procédure en appel.

a) *Assistance judiciaire.*

1250. — Art. 22, al. 3 et 4 nouveau : « *Le bénéfice de l'assistance judiciaire s'applique de plein droit à l'acte d'appel. Le premier président de la cour, sur la demande qui lui sera adressée à cet effet, désignera l'avoué près la cour dont la constitution figurera dans l'acte d'appel et commettra un huis-*

---

[1] Carré, quest. 1554 ; Rodière, t. II, p. 82 ; Rousseau et Laisney, v° *Appel*, n° 214 ; Bioche, *eod. v°*, n° 325 ; Garsonnet, t. II, p. 218, § 528 (2° édit.).
[2] C. Angers, 7 août 1900, *Gaz. Pal.*, 1901. 1. 24, D. 1901. 2. 60.

sier pour le signifier. — Si la victime de l'accident se pourvoit devant le bureau d'assistance judiciaire pour en obtenir le bénéfice en vue de toute la procédure d'appel, elle sera dispensée de fournir les pièces justificatives de son indigence ».

1251. — Au point de vue du bénéfice de l'assistance judiciaire en appel, la loi fait une distinction entre l'acte d'appel proprement dit et les actes subséquents de procédure. La rédaction et la signification de l'acte initial d'appel jouit de plein droit de l'assistance judiciaire, sans autre formalité préalable qu'une simple demande adressée par la victime ou ses ayants-droit au premier président de la cour. Cette demande est formulée par écrit ; elle sera généralement rédigée par l'avoué de première instance ou par un avoué d'appel. Le premier président désigne aussitôt l'avoué près la cour dont la constitution doit figurer dans l'acte d'appel et l'huissier chargé de la signification de cet acte. Grâce à ces dispositions, la victime ou ses ayants-droit auront toutes facilités pour interjeter appel dans les délais légaux qui, comme nous l'avons vu, sont fort courts.

1252. — L'appel une fois interjeté valablement, la victime ou ses représentants devront adresser au procureur général une demande d'assistance judiciaire pour pouvoir continuer à bénéficier de la gratuité en instance d'appel. Cette demande ne devra être accompagnée d'aucune pièce justificative d'indigence ; car, d'après le principe posé par notre loi, tous les bénéficiaires de la législation sur le risque professionnel sont tenus pour indigents au point de vue de la procédure nécessaire à faire valoir leurs droits, sans qu'il y ait lieu de distinguer entre l'ingénieur aux appointements de 30.000 francs par an et le simple manœuvre qui gagne péniblement ses 2 francs par jour. Il suit de là que le bureau d'appel devra être saisi immédiatement par le procureur général et qu'il n'aura pas à faire au préalable constater l'indigence du postulant par le bureau de première instance établi dans l'arrondissement du domicile de celui-ci. Il devra sans autre formalité examiner le fond de l'affaire et rechercher si l'appel interjeté est vraiment sérieux et a quelque chance de succès. C'est uniquement le plus ou moins de fondement de cet appel qui devra déterminer sa décision d'admission ou de rejet.

1253. — Si l'assistance judiciaire est refusée, la victime ou ses représentants pourront ou bien se désister ou bien poursuivre l'instance à leurs frais. Dans tous les cas, pour les actes de procédure ultérieurs, quels qu'ils soient, acte de désistement, arrêt donnant acte du désistement, etc. etc., ils ne seront plus admis au bénéfice de l'assistance judiciaire. Toutefois tous ces actes continueront à jouir de la gratuité du timbre et de l'enregistrement, conformément à l'art. 29 de la loi du 9 avril 1898.

1254. — Nous avons supposé jusqu'à présent que l'appel avait été interjeté par la victime ou ses ayants-droit. Si l'appelant est le chef d'entreprise, la victime ou ses ayants-droit jouissent, *ipso facto* et sans aucune formalité, du bénéfice de l'assistance judiciaire en appel.

b) *Procédure proprement dite.*

1255. — Les appels des jugements rendus en matière d'accidents du travail seront jugés comme affaires sommaires, conformément aux dispositions des art. 463 et s. du Code de procédure civile, avec cette seule différence que la cour devra statuer dans le mois de l'acte d'appel (art. 17). Toutefois, l'inobservation de ce délai ne saurait être une cause de nullité ou de déchéance.

II

Procédure en cassation.

1256. — L'art. 17, *in fine* dispose simplement que les parties pourront se pourvoir en cassation. Rien n'est donc changé dans la procédure concernant le recours à la juridiction suprême. On ne trouve plus ici les mêmes motifs de célérité, le pourvoi n'étant pas suspensif, c'est-à-dire n'arrêtant pas l'exécution de l'arrêt.

Les règles relatives à l'admission au bénéfice de l'assistance judiciaire n'ont pas été modifiées.

CHAPITRE IV

DE LA PRESCRIPTION

NOTIONS GÉNÉRALES.

1257. — La prescription est l'expression juridique de l'oubli. Le temps, qui transforme lentement la matière, agit sur le monde moral en faisant perdre le souvenir du passé. Un titre ne suffit pas pour conserver un droit; l'usage est nécessaire. L'inaction conduit à l'oubli du titre et, par suite, à la perte du droit.

On distingue deux sortes de prescription : la prescription acquisitive et la prescription extinctive. La prescription acquisitive s'applique aux droits réels immobiliers, sauf de rares exceptions (servitudes discontinues et non apparentes et hypothèques). La prescription extinctive est générale; elle concerne tous les droits tant réels que personnels et toutes les actions, à l'exception du droit de propriété et de l'action en revendication. Enfin aux deux sortes de prescription, il convient d'ajouter les déchéances qui sont spéciales à certains actes de procédure.

Acquisitive ou extinctive, la prescription a toujours pour effet d'anéantir un droit ou une action. Acquisitive, elle transmet au possesseur actuel le droit qu'elle fait perdre au précédent propriétaire. — Extinctive, elle éteint à la fois le droit du créancier et l'obligation du débiteur ou réunit à la propriété le droit réel qui en était détaché. Tout droit réel ou personnel, sauf le droit de propriété, implique un lien juridique entre deux personnes : lien qui dérive de l'accord des parties ou du fait du débiteur (quasi-contrat, délit, quasi-délit) pour les droits personnels, lien qui dérive pour les droits réels du rapprochement de deux ayants-droit sur un même bien, tels sont les rapports du nu propriétaire et de l'usufruitier, — du propriétaire et de l'usager, — du propriétaire du fonds dominant et du propriétaire du fonds servant. La prescription extinctive dénoue ce lien; il en résulte que le débiteur est libéré, le droit d'usufruit ou d'usage rendu au nu propriétaire, le fonds servant dégrevé de la servitude imposée par le fonds dominant.

Seul le droit de propriété, en conférant à un seul maître l'*optimum*

jus, c'est-à-dire tous les droits réels dont un bien est susceptible
exclut toute idée de partage et de subordination, tout lien juridique
entre le propriétaire et un autre ayant-droit. On ne comprendrait pas
que la prescription extinctive lui fût applicable. Si l'on admettait, en
effet, qu'il pût périr par le non-usage pendant un certain temps sans
que personne l'ait exercé à la place du titulaire, à qui l'attribuerait-
on? à l'État ou au premier occupant? Mais ni l'un ni l'autre ne présentent les garanties d'un possesseur ou d'un usager. Mieux vaut
encore le laisser entre les mains du titulaire légitime, quelque négligent qu'il soit.

1258. — Le fondement de la prescription acquisitive ou extinctive
est l'intérêt social. Que deviendrait le droit de propriété, si, pour se
défendre contre un usurpateur, le propriétaire était obligé de produire
les titres de tous ses auteurs en remontant aux époques les plus éloi-
gnées? « Que l'on se représente un instant, l'état d'une société où l'on
pourrait faire valoir des droits qui datent de dix mille ans ; ce serait
une cause universelle de trouble et de perturbation dans l'état des
fortunes, il n'y aurait pas une famille, pas une personne qui serait à
l'abri d'une action par laquelle sa position sociale serait remise en
question »[1]. Il importe donc de fixer un délai plus ou moins long,
suivant les cas, à l'expiration duquel la possession accomplie dans des
conditions déterminées ou entourée de certaines garanties doit tenir
lieu du titre de propriété, et l'inaction continue du créancier dispenser
de faire la preuve de la renonciation à son droit ou de la délibération
du débiteur. C'est ce qu'a fait le législateur au titre de la prescription.

Aussi bien, la prescription est-elle le complément non moins équitable que nécessaire de notre système de preuve dont elle corrige
ou atténue les imperfections. Il lui arrive parfois de consacrer une
usurpation ou de sacrifier un créancier à son débiteur de mauvaise
foi ; mais ce sont là des cas tout à fait exceptionnels. La plupart du
temps elle est invoquée par un possesseur ou par un débiteur dont le
droit de propriété ou la libération, quoique certains, ne peuvent être
juridiquement établis soit parce que le titre a été perdu ou égaré soit
parce que la convention n'a pas été consignée par écrit.

1259. — Il importe de noter en passant que la présomption de
paiement, abstraction faite de l'intérêt social, sert de fondement unique à certaines prescriptions de courte durée qui sont limitativement
déterminées par les art. 2271 à 2273 du Code civil. Il en résulte que
le serment peut être déféré à celui qui les oppose sur le point de sa-

---

[1] Laurent, *Traité de Code civil*, t. XXXII, n° 5.

voir si la dette n'a pas été acquittée (art. 2275), et, par voie de conséquence, qu'on est forclos à se prévaloir des dites prescriptions *brevis temporis* lorsqu'on a invoqué un moyen de libération exclusif de
l'idée de paiement, par exemple quand on a d'abord nié sa dette,
c'est-à-dire reconnu n'avoir rien payé. Les dettes auxquelles s'appliquent les courtes prescriptions sont de celles qu'on a l'habitude d'acquitter promptement et sans exiger de quittance, parce que la plupart du temps elles ne sont pas constatées par écrit. Les art. 2271 à
2273 visent spécialement les actions des maîtres et instituteurs, des
hôteliers, des ouvriers, des médecins, des huissiers, des marchands,
des maîtres de pension, des domestiques et des avoués.

1260. — Restent les déchéances. La définition des déchéances a
soulevé de nombreuses controverses qu'il n'entre pas dans notre sujet de développer. Tous les auteurs s'accordent d'abord à ranger au
nombre des déchéance les nullités dont le Code de procédure civile
a frappé certains actes ou certaines formalités de procédure pour
inobservations des délais et aussi les hypothèses où la loi assigne un
délai pour l'acquisition d'un droit ou l'exercice d'une option (par
exemple, art. 9, C. civ.).

MM. Aubry et Rau (t. VIII, § 771) voient aussi une troisième catégorie de déchéances, toutes les fois que la loi, en accordant une
action, en a limité l'exercice à un délai déterminé. Dans ce cas, disent ces savants auteurs, l'expiration du délai est un terme extinctif
qui atteint le droit lui-même; on n'y trouve pas l'idée de négligence
qui est le fondement de la prescription extinctive.

Hâtons-nous de dire que le principal, sinon l'unique, intérêt pratique de cette distinction serait de procurer un moyen rapide et sûr
de savoir si tel ou tel délai cesse ou non de courir pendant la minorité ou l'interdiction des ayants-droit. Il suffirait en effet de déterminer s'il présente les caractères d'une prescription ordinaire ou s'il
emporte déchéance dans le sens indiqué plus haut. Dans le premier
cas, il serait suspendu en faveur des mineurs et des interdits ; dans
le second cas, l'incapacité des ayants-droit serait, d'après MM. Aubry et Rau, sans influence sur son cours. Quant aux règles relatives
à la prescription, notamment celles concernant le calcul des délais
légaux et les causes d'interruption, on s'accorde généralement à reconnaître que l'application peut s'en étendre aux déchéances (Aubry
et Rau, *loc. cit.*).

Quelque séduisante que soit cette thèse, et, malgré l'autorité de ses
promoteurs, nous ne saurions nous y ranger, et cela pour deux ordres
de considération.

En premier lieu, le critérium qu'elle propose est loin d'être absolu.

Les causes de suspension de l'art. 2252 du Code civil sont parfois applicables à des délais entraînant déchéance et ne le sont pas à des prescriptions; c'est ainsi que beaucoup d'auteurs, entre autres MM. Aubry et Rau eux-mêmes (t. VI, § 545 *bis* note 28) et une partie de la jurisprudence admettent que le délai de l'action en désaveu (art. 316, C. civ.) est suspendu pendant la durée de l'interdiction du mari; à l'inverse l'art. 2278 du Code civil dispose que les courtes prescriptions continuent de courir contre les incapables. Or, du moment où la règle cesse d'être invariable, tout l'avantage pratique qui en découle disparaît.

Au surplus le fondement, sur lequel repose la distinction entre les prescriptions et les déchéances, ne laisse pas que d'être contestable. Est-il vraiment exact de dire que la prescription extinctive atteint seulement l'action sans toucher au droit? C'est là, ce nous semble, une pure subtilité. Peut-être pourrait-on dire que le droit et l'action sont anéantis par l'expiration d'un délai d'ordre public entraînant une déchéance qui doit être soulevée d'office par le juge et que l'action seule est éteinte après un délai auquel les parties ont la faculté de renoncer. Mais, parmi les déchéances définies par MM. Aubry et Rau, il en est qui n'opèrent pas de plein droit, telles sont celles qui sont édictées par les art. 1622 et 1676 du Code civil; et à l'inverse certaines prescriptions ont un caractère d'ordre public qui oblige le juge à les soulever d'office. La vérité est que l'accomplissement d'une prescription, aussi bien que l'expiration d'un délai dit préfix, a pour effet d'éteindre à la fois l'action et le droit; dans les deux cas, le législateur a obéi à cette considération que les droits et actions étant faits pour être exercés, l'intérêt général commande à celui qui en est investi de ne pas dépasser un certain temps sans les faire valoir[1].

Contrairement à l'avis de MM. Aubry et Rau, nous considérons comme étant des prescriptions extinctives, et non des déchéances, les délais qui limitent la durée : 1° des actions en nullité du mariage (art. 181 et 183, C. civ.); 2° de l'action en désaveu (art. 316 et 317); 3° du recours des créanciers en matière de succession bénéficiaire dans le cas de l'art. 809 du Code civil; 4° du droit de demander la séparation des patrimoines dans le cas de l'art. 880 du Code civil; 5° de l'action en révocation des donations pour cause d'ingratitude (art. 957, C. civ.); 6° des actions en diminution du prix, en supplément du prix, ou en rescision dans les ventes immobilières (art. 1622 et 1676, C. civ.); 7° de l'action en revendication des meubles perdus ou volés (art. 2279, § 2). A cette énumération nous

1 Baudry-Lacantinerie et Tissier, *op. cit.*, n° 30.

ajouterons la prescription annale de notre art. 18 et le délai de trois ans qui limite la durée de l'action en révision (art. 19). Ce dernier délai sera spécialement étudié au chapitre suivant.

Si ces divers délais méritent d'être compris sous la seule et même dénomination de prescription, il ne s'ensuit pas qu'ils soient tous soumis uniformément à la réglementation du titre XX du livre III du Code civil; ils constituent, à vrai dire, des prescriptions spéciales susceptibles d'être assujetties à des règles particulières soit par suite d'une disposition expresse de la loi, soit par suite d'une disposition tacite résultant de l'intention du législateur. Il importe donc de déterminer avant tout dans quelle mesure le fondement de chacune de ces prescriptions, sa destination et le texte de loi qui l'a établie, sont conciliables avec les règles de droit commun établies par le Code civil.

1261. — C'est cette étude que nous allons entreprendre pour la prescription annale de l'action en indemnité.

Et d'abord il importe de remarquer que l'art. 18 de la loi de 1898 parle expressément de prescription; il est ainsi conçu : « *L'action en indemnité prévue par la présente loi se prescrit par un an à dater du jour de l'accident* ». Ces termes donnent donc à penser qu'en principe le législateur a entendu appliquer au délai d'exercice de notre action les règles générales du Code civil sur la prescription.

Si nous consultons l'économie de notre loi, nous y trouvons les éléments de la prescription extinctive ordinaire[1]. Sous l'empire du droit commun, l'ouvrier avait, en cas d'accident, le droit à la réparation du dommage par lui éprouvé, mais à la condition de démontrer un rapport de causalité entre l'accident et une faute du patron ou d'un tiers. Ce droit, qui était soumis à la prescription ordinaire, a été supprimé et remplacé par un autre établi sur des bases plus larges, mais dont le délai de prescription a été abrégé : désormais l'ouvrier peut obtenir de son patron, dans des limites et sous des conditions fixées d'avance, une indemnité à raison d'accidents industriels, abstraction faite de toute faute du chef d'exploitation. L'action résultant de ce droit ne prend naissance que le jour de l'accident, et l'exercice en est limité par le législateur à un an. En d'autres termes l'inaction de la victime pendant un an à partir du jour de l'accident permet-

[1] Dans ce sens, T. Troyes, 23 janv. 1901. Montluçon, 5 avr. 1901. Besançon, 10 juill. 1901, *Gaz. Pal.*, 21-24 sept. 1901. Lyon, 21 mai 1901, Douai, 21 mai 1901, D. 1901. 2. 489. Poitiers, 24 juin 1901, Orléans, 14 nov. 1901, *Gaz. Trib.*, 7 août 1901 et 2 févr. 1902. Albi, 5 déc. 1901, Pau, 26 déc. 1901, *J. Le Droit*, 13 févr. 1902. Lyon, 3 avr. 1901, Douai, 21 mai 1901, Paris, 27 juill. 1901, S. 1902. 2. 57, et la note de Wahl, D. 1901. 2. 489, et la note de Dupuich. — *Contrà*, T. Dax, 11 janv. 1901, *J. La Loi*, 21 mars 1901, qui attribue à la prescription annale de notre loi les caractères d'un délai préfix ou d'une déchéance.

trait au patron poursuivi en paiement d'indemnité d'opposer au demandeur l'exception tirée de la prescription. Nous verrons plus loin que ce moyen ne pourrait pas être soulevé d'office par le juge. Ce sont bien là, semble-t-il, les caractères de la prescription extinctive.

Dans son rapport à la Chambre des députés en 1887, M. Duché faisait ressortir le fondement même de cette prescription. « Il est de la plus grande importance au point de vue de la paix sociale, disait l'honorable rapporteur, que les questions qui naissent des accidents industriels soient résolues dans le plus bref délai possible. Les dispositions prises dans le projet de votre commission relativement à l'enquête et à la procédure ont fait ce qu'il était possible pour terminer rapidement les litiges engagés. Mais il est également nécessaire de ne pas laisser indéfiniment les chefs d'industrie sous le coup d'une action judiciaire. Il est vrai qu'en raison des dispositions nouvelles dont nous venons de parler, l'action judiciaire, à défaut de l'arrangement amiable, suivra presque forcément tout accident. Cependant votre commission a cru devoir inscrire dans la loi un délai de prescription spécial pour ces sortes d'actions en indemnités et elle l'a fixé à un an à dater du jour de l'indemnité ».

Nous avons vu que la prescription avait pour fondement l'intérêt social en ce sens qu'il importe de laisser le moins longtemps possible chaque citoyen dans l'incertitude sur l'existence ou l'étendue de ses droits ; de là, nous avons conclu que la durée de la prescription était, en thèse générale, d'autant plus courte que la preuve du droit était plus délicate et plus difficile à faire. S'il est un droit qui soit de nature à soulever des contestations, c'est bien celui dont nous avons à nous occuper dans la présente étude. Il est engendré par un accident, qui lui-même ne peut être établi que par des témoins ou par des constatations matérielles. Or, nul n'ignore combien est fragile la preuve testimoniale, surtout lorsque le capital et le travail sont aux prises. Quant aux constatations matérielles, elles n'ont de valeur qu'autant qu'elles sont faites séance tenante et avant que l'état des lieux ait été modifié. De là, nécessité d'une prescription de très courte durée.

Aussi bien le droit à l'indemnité est de ceux qu'on n'a pas l'habitude de négliger ; la victime appartient généralement à la classe ouvrière ; elle est dans le besoin et quand elle se trouve dans les conditions voulues pour obtenir une réparation, elle ne tarde pas à la réclamer.

On peut aussi faire remarquer que la courte prescription édictée par notre article a pour fondement le caractère transactionnel et forfaitaire de la loi sur les accidents. Sans doute la présomption de responsabilité, que le législateur a fait péser sur le patron, avait déjà sa contre-partie dans les limites assignées par la loi au chiffre des indemnités; mais cette concession faite aux chefs d'entreprise n'était pas suffisante : il fallait les mettre à l'abri des réclamations tardives et à bon droit suspectes.

1262. — Les compagnies privées d'assurances étaient déjà entrées dans la voie des prescriptions de courte durée. Toutes les polices énoncent expressément que les assurés sont déchus de tout droit à indemnité, s'ils ne formulent pas leurs réclamations dans un délai déterminé qui est au maximum d'un an. Et la validité de cette déchéance a été généralement reconnue par la jurisprudence. C'est ainsi que la Cour de cassation a cassé deux arrêts des cours d'appel de Paris et de Dijon qui avaient annulé comme illicites des clauses de polices d'assurances restreignant la durée de l'action en paiement d'indemnité[1].

1263. — Les législations étrangères ont, elles aussi, reconnu la nécessité d'abréger la durée ordinaire de la prescription pour les actions de cette nature. Le délai adopté en Allemagne est de deux ans (V. aussi n° 1289); en Autriche et en Italie il est d'un an; en Angleterre il est de six mois.

1264. — Le fondement de notre prescription étant ainsi déterminé, nous pouvons dès maintenant noter une des différences caractéristiques qui la séparent des courtes prescriptions édictées par les art. 2271 à 2273 du Code civil, et en déduire une conséquence importante. On se souvient que ces courtes prescriptions étant fondées uniquement sur une présomption de paiement, le débiteur, qui y a recours, peut se voir opposer la délation de serment sur le point de savoir s'il a réellement payé (art. 2275) et, en outre, qu'il doit être déclaré forclos à s'en prévaloir s'il a préalablement invoqué un moyen de libération exclusif de l'idée de paiement, quand il a d'abord nié sa dette. Notre prescription, motivée par l'intérêt social, ne saurait être assimilée à ces courtes prescriptions des art. 2271 à 2273. De là il suit que le serment

---

[1] Cass., 1er févr. 1853. S. 56. 1. 192, D. 53. 1. 77; 16 janv. 1865, S. 65. 1. 80, D. 80. 1. 12; 25 oct. 1893, S. 94. 1. 361. Baudry-Lacantinerie et Tissier, *Prescription*, p. 65, n° 96.

décisoire ne peut être exigé par la victime ou ses ayants-droit du chef d'entreprise qui se prévaut de la prescription de la loi de 1898. Pareillement, alors même que le patron aurait tout d'abord nié un accident dont l'existence viendrait ensuite à être démontrée, il n'en serait pas pour cela déchu du droit d'opposer la prescription annale à la personne qui se prétendrait victime de cet accident.

La doctrine et la jurisprudence s'accordent d'ailleurs à reconnaître que a disposition de l'art. 2275 sur le serment décisoire doit être très limitativement appliquée et qu'elle se restreint d'une façon rigoureuse aux prescriptions prévues par les art. 2271 à 2273.

1265. — Le présent chapitre sera divisé en quatre sections : 1° Point de départ. Calcul du délai. Suspension et interruption ; — 2° Des conventions qui modifient la durée de la prescription : *a*) renonciation anticipée ; *b*) renonciation à la prescription acquise ; *c*) conventions qui en abrègent la durée. — 3° Quelles actions sont soumises à la prescription. — 4° Quelles personnes peuvent invoquer la prescription. Effets de la prescription.

PREMIÈRE SECTION.

Point de départ. Calcul du délai. Suspension et interruption.

Cette section comporte quatre paragraphes.

I

Point de départ.

1266. — L'art. 18 ancien assignait le jour de l'accident comme point de départ de la prescription annale de notre loi. Cet article a été modifié ainsi qu'il suit par la loi du 22 mars 1902 : « *L'action en indemnité prévue par la présente loi se prescrit par un an à dater du jour de l'accident ou de la clôture de l'enquête du juge de paix ou de la cessation de paiement de l'indemnité temporaire* ».

a) *Interprétation du texte ancien.*

1267. — Sous l'empire du texte primitif, une controverse s'était élevée au sujet de la date du point de départ de la prescription. Nous avions enseigné dans nos précédentes éditions que la prescription courait à partir du jour de l'accident, sauf à tenir compte des interruptions ou des suspensions qui seront étudiées ultérieurement. C'était le texte même de la loi et on pouvait difficilement admettre que le législateur ait voulu dire le contraire. La presque unanimité de la jurisprudence, y compris la Cour de cassation, a partagé notre manière de voir[1]. Cependant une opinion avait cru devoir faire une distinction entre l'action en paiement de l'indemnité temporaire et celle en règlement de la rente ou pension : elle faisait courir la prescription de la première action à partir du jour de l'accident et la prescription de la deuxième à partir du moment où l'état du blessé était devenu définitif[2]. C'était évidemment refaire la loi plutôt que l'interpréter.

b) *A quels accidents s'applique le texte nouveau.*

1268. — Lorsque l'art. 18 a été modifié par la loi du 22 mars 1902, la question s'est posée de savoir si le nouveau texte était modificatif ou seulement interprétatif de l'ancien, en d'autres termes, s'il avait ou non effet rétroactif. Les partisans du caractère interprétatif de la loi nouvelle se fondaient sur un passage du rapport de M. Mirman[3], dans lequel ce député déclarait que la commission n'avait pas modifié les délais de la prescription, mais qu'elle avait seulement précisé le texte de la loi de 1898. Cette opinion n'a pas prévalu en jurisprudence, et avec raison selon nous; car le texte nouveau est tout différent de l'ancien, par suite on ne saurait lui attribuer un effet rétroactif. Au surplus, la loi du **22 mars 1902** énonce

---

[1] Poitiers, 24 juin 1901, S. 1902. 2. 163. Lyon, 7 mars 1901, Pau, 9 juill. 1901. Paris, 11 oct. 1901, *J. Le Droit*, 21 juin, 28 et 30 déc. 1901. Paris, 27 juill. 1901, *Gaz. Pal.*, 1901. 2. 448. Orléans, 14 nov. 1901, *Gaz. Trib.*, 2 févr. 1901, S. 1902, 2. 162. Paris, 27 juin 1902, *Gaz. Pal.*, 1902. 2. 651. Cass. civ., 18 mars 1903, *Gaz. Pal.*, 1903. 1. 457.

[2] Caen, 18 juill. 1901, S. 1902. 2. 57 et la note de Wahl. Poitiers, 24 juin 1901, Besançon, 10 juill. 1901, D. 1901. 2. 489.

[3] *J. O.*, Ch. des députés, Déb. parl., séance du 3 juin 1901.

expressément : « les art. 2, 18, 21 et 22 sont *modifiés* ainsi qu'il suit. » L'opinion, d'ailleurs très vaguement exprimée du rapporteur, ne saurait prévaloir contre un texte aussi formel et contre l'application élémentaire des règles du droit. Il suit de là que le texte nouveau ne s'applique pas à la prescription qui était déjà acquise au moment de la promulgation de la loi de 1902[1].

1269. — Mais doit-on en restreindre l'application aux seuls accidents antérieurs à la promulgation de la loi du 22 mars 1902 ou peut-on en faire bénéficier aussi les prescriptions seulement commencées à cette date? La question peut être controversée. Nous inclinons, quant à nous, vers la deuxième solution; car tant que la prescription n'est pas commencée elle ne constitue qu'une expectative qui peut, sans rétroactivité, être anéantie et soumise à de nouvelles conditions par une loi postérieure[2].

c) Interprétation du texte nouveau.

1270. — D'après le nouveau texte, le point de départ de la prescription est, suivant les cas, ou *le jour de l'accident* ou *la clôture de l'enquête* ou *la cessation de paiement de l'indemnité temporaire.*

1271. — Jour de l'accident. — La prescription commence à courir le jour de l'accident quand il n'y a eu ni enquête ni versement de l'indemnité temporaire ni acte interruptif de prescription. L'interruption et la suspension de prescription seront étudiées nos 1281 et 1294.

1272. — Clôture de l'enquête. — Quand un accident donne lieu à l'enquête prévue par notre loi, la prescription ne commence à courir qu'à partir du jour de la clôture de cette enquête. Il s'agit ici de la clôture effective; la date en est portée sur le procès-verbal. L'enquête est, comme nous l'avons vu, une procédure officielle qui doit précéder toute

---

[1] Dans ce sens, T. Nîmes, 10 avr. 1902, C. Nîmes, 10 mai 1902, *Gaz. Pal.*, 1902. 2. 332. Paris, 18 juill. 1902, S. 1903. 2. 89. Cass. civ., 18 mars 1903, *Gaz. Pal.*, 1903. 1. 457. Cass., 30 mars 1903, *Gaz. Pal.*, 1903. 1. 548. — *Contra*, T. Aix, 2 mai 1902, Boulogne, 3 mai 1902, C. Nancy, 3 mai 1902, *Gaz. Pal.*, 1902. 2. 332, S. 1903. 2. 89.

[2] Besançon, 9 janv. 1903, S. 1903. 2. 89.

action judiciaire en paiement de la rente viagère; elle est destinée à faire la lumière sur les circonstances, les causes et les conséquences de l'accident déclaré, de façon à permettre aux parties de se rendre compte de leurs droits respectifs. Il est donc équitable et rationnel que le délai de prescription ne commence à courir qu'après sa clôture.

1273. — CESSATION DU PAIEMENT DE L'INDEMNITÉ TEMPORAIRE. — Quand un patron paie l'indemnité temporaire à la victime d'un accident, il reconnaît le caractère industriel de cet accident et, par suite, le principe même de sa dette d'indemnité. Cette indemnité devra-t-elle se borner à une allocation journalière ou consister en une rente viagère? Cela dépendra de la gravité du traumatisme. Or, cette gravité n'est souvent connue qu'après plusieurs mois ou même plusieurs années de traitement médical. Telle lésion, qui au début paraissait entièrement curable, finit par déterminer une infirmité permanente ou même a quelquefois une issue mortelle. Les indications trop pessimistes d'un médecin ont pu faire considérer une enquête comme inutile. C'est donc avec raison que le législateur a entendu réserver tous les droits des parties tant que l'indemnité temporaire était servie. La cessation du paiement de l'indemnité temporaire étant le premier acte par lequel le patron affirme sa libération envers son ouvrier, le jour de cette cessation est le point de départ de la prescription de l'action de la victime ou de ses ayants-droit en paiement de la rente ou pension.

1274. — S'il n'y a eu que des acomptes versés sur l'indemnité temporaire, la prescription court du dernier acompte.

1275. — Le paiement des frais médicaux et pharmaceutiques ne saurait être assimilé au paiement de l'indemnité temporaire : en principe, il est, à lui seul impuissant à retarder le point de départ de la prescription, à moins qu'il ne soit considéré comme un acte interruptif (V. n° 1314).

1276. — Toutefois, comme l'hospitalisation comporte non seulement le traitement médical mais aussi la nourriture et le logement, le fait par un patron de faire traiter à ses frais dans un hôpital la victime d'un accident implique de sa part le paiement d'acompte sur l'indemnité temporaire; d'où la conséquence que, pour un blessé traité à l'hôpital aux frais de son patron, la prescription commence à courir à partir du jour de la sortie de l'hôpital, s'il n'y a pas eu de paiement ultérieur d'indemnité temporaire.

Il est bien entendu qu'après la clôture de l'enquête ou après la cessation du paiement de l'indemnité temporaire la prescription peut être interrompue ou suspendue conformément aux règles que nous poserons plus loin.

II

Calcul du délai de prescription.

1277. — Pour le calcul du délai de prescription, on ne compte pas le jour du point de départ, ou *dies a quo*, c'est-à-dire, suivant les cas, le jour de l'accident, le jour de la clôture de l'enquête ou le jour de la cessation du paiement de l'indemnité temporaire [1]. C'est l'application d'un principe universellement admis et dont l'origine remonte à notre ancien droit. On le trouve d'ailleurs implicitement formulé dans l'art. 2260 du Code civil qui dispose que la prescription se compte *par jours* et non *par heures*.

1278. — De même la prescription n'est accomplie qu'après l'expiration du dernier jour du terme (*dies ad quem*) (art. 2261, C. civ.). Le délai nécessaire pour prescrire est ainsi un délai franc. Si un accident survient, par exemple, le 20 avril 1899, le premier jour utile pour la prescription sera le lendemain 21 avril et le dernier jour le 20 avril 1900, de telle sorte que l'action de la victime ne sera éteinte qu'à la fin de cette journée du 20 avril 1900. Une assignation introductive d'instance, valable encore le 20 avril, cessera de 'être le 21 avril.

1279. — Les jours fériés comptent, comme les autres, dans le calcul du délai de la prescription. Cette règle s'applique même lorsque le dernier jour du délai se trouve être

---

[1] T. Seine, 18 juin 1902, *Gaz. Pal.*, 1902. 2. 268.

un jour férié; la prescription ne pourrait pas être interrompue le lendemain[1].

1280. — Le délai d'un an, pendant lequel l'action peut être exercée, n'est pas un délai fatal. « La prescription une fois commencée, peut être arrêtée dans son cours par une *interruption* ou par *une suspension*. Ces deux institutions doivent être bien distinguées l'une de l'autre. L'interruption a pour but et pour résultat de mettre à néant une prescription en cours. Tout le bénéfice du temps antérieur à l'acte interruptif est perdu pour celui qui avait commencé à prescrire; mais il peut immédiatement commencer une prescription nouvelle s'il n'a pas cessé de se trouver dans les conditions requises par la loi. En un mot l'interruption agit sur le passé, mais elle est sans influence sur l'avenir. La *suspension* a un caractère tout différent; le cours de la prescription est momentanément arrêté, mais pour reprendre lorsque la cause qui opère la suspension aura cessé : la prescription pourra alors se compléter par le temps qui restait à courir au moment où la cause de suspension s'est produite; le temps antérieur est mis en réserve, pour être utilisé lorsque la cause qui produisait la suspension, aura pris fin. On voit que l'interruption anéantit une prescription commencée; tout ce qui est possible désormais, c'est une prescription nouvelle qui peut d'ailleurs, suivant les circonstances, commencer à courir immédiatement. La suspension au contraire ne fait que paralyser la prescription, c'est un temps d'arrêt; la prescription pourra se compléter plus tard[2] ».

III

Des causes de suspension de la prescription.

1281. — La suspension de la prescription est fondée sur cette maxime de l'ancien droit : « *Contra non valentem agere non currit prescriptio* ». Il est des situations qui sont de nature

---

[1] Cass., 22 juill. 1828, Caen, 12 janv. 1842, S. 42. 2. 530; Aubry et Rau, t. II, p. 328, § 212, note 5; Laurent, t. XXXII, n° 335; Baudry-Lacantinerie et Tissier, p. 333, n° 583.
[2] Baudry-Lacantinerie et Tissier, *op. cit.*, p. 217.

à faire présumer que la personne investie d'un droit ou d'une action est empêchée de l'exercer : le législateur dispose que pendant la durée de cet empêchement, la prescription sera suspendue, c'est-à-dire qu'elle subira un temps d'arrêt.

Nous traiterons successivement : 1° de la minorité et de l'interdiction ; 2° de l'*impossibilité* où la victime s'est trouvée d'exercer son action en justice, les autres causes de suspension prévues par le Code civil n'étant pas susceptibles d'application à notre matière.

a) Minorité et interdiction.

1282. — L'art. 2252 du Code civil qui dispose que la prescription ne court pas contre les mineurs et les interdits est-il applicable à la prescription annale de notre loi ? L'intérêt pratique de la question est considérable. Indépendamment des ouvriers de l'industrie, qui sont âgés de moins de vingt et un ans, les personnes susceptibles d'être investies d'une action en indemnité sont aussi les ayants-droit des victimes décédées ; et, au nombre de ces ayants-droit, il faut compter les enfants qui sont généralement des mineurs. Est-ce que la prescription de la loi de 1898 courra contre ces enfants pendant la durée de leur minorité ? De même, si la victime d'un accident vient à être frappée d'aliénation mentale et fait l'objet d'un jugement d'interdiction, verra-t-elle son droit éteint par une simple inaction, alors même que cette inaction se produirait pendant la durée même de son incapacité légale résultant de cette interdiction ? Cette question donne lieu à de graves controverses.

L'opinion, qui se refuse à voir dans la minorité et l'interdiction de l'ayant-droit une cause de suspension de la prescription de notre action, s'appuie sur trois arguments principaux, à savoir : 1° les dispositions de l'art. 2278 du Code civil ; 2° la distinction entre les prescriptions et les déchéances ; 3° le but du législateur. Nous les passerons successivement en revue et en les exposant nous ferons connaître les raisons pour lesquelles ils ne nous paraissent pas décisifs. Une jurisprudence imposante a admis notre manière de voir, qui cependant n'a pas été consacrée par la Cour de cassation [1].

1283. — *Premier argument*. — L'art. 2278 du Code civil dispose que la suspension fondée sur la minorité et l'interdiction ne s'applique pas aux courtes prescriptions édictées par les art. 2271 et s. du Code civil. Or, en réduisant à un an la prescription des actions en indemnité, le législateur ne semble-t-il pas avoir eu l'intention de l'assimiler aux autres prescriptions annales du Code civil ?

Un tel raisonnement a le tort de méconnaître le sens et la portée de l'art. 2278. Ce texte en effet ne vise pas les courtes prescriptions en général; il est spécial à celles qui sont prévues par le Code civil, c'est-à-dire à celles dont s'occupent les art. 2271 et s. Comme il contient des dispositions exceptionnelles, on doit l'interpréter dans un sens restrictif et s'abstenir d'en étendre l'application à des prescriptions créées par des lois particulières, alors même que ces prescriptions seraient de courte durée.

Une autre considération nous fortifie dans cette manière de voir. Si nous recherchons à quel mobile le législateur du Code civil a obéi en édictant les dispositions de l'art. 2278, nous n'avons pas de peine à nous convaincre que ce mobile est inconciliable avec notre prescription. L'art. 2278, avons-nous dit, vise toutes les courtes prescriptions prévues par le Code, c'est-à-dire : 1° les prescriptions de six mois et d'un an des art. 2271 et 2272 concernant les actions des instituteurs, des hôteliers, des ouvriers et gens de travail, ainsi que celles des huissiers, des marchands, des maîtres de pension et des domestiques en paiement des sommes qui leur sont dues pour le prix de leur travail; 2° les prescriptions de cinq ans de l'art. 2277 relatives aux arrérages de rentes perpétuelles et viagères ou de pensions alimentaires, aux intérêts des sommes prêtées et généralement à tout ce qui est payable par année ou à des termes périodiques plus courts.

En ce qui concerne les art. 2271 et 2272, Bigot-Préameneu

---

[1] Dans notre sens. C. Paris, 27 juill. 1901, C. Douai, 21 mai 1901, C. Caen, 18 juill. 1901, C. Rouen, 31 mars 1901, *Gaz. Pal.*, 1901. 2. 448. C. Poitiers, 24 juin 1901, D. 1902. 2. 163. — *Contrà*, Cass. civ., 18 mars 1903, *Gaz. Pal.*, 1903. 1. 457. V. n° 1285 le motif sur lequel s'est fondé l'arrêt de la Cour de cassation. V. aussi C. Rennes, 30 déc. 1902, *Gaz. Pal.*, 1903. 1. 265.

explique dans son exposé des motifs du Code civil que, si un mineur exerce une des professions en vue desquelles ces prescriptions sont édictées, il est juste qu'il demeure assujetti aux règles générales qui les régissent. Puisqu'on le reconnaît capable d'exercer une profession déterminée, il faut lui reconnaître par cela même la capacité requise pour toucher les créances que l'exercice de cette profession fait naître à son profit et pour en réclamer le montant. Lorsqu'il a l'industrie pour gagner, il n'est pas moins qu'un majeur présumé avoir l'intelligence et l'activité pour se faire payer. Dès lors une suspension de prescription pour cause d'incapacité n'aurait pas sa raison d'être. Ne voit-on pas immédiatement que, si ce raisonnement pourrait, à la rigueur, être applicable à l'ouvrier blessé dans un accident professionnel, il ne saurait l'être aux ayants-droit d'une victime décédée. Or, c'est précisément la protection des enfants mineurs de cette victime que la suspension de la prescription a surtout en vue.

Quant à la prescription de l'art. 2277, si elle échappe à la règle générale de la suspension au profit des mineurs, c'est qu'elle est fondée sur des motifs d'ordre public : on n'a pas voulu que les arrérages d'une rente ou les intérêts d'une dette puissent s'accumuler au point de former, à eux seuls, une somme égale et même supérieure au capital qui les produit et que l'inaction prolongée d'un créancier eût pour effet d'obliger un débiteur à prendre en une fois sur ses capitaux une série d'annuités qu'il aurait normalement prélevées sur ses revenus. Quelle que soit la sollicitude que le législateur témoigne pour les incapables, il n'a pas cru devoir aller jusqu'à consommer, le cas échéant, la ruine d'un débiteur majeur pour assurer à un créancier en état de minorité ou d'interdiction, le remboursement intégral d'arrérages ou d'intérêts périodiques dont il laisse présumer, par sa négligence, qu'il n'a pas un pressant besoin. Au surplus, le tuteur n'est-il pas responsable envers lui de la mauvaise gestion de sa fortune ? Si ces considérations justifient l'intérêt d'ordre public qui s'attache aux prescriptions des arrérages et des intérêts périodiques échus depuis un certain temps et par suite l'inapplicabilité des règles de la suspension à ces sortes de prescription, elles sont sans valeur lorsqu'il s'agit de la prescription de la dette ou de la rente elle-même, c'est-à-dire du droit soit au capital, soit aux intérêts et arrérages non encore échus. On ne peut donc les invoquer à l'appui du système qui admet que la prescription annale de notre loi n'est pas suspendue pendant la durée de la minorité ou de l'interdiction de l'ayant-droit.

Sans doute, si la victime ou ses ayants-droit, après avoir obtenu d'un chef d'entreprise une pension ou une rente viagère ou temporaire, négligent pendant plus de cinq ans d'en réclamer le montant, le patron débiteur pourra refuser, à l'abri de la prescription quinquennale de l'art. 2277, de leur payer les allocations périodiques remontant à plus de cinq années; mais cette exception n'atteindra en aucune façon le principe même de la créance. De même, si les ayants-droit mineurs d'une victime attendent six ou huit ans avant d'exercer contre le patron l'action en paiement de l'indemnité prévue par notre loi, ils seront en droit d'opposer, à la fin de non recevoir tirée de la prescription annale, la suspension fondée sur leur état de minorité; mais ils devront limiter, en ce qui concerne le passé, leurs réclamations aux cinq dernières annuités, le droit aux allocations antérieures étant couvert par la prescription quinquennale, qui, elle, n'a pas été suspendue.

1284. — *Deuxième argument.* — Le délai d'un an auquel est limitée la durée de l'exercice de notre action est plutôt un délai préfix emportant déchéance qu'une véritable prescription.

Cette affirmation, qui est contredite par le texte de l'art. 18, ne résiste pas davantage à l'examen de la nature même de notre délai. Et d'abord, ainsi que nous l'avons déjà fait remarquer, l'art. 18 parle, non de déchéance, mais de prescription.

En second lieu, nous avons déjà fait voir plus haut que la distinction proposée par MM. Aubry et Rau entre les déchéances et les prescriptions est fort contestable et qu'elle ne conduit pas à une règle absolue touchant l'application des causes de suspension de la prescription. Même en tenant pour exacte la thèse des savants continuateurs de Zachariæ, on peut aisément démontrer que la prescription annale de l'art. 18 de la loi de 1898 n'est pas un délai préfix, mais constitue une véritable prescription. En effet, le délai préfix se reconnaît aux deux caractères suivants : 1° il est la condition même de l'exercice d'une action créée par le législateur ; 2° l'expiration de ce délai n'éteint pas seulement l'action, il anéantit le droit. Ni l'un ni l'autre de ces caractères ne se retrouvent dans la prescription de la loi sur les accidents du travail.

En ce qui concerne le premier caractère, nous avons observé plus haut que notre action n'a pas été créée de toutes pièces par le législateur ; elle a remplacé, en l'élargissant, l'action en responsabilité que l'ouvrier avait, d'après le droit commun, contre son patron, auteur involontaire d'un accident. Or, l'action en responsabilité était soumise à la prescription trentenaire excepté dans les cas où, étant liée indissolublement à l'action publique, elle suivait le sort de celle-ci. Sans doute, en modifiant cette action en responsabilité, le législateur de 1898 en a abrégé la prescription ; mais, en l'absence d'un texte formel, on ne doit pas admettre qu'il en a modifié la nature et qu'il en a fait une déchéance.

En ce qui concerne le second caractère, pour que l'expiration d'un délai éteigne le droit en même temps que l'action, il faut que la déchéance résultant de ce délai ait lieu de plein droit et que les parties ne puissent pas y renoncer. Or, tel n'est pas notre cas. Nous verrons en effet plus loin que, si on ne peut pas d'avance modifier le délai de notre prescription, rien ne s'oppose à ce qu'on renonce, conformément à l'art. 2220 du Code civil, au bénéfice de la prescription une fois acquise.

1285. — *Troisième argument.* — En faisant courir du jour de l'accident la prescription de l'action en indemnité qu'elle accorde à la victime d'un accident du travail ou à ses représentants, et en en fixant la durée à un an seulement, le législateur a entendu limiter la responsabilité nouvelle qu'il imposait aux chefs de certaines entreprises, aux seuls accidents dont les suites se révèleraient dans un temps assez court pour que la sincérité de la déclaration qui en serait faite et la réalité de leur relation avec le travail puissent être facilement contrôlées. Cette disposition, qui est une manifestation du caractère forfaitaire de la loi, est donc exclusive d'une suspension de la prescription pendant la minorité ou

pendant l'interdiction de la victime ou de ses représentants.
Tel est le motif qui a paru décisif à la Cour de cassation[1].
A cet argument nous répondons. La suspension de la prescription pendant la minorité ou l'interdiction a été jugée par
notre droit civil comme une mesure de protection nécessaire
en faveur des incapables. Rien ne démontre qu'elle soit devenue inutile dans notre cas spécial. Tout au contraire plus
une prescription est courte, plus les incapables, c'est-à-dire
ceux qui sont impuissants à agir légalement par eux-mêmes,
méritent d'être protégés. Sans doute le législateur a établi
un forfait entre les chefs d'entreprises et les ouvriers : il a
d'un côté étendu le nombre des bénéficiaires d'indemnité et
de l'autre limité le montant de ces indemnités tout en réduisant le délai de prescription. L'abréviation du délai de prescription implique-t-elle la suppression de la suspension pendant la minorité et l'interdiction? Nous ne le pensons pas.
L'abréviation du délai est une mesure générale applicable à
tous les ouvriers sans exception. Majeurs, mineurs, interdits.
Au contraire la suppression de la suspension légale est une
mesure toute spéciale qui n'atteint que les incapables jugés
dignes de cette protection par le droit commun. Or, peut-on
dire que notre législation sur le risque professionnel a établi un
forfait au détriment même des mineurs et des interdits? En
l'absence d'un texte précis et formel, nous n'oserions l'affirmer.

1286. — Mais, objectera-t-on peut-être, le législateur du
22 mars 1902 n'a-t-il pas manifesté implicitement sa volonté
dans ce sens, en disposant dans son art. 11 (al. 4), que la déclaration d'accident ne peut pas être faite après l'expiration
de l'année qui a suivi l'accident? Nullement: cette disposition
a pour but d'éviter les déclarations tardives qui peuvent donner lieu à des enquêtes inutiles. Après l'expiration de l'année
qui a suivi l'accident, celui qui se prétend victime doit s'adresser directement au tribunal pour faire décider que son
droit n'est pas prescrit et que la déclaration peut être valablement faite.

1287. — Enfin, l'argument tiré des inconvénients que

---

[1] Cass. civ., 18 mars 1903, *Gaz. Pal.*, 1903. 1. 457.

pourrait présenter la suspension de la prescription au point
de vue du fonctionnement des rouages financiers de la loi est
facilement réfuté par cette considération que l'assureur, la
Caisse nationale et le chef d'entreprise peuvent, nonobstant la
minorité ou l'interdiction de l'ayant-droit, se prévaloir de la
prescription quinquennale à l'encontre de tous les arrérages
remontant à plus de cinq années.

b) Impossibilité d'agir en justice.

1288. — Le moment nous paraît venu d'examiner une
hypothèse qui n'a pas été prévue. Ne peut-on pas supposer
qu'un accident survenu à un ouvrier dans son travail n'ait
produit sur le moment aucun traumatisme apparent et que la
victime n'en ait ressenti les effets qu'après plus d'un an écoulé.
Par exemple, un maçon tombe du haut d'un échafaudage ; il
heurte le sol de sa tête. Aucune lésion apparente n'en résulte.
Il croit en être quitte pour des contusions sans gravité et ne
formule contre son patron aucune réclamation. Plus d'un an
s'écoule, une paralysie se déclare, et les médecins consultés
sont unanimes à trouver une relation de cause à effet entre
l'accident et la lésion médullaire de l'ouvrier. Celui-ci n'aura-
t-il aucun recours contre son patron ?

1289. — La loi allemande a admis, dans ce cas, une suspension
de la prescription ; elle dispose, dans son art. 59, 2° paragraphe devenu l'art. 72 de la loi du 30 juin 1900 que malgré l'expiration du
délai de prescription, il sera fait droit à la demande de la victime ou
de ses représentants s'il est prouvé que les suites de l'accident ne se
sont fait ressentir que plus tard ou si l'ayant-droit a été empêché de
poursuivre son action pour des motifs indépendants de sa volonté,
mais à la condition que l'action soit introduite dans les trois mois qui
suivront la manifestation des suites de l'accident ou la cessation de
l'empêchement. Cette dernière condition a été ajoutée par la loi de
1900. Enfin, il n'est pas inutile de faire remarquer qu'en Allemagne
le délai de prescription est de deux ans.

De même la loi anglaise (art. 1 du tit. II) dispose que les vices ou
inexactitudes de la demande (au nombre desquels il faut placer le retard) n'empêcheront pas la procédure de suivre son cours s'il est
prouvé qu'ils sont attribuables à une erreur ou à tout autre motif
raisonnable.

1290. — Aucune disposition de ce genre n'a été reproduite dans la loi française. Il semble que si ce cas, d'ailleurs assez invraisemblable, venait à se produire, la victime serait désarmée. On peut toutefois se demander si elle ne pourrait pas se prévaloir du principe généralement admis par la jurisprudence et aux termes duquel les causes de suspension de la prescription n'ont pas été limitativement déterminées par le Code civil, malgré les dispositions en apparence formelles de l'art. 2251. D'après la Cour de cassation en effet, « la prescription ne court point contre celui qui est dans l'impossibilité d'agir par suite d'un empêchement quelconque résultant soit de la loi, soit de la convention ou de la force majeure[1] ». Et, faisant une application de ce principe ainsi posé, la Cour suprême estime que la prescription est suspendue « toutes les fois que le créancier peut raisonnablement et aux yeux de la loi, ignorer l'existence du fait qui donne naissance à son droit et à son intérêt et par suite ouverture à son action[2] ». Or, peut-on dire, ce n'est pas l'accident lui-même qui donne naissance au droit, ce sont les suites de l'accident ; il importe peu en effet qu'un ouvrier fasse une chute ou reçoive un coup ; si cette chute ou cette violence ne produit aucune lésion, n'entraîne aucune incapacité de travail, aucun droit ne naîtra pour l'ouvrier, aucune action ne sera ouverte à son profit. Si donc un intervalle de plus d'un an s'écoule entre l'accident proprement dit, c'est-à-dire l'acte de violence et le traumatisme, ne doit-on pas admettre que la victime a, pendant la durée de ce laps de temps, ignoré l'existence du fait qui donne naissance à son droit et qu'ainsi l'on se trouve dans un des cas d'application que la Cour de cassation fait de la règle « *contra non valentem agere non currit prescriptio?* » Cette opinion pourrait se soutenir : mais elle nous semble en contradiction avec l'intention manifestée par le législateur de 1898. Si celui-ci, en effet, avait entendu admettre cette cause de suspension, il n'aurait pas manqué d'en faire l'objet d'un

---

[1] Cass., 28 juin 1870, S. 71. 1. 137, D. 70. 1. 310. Cass., 3 janv. 1870, D. 72. 1. 21. Cass. req., 21 mai 1900, S. 1902. 1. 133.
[2] Cass., 27 mai 1857, D. 57. 1. 290. Cass., 19 juill. 1869, S. 69. 1. 407, D. 70. 1. 75. Cass., 20 janv. 1880, S. 81. 1. 201, D. 80. 1. 65.

paragraphe additionnel[1]. Un oubli de sa part est invraisemblable, puisqu'il avait sous les yeux la législation allemande.
Je m'empresse d'ajouter que la loi autrichienne de 1887
(art. 34) est, comme la loi française, muette sur l'objet de la
difficulté.

1291. — La solution serait moins douteuse si l'ouvrier,
après l'accident qui en apparence ne lui a causé aucun mal,
convenait avec son patron de surseoir pendant un certain délai
(par exemple huit ou dix mois ou même un an) avant de régler
d'une façon définitive les conséquences de l'accident. Il nous
paraît certain qu'un sursis ainsi stipulé aurait pour effet de
suspendre le cours de la prescription, de telle sorte que, si
une lésion consécutive à l'accident venait à se manifester
moins d'un an après l'expiration du délai, quoique plus d'un
an après l'accident, l'action de la victime ne serait pas couverte par la prescription; en effet, la convention de sursis serait interruptive de prescription, et le sursis lui-même serait
suspensif. La jurisprudence a eu à se prononcer dans des cas
à peu près identiques; c'est ainsi que la Cour de cassation a
décidé que, si un créancier accorde un sursis à son débiteur
sur la demande de ce dernier, il y a, à la fois, renonciation à
la prescription encourue et suspension de la prescription pour
l'avenir pendant la durée du sursis[2]. Elle a jugé dans le
même sens, et d'une façon générale, que la prescription ne
court pas contre celui qui ne peut agir par suite d'une convention qu'il a acceptée, par exemple contre celui qui s'est engagé
à ne pas demander de partage pendant un certain temps[3].
Nous verrons plus loin, en traitant de la renonciation à la
prescription, qu'une convention qui allonge ainsi le délai de
la prescription n'est pas nulle.

---

[1] La Cour de cassation semble avoir implicitement rejeté cette cause de suspension dans les motifs de son arrêt du 18 mars 1903 (*Gaz. Pal.*, 1903. 1. 457). On y
lit en effet que « le législateur a entendu limiter la responsabilité nouvelle qu'il imposait aux chefs de certaines entreprises aux seuls accidents *dont les suites se révèleraient dans un délai assez court pour que la sincérité de la déclaration
qui en serait faite et la réalité de leur relation avec le travail puissent être
facilement contrôlées* ». Dans le même sens, Cass. civ., 30 mars 1903, *Gaz. Pal.*
1903. 1. 548.
[2] Cass., 28 nov. 1865, S. 67. 1. 391. Baudry-Lacantinerie et Tissier, n° 63, p. 47.
[3] Cass., 28 juin 1870, S. 71. 1. 137.

1292. — On pourrait faire une application de la doctrine de la Cour de cassation au cas où l'exercice de notre action se trouve suspendu par la mise en mouvement de l'action publique, en vertu de l'adage « le criminel tient le civil en état ». Pendant la durée de l'information pénale, la victime ne pouvant agir doit voir la prescription de son action suspendue. En général, on admet que l'exercice de l'action publique est interruptif de prescription pour l'action civile [1] et cela à raison de l'indivisibilité des prescriptions des deux actions. En notre matière, l'action de la victime étant soumise à une prescription différente de celle de l'action publique, l'interruption de celle-ci n'entraîne pas l'interruption de celle-là. L'exercice de l'action publique doit donc se borner à un effet suspensif (V. n°s 1329, 1336 et s.).

1293. — Sous l'empire du texte ancien de l'art. 18, on a aussi soutenu, que la prescription annale de notre loi était suspendue jusqu'à l'accomplissement des formalités préliminaires de l'enquête du juge de paix et de la conciliation devant le président [2], et aussi tant que le caractère permanent de l'incapacité ne s'était pas révélé [3]. Cette opinion, qui ne tendait rien moins qu'à refaire la loi en déplaçant le point de départ du délai de prescription, est contraire, selon nous, aux principes posés par la Cour de cassation [4]. Au surplus, depuis la loi du 22 mars 1902, qui a reporté à la clôture de l'enquête le point de départ de la prescription annale, cette question est dépourvue d'intérêt.

IV

Des causes interruptives de prescription.

1294. — Nous avons dit que la prescription commençait à courir à partir du jour de l'accident, à moins qu'elle n'ait été interrompue ; car alors c'est le dernier acte interruptif

[1] Cass., 7 févr. 1885, S. 86. 1. 446. Garraud, *Tr. dr. pén.*, t. II, p. 70.
[2] C. Paris, 27 juill. 1901, *Gaz. Pal.*, 1901. 2. 448. Limoges, 5 mai 1902, D. 1902. 2. 394.
[3] Limoges, 27 nov. 1901, Toulouse, 10 mars 1902, D. 1902. 2. 394.
[4] Cass. civ., 18 mars 1903, *Gaz. Pal.*, 1903. 1. 457. V. aussi plus haut, n° 1267 (point de départ de la prescription).

qui sert de point de départ au délai de prescription. Il ne
nous suffira pas de rechercher quels sont les actes interruptifs
de prescription ; nous devons également déterminer les effets
de l'interruption de la prescription, c'est-à-dire préciser si la
prescription qui suit l'acte interruptif a les mêmes caractères
que celle qui précède.

a) *Énumération des actes interruptifs.*

1295. — Aux termes de l'art. 2242 du Code civil, la
prescription peut être interrompue ou naturellement ou civilement. Nous n'avons pas à nous occuper de l'interruption
naturelle qui concerne exclusivement la prescription acquisitive et la prescription extinctive des servitudes et dont
l'application ne s'étend pas à la prescription extinctive des
obligations. Celle-ci, en effet, étant fondée sur l'inaction de
l'ayant-droit ou créancier, ne peut être interrompue que par
la cessation de cette inaction, c'est-à-dire par un acte juridique. Ces actes sont énumérés dans les art. 2244, 2245 et
2248 du Code civil.

Les art. 2244 et 2245 concernent les actes extrajudiciaires
émanant du demandeur : citation en conciliation, citation en
justice, commandement, saisie. L'art. 2248 s'applique à la
reconnaissance faite par le demandeur. Le commandement et
la saisie ne donnant lieu à aucune difficulté, nous n'aurons
pas à nous en occuper ; mais, avant d'arriver aux autres actes
énumérés par le Code civil, nous dirons quelques mots de la
déclaration d'accident et de l'enquête faite par le juge de paix.

1296. — Déclaration d'accident. — Les actes interruptifs
énoncés aux art. 2244 et 2245 du Code civil sont caractérisés
par la signification qui en est faite à la personne qu'on veut
empêcher de prescrire. Cet élément essentiel ne se rencontre
pas dans la déclaration d'accident faite par l'ouvrier ; par suite
on ne saurait considérer une telle déclaration comme interruptive de prescription [1].

---

[1] C. Paris, 27 juill. 1901, S. 1902. 2. 165. Paris, 27 juin 1902, *Gaz. Pal.*, 1902. 2.
652. T. Saint-Etienne, 28 janv. 1901; D. 1901. 2. 489. Cass. civ., 18 mars 1903 (sol.
impl.), *Gaz. Pal.*, 1903. 1. 460. — *Contrà*, T. Versailles, 30 juin 1901, *Rec. des
assur*., 1901, p. 315. Bordeaux, 4 avr., 24 mai et 18 juin 1901, D. 1901. 2. 489 et la
note de Dupuich, S. 1902. 2. 167. Caen, 6 févr. 1901, J. *Le Droit*, 19 juill. 1901.
Limoges, 27 nov. 1901 et 5 mai 1902, D. 1902. 2. 394.

Quant à la déclaration faite par le patron, nous verrons n° 1313 qu'elle ne peut être assimilée à une reconnaissance.

1297. — ENQUÊTE. — Les mêmes motifs nous font admettre que l'enquête faite par le juge de paix n'interrompt pas la prescription. On ne saurait considérer la convocation faite par le juge de paix aux parties de comparaître à l'enquête comme une signification des prétentions du demandeur dans le sens des art. 2244 et 2245 du Code civil[1].

Au surplus depuis la loi du 22 mars 1902 qui a fixé à la clôture de l'enquête le point de départ de la prescription, la question de savoir si la déclaration d'accident et l'enquête sont des actes interruptifs a perdu tout intérêt. L'application de ce nouveau texte peut cependant soulever une difficulté qu'il convient d'examiner.

1298. — Que doit-on décider dans le cas où, l'accident ayant été déclaré dans l'année qui a suivi l'accident, le juge de paix n'a commencé son enquête que postérieurement à l'expiration de l'année? Supposons tout d'abord que l'accident ait été déclaré le dernier jour de l'année et que le juge de paix ait commencé son enquête, conformément à la loi, dans les 48 heures, mais le premier jour de l'année suivante. Tous les délais prévus par la loi ayant été respectés, on ne peut se prévaloir d'aucune prescription. La question devient plus délicate si le juge de paix diffère le commencement de son enquête; elle mérite d'être tranchée par une distinction. Si le certificat médical joint à la déclaration concluait à la possibilité d'une incapacité permanente, le juge de paix a commis une faute professionnelle en ne procédant pas à son enquête dans les délais légaux : cette faute professionnelle ne saurait préjudicier à l'une des parties en cause en permettant à l'autre de se prévaloir de la prescription. Tout au contraire si le certificat médical joint à la déclaration concluait à une pure incapacité temporaire, le juge de paix n'avait pas à faire d'enquête; la prescription est dès lors acquise. Il n'importe qu'à une date postérieure à l'expiration de l'année un certi-

---

[1] C. Paris, 27 juill. 1901 et 23 juin 1902, précités. C. Douai, 21 mai 1901, *Gaz. Pal.*, 1901. 2. 449. — *Contrà*, C. Pau, 9 juill. 1901, *Gaz. Pal.*, 1901. 2. 449. Bordeaux, 14 mai 1901, D. 1901. 2. 449, S. 1902. 2. 167.

ficat médical complémentaire produit par l'ouvrier atteste
l'existence d'une incapacité permanente. Enfin, pour être complet, supposons une troisième hypothèse assez invraisemblable : le juge de paix a reçu dans l'année la déclaration
d'accident et un certificat médical concluant à une incapacité
permanente; mais, par négligence, il reste plus d'un an dans
l'inaction et ne commence son enquête qu'après l'expiration
de l'année qui a suivi la déclaration d'accident et la remise
du certificat médical. Nous estimons que la prescription est
acquise; car une déclaration d'accident ne saurait avoir plus
d'effet qu'un acte interruptif de prescription qui devient le
point de départ d'une prescription nouvelle. Il en serait de
même si le juge de paix, ayant commencé son enquête en
temps utile, omettait de la terminer et laissait écouler plus
d'un an entre deux actes de cette enquête.

1299. — CONVOCATION EN CONCILIATION. — La convocation
faite par le président de comparaître en conciliation peut
être comparée ou bien à la citation en conciliation devant le
bureau de paix qui est, aux termes de l'art. 2245, un acte
interruptif de prescription, ou bien à l'avertissement sans
frais à comparaître devant le juge de paix, aux termes de la
loi du 2 mai 1855. On admet généralement que cet avertissement n'interrompt pas la prescription, parce qu'il offre peu
de garantie de la certitude de sa date et de sa conservation[1].
Le même motif semblerait devoir aussi faire considérer
comme non interruptif la convocation à comparaître en conciliation devant le président du tribunal, cette convocation
s'opérant habituellement par *lettre recommandée*. Mais, d'autres considérations, qui ont paru décisives à la Cour de
cassation, militent en faveur de l'effet interruptif[2]. En sub-

---

[1] Baudry-Lacantinerie et Tissier, *op. cit.*, p. 288, n° 483. Labbé, note S. 83. 1. 5.
[2] Cass. civ., 18 mars 1903, *Gaz. Pal.*, 1903. 1. 460. — Cass. civ., 30 mars 1903,
Gaz. Pal., 1903. 1. 548. Limoges, 5 mai 1902, D. 1902. 2. 394. — Quand la convocation a lieu par la voie administrative, l'agent chargé de la remise de cette convocation à la personne intéressée doit avoir soin d'en dresser procès-verbal pour
que l'effet interruptif de prescription ne soit pas contestable (Circ. min. Just., 12 mars
1903). — V. pl., tit. III, chap. II, n° 1147. Dans tous les cas, c'est au juge du fait
qu'il appartient de déterminer la date de la convocation interruptive de prescription. Cass. civ., 30 mars 1903, *Gaz. Pal.*, 1903. 1. 548. — *Contrà*, Douai, 8 mai
1901, D. 1901. 2. 496.

stituant, dans un intérêt d'ordre public et de paix sociale, l'action du premier magistrat de l'arrondissement à celle de la partie, le législateur n'a pu vouloir attribuer à la convocation que le président du tribunal adresse au chef d'entreprise un effet autre et moindre que celui qu'aurait eu la citation en justice délivrée par la victime ou ses représentants ; cette convocation introduit, en réalité, l'instance en indemnité, instance qui se terminera, soit devant le président, soit devant le tribunal. L'ordonnance de ce magistrat, qu'elle donne acte de l'accord des parties ou qu'elle les renvoie devant le tribunal, est un acte de juridiction ; en effet, à la différence du juge conciliateur du droit commun qui se borne à constater, dans un procès-verbal, les conventions intervenues devant lui, le président, agissant en vertu des pouvoirs que lui confère la loi sur les accidents du travail, ne rend exécutoire l'accord des parties qu'après avoir reconnu que cet accord est conforme aux dispositions impératives de la loi du 9 avril 1898, auxquelles il n'est pas permis de déroger. D'autre part, le chef d'entreprise ne peut prétendre que la convocation, que lui a adressée le président du tribunal, ne lui a pas fait connaître la demande dirigée contre lui ; s'il n'est pas l'auteur de la déclaration faite au maire, le juge de paix l'a du moins appelé à l'enquête et l'a averti, par lettre recommandée, de la clôture de cette enquête et du dépôt de la minute au greffe de la justice de paix, où, pendant cinq jours, il a pu prendre connaissance des pièces et s'en faire délivrer une expédition.

1300. — A plus forte raison la comparution volontaire des deux parties devant le magistrat conciliateur pour satisfaire au vœu de la loi est-elle interruptive de prescription[1].

1301. — CITATION EN JUSTICE. — Bien que le mot *citation* soit consacré dans la langue juridique pour désigner l'assignation à comparaître devant un tribunal de paix, la loi emploie dans l'art. 2244 l'expression *citation en justice* pour désigner d'une manière générale toute assignation à compa-

---

[1] Trib. Lyon, 28 déc. 1900, *Gaz. Pal.*, 1901. 1. 155. Caen, 6 févr. 1901, Nancy, 15 mars 1901, Grenoble, 24 avr. 1901, S. 1902. 2. 166, D. 1901. 2. 489. — *Contrà*, Marseille, 3 mai 1901, Nancy, 16 avr. 1901, D. 1901. 2. 489.

raître devant un tribunal quel qu'il soit, et même toute demande en justice, qu'elle soit ou non formée par exploit d'huissier[1]. Ainsi une demande incidente, reconventionnelle ou en
intervention, serait certainement interruptive de prescription,
bien qu'elle se forme par requête ou acte d'avoué à avoué ;
c'est une citation en justice dans le sens de l'art. 2244. Peu
importe comment la justice est saisie, pourvu qu'elle soit
saisie. On comprend aisément, dit Dunod, que la demande
formée par l'une des parties dans le cours d'une instance
déjà commencée a le même effet que l'assignation pour l'interruption de la prescription, comme si cette demande avait
été formée par manière de compensation ou de reconven-
tion[2].

1302. — Si nous appliquons ces principes à notre matière,
nous devons considérer comme interruptive de prescription :

1° *La citation à comparaître en justice de paix* aux fins de
paiement de l'indemnité temporaire. Toutefois cette citation
ne pourra interrompre la prescription de l'action en rente
viagère que si elle spécifie expressément qu'il s'agit d'un accident entraînant une infirmité permanente et que l'indemnité
temporaire est demandée pour la période de traitement médical en attendant le règlement de la rente viagère. En jurisprudence la question est controversée[3] ;

2° *La citation en paiement des frais funéraires.* Elle interrompt la prescription de l'action en paiement des rentes dues
aux ayants-droit, car elle implique nécessairement un accident mortel ;

3° *L'assignation pour comparaître devant le tribunal civil* en
paiement d'une pension pour accident suivi de mort ou d'incapacité permanente, dans le cas où cet accident n'ayant fait
l'objet d'aucune enquête préalable, la victime ou ses ayants-
droit croiraient devoir directement saisir le tribunal de l'objet
de leur réclamation. L'irrégularité d'une telle assignation ne

---

[1] Baudry-Lacantinerie et Tissier, *op. cit.*, p. 284.

[2] Cass., 12 déc. 1826, D. *Rép.*, v° *Prescription*, n°s 478 et s.; 25 janv. 1837, S.
37. 1. 225. D. *Rép.*, *loc. cit.*; 19 juill. 1841, S. 41. 1. 763.

[3] Dans le sens de l'effet interruptif, Grenoble, 24 avr. 1901, S. 1902. 2. 166, D.
1901. 2. 489. En sens contraire, C. Paris, 27 juill. 1901, D. 1901. 2. 489.

lui enlèverait par son caractère interruptif, puisqu'une assignation à comparaître devant un tribunal incompétent suffit à interrompre la prescription (art. 2246, C. civ.), l'incompétence fût-elle *ratione materiæ*[1]. On ne pourrait pas davantage objecter, comme faisant obstacle à l'effet interruptif (art. 2247, C. civ.), une nullité prétendue pour vice de forme résultant de ce que l'exploit d'assignation ne contiendrait copie ni du procès-verbal de non-conciliation ni de la mention de non-comparution (art. 48 et 65, C. proc. civ.); car les dispositions de ces deux derniers articles sont incompatibles avec la procédure organisée par la loi du 9 avril 1898 et il n'est pas permis d'en faire application à la citation délivrée par la victime d'un accident du travail ou par ses représentants, lorsque le président du tribunal ne les a pas convoqués[2].

1303. — L'effet interruptif devrait être aussi attribué à des conclusions reconventionnelles par lesquelles la victime ou ses ayants-droit formuleraient leurs réclamations au cours d'un procès préalablement engagé contre eux par le chef d'entreprise ou encore à un acte d'intervention qui aurait le même objet.

1304. — La question serait plus délicate en ce qui concerne un acte extrajudiciaire signifié au patron et par lequel le blessé énonce que, la lenteur forcée de la procédure préliminaire organisée par la loi le mettant dans l'impossibilité d'agir par une citation en justice, il entend se réserver l'action qui lui appartient et faire produire à cet acte extrajudiciaire l'effet utile pour arrêter la prescription[3].

A l'inverse l'assignation en dommages-intérêts en vertu de l'art. 1382 du Code civil est sans effet interruptif sur l'action de notre loi spéciale; car il s'agit de deux actions distinctes, et la prescription d'une action n'entraîne nullement la prescription de l'autre[4].

---

[1] Aubry et Rau, t. II, § 215; Baudry-Lacantinerie et Tissier, *loc. cit.* Cass. civ., 9 mars 1903, *Gaz. Pal.*, 1903. 1. 394; 18 mars 1903, *Gaz. Pal.*, 1903. 1. 460.
[2] Cass. civ., 9 et 18 mars 1903, précités.
[3] Trib. Lyon, 28 déc. 1900 (*Gaz. Pal.*, 1901. 1. 155), qui semble le considérer comme un acte interruptif.
[4] Cass. req., 17 déc. 1902, *Gaz. Pal.*, 1903. 1. 126.

1305. — Reconnaissance. — Aux termes de l'art. 2248 du Code civil, la prescription est interrompue par la reconnaissance que le débiteur ou le possesseur fait du droit de celui contre lequel il prescrivait.

Il faut prendre garde de confondre la reconnaissance dont il est parlé dans cet article avec l'accord des parties sur le quantum de l'indemnité. La reconnaissance est un acte unilatéral, par lequel celui qui avait commencé à prescrire reconnaît le principe même du droit de son adversaire; en notre matière elle consisterait, par exemple, dans un acte impliquant de la part du chef de l'entreprise le principe même de sa dette d'indemnité envers l'ouvrier; il n'est pas nécessaire qu'elle soit suivie du consentement de l'autre partie. Tout autre est la convention qui consacre l'accord des parties, non seulement sur le principe de la responsabilité, mais encore sur l'étendue des obligations respectives de chacune d'elles. Mettant ainsi fin à la contestation, elle ne peut être un acte interruptif de prescription. Mais si elle éteint l'action elle-même en paiement d'indemnité, elle fait courir, ainsi que nous l'avons vu, le délai d'une nouvelle action éventuelle qu'on appelle l'action en révision. Nous parlons ici d'une convention valablement intervenue, c'est-à-dire d'un accord dont le président a donné acte en exécution de l'art. 16, ou, s'il s'agit d'un accident suivi d'une incapacité temporaire, d'une convention faisant une application pure et simple des dispositions de la loi. Nous étudierons au numéro suivant la valeur interruptive d'une convention nulle comme contraire à la loi (art. 30).

1306. — La reconnaissance interruptive de prescription résulte de tout acte ou tout fait émanant du débiteur et contenant ou impliquant l'aveu de l'existence du droit sujet à prescription[1]. Elle peut être, en effet, expresse ou tacite. Expresse, elle n'est soumise à aucune formalité spéciale. Elle peut résulter : 1° d'une lettre[2]; 2° d'un acte passé avec des

---

[1] Cass., 28 janv. 1885, S. 86. 1. 215, D. 85. 1. 358. Baudry-Lacantinerie et Tissier, p. 305, n° 529.

[2] Cass., 1er mars 1837, S. 37. 1. 999; 11 mai et 29 juin 1842, S. 42. 1. 712 et 980. Aubry et Rau, t. II, p. 356; Laurent, t. XXXII, n°s 126 et 128; Baudry-Lacantinerie et Tissier, n° 529.

tiers par le débiteur et auquel le créancier serait étranger[1]. La reconnaissance tacite est laissée à l'appréciation des juges du fait[2]. Il a été décidé sous l'empire des règles du droit commun que constituaient des reconnaissances interruptives de prescription : 1° les secours donnés par un maitre à son préposé blessé par suite d'un fait imputable au premier et la continuation du même emploi à ce préposé, bien que devenu infirme et insuffisant[3] ; 2° les secours donnés par un patron à son ouvrier victime d'un accident, lorsqu'en exécution d'un engagement verbal pris par le patron au moment de l'accident, ils ont été servis régulièrement pendant plusieurs années[4] ; 3° les soins et secours donnés par un patron à un tiers victime d'un accident occasionné par l'imprudence de l'un de ses ouvriers dont il est civilement responsable[5]. La Cour de cassation ajoute dans cet arrêt que l'appréciation des juges du fond à cet égard échappe à son contrôle. A l'inverse, il a été jugé que des secours, donnés par un patron à un de ses ouvriers victime d'un accident, ne constitueraient pas nécessairement une reconnaissance de droit de cet ouvrier, mais pourraient être un simple acte de bienfaisance non interruptif de prescription[6]. Tels sont les principes expliqués et interprétés par la doctrine et la jurisprudence. Appliquons-les à la loi de 1898.

1307. — Tout d'abord on pourra trouver les éléments d'une reconnaissance interruptive de prescription dans une convention nulle comme contraire à la loi (art. 30). Par exemple à la suite d'un accident ayant occasionné la mort de la victime ou une incapacité permanente de travail, le chef d'entreprise omet de faire une déclaration et il traite immédiatement avec la victime ou avec ses ayants-droit, à qui il promet par écrit une indemnité. Une telle convention est

---

[1] Cass., 27 janv. 1868, S. 68. 1. 105, D. 68. 1. 200. Rouen, 20 mars 1868, S. 69. 2. 113; Aubry et Rau, t. II, § 215, p. 355; Laurent, t. XXXII, n° 121; Baudry-Lacantinerie et Tissier, n° 529.

[2] Cass. req., 3 juin 1893, S. 93. 1. 311.

[3] Paris, 5 mai 1860, S. 60. 2. 404.

[4] Besançon, 15 juin 1881, S. 82. 2. 173, D. 82. 2. 71.

[5] Cass., req., 3 juin 1893, S. 93. 1. 311.

[6] Douai, 3 avr. 1868, D. 69. 2. 223. Nancy, 23 janv. 1875, S. 77. 2. 133. Cass., 4 août 1886, S. 87. 1. 169. V. encore dans le même sens, Douai, 24 janv. 1881, joint à Cass., 1er févr. 1882, S. 83. 1. 370, D. 82. 1. 454.

nulle comme contraire aux dispositions de la loi. Si la nullité
n'en est proclamée que plus d'un an après l'accident, la victime ou ses ayants-droit pourront se prévaloir de l'engagement du patron comme d'une reconnaissance interruptive de
prescription. Bien plus, chaque paiement effectué en exécution de cette convention constituera un nouvel acte interruptif
de prescription.

1308. — Il y a encore interruption de la prescription,
lorsque dans l'enquête faite par le juge de paix, le chef d'industrie a déclaré qu'il reconnaissait que l'accident dont l'ouvrier a été victime a eu lieu à l'occasion du travail, cette déclaration impliquant reconnaissance de la dette en principe,
sauf discussion de la quotité de l'indemnité à régler sur les
bases de la loi[1]. En vain objecterait-on que le patron a pu
considérer que l'accident n'entraînerait qu'une incapacité
temporaire, que dès lors il n'y a pas eu de sa part reconnaissance de sa dette de rente viagère. Le juge de paix ne procède à une enquête que quand l'accident paraît devoir déterminer une infirmité permanente ; le patron était donc légalement prévenu qu'il s'agissait d'une incapacité permanente et
son absence de réserve sur ce point implique reconnaissance
du principe. Nous nous empressons d'ajouter qu'une telle
reconnaissance est limitée aux effets interruptifs de prescription : elle ne saurait être considérée comme une renonciation
du patron à soulever des exceptions tirées du non-assujettissement de l'exploitation à la loi, de l'absence de contrat de
louage d'ouvrage, etc., ou même à soutenir que, contrairement aux prévisions médicales, la victime a été entièrement
guérie et que son aptitude au travail n'a été en rien diminuée.

1309. — On est même allé jusqu'à voir une interruption
de prescription dans la circonstance que le patron présent à
l'enquête s'est borné à débattre le chiffre de la rente réclamée,
sans contester que l'accident fût survenu au cours du travail[2].

---

[1] T. Lyon, 3 déc. 1900, Alais, 28 nov. 1900, *Gaz. Pal.*, 1901. 1. 155, S. 1902. 2.
57, et la note de Wahl. C. Lyon, 3 avr. 1901, Aix, 1er août 1901, D. 1901. 2. 489,
et la note de Dupuich.
[2] Caen, 6 févr. 1901, D. 1901. 2. 489.

1310. — Ces controverses ont perdu beaucoup de leur intérêt depuis la loi du 22 mars 1902 qui fait courir la prescription de la clôture de l'enquête.

Il y a lieu de considérer encore comme des reconnaissances interruptives de prescription :

1° Le paiement volontairement effectué par le patron d'une rente viagère ou d'un acompte sur cette rente après la consolidation de la blessure de la victime ;

2° Les offres d'une rente viagère non acceptées par la victime et ensuite retirées par le patron[1] ;

3° Une lettre par laquelle le patron reconnaît à l'ouvrier son droit à une rente pour le cas où son incapacité deviendrait permanente[2] ;

4° L'offre faite par le patron à l'ouvrier de lui conserver le même salaire en échange d'un simple acte de présence à l'atelier, un tel avantage étant évidemment une indemnité déguisée[3].

1311. — Mais on ne saurait trouver les éléments d'une reconnaissance ni dans le fait par un patron de continuer, après l'accident, à payer à l'ouvrier la totalité de son salaire tout en le conservant à son service, si du moins il a pu croire, sur la foi de la déclaration des médecins, que l'ouvrier se rétablirait et pourrait reprendre son travail[4], ni dans le fait par un patron de reprendre, après l'accident, son ouvrier au même salaire qu'avant l'accident[5].

1321. — Le paiement volontaire d'une indemnité journalière interrompt-il la prescription de l'action en paiement d'une rente viagère ou d'une pension temporaire qui compète à la victime ou à ses ayants-droit à raison d'un accident suivi d'incapacité permanente ou de mort ? La réponse à cette question comporte une distinction : Si ce paiement a été effectué à raison d'une blessure que les deux parties considéraient comme n'entraînant qu'une incapacité temporaire, il constitue l'exécution d'une convention valable, ainsi que nous l'avons

---

[1] C. Nancy, 26 juin 1901, *Gaz. Pal.*, 1901. 2. 562, D. 1901. 2. 489.
[2] Grenoble, 24 avr. 1901, D. 1901. 2. 489.
[3] Angoulême, 23 janv. 1901, D 1901. 2. 489.
[4] C. Orléans, 24 nov. 1901, S. 1902. 2. 162.
[5] C. Paris, 27 juill. 1901, *Gaz. Pal.*, 1901. 2. 448.

expliqué. Et cette convention est elle-même le point de départ du délai de l'action en révision; de telle sorte que si, dans le laps de trois ans, l'état du blessé s'aggrave au point de déterminer une infirmité incurable ou la mort, la victime ou ses représentants peuvent faire réviser la convention initiale et obtenir une rente ou une pension à la condition de faire la preuve que l'aggravation est bien la conséquence de l'accident.

Le paiement de l'indemnité journalière a-t-il été consenti par le chef d'entreprise à raison d'une blessure qui dès l'origine était réputée incurable, par exemple la perte d'un œil, l'amputation d'un membre, etc., on ne saurait nier qu'il implique de la part du patron la reconnaissance qu'un accident est survenu à la victime dans des circonstances qui lui permettent de réclamer une indemnité. Si donc, par suite d'un événement quelconque, le blessé a laissé s'écouler plus d'un an depuis le jour de l'accident sans introduire une instance, il pourra se prévaloir de ce paiement comme d'un acte interruptif de prescription.

En jurisprudence la question est controversée[1]. La loi du 22 mars 1902 en reportant à la cessation du paiement de l'indemnité temporaire le point de départ de la prescription a mis fin à la controverse.

1313. — La question de savoir si la déclaration d'accident par le patron est une reconnaissance dans le sens interruptif est aussi devenue sans intérêt. Nous estimons qu'on

---

[1] En faveur de l'effet interruptif, C. Caen, 18 juill. 1901, Rouen, 31 mars 1901, *Gaz. Pal.*, 1901. 2. 448, S. 1902. 2. 56. Grenoble, 29 mai 1901, Besançon, 10 juill. 1901. *Gaz. Pal.*, 21-24 sept. 1901. Poitiers, 24 juin 1901, S. 1902. 2. 163, D. 1901. 2. 489. Albi, 5 déc. 1901, J. *Le Droit*, 13 févr. 1902. Toulouse, 6 août 1901, D. 1901. 2. 489. Toulouse, 10 mars 1902, D. 1902. 2. 394. — *Contrà*, Paris, 27 juill. 1901, Douai, 21 mai 1901, D. 1901. 2. 489. Pau, 9 juill. 1901, *Gaz. Trib.*, 2 févr. 1902, S. 1902. 2. 56. Cass. civ., 18 mars 1903, *Gaz. Pal.*, 1903. 1. 457 et req., 1er avr. 1903, *Gaz. Pal.*, 1903. 1. 535. Cass. civ., 30 mars 1903, *Gaz. Pal.*, 1903. 1. 548 Cass. req., 24 juin 1903, *Gaz. Pal.*, 3 oct. 1903. Dans ces divers arrêts, la Cour de cassation estime qu'en principe le paiement de l'indemnité temporaire n'est pas, à lui seul, un acte interruptif de prescription de l'action en paiement de la rente viagère, mais qu'il peut le devenir dans certaines circonstances dont la constatation et l'appréciation appartiennent au juge du fait. Or, à notre sens, il n'y a pas de circonstance plus décisive que le fait que le traumatisme qui a donné lieu au paiement de l'indemnité temporaire était de ceux qui sont généralement réputés incurables.

ne pouvait lui attribuer un tel effet; car la déclaration étant soumise à une astreinte pénale n'est pas un acte spontané du patron [1].

1314. — *Le paiement des frais médicaux et pharmaceutiques*, sous l'empire de l'ancien texte, devait être considéré comme une reconnaissance de dettes aux mêmes conditions que celui de l'indemnité temporaire. La question était toutefois controversée [2]. La même distinction doit être admise sous l'empire de la loi de 1902; car nous avons vu plus haut n° 1276 que, hormis l'hospitalisation du blessé, le paiement des frais médicaux et pharmaceutiques ne pouvait, à lui seul, être assimilé au versement de l'indemnité temporaire en ce qui concerne la fixation du point de départ de la prescription.

1315. — Nous avons dit que pour être valable une reconnaissance devait émaner du débiteur. Il faut de plus que ce débiteur ait une capacité suffisante. Le degré de cette capacité a divisé les auteurs. Les uns, au nombre desquels se trouve M. Laurent, exigent que la reconnaissance émane d'un débiteur ayant pleine capacité, du moins lorsque la contestation porte, non sur le quantum de la dette, mais sur son principe même. D'autres (et c'est l'opinion généralement admise) pensent que les personnes simplement capables d'administrer, telles que les mineurs émancipés, les femmes mariées séparées de biens, les prodigues pourvus d'un conseil judiciaire peuvent valablement, en reconnaissant une dette, interrompre la prescription qui court à leur profit [3]. De même le tuteur d'un mineur non émancipé pourrait valablement reconnaître une dette de son pupille et cette reconnaissance interromprait la prescription [4].

1316. — Quant à la preuve de la reconnaissance interruptive de prescription, elle est soumise aux règles de droit commun.

[1] Dans ce sens : T. Valence, 11 janv. 1901, *Pand. fr.*, 1901. 2. 211. — *Contrà*, T. Lyon, 8 nov. 1901, *Pand. fr.*, *loc. cit.*
[2] Pour l'effet interruptif, Grenoble, 25 mai 1901, D. 1901. 2. 480. — *Contrà*, Paris, 27 juill. 1901, *Gaz. Pal.*, 1901. 2. 448. Cass. civ., 30 mars 1903, *Gaz. Pal.*, 1903. 1. 548.
[3] Baudry-Lacantinerie et Tissier, n° 536.
[4] Cass., 26 juin 1821, D. *Rép.*, v° *Prescript.*, n° 604. Paris, 19 janv. 1875, D. 77. 2. 214. Aubry et Rau, t. II, p. 557; Baudry-Lacantinerie et Tissier, n° 536.

b) *Effets de l'interruption de la prescription.*

1317. — L'interruption a pour effet d'anéantir la prescription dans le passé, mais elle ne fait pas obstacle à ce qu'une prescription nouvelle commence à courir.

Cette prescription nouvelle aura-t-elle le même caractère et la même durée que l'ancienne? Quel en sera le point de départ? Telles sont les deux questions que nous allons étudier. Les effets de l'interruption varient suivant la nature des actes interruptifs.

1318. — La *demande en justice* ne produit une interruption que sous la condition résolutoire prévue par l'art. 2247 du Code civil; c'est ainsi que l'interruption est considérée comme non avenue dans l'un des quatre cas suivants : nullité de l'assignation pour défaut de forme, désistement de la demande, péremption de l'instance, rejet de la prétention du demandeur.

Si la demande en justice aboutit à un jugement qui donne gain de cause en tout ou en partie au demandeur, ce jugement aura modifié les rapports juridiques des parties, et par suite substitué à l'action initiale une action nouvelle, l'action en exécution de la décision ou *actio judicati* qui est soumise à la prescription trentenaire [1]. En outre, les jugements en fixation d'indemnité de notre loi font naître une action spéciale, appelée action en révision qui se prescrit par trois ans (art. 19 de la loi de 1898). Ces deux prescriptions commencent à courir à partir du jugement.

Si l'instance engagée par la demande en justice se termine par un jugement d'incompétence ou par un désistement faisant droit à une exception d'incompétence soulevée par le défendeur, la décision ou le désistement ne modifient en rien la situation juridique des parties, ils n'opèrent aucune novation. Dès lors, l'action initiale subsistant, la prescription de cette action recommence à courir à partir du jour du jugement ou de l'acceptation du désistement, avec les mêmes caractères et la même durée d'un an [2]. Dans les deux cas, les

---

[1] Toulouse, 18 déc. 1874, S. 75. 2. 109. Laurent, *loc. cit.*, n° 163; Baudry-Lacantinerie et Tissier, *loc. cit.*, n° 542.

[2] Cass., 17 déc. 1849, S. 50. 1. 122, D. 50. 1. 80. Baudry-Lacantinerie et Tissier, n° 546.

effets interruptifs commencés au jour de la demande en justice se sont prolongés pendant la durée de l'instance jusqu'à la décision ou au désistement.

1319. — L'interruption produite par une saisie, comme celle résultant d'une demande en justice, comporte aussi une certaine durée; la prescription nouvelle ne recommence à courir qu'à compter soit du dernier acte de poursuite fait en exécution de la saisie, soit de la clôture ou de la distribution par contribution qui en a été la suite[1]. Nous avons vu plus haut que cette sorte d'interruption ne trouvera que de très rares applications en notre matière.

1320. — Au contraire, lorsque l'interruption résulte d'un commandement ou d'une reconnaissance, la prescription nouvelle recommence à courir immédiatement après l'acte interruptif[2].

On admet généralement que la prescription qui suit l'acte interruptif conserve le même caractère que la prescription antérieure et qu'elle demeure soumise aux mêmes règles de durée[3]. Ce principe nous semble devoir être appliqué sans conteste à la prescription de notre action dans les trois cas suivants : 1° lorsque l'interruption est produite par une demande en justice suivie d'un jugement d'incompétence ou par un désistement en réponse à une exception d'incompétence ; 2° lorsque l'acte interruptif consiste dans un commandement; 3° lorsqu'il consiste dans une saisie; car il est certain qu'aucun de ces actes n'opère une novation du droit du demandeur ou de l'action initiale. Nous avons vu qu'une première exception à ce principe devait être faite en cas de jugement accueillant en tout ou en partie les conclusions de la demande. Reste l'hypothèse où l'acte interruptif consiste dans une reconnaissance.

1321. — Est-ce qu'une reconnaissance a pour effet d'intervertir la prescription, c'est-à-dire d'anéantir la prescription antérieure d'un an et de faire naître la prescription tren-

[1] Baudry-Lacantinerie et Tissier, n° 548 ; Laurent, t. XXXII, n° 166.

[2] Nancy, 18 déc. 1837, S. 38. 2. 222; Baudry-Lacantinerie et Tissier, n° 549.

[3] Cass., 2 avr. 1845, S. 45. 1. 241, D. 45. 1. 132. Baudry-Lacantinerie et Tissier, n° 551.

tenaire du droit commun? Cette question donne lieu à une controverse.

Les partisans de l'affirmative invoquent l'interprétation qui est généralement donnée aux dispositions de l'art. 2274 du Code civil sur l'interruption des courtes prescriptions. On admet en effet que les actes énumérés à l'art. 2274 du Code civil (compte, arrêté, cédule ou obligation, citation en justice) substituent à la prescription annale la prescription trentenaire et cela pour les considérations suivantes : les prescriptions *brevis temporis* sont fondées uniquement sur une présomption de paiement; or, dit-on, l'acte interruptif impliquant reconnaissance de la dette opère une véritable novation, constitue un titre nouveau et, par suite, fait disparaître la prescription exceptionnelle antérieure pour donner naissance à la prescription du droit commun.

Le simple exposé de ce motif suffit à montrer qu'il est inapplicable à notre matière : la prescription établie par la loi de 1898, bien qu'étant de courte durée, est fondée, non sur une présomption de paiement, mais sur des considérations diverses au nombre desquelles nous avons cité la nécessité d'accélérer ces sortes de procédure. Le but de la loi serait manqué s'il suffisait d'une reconnaissance interruptive pour transformer en prescription trentenaire notre prescription annale. Au surplus quelle est, en notre matière, la valeur juridique d'une reconnaissance? Le législateur a eu soin d'indiquer qu'une reconnaissance unilatérale (la seule dont nous ayons à nous occuper) est impuissante à produire une obligation : toute convention sur notre sujet est même nulle, si elle n'est consacrée par une décision de justice. Il suit de là qu'une reconnaissance ne constitue pas un titre nouveau, qu'elle ne modifie en rien les rapports juridiques des parties, qu'en d'autres termes elle n'opère pas novation. Si donc elle interrompt une prescription commencée, elle n'a point pour effet de donner à la prescription nouvelle, dont elle est le point de départ, une nature et une durée différentes de la première.

Peut-être essaiera-t-on de tirer argument de décisions judiciaires rendues en matière de polices d'assurance. Avant l'application de la loi de 1898, la jurisprudence reconnaissait en

effet la validité des clauses de polices d'assurance qui rédui-
saient à six mois ou à un an la prescription de l'action en
paiement d'indemnité et elle décidait généralement qu'après
un acte interruptif, la nouvelle prescription était, non celle
stipulée par la police, mais la prescription de droit commun[1]. Une telle objection ne mérite pas qu'on s'y arrête
longtemps. Il n'y a rien de commun entre les polices d'assurance antérieures à notre loi et le texte que nous avons à
commenter. Pour admettre la solution dont on se prévaut, la
jurisprudence se fondait sur l'interprétation de la convention
qui liait les parties. Or la loi de 1898 consacre des principes
tout différents de ceux qui étaient admis par les polices d'assurance de l'époque.

DEUXIÈME SECTION.

Des conventions qui modifient la durée de la prescription.

1322. — Cette section sera divisée en trois paragraphes :
1° Renonciation anticipée et des conventions qui allongent
la durée de la prescription ; — 2° Renonciation à la prescription acquise ; — 3° Conventions qui en abrègent la durée.

I

Renonciation anticipée à la prescription.

1323. — L'art. 2220 du Code civil dispose que l'on ne
peut d'avance renoncer à la prescription. Cette règle est la
conséquence du principe sur lequel repose la prescription :
puisque la prescription a été jugée nécessaire dans l'intérêt
social, il est bien évident que les parties ne peuvent d'avance
y renoncer. S'il en était autrement, les ouvriers ne manque-
raient pas d'inscrire en tête de leurs revendications que tous
les patrons devraient, en embauchant leur personnel, s'engager par anticipation à ne pas se prévaloir, en cas d'accident,
de la prescription annale ; et notre loi verrait ainsi son but
complètement méconnu : loin d'être une œuvre d'apaisement

---

[1] Paris, 21 déc. 1889, S. 91. 2. 79.

et de conciliation, elle créerait une nouvelle source de conflit
entre le capital et le travail.

1324. — Les mêmes raisons nous portent à penser qu'en
notre matière des accidents, les parties ne peuvent pas stipuler par anticipation que le délai de la prescription sera plus
long que celui qui est fixé par la loi. Une telle convention
nous paraîtrait nulle comme contraire à l'ordre public. Au
surplus le législateur a eu soin de s'en expliquer formellement dans l'art. 30, en frappant de nullité toute convention
contraire aux dispositions de la présente loi. On pourrait cependant invoquer à l'appui de la thèse contraire un arrêt du
Conseil d'État (3 janv. 1881, S. 82. 3. 34) qui décide que la
règle de l'art. 2220 n'est pas applicable à la prescription dé-
cennale des architectes et entrepreneurs (art. 1792 et 2270,
C. civ.). Le Conseil d'État estime en effet que la convention,
qui prolonge la garantie des architectes et entrepreneurs au
delà de dix années, n'est pas contraire à l'ordre public ; mais
il a soin d'ajouter que ce délai de dix ans constitue, non un
délai de prescription, *mais un temps d'épreuve de la durée des
travaux et de la solidité des constructions*, qui peut être augmenté au gré des parties contractantes. Il est vrai que, sur le
caractère de ce délai de dix ans, l'opinion du Conseil d'État
est implicitement en opposition avec celle des chambres réunies de la Cour de cassation[1].

1325. — Si, avant la naissance de l'action, le chef d'entreprise n'a pas le droit de renoncer à une prescription qui n'est
pas commencée ni même de consentir d'avance à un allongement du délai de la prescription, est-ce que les parties ne
peuvent pas convenir qu'une prescription en cours sera suspendue pendant un certain temps ? Nous avons déjà eu l'occasion de dire quelques mots de cette question en traitant de
la suspension de la prescription. Nous avons vu qu'un créancier qui, sur la demande de son débiteur, accorde un délai
de paiement à celui-ci, voit la prescription suspendue à son
profit pendant la durée du sursis. La demande en sursis, dit la

[1] Cass., ch. réunies, 2 août 1882, S. 83. 1. 5. Concl. conf. de M. Barbier proc.
gén., et la note de Labbé ; Baudry-Lacantinerie et Tissier, n° 66, p. 708.

Cour de cassation [1], implique pour l'avenir la suspension du cours de la prescription ; il serait contradictoire qu'une prescription pût courir au profit d'un débiteur pendant le sursis qu'il aurait sollicité et obtenu pour l'exécution de ses obligations. Le même principe a été consacré dans deux autres arrêts ; et la Cour de cassation admet, dans ce cas, qu'il y a, non seulement suspension de la prescription pour l'avenir pendant la durée du sursis, mais encore renonciation à la prescription courue [2]. Cette règle est susceptible de trouver une application dans notre matière. Supposons, par exemple, qu'un ouvrier ait reçu, dans son travail, un choc violent n'ayant produit aucune lésion immédiate, mais faisant craindre des complications ultérieures ; patron et ouvrier conviennent de ne régler l'indemnité qu'après l'expiration d'un délai déterminé. Pendant le cours de ce délai, la prescription sera suspendue. Sans doute il en résultera un retard dans la marche de la prescription, mais cet allongement du délai sera le fait d'une convention postérieure à la naissance de l'action. Ce ne sera donc plus une renonciation anticipée à la prescription. « On peut, lit-on dans deux décisions judiciaires [3], enrayer la marche d'une prescription sans la mettre à néant et se priver éventuellement de son bénéfice ; sans doute si l'effet de la stipulation devait équivaloir à son abandon anticipé ou l'empêcher de s'accomplir, cette stipulation serait contraire à la loi ; mais tel n'est pas l'effet d'une convention qui, comme dans l'espèce, suspend le cours d'une prescription pendant un délai déterminé et pour une cause momentanée, sauf à lui faire reprendre sa marche à l'expiration de ce délai. Dans ce cas, le terme de la prescription n'est que retardé, il doit forcément échoir un jour, si la partie qui a intérêt à le prévenir ne veille suffisamment sur son droit ».

1326. — Avant la promulgation de la présente loi, plusieurs tribunaux ou cours d'appel, saisis de contestations en matière d'assurances contre les accidents, ont considéré, comme

[1] Arrêt du 28 nov. 1865, S. 67. 1. 391.
[2] Cass., 22 juin 1853, S. 53. 1. 511 ; 28 juin 1870, S. 71. 1. 137. Baudry-Lacantinerie et Tissier, n° 63.
[3] C. Toulouse, 18 mai 1868, S. 71. 1. 156. C. Nancy, 16 nov. 1889, S. 91. 2. 161.

cause d'interruption de la prescription spéciale édictée dans les polices, des pourparlers qui s'étaient engagés entre les compagnies et les bénéficiaires de l'assurance[1]. MM. Labbé (S. 86. 2. 49) et Tarbouriech (n° 98) ont approuvé ces décisions, tout en faisant remarquer qu'il y a, en pareil cas, non pas interruption mais suspension de la prescription et que cette suspension dure autant que les pourparlers engagés. Si l'on admet que des pourparlers sont suffisants pour avoir une influence sur la prescription, ils doivent produire un double effet interruptif et suspensif ; *interruptif* pour le passé en ce qui concerne le délai de prescription déjà écoulé, *suspensif* dans l'avenir du moins pour la durée des pourparlers.

II
Renonciation à la prescription acquise.

1327. — L'art. 2220 *in fine* est ainsi conçu : « on peut renoncer à la prescription acquise ». Cet article est-il applicable à notre matière ? Une prescription étant acquise, le chef d'entreprise peut-il valablement y renoncer ? Bien que cette question soit sujette à controverse, je n'hésite pas à répondre affirmativement. Plusieurs considérations me paraissent décisives.

Et d'abord, toutes les fois que le législateur édicte une prescription d'ordre public, à laquelle il interdit aux parties de renoncer, il ne manque pas de s'en expliquer expressément. Or, nous ne trouvons rien de pareil dans les dispositions de l'art. 18 qui énoncent simplement que l'action de notre loi se prescrit par un an. L'expression de prescription, dont les rédacteurs de ce texte se sont servi, témoigne de leur intention d'appliquer à ce délai les règles générales du titre de la prescription.

Au surplus, pourquoi voudrait-on restreindre le droit du chef d'entreprise ? N'est-il pas le meilleur juge de ses intérêts ? Serait-il vraiment raisonnable de le contraindre à refuser une indemnité à un ouvrier, parce que celui-ci aurait mis

---

[1] Paris, 30 oct. 1885, D. 88. 2. 25 ; Toulouse, 11 déc. 1888, *Gaz. Pal.* 89. 1. 120. T. Seine, 29 déc. 1880, *Gaz. Trib.*, 8 févr. 1891. T. Seine, 16 févr. 1887, J. *La Loi*, 14 mars 1887. Villetard de Prunières, n° 257, p. 259.

quelque retard à l'assigner? Mais ce retard peut avoir des causes qui nous échappent et qui, en fait, excusent surabondamment la conduite de la victime. Peut-être même le patron a-t-il contribué à induire celle-ci en erreur? Comment l'empêcherait-on de réparer sa propre faute? Aussi bien le délai d'un an est vraiment très court. Et rien n'est plus juste qu'un acte volontaire du chef d'entreprise puisse tempérer dans une certaine mesure la rigueur de la loi.

Mais, dira-t-on, les intérêts du chef d'entreprise ne sont pas seuls en jeu. Derrière le patron, il y a l'assureur et la Caisse nationale qui, n'étant pas parties à l'instance, peuvent être indirectement lésés par la renonciation du chef d'entreprise. Cette objection est facile à réfuter.

En ce qui concerne l'assureur, rien ne s'oppose à ce qu'il insère dans sa police une clause aux termes de laquelle le patron serait tenu, sous peine de déchéance, de tout droit à indemnité, d'obtenir l'autorisation de la compagnie avant de renoncer à une prescription acquise. La validité d'une telle clause ne saurait être discutée; car, si le patron a le droit de renoncer à une prescription, il peut tout aussi valablement s'engager vis-à-vis d'un tiers à ne pas user de ce droit.

Quant à la Caisse nationale, elle est dans une situation toute différente : elle n'assure pas le patron, elle se contente de garantir sa solvabilité au regard de l'ouvrier, de telle sorte que, si elle paie en ses lieu et place, elle a son recours contre lui suivant les voies du droit commun. Cette circonstance suffira, à elle seule, à rendre le chef d'entreprise circonspect.

L'applicabilité de l'art. 2220 entraîne celle de l'art. 2221 qui est ainsi conçu : « La renonciation à la prescription peut être expresse ou tacite : la renonciation tacite résulte d'un fait qui suppose l'abandon d'un droit acquis ». Nous commenterons ces textes aussi succinctement que possible.

La renonciation expresse est généralement formulée par écrit. Cependant la preuve peut en être faite d'après les règles ordinaires; par suite, s'il n'existe qu'un commencement de preuve par écrit, on peut recourir à la preuve testimoniale.

1328. — La renonciation tacite n'est subordonnée, dans sa forme, à aucune condition substantielle; elle peut s'induire de tout acte, de tout fait qui, implicitement ou explicitement, manifeste de la part du débiteur la volonté de renoncer à une prescription acquise [1]. L'application des faits et circonstances de nature à comporter renonciation rentre dans le pouvoir sommaire des juges du fait [2]. Ces faits ou circonstances doivent être évidemment postérieurs à l'époque où la prescription est acquise. S'ils étaient antérieurs, ils ne pourraient être qu'une renonciation à la prescription en cours, c'est-à-dire une reconnaissance du droit menacé par la prescription [3].

Il faut que la renonciation soit non équivoque. Par suite une défense au fond n'implique pas nécessairement une renonciation à la prescription. C'est ce qu'exprime formellement l'art. 2224 qui est ainsi conçu : « La prescription peut être opposée en tout état de cause, même devant la Cour d'appel, à moins que la partie qui n'aurait pas opposé le moyen de la prescription, ne doive par les circonstances être présumée y avoir renoncé [4] ». Parmi les faits qui entraînent renonciation tacite, citons : 1° le paiement d'un acompte [5]; 2° la reconnaissance de la dette [6]; 3° l'offre du paiement faite par le débiteur [7]; 4° la demande d'un délai [8]; 5° la demande d'une expertise en vue d'un règlement de compte [9]. De même, en notre matière, si un chef d'industrie, assigné en paiement d'une indemnité à raison d'un accident remontant à plus d'un an, venait à reconnaître être tenu légalement de réparer les conséquences de cet accident, ou encore à faire l'offre d'une indemnité au demandeur, il serait censé avoir renoncé à la

[1] Cass., 8 mars 1853, S. 54. 1. 769, D. 54. 1. 336; 23 mai 1883, S. 84. 1. 422, D. 84. 1. 163.

[2] Cass., 8 août 1865, S. 65. 1. 371; 19 août 1878, S. 79. 1. 455; 21 mars 1883, S. 84. 1. 422, D. 84. 1. 163; 3 mars 1885, S. 86. 1. 360.

[3] Paris, 13 avr. 1867, S. 67. 2. 314. Baudry-Lacantinerie et Tissier, n° 70.

[4] Nancy, 3 mai 1902, S. 1903. 1. 89.

[5] Leroux de Bretagne, n° 59. Baudry-Lacantinerie et Tissier, p. 721.

[6] Cass., 21 mai 1883, S. 84. 1. 122, D. 84. 1. 163; 28 janv. 1885, S. 86. 1. 215, D. 85. 1. 358; 3 mars 1885, S. 86. 1. 360. Baudry-Lacantinerie et Tissier, loc. cit.

[7] Cass., 4 mars 1878, S. 78. 1. 469, D. 78. 1. 168; 5 août 1878, S. 79. 1. 301, D. 79. 1. 71; 18 déc. 1883, S. 85. 1. 486, D. 84. 1. 364. Baudry-Lacantinerie et Tissier, loc. cit.

[8] Cass., 28 nov. 1865, S. 67. 1. 391. Aubry et Rau, t. VIII, p. 453; Baudry-Lacantinerie et Tissier. loc. cit.

[9] Cass., 21 mai 1883, S. 84. 1. 422, D. 84. 1. 163.

prescription acquise. Il a été jugé dans ce sens qu'il y avait renonciation tacite à une prescription acquise dans le fait d'un patron qui, convoqué à une conciliation, écrit au président du tribunal « que, les rapports du médecin laissant prévoir une guérison complète, il offre de continuer à payer le demi-salaire jusqu'à ce qu'il ait été établi qu'il y a guérison complète ou infirmité permanente [1].

1329. — Que décider dans le cas où le fait générateur du droit à indemnité constitue un délit pénal qui est lui-même couvert par la prescription triennale ; par exemple un patron s'est rendu coupable envers son ouvrier du délit de blessure par imprudence et la victime a laissé s'écouler plus de trois ans depuis le dernier acte interruptif de prescription sans assigner l'auteur du délit en réparation du dommage causé ? Est-ce que la victime peut opposer au patron une renonciation faite par celui-ci, après l'expiration du délai de prescription triennale ? Ne peut-on pas lui objecter que, dans cette hypothèse, l'action publique étant éteinte par une prescription d'ordre public, à laquelle nul ne peut renoncer, il doit en être de même, par voie de conséquence, de l'action civile intentée par la victime ? Ce raisonnement aurait été exact sous l'empire du droit commun ; il cesse de l'être depuis la promulgation de notre loi qui a supprimé l'action civile en réparation intégrale des accidents industriels, alors même que ces accidents auraient un caractère délictueux, et y a substitué une action d'un ordre différent dont le but est d'assurer l'exécution d'un forfait légal existant entre les patrons et les ouvriers.

1330. — Au point de vue de la capacité de la personne qui renonce, la renonciation est assimilée à une aliénation. C'est ce qu'énonce l'art. 2222 en ces termes : « Celui qui ne peut aliéner ne peut renoncer à la prescription ». Ainsi, ni le mineur ni l'interdit n'ont la capacité nécessaire pour renoncer à

---

[1] T. Toulouse, 15 mars 1901, *Gaz. Trib.*, 24 mai 1901. Toutefois, on ne saurait voir une renonciation tacite dans le fait par le mandataire du patron de comparaître sur la convocation du président et de déclarer devant ce magistrat ne pas vouloir se concilier, sans opposer expressément la prescription de la demande de l'ouvrier victime d'un accident du travail. En tout cas, cette appréciation rentre dans le pouvoir souverain des juges du fond et échappe, par suite, au contrôle de la Cour de cassation. C. Paris, 26 juill. 1902, Cass. req., 29 déc. 1903 (*Gaz. Pal.*, 27 janv. 1904).

la prescription. La question s'est posée de savoir si un tuteur pourrait au nom de l'interdit ou du mineur faire une renonciation valable. Et d'abord tout le monde s'accorde à reconnaître qu'il ne le peut pas seul, sans remplir les formalités prescrites par la loi pour une aliénation. Mais en a-t-il le droit même en remplissant ces formalités? Sur ce point les auteurs se divisent. La négative semble prévaloir[1]. Cependant l'affirmative est enseignée par MM. Baudry-Lacantinerie et Tissier, p. 61, n° 87. La jurisprudence n'a eu à se prononcer qu'en matière de renonciation faite par une commune. Un arrêt de la cour de Besançon[2] a décidé qu'une commune pouvait valablement renoncer à une prescription acquise, mais à la condition d'obtenir les mêmes autorisations que pour une aliénation.

On admet généralement que cette règle est applicable au mineur émancipé, à la femme mariée, au prodigue pourvu d'un conseil judiciaire; la capacité pour renoncer à la prescription doit être calquée sur la capacité nécessaire à l'aliénation[3]. M. Laurent estime cependant qu'il faut appliquer à la renonciation les règles de capacité édictées en matière de donations.

1331. — De ce que la renonciation est assimilée à une aliénation, on doit conclure qu'elle ne peut engager que celui de qui elle émane. Ainsi les art. 2249 et 2250 qui étendent aux codébiteurs solidaires et à la caution les effets de la reconnaissance interruptive de prescription ne s'applique point à la renonciation[4].

1332. — La renonciation à une prescription acquise peut être le point de départ d'une nouvelle prescription. Est-ce que cette nouvelle prescription aura le même caractère que la première? Sera-ce aussi une prescription annale? La solution de cette question comporte une distinction : Si la renonciation à la prescription acquise a opéré novation de la dette, par exemple si le patron a pris vis-à-vis de la victime ou de

---

[1] Troplong, t. I, n°s 80 et 82 ; Leroux de Bretagne, t. I, n° 69 ; Laurent, t. XXXII, n° 202.

[2] 12 déc. 1864, S. 65. 2. 97.

[3] Aubry et Rau, t. VIII, p. 452; Troplong, *loc. cit.* ; Baudry-Lacantinerie et Tissier, n° 89.

[4] Limoges, 18 déc. 1842, S. 43. 2. 495. Paris, 9 févr. 1833, D. *Rép. alph.*, v° *Avoué*, n° 116, note de M. Tissier, S. 93. 1. 83. Baudry-Lacantinerie et Tissier, n° 91.

ses ayants-droit l'engagement valable de leur payer une indemnité déterminée, une telle obligation ne peut être éteinte que par une prescription trentenaire. Pour être valable cet engagement doit être constaté par une décision judiciaire qui donne acte de l'accord des parties, du moins en matière d'incapacité permanente et d'accident mortel.

Mais il en serait tout autrement si la renonciation à la prescription n'avait pas mis fin à l'instance : par exemple un chef d'entreprise actionné en justice par la victime d'un accident renonce expressément à se prévaloir d'un moyen de prescription ; malgré cette renonciation, la victime, par négligence ou pour toute autre cause, laisse encore plus d'un an s'écouler sans faire de nouvelles diligences ; il est bien certain que le patron pourra une deuxième fois invoquer la prescription annale.

III

Conventions qui abrègent la durée de la prescription.

1333. — D'après l'opinion généralement admise en doctrine et en jurisprudence, s'il est de l'intérêt public que les actions ne durent pas plus que le temps de la prescription légale, il n'est pas contraire à l'ordre public qu'elles durent moins et s'éteignent plus tôt ; par suite on considère comme valable la convention qui raccourcit le délai de la prescription[1]. Il nous semble cependant qu'une telle solution serait incompatible avec la nature de notre prescription annale. En édictant cette courte prescription le législateur a eu en vue de concilier les intérêts du chef d'entreprise et ceux des ouvriers victimes d'un accident et de supprimer une cause de conflit entre patron et ouvriers : s'il n'a pas voulu qu'au nombre des revendications ouvrières figurât une demande de prolongation du délai de la prescription, il a considéré également qu'il serait contraire à l'ordre public de tolérer qu'un patron imposât à ses ouvriers une abréviation de la durée de ce

[1] Labbé, note sous Paris, 30 oct. 1885, S. 86. 2. 49 ; Baudry-Lacantinerie et Tissier, n° 96. Cass., 1er févr. 1853, S. 86. 1. 892, D. 53. 1. 77 ; 16 janv. 1865, S. 65. 1. 80, D. 65. 1. 12 ; 25 oct. 1893, S. 94. 1. 361.

délai. Le temps légal de la prescription s'impose ici, dans un intérêt général, à la volonté des parties : toute convention qui y porterait atteinte méconnaîtrait l'intention du législateur et, comme telle, serait illicite. Le législateur s'en est d'ailleurs expliqué formellement dans l'art. 30, en frappant de nullité toute convention contraire à la présente loi. V. n° 1871.

TROISIÈME SECTION.

Quelles actions sont soumises à la prescription. — Des effets de l'exercice de l'action publique sur la prescription de notre loi.

I
Des actions soumises à la prescription.

1334. — La prescription annale s'applique, d'après l'art. 18, à l'action en indemnité prévue par la présente loi.

1335. — L'action dont il s'agit se reconnaît à plusieurs caractères :

1° Elle est toujours dirigée contre le patron ou contre la succession du patron. La loi, en effet, n'accorde à l'ouvrier victime d'un accident que des droits contre le patron. Toute action intentée contre une personne autre que le patron ne dérive point de notre loi et, par suite, échappe à la prescription annale de l'art. 18. Il en est ainsi notamment de l'action dirigée en vertu de l'art. 7 contre le tiers responsable.

2° Le demandeur ne peut être qu'un employé du défendeur ou l'ayant-droit de cet employé. La loi, en effet, n'accorde aucune action particulière à la victime étrangère à l'exploitation dans laquelle l'accident s'est produit.

3° L'accident, dont la réparation est poursuivie en justice, doit avoir un caractère industriel, c'est-à-dire être survenu par le fait du travail ou à l'occasion du travail.

4° Si l'accident, tout en ayant un caractère industriel, est dû au fait intentionnel du patron, il faut que le demandeur entende se prévaloir des dispositions de la loi nouvelle. Si, au contraire, fondant son action sur les règles de droit commun, il réclame une réparation au delà des limites fixées par la loi, c'est la prescription de droit commun qui lui est applicable, celle de trois ans s'il s'agit d'un délit, celle de dix ans s'il a été victime d'un fait qualifié crime.

Notre prescription d'un an s'applique aussi bien à l'action en paiement d'indemnité temporaire qui est de la compétence du juge de paix qu'à celle en paiement de rente viagère ou de pension temporaire. Est-elle aussi applicable aux actions en paiement de frais médicaux et pharmaceutiques et des frais funéraires ? L'affirmative nous paraît certaine, malgré l'ambiguïté des termes de l'art. 18 qui ne visent que l'action en indemnité.

II
Effets de l'exercice de l'action publique sur la prescription de notre action.

1336. — Le texte d'un projet de 1895 disposait que la prescription d'un an était applicable « même en *cas de poursuite correctionnelle ou criminelle* ». M. Félix Martin ayant demandé en 1898 pourquoi ce dernier membre de phrase avait été supprimé, le rapporteur déclara que la commission n'avait pas voulu déroger au principe général que le criminel tient le civil en état et il cita le cas où un ouvrier victime d'un accident serait poursuivi pour l'avoir intentionnellement provoqué. M. Félix Martin objecta que le patron peut être, lui aussi, poursuivi. Le rapporteur ajouta alors que la commission n'avait pas fait de distinction[1]. Cet échange d'observations mérite quelques explications.

1337. — Supposons tout d'abord un accident industriel survenu par une faute, une inobservation des règlements de la part du chef d'entreprise ; il constitue un délit prévu et réprimé par les art. 319 ou 320 du Code pénal, suivant que la victime a été tuée ou seulement blessée. Il est certain que l'ouvrier victime d'un pareil accident ne pourra plus en poursuivre la répression, comme partie civile, devant le tribunal de police correctionnelle ; car, pour se constituer partie civile, il faut avoir qualité pour demander des dommages-intérêts et la loi de 1898 enlève à la victime toute action autre que notre

---

[1] Sénat, séance du 4 mars 1898, *J. O.*, Déb. parl., p. 256.

action spéciale, laquelle ne peut être exercée que devant le
tribunal civil suivant une procédure déterminée.

Ce point acquis, envisageons successivement trois hypothèses : — aucune poursuite correctionnelle n'est intentée
par le ministère public ; — des poursuites ont eu lieu dans
l'année qui suit l'accident et la condamnation du patron est
postérieure à cette année ; — enfin des poursuites correctionnelles ne sont commencées qu'après l'expiration de l'année
qui suit l'accident.

1338. — Première hypothèse. — *Aucune poursuite n'est
intentée par le ministère public.* — L'action en indemnité sera
prescrite au bout d'un an. L'ouvrier, qui se prétendait victime d'un accident industriel remontant à plus d'un an, ne
sera pas admis à soutenir que la prescription triennale est
applicable par le motif que l'accident, qui donne naissance à
l'action en indemnité, constituerait un délit correctionnel. Sur
ce premier point, il ne semble pas qu'il y ait eu la moindre
divergence de vues parmi les membres du Parlement.

1339. — Deuxième hypothèse. — *Le ministère public a
exercé des poursuites dans l'année de l'accident et a obtenu
la condamnation du patron.* — Il y a lieu d'appliquer, comme
nous l'avons vu plus haut, le principe que le criminel tient
le civil en état (art. 3, C. instr. crim.). L'action de notre
loi se trouvant arrêtée pendant la durée de l'information
répressive, la prescription en est également suspendue; mais,
après la décision correctionnelle, le délai pour prescrire
reprend son cours. L'action en indemnité n'est donc recevable
que si elle est exercée avant l'expiration de ce délai. Il importe
en effet de remarquer que, si notre action a son exercice suspendu par l'exercice de l'action publique, il ne s'ensuit pas
qu'elle ait, par rapport à l'action publique, le caractère de
l'action civile ordinaire; son sort n'est nullement associé,
quant à la prescription, au sort de l'action publique, et les
actes interruptifs de celle-ci sont sans influence sur elle (V.
n°s 1292 et 1304).

1340. — Troisième hypothèse. — *Le ministère public n'a
commencé ses poursuites qu'après l'expiration du délai d'un
an.* — Si l'action n'a pas été, non plus, commencée dans

l'année, elle est couverte par la prescription, et elle ne peut
plus s'exercer, alors même que la condamnation du chef d'entreprise interviendrait ultérieurement au pénal. En un mot,
la règle de l'indivisibilité de la prescription publique et de la
prescription civile est supprimée en notre matière ; car l'action
de la loi de 1898 n'a pas, à proprement parler, son fondement
sur l'infraction pénale. Le législateur n'a laissé subsister que
le vieil adage d'ordre public : « le criminel tient le civil en
état » (art. 3, C. instr. crim.).

QUATRIÈME SECTION.

Quelles personnes peuvent invoquer la prescription.
Effets de la prescription. A quel moment elle peut être invoquée.

1341. — La prescription peut être invoquée soit par le
patron contre qui l'action est dirigée soit par les créanciers du
patron dans les cas déterminés par l'art. 2225 du Code civil.
Nous étudierons les effets de la prescription dans l'une et
l'autre de ces hypothèses et enfin, dans un troisième paragraphe, nous examinerons le point de savoir si, en notre matière, les juges peuvent suppléer d'office le moyen résultant
de la prescription.

a) *La prescription est invoquée par le patron lui-même.*

1342. — Et d'abord nous avons à nous demander à quel
moment le patron peut opposer la prescription. L'art. 2224
répond à cette question en ces termes : « La prescription peut
être opposée en tout état de cause, même devant la cour
d'appel, à moins que la partie qui n'aurait pas opposé le
moyen de la prescription ne doive, par les circonstances,
être présumée y avoir renoncé ». En d'autres termes, le patron
a jusqu'à la fin du procès la faculté de soulever la prescription, à moins qu'il n'y ait renoncé expressément ou tacitement. La prescription, étant un moyen de défense, doit être
formulée dans des conclusions ; or, les conclusions ne peuvent être modifiées que jusqu'à la clôture des débats, c'est-à-
dire au moment où la parole est donnée au ministère public.
Ainsi, lorsque le ministère public a conclu et que l'affaire est

mise en délibéré, il n'est plus temps pour exciper de la prescription.

1343. — Nous avons dit que si le patron pouvait en tout état de cause se prévaloir de la prescription, c'était à la condition qu'il n'y ait renoncé ni expressément ni tacitement. Sans doute le silence gardé par le patron au cours d'un procès n'implique pas, à lui seul, renonciation à la prescription; car il peut avoir eu pour cause l'ignorance du patron ou des hésitations dictées par le scrupule ou par la crainte de la réprobation publique; mais rien ne s'oppose à ce qu'il soit pris en considération par les juges avec les autres circonstances de la cause, pour en induire une renonciation tacite[1].

1344. — La prescription, étant utilement invoquée au début ou au cours d'une instance par le patron défendeur, aura pour effet d'anéantir les droits dont le demandeur prétendait se prévaloir et, par suite, de le faire succomber dans son action. On admet généralement que la prescription acquise rétroagit au jour où elle a commencé, c'est-à-dire que le débiteur est censé libéré à partir du jour du dernier acte interruptif de prescription. La conséquence de ce principe c'est que, si la dette est productive d'intérêts, le débiteur est, par la prescription, libéré non seulement du capital, mais encore des intérêts. En notre matière, ce principe n'a pas d'application possible, puisqu'il s'agit d'une dette litigieuse dont les intérêts ne peuvent courir qu'à partir de la demande en justice.

b) La prescription est invoquée par les créanciers du patron.

1345. — Cette hypothèse est prévue par l'art. 2225 qui est ainsi conçu : « Les créanciers ou toute autre personne ayant intérêt à ce que la prescription soit acquise, peuvent l'opposer, encore que le débiteur ou le propriétaire y renonce ». L'interprétation de ce texte a donné naissance à trois systèmes : Il ne serait, d'après les uns, qu'une application pure et simple du principe posé par l'art. 1167 du Code civil, de telle sorte que les créanciers seraient admis à attaquer la re-

---

[1] Cass., 21 mai 1883, S. 84. 1. 422. Paris, 1er mars 1893, D. 93. 2. 296. Baudry-Lacantinerie et Tissier, *op. cit.*, n° 51 (V. plus haut, n° 1328, sur la renonciation tacite).

nonciation de leur débiteur à la condition de démontrer que cette renonciation a été faite en fraude de leurs droits, c'est-à-dire que le débiteur a eu connaissance du préjudice qu'il leur causait. Dans une seconde opinion, on soutient que la règle de l'art. 1167 y reçoit une restriction désavantageuse pour les créanciers, en ce sens que la renonciation, une fois consentie par leur débiteur, ils seraient déchus du droit de l'attaquer. Ce système se fonde sur l'interprétation littérale de ces mots : « encore que le débiteur y renonce », ce qui voudrait dire simplement : encore que le débiteur néglige d'opposer la prescription. Enfin d'autres auteurs estiment que, si l'art. 2225 fait échec à l'art. 1167, c'est dans un sens favorable aux créanciers : ceux-ci n'auraient pas seulement le droit de se substituer à leur débiteur lorsqu'au cours d'une instance celui-ci néglige d'opposer la prescription ; ils pourraient encore faire annuler une renonciation valablement faite et, pour provoquer cette annulation, il leur suffirait de démontrer que la renonciation leur est préjudiciable, sans qu'il soit besoin de faire la preuve que ce préjudice était connu de leur débiteur. Ce troisième système, qui est admis par la plus grande partie de la doctrine, paraît devoir aussi l'emporter en jurisprudence[1].

1346. — Ainsi, dans ce dernier système, le fait suivant peut se présenter : un patron, assigné en paiement d'une pension à l'occasion d'un accident industriel, n'a pas opposé à l'ouvrier demandeur le moyen de prescription qu'il était en droit de soulever ; il a été condamné à payer la pension réclamée et le jugement de condamnation est devenu définitif. Un créancier du patron peut se pourvoir contre cette décision par la voie de l'action paulienne et faire décider que la renonciation faite par son débiteur ne devra pas porter atteinte à ses droits, c'est-à-dire que la somme, que le patron a été condamné à payer, devra être versée entre les mains de créanciers jusqu'à concurrence de sa complète libération. Nous voyons dans ce cas que l'effet de la prescription invoquée par le

[1] Cass., 22 mars 1843, S. 43. 1. 681, et 21 déc. 1859, S. 60. 1. 945. Baudry-Lacantinerie et Tissier, n° 117 ; Aubry et Rau, t. IV, p. 125, § 313, note 18 et t. VIII, p. 450.

créancier est limité aux droits de celui-ci et ne saurait en aucune façon bénéficier au débiteur lui-même qui a renoncé à s'en prévaloir.

1347. — La même solution devrait-elle être adoptée, si le moyen de prescription n'était soulevé que par le créancier du patron au cours même de l'instance engagée par la victime de l'accident? Devrait-on décider que l'effet en sera restreint aux droits du créancier et que le patron lui-même ne sera pas admis à en profiter? Il me semble qu'une distinction s'impose : si le créancier du patron invoque seul la prescription, après une renonciation du patron, ou encore si le patron déclare ne pas s'associer au moyen soulevé par son créancier, l'action suivra son cours comme si le moyen de prescription n'était pas proposé et, dans le cas où gain de cause serait donné à l'ouvrier victime de l'accident, les magistrats devraient décider que le montant de la condamnation sera d'abord attribué au créancier opposant jusqu'à concurrence du montant de ses droits. Mais il peut arriver que la prescription ait été soulevée par le créancier intervenant avant toute renonciation du patron et que celui-ci s'associe aux conclusions de son créancier. Dans ce cas, la prescription produira les mêmes effets que si elle avait été proposée par le patron lui-même.

c) *La prescription de notre matière peut-elle être proposée d'office par le juge ou par le ministère public?*

1348. — La réponse à cette question dépend du point de savoir si notre prescription est d'ordre public. Nous avons déjà eu l'occasion de nous expliquer à cet égard. Puisque nous admettons qu'un patron peut valablement renoncer à la prescription spéciale de la loi de 1898, nous devons conclure, par voie de conséquence, que les juges ne peuvent pas suppléer d'office au moyen de prescription qui n'est pas proposé par la partie intéressée. L'art. 2223, qui régit la matière des prescriptions en général, est applicable ici.

1349. — Par le même motif on doit décider que le moyen de prescription ne peut pas être soulevé pour la première fois devant la Cour de cassation.

CHAPITRE V

DE LA RÉVISION.

1350. — Il faut se garder de classer la révision au nombre des voies de recours. Les voies de recours, telles que l'appel, permettent aux plaideurs de déférer à des magistrats différents, généralement plus haut placés dans la hiérarchie judiciaire, les faits qui ont été jugés par une première juridiction. L'action en révision, au contraire, soumet à l'appréciation des mêmes juges une situation différente de celle qui avait servi de base à leur première décision. Elle constitue une instance nouvelle distincte par son objet et par sa cause de l'instance primitive.

1351. — D'après le droit commun, l'autorité de la chose jugée ne fait pas obstacle à ce qu'une personne, ayant obtenu, par une première décision devenue définitive, des dommages-intérêts pour une blessure résultant d'un accident, puisse former contre le même défendeur une demande de nouveaux dommages-intérêts à raison de l'aggravation ultérieurement survenue dans les suites du même accident. Car les deux instances ont une cause différente : la deuxième a en vue la réparation d'un préjudice nouveau sur lequel la première décision n'avait pas statué[1].

Il est vrai qu'à l'inverse lorsqu'une personne a été condamnée, comme auteur d'un accident, à servir une rente viagère à titre de dommages-intérêts à la victime de l'accident, elle est irrecevable, en vertu de la présomption fondée sur l'autorité de la chose jugée, à demander à être déchargée du paiement de la rente par le motif que la victime se trouverait complètement rétablie; car, dans les deux instances, il y a, non seulement identité de personnes, mais encore identité de cause et d'objet, la seconde ne tendant rien moins qu'à faire décider que les premiers juges ont fait une appréciation inexacte d'un préjudice qu'ils considéraient comme connu[2]. — Mais les juges avaient la faculté d'insérer dans leur décision qu'en cas d'amélioration dans l'état de la victime ou de guérison complète la rente par

---

[1] Cass., 10 déc. 1861, S. 62. 1. 521, D. 62. 1. 123.
[2] Nancy, 10 juill. 1875, S. 76. 2. 5, D. 76. 2. 65.

eux fixée sera réduite ou supprimée. Il en résultait que la révision
pouvait toujours être demandée par la victime pour aggravation de
son mal, tandis qu'elle ne pouvait l'être par l'auteur de l'accident
pour atténuation ou guérison imprévues que si le jugement l'avait
expressément réservé.

1352. — Cette inégalité méritait d'être supprimée. Une réglementation nouvelle s'imposait. Quand l'ordonnance du président constatant l'accord des intéressés est intervenue, dit M. Ricard dans son
rapport, ou quand une décision ayant acquis l'autorité de la chose
jugée a été rendue, l'indemnité est en principe irrévocablement fixée.
Mais ce principe n'est pas et ne pouvait pas être absolu. Dans beaucoup de cas, en effet, les blessures, qui originairement avaient paru
ne devoir entraîner qu'une incapacité temporaire ou qu'une incapacité partielle de travail, s'aggravent considérablement par la suite ;
souvent elles produisent dans l'état général de la victime des complications imprévues, de nature à entraîner son impotence absolue, soit
même sa mort. Il eût été souverainement injuste de ne pas admettre,
en pareil cas, la révision des indemnités concédées. Par contre, l'infirmité qu'on avait cru permanente, vient à disparaître ou bien elle
n'entraîne qu'une incapacité partielle de travail, alors qu'on l'avait
jugée absolue. Il n'était pas davantage possible en pareille hypothèse
d'admettre, d'une façon rigoureuse, l'irrévocabilité de la rente, sous
peine de faire de l'accident une source de bénéfices pour celui qui en
aurait été la victime.

1353. — Les lois allemande (ancien art. 65, nouveaux art. 88 à 92),
autrichienne (art. 39), anglaise (art. 12 annexe I) et italienne (art. 11)
n'ont pas manqué de tenir compte de ces considérations. Elles disposent que les rentes allouées en matière d'accidents non mortels sont
toujours révisables.

Lorsqu'un blessé, qui a obtenu une indemnité, est mort des suites
de sa blessure, les parents survivants ont, en Allemagne, un délai
de deux ans, à partir du décès pour faire valoir leurs droits à une
pension ; en Autriche ce délai est d'un an. — En Italie la révision
peut être demandée dans un délai de deux ans à partir du jour de
l'accident.

1354. — La loi française admet aussi la révision soit
pour aggravation d'infirmité, soit pour amélioration dans
l'état du blessé, soit à raison du décès de celui-ci, mais elle
ne fait aucune distinction, au point de vue du délai de l'exer-

cice de l'action, entre les deux premières causes de révision et la troisième. L'art. 19 est ainsi conçu : « *La demande en révision de l'indemnité, fondée sur une aggravation ou une atténuation de l'infirmité de la victime ou de son décès par suite des conséquences de l'accident, est ouverte pendant trois ans à dater de l'accord intervenu entre les parties ou de la décision définitive. — Le titre de la pension n'est remis à la victime qu'à l'expiration des trois ans* ».

Ce chapitre sera divisé en deux sections : 1° de l'action en révision proprement dite ; 2° de la procédure.

PREMIÈRE SECTION.
De l'action en révision.

1355. — Il y a trois sortes d'action en révision : l'une fondée sur l'aggravation de l'infirmité, la deuxième sur l'atténuation de cette infirmité, la troisième sur le décès de la victime. Chacune de ces actions sera étudiée séparément.

Avant d'en aborder l'examen, faisons deux observations d'un ordre général. La révision, étant une mesure exceptionnelle, n'est admise que dans les cas limitativement déterminés par le législateur. Aucun fait, autre que les trois causes prévues par l'art. 19, ne peut donner ouverture à l'action en révision. Supposons, par exemple, qu'un accident de caractère industriel, mais dont la cause était restée inconnue, blesse grièvement ou tue un ouvrier. Le règlement de l'indemnité a lieu, conformément à la loi, par accord conclu devant le président du tribunal ou par jugement ou par arrêt. Quelques jours après que la décision est devenue définitive, le chef d'entreprise acquiert la preuve que l'accident a été provoqué intentionnellement par la victime. S'il avait eu cette preuve plus tôt, il aurait été déchargé de toute obligation envers son ouvrier (art. 20 de notre loi). Pourra-t-il exercer l'action en révision ? Non, car il ne se trouve pas dans les conditions prévues par l'art. 19, le dol de la victime ne peut pas être assimilé à une atténuation d'infirmité. La voie de la requête civile est seule ouverte (art. 480-1°, C. proc. civ.). — Il importe aussi de ne pas confondre l'action en révision qui se fonde sur une modification survenue dans la santé de la victime avec l'action en majoration ou en diminution de pension ou en conversion en capital en cas de changement relatif à la situation juridique d'un ayant-droit (majorité d'un enfant, décès du dernier parent d'un orphelin mineur de seize ans, remariage du conjoint survivant, départ de la victime de nationalité étrangère, etc.). La première de ces actions ne peut s'exercer que dans les trois années qui suivent la constitution de la pension. L'exercice de la seconde n'est pas limité dans sa durée.

1355 *bis*. — La conversion facultative d'une pension en capital, conformément à l'art. 21 fait-elle obstacle à une instance en révision? Nous ne le pensons pas; car la révision est une disposition d'ordre public au même titre que les autres dispositions de la loi de 1898; et on ne saurait admettre qu'une faculté accordée aux parties relativement à la forme d'une indemnité ait eu implicitement pour effet, en l'absence d'un texte formel, de les priver du bénéfice de cette disposition[1]. Sans doute la révision pour cause d'atténuation devient, en fait, illusoire à raison de l'état d'indigence de la plupart des victimes; mais l'abandon du chef d'entreprise est, en pareil cas, limité et relativement minime. Il en est autrement de l'intérêt de la victime ou de ses ayants-droit, en ce qui concerne la révision pour aggravation ou à raison du décès du blessé. Il est bien entendu que, lorsque cette dernière action en révision sera admise, les ayants-droit ne sauraient cumuler leur rente ou pension avec le capital touché par leur auteur; il y aura lieu de faire une imputation sur la rente de la valeur restante de ce capital au jour du décès de la victime. Cette valeur sera calculée d'après le tarif de la Caisse des retraites.

1355 *ter*. — Tout au contraire, nous estimons que le caractère obligatoire de la conversion en cas de remariage de la veuve ou de l'abandon du territoire français par la victime de nationalité étrangère est inconciliable avec l'exercice de

---

[1] Le projet de la commission du Sénat (déc. 1903) et le texte précédemment voté par la Chambre des députés contiennent une disposition expresse dans ce sens.

l'action en révision aussi bien pour cause d'atténuation que pour cause d'aggravation.

I
De la révision pour cause d'aggravation.

1356. — C'est le blessé seul qui peut introduire cette action, puisqu'elle tend au relèvement du chiffre de sa pension ou à la fixation d'une pension nouvelle. Il a quatre preuves à faire. Il doit : 1° établir l'existence d'une décision définitive ou d'un accord antérieur lui allouant une indemnité[1]; 2° prouver qu'une aggravation non prévue par la décision ou la convention primitive s'est produite depuis lors; 3° que cette aggravation a eu pour effet d'augmenter l'inaptitude de la victime au travail; et 4° qu'elle est effectivement la conséquence de l'accident industriel.

> a) *Preuve d'une décision définitive ou d'un accord antérieur allouant une indemnité à la victime.*

1357. — Une décision définitive sera aisément prouvée, puisqu'elle consiste dans une sentence, un jugement ou un arrêt dont les minutes sont conservées. Il en sera de même d'un accord des parties constaté par ordonnance du président dans les termes de l'art. 16. Si les parties ont conclu, en matière d'incapacité permanente, un arrangement en dehors de l'intervention du président, cette transaction entachée d'une nullité d'ordre public ne peut servir de base à une action en révision[2] (n° 1873).

1358. — Mais on sait que les accidents, suivis d'une incapacité temporaire, ne donnent pas lieu nécessairement à une enquête; il s'ensuit que les parties peuvent amiablement convenir d'une indemnité en dehors de toute intervention judiciaire : il leur est même loisible de faire une simple convention verbale. La preuve de cette convention sera souvent difficile. Elle sera administrée suivant les règles du droit

---

[1] C. Paris, 27 juin 1902, *Gaz. Pal.*, 1902. 2. 652.
[2] C. Nancy, 30 nov. 1901, *Gaz. Pal.*, 1902. 1. 144. Cass. civ., 6 janv. 1904 (2 arrêts), *Gaz. Pal.*, 15 et 29 janv. 1904.

commun[1]. Par exemple, un ouvrier métallurgiste est atteint au ventre par une barre de fer mise en mouvement dans une manœuvre d'atelier. La blessure paraît au premier abord sans gravité. Aucune déclaration n'est faite de l'accident. La victime prend huit ou dix jours de repos, pendant lesquels le patron lui paye de plein gré la moitié de son salaire à titre d'indemnité temporaire. Aucun écrit ne constate cet accord. Plus d'un an s'écoule; l'ouvier continue à ressentir quelque malaise mais n'y attache aucune importance. Cependant un jour son état s'aggrave subitement. Un examen médical révèle dans l'intestin un abcès dont la cause est attribuée par les hommes de l'art au choc de l'accident. La victime ou, si elle meurt, ses ayants-droit n'auront l'exercice de l'action en révision qu'à la condition de démontrer l'existence de la convention par laquelle le patron s'est engagé à payer pendant quelques jours à son ouvrier l'indemnité temporaire. Faute de faire cette preuve, ils seront déchus de tout droit : non seulement l'action en révision ne sera pas recevable, mais l'action primitive en fixation d'une indemnité sera elle-même couverte par la prescription annale.

Il est nécessaire, avons-nous dit, que la décision définitive ou l'accord alloue à la victime une indemnité. Si le jugement ou l'arrêt avait débouté l'ouvrier de sa demande soit parce que l'accident n'avait pas un caractère industriel, soit à raison du dol de la victime, soit pour défaut de dommage, c'est-à-dire pour absence d'incapacité même temporaire, il y aurait chose jugée sur le principe du droit de la victime, et l'action en révision ne pourrait y faire échec.

b) Preuve d'une aggravation non prévue et postérieure à l'accord ou à la décision définitive.

1359. — La preuve de l'aggravation est à la charge du blessé qui est demandeur; c'est l'évidence même. Il faut également que cette aggravation soit postérieure à la décision définitive et qu'il n'en ait pas été tenu compte par les

---

[1] Besançon, 19 janv. 1902, *Gaz. Pal.*, 1902. 1. 467. T. Bourgoin, 19 mars 1902, *Rec. min. Comm.*, n° 7, p. 65. C. Paris, 10 avr. 1902, *Rec. min. Comm.*, n° 7, p. 213, *Rev. jud. acc. trav.*, 1902, p. 189. C. Douai, 21 avr. 1902 et 9 mars 1903, *Rec. min. Comm.*, n° 9, p. 116 et 167.

premiers juges [1]. Autrement, l'action en révision se heurterait encore à l'autorité de la chose jugée. Pour éviter des abus de cette nature, l'expert commis dans l'instance en révision aura pour mission, non d'évaluer le degré actuel d'incapacité consécutif à l'accident, mais de rechercher tout spécialement : 1° si, depuis l'expertise qui a servi de base à la fixation de l'indemnité dans l'instance antérieure, une aggravation est survenue dans l'état du blessé et en quoi elle consiste; 2° si elle a eu pour effet d'accroître l'invalidité de la victime et dans quelle mesure. L'expert, le mieux à même de renseigner le tribunal sur ces différents points, sera, à coup sûr, le médecin qui aura déjà été chargé de l'expertise dans la procédure en règlement de la rente légale.

1360. — Une aggravation due uniquement au refus opposé par la victime de se laisser soigner ou de se laisser faire une opération reconnue nécessaire ne saurait donner ouverture à une action en révision [2]. — Si l'aggravation était due pour partie à un défaut de soins imputable au blessé et pour partie aux effets naturels de l'accident, le tribunal devrait évaluer cette dernière part qui seule servirait de base à la fixation de la rente supplémentaire.

c) *Augmentation du degré d'incapacité de travail.*

1361. — L'état d'un blessé peut s'aggraver sans qu'il en résulte une inaptitude plus grande au travail; par exemple, un ouvrier perd, dans l'explosion d'une chaudière, les deux bras et un œil. Il est classé dans la catégorie des victimes totalement invalides et voit sa pension liquidée sur cette base. Après la décision définitive, l'œil resté intact suit le sort du premier et notre victime devient aveugle. L'aggravation est manifeste et cependant l'action en révision n'est pas ouverte,

---

[1] Ainsi, un ouvrier qui se plaint uniquement d'une erreur de diagnostic commise, selon lui, par l'expert dont le rapport a servi à fixer son indemnité, ne saurait être admis à fonder une action en révision sur cette erreur prétendue. C. Bordeaux, 31 juill. 1902, *Rec. min. Comm.*, n° 9, p. 129.

[2] Il en serait de même d'une aggravation due à la façon défectueuse dont le blessé a cru devoir se traiter lui-même. C. Aix, 17 janv. 1903, *Rec. min. Comm.*, n° 9, p. 156 (V. au sujet des droits et obligations de l'ouvrier en ce qui concerne le traitement médical, n°s 468 et s.).

parce que cette aggravation n'a pas modifié le degré d'incapacité de travail.

d) Relation de cause à effet entre l'aggravation et l'accident.

1362. — Le blessé doit enfin prouver que l'aggravation
est la conséquence de l'accident. Ce point n'est pas plus discutable que les trois premiers[1]. Nous avons vu en effet, en traitant des accidents (n° 444), que seules les infirmités résultant
du traumatisme doivent être prises en considération pour le
règlement des indemnités. Il peut cependant arriver qu'un
accident nouveau puisse être considéré comme la conséquence
de l'accident précédent; tel est le cas d'une fracture de la
jambe qui se produit juste au point où avait eu lieu antérieurement une précédente fracture, dont la consolidation était
restée incomplète[2].

e) Contre qui l'action en révision peut être exercée.

1363. — L'action en révision, qui dans cette première
hypothèse appartient au blessé, s'exerce normalement contre
le patron, puisque c'est le patron qui a été condamné à payer
l'indemnité légale. De son côté le patron, qui est assuré à une
société d'assurance mutuelle ou à primes fixes, a le droit de
contraindre son assureur de prendre ses lieu et place dans
l'instance en révision (art. 11 du décret d'administration publique du 28 févr. 1899).

Le blessé lui-même peut-il diriger son action en révision
contre l'assureur? Sans aucun doute, et celui-ci ne pourra lui
opposer aucune clause de déchéance fondée sur les dispositions de la police (art. 11 du même décret). L'intérêt du blessé
à assigner directement l'assureur en révision est incontestable; il peut arriver, en effet, que depuis l'accident le chef
d'industrie ait cédé son industrie ou qu'il ait liquidé ou encore
qu'il ait été déclaré en faillite.

Si le chef d'entreprise est affilié à un syndicat de garantie,
une distinction doit être faite : ou bien il a, nonobstant son
affiliation, continué personnellement à payer la pension à la

[1] Dans ce sens, C. Aix, 17 janv. 1903, précité.
[2] V. sur ce point, n° 466 et les autres décisions citées en note.

victime ou bien le syndicat s'est substitué à lui pour l'exécution de son obligation. Dans le premier cas, le blessé ne peut assigner que le patron. Dans le second cas, il lui est loisible et il est de son intérêt d'assigner le syndicat qui, pas plus que la société d'assurances, ne peut se retrancher derrière une fin de non recevoir ; car les syndicats de garantie sont, de par le décret qui approuve leurs statuts, soumis aux mêmes conditions de surveillance et de contrôle que les sociétés d'assurances et notamment à celles prévues par l'art. 11 (V. n° 1790). L'art. 24 du même décret est formel sur ce point (V. n° 1821).

A qui l'ouvrier devra-t-il s'adresser si le patron non assuré a disparu ? En pareil cas, le blessé devra d'abord remplir les formalités prescrites par le règlement d'administration publique pour faire reconnaître sa créance par la Caisse nationale (V. nᵒˢ 1632 et s.). Lorsque celle-ci sera régulièrement substituée au patron, il pourra l'assigner en révision aux fins de voir élever le chiffre de la pension.

II

Révision fondée sur une atténuation de l'infirmité.

1364. — Cette hypothèse est la contre-partie de la précédente. Le blessé remplit ici le rôle de défendeur à l'action, et le demandeur est le patron. Mais il peut arriver que le patron, ayant traité avec un assureur, n'ait plus aucun intérêt à intenter l'action en révision. L'assureur pourra-t-il en prendre l'initiative ? Je n'hésite pas à répondre affirmativement. Du moment où la victime a accepté pour débitrice une compagnie d'assurance ou une société mutuelle, celle-ci peut user de tous les moyens légaux pour faire réduire le montant de sa dette ; et, au nombre de ces moyens, se trouvera l'exercice de l'action en révision. Au surplus les assureurs, quels qu'ils soient, ne manqueront pas de stipuler dans leur police qu'ils seront substitués de plein droit aux assurés pour l'exercice de l'action en révision fondée sur une atténuation de l'infirmité.

1365. — L'exercice de l'action en réduction doit être re-

connu également au profit de la Caisse des retraites qui aura
pris les lieu et place d'un patron insolvable.

1366. — Comme dans l'hypothèse précédente, une atténuation ne peut donner ouverture à l'action en réduction
qu'autant que, survenue postérieurement à la décision définitive, elle n'a pas été prévue par les premiers juges et aussi
qu'elle a eu pour effet de rendre au blessé une aptitude au
travail susceptible de se traduire par une augmentation de
salaire ou par une diminution dans la durée de la privation
de son salaire.

Ces deux conditions suffisent. La décision ou l'accord antérieurs étant le titre de la victime, on ne saurait concevoir que
celle-ci en contestât l'existence. Quant à la quatrième condition concernant la relation de cause à effet entre l'atténuation
et l'accident, elle serait également un non-sens.

III

De la révision en cas de décès de la victime.

1367. — Le décès de la victime fait naître des droits nouveaux au profit des parents désignés à l'art. 3 de notre loi.
Ces parents sont : 1° le conjoint non divorcé ou non séparé de
corps, à condition que le mariage ait été contracté antérieurement à l'accident ; 2° les enfants légitimes et les enfants naturels reconnus avant l'accident ; 3° à défaut de conjoint et
d'enfants dans les termes ci-dessus, les descendants et les ascendants qui étaient à la charge de la victime. Telles sont les
seules personnes qui aient, dans cette troisième hypothèse, le
droit d'exercer l'action en révision.

Les défendeurs à l'action sont les mêmes que ceux indiqués
dans la première hypothèse, c'est-à-dire le patron et, le cas
échéant, l'assureur ou la caisse des retraites.

1368. — Pour obtenir gain de cause, les demandeurs
auront à prouver : 1° Qu'il y a eu décision définitive ou
accord antérieur allouant une indemnité à la victime dé-
funte ; — 2° Que le décès de la victime a sa cause dans l'accident ; — 3° Qu'ils se trouvent dans l'une des catégories de

parents visées plus haut et qu'ils remplissent les conditions exigées par la loi. — Ces trois conditions ont été étudiées, les deux premières dans le § 1 de la présente section, la troisième nᵒˢ 354 et s.

Dans le cas où le décès de la victime aurait pu être déterminé en partie par un défaut de soins à elle imputable, il y aurait lieu d'appliquer les principes que nous avons posés nᵒˢ 468 et s.

1369. — Un mot reste à dire sur l'effet de l'action en révision. Nous avons vu que l'action en révision respecte l'autorité de la chose jugée. Il suit de là que, pour modifier le chiffre de la pension, les juges de l'action en révision ne peuvent se fonder que sur l'*aggravation* ou l'*atténuation* survenue postérieurement à la première décision. Ils ne peuvent proclamer, pour la première fois, le droit à l'indemnité, lorsque ce droit n'a pas été consacré déjà par la décision ou convention primitive. Ce n'est pas tout. Si la première décision ou la première convention a reconnu l'existence d'une faute inexcusable susceptible de réduire l'indemnité, la juridiction qui statue en révision, est obligée de tenir compte dans sa nouvelle évaluation du taux de la réduction originairement admis.

DEUXIÈME SECTION.

Procédure en révision et voies de recours.

Nous étudierons successivement : *a*) le délai pour l'exercice de cette action ; *b*) les compétence, juridiction et procédure ; *c*) les indemnités temporaires et frais de maladie ; *d*) les dépens ; *e*) les voies de recours.

a) *Délai pour l'exercice de l'action.*

1370. — Le délai pour exercer l'action en révision est de trois ans. Il commence à courir à dater de l'accord intervenu entre les parties ou de la décision définitive.

Nous avons vu qu'en matière d'incapacité temporaire l'accord peut n'être que verbal. La preuve de la date de cet accord se rapporte comme la preuve de l'accord lui-même. On se trouve entre parties contractantes, il n'est pas nécessaire que la convention ait date certaine.

Par date de la décision définitive, faut-il entendre la date à laquelle la décision a été rendue ou celle à laquelle elle est devenue définitive? Une controverse pourrait s'élever sur ce point. Nous estimons qu'on doit s'en tenir au texte de la loi. La décision a comme date le jour où elle a été rendue, alors même qu'elle ne deviendrait définitive que postérieurement[1]. Ainsi un jugement susceptible d'appel prononcé le 1er décembre ne devient définitif que le 16; c'est le 1er et non le 16 qui sera le point de départ du délai de l'exercice de l'action en révision.

1371. — En étudiant au chapitre précédent la prescription de l'action en indemnité, nous avons eu l'occasion de dire quelques mots du délai, dont nous nous occupons en ce moment. Nous avons classé ce délai au nombre des prescriptions spéciales, nous réservant de rechercher ultérieurement dans quelle mesure les règles générales du titre de la prescription lui seraient applicables. Le moment est venu de nous livrer à cette étude.

La première question à résoudre est celle de savoir si le délai de trois ans de l'art. 19 est soumis aux causes de suspension de la prescription ordinaire et notamment à celles fondées sur la minorité et l'interdiction. Nous sommes portés à penser que les art. 2252 et s. du Code civil ne lui sont pas applicables. L'intention du législateur nous paraît résulter soit des termes de l'art. 19, soit de plusieurs autres dispositions de notre loi.

Tout d'abord les rédacteurs de l'art. 19 ont évité d'employer l'expression de prescription et ils ont eu recours à une formule inclusive qui paraît inconciliable avec toute idée de suspension : la demande en révision, y lit-on, est ouverte pendant trois ans. Si on rapproche ces termes de ceux de l'article précédent ainsi conçu : l'action en indemnité se prescrit par un an, on voit combien la différence est saisissante; on ne peut s'empêcher d'admettre qu'elle soit intentionnelle.

---

[1] En sens contraire, T. Toulouse, 1er mars 1901, *Gaz. Pal.*, 1901. 2. 546.

Au surplus, le deuxième alinéa du même art. 19 fortifie cette interprétation. Il dispose que le titre de la pension ne sera remis à la victime qu'à l'expiration des trois ans. Ce délai de trois ans assigné pour remettre un titre paraît déjà long. Peut-on admettre que le législateur ait entendu l'augmenter, le cas échéant, de cinq, dix, quinze ou même vingt ans ; car la minorité des enfants d'une victime peut aller jusque-là et l'interdiction n'a pas de limite. Bien plus, on arriverait à ce résultat inattendu que les enfants d'un ouvrier tué dans un accident pourraient faire réviser leur indemnité plus de cinq ans après avoir cessé d'y avoir droit ; car les pensions temporaires ne leur sont dues que jusqu'à seize ans.

Enfin, si nous nous reportons à l'art. 9, nous voyons que la victime ne peut demander la conversion du quart en capital qu'après le délai de révision. Ici encore, on trouve qu'il est bien long pour un blessé d'attendre trois ans avant d'obtenir le petit capital dont il a besoin. Que serait-ce si ce délai pouvait être indéfiniment accru par une cause de suspension? Si cette prolongation de délai avait été admise par le législateur, il est hors de doute que la disposition finale de l'art. 19 et celle de l'art. 8 eussent été toutes différentes. On remarquera d'ailleurs que, dans ces deux articles, il est parlé du délai de révision comme devant être, suivant l'expression de MM. Aubry et Rau, un délai préfix, c'est-à-dire invariable.

1372. — Une objection se dresse, il est vrai, contre cette solution. Qu'un blessé, père de plusieurs enfants en bas âge, meure deux ou trois jours avant l'expiration des trois années qui ont suivi la fixation de l'indemnité, comment les enfants, en état d'incapacité légale et non pourvus d'un tuteur, pourront-ils intenter en temps utile l'action en révision, si le décès de la victime a sa cause dans l'accident? Avant que le tuteur ait été désigné, le délai sera expiré et les enfants déchus de leur droit. A ce point de vue le conjoint de la victime sera placé dans une situation meilleure. Cette objection, j'en conviens, est grave. Elle montre un vice de la loi, auquel il serait d'ailleurs facile de remédier. Mais il ne nous semble pas qu'elle implique chez le législateur une intention autre que celle que nous lui avons attribuée: Pour faire disparaître cet inconvénient, il suffirait de disposer que, dans le cas où le décès de la victime surviendrait dans les trois mois qui précèdent l'expiration du délai de trois ans, les enfants auraient toujours un délai minimum de trois mois à partir du jour du décès pour intenter leur action en révision.

1373. — L'art. 30 de notre loi fait obstacle à ce que des conventions particulières abrègent ou allongent par anticipation le délai de trois ans. Sur ce point il ne peut y avoir de controverse.

Mais, lorsque les trois ans sont expirés, celle des parties qui aurait le droit d'invoquer la fin de non recevoir peut-elle valablement renoncer à s'en prévaloir? Et au besoin la déchéance résultant de l'expiration du délai ne doit-elle pas être admise d'office par le juge, même dans le silence des parties? Cette question ne laisse pas que d'être délicate. D'excellents arguments peuvent être invoqués dans les deux sens. Il nous semble que la solution se trouve dans la distinction suivante : De deux choses l'une, ou bien le blessé ou son représentant, tout en intentant une action après l'expiration du délai de trois ans, démontrent que l'aggravation, dont ils se prévalent, s'est produite moins de trois ans après la fixation de l'indemnité ; — ou bien ils se fondent sur une aggravation qui est elle-même postérieure au délai de trois ans.

Dans le premier cas, la déchéance repose sur la simple inobservation d'une formalité de procédure. Si les demandeurs avaient été plus diligents, ils auraient obtenu gain de cause. La nullité qu'on leur oppose rentre dans la catégorie de celles qui sont prévues par le Code de procédure civile et auxquelles l'ordre public ne s'attache en aucune façon. Il suit de là que les parties peuvent valablement y renoncer et que le juge n'a pas droit de la prononcer d'office.

Dans le second cas au contraire, il ne s'agit pas d'une simple question de procédure. C'est le fond du droit qui est intéressé : le droit à une augmentation de pension ne naît pour une victime ou pour ses représentants qu'autant que l'aggravation s'est produite dans les trois ans. Il ne dépendait pas des demandeurs que l'événement se produisît un peu plus tôt ou un peu plus tard. La déchéance est fondée, non sur une négligence ou un oubli de leur part, mais sur l'absence d'un élément essentiel à la naissance de leur droit. Les droits de notre loi reposant sur l'ordre public, les parties ne peuvent de leur plein gré les modifier. Or ce serait élargir celui de la victime que de permettre à celle-ci de bénéficier d'une augmentation d'indemnité pour une aggravation survenue après l'expiration du délai de trois années.

Donc les défendeurs ne peuvent valablement renoncer à la déchéance et, en pareil cas, le juge doit au besoin suppléer au silence des parties.

b) *Compétence, juridiction, procédure et assistance judiciaire.*

1374. — La loi n'indique pas devant quelle juridiction doit être portée l'action en révision. Il nous paraît certain que les règles de compétence *ratione materiæ* et *ratione loci*, que la loi de 1898 a établies pour l'exercice de l'action en indemnité sont applicables à l'action en révision ; dès lors le tribunal compétent pour en connaître est celui devant qui la demande primitive avait été portée[1] ou celui devant qui elle aurait été portée s'il n'y avait eu un accord préalable en conciliation.

Nous avons vu plus haut n° 1207 que, la compétence *ratione loci* n'étant pas d'ordre public, il peut arriver que la rente due à une victime ou à ses ayants-droit soit fixée par un tribunal autre que celui où l'accident s'est produit. Ce même tribunal sera-t-il aussi compétent pour juger l'action en révision, à l'exclusion de celui dans l'arrondissement duquel l'accident a eu lieu ? Nous inclinons vers l'affirmative, à raison du rapport étroit qui existe entre les deux instances.

1375. — Nous avons à nous demander comment doit s'introduire l'action en révision ? Doit-elle être précédée du préliminaire de conciliation devant le président, tel qu'il a été institué par l'art. 16 de notre loi ? Je ne le pense pas[2]. Si le législateur avait prévu l'accomplissement de cette formalité, il n'aurait pas manqué d'indiquer comment les parties au-

[1] C. Nancy, 1903, *Rec. min. Comm.*, n° 9, p. 164.
[2] La commission du Sénat (décembre 1903) propose d'assimiler au point de vue de la forme l'instance en révision à l'instance en fixation de l'indemnité.

raient été convoquées. Dans cette hypothèse, en effet, ce n'est
plus le président qui peut prendre l'initiative de mander les
parties devant lui. Il est dessaisi de la procédure ; rien ne
l'avertit qu'une instance est sur le point de s'ouvrir ; et en
serait-il prévenu par le demandeur en révision, que la loi ne
l'autorise pas à user du pouvoir exceptionnel dont elle l'avait
spécialement investi pour l'action en paiement d'indemnité.
J'estime à la vérité que c'est là une lacune de notre texte. Car
si l'intervention conciliatrice du président est utile au début
d'une instance en fixation d'indemnité, il me semble qu'elle
ne donnerait pas de moins bons résultats dans une procédure
en révision. Quoi qu'il en soit, le législateur ne s'en est pas
expliqué. Le droit commun reprend son empire. Il appartient au demandeur de se conformer au Code de procédure
civile et par suite de faire précéder son assignation devant le
tribunal ou bien du préliminaire de conciliation devant le
juge de paix ou d'une autorisation du président du tribunal
le dispensant de l'accomplissement de cette formalité[1]. Le
juge de paix compétent pour le préliminaire de conciliation
serait, dans ce cas, celui du lieu où l'accident s'est produit.

1376. — Les termes de l'art. 22 ne nous permettent pas
non plus d'admettre que le bénéfice de l'assistance judiciaire
soit accordé de plein droit à la victime ou à ses ayants-droit
dans une instance en révision[2]. Peut-être est-ce aussi une lacune ? Quoi qu'il en soit, les actions en révision n'ont pas la
même urgence que les instances en paiement d'indemnité ;
et il n'y a pas grave inconvénient à ce que la victime soit tenue de remplir les formalités préalables qui sont imposées
par la loi de 1851.

Si le bénéfice de l'assistance judiciaire n'est pas accordé de
plein droit, les procès-verbaux, significations, jugements et
autres actes de la procédure de révision n'en jouissent pas
moins des avantages de délivrance gratuite et d'exemption
de droit de timbre et d'enregistrement résultant des disposi-

---

[1] Dans ce sens, Paris, 25 juill. 1902, *Pand. fr.*, 1902. 2. 345. C. Lyon, 21 mai
1901, *Rec. min. Comm.*, n° 3, p. 821.
[2] *Contrà*, T. Toulouse, 1er mars 1901, *Gaz. Pal.*, 1901. 2. 563.

tions de l'art. 29 de notre loi. Nous étudierons spécialement cette question au titre V, n° 1846.

1376 *bis.* — S'il y avait urgence pour la victime à faire constater l'aggravation de son état par un médecin, le juge des référés aurait compétence pour commettre un expert ou ordonner toute autre mesure urgente[1].

1376 *ter.* — Les instances en révision dirigées contre les départements ou les communes sont dispensées des formalités prescrites par les lois de 1871 et de 1884 (V. n° 1224).

c) *Indemnité temporaire et frais de maladie.*

1377. — L'aggravation d'une infirmité peut nécessiter parfois un nouveau traitement médical et même des interventions chirurgicales, par exemple en cas d'ophtalmie sympathique, d'étranglement herniaire, etc. Le tribunal devra mettre à la charge du patron les frais médicaux et pharmaceutiques, s'il estime que la lésion, qui nécessite le traitement médical, est la conséquence de l'accident du travail; car, aux termes de la loi, le chef d'entreprise doit supporter tous les frais médicaux et pharmaceutiques occasionnés par l'accident (V. n° 607).

1377 *bis.* — Mais, pendant cette période de traitement médical, le blessé aura-t-il droit à l'indemnité temporaire ou devra-t-il seulement continuer à recevoir la rente primitivement fixée? Le paiement de l'indemnité temporaire n'ayant pas été prévu pour la procédure de révision, nous estimons que le blessé doit continuer à recevoir la rente fixée par la première décision de justice[2]; mais, pendant le cours de la procédure, le tribunal peut, conformément à la disposition finale de l'art. 16, condamner le patron à payer à la victime une provision en sus de la rente primitive, si du moins l'existence de l'aggravation est d'ores et déjà démontrée et si la contestation ne porte que sur l'importance de cette aggravation[3]. La provision ainsi allouée sera ensuite imputée sur la nouvelle rente dont le tribunal fixera, après expertise, le montant et le point de départ.

[1] Paris, 25 juill. 1902, précité.
[2] C. Rouen, 9 févr. 1901, *Rec. min. Comm.*, n° 3, p. 746.
[3] C. Rouen, 9 févr. 1901, précité.

d) *Dépens.*

1378. — Dans les actions en révision fondées sur l'aggravation de l'état du blessé ou sur le décès de la victime, la condamnation aux dépens ne soulève aucune difficulté.

Les dépens doivent être mis à la charge de la partie qui succombe. Il n'y a aucun motif pour accorder un traitement de faveur à l'ouvrier ou à ses ayants-droit dont la demande en révision a été reconnue mal fondée.

La situation est différente dans les actions en révision fondées sur l'atténuation d'infirmités. Sans doute le demandeur (c'est-à-dire, suivant les cas, le chef d'entreprise, l'assureur ou la Caisse des retraites), devra être condamné aux dépens, en cas d'échec dans ses prétentions. Mais, à l'inverse, devra-t-on mettre l'intégralité des dépens à la charge de l'ouvrier défendeur, si la résistance de celui-ci n'est pas justifiée. Tout d'abord il y a des frais inévitables, qu'un acquiescement initial de la victime n'aurait pas empêchés ; ce sont ceux de la décision judiciaire constatant la réduction ou la suppression de la rente ; on sait, en effet, que tout accord relatif aux incapacités permanentes doit être consacré par une décision de justice[1]. Ce point acquis, deux cas sont à considérer : Si le jugement ou l'arrêt qui termine l'instance en révision, déclare l'ouvrier rentré en possession de la plénitude de ses facultés de travail et ne lui reconnaît plus aucun droit à une rente, il doit, par voie de conséquence, le condamner en tous les dépens de l'instance, hormis les frais de la décision finale ; car l'ouvrier, se sentant complètement valide, a eu tort de résister à la demande en suppression de la rente et, si dès le début de l'instance il avait demandé au tribunal acte de sa renonciation pure et simple, il aurait évité tous les frais faits depuis le début de la procédure jusqu'au jugement exclusivement.

Le plus souvent, il arrive que le litige porte, non sur la suppression du droit à l'indemnité, mais seulement sur une réduction de la rente. En pareil cas, ne peut-on pas dire qu'une expertise médicale est presque toujours nécessaire

[1] Cass. civ., 6 janv. 1904, *Gaz. Pal.*, 15 janv. 1904. V. n° 1873.

pour évaluer le degré de diminution d'incapacité, alors même que les deux parties se seraient accordées à reconnaître qu'il y avait lieu, en principe, à une réduction de la rente ? Seul, en effet, un homme de l'art a les connaissances spéciales pour trancher cette question de quotité. Il suit de là que les frais de l'expertise devront être, en général du moins, répartis entre les parties suivant une proportion que les tribunaux fixeront en se fondant sur les circonstances de la cause.

e) *Voies de recours.*

1379. — Si la comparution en conciliation devant le président n'est pas applicable à l'instance en révision, il n'en est pas de même des autres règles de procédure établies par l'art. 17 en ce qui concerne les délais d'opposition des jugements de défaut et les délais soit pour interjeter appel soit pour statuer en appel. L'art. 17 est, en effet, conçu en termes généraux qui permettent l'extension de ses dispositions aux instances en révision : « Les jugements rendus en exécution de la présente loi, y est-il dit, sont, etc. ». Il suit de là que les voies de recours sont aussi celles dont nous avons parlé en traitant de l'action en paiement d'indemnités.

1380. — Rien ne s'oppose à ce qu'un même accident donne lieu à plusieurs actions successives en révision, plusieurs modifications imprévues pouvant se produire dans l'état d'un blessé. Mais, passé le délai de trois ans à compter de la décision définitive sur la première action en paiement, aucune demande en révision n'est recevable.

CHAPITRE VI

DOL ET FAUTE INEXCUSABLE.

1381. — Art. 20. : « *Aucune des indemnités déterminées par la présente loi ne peut être attribuée à la victime qui a intentionnellement provoqué l'accident. — Le tribunal a le droit, s'il est prouvé que l'accident est dû à une faute inexcusable de l'ouvrier, de diminuer la pension fixée au titre I. — Lorsqu'il est prouvé que l'accident est dû à la faute inexcusable du patron ou de ceux qu'il s'est substitués dans la direction, l'indemnité pourra être majorée, mais sans que la rente ou le total des rentes allouées puisse dépasser soit la réduction, soit le montant du salaire annuel* ».

Ce chapitre sera divisé en trois sections : — 1° Du dol de la victime; — 2° De la faute inexcusable de la victime; — 3° De la faute inexcusable du patron ou de ceux qu'il s'est substitués dans la direction.

PREMIÈRE SECTION.

De la déchéance du droit à l'indemnité dans le cas où l'accident a été intentionnellement provoqué par la victime.

1382. — Il est un cas où, malgré le caractère industriel de l'accident, la victime n'a droit à aucune indemnité, c'est celui où elle l'a elle-même intentionnellement provoqué. Par intention il faut entendre, non seulement la volonté d'accomplir l'acte qui détermine l'accident, mais encore le fait d'en vouloir les conséquences dommageables.

1383. — Le dol ou fait intentionnel, entraînant déchéance du droit à indemnité, peut se produire dans deux cas : 1° lorsqu'il y a eu de la part de l'ouvrier suicide ou mutilation volontaire; 2° lorsqu'il y a eu malveillance; par exemple, la victime avait provoqué l'explosion d'une chaudière ou la rupture d'un engin dans le but de blesser ou de tuer un employé de l'usine ou encore de causer des dégâts matériels ; mais, le crime accompli, elle ne s'est pas retirée assez tôt et elle a été atteinte par un des projectiles.

1384. — La démence, qui enlève toute volonté à l'auteur d'un acte, est exclusive de l'intention. La doctrine et la jurisprudence sont unanimes à admettre qu'elle fait disparaître la responsabilité civile aussi bien que la responsabilité pénale : notamment, en matière d'assurance, on décide que l'assuré qui, dans un accès de démence, détermine un sinistre, par exemple met le feu à sa maison, n'est point, par cela même, déchu du bénéfice du contrat[1].

1385. — Toutefois un suicide accompli dans un accès de folie peut donner ouverture à l'indemnité prévue par la présente loi, si la démence de la victime a sa cause directe dans un accident industriel[2].

Il en serait autrement si la cause de la démence avait été étrangère au fonctionnement de l'exploitation[3].

1386. — A la différence de la faute lourde qui n'a d'influence que sur le chiffre de la réparation dans les accidents entraînant la mort ou une incapacité permanente, le fait intentionnel est une cause de déchéance absolue; il prive la victime de tout droit à une indemnité quelconque, même aux frais médicaux et pharmaceutiques.

1387. — Cette déchéance atteint-elle aussi les ayants-droit de la victime, lorsque celle-ci a péri dans l'accident ? La loi ne le dit pas expressément; et, si on en interprète littéralement les termes, on serait porté à penser que, en cas d'accident mortel, les ayants-droit de la victime peuvent se prévaloir d'une pension. Telle ne paraît pas avoir été l'intention des rédacteurs de l'art. 20. La teneur de ce texte en effet a été empruntée aux dispositions finales de l'art. 1er d'un projet de loi déposé à la Chambre des députés sur un rapport de M. Duché. Or, M. Duché expliquant la rédaction de son texte disait : « Par l'art. 1er de son projet, votre commission se

---

[1] Req., 14 mai 1866, D. 67. 1. 296 ; 18 janv. 1870, D. 72. 1. 54. 55 ; Labbé, *Rev. crit.*, t. XXXVII, p. 120 et s.

[2] Dans ce sens, Off. imp. d'Allemagne, 24 sept. 1888 et 4 nov. 1892, *Handbuch der Unfallversicherung*, p. 170.

[3] T. Seine, 17 mars 1900, D. 1900. 2. 12.

borne à déterminer autant que possible les entreprises présentant le caractère spécial du risque professionnel et pour celles-là elle déclare que tout accident survenu aux ouvriers qui y travaillent donne nécessairement droit à une indemnité, *sauf le cas où la victime aurait volontairement provoqué l'accident, parce qu'alors le fait des choses ne peut plus être invoqué* ». Ainsi, dans l'esprit de M. Duché, l'accident dû au fait intentionnel de la victime ne donnait naissance à aucun droit à indemnité, sans qu'il y ait lieu de distinguer si les bénéficiaires de cette indemnité auraient été la victime elle-même ou ses ayants-droit. Nous n'hésitons pas aussi à adopter cette opinion. Il nous semble que la solution contraire ne serait rien moins qu'un encouragement au suicide ou même au crime et devrait être considérée, à ce point de vue, comme contraire à l'ordre public. Que les ayants-droit d'une victime coupable de dol soit secourus charitablement, j'y souscris de grand cœur; c'est un devoir social. Mais qu'une loi dispose qu'un suicide ou un crime fera naître au profit de certains parents du suicidé ou du criminel un droit ou une indemnité fixée d'avance, c'est ce qui est inadmissible.

1388. — C'est au patron qu'il appartient de faire la preuve du dol de la victime ; cette preuve peut résulter de présomptions graves, précises et concordantes, telles que la menace de se faire prendre la main en cas de réprimande, rapprochée du fait d'être blessé aussitôt après une réprimande en l'absence de tout témoin, les versions exclusives l'une de l'autre et mensongères toutes deux données par la victime et le fait de vouloir constamment égarer la justice[1].

1389. — La plupart des faits dolosifs, constituant un crime ou tout au moins un délit, sont de nature à mettre en mouvement l'action publique. Nous avons vu que l'exercice de l'action publique arrête momentanément le cours de l'action civile et qu'elle est une cause de suspension de la prescription de cette action. Mais il peut arriver que les soupçons de crime ou de délit ne naissent que postérieurement au jour où une décision devenue définitive alloue à la victime ou à ses ayants-

---

[1] C. Rouen, 22 mars 1902, *Gaz. Pal.*, 1902. 1. 850.

droit la rente ou la pension établie par notre loi. Est-ce que la condamnation pénale de la victime pour un fait de cette nature n'autorise pas le chef d'entreprise à exercer l'action en révision? Nous avons vu au chapitre précédent que l'action en révision ne peut s'exercer que pour une des causes limitativement déterminées par la loi et que le cas, dont nous nous occupons, n'a pas été prévu. Le chef d'entreprise n'aura donc d'autre recours que la voie de la requête civile (art. 480-1°, C. proc. civ.).

Que décider si la condamnation pénale intervient au cours de l'instance civile, alors que le patron a consenti à payer l'indemnité journalière ou a été condamné à la payer, à titre provisionnel, mais avant que le tribunal ait statué sur le fond? Dans ce cas, le tribunal n'hésitera pas à débouter l'ouvrier de sa demande et ainsi prendra fin l'indemnité journalière.

Les mêmes solutions devront être admises si le patron acquiert, après ou avant la décision définitive, la preuve d'une mutilation volontaire ou d'un suicide.

DEUXIÈME SECTION.

Faute inexcusable de la victime.

Préliminaires.

1390. — Nous étudierons la faute lourde successivement dans les contrats d'assurances, dans la législation étrangère et dans les travaux préparatoires.

I. De la faute lourde en matière d'assurances, d'après la doctrine et la jurisprudence.

1391. — A l'origine de l'assurance, on admettait comme un principe d'ordre public que nul ne peut stipuler l'exonération de ses fautes et on en déduisait cette conséquence que l'assuré est privé de tout droit à indemnité quand le dommage est survenu par sa faute ou par celle des personnes dont il est responsable. Les nécessités de la pratique ne tardèrent pas à faire fléchir la rigueur de cette règle. Il est peu d'incendies, par exemple, qui ne soient dus à la faute de l'assuré lui-même ou de ses enfants ou du personnel placé sous ses ordres. Si on avait continué à décider qu'une simple faute est une cause de déchéance du droit à réparation, l'assurance aurait perdu la plus grande partie de son utilité. En matière d'assurance sur la vie, la situation est identique : l'assuré a en vue, non seulement sa mort naturelle, mais aussi (et c'est le cas le plus fréquent) une mort accidentelle. S'il suffisait que cette mort ait été causée par la plus légère imprudence pour enlever aux ayants-droit de la victime tout le bénéfice du contrat, personne ne songerait à recourir à un moyen aussi incertain de neutraliser les effets d'une éventualité dommageable. Une telle thèse ne pouvait donc prévaloir dans la pratique.

Et cependant, il fallait tenir compte d'un autre ordre de considération. Par cela même qu'on garantit à l'assuré la réparation du préjudice que lui causera la perte de son bien ou la survenance d'un accident, on diminue l'intérêt qu'il a à la conservation de sa chose ou à la préservation de sa propre existence. En tant qu'elle lui donne confiance en l'avenir et qu'elle fortifie son esprit d'initiative, cette atténuation des risques est pour lui un puissant stimulant; mais si, dépassant certaines limites, elle devient un encouragement à l'incurie ou à l'imprudence, elle manque son but et constitue un remède pire que le mal. Or, c'est ce qu'il y aurait lieu de craindre si la faute du sinistré, quelle qu'elle fût, ne faisait jamais obstacle à l'ouverture du droit à l'indemnité.

Pour éviter ce double écueil, la doctrine et la jurisprudence ont fait une distinction entre la faute *légère* et la faute *lourde*. La faute légère est assimilée au cas fortuit, la faute lourde au dol, *culpa dolo proxima*. Seule, cette dernière prive la victime du bénéfice de l'assurance. On trouve, dans ce sens, deux arrêts de la Cour de cassation qui ont statué en matière d'assurance contre l'incendie [1].

1392. — Les motifs qui ont dicté la décision de la Cour de cassation en matière d'incendie sont applicables, avec non moins de force, à l'assurance contre les accidents. Si la crainte d'une augmentation dans le nombre des sinistres, a été l'un des motifs de l'exclusion de la faute lourde en ce qui touche l'assurance contre l'incendie, cette considération a singulièrement plus de poids en matière d'assurance contre

---

[1] L'un est du 15 mars 1876, S. 76. 1. 337, note de Labbé, D. 76. 1. 449, l'autre du 18 avr. 1882, D. 83. 1. 260. Cette opinion est partagée par la presque unanimité des auteurs (Agnel, *Manuel général de l'assur.*, n° 41; de Courcy, *Quest. de dr. marit.*, 2e sér , chap. II; Labbé, note sous Sirey, 87. 1. 369; Adam, *De la resp. civ. des patr. et de la faute lourde en mat. d'assur.*; Villetard de Prunières, *De l'assur. contre les accid. du trav.*, n° 24 et 25). Elle a été consacrée par la législation de divers pays, notamment par la loi belge du 11 juin 1874 (art. 16), par le Code de commerce portugais (art. 1770), par le Code zurichois (art. 170) et, en ce qui touche tout spécialement l'incendie, par le Code de commerce néerlandais (art. 294) et italien (art. 436).

les accidents, où les suites se traduisent, non plus par des pertes matérielles, mais par des blessures et par la destruction des vies humaines[1].

1393. — On objecte, il est vrai, que, si, dans le contrat d'assurance contre l'incendie, la faute lourde de l'assuré rend celui-ci non recevable à se prévaloir de l'indemnité stipulée, cette règle n'est pas applicable à l'assurance contre les accidents du travail. Il paraît difficile, dit-on[2], de distinguer suivant que l'imprudence commise par la victime de l'accident offrirait plus ou moins de gravité. L'ouvrier, qui, dans l'exercice de son travail professionnel, s'expose même avec témérité, ne saurait être réputé coupable d'une faute lourde ; son audace, peut-être excessive, s'explique le plus souvent par le désir, dont il est animé, de remplir sa tâche de la façon la plus complète et il serait évidemment contraire à l'esprit du contrat de s'en prévaloir pour échapper à l'exécution de son obligation. La déchéance ne saurait être encourue qu'en cas de dol, c'est-à-dire s'il était prouvé que l'accident a été volontairement cherché ou provoqué dans le but de faire naître le droit à l'indemnité d'assurance.

A cette objection il est facile de répondre qu'une imprudence ou un acte de témérité dictés par le désir de mieux accomplir sa tâche trouve son excuse dans le mobile de son auteur et cesse par là même d'être une faute lourde. Mais, entre le dol proprement dit et la faute inexcusable, il y a place pour les fautes qu'aucune considération n'explique ou n'atténue ; ce sont précisément celles-là qui méritent la qualification de fautes lourdes. Sans doute, il est souvent difficile de distinguer une faute lourde d'une faute excusable. Mais cette difficulté qui existe au même degré dans les autres assurances terrestres, ne saurait avoir, spécialement dans l'assurance contre les accidents, cette conséquence inattendue de faire écarter la faute lourde des causes de déchéance.

II. — Législations étrangères.

1394. — En *Allemagne* et en *Autriche*, la faute lourde de la victime est, en principe, sans influence sur le droit au bénéfice de l'assurance. Mais les tribunaux allemands se montrent très rigoureux pour reconnaître un caractère industriel aux accidents causés par la faute de la victime. Ils considèrent que celle-ci a été atteinte en dehors de son travail et ils lui refusent toute indemnité, lorsque l'acte générateur, qui lui est imputable, est susceptible de se détacher de

---

[1] Villetard de Prunières, *loc. cit.*, p. 29.
[2] *Supp. au Rép. alph.* de Dalloz, v° *Assurances terrestres.*

ses fonctions. La simple violation d'une interdiction formulée par le chef d'entreprise est parfois suffisante pour produire cet effet, à la condition que cette interdiction ait eu pour objet la définition même des limites du travail[1]; telle serait l'utilisation par l'ouvrier d'un appareil (monte-charge par exemple) pour un usage formellement interdit; la violation de cette interdiction, ajoute la décision, rompt le lien qui rattache le blessé à son travail et l'accident, qui en résulte, perd son caractère industriel. La même jurisprudence prévaut en Autriche. Par jugement du 9 novembre 1893, le tribunal arbitral de Prague a décidé que l'accident consécutif à une action interdite par le patron ne doit pas être considéré comme un accident du travail et, par suite, ne donne droit à aucune indemnité au profit de celui qui en est victime[2].

On voit que, si, en Allemagne et en Autriche, la faute lourde n'est pas, aux termes de la loi, une cause d'exclusion du bénéfice de l'assurance, les tribunaux arrivent indirectement, dans la pratique et par la force même des choses, à la considérer comme telle. Cette interprétation jurisprudencielle de la loi allemande n'a pas paru suffisante. Le gouvernement allemand étudie le point de savoir s'il ne conviendrait pas d'introduire, dans la loi de 1884, une modification qui consisterait à faire varier les indemnités selon que les accidents résulteraient ou non d'imprudence[3].

1395. — Tout au contraire, aux termes de la loi *anglaise* de 1897, la faute lourde est exclusive du droit à indemnité. On lit en effet à l'art. 2 (*c*) du titre I : « S'il est prouvé que le dommage est imputable à un manquement grave et volontaire de l'ouvrier à ses devoirs, toute demande d'indemnité sera repoussée ». Cette disposition montre à quel point les Anglais entendent maintenir dans leur législation le principe de responsabilité. S'ils laissent à chacun la plus grande somme de liberté, c'est à la condition que les conséquences de chaque acte restent entièrement à la charge de son auteur. Les Allemands se placent au point de vue opposé : la liberté et la responsabilité n'ont pas, à leurs yeux, la même importance. Ce à quoi ils s'attachent surtout, c'est à la distinction purement matérielle de savoir si l'accident a ou non un caractère industriel.

1396. — *En Italie*, la responsabilité civile est maintenue à la harge de ceux qui seraient l'objet d'une condamnation pénale, à raison du fait d'où dérive l'accident (art. 22 de la loi 1898).

---

[1] Off. imp., 10 janv. 1890, Bellom, *Ass. ouv. en Allemagne*, p. 98.
[2] Bellom, *Ass. ouv. en Autriche*, p. 710.
Bull. du congrès int. des accid. du trav., t. IV, 1893, p. 294.

III. — **Travaux préparatoires.**

1397. — Dans la préparation de notre texte, deux opinions contraires se sont trouvées aux prises : l'une, assimilant la faute lourde au dol, voulait en faire une cause de déchéance absolue ; l'autre, se fondant sur le caractère forfaitaire de la loi, entendait que la faute lourde n'eût aucune influence sur le droit à l'indemnité.

1398. — La première opinion, que nous pourrions qualifier de classique, a trouvé un ardent défenseur dans M. le professeur Dejace[1]. « Pourquoi, écrit cet éminent auteur, l'ouvrier serait-il encore prudent et prévoyant si la loi lui accorde une pension dans tous les cas? Aujourd'hui déjà, sans jouir du bénéfice de la loi nouvelle qu'on propose, les ouvriers sont étourdis, insouciants ; ils sont victimes d'accidents dus à leur propre faute et dont ils supportent seuls les tristes conséquences. C'est même un des motifs les plus puissants qu'on fait valoir en faveur d'une réforme. Que sera-ce lorsqu'ils seront assurés contre toutes les éventualités du sort et toutes les suites de leurs propres agissements ».

1399. — A ces considérations, M. le Dr Bödiker, président de l'office impérial des assurances de Berlin, répondait par les observations suivantes dans une séance du congrès de Berne[2]. « Je me demande si, nous tous qui sommes ici, nous ressentons toujours les pleines conséquences de nos fautes lourdes. N'échappons-nous pas souvent à une punition méritée par des mesures mal prises; le poids du châtiment nous frappe-t-il chaque fois et ne sommes-nous pas heureux pour nous et nos amis si la punition ne suit pas immédiatement l'action coupable? Eh bien, accordons la même chose à l'ouvrier qui met en jeu son corps et sa vie, sa santé et son existence. Où trouve-t-on dans le monde, pour une faute même grave, une punition dont la durée peut s'étendre à toute la vie du coupable? Où trouve-t-on un châtiment qui peut réduire à la misère? Devons-nous introduire contre les ouvriers un tel principe dans notre domaine de la conciliation des oppositions? N'exigeons pas trop d'eux. Agissons noblement comme de vrais amis des ouvriers. J'affirme que ce n'est pas seulement sage et politique ; c'est également chrétien; c'est équitable et juste de ne point laisser sans indemnité les ouvriers coupables de faute grave et de ne pas risquer d'abandonner à la misère eux et leurs familles ».

---

[1] Gruner, *Congrès internat. des acc. du trav.*, t. I, p. 410.
[2] *Congrès intern. des acc. du trav.*, Berne, p. 184.

1400. — Certes le spectacle des misères de la classe ouvrière ne saurait nous laisser indifférent, ces misères eussent-elles été provoquées par une faute lourde, voire même par une action coupable. Mais si nous abordons un tel sujet, nous quittons le domaine de l'assurance, c'est-à-dire du contrat, pour entrer dans celui de la charité et de l'assistance. Or, ce sont deux ordres d'idées qu'il faut se garder de confondre. Sans doute un législateur n'a pas les mêmes obligations qu'une partie contractante dans une convention. Mais nous ne saurions trop répéter que la loi de 1898 est une loi d'assurances et non une loi d'assistance[1]. Que cette assurance soit contractuelle ou légale, peu importe; elle n'en comporte pas moins d'une part l'obligation de garantir des risques et d'autre part celle de payer des primes : il faut que la balance s'établisse entre ces deux obligations. Si non, le succès de la loi est compromis. En Allemagne et en Autriche on l'a si bien compris que l'interprétation prétorienne a dû rectifier, par un moyen indirect, l'erreur du législateur (V. nos 415 et 1394).

Une autre considération a aussi son importance. Tout le mécanisme de l'assurance repose sur un calcul de probabilité qui a pour base la similitude de l'avenir avec le passé, c'est-à-dire la reproduction périodique et régulière dans des conditions sensiblement identiques des événements dommageables dont la réparation est garantie. Ce mécanisme ne peut régulièrement fonctionner qu'autant que rien ne viendra modifier, si je puis m'exprimer ainsi, le mouvement de cette chaîne sans fin. Que si l'assurance contient, en elle-même, un germe générateur d'accidents et devient une cause d'accroissement des risques, le calcul de probabilité, sur lequel elle est étayée, se trouvera erroné et entraînera fatalement sa ruine.

En résumé, une assurance ne peut subsister qu'à cette condition essentielle, c'est qu'elle n'ait point pour effet de modifier la proportion des risques. Déjà en garantissant la réparation des accidents du à une faute légère, elle tend à affaiblir chez l'ouvrier le sentiment de sa responsabilité. Ce mal n'est heureusement pas sans remède : une réglementation plus étroite des conditions du travail et l'établissement de sanctions disciplinaires, joints à un redoublement de surveillance de la part des chefs d'industrie, sont de nature à enrayer cette tendance fâcheuse. Mais ces moyens seraient aussi impuissants contre la faute lourde que contre l'acte intentionnel. Une répression, s'im

[1] Nous avons déjà eu l'occasion d'expliquer que, si notre loi ne proclame pas textuellement l'obligation de l'assurance, elle rend le patron assureur de ses ouvriers. Il est donc nécessaire que la fixation des pensions mises à la charge du patron repose sur les principes de l'assurance.

pose, en pareil cas, c'est la privation du droit à l'indemnité. La crainte de ce châtiment est la seule mesure préventive vraiment efficace. Et, puisque dans le camp opposé on se place sur un terrain humanitaire et sentimental, ne nous est-il pas permis aussi de faire remarquer dans notre thèse combien il serait injuste, quelquefois même révoltant, d'accorder à l'auteur d'une faute grossière et inexcusable les mêmes indemnités qu'à ses propres victimes?

1401. — A ces arguments, que répondent les adversaires de l'exclusion de la faute lourde? « Ce qui actuellement rend prudents les hommes qui vivent dans un milieu dangereux, ce n'est pas la pensée qu'en cas d'accident survenu par leur faute, ils n'auront pas de pension, c'est la crainte de la mort et de la souffrance, crainte inhérente à la nature humaine; si cette crainte ne les arrête pas dans la voie des imprudences, peut-on penser que tel ou tel régime juridique sera plus efficace?[1] » Rien ne me paraît moins exact que ce raisonnement. Que l'instinct de la conservation soit la principale cause de prudence chez les ouvriers, c'est l'évidence même. Mais il ne s'ensuit pas qu'on doive nier l'influence de la situation réservée à la victime ou à ses parents survivants. J'ajoute que pour quelques-uns la crainte de la mort sera un frein moins puissant que la perspective de traîner misérablement la vie avec des ressources insuffisantes. Au surplus, pourquoi le père de famille est-il généralement plus prudent que le célibataire? Redoute-t-il davantage la souffrance physique ou la mort elle-même? Nullement. Ce qui soutient son attention au moment où il serait tenté de se négliger, ce qui l'arrête quand il va commettre une bravade imprudente, c'est la pensée que sa mort ou son invalidité mettra sur la paille tous ceux qui lui sont chers. Enlevez-lui cette préoccupation ou atténuez-la; son insouciance première ne tardera pas à reprendre le dessus. « Notre avenir est assuré, dira-t-il, à quoi bon être prudent? » Que de gens tiennent ce raisonnement, sinon à haute voix, du moins mentalement!

1402. — Entre ces deux opinions, le législateur s'est montré très hésitant. La Chambre des députés a voté à plusieurs reprises des textes qui mettaient l'indemnité à la charge de l'entreprise dans tous les accidents, quelle qu'en ait été la cause, excepté toutefois dans ceux intentionnellement provoqués par la victime[2]. Le Sénat au contraire s'est montré le défenseur de l'exclusion de la faute lourde[3].

---

[1] Tarbouriech, *Acc. du trav.*, p. 136.
[2] Chambre des députés, séances des 20 et 23 oct. 1884, *J. O.*, Déb. parl., p. 2071 et 2103, séances des 22 mai et 28 juin 1888, *J. O.*, Déb. parl., p. 1473 et 1928.
[3] Sénat, séances des 14, 22, 25 mars et 1er avr. 1889, *J. O.*, Déb. parl., p. 250, 311, 325 et 377 et séance du 24 mars 1890, *J. O.*, Déb. parl., p. 327.

Une première base d'entente avait été proposée; elle consistait à exclure les ouvriers qui avaient été condamnés correctionnellement à une peine de huit jours d'emprisonnement pour homicide ou blessure par imprudence. Ce projet a été écarté[1].

1403. — Depuis 1893, les deux Chambres paraissent s'être mises d'accord sur les données du texte actuel : faculté laissée aux tribunaux de diminuer l'indemnité en cas de faute lourde de la victime, mais seulement pour les accidents entraînant la mort ou une incapacité permanente. Il est vrai qu'à ce moment les tribunaux, à qui on donnait ce pouvoir, étaient la juridiction arbitrale. L'honorable M. Ricard, rapporteur de la commission, qui avait proposé ce projet transactionnel, en explique les motifs[2]. « Fallait-il aller plus loin, dit-il dans son rapport, et décider ainsi que le demandent le projet de loi du Sénat et celui du Gouvernement, qu'en cas de faute lourde du patron et de l'ouvrier, les principes généraux du droit reprendraient seuls leur empire? Sans doute, il n'est personne qui ne commette journellement des imprudences. C'est, comme on l'a dit, dans la nature humaine. Or, l'homme ne change pas lorsqu'il est embauché dans une usine ou dans une manufacture; il s'habitue même progressivement au danger, et les machines, qui l'effrayaient au premier abord, lui deviennent bien vite familières au point qu'il ne soupçonne plus guère le danger auquel il est à chaque instant exposé. Il serait donc inique de faire supporter à l'ouvrier les conséquences d'une incurie en quelque sorte nécessaire et qui, dans tous les cas, est dans la nature des choses. Mais est-il possible d'assimiler les accidents dus à une faute lourde, par exemple, à une faute grossière d'un ouvrier? Le chauffeur qui, n'écoutant pas l'appel strident du sifflet signalant la haute pression de la vapeur dans la chaudière, est brûlé par un jet de vapeur, a-t-il le droit de se plaindre? Un couvreur, qui, sur le haut d'un toit, veut se poser en acrobate devant ses camarades, doit-il être déclaré recevable à demander une indemnité, lorsqu'il s'est brisé un membre?... Nous avons pris, ajoute-t-il, un certain nombre de précautions qui sont de nature à donner satisfaction au plus grand nombre des adversaires de notre doctrine. En premier lieu, nous n'avons fait aucune distinction tirée de la nature et de la gravité de la faute, lorsque l'accident n'a entraîné qu'une incapacité de travail temporaire. L'ouvrier, en pareil cas, a toujours droit à une indemnité. En ce qui concerne les accidents donnant lieu à des rentes ou pensions, nous avons établi des règles spéciales pour les fautes

---

[1] Amendement Blavier, Sénat, séance du 1er juill. 1889, *J. O.*, Déb. parl., p. 847.
[2] Rapport Ricard du 25 févr. 1892, *J. O.*, Doc. parl., Chambres, p. 301.

lourdes, c'est-à-dire pour celles qui seraient véritablement inexcusables et grossières. Il nous a paru enfin que si, en laissant aux tribunaux ordinaires le soin de déterminer, suivant les errements de la procédure, l'existence et les conditions caractéristiques des fautes, on ouvrait, en quelque sorte, des procès à l'occasion de tous les accidents, ce danger n'existait plus au même degré avec la juridiction arbitrale nouvelle. Nous estimons qu'il n'y a aucun inconvénient à abandonner à cette juridiction spéciale le droit d'apprécier les circonstances dans lesquelles les accidents se produiront et à lui laisser, dans son âme et conscience, arbitrer l'importance du préjudice dans les limites soigneusement tracées. Ainsi le tribunal arbitral a le droit, s'il est prouvé par le patron ou par la circonscription, que l'accident est dû à une faute lourde de l'ouvrier, de diminuer ou même de refuser toute pension à la victime ou à ses représentants ». La prévention, que l'honorable M. Ricard manifestait envers les tribunaux de droit commun, n'a pas été partagée en dernière analyse par le Parlement. On a renoncé à créer une juridiction spéciale des accidents industriels. Le surplus de son projet en ce qui concerne la faute lourde a fini par prévaloir. Il est vrai que dans le texte définitif la faute *lourde* est devenue la faute *inexcusable*.

1404. — Nous diviserons la présente section en trois paragraphes : — 1° Définition de la faute inexcusable de la victime ; — 2° Application à quelques cas particuliers ; — 3° Ses effets.

I

Définition de la faute inexcusable de la victime.

1405. — Avant d'étudier les effets de la faute inexcusable de la victime sur le droit à la pension, il nous a paru indispensable de préciser dans la limite du possible ce qu'on devait entendre par faute inexcusable.

D'après les jurisconsultes romains, la faute lourde consistait dans le fait de « n'avoir pas compris et de n'avoir pas prévu ce que tout le monde aurait compris et prévu ». Elle est aussi, disaient-ils, celle qui est la plus voisine du dol (*dolo est proxima*). La Chambre des requêtes de la Cour de cassation[1] dit que la faute lourde ne diffère du dol que par l'absence d'intention coupable. Une des meilleures définitions proposées en matière de contrat d'assurance est la suivante : « La faute lourde, existe lorsque le dommage a été causé par une négligence ou une imprudence telle qu'il est impossible de croire que l'auteur de l'accident s'en fût rendu coupable, s'il n'avait pas été assuré, elle suppose la parfaite connaissance du danger, ainsi que la connaissance des soins qui la préviendraient aisément; elle consiste à ne point voir et prévoir ce que tout individu aurait vu et prévu; en un mot elle est la « *faute inexcusable*[2] ».

1406. — *Faute inexcusable*, telle est l'expression que notre législateur s'est appropriée. Qu'est-ce qu'une faute inexcusable ? Je ne prétends pas présenter une définition nouvelle et plus complète. Mon intention est simplement d'appliquer à notre matière les définitions anciennes en les précisant et de faire ressortir les conditions sans lesquelles une imprudence ou une négligence, si grave qu'elle soit, ne doit jamais être considérée comme une faute inexcusable. Il est bon de rappeler que nous ne nous occupons dans cette section que de la faute imputable à l'ouvrier victime d'un accident; la

---

[1] Arrêt du 18 avr. 1882 (S. 82. 1. 245).

[2] Villetard de Prunières, *op. cit.*, p. 32. Quelques décisions judiciaires ont admis que la faute inexcusable était plus que la faute lourde (T. Chambéry, 11 janv. 1900, *Gaz. Pal.*, 7 févr. 1900; J. *La Loi*, 4 févr. 1900. Calais, 16 janv. 1900, *Gaz. Pal.*, 25 janv. 1900. Vouziers, 28 mars 1900, *Gaz. Pal.*, 1900. 1. 635. Rouen, 7 avr. 1900, *Gaz. Pal.*, 1902. 2. 395).

Cette opinion nous paraît juridiquement erronée. La faute lourde est en effet la faute plus rapprochée du dol auquel elle est assimilée. Il semble difficile dans ces conditions qu'entre cette faute et le dol il y ait place pour une catégorie nouvelle de faits ou d'actes. Aussi bien toute faute, qui est excusable, se trouve par cela même en dehors de la classe des fautes lourdes. Comment dès lors une faute inexcusable pourrait-elle être plus qu'une faute lourde ?

Que le législateur ait admis cette qualification nouvelle de faute inexcusable à raison de la trop grande facilité avec laquelle certains tribunaux étaient arrivés à accueillir la faute lourde, c'est possible. Mais, de ce que des abus ou des erreurs aient été commis en ce qui concerne les caractères de la faute lourde, il ne s'ensuit pas que, en théorie pure, la faute inexcusable puisse différer de la faute lourde (Dans notre sens, Narbonne, *Gaz. Pal.*, 1900. 1. 355. Saint-Severs, 6 avr. 1900, *Gaz. Pal.*, 1900. 2. 9. Baudry-Lacantinerie et Wahl, *Tr. de louage*, t. II, nos 1051 et s., 2e édit.).

Je m'empresse d'ajouter que cette distinction offre fort peu d'intérêt pratique à raison du pouvoir d'appréciation laissé aux tribunaux pour caractériser soit la faute lourde soit la faute inexcusable. Cass. civ., 21 janv. 1903, D. 1903. 1. 105. Cass. req., 4 mars 1903, D. 1903. 1. 105.

faute du patron sera étudiée dans une section suivante.

Une faute peut être active ou passive, c'est-à-dire consister dans l'accomplissement d'un acte interdit ou dans l'inexécution d'un acte ordonné. L'acte générateur d'un accident est, à notre avis, constitutif d'une faute inexcusable quand, *étant dangereux et connu comme tel, il a été accompli volontairement par la victime sans ordre ni autorisation expresse, comme sans nécessité ni utilité.* — La faute inexcusable passive résulte *de l'inaccomplissement volontaire par la victime d'un acte de ses fonctions, alors que cette omission était dangereuse et connue comme telle, qu'elle n'était ni nécessaire ni utile et qu'elle n'avait été ni ordonnée ni expressément autorisée.*

1407. — Qu'elle soit active ou passive, la faute inexcusable implique chez son auteur : 1° la volonté d'agir ou d'ômettre ; 2° la connaissance du danger pouvant résulter de l'action ou de l'inaction ; 3° l'absence d'excuse ou de cause explicative, c'est-à-dire ni ordre ni autorisation, — ni nécessité ni utilité. Passons en revue chacun de ses éléments.

1° Il faut que l'exécution ou l'omission de l'acte ait été volontaire.

1408. — La volonté est exclusive de l'inadvertance, de la distraction, de l'oubli, de la maladresse, de la légèreté, etc. Toute omission ou tout acte dû à l'une de ces causes ne peut pas constituer une faute inexcusable. Ainsi se trouvent tout d'abord écartées les fautes les plus fréquentes, celles que l'habitude du danger rend en quelque sorte inévitables, et qu'un ouvrier même expérimenté est exposé à commettre.

1409. — La volonté n'implique pas l'intention. Un ouvrier peut volontairement commettre un acte qui déterminera un accident, sans cependant avoir l'intention de provoquer l'accident. Par exemple, un ouvrier introduit dans un engrenage une pièce de cinq centimes pour la déformer. Cette pièce est rejetée violemment contre lui et lui blesse l'œil. L'action de l'ouvrier a été volontaire, mais elle n'a pas été intentionnelle en ce sens qu'elle n'a pas été dictée par un désir de suicide ou de mutilation. — Il en est de même pour l'omission. Malgré l'appel strident du sifflet qui lui signale la haute pression de la vapeur dans la chaudière, un chauffeur ne prend aucune mesure pour diminuer cette pression. Une fissure se produit d'où s'échappe un jet de vapeur qui le brûle. L'omission du chauffeur a été volontaire. A-t-elle été intentionnelle, c'est-à-dire a-t-elle eu pour but de provoquer l'explosion? Nul ne saurait le dire. En tout cas, une telle démonstration est fort difficile à faire. — Le couvreur qui, sur le haut d'un toit, se pose en acrobate devant ses camarades et finit par faire une chute dans laquelle il se casse un membre, accomplit un acte volontaire; et cependant il n'a pas l'intention de se blesser. C'est dans ce sens que la loi anglaise a défini la faute inexcusable : un manquement grave et volontaire de l'ouvrier à ses devoirs.

2° Connaissance du danger.

1410. — La connaissance du danger est une condition qui rapproche encore davantage la faute lourde de l'acte intentionnel, sans cependant la confondre avec lui. Ainsi, reprenant le premier des trois exemples cités plus haut, nous aurons à nous demander si l'ouvrier savait que l'introduction d'un corps étranger dans les roues dentelées d'un engrenage présentât des dangers. Dans l'affirmative, par exemple, si, prévenu par ses chefs ou ses camarades, il n'avait pas tenu compte de leurs observations, ou bien s'il avait entendu parler d'accidents survenus dans des circonstances identiques, ou encore si cette pratique avait fait l'objet d'une interdiction générale portée à sa connaissance, la deuxième condition sera remplie, l'acte de l'ouvrier sera constitutif d'une faute inexcusable. L'enquête vient-elle au contraire à démontrer que l'ouvrier nouveau dans l'atelier et inexpérimenté ignorait le danger d'une telle opération, on ne saurait voir dans son acte qu'une faute légère.

Nous n'irions pas toutefois jusqu'à exiger qu'il connût exactement la nature et l'étendue du danger auquel il s'exposait lui-même ou qu'il faisait courir à ses camarades; on doit considérer comme suffisant qu'il ait su que l'omission ou l'acte fautif était en lui-même dangereux. Dans notre deuxième exemple, le chauffeur savait, à n'en pas douter, qu'en laissant le générateur sous une pression exagérée, il risquait de provoquer une explosion. La connaissance du danger était, pour lui, complète; et c'est ce qui ajoute encore à la gravité de sa faute. Même remarque pour le couvreur : l'instinct de la conservation lui révélait que le moindre faux mouvement l'exposait à une chute.

1411. — Bien qu'accompli volontairement et en connaissance du danger qui peut en être la conséquence, un acte n'est pas nécessairement intentionnel : c'est que l'intention n'est pas seulement la volonté d'agir ou d'omettre en sachant que l'action ou l'omission est susceptible de causer un dommage; elle exige de la part de son auteur une volonté plus précise et plus directe, la volonté même de causer un dommage ou de provoquer un accident. Par exemple, si au lieu d'introduire un morceau de fer dans l'engrenage pour lui donner une forme bizarre, l'ouvrier avait agi en vue de se faire une blessure lui donnant droit à une pension ou à une indemnité, l'action qu'il aurait commise ne serait plus une faute lourde, elle revêtirait le caractère d'un acte, sinon coupable, du moins intentionnel[1].

3° *Il faut que l'exécution ou l'omission génératrice de l'accident ait été inexcusable, c'est-à-dire qu'elle n'ait été ni nécessaire ni utile ou qu'elle n'ait fait l'objet ni d'un ordre ni d'une autorisation expresse.*

1412. — La nécessité ou l'utilité sont de nature à excuser ou du moins à atténuer dans une très large mesure une faute

[1] M. Villey a fait ressortir, avec une clarté saisissante, dans une savante dissertation reproduite dans Sirey, 87. 1. 137, sous Cass., 25 avr. 1885, les différences caractéristiques qui distinguent l'intention de la volonté. L'intention (*in tendere*) consiste, dit-il « à vouloir les conséquences de l'acte que l'on commet. La volonté porte sur l'acte lui-même; l'intention sur les conséquences de l'acte. Un individu écrase un autre individu sur la voie publique; le fait qui a causé la mort peut être absolument involontaire, par exemple, si le cheval s'est emporté sans qu'aucune faute soit imputable à son maître et sans qu'il ait pu l'arrêter; le même fait peut être volontaire, si le maître a lui-même mené son cheval d'une manière trop rapide et imprudente; enfin le même fait peut avoir eu lieu volontairement et de plus avec la volonté de tuer l'homme qui était dans la rue : c'est cette volonté portant sur les conséquences que nous appelons *intention*. Remarquons que, souvent dans le langage de la loi elle-même, la volonté se confonde avec l'intention, et la raison en est simple. La loi définit souvent une infraction par ses conséquences, notamment dans les lésions corporelles; ainsi elle n'a pu ni voulu prévoir les mille et une manières dont on peut tuer son semblable; elle a prévu l'homicide, qui est la conséquence, et alors elle distingue tout naturellement l'homicide commis volontairement et l'homicide commis involontairement ou par imprudence; il faut cependant toujours que l'acte qui a occasionné la mort soit volontaire pour être imputable; mais, dans le premier cas, il y a de plus l'intention qui n'existe pas dans le deuxième. La distinction se dessine assez bien dans le crime de coups et blessures *volontaires* ayant occasionné la mort sans *intention* de la donner ».

d'apparence grave. Ainsi un acte de courage accompli dans un
moment de péril, mais qui, au lieu d'être couronné de succès,
a aggravé les conséquences de l'accident, ne saurait être classé
parmi les fautes inexcusables. Si téméraire ou imprudent qu'il
ait été, il a sa justification ou tout au moins son excuse dans
le but que se proposait son auteur; loin de valoir un châtiment, il méritera souvent une récompense. Que, par exemple,
un ouvrier voyant son camarade entraîné dans un engrenage
qui va le broyer, se précipite avec autant de courage que
d'imprudence sur la courroie de transmission pour en arrêter
le mouvement avec les mains et qu'il soit lui-même victime
de sa témérité, il n'aura certes pas commis une faute inexcusable. Son action aura une excuse que personne ne contes-
tera. De même, l'ordre émanant d'un chef ou une autorisation
expresse donnent une explication suffisante de l'acte pour lui
enlever son caractère de faute inexcusable [1].

Enfin le simple désir d'accomplir le travail d'une façon
plus complète et plus satisfaisante suffit à enlever à une imprudence grave le caractère de faute inexcusable (V. n° 1392).

1413. — A ces conditions communes aux deux sortes de
faute, il faut en ajouter une quatrième qui est spéciale à la faute
inexcusable passive. Il est nécessaire que *l'acte omis rentre dans
les attributions de l'auteur de l'omission.* Sans doute en s'abstenant volontairement d'exécuter un acte susceptible de prévenir un accident, un ouvrier commet une faute; mais, si
l'acte omis n'est pas de ceux qu'il a mission d'accomplir, sa
faute ne saurait avoir les proportions d'une faute inexcusable.
Reprenons un des exemples cités plus haut : les coups de
sifflet répétés de la chaudière signalent une pression exagérée. Le chauffeur et plusieurs autres ouvriers les entendent,
mais n'en tiennent aucun compte. Une explosion se produit.
De la part du chauffeur, il y a, à coup sûr, faute inexcusable.
Il n'en est pas de même en ce qui concerne les autres ouvriers. A la vérité, si parmi eux il s'en trouvait quelques-uns
qui fussent au courant du service des machines à vapeur, on
pourrait leur reprocher de n'être point intervenus aux lieu et

---

[1] Dans ce sens, T. Lorient, 5 juin 1900, D. 1901. 2. 82.

place du chauffeur ; mais, quelque regrettable qu'ait été leur abstention, elle n'a pas la gravité d'une faute inexcusable.

1414. — En résumé la faute inexcusable est celle qui, comme l'a fort bien dit la Cour de cassation avec les anciens auteurs, ne diffère du dol que par l'absence d'intention coupable. Par faute légère, il faut entendre soit la faute résultant d'un fait involontaire (qu'il s'agisse d'un fait de commission ou d'omission), par exemple, l'oubli, l'inattention, la maladresse, etc., soit la faute consistant dans un fait qui, tout en étant volontaire, mais non intentionnel, bénéficie de l'une des causes d'excuse dont il a été parlé plus haut (ignorance du danger, nécessité, utilité pour le travail, exécution d'un ordre ou autorisation expresse de la part du chef d'entreprise).

1415. — L'appréciation des juges du fait sur le point de savoir si une faute est ou non inexcusable échappe au contrôle de la Cour de cassation[1].

II

Applications.

1416. — Ces principes posés, faisons-en quelques applications : 1° aux infractions pénales ; 2° aux infractions aux règlements d'ateliers ; 3° aux désobéissances aux ordres du patron ou de ses préposés ; 4° aux actes de témérité ou d'imprudence ; 5° à l'ivresse.

a) *Infractions pénales.*

1417. — La circonstance qu'un fait tombe sous l'application de la loi pénale ne lui confère pas nécessairement le caractère de faute inexcusable. Et d'abord tous les homicides ou blessures causés par l'imprudence ou la négligence d'une personne autre que la victime sont réprimés par le Code pénal (art. **319** et **320**). La faute la plus légère, si elle est la cause d'une lésion corporelle, si minime fût-elle, peut donner lieu

---

[1] Cass. civ., 21 janv. 1903, *Gaz. Pal.*, 1903. 1. 234, D. 1903. 1. 105. Cass. req., 4 mars 1903, D. 1903. 1. 105. Cass. civ., 8 juill. 1903, *Gaz. Pal.*, 1903. 2. 283.

à une condamnation correctionnelle. Il est donc bien évident que l'application des art. 319 et 320 est sans influence sur la qualification que mérite le caractère de la faute.

Que décider dans le cas où la faute est spécialement visée par un texte de loi et réprimée de peines correctionnelles ou de simple police? Par exemple, le règlement général des compagnies de chemins de fer prescrit aux mécaniciens de faire jouer le sifflet de leurs machines à toutes les courbes qui précèdent les passages à niveau. Les infractions aux dispositions de ce règlement sont réprimées d'une peine correctionnelle prévue par la loi de 1855 sur la police des chemins de fer. Or, le mécanicien d'un train marchant à grande vitesse omet cette prescription et cause involontairement un accident : une voiture engagée sur la voie est prise en écharpe par la locomotive qui, elle-même, sort des rails : le conducteur du véhicule et le mécanicien sont blessés. Le mécanicien a-t-il commis une faute inexcusable que l'on puisse lui opposer au moment du règlement de son indemnité? Non, car rien ne prouve qu'il ait volontairement omis de jouer du sifflet. Et cependant, poursuivi correctionnellement, il peut encourir une peine assez sévère tant pour l'infraction au règlement qu'à raison du délit de blessure par imprudence. A ce sujet, M. Dalloz[1] fait remarquer avec raison que des fautes légères peuvent être, dans l'intérêt de la sécurité publique, l'objet d'une répression pénale, sans que la nature en soit aucunement modifiée ; et c'est de cette nature seule que l'on doit tenir compte lorsqu'il s'agit d'apprécier les obligations réciproques de l'assureur et de l'assuré. C'est ce que la Cour de cassation a jugé maintes fois en matière d'incendie[2]. Or, les rapports du patron et de l'ouvrier étant, aux termes de notre loi, ceux d'un assureur et de son assuré, la faute de celui-ci doit être envisagée comme en matière de contrat d'assurance.

Ainsi le fait par un charretier de contrevenir aux règlements sur le roulage en s'asseyant sur le timon ou sur la charrette au lieu de se tenir constamment à la tête de ses chevaux a pu être considéré, suivant les circonstances de la cause,

---

[1] *Rép. Suppl.*, v° *Assurances terrestres*, n° 69.
[2] Req., 22 mars 1875, D. 76. 1. 398; 18 avr. 1882, D. 83. 1. 260.

tantôt comme une faute inexcusable[1], tantôt comme un fait ne donnant pas lieu à une modération de l'indemnité[2]. Une faute inexcusable a été reconnue à la charge d'un ouvrier couvreur tombé d'un toit et dont la chute avait été, dans une certaine mesure, facilitée par cette circonstance qu'il portait sur lui deux feuilles de zing dérobées[3].

b) *Infraction à un règlement d'atelier.*

1418. — Si une infraction punissable n'est pas, à elle seule, suffisante pour constituer une faute inexcusable, à plus forte raison en est-il de même de la contravention à un simple règlement d'atelier dépourvu de toute sanction pénale. Ainsi, une exploitation fait usage, pour le transport des matériaux, d'un câble aérien auquel est suspendu un wagonnet mobile. Défense est faite au personnel de l'industrie de monter dans ce wagonnet qui est exclusivement réservé aux marchandises. Un ouvrier, ne tenant pas compte de cette interdiction, trompe la vigilance de ses chefs et se sert de ce moyen de transport pour aller d'une extrémité à l'autre de l'exploitation; mais, en cours de route, le câble se rompt et l'ouvrier fait une chute qui le blesse grièvement. A-t-il commis une faute inexcusable? La violation du règlement est, à elle seule, insuffisante pour déterminer la nature de la faute. Le fait est, à coup sûr, volontaire; il n'était ni ordonné, ni autorisé; il présentait des dangers que l'ouvrier n'ignorait pas. Reste à savoir s'il était nécessaire ou utile. Le but, que l'ouvrier se proposait en montant dans le wagonnet, est seul susceptible d'éclaircir ce point. L'ouvrier a-t-il eu recours à ce mode de transport dans l'intérêt de l'exploitation pour arriver plus vite à son travail ou pour s'acquitter d'une commission relative à son service, ce mobile atténuera la gravité de l'infraction et lui enlèvera son caractère de faute inexcusable. L'ouvrier au contraire n'a-t-il obéi qu'à un sentiment de curiosité ou de

[1] T. Narbonne, 10 févr. 1900, D. 1901. 2. 82. T. Lyon, 5 avr. 1900, *Rec. min. Comm.*, n° 3, p. 279 (V. aussi, T. Béziers, 20 mai 1902 et T. Rambouillet, 6 juin 1902, *Rec. min. Comm.*, n° 9, p. 34 et 40.

[2] T. Havre, 22 nov. 1900 et T. Lyon, 28 févr. 1901, *Rec. min. Comm.*, n° 3, p. 451 et 543.

[3] T. Moulins, 5 juin 1900, *Rec. min. Comm.*, n° 3, p. 333.

bravade, sa conduite sera inexcusable. — Il en serait de même du cas où un ouvrier mineur aurait enfreint le règlement sur l'emploi des lampes de sûreté. L'infraction n'est pas nécessairement constitutive d'une faute inexcusable; elle peut être atténuée par certaines circonstances et notamment par le motif qui a poussé le mineur à supprimer l'enveloppe protectrice.

1419. — De même encore le fait par un ouvrier carrier d'avoir négligé de faire usage de lunettes protectrices a pu être considéré comme ne constituant pas une faute inexcusable, si le port de ces lunettes était une gêne pour l'exécution de son travail spécial et si d'ailleurs le chef d'entreprise n'en avait pas mis à la disposition de ses ouvriers[1]. Au contraire il y aurait faute inexcusable si le patron ne s'était pas contenté de fournir des lunettes à ses ouvriers, mais s'il en avait tout spécialement et à maintes reprises prescrit l'usage et si la victime, qui avait déjà reçu plusieurs réprimandes à ce sujet, avait persisté sans motif à ne pas s'en servir[2].

1420. — L'inobservation d'autres mesures protectrices donne lieu à des distinctions identiques[3].

L'usage d'un monte-charge ou d'un mode de locomotion interdit aux ouvriers peut aussi, suivant les cas, constituer une faute inexcusable ou être sans influence sur le montant de l'indemnité[4]. Il en est de même pour les ouvriers de chemins de fer du fait de traverser, au mépris de défenses réglementaires, certaines voies ferrées[5].

c) *Désobéissance aux ordres du patron.*

1421. — La désobéissance aux ordres formels du patron ou du contremaître ou à leurs avertissements réitérés peut être considérée comme une faute inexcusable[6], mais elle n'est pas

---

[1] T. Dinan, 4 août 1900, *Rec. min. Comm.*, n° 3, p. 400.

[2] T. Chambéry, 6 avr. 1901, *Rec. min. Comm.*, n° 3, p. 558.

[3] T. Beauvais, 11 janv. 1900 et Vesoul, 26 juin 1900, *Rec. min. Comm.*, n° 3, p. 158 et 364.

[4] T. Lille, 3 mai 1900, *Rec. min. Comm.*, n° 3, p. 295.

[5] Dans le sens de la faute inexcusable, T. Seine, 24 août 1900, *Gaz. Pal.*, 1901. 1. 310, D. 1901. 2. 277. — *Contrà*, C. Rouen, 28 févr. 1900, S. 1901. 2. 267. V. également, chap. V du tit. I, n°s 332 et s. T. Montluçon, 22 juin 1900.

[6] T. Dax, 28 févr. 1901, Saint-Yrieix, 31 oct. 1900, C. Limoges, 19 déc. 1900,

nécessairement exclusive de circonstances qui lui enlèvent le caractère de faute inexcusable[1].

d) *Actes de témérité et d'imprudence.*

1422. — Il a été jugé encore qu'il y avait faute inexcusable : 1° de la part de l'ouvrier qui s'est lancé sur la voie pour la traverser au moment où une machine en marche était à un mètre de lui[2]; 2° de la part du charretier tombé de sa voiture pour s'être livré à des mouvements désordonnés[3]; 3° de la part de l'ouvrier qui a essayé d'arrêter une scie circulaire en marche[4]; 4° de la part d'un ouvrier puisatier qui, sans cause et sans excuse, et malgré les observations qui lui étaient faites, a exécuté une manœuvre dont il ne pouvait ignorer le danger[5]; 5° de la part de l'ouvrier chauffeur qui s'est, imprudemment et sans l'ordre de son patron, exposé au risque qu'il connaissait d'un accident causé par une batteuse[6]; 6° de la part d'un charretier qui s'est placé pour atteler entre le cheval et la voiture, alors surtout que le cheval ainsi attelé était entier[7]; 7° de la part du charretier qui monte sur sa voiture en marche[8]; 8° du charretier jeté de son siège en essayant de repousser d'un coup de fouet un bicycliste accroché à sa voiture[9]; 9° de l'ouvrier qui jette dans la fonte incandescente un morceau de fonte solide pris à terre et non séché préalablement, et qui détermine ainsi une explosion du métal en fusion[10]; 10° de l'ouvrier qui introduit son mouchoir sous les cylindres d'une machine pour le faire sécher[11].

Rec. min. Comm., n° 3, p. 542, 436, 705. V. aussi, T. Chambéry, 6 avr. 1901, précité. Tel serait le cas notamment d'un jeune ouvrier qui, au mépris d'une défense expresse, s'est approché d'un laminoir par curiosité ou amusement et a eu la main broyée en y introduisant des morceaux de caoutchouc. Cass. civ., 8 juill. 1903, *Gaz. Pal.*, 1903. 2. 326, D. 1903. 1. 510.

[1] T. Uzès, 30 mai 1900, *Rec. min. Comm.*, n° 3, p. 328.
[2] T. Périgueux, 29 mars 1901, *Rec. min. Comm.*, n° 3, p. 553.
[3] T. Rouen, 1er déc. 1900, *Rec. min. Comm.*, n° 3, p. 465.
[4] T. Nevers, 14 mai 1900, *Rec. min. Comm.*, n° 3, p. 307.
[5] T. Laon, 21 mai 1900, *Rec. min. Comm.*, n° 3, p. 317.
[6] C. Angers, 16 janv. 1900, *Rec. min. Comm.*, n° 3, p. 606.
[7] T. Bourganeuf, 8 mars 1900, *Rec. min. Comm.*, n° 3, p. 231.
[8] T. Béziers, 20 mai 1902 et T. Rambouillet, 6 juin 1902, *Rec. min. Comm.*, n° 9, p. 34 et 40.
[9] T. Seine, 4 juin 1902, *Rec. min. Comm.*, n° 9, p. 39.
[10] T. Rennes, 28 nov. 1902, *Rec. min. Comm.*, n° 9, p. 54.
[11] T. Lille, 19 déc. 1902, *Rec. min. Comm.*, n° 9, p. 60.

SACHET. — II. 11

1423. — A l'inverse il a été jugé qu'il n'y avait pas faute inexcusable : 1° de la part du charretier qui a passé la main entre les rayons d'une roue pour égaliser le chargement de la voiture[1] ; 2° de la part de l'ouvrier qui a essayé de dégorger une batteuse avant qu'elle fût complètement arrêtée[2] ; 3° de la part de l'ouvrier briquetier qui n'a pas arrêté son appareil pour dégager les cylindres[3] ; 4° de la part de l'ouvrier qui s'est prématurément approché des trous de mines, si du moins on peut reprocher au patron de n'avoir pas établi une rigoureuse discipline de chantier[4] ; 5° de la part de l'ouvrier tombé d'une meule sur laquelle il s'était endormi pendant le repos de la machine[5].

e) *Ivresse.*

1424. — De toutes les législations sur les accidents du travail, celle de la Hollande est la seule qui contienne des dispositions visant spécialement le cas d'ivresse de la victime ; la loi du 2 janvier 1901, qui cependant n'admet pas en principe une modération d'indemnité en cas de faute inexcusable, dispose que, si l'accident est dû à l'état d'ivresse de la victime, celle-ci n'a droit qu'à la moitié de l'indemnité temporaire ou permanente, et, en cas de décès, ses représentants sont déchus de tout droit à une pension[6].

1425. — Sous l'empire de la loi de 1898, l'ivresse de la victime doit-elle être considérée comme une faute inexcusable ? Tout d'abord on ne saurait nier l'exactitude du principe suivant : si un ouvrier en état d'ivresse a accompli un acte qui, exécuté de sang-froid, eût mérité d'être qualifié de faute inexcusable et si cet acte a été la cause génératrice de l'accident dont il a été victime, il ne peut invoquer son état d'ivresse comme une atténuation susceptible d'enlever à sa faute son caractère de *faute inexcusable*.

En second lieu, tout autre fait générateur d'un accident, tel qu'une chute, une maladresse, une perte d'équilibre, une

---

1 T. Narbonne, 21 févr. 1900, *Rec. min. Comm.*, n° 3, p. 213.
2 T. Valence, 27 avr. 1810, *Rec. min. Comm.*, n° 3, p. 289.
3 T. Saint-Amand, 24 janv. 1901, *Rec. min. Comm.*, n° 3, p. 514.
4 T. Brive, 8 août 1900, *Rec. min. Comm.*, n° 3, p. 307.
5 T. Rochechouart, 15 nov. 1900, *Rec. min. Comm.*, n° 3, p. 446.
6 *Bull. off. trav.*, 1901, p. 584.

négligence, revêt en principe le caractère de faute inexcusable s'il est établi que leur auteur était vraiment en état d'ivresse et que l'état d'ivresse en a été la cause directe [1]; car un ouvrier, qui se met en état d'ivresse pendant son travail, accomplit un acte volontaire, dont il connaît le danger et qui n'a été évidemment ni ordonné ni autorisé par son patron. Ainsi il a été jugé qu'il y avait faute inexcusable : 1° de la part d'un ouvrier en état d'ivresse qui a, au mépris de la défense formelle du patron, exécuté un travail dangereux au cours duquel il a été blessé [2]; 2° de la part d'un ouvrier charretier qui tombe du siège de sa voiture à raison de son état d'ivresse [3] — ou qui, ayant, en état d'ivresse, commis l'imprudence de s'asseoir sur le brancard du tombereau qu'il conduisait, a fait une chute sous les roues dudit tombereau [4]; — 3° de la part d'un ouvrier couvreur qui monte sur un toit en état complet d'ivresse [5].

1426. — A l'inverse, on ne saurait trouver les éléments d'une faute inexcusable si l'état d'ivresse n'avait pas été la cause directe et certaine de l'accident [6]. En fait, les tribunaux auront aussi à tenir compte du degré de l'état d'ébriété, des circonstances dans lesquelles l'ouvrier a été amené à boire plus que de raison, du point de savoir s'il s'adonnait habituellement à la boisson, etc.

1427. — Il ne faut pas perdre de vue non plus les devoirs de surveillance qu'un patron doit exercer par lui-même ou par ses préposés sur le personnel placé sous ses ordres. Un ouvrier en état d'ivresse doit être rigoureusement exclu de tout chantier, atelier ou lieu de travail quelconque. Si, par

[1] Paris, 24 nov. 1900, S. 1901. 2. 232, D. 1901. 2. 60. — *Contrà*, T. Mayenne, 23 mars 1900, D. 1901. 2. 273. Tout en posant ce principe un peu risqué que l'état d'ivresse ne constitue pas une faute inexcusable, le tribunal de Mayenne constate en fait qu'il est démontré par l'enquête du juge de paix que la victime de l'accident litigieux n'était pas en état d'ivresse. Cette constatation de fait rendait inutile l'affirmation doctrinale et lui enlève par conséquent une grande partie de sa valeur.
[2] Lille, 18 févr. 1900, D. 1902. 2. 29. C. Paris, 5 nov. 1902. *Gaz. Pal.*, 1903. 1. 205.
[3] Valence, 20 févr. 1900, *Rec. min. Comm.*, n° 3, p. 211.
[4] C. Nancy, 27 mars 1901, D. 1902. 2. 23.
[5] C. Rennes, 18 nov. 1901, *Gaz. Pal.*, 1901. 2. 643.
[6] C. Nancy, 20 déc. 1900, S. 1901. 2. 270, D. 1902. 2. 23. Toutefois, pour qu'il y ait faute inexcusable, il n'est pas nécessaire que l'ivresse ait été la cause unique de l'accident. C. Douai, 21 déc. 1903. *Monit. jud. de Lyon*, 26 janv. 1904.

négligence ou par tout autre motif, un patron ou son préposé
avait commis la grave imprudence de tolérer la présence d'un
ouvrier ivre et ne pas s'opposer à ce qu'il se livrât à certains travaux, l'accident dont cet ouvrier pourrait être victime
aurait pour cause, non seulement l'état d'ivresse de la victime,
mais aussi l'imprudence grave du patron; et, en pareil cas,
celui-ci paraîtrait devoir être difficilement fondé à se prévaloir d'une faute inexcusable de la victime.

III

Des effets de la faute inexcusable de la victime sur le droit à indemnité.

1428. — L'art. 20, al. 2, est ainsi conçu : *Le tribunal a
le droit, s'il est prouvé que l'accident est dû à une faute inexcusable de l'ouvrier, de diminuer la pension fixée au titre I.*

La faute inexcusable, constatée par le tribunal, n'a d'effet
que sur la pension ; elle laisse intact le droit à l'*indemnité journalière* qui est due aux victimes atteintes d'incapacité temporaire. Sur ce point, le texte de notre article et les travaux préparatoires ne laissent subsister aucun doute[1]. Les motifs de cette
distinction ont été donnés par l'honorable M. Ricard, alors
garde des Sceaux, dans son discours au Sénat le 25 novembre
1895[2]. « Permettez-moi d'insister, dit-il ; car il est bon qu'il
n'existe ni surprise ni équivoque sur la portée du texte en
discussion. L'honorable M. Grivart a bien voulu, tout à
l'heure, citer mon rapport devant la Chambre des députés.
Puisqu'il l'a lu avec attention, ce dont je le remercie, il a dû
remarquer que j'ai très nettement précisé, — et cela fut une
de nos conditions d'acceptation par la Chambre de cette disposition transactionnelle, — que, pour les accidents donnant
lieu à des indemnités temporaires, il fallait éviter les procès
et par suite les recherches de la faute plus ou moins lourde
de l'ouvrier. Qu'au contraire cette question pouvait être portée devant les tribunaux quand il s'agissait de demandes pou-

---

[1] T. paix Paris, 6 déc. 1899, 22 déc. 1899, S. 1900. 2. 214.
[2] *J. O.*, Sénat, Déb. parl., 1895, p. 948.

vant frapper sérieusement la fortune des industriels. Quand
il s'agit d'une réparation accordée à un ouvrier blessé, même
par sa faute, il est humain, il est bon, il est sage de lui accorder une indemnité temporaire sans rechercher s'il y a ou non
faute lourde. — C'est, Messieurs, ce que j'ai fait dans mon
rapport et c'est ce qui a été répété à la Chambre des députés.
Pas de question de faute lourde lorsqu'il s'agit d'accidents
n'entraînant que des incapacités temporaires de travail. Pourquoi avons-nous fait cela? Parce que, je le répète, nous avons
obéi au sentiment qui nous anime tous, j'en suis convaincu,
Messieurs; nous nous sommes dit : « C'est l'industrie, — car
c'est l'industrie qui est ici en jeu, et je suis heureux d'être
d'accord sur ce point avec l'honorable M. Blavier, ce n'est pas
l'industriel — qui a blessé l'ouvrier. Les frais généraux de
l'industrie doivent supporter une petite charge pour que ce
malheureux soit indemnisé pendant sa maladie comme est
réparé tout ce qui sert à l'industriel pour mettre en œuvre
son usine et la faire produire ».

1429. — Nous avons vu que les accidents suivis d'incapacité permanente donnent droit à deux sortes d'indemnité :
l'indemnité temporaire pendant la durée du traitement médical de la victime et la pension dont les arrérages commencent à courir à partir du jour de la consolidation de la blessure. L'art. 20 autorise le tribunal à ne réduire que le
montant de la pension. Il en résultera que le chiffre de l'indemnité temporaire sera toujours dû en entier par le patron,
quelle qu'ait été la cause de l'accident.

Les frais médicaux et pharmaceutiques ainsi que les frais
funéraires ne subiront, eux aussi, aucune réduction du fait de
la faute inexcusable.

1430. — En ce qui concerne la pension, la faute inexcusable de la victime, quand elle est la cause de l'accident, autorise le tribunal à en diminuer le taux; aucune limite n'est
fixée à cette réduction, de telle sorte que M. le garde des
Sceaux a pu dire à la tribune du Sénat (séance du 25 nov.
1895) que la pension pouvait être abaissée même jusqu'à zéro,
dans tous les cas jusqu'à un franc comme en matière d'expropriation. Ainsi le pouvoir d'appréciation le plus étendu

est laissé aux tribunaux tant sur le point de savoir s'il y a eu ou non faute inexcusable de la victime que sur l'importance de la réduction à opérer.

1431. — Quant aux dépens du procès, ils suivront le sort de l'objet de l'instance. Si l'ouvrier a réclamé, dans des conclusions, le taux ordinaire de la pension prévue par la loi et si d'autre part le patron alléguant la faute lourde ne lui a offert réellement qu'une pension d'un franc, les dépens seront à la charge de la partie qui succombera ou répartis entre les plaideurs proportionnellement à l'importance des prétentions qui seront rejetées. Par exemple, si le tribunal, évaluant à un franc le montant de la pension dû à l'ouvrier, déclare les offres du patron suffisantes, il condamnera l'ouvrier en tous les dépens. Si au contraire le tribunal fait subir à la pension une réduction des 2/3, il peut mettre les 2/3 des dépens à la charge de l'ouvrier et 1/3 à la charge du patron; il lui serait également loisible, dans ce cas, de décider que le patron débiteur ayant fait des offres insuffisantes doit supporter tous les frais. Ce sont principalement les circonstances du procès qui détermineront sur ce point la décision des magistrats.

TROISIÈME SECTION.

De la faute inexcusable du patron ou de ceux qu'il s'est substitués dans la direction.

PRÉLIMINAIRES.

1432. — LÉGISLATION ÉTRANGÈRE. — La législation *allemande* fait une distinction entre la faute du patron et le dol du patron. Seul l'accident intentionnellement provoqué par le patron ou par ses préposés donne droit au profit de la victime à un supplément d'indemnité (art. 95 de la loi du 6 juill. 1884). La faute du patron ou de ses préposés n'a qu'un seul effet, c'est d'autoriser la corporation d'assurances à se faire rembourser toutes ses dépenses par le patron en faute, mais il est nécessaire que la faute du patron ou son dol ait donné lieu à une condamnation pénale prononcée par une juridiction répressive (art. 96). La législation allemande traite ainsi les patrons et les contre-maîtres avec plus de rigueur que les ouvriers; elle dispose qu'une faute lourde n'enlève pas à l'ouvrier son droit à la pension, tandis qu'il suffit d'une simple négligence dans le service pour rendre le chef d'entreprise ou le surveillant responsable envers l'association de toutes les conséquences de l'accident provoqué par sa faute.

1433. — La législation *autrichienne* consacre des solutions un peu différentes. Aux termes de l'art. 45 de la loi du 17 février 1887, « le chef d'entreprise, qui, par lui-même ou en cas d'inaptitude technique par son représentant légal, a causé un accident volontairement ou par une faute grossière, est tenu d'indemniser l'établissement d'assurances pour tous les dommages-intérêts accordés en vertu de la loi d'assurances ». En outre, l'art. 46 concède, dans ce cas, à l'assuré ou à ses ayants-droit une action directe contre le chef d'entreprise en paiement de l'excédent d'indemnité alloué par les lois existantes (art. 1325 et 1327, C. civ. autrichien) par rapport aux chiffres fixés par la loi d'assurances. Ainsi la loi autrichienne est, suivant les points de vue auxquels on se place, plus ou moins favorable au patron que la loi allemande. Elle est plus favorable en ce sens qu'elle ne rend le patron responsable qu'en cas de faute grossière, sans cependant définir ce qu'elle entend par cette expression, tandis qu'une simple négligence suivie d'une condamnation pénale oblige le patron allemand à désintéresser l'association d'assurances. Mais deux clauses de la loi autrichienne placent le patron dans un état d'infériorité vis-à-vis de son concurrent allemand : il est responsable en effet de l'inaptitude technique de son représentant légal, et, dans ce cas comme dans celui de faute grossière, il n'est pas seulement tenu de réparer l'accident dans les limites prévues par la loi d'assurances, mais sa responsabilité devient entière et rentre dans le droit commun.

1434. — Dans la loi de 1897, l'*Angleterre*, ainsi que nous avons eu déjà l'occasion de le constater, est restée fidèle au principe de responsabilité. L'art. 2 (*b*) titre I dispose que, si l'accident est causé par la négligence personnelle ou par le fait volontaire du patron ou d'une personne pour le fait ou l'omission de laquelle le patron est responsable, l'ouvrier pourra, à son choix, ou réclamer une indemnité en vertu de la loi nouvelle ou recourir à la procédure qui lui était ouverte antérieurement. Et cet article ajoute que le patron ne pourra être tenu d'une indemnité à la fois en dehors et en vertu de la loi nouvelle.

1435. — En *Italie* une condamnation pénale est nécessaire pour engager la responsabilité du patron ; mais il suffit que la condamnation frappe un de ceux que le patron a préposés à la surveillance ou à la direction des travaux, si d'ailleurs le fait qui a motivé la décision pénale devait engager sa responsabilité d'après les règles du droit commun (art. 22 de la loi de 1898).

1436. — Travaux préparatoires. — La faute lourde ou inexcusable du patron a soulevé des discussions moins vives que la faute lourde de la victime. Beaucoup d'adversaires de l'exclusion de la faute lourde de la victime étaient partisans de la responsabilité illimitée du patron, en cas de faute lourde de celui-ci. C'est ainsi que le texte voté par la Chambre le 10 juillet 1888 ne prononçait une déchéance contre la victime que dans les accidents intentionnellement provoqués par elle, tandis que le chef d'industrie pouvait être tenu en dehors des limites légales, à raison de toute faute, même légère, pourvu qu'elle ait donné lieu à une condamnation supérieure à huit jours d'emprisonnement. Si l'on tarife d'une façon invariable la responsabilité du patron, sa prudence, disait-on, ne va-t-elle pas se relâcher? Croyez-vous qu'il va perfectionner son matériel pour le rendre moins dangereux, adopter des moyens de protection gênants et coûteux, par humanité? Non, il comparera la charge, qui résultera pour lui de la réparation des accidents, aux dépenses qu'il faudrait engager pour les prévenir, et si, ce qui se peut très bien, ces dernières dépassent la prime du risque professionnel dans son industrie, sourd à toutes réclamations ou sollicitations, il maintiendra son personnel dans les conditions de travail les plus dangereuses. Pourquoi se donnerait-il la peine de faire des règlements d'atelier, d'en assurer l'application, d'organiser un service de surveillance [1]?

1437. — On finit cependant par comprendre qu'il fallait faire la balance égale entre les patrons et les ouvriers : si la faute lourde du patron devait étendre les limites de sa responsabilité, celle de l'ouvrier devait restreindre son droit à l'indemnité. Depuis 1893 l'entente se fit sur ce point entre les deux Chambres.

1438. — Il convient de noter une lacune du législateur qui a omis de parler des accidents intentionnellement provoqués par le patron ou ses préposés. Nous avons traité cette question aux n°* 759 et s.

La présente section sera divisée en quatre paragraphes : 1° définition de la faute inexcusable du patron ; 2° application à quelques cas particuliers ; 3° que faut-il entendre par *personnes* que le patron s'est substituées dans la direction ; 4° effets de la faute inexcusable du patron ou de ses substituts.

---

[1] Disc. de M. Béranger au Sénat, le 14 mars 1889, *J.O.*, p. 253. Tarbouriech, *Accid.*, p. 134.

I

Définition de la faute inexcusable du patron ou de ceux qu'il s'est substitués dans la direction.

1439. — La faute du patron peut être, comme celle de l'ouvrier, active ou passive, c'est-à-dire consister dans un acte ou dans une omission. Une faute inexcusable implique également ment chez le patron : 1° la volonté d'agir ou d'omettre; 2° la connaissance du danger pouvant résulter de l'action ou de l'omission; 3° l'absence d'une cause justificative ou explicative[1].

1° Volonté d'agir ou d'omettre.

1440. — Les omissions dues à une simple inadvertance sont exclusives de la faute inexcusable. Par exemple la corde qui retient un échafaudage se rompt : l'échafaudage s'écroule et plusieurs ouvriers sont blessés. L'enquête démontre que cette rupture provient de l'usure de la corde. Le patron est en faute. Cette faute sera inexcusable s'il savait que sa corde était usée ou encore s'il avait l'habitude de ne pas vérifier l'état de ses câbles, car cette habitude révélerait chez lui une omission volontaire. Mais il en serait tout autrement s'il était démontré que c'est par inadvertance, par oubli purement fortuit, que ce jour-là il a omis de s'assurer de l'intégrité des cordages.

Nous savons aussi que parmi les faits involontaires il faut comprendre ceux qui sont accomplis par les personnes atteintes d'aliénation mentale. Ainsi un patron, dans un accès de folie, provoquerait un accident dans lequel plusieurs de ses ouvriers trouveraient la mort. Si cet accident avait un caractère industriel, il donnerait droit à l'indemnité prévue par notre loi; mais on ne pourrait pas majorer la pension, en se fondant sur une faute inexcusable du patron; car l'acte d'un aliéné n'étant pas volontaire ne peut être considéré comme une faute, ni surtout comme une faute inexcusable.

[1] Dans ce sens, C. Grenoble, 25 mai 1901, *Gaz. Pal.*, 1901. 2. 513. C. Caen, 19 nov. 1900, *Rec. min. Comm.*, n° 3, p. 681. C. Riom, 4 avr. 1900, S. 1901. 2. 207, D. 1901. 2. 178.

2° *Connaissance du danger pouvant résulter de l'action ou de l'omission.*

1441. — En général un chef d'exploitation ou celui qui est préposé à la direction est mieux à même que personne de connaître le danger de telle ou telle de ses actions ou de ses abstentions. Cependant il peut arriver que l'une d'elles ait causé un accident, alors qu'elle paraissait ne présenter aucun danger. Dans ce cas, la conduite du patron ou de son remplaçant ne doit pas être appréciée avec une trop grande sévérité; et sa faute peut être classée parmi celles qui sont excusables.

3° *Absence de cause justificative ou explicative.*

1442. — Dans les fautes inexcusables de la victime nous avons admis, au nombre des causes justificatives ou explicatives : l'ordre ou l'autorisation expresse donné par un chef, la nécessité et l'utilité.

Nous devons écarter tout d'abord *l'ordre et l'autorisation.* Ces deux causes d'excuse, toutes naturelles chez celui dont la fonction est d'obéir, ne sauraient s'appliquer au patron ou à celui qui a la direction de l'entreprise. — La *nécessité* est plus qu'une excuse; elle est une justification complète de la conduite du patron. — L'*utilité* est, pour la faute du patron, comme pour celle de l'ouvrier, une atténuation qui la rend excusable. Ainsi un chef d'entreprise omet sciemment de faire recouvrir d'une enveloppe protectrice un engrenage dangereux. Si l'organe de garantie ne gêne en aucune façon le fonctionnement de l'usine, le patron est inexcusable. Si l'appareil est de nature à entraver dans une certaine mesure la marche de l'usine ou à altérer la qualité des produits fabriqués, l'abstention du patron n'a plus le même caractère de gravité; elle est, sinon excusable, du moins suffisamment explicable pour qu'on ne la traite point avec la dernière sévérité[1]. Cependant on devrait y voir une faute inexcusable si le patron avait promis à un inspecteur du travail ou à un ingénieur de l'État de faire la modification et si, malgré une mise

[1] Tel est le cas où les mesures à prendre en vue de prévenir l'accident litigieux auraient nécessité l'arrêt complet de l'exploitation et auraient elles-mêmes présenté de très graves difficultés d'exécution. C. Grenoble, 25 mai 1901, *Rec, min. Comm.*, n° 3, p. 838.

en demeure de cet agent, il avait persisté dans son inaction.

A l'inverse le but purement de lucre ou de spéculation qui aurait poussé un patron à négliger les mesures nécessaires à la sécurité de ses ouvriers ou à employer des ouvriers trop jeunes pour des travaux dangereux, loin d'atténuer sa faute, ne servirait qu'à l'aggraver et à la rendre plus inexcusable[1].

1443. — En un mot la faute du patron est inexcusable lorsqu'elle consiste dans un fait volontaire et qu'elle ne se justifie ou ne s'explique ni par l'ignorance que ce fait était dangereux, ni par la nécessité, ni par l'utilité qui pourrait en résulter pour le fonctionnement de l'industrie. Elle peut comprendre deux ordres de fait : 1° le fait volontaire accompli en connaissance du danger et sans motif connu : c'est celui qui se rapproche le plus du dol; car on peut admettre que son auteur a agi intentionnellement sans qu'on soit parvenu à démontrer l'intention coupable; 2° le fait volontaire accompli en connaissance du danger et dont le motif connu n'est point excusable, quoiqu'exclusif d'intention coupable.

1444. — Pour la faute inexcusable du patron, comme pour celle de l'ouvrier, les juges du fait ont un pouvoir souverain d'appréciation[2].

II

Applications.

1445. — Il a été jugé qu'il y avait faute inexcusable : 1° de la part d'une compagnie minière qui a sciemment laissé en service un câble usé[3]; 2° de la part du patron qui a fait nettoyer une machine en marche par un ouvrier mineur de dix-huit ans[4]; 3° de la part de la compagnie de chemin de fer qui, connaissant le danger auquel sont exposés des ouvriers travaillant sur une voie à un endroit où celle-ci décrit une courbe, a omis d'établir des signaux de couverture pour protéger ces

---

[1] Dans ce sens, Douai, 24 déc. 1900, S. 1901. 2. 221.

[2] Cass. civ., 8 juill. 1903, *Gaz. Pal.*, 30 sept. 1903 et les arrêts cités en note n° 1415.

[3] T. Saint-Étienne, 26 déc. 1900, *Rec. min. Comm.*, n° 3, p. 490.

[4] C. Douai, 24 déc. 1900, S. 1901. 2. 221.

ouvriers[1]; 4° de la part d'un entrepreneur puisatier qui, pour un travail de fouille en terrain mouvant, a omis les précautions les plus élémentaires en vue de prévenir les éboulements[2]; 5° de la part de l'exploitant de carrière qui, dans un but de lucre, omet les mêmes précautions[3]; 6° de la part du chef de chantier qui a enflammé une cartouche de dynamite sans précaution[4].

A l'inverse une simple omission de précautions de la part du patron ou de l'un de ses préposés ne constitue pas nécessairement, à elle seule, une faute inexcusable[5].

1446. — Une condamnation pénale devant une juridiction répressive est-elle la preuve que le condamné a commis une faute inexcusable? La négative n'est pas douteuse dans notre droit français[6]. Nous avons vu, en effet, qu'aux termes des art. 319 et 320 du Code pénal, la plus légère imprudence ou négligence peut entraîner une condamnation correctionnelle lorsque cette imprudence ou cette négligence a été la cause d'un accident de personnes.

Quand un patron a été condamné par une juridiction répressive soit pour blessure ou homicide par imprudence, soit pour une infraction qui peut être considérée comme la cause génératrice de l'accident, le tribunal civil doit tenir pour exacts les faits retenus par la décision pénale, mais il a un pouvoir absolu d'appréciation sur les conséquences de ces faits au point de vue de l'application de la loi de 1898 et tout particulièrement au point de vue de l'admission de la faute inexcusable. Ainsi, il peut considérer qu'il y a faute inexcusable de la part du patron, alors même que celui-ci a devant le tribunal répressif bénéficié des circonstances

---

[1] T. Céret, 13 mars 1900, *Rec. min. Comm.*, n° 3, p. 241. C. Besançon, 2 juill. 1902. *Gaz. Pal.*, 1902. 2. 396.

[2] T. Toulouse, 24 nov. 1900, C. Caen, 19 nov. 1900, *Rec. min. Comm.*, n° 3, p. 454 et 681.

[3] T. Château-Thierry, 17 janv. 1900, *Rec. min. Comm.*, n° 3, p. 166.

[4] C. Riom, 4 avr. 1900, S. 1901. 2. 207, D. 1901. 2. 178.

[5] Dans ce sens, T. Châlon-sur-Saône, 22 nov. 1899, Nantes, 27 nov. 1899, Chambéry, 11 janv. 1900, Seine, 21 mai 1900, C. Nancy, 7 avr. 1900, C. Douai, 17 déc. 1900, C. Grenoble, 25 mai 1901, *Rec. min. Comm.*, n° 3, p. 125, 133, 159, 318, 662, 701, 838.

[6] T. Pontarlier, 24 avr. 1900, C. Besançon, 2 juill. 1902, *Gaz. Pal.*, 1902. 2. 396. Bordeaux, 24 juin et 8 juill. 1902, D. 1902. 2. 481.

atténuantes où de la loi de sursis[1]. A l'inverse il peut
ne pas voir une faute inexcusable dans des faits qui ont
valu à leur auteur une condamnation pénale sans circonstances atténuantes et sans application de la loi de sursis.
Toutefois, en général, en présence de faits appréciés sévère-
ment par des juges répressifs, les juges civils trouveront
difficilement une atténuation qui soit de nature à leur enlever le caractère de faute inexcusable.

III

**Que faut-il entendre par les « personnes que le patron
s'est substituées dans la direction? »**

PRÉLIMINAIRES.

1447. — Droit civil. — Aux termes de l'art. 1384 du Code civil,
on est responsable, non seulement du dommage que l'on cause par
son propre fait, mais encore de celui résultant du fait de certaines
personnes dont on doit répondre ou des choses qu'on a sous sa garde.
Les maîtres et les commettants sont responsables du dommage causé
par leurs domestiques et préposés dans les fonctions auxquelles ils les
ont employés.

La responsabilité du patron est fondée sur cette présomption légale
qu'il aurait mal choisi ou mal dirigé ses préposés. Comme il est libre
dans son choix et dans sa direction, la loi l'a placé sous le coup d'une
présomption *juris de jure*, qu'aucune démonstration contraire ne peut
détruire ; elle ne réserve pas ici la preuve contraire, comme elle le fait
dans le paragraphe final de l'art. 1384 pour les père et mère, instituteurs et artisans qui, eux, n'ont pas le libre choix des personnes placées sous leur autorité et leur surveillance. Sous l'empire du droit
commun, le patron n'avait donc pas le moyen de se soustraire à cette
responsabilité en prouvant qu'il n'avait pu empêcher les faits généra-
teurs de l'accident[2].

1448. — Par *préposés*, la jurisprudence entendait toutes les personnes sur lesquelles le patron avait droit de commandement et d'autorité, aussi bien celles qui étaient elles-mêmes investies d'un droit
d'autorité ou de surveillance (par exemple, les directeurs, contre-

---

[1] Dans ce sens, C. Douai, 24 déc. 1900, S. 1901. 2. 221. Lyon, 23 juill. 1900, D.
1902. 2. 364.
[2] C. ch. réun., 30 avr. 1880, D. 80. 1. 518. Dijon, 23 avr. 1869, D. 69. 2. 194.

maîtres, etc.) que celles dont les fonctions consistaient seulement à obéir (ouvriers, simples employés, etc.). La faute quelconque des employés obligeait le patron à en réparer les conséquences dommageables, à la seule condition que cette faute ait été commise dans les fonctions auxquelles le préposé était employé, les faits étrangers au travail n'engageant pas la responsabilité du patron. Mais la faute légère, aussi bien que la faute lourde, donnait ouverture à l'action en indemnité.

1449. — En matière de contrat d'assurance, la question était vivement discutée de savoir quels étaient les effets de la faute lourde des préposés du patron. Si, en effet, l'art. 1384 proclame le patron fautif lorsque son employé a commis une faute dans l'exercice de ses fonctions, il ne dit point que la faute du patron est aussi grave que celle de son employé ; on peut reprocher au patron d'avoir été imprudent dans le choix de son préposé ou négligent dans la surveillance qui lui incombe ; mais, si l'employé commet une faute lourde, il ne s'ensuit pas nécessairement que la faute du patron soit également grossière et inexcusable, et, comme telle, susceptible de le priver du bénéfice de l'assurance qu'il aurait contractée. La présomption de l'art. 1384 était une présomption de responsabilité établie à l'encontre du patron ; elle n'allait pas jusqu'à impliquer identité de faute chez l'employé et chez le patron. Elle était d'ailleurs assez rigoureuse en elle-même pour qu'on n'y greffât point une responsabilité nouvelle. En un mot il paraissait logique d'admettre avec nombre d'auteurs que la faute lourde du préposé ne serait exclue de l'assurance du patron que si elle constituait en même temps une faute lourde à la charge du patron assuré, par exemple dans le cas où celui-ci aurait choisi un préposé si notoirement incapable que ce choix eût été inexcusable [1].

1450. — La jurisprudence n'était pas encore fixée sur l'influence que la faute lourde du préposé exerce sur l'assurance de responsabilité contractée par le patron. Dans un arrêt du 18 avril 1882 [2], la Cour de cassation décide, en matière d'assurance contre l'incendie, que « l'assuré perd le bénéfice de l'assurance lorsqu'on peut imputer soit à lui soit aux agents dont il est responsable, un dol ou une faute lourde susceptible d'être assimilée au dol ». Une décision postérieure du 2 juin 1886 [3], paraît avoir abandonné cette thèse. Le pourvoi, sur lequel la Cour avait à statuer, soutenait expressément que la police

---

[1] Villetard de Prunières, p. 40 ; Fuzier-Herman, *Rép. alph. dr. fr.*, v° *Assurances contre les acc.*, p. 84.

[2] D. 83. 1. 260.

[3] D. 86. 1. 265.

litigieuse ne pouvait contenir une stipulation couvrant les fautes lourdes des préposés de l'assuré. La Cour de cassation l'a rejeté par le motif que l'assureur avait garanti la responsabilité civile des assurés « sans faire aucune distinction au sujet des faits qui avaient engagé leur responsabilité [1] ».

1451. — Législation étrangère. — La législation *autrichienne* des accidents industriels a assimilé la faute lourde du préposé à la faute lourde du patron ; mais elle a eu soin de limiter à un cas particulier, sinon de définir la faute lourde du préposé. Des termes de l'art. 45 de la loi de 1887, on peut clairement déduire que la faute lourde du préposé, susceptible d'engager la responsabilité du patron, ne peut résulter que de son inaptitude technique. Cette condition est aussi équitable que logique. Si, en effet, un chef d'entreprise choisit un contremaître incapable, il est inexcusable. Avant le vote de la loi de 1887 le Code civil autrichien ne rendait pas le patron responsable de plein droit des fautes commises par ses préposés. Aux termes des art. 1315, 1010 et 1171 de ce Code, le patron n'avait sa responsabilité engagée que par ses fautes personnelles. Il ne répondait des fautes commises par ses préposés ou ouvriers que dans le cas où on établissait qu'il y avait eu faute de sa part dans le choix ou dans le maintien de l'employé fautif.

1452. — Il en était de même dans la législation suisse avant la loi de 1875 sur les chemins de fer et celles de 1881 et 1887 sur les fabriques et autres industries : le patron n'était responsable que des accidents survenus par sa faute : cette faute pouvait être *directe*, c'est-à-dire avoir engendré directement l'accident, ou *indirecte*, c'est-à-dire avoir consisté à mal choisir les personnes chargées de le représenter (*in eligendo*). Dans tous les cas, l'obligation de démontrer cette faute incombait à la victime demanderesse en dommages-intérêts. En *Italie*, nous avons déjà dit que pour engager la surveillance du patron, il fallait la condamnation pénale de celui qu'il avait *préposé à la surveillance ou à la direction des travaux* (art. 22 de la loi de 1898). Ces dernières expressions ont été copiées sur le texte de la loi française que nous allons expliquer plus loin.

1453. — Travaux préparatoires — D'après le projet rédigé par la commission du Sénat de 1890, l'indemnité était majorée dans tous les accidents dus à la faute lourde du patron ou de ses préposés. Le Sénat s'émut à juste titre de l'expression si vague de « préposés » qui est susceptible de comprendre toutes les personnes sur lesquelles

---

[1] La même solution avait été donnée par la Cour de Paris dans la même affaire (6 juin 1885, D. 86. 2. 123 ; Villetard de Prunières, p. 39).

le patron exerce son autorité. On connaît en effet l'interprétation qu'en donne la jurisprudence dans l'art. 1384 du Code civil. M. le sénateur Trarieux proposa de ne viser que ceux qui, parmi les préposés, sont les *alter ego* du patron, les directeurs et ingénieurs. De la discussion qui s'éleva à ce sujet sortit une formule qui se rapproche beaucoup de celle de notre loi ; il y est question de faute lourde du patron et *de ceux qu'il a préposés à la direction et à la surveillance des travaux*. En 1898, la commission du Sénat omit de tenir compte de cette modification et, lorsqu'elle présenta notre article à la première délibération de la Haute-Assemblée, le texte visait d'une façon générale la faute lourde du patron ou de ses préposés. M. Félix Martin se récria. « Voici un ouvrier qui est chargé d'alimenter une chaudière, fit-il observer ; par sa faute inexcusable, il fait éclater cette chaudière et il blesse un camarade. Cet ouvrier-là est un préposé du patron à l'égard du blessé ; par conséquent le tribunal pourra majorer la pension. N'est-ce pas exagérer et même peu équitable? Je comprends, ajouta-t-il, que l'on majore la pension, lorsque l'accident est dû à la faute inexcusable d'un directeur de travail, d'un chef d'atelier investi de l'autorité patronale. Mais je trouve excessif de faire supporter au patron des charges supérieures au risque professionnel quand c'est un simple ouvrier qui a causé un accident à un de ses camarades même par sa faute inexcusable[1] ». La commission se rendit à ces raisons et, en deuxième lecture, elle proposa le texte qui est devenu définitif : l'indemnité est majorée en cas de faute lourde du patron ou *de ceux qu'il s'est substitués dans la direction*.

1454. — Que faut-il entendre par ces mots « *de ceux qu'il s'est substitués dans la direction?* » Le patron se substitue dans la direction toutes les personnes à qui il délègue, à titre définitif ou d'une façon provisoire, une partie de ses pouvoirs. Dans une usine, toute personne, qui tient du patron le droit de donner des ordres, est un substitut du patron dans la direction[2]. Les directeurs, les ingénieurs, les contremaîtres[3], sont, chacun dans la sphère de ses attributions, des

---

[1] Sénat (séance du 4 mars), *J. O.*, Déb. parl., p. 259.
[2] Par cette expression il faut entendre, dit M. l'avocat général Sarrut (sous Cass., 21 janv. 1903, D. 1903. 1. 105), un agent mis aux lieu et place du patron, un gérant effectif ayant pour l'accomplissement de son service l'autorité et les pouvoirs du patron.
[3] C. Riom, 4 avr. 1900, S. 1901. 2. 207, D. 1901. 2. 178.

substituts du patron; un simple ouvrier, investi accidentellement d'un commandement, des fonctions de contremaître, est lui-même, pendant la durée de ses fonctions, un substitut du patron.

1455. — Est-ce à dire que toute faute inexcusable des personnes ainsi désignées doive nécessairement avoir pour effet de majorer l'indemnité? Je ne le pense pas. Il faut que la faute inexcusable ait été commise dans l'exercice des attributions de commandement. Je m'explique. Un ouvrier est chargé par un contremaître de surveiller les travaux d'une équipe et au besoin de donner les ordres nécessaires : il s'acquitte avec une correction parfaite de ses fonctions provisoires de contremaître ; mais, dans l'exercice de son travail de simple ouvrier, il commet une faute inexcusable qui provoque un accident. L'indemnité ne devra pas être majorée; car ce n'est pas en qualité de substitut du patron qu'il a commis la faute inexcusable, c'est comme simple ouvrier [1]. Notre article a une signification qui se rapproche beaucoup du sens de la loi autrichienne de 1887.

1456. — Un mécanicien et un chef de train sont-ils des préposés du patron vis-à-vis d'un employé ou ouvrier transporté dans un train, de telle sorte que, si un accident dont cet ouvrier serait victime, était dû à la faute inexcusable du mécanicien ou du chef de train, cette faute inexcusable justifie une majoration de l'indemnité?

Oui, car la compagnie se les est substitués dans la direction d'un travail déterminé, la conduite du train, et c'est précisément dans la direction de ce travail qu'ils ont commis la faute inexcusable génératrice de l'accident [2].

IV
Des effets de la faute inexcusable du patron ou de ceux qu'il s'est substitués dans la direction.

1457 — On lit au troisième alinéa de l'art. 20 : « *Lorsqu'il est prouvé que l'accident est dû à la faute inexcusable du*

---

[1] T. Lyon, 22 juin 1900, *Rec. min. Comm.*, n° 3, p. 354.
[2] T. Montbrison, 23 avr. 1900, D. 1900. 2. 478, Cass. civ., 21 janv. 1903, *Gaz. Pal.*, 1902. 1. 232, D. 1903. 1. 105.

patron ou de ceux qu'il s'est substitués dans la direction, l'indemnité pourra être majorée, mais sans que la rente ou le total des rentes allouées puisse dépasser soit la réduction; soit le montant du salaire annuel ».

Les dispositions de ce paragraphe sont la contre-partie de celles du paragraphe précédent sur la faute de la victime. La pension est diminuée si l'accident est dû à la faute inexcusable de la victime, elle est majorée si elle est due à la faute inexcusable du patron ou de son substitut dans la direction. Dans le premier cas, elle peut être diminuée *in infinitum* et réduite à zéro; dans le second, elle ne peut pas dépasser le montant du salaire annuel, si l'incapacité est permanente et absolue ou celui de la réduction du salaire si l'incapacité est permanente partielle. Par exemple, les ouvriers Pierre et Paul sont victimes d'un accident provoqué par la faute inexcusable de leur patron, Pierre a eu les deux mains coupées. Paul a perdu un œil. Tous deux recevaient un salaire annuel de 1.200 francs. Le premier, classé dans la catégorie des individus totalement impotents, aura droit à une pension égale aux deux tiers de 1.200 francs, soit à 800 francs et qui, à raison de la faute inexcusable de son patron, pourra être majorée jusqu'à 1.200 francs. Le second est classé dans la catégorie des victimes partiellement invalides; on estime que son aptitude au travail est diminuée d'un quart, c'est-à-dire que le salaire qu'il est apte à gagner n'est plus que de 900 francs. La réduction du salaire étant ainsi de 300 francs, il aura droit à une pension égale à la moitié de cette réduction, c'est-à-dire à 150 francs et qui, à raison de la faute inexcusable du patron, pourra être majorée jusqu'à 300 francs.

1458. — La majoration pour faute inexcusable s'applique aux rentes et pensions dues au cas d'accidents mortels comme à celles afférentes aux incapacités permanentes. Si la victime n'a laissé qu'une catégorie d'ayants-droit, par exemple trois orphelins de père et de mère, la pension de ceux-ci sera supérieure à 60 0/0 et pourra atteindre l'intégralité du salaire. De même si le défunt laisse seulement une veuve sans enfant, la pension de la veuve variera entre 20 et 100 0/0 du salaire. La difficulté commence lorsque plusieurs catégories d'ayants-droit viennent en concours. Le maximum des rentes et pensions ne devant pas dépasser le salaire intégral, dans quelle proportion chacun des ayants-droit bénéficiera-t-il de la majoration? Par exemple, la veuve de la victime est en concours avec ses propres enfants : s'il n'y a pas eu de faute inexcusable, elle ne peut prétendre qu'au 20 0/0 du salaire de son mari et ses enfants, qui sont au nombre de quatre, ont droit au 40 0/0, soit en tout 60 0/0. La majoration, résultant de la faute inexcusable, pourra être de 40 0/0. La répartition de ces 40 0/0 ne nous paraît pas devoir être laissée à l'arbitraire du juge; on ne comprendrait pas pourquoi la mère serait avantagée au détriment de ses enfants ou réciproquement. Il nous semble équitable de répartir ces 40 0/0 proportionnellement à l'importance de la quote-part de chaque catégorie. Cette solution est au surplus conforme à l'esprit du législateur. Nous en trouvons la preuve dans l'al. 2 de la lettre C de l'art. 3 qui dispose que, lorsque les rentes cumulées dépasseront le maximum prévu par la loi, elles seront réduites proportionnellement. Si la réduction doit être proportionnelle, la majoration doit évidemment s'opérer de la même façon. Supposons, dans l'exemple cité plus haut, que le tribunal ait fixé à l'intégralité du salaire la pension à répartir entre la mère et ses enfants. La majoration étant de 40 0/0, la mère verra sa rente viagère s'accroître de 13,33 0/0 du salaire et les enfants leurs pensions temporaires s'élever des 26,66 0/0 du salaire.

1459. — La majoration pour faute inexcusable du patron s'étend-elle aux indemnités journalières? L'opinion en faveur de l'affirmative pourrait se prévaloir de l'expression « indemnité » dont le législateur s'est servi de préférence à celle de « *pension* ». Je ne considère pas cependant cet argument comme convaincant; car les rédacteurs de notre article ont eu soin d'ajouter : « *sans que la rente ou le total des rentes puisse dépasser la réduction ou le montant du salaire annuel* ». Ce dernier membre de phrase démontre péremptoirement qu'il ne s'agit ici que des accidents suivis de mort ou d'incapacité permanente. Au surplus, il eût été contraire à l'esprit de la loi de soulever la question de faute inexcusable à propos des accidents entraînant une incapacité temporaire, le législateur ayant voulu éviter, pour le règlement de ces sortes d'indemnités, toute controverse litigieuse et toute recherche sur les causes de l'accident.

1460. — Nous avons examiné jusqu'à présent les effets de la faute inexcusable du patron ou de son substitut, dans les rapports du patron et de l'ouvrier. La plupart du temps, le patron sera assuré à une compagnie ou à une mutuelle. Quels seront les effets de cette faute inexcusable sur le contrat d'assurance? Cette question a perdu tout intérêt; car toutes les compagnies et sociétés d'assurance prennent dans leurs polices l'engagement de se substituer entièrement et sans réserve au chef d'entreprise pour le paiement et la liquidation des indemnités fixées par la loi de 1898; il s'ensuit qu'elles sont tenues même des indemnités majorées à raison de la faute inexcusable du patron.

CHAPITRE VII

DE L'EXÉCUTION VOLONTAIRE OU FORCÉE DES DÉCISIONS JUDICIAIRES.

1461. — Ce chapitre traitera de deux ordres d'idées assez différents, à savoir : 1° *de l'exécution volontaire* qui est illimitée dans les accidents suivis d'incapacité temporaire et qui, dans les autres, consiste soit dans la faculté laissée aux parties de déroger temporairement aux décisions constitutives de la rente soit dans la conversion conventionnelle en capital des rentes ne dépassant pas 100 francs; — 2° *de l'exécution forcée*, c'est-à-dire des moyens de coercition dont dispose la victime pour assurer l'exécution des jugements rendus en sa faveur.

PREMIÈRE SECTION.

De l'exécution volontaire.
Faculté soit de convenir d'une suspension momentanée,
soit de convertir en un capital les pensions ne dépassant pas
100 francs.

1462. — Art. 21 : « *Les parties peuvent toujours, après détermination du chiffre de l'indemnité due à la victime de l'accident, décider que le service de la pension sera suspendu et remplacé, tant que l'accord subsistera, par tout autre mode de réparation. — Sauf dans le cas prévu à l'art. 3, paragraphe A, la pension ne pourra être remplacée par le paiement d'un capital que si elle n'est pas supérieure à 100 francs* ».

L'art. 21 prescrit les deux seuls cas où la fixation judiciaire de la rente peut être modifiée d'un commun accord par les parties; et encore dans le cas du § 1 cette modification n'est-elle que temporaire et essentiellement révocable. Avant de commenter chacun de ces deux paragraphes, nous dirons quelques mots du droit des parties en ce qui concerne l'indemnité temporaire.

I

Exécution volontaire en matière d'incapacité temporaire.

1463. — En général les accidents suivis d'incapacité temporaire ne font pas l'objet d'une enquête. Les conséquences en peuvent être réglées amiablement entre patron et ouvrier sans l'intervention de la justice. Les règlements conventionnels doivent toujours avoir pour base les données de notre loi ; c'est ainsi que l'indemnité temporaire consiste dans une allocation quotidienne égale à la moitié du salaire touché par la victime au moment de l'accident. Dans le cas où la convention intervenue reposerait sur des principes différents, la nullité pourrait en être demandée en justice par la partie intéressée en vertu de l'art. 30 (V. nos 1873 et s.); et le juge de paix saisi de l'affaire fixerait une indemnité conforme à la loi. Il appartiendrait dans ce cas au magistrat d'apprécier si les allocations en nature ou en espèces touchées par la victime en vertu de la convention annulée n'auraient pas une valeur égale à celle de l'indemnité journalière à laquelle la victime aurait eu droit et, en tout cas, de décider que la compensation s'est établie jusqu'à concurrence du montant de ces allocations. Les difficultés de cette nature seront très rares. Généralement quand une victime atteinte d'incapacité temporaire acceptera une indemnité différente de celle qui lui est allouée par la loi, c'est qu'elle y trouvera son avantage, et alors elle se gardera bien d'en demander la nullité ; au surplus l'allocation supplémentaire qu'elle pourrait réclamer serait nécessairement minime soit à raison du taux peu élevé de l'indemnité légale soit à raison de la durée relativement courte des incapacités temporaires du travail.

1464. — Quoi qu'il en soit, les dispositions de l'art. 21 ne s'appliquent pas aux accidents suivis d'incapacité temporaire. Le législateur, en parlant de la détermination du chiffre de l'indemnité, vise spécialement les accidents ayant entraîné la mort ou une incapacité permanente; car c'est seulement dans cette catégorie que la détermination judiciaire est obligatoire. On trouve la confirmation de cette interprétation à la ligne suivante, où l'on lit : « *que le service de la pension sera suspendu...*, etc. » Or, les pensions ne sont payées qu'aux victimes atteintes d'incapacité permanente ou aux ayants-droit de celles qui sont décédées. Les personnes temporairement inaptes au travail ne reçoivent qu'une indemnité journalière.

II

Suspension momentanée du service de la rente.

1465. — En matière d'accidents suivis d'incapacité permanente, l'enquête est obligatoire (art. 12), le procès-verbal en est transmis au président du tribunal civil (art. 13), qui est tenu de convoquer en conciliation le chef d'entreprise et la victime ou ses ayants-droit (art. 16). Si l'accord s'établit entre les intéressés, il en est donné acte par le président et l'indemnité est fixée par l'ordonnance. En cas de désaccord, le tribunal statue. Dans tous les cas, la détermination de l'indemnité est constatée par un acte judiciaire. C'est de cette détermination qu'entend parler l'art. 21.

1466. — Les dispositions de ce texte permettent aux parties de convenir, après la fixation du chiffre de l'indemnité, que le service de la pension sera suspendu et qu'il sera remplacé par un autre mode de réparation. Mais cette convention n'aura qu'un caractère provisoire; elle prendra toujours fin, dès que l'une des parties en exprimera le désir. C'est dans ce sens qu'il faut interpréter ces mots : « *tant que l'accord subsistera* ».

Mesure très sage et qui est de nature à faciliter les rapprochements entre le patron et les victimes d'accident. Dans beaucoup d'industries des emplois assez rémunérateurs, tels que ceux de concierge, de gardien, de surveillant, etc., demandent plus de probité que de force musculaire. On les réservait jusqu'à présent aux invalides du travail. Le législateur a entendu respecter cet usage si avantageux pour les victimes d'accident. Les dispositions de notre article n'ont pas d'autre but.

1467. — Elles méritent d'être comparées avec l'art. 40 de la loi autrichienne de 1887 qui révèle chez ses rédacteurs la même préoccupation; ce texte est ainsi conçu : « Si un ouvrier ou un employé auquel il a été accordé à la suite d'un accident, conformément à l'art. 6, al. 8, lettre A, une rente de 60 0/0 de son gain annuel, a pu, soit chez son ancien patron, soit chez un nouveau, avoir une occupation en rapport avec sa situation antérieure, alors on pourra, conformément à l'art. 39, al. 1, et en tenant compte du salaire et du gain qu'il aura obtenu, réduire partiellement ou supprimer la rente précédemment accordée ». Le texte de notre loi française est beaucoup plus précis; il ne confère aucun droit et n'impose aucune obligation. Il laisse les parties entièrement libres de renoncer provisoirement à l'exécution de la décision pour adopter un autre mode de réparation. Si donc un ouvrier partiellement invalide préfère à sa pension les avantages qu'il peut trouver dans un emploi offert par son patron, il est libre d'accepter l'emploi; et pendant tout le temps qu'il consentira à l'occuper, il cessera de toucher le montant de sa pension; mais du jour où il quittera ledit emploi, soit volontairement, soit sur le désir exprimé par le patron, il aura droit au service de la pension.

Dans le même ordre d'idées la loi anglaise contient des dispositions qui témoignent de l'esprit libéral dans lequel elle est conçue. Elle permet (art. 1 du titre III) au patron et aux ouvriers de convenir entre eux, dans leur contrat de louage d'ouvrage, d'un mode de réparation, de prévoyance et d'assurance différent de celui qui est prévu par la loi, sous la seule condition que les stipulations de ce traité seront approuvées par le « *Registrar* » des « *Friendly Societies* ».

1468. — Quand le patron n'est pas assuré, il est personnellement tenu de payer le montant de la pension; par suite, si cette pension est remplacée par un autre mode de réparation, l'exécution du dernier engagement le dispense d'exécuter le premier. Mais le plus souvent le patron aura contracté avec une compagnie d'assurances qui sera ainsi débitrice de la pension envers la victime. Si, par l'effet d'une convention, le paiement des arrérages de la pension est suspendu, l'assureur devra-t-il bénéficier de cette suspension? Nullement. Pendant la durée d'exécution de ladite convention, la compagnie ou la mutuelle devra tenir compte au chef d'entreprise des arrérages auxquels la victime a temporairement renoncé. Pour éviter toute difficulté à ce sujet, les chefs d'entreprise

agiront sagement en faisant insérer dans leurs polices d'assurance une clause visant expressément cette éventualité.

1469. — Dans le cas où le même ouvrier trouverait, non
plus chez son premier patron, mais dans une autre industrie,
une fonction qui lui rapporterait une somme égale ou supérieure au montant de son premier salaire, les dispositions de
notre texte seraient inapplicables. Le chef d'entreprise, débiteur de l'indemnité, pourrait seulement, le cas échéant, intenter une action en révision s'il se trouvait encore dans les
délais légaux, conformément à l'art. 19 ; mais il serait tenu
alors de faire la preuve qu'il y a eu atténuation du degré d'invalidité.

III
Conversion facultative des rentes ne dépassant pas 100 francs.

1470. — Le deuxième paragraphe de l'art. 21 ajoute :
« *Sauf dans le cas prévu à l'art. 3, paragraphe A, la pension
ne pourra être remplacée par le paiement d'un capital que si
elle n'est pas supérieure à 100 francs* ». Le paragraphe A de
l'art. 3 qui est visé par notre texte, prévoit le cas où la femme
d'un ouvrier tué dans un accident convole en secondes noces ;
pendant son veuvage elle avait droit à une pension égale au
20 0/0 du salaire annuel de la victime. En cas de nouveau
mariage, elle cesse d'avoir droit à cette rente : mais elle reçoit à titre d'indemnité totale, une somme égale au triple de
cette rente (nos 556 et s.). Il est un cas où la conversion d'une
rente en capital est admise partiellement, c'est celui qui est
prévu par l'art. 9 ; mais alors il appartient au tribunal de
l'accorder ou de la refuser (nos 501 et s.).

1471. — Pourrait-on dire que le paragraphe final de
l'art. 21 a établi un nouveau cas de conversion facultative en
faveur du conjoint survivant non divorcé, ni séparé de corps ?
Ni les termes de la loi, ni les travaux préparatoires n'autorisent une telle interprétation. Les mots « *sauf dans le cas prévu
à l'art. 3, paragraphe A* », se bornent à renvoyer aux dispositions de l'art. 3 qui, elles-mêmes, sont muettes sur toute
conversion facultative et ne parlent que de la conversion obli-

gatoire en cas de nouveau mariage. C'est donc bien de cette dernière conversion qu'il s'agit ici. — D'autre part, il n'a jamais été question dans les discussions au Parlement ou dans les rapports des commissions de faire fléchir en faveur de l'époux survivant non remarié le principe relatif à la forme des indemnités. — Enfin une conversion de cette nature ne serait rien moins qu'un moyen offert au conjoint survivant d'éluder les dispositions du même paragraphe A de l'art. 3. Comme la conversion facultative procurerait généralement un capital supérieur au triple de la rente, le veuf ou la veuve, qui désirerait se remarier, ne manquerait pas de se prévaloir de la conversion facultative avant de révéler ses projets matrimoniaux[1].

1472. — La disposition finale de l'art. 21 autorise une conversion conventionnelle, lorsque la pension est inférieure ou égale à 100 francs.

Après avoir dit quelques mots des législations étrangères et des travaux préparatoires, nous traiterons : 1° de la forme de la convention qui convertit la rente en un capital ; 2° du calcul de ce capital.

1472 *bis*. — L'inconvénient résultant du paiement des pensions trop modiques avait été déjà signalé en Autriche : de nombreuses associations d'assurance de ce pays faisaient remarquer que ces sortes de pensions constituent, à raison de leur multiplicité, des charges trop lourdes pour elles, sans cependant assurer aux blessés une assistance effective. Les unes proposaient de remédier à cet état de choses en faisant spécifier dans la loi qu'aucune pension ne serait allouée lorsque le degré d'incapacité de travail serait inférieur à un minimum déterminé. Les autres, plus favorables à la classe ouvrière, estimaient qu'il y avait lieu, dans ce cas, de remplacer le service de la pension par le versement d'un capital[2]. C'est à ce dernier parti que les rédacteurs de la loi de 1898 se sont rangés, en ajoutant toutefois cette condition que les deux parties intéressées donneraient leur consentement à cette transformation[3].

---

[1] Dans ce sens, Rouen, 16 mars 1900, *Gaz. Pal.*, 1900. 1. 563, S. 1901. 2. 222. Avis du Comité consult. du 20 févr. 1901, D. 1901. 3. 83. — *Contrà*, Loubat, n° 247.
[2] Bellom, *op. cit.*, t. III, p. 707, note.
[3] La nouvelle loi allemande du 30 juin 1900 a admis une disposition analogue : dans son art. 95 elle autorise la conversion en capital lorsque le montant de la rente

Les dispositions de ce paragraphe ont été introduites dans notre loi par la commission du Sénat de 1898, sur la demande d'un grand nombre de chambres de commerce et de syndicats industriels. On a pensé avec raison qu'elles seraient avantageuses aussi bien pour l'ouvrier que pour le patron. Une pension annuelle de 100 francs, représentant une allocation quotidienne de 30 centimes à peine, passerait le plus souvent inaperçue dans le ménage d'un ouvrier, tandis que le capital représentatif de cette rente peut être utilement employé. D'autre part, les chefs d'entreprise ou leurs assureurs seront désormais débarrassés par un paiement unique des complications de comptabilité qu'auraient occasionnées les versements trimestriels de ces pensions insignifiantes.

a) Forme de la convention qui convertit la rente. Délai.

1473. — Nous avons dit que la conversion dont il s'agit exige l'accord des parties intéressées. Cet accord peut être conclu en dehors de toute intervention de justice, par exemple par acte sous seings privés [1]. Rien ne s'opposerait même à ce qu'il fût verbal ; mais il y aurait grave imprudence à ne pas le constater par écrit ; car l'objet de la stipulation portant généralement sur un capital supérieur à 150 francs, la preuve testimoniale serait inadmissible en cas de contestation.

1474. — Si l'une des parties est mineure, elle sera représentée à la convention par son tuteur qui devra lui-même être autorisé spécialement par le conseil de famille ; il s'agit en effet d'une aliénation de rentes qui est spécialement prévue par l'art. 1 de la loi des 27-28 février 1880.

1474 *bis*. — A la différence de la conversion partielle prévue par l'art. 9, la conversion de notre article pourra être consentie immédiatement après la décision qui aura fixé le chiffre de la pension ; il sera inutile d'attendre l'expiration du délai de révision. De là on doit conclure que cette conversion conventionnelle ne fera pas obstacle à ce que l'action en révision pour cause d'aggravation d'infirmité ou de décès de la victime soit ultérieurement exercée (V. n° 1355 *bis*).

Quant à l'action en révision pour cause d'atténuation de

ne dépasse pas le 15 0/0 du salaire, mais alors elle supprime la faculté de révision ultérieure.

[1] T. Nancy, 11 févr. 1902, *Gaz. Pal.*, 1902. 1. 366.

l'infirmité, on peut la considérer comme illusoire en pareille hypothèse.

b) *Calcul du capital représentatif.*

1475. — Le prix du rachat de la rente devra-t-il être calculé d'après le tarif de la Caisse des retraites [1]. Sans aucun doute ce tarif doit servir de base à la détermination du capital convenu entre les parties ; mais on ne saurait aller jusqu'à dire que la plus petite différence soit de nature à vicier la convention. Une certaine latitude doit être laissée aux parties. S'il importe en effet de prémunir l'ouvrier contre la séduction que pourrait produire sur lui l'appât d'un capital immédiat, on ne saurait cependant refuser de tenir compte, dans une certaine mesure, au chef d'entreprise ou à l'assureur de leur renonciation à courir les chances, soit d'une révision dans le sens de l'atténuation, soit d'un décès prématuré de la victime sans relation de cause à effet avec l'accident [2] ; car, si l'action en révision dans le sens de l'atténuation reste ouverte, l'insolvabilité habituelle des victimes la rend illusoire après le paiement du capital de conversion. Ces considérations ont déterminé la commission du Sénat à fixer, dans son projet du mois de décembre 1903, une limite minima au-dessous de laquelle la conversion serait nulle ; c'est ainsi que le rachat ne pourrait pas être effectué pour un chiffre inférieur d'un sixième à celui qui résulterait de l'application du tarif fixé à l'art. 28.

1475 *bis*. — Pour valider une conversion en un capital notablement inférieur à celui résultant de l'application du tarif de la Caisse des retraites, un tribunal pourrait-il tenir compte de cette considération que le titulaire de la rente était la veuve d'une victime ou un ouvrier de nationalité étrangère, exposé comme tel, en cas de remariage ou de départ pour l'étranger, à ne recevoir pour toute indemnité qu'un capital égal à trois annuités, et que, par suite, le chef d'entreprise ou l'assureur avait renoncé à courir les chances de cette éven-

---

[1] Le tarif de la Caisse des retraites est inséré plus loin aux annexes.

[2] On pourrait cependant objecter que l'éventualité d'un décès prématuré est entrée en ligne de compte dans l'établissement du tarif de la Caisse des retraites (V. n° 1594).

tualité ? Nous ne le pensons pas ; car, toutes les dispositions de la loi de 1898 étant d'ordre public, il n'est pas permis aux parties de spéculer sur les événements qui peuvent donner lieu à leur application, c'est-à-dire de passer une convention ayant pour effet de les priver ou de les dégager partiellement d'avance des bénéfices que ces dispositions peuvent procurer ou des charges qu'elles peuvent imposer. Les chefs d'entreprise agiront donc sagement en s'abstenant de consentir une conversion en faveur des crédirentiers de cette catégorie ou en n'y consentant que dans le cas où ils auront la certitude que la femme ne se remariera pas ou que l'étranger ne retournera pas dans son pays.

1476. — Nullité. — Toute conversion faite en violation manifeste du tarif de la Caisse des retraites est nulle, en ce sens qu'elle donne naissance, en faveur de la victime, à une action en supplément de prix [1]. Tel serait le cas d'un prix de rachat qui atteindrait seulement la moitié ou même les deux tiers de la valeur réelle de la rente.

Si le vice de la conversion provenait, non de l'insuffisance du taux de rachat, mais de la méconnaissance d'une des conditions auxquelles la conversion est autorisée, la nullité ne donnerait pas ouverture à une simple action en supplément de prix ; elle autoriserait l'ouvrier à réclamer au chef d'entreprise l'intégralité de la rente légale, sans que celui-ci puisse lui opposer la moindre compensation avec les sommes déboursées en vertu de la convention illicite. Tel serait le cas où les parties auraient sciemment converti une rente dépassant 100 francs, sans qu'il y ait lieu de distinguer si cette violation de la loi avait été faite ouvertement ou clandestinement. Ainsi serait entaché d'une nullité d'ordre public un accord par lequel la victime et le chef d'entreprise auraient considéré faussement comme ne donnant droit qu'à une rente de 100 francs un accident dont les conséquences auraient été beaucoup plus graves.

---

[1] T. Nancy, 11 févr. 1902, *Gaz. Pal.*, 1902. 1. 366.

DEUXIÈME SECTION.

De l'exécution forcée des jugements.

1477. — Après avoir étudié quelle latitude le législateur avait laissée aux parties pour déroger par leur convention aux décisions de justice rendues en matière d'accidents, nous nous proposons d'examiner succinctement quels moyens de coercition il a mis à la disposition de ceux qui, ayant obtenu par les voies judiciaires l'allocation d'une indemnité, veulent assurer l'exécution de la décision rendue à leur profit.

Nous étudierons successivement la procédure en vue d'obtenir l'assistance judiciaire et les actes d'exécution.

a) *Assistance judiciaire.*

1478. — Art. 22, al. 5 et 6 : « *Le bénéfice de l'assistance judiciaire s'étend de plein droit... à tous les actes d'exécution mobilière et immobilière et à toute contestation incidente à l'exécution des décisions judiciaires. — L'assisté devra faire déterminer par le bureau d'assistance judiciaire de son domicile la nature des actes et procédures d'exécution auxquels l'assistance s'appliquera* ».

La victime d'un accident du travail ou ses ayants-droit, qui veulent avoir le bénéfice de l'assistance judiciaire pour l'exécution de leur titre, doivent au préalable adresser au parquet de première instance de *leur domicile* une demande dans laquelle ils font connaître le titre dont ils réclament l'exécution et la nature des actes d'exécution qu'ils ont l'intention de faire pratiquer. Cette demande n'a besoin d'être accompagnée d'aucune pièce justificative d'indigence, l'assistance judiciaire étant, en pareil cas, accordée de plein droit même aux non-indigents. Elle est transmise immédiatement par le procureur de la République au bureau établi près le tribunal. Le bureau vérifie la sincérité du titre et s'assure que l'exécution n'en a pu être obtenue par les voies amiables ; cette vérification faite, il ne peut refuser le bénéfice de l'assistance judiciaire et il doit se borner uniquement à spécifier les actes d'exécution ou de procédure qui seront faits sous le couvert de l'assistance judiciaire.

1479. — La décision du bureau du domicile est exécutoire même en dehors de l'arrondissement où ce bureau est établi. Ainsi un blessé ou l'ayant-droit d'une victime décédée sont domiciliés à Rouen ; mais ils veulent faire exécuter à Nîmes un titre qu'ils ont obtenu à Lyon. C'est le bureau de Rouen seul qui sera compétent pour déterminer les actes d'exécution qui devront avoir lieu à Nîmes. Ni le bureau de Nîmes, ni celui de Lyon n'auront à intervenir dans la procédure.

b) *Actes d'exécution.*

1480. — En ce qui concerne les sentences des juges de paix allouant soit des indemnités temporaires soit des frais de traitement médical ou de funérailles, les victimes d'accidents ou leurs ayants-droit ont entre les mains tous les moyens de coercition de droit commun : 1° voies d'exécution sur les meubles avec faculté d'user du privilège de l'art. 2101 ; 2° en cas d'insuffisance des meubles, possibilité d'exécuter les immeubles en vertu du même privilège de l'art. 2101 ; et faculté de faire inscrire leur privilège pour conserver le droit de suite sur les immeubles (n°s 1561 et s.).

1481. — Toute différente sera la situation des victimes atteintes d'incapacité permanente ou des ayants-droit des ouvriers tués dans un accident. La loi ne leur accorde aucun privilège et leur enlève même le droit d'inscrire leur hypothèque judiciaire. Leur gage se trouve, non plus dans la fortune immobilière ou mobilière de leur débiteur, mais par une innovation hardie de la loi, dans la fortune entière de l'industrie française. L'industrie tout entière se porte garante de leur débiteur, avec cette disposition contraire aux principes de droit commun que le débiteur principal ne peut pas être discuté par le créancier et que seule la caution a un recours contre celui-ci (V. le titre IV et spécialement n°s 1780 et s.).

1482. — Dans les instances concernant les accidents suivis de mort ou d'incapacité permanente, certaines décisions ont un caractère simplement provisionnel. Comment seront-elles exécutées ? Les décisions de cette nature peuvent émaner de deux juridictions différentes : ou bien le président du tribunal, ayant convoqué les parties en conciliation, les a mises d'accord, non sur le fond du débat, mais seulement sur le chiffre de la pension que le chef d'entreprise consent à payer, à titre provisoire, pendant la durée de l'instance, ou bien c'est le tribunal qui, statuant en vertu de la disposition finale de l'art. 16, a condamné le chef d'entreprise à payer une provision à la victime ou à ses ayants-droit.

La décision du président du tribunal, constatant l'accord des parties sera exécutoire immédiatement au même titre qu'un acte authentique passé devant notaire; elle aura force exécutoire, avec cette seule différence qu'elle ne confère pas le droit de prendre hypothèque (art. 26 [1]), elle autorise les parties à procéder à toutes les voies d'exécution, à pratiquer des saisies-arrêts, des saisies-exécutions, voire même des saisies immobilières; mais cette dernière mesure sera généralement inefficace, car les créanciers hypothécaires absorberont le prix de préférence à la victime ou à ses ayants-droit.

Toutefois le droit du blessé à l'indemnité journalière qui précède la rente viagère n'est pas garanti par le privilège de l'art. 2101 du Code civil. La question est du moins controversée (V. n° 1566).

1483. — Les jugements du tribunal qui allouent une provision, conformément à l'art. 16, ont, par identité de motifs, la même force exécutoire que les ordonnances de conciliation. Nous avons vu qu'ils sont exécutoires nonobstant appel; mais les jugements de défaut ne sont pas exécutoires nonobstant opposition (n° 1240).

---

[1] V. la question traitée, n° 1193.

TITRE IV

DES GARANTIES.

1484. — Déterminer à l'avance les indemnités ou les pensions auxquelles la victime ou ses parents survivants pourraient prétendre en cas d'accident et indiquer à ces personnes la marche à suivre pour faire valoir leurs justes réclamations, tel a été l'objet des dispositions que nous avons étudiées dans les titres précédents. La loi de 1898 eût été incomplète, si elle en fût restée là. Il fallait aller plus loin et donner aux ayants-droit la certitude qu'ils toucheraient effectivement ce qui leur était promis. « Il n'est point de créanciers aussi dignes d'intérêt que ces victimes d'accident, privées de tout travail, disait le rapporteur de la commission du Sénat (séance du 26 nov. 1895), que ces infortunés auxquels est ravi le seul capital que la nature leur ait donné en naissant : leur puissance de travail, la force de leurs bras. La situation d'une victime du travail est certainement beaucoup plus intéressante encore que celle de tous ces créanciers, auxquels la loi cependant, par faveur pour leur personne, accorde des garanties spéciales, privilèges ou hypothèques légales, c'est-à-dire les ouvriers à raison de leurs salaires, les gens de service pour leurs gages, les mineurs et les femmes mariées..... Il ne faut pas que notre loi puisse rester à l'état de promesse décevante ».

1485. — En Allemagne et en Autriche, ces garanties consistent dans l'organisation financière des associations d'assurance dont les chefs d'entreprise sont légalement tenus de faire partie. Nous consacrerons le chapitre premier du présent titre à l'étude de ces organisations financières ; nous y

traiterons également de l'assurance dans les compagnies françaises et dans la loi italienne, ainsi que des dispositions de
garanties qui ont été proposées dans les projets antérieurs à
notre loi.

Abordant ensuite le texte définitif, nous y verrons que le
législateur s'est proposé un double but : donner aux ouvriers
le maximum de garantie et imposer à l'industrie le minimum
de gêne. Les sûretés qu'il a accordées aux victimes d'accidents varient suivant la nature de leurs créances. Le recouvrement des indemnités temporaires, des frais médicaux,
pharmaceutiques et funéraires est garanti par un privilège
dont l'étude fera l'objet de notre chapitre II.

Quant aux pensions et autres allocations dues en cas d'accidents entraînant la mort ou une incapacité permanente
absolue ou partielle du travail, elles donnent lieu à deux
ordres de dispositions : les unes concernant l'engagement
personnel du patron et, en cas d'assurance ou d'affiliation à
un syndicat de garantie, celui de l'assureur ou du garant; les
autres relatives au cautionnement d'une caisse de l'État qui
est elle-même alimentée par des centimes additionnels mis à
la charge des industries assujetties. Le chapitre III traitera de
l'engagement personnel du patron et de celui de l'assureur ou
du syndicat de garantie avec lequel il pourrait avoir traité.
Au chapitre IV, nous étudierons les droits et actions des bénéficiaires d'indemnités contre le fonds national de garantie.
Le chapitre V sera consacré à l'étude de ce fonds de garantie,
et le chapitre VI aux sociétés d'assurances et syndicats de
garantie, aux réserves, cautionnement et autres mesures de
comptabilité qui leur sont imposés ainsi qu'à la surveillance
administrative dont ils sont l'objet. Enfin dans un chapitre VII
nous exposerons le fonctionnement de la Caisse nationale d'assurance qui a été réorganisée par la loi du 24 mai 1899 pour
faire concurrence aux compagnies privées.

Aux chapitres III, IV, V et VI on trouvera le commentaire
des règlements d'administration publique et arrêtés ministériels destinés à assurer l'exécution de notre loi[1].

---

[1] Avant d'être adoptés par le Conseil d'État ces importants décrets ont été élabo-
rés par une commission spécialement désignée par le ministre. Dans la séance de la

Chambre des députés du 7 févr. 1899, l'honorable M. Ricard, parlant de cette commission, tenait le langage suivant : « La commission plénière siégea le 10 octobre. Plusieurs réunions très laborieuses eurent lieu au cours desquelles tous les points de ces différents règlements furent discutés sur des rapports extrêmement remarquables dus à l'un des fonctionnaires du ministère que je suis très heureux de signaler en passant à M. le ministre et à la Chambre, M. Georges Paulet, chef de bureau au ministère. Ce fonctionnaire, avec un soin, une intelligence et un dévouement véritablement dignes d'éloges, a pu, en se consacrant à cette besogne difficile, rédiger ces règlements d'administration publique et nous mettre à même de statuer relativement très vite ». Nous nous faisons un devoir de rapporter ces paroles. Il nous paraît juste en effet que le nom de M. Georges Paulet, aujourd'hui directeur de l'assurance et de la prévoyance sociales au ministère de l'industrie, reste attaché désormais à cette œuvre considérable.

CHAPITRE PREMIER

DE L'ORGANISATION FINANCIÈRE DES ASSURANCES
A L'ÉTRANGER ET DANS LES COMPAGNIES PRIVÉES
ET DES DISPOSITIONS DE GARANTIE
DANS LES PROJETS ANTÉRIEURS AU VOTE DE NOTRE LOI.

NOTIONS GÉNÉRALES.

1486. — L'assurance repose sur deux principes fondamentaux, *l'association* et la *prévoyance.*

A *l'association* elle emprunte la mise en commun des pertes éventuelles auxquelles les assurés sont exposés et la division de ces pertes proportionnellement aux risques de chacun d'eux.

La prévoyance lui procure le moyen de transformer en charges uniformes et périodiques les conséquences dommageables d'accidents qui se produisent à intervalles irréguliers et avec des gravités variables.

Le préjudice qui fait l'objet d'une assurance subit ainsi une double transformation : l'association en répartit le montant entre ses membres suivant une règle déterminée à l'avance et la prévoyance se fonde sur les données de la statistique et de l'expérience pour en faire une nouvelle répartition sur un certain nombre d'années.

Dans l'assurance ainsi envisagée la somme que l'assuré s'oblige à verser périodiquement entre les mains de l'assureur prend le nom de cotisation ou de prime. La prime ou la cotisation est l'expression de la probabilité de l'accident redouté. Le mot « *cotisation* » est particulièrement employé en matière d'assurances mutuelles ; le nom de « *prime* » est réservé aux assurances à primes fixes.

1487. — Cette distinction a cessé aujourd'hui d'avoir sa raison d'être. Les mutuelles et les assurances à primes fixes sont soumises à des règles financières identiques : leur organisation diffère seulement en ce sens que, dans les assurances à primes fixes, le paiement des sinistres est garanti non par les assurés eux-mêmes, mais par une société distincte qui, à raison de ce surcroît de sûreté qu'elle apporte, s'attribue les bénéfices de la spéculation. Les deux qualités d'assureur et d'assuré, qui sont confondues sur la tête de chaque mutualiste, sont distinctes dans les contrats passés avec les compagnies : Une prime invariable est stipulée aux risques et périls de l'assureur, tandis que les cotisations des mutuelles varient suivant l'importance et le nombre des sinistres.

En théorie, si l'assurance mutuelle est plus économique, les compagnies par actions offrent plus de sécurité. Je m'empresse d'ajouter que chacune d'elles a fait de louables efforts pour s'approprier autant que possible les qualités de l'autre sans perdre les siennes[1]. Les compagnies par actions, pour diminuer la cherté de leurs opérations, ont admis une sorte de partage des bénéfices entre elles et leurs contractants. Quant aux mutuelles, elles s'attachent depuis longtemps à augmenter les garanties qu'elles présentent, en constituant des fonds de prévoyance et de réserve, alimentés par les excédents des cotisations et qui, pour certaines d'entre elles, atteignent des chiffres importants. En outre, afin d'atténuer l'indétermination des engagements de leurs adhérents, elles posent le principe que les cotisations d'un exercice ne devront pas dépasser telle quotité des valeurs assurées.

Si l'*association* et la *prévoyance* sont les bases de l'assurance, le concours simultané de ces deux principes n'est pas absolument nécessaire.

1488. — Rien ne s'oppose, par exemple, à ce qu'un industriel, disposant de sommes assez élevées, juge inutile de s'associer à d'autres chefs d'entreprise en vue de se garantir contre les éventualités dont il est menacé. Il peut trouver son intérêt à constituer pour lui seul une caisse d'assurance à l'aide de cotisations périodiques versées par lui-même, d'être en un mot son propre assureur. Il fera acte de prévoyance sans recourir à l'association. Si une telle opération conserve le caractère financier de l'assurance, elle cesse d'être une convention et perd dès lors tout intérêt juridique.

1489. — On peut à l'inverse admettre que plusieurs industriels s'associent en vue d'une assurance commune, mais qu'au lieu de répartir l'ensemble des pertes sur un certain nombre d'années, ils préfèrent liquider, à l'expiration de chaque exercice, la situation générale de l'association et faire supporter les pertes de l'année proportionnellement aux risques de chacun des adhérents. Ils profiteront ainsi des avantages de l'association sans retirer les bénéfices de la prévoyance. Telle était l'assurance mutuelle à son début, avant l'organisation des fonds de réserve destinés à maintenir aux cotisations une certaine fixité. Ce mode d'assurance séduit par sa simplicité : il n'exige aucun capital, aucune autre avance que celle de quelques frais

[1] Chavegrin, *Gr. Encycl.*, vº *Assurance*, t. IV, p. 316.

de gestion. Chaque année l'on se cotise pour indemniser les perdants ou les victimes, et le taux de la contribution se trouve être l'expression du risque couru. Mais cet avantage ne va pas sans inconvénients : il faut qu'il y ait proportionnalité entre les chances mises en commun. Autrement, il est clair que ce mode d'assurance devient une véritable duperie pour les intérêts les moins exposés au profit de ceux qui le sont davantage. Or, la difficulté est précisément de déterminer cette proportionnalité, d'établir le coefficient de risques afférent à chaque intéressé. — Un autre écueil est à signaler, sur lequel nous aurons d'ailleurs à revenir. Si l'indemnité due à la victime consiste en une pension viagère ou temporaire, il devient nécessaire de faire verser par les adhérents le capital représentatif de cette rente et d'en effectuer un placement présentant toute sécurité ; de là l'accumulation de capitaux considérables et fort peu productifs. On trouvera un exemple de ce mode d'assurance dans la loi allemande, mais seulement en ce qui concerne les ouvriers employés dans les travaux de constructions; c'est ce qu'on appelle le *système de la répartition des capitaux*.

Pour les autres ouvriers, le législateur allemand a adopté le système connu sous le nom *de répartition des indemnités annuelles* et qui consiste à exiger annuellement des assurés le remboursement des dépenses faites dans l'année pour le paiement des pensions, sans se préoccuper de la capitalisation des rentes viagères ou temporaires. La caractéristique de ce procédé est la violation des principes les plus élémentaires de la prévoyance et aussi de l'équité ; nous le démontrerons plus loin.

L'Autriche a suivi le système de primes fixes qui est en usage dans les compagnies d'assurances, mais avec faculté de révision annuelle de primes.

1490. — En résumé, la dette de l'assuré envers l'assureur affecte trois formes différentes suivant les calculs qui servent de base à son évaluation : 1° *La répartition des indemnités annuelles ;* 2° *La répartition des capitaux ;* 3° *Les primes fixes.* Chacune de ces sortes de cotisations sera étudiée dans une section distincte. Enfin dans une quatrième section, nous exposerons : 1° les différents projets français qui ont précédé le vote de notre loi ; 2° la loi italienne qui l'a suivie de quelques jours.

PREMIÈRE SECTION.

De la répartition des indemnités annuelles.

1491. — Ce système suppose nécessairement que l'indemnité doit être payée en rentes viagères ou temporaires. Si la réparation du préjudice devait être effectuée en une somme capitale, la répartition des indemnités annuelles se confondrait avec la répartition des capitaux. Le législateur allemand n'admet d'ailleurs l'indemnité que sous forme de pension périodique, il prohibe toute capitalisation même partielle de la rente allouée aux victimes d'accidents.

Le présent chapitre sera divisé en deux paragraphes : 1° exposé du système, ses inconvénients et ses avantages ; 2° organisation financière du système.

I

Exposé du système. Ses inconvénients et ses avantages.

1492. — On peut se rendre compte que le mécanisme de ce système est des plus simples. Après l'expiration de la première année de fonctionnement on récapitule les accidents qui se sont produits. On fait le total des arrérages de pensions qui ont été payés et on répartit ce total entre les industries suivant les coefficients de risques et le total des salaires effectivement payés. Les sommes ainsi obtenues constitueront les parts contributives de chaque établissement, auxquelles il conviendra d'ajouter une taxe proportionnelle pour les frais de gestion.

A l'expiration de la deuxième année, le même calcul donne un chiffre de pension beaucoup plus élevé; il faut en effet tenir compte, non seulement des indemnités résultant des accidents nouveaux, mais encore des pensions qui ont été consenties l'année précédente à titre viager ou pour une durée de plus d'un an. Abstraction faite de la mortalité, la deuxième annuité devrait logiquement être le double de la première. Dans la pratique, cette proportion est de beaucoup dépassée; car la loi n'ayant pas d'effet rétroactif, tous les accidents survenus quelques jours et même un mois ou deux avant sa promulgation échappent au bénéfice de l'assurance, tandis que les sinistres qui se produisent à la fin de la première année sont réglés dans le cours de la deuxième et en grossissent les dépenses.

La troisième année voit les charges de l'assurance s'accroître dans la même proportion, c'est-à-dire sensiblement de la moitié de la deuxième annuité. Cette progression ascendante se poursuit ainsi, d'après les actuaires, jusqu'à la soixante-quinzième année.

1493. — Dans un mémoire rédigé par MM. Behn et Bödiker à l'occasion de la discussion de la loi allemande de 1884, les indemnités annuelles à payer pour l'Allemagne ont été calculées ainsi qu'il suit : 1re année : 668.000 marcs; 2e année : 1.708.000 marcs; 3e année :

2.752.000 marcs; 10e année : 9.761.000 mars; 15e année :
12.387.000 marcs; 20e année : 15.054.000 marcs; 30e année :
19.074.000 marcs; 50e année : 22.482.000 marcs; 75e année : :
22.855.000 marcs [1].

1494. — Les inconvénients de ce mode d'assurance sont multiples.

Et d'abord l'on est en droit de se demander s'il s'agit réellement d'une assurance. L'assurance est avant tout une garantie contre certaines éventualités de l'avenir. Or, dans la répartition des indemnités annuelles, on prend chaque année des mesures pour faire face à des obligations déjà nées, mais il n'apparaît pas qu'on se préoccupe des obligations à naître. Bien plus, dans les obligations déjà existantes et qui toutes, suivant la loi allemande, consistent en pensions périodiques, les sommes échues sont seules l'objet d'une répartition ; aucune garantie n'est prise pour le paiement des autres arrérages dus, mais non encore exigibles. Ainsi une rente viagère de 300 francs est allouée à un ouvrier qui a été victime d'un accident. Le blessé est en réalité créancier du capital nécessaire à la constitution de la rente. Or cette créance n'est l'objet d'aucune sûreté particulière et l'on se contente de faire figurer chaque année la pension de 300 francs aux dépenses de l'assurance. Il est vrai que la législation allemande a eu soin de syndiquer les industries similaires et a rendu ces syndicats débiteurs des indemnités accordées aux ouvriers victimes d'accidents professionnels. Les syndicats dont il s'agit n'étant autres que les anciennes corporations de métiers qui, en Allemagne, sont restées riches et puissantes, les ouvriers peuvent se contenter de cette garantie.

1495. — Mais ne voit-on pas immédiatement quelle iniquité consacre un tel système? Les usines, qui existaient au début de l'assurance, sont injustement favorisées au détriment de celles qui se créent dans la suite. Celles-ci supportent, en effet, dès le premier jour une charge fort lourde sans avoir franchi, comme les usines anciennes, les étapes successives de charges graduellement croissantes. A l'in-

---

[1] Ces prévisions ont été dépassées de plus du triple. Les dernières statistiques publiées par les *Amtliche Nachrichten des Reichsversicherungsamts* (janv. 1900) évaluent les dépenses totales de l'exercice 1898 à 82.612.907 marcs dont 56.452.235 marcs sont à la charge des corporations industrielles. Les dépenses de 1897 s'élevaient pour l'ensemble général à 77.725.965 marcs et pour les corporations industrielles à 52.524.002 marcs (V. *Bulletin de l'Office du trav.*, mars 1900, p. 270). La progression ascendante continuera ainsi jusqu'à la soixante-quinzième année. Il convient toutefois de remarquer que, si l'écart est aussi grand entre les chiffres actuels et les prévisions, cela tient aussi à ce que, depuis les premiers calculs, l'assurance est devenue obligatoire pour un grand nombre d'exploitations nouvelles. Pour enrayer la marche ascendante de cette progression, le législateur de 1900 a pris des mesures qui seront exposées plus loin n° 1499.

verse qu'une usine vienne à faire faillite ou à liquider, c'est aux autres industriels de la corporation que revient la charge de servir désormais la pension due aux victimes des accidents qui sont survenus dans ce même établissement.

En un mot, la répartition des indemnités annuelles est un système d'imprévoyance. Au lieu d'économiser sur les bénéfices actuels pour diminuer les charges de l'avenir, il compte sur l'avenir pour acquitter les dettes du passé et du présent; il charge l'avenir pour dégrever le présent. L'art. 18 de la loi allemande de 1884 a essayé de remédier à ce vice, en obligeant les corporations à constituer un fonds de réserve. « Dans ce but, lit-on à l'art. 18, à titre d'impositions additionnelles le chiffre des indemnités sera, la première année, augmenté de 300 0/0, la deuxième, de 200 0/0, la troisième, de 150 0/0, la quatrième, de 100 0/0, la cinquième, de 80 0/0, la sixième, de 60 0/0, et ainsi de suite jusqu'à la onzième. A partir de ce moment-là le fonds de réserve sera alimenté par ses propres intérêts jusqu'à ce qu'il ait atteint le double des besoins d'une année. En cas de besoins urgents, la corporation peut, avec l'autorisation de l'office, entamer ce fonds de réserve ».

1496. — Il est facile de s'apercevoir que ce fonds de réserve est tout à fait insuffisant. En augmentant la première annuité de 300 0/0, on obtient à peine 1/6 du capital nécessaire pour assurer le service des rentes allouées à titre d'indemnité. D'ailleurs, ce fonds de réserve est exclusivement destiné à faire face à des dépenses occasionnées par des catastrophes imprévues; on ne saurait en aucune façon l'assimiler aux réserves que les assureurs à primes fixes mettent de côté en vue de garantir le paiement des indemnités ou des rentes non encore échues.

1497. — Il ne faut pas croire cependant que les Allemands aient adopté, sans mûre réflexion, un système aussi défectueux. L'assurance, telle qu'elle est pratiquée par les compagnies privées, met en réserve des sommes considérables pour faire face au paiement des pensions. Ils ont craint qu'en la généralisant on n'arrivât à une accumulation exagérée de capitaux dont la gestion aurait été aussi embarrassante que nuisible aux intérêts de l'industrie. La répartition des indemnités annuelles leur a permis d'éviter cet écueil : en s'abstenant d'exiger une garantie sous forme de placement de capitaux, ils ont laissé entre les mains des industriels tous leurs éléments financiers de prospérité. Peut-être aussi ont-ils été séduits par cette considération que le système de la répartition des indemnités annuelles est à l'abri de toute influence provenant de la variation du taux de l'intérêt, tandis qu'il en est tout différemment du système d'assurance à primes fixes et de celui de la répartition des capitaux qui reposent, l'un et l'autre, sur le jeu de l'intérêt composé (Voir les deux sections suivantes, notamment, n° 1512). Si ces deux avantages sont indéniables, on a vu à quels prix ils ont été obtenus.

1498. — Placée dès le premier jour par la loi de 1884 sous un régime de faveur, l'industrie allemande a pris aussitôt un essor prodigieux; mais, d'insignifiantes qu'elles étaient à l'origine, les charges de l'assurance n'ont pas tardé à devenir de plus en plus lourdes; et cette progression ascendante qui, d'après les actuaires, doit durer soixante-quinze ans, n'a rien de rassurant pour l'avenir. Les industries anciennes, qui ont profité des avantages du début, ont pu, par une sage économie, parer aux inconvénients d'une telle perspective. Mais comment les manufactures nouvelles s'accommoderont-elles de cet état de choses ? Elles auront, en définitive, à acquitter les dettes de leurs devancières sans recueillir aucun actif dans leur héritage. Si, pendant treize ou quatorze ans, la loi de 1884 a permis aux industriels d'assurer leurs ouvriers à un taux moins élevé qu'ils n'auraient pu le faire auprès des compagnies privées, ils se trouvent dès aujourd'hui dans des conditions exactement inverses : leurs cotisations deviennent chaque jour plus onéreuses que les primes exigées par les compagnies privées. De telle sorte qu'après avoir traversé une période de privilège, l'industrie allemande sera désormais placée dans un état d'infériorité marqué vis-à-vis de la concurrence étrangère [1].

1499. — Ce moment est précisément arrivé. La situation menaçant de s'aggraver, le législateur de 1900, qui a complètement refondu les lois d'assurances ouvrières, a essayé d'y porter remède par une augmentation des réserves. Après avoir reproduit dans son art. 37 les dispositions de l'art. 18 de la loi de 1884 sur la constitution du fonds de réserve, il a décidé que ce fonds continuerait à être augmenté pendant les trente années suivantes par des versements annuels calculés de telle sorte que, ce délai expiré, les intérêts en soient suffisants pour assurer la fixité des contributions annuelles. Ces versements annuels fixés pour une première période de trois ans à 10 0/0 du fonds de réserve, y compris les intérêts de ce fonds, n'atteignent plus que le 9 0/0 pen-

---

[1] Cette objection a été faite au prince de Bismarck dans le cours de la discussion qui a eu lieu au Reichstag : « Dans quelques années, répondit le chancelier de l'Empire, les autres pays, entraînés par notre exemple, auront, eux aussi, établi l'assurance obligatoire; ils auront voulu donner satisfaction plus complète encore que nous aux revendications ouvrières et, sur le marché du monde, la situation restera toujours aussi bonne pour nous ». On raconte qu'en prononçant les deux premières phrases, le chancelier de fer tendait avec affectation la main du côté de l'Ouest : comme pour désigner la France. Peut-être ferions-nous bien de ne pas oublier cet avertissement.

dant la deuxième période de trois ans et baissent progressivement de 1 0/0 après chaque période triennale, jusqu'à extinction complète après la trentième année.

Quant aux corporations professionnelles existant depuis plus de onze ans, la loi nouvelle les a soumises à partir du 5 juillet 1900 à l'augmentation dont il vient d'être parlé[1]. Cet excédent de charges, qui a coïncidé avec la crise industrielle des années 1901-1902, a soulevé en Allemagne de vives protestations.

II

Organisation financière du système de la répartition des indemnités annuelles.

1500. — Lorsque la loi allemande a été votée, les assurances contre les accidents étaient encore peu répandues. Les statistiques exactes et complètes faisaient défaut. Aucune base certaine ne permettait aux actuaires de calculer avec précision les conséquences d'une assurance aussi vaste que celle qui devait englober toute l'industrie et bientôt toute la classe ouvrière de l'Allemagne. Or, dans toute assurance, il y a un inconnu redoutable pour l'assureur : c'est l'évaluation des charges générales qui vont lui incomber. Sans doute cet inconnu est étroitement lié à un autre inconnu non moins important pour l'assuré, je veux parler de la part contributive de celui-ci. Mais une erreur sur le chiffre d'une cotisation est loin d'avoir les mêmes conséquences qu'une erreur sur la totalité des charges de l'assurance ; l'insuffisance d'un coefficient de risque peut être compensée par l'augmentation d'un autre coefficient, tandis qu'un déficit sur l'ensemble conduit à l'échec de l'assurance. Quelque regrettable que soit une répartition inégale des charges entre les industries assurées, elle n'est point un mal irréparable, et l'exploitation grevée outre mesure peut aisément faire rétablir l'équilibre qui avait été rompu à son détriment.

1501. — En prenant l'initiative d'une vaste assurance qui avait

---

[1] Les chiffres suivants donnent une idée des avantages que le système de la répartition des indemnités annuelles avait, dès le début, procurés à l'industrie allemande et aussi des inconvénients qu'il devait présenter dans la suite. Au lieu d'une prime fixe de 13 marcs environ par personne assurée, les industriels allemands n'ont eu à payer, en 1886, que 3 m. 05, en 1887, 4 m. 96, en 1888, 5 m. 83 et en 1889, 6 m. 26 ; mais avec la progression ascendante des contributions, ils devaient arriver à payer, après soixante-quinze ans, c'est-à-dire en 1959, 20 marcs par personne. La loi nouvelle aura pour effet de limiter à 16 marcs environ le maximum de leur contribution moyenne.

les proportions d'une révolution économique, l'empire allemand était moralement tenu de réussir dès la première année. Or, quelles que dussent être les précautions prises par le Gouvernement pour calculer exactement les dépenses résultant d'une assurance aussi étendue, il allait au devant de mécomptes inévitables. Une telle appréhension était d'autant plus justifiée que, pour faire accepter la loi par le Parlement, il avait dû offrir à l'industrie (aussi bien aux patrons qu'aux ouvriers) des conditions plus avantageuses que celles qu'on pouvait trouver dans les polices des compagnies privées : augmentation de l'indemnité, diminution de la cotisation. Dans ces conditions, le moyen le plus simple d'éviter un échec était d'imaginer une combinaison qui dispensât de faire l'évaluation anticipée des charges de l'assurance. A ce point de vue, la loi votée en 1884 atteignait le but désiré.

1502. — La seule difficulté, avec laquelle l'industrie allemande resta aux prises, était celle de déterminer la part contributive de chaque établissement; mais nous avons vu que, si le calcul des charges de l'assurance avait l'importance d'une question d'ordre public, il n'en était pas de même de l'évaluation des cotisations dues par chacun des assurés, une erreur dans cette évaluation pouvant léser des intérêts privés, mais n'étant pas de nature à compromettre le succès de l'opération. Au surplus la modicité des primes durant le cours des premières années rendait les erreurs de ce genre peu onéreuses pour les établissements qui avaient eu à en souffrir.

Ainsi dans le système des indemnités annuelles, pas de déficit possible. A la fin de la première année, on fait le compte des dépenses et on les répartit entre les assurés suivant une proportion qui peut être plus ou moins équitable, mais qui est susceptible de corrections et qui, dans tous les cas, est sans influence sur le succès de l'assurance.

1503. — On doit rendre cette justice au législateur allemand et à l'Office impérial qu'ils ont appliqué tous leurs efforts à dresser des tarifs de risques aussi équitables que possible. Aux termes de l'art. 28 de la loi de 1884, l'assemblée de chaque association établit, pour les exploitations qui en dépendent, des classes de risques correspondant au degré de danger que présente chaque exploitation et elle règle le montant des cotisations incombant à chacune d'elles. Le tarif des dangers, une fois établi et revêtu de l'approbation de l'Office impérial, devient obligatoire ; mais le premier tarif est revisable à l'expiration de deux années au plus et les tarifs suivants sont soumis à des révisions de cinq en cinq ans. Pour ces révisions successives, on doit tenir compte des accidents qui ont été constatés.

1504. — Les nombreuses controverses, suscitées par ces révisions, ont nécessité la fréquente intervention de l'Office impérial qui, dans sa

circulaire du 20 juin 1889, s'est exprimé ainsi : « On ne doit viser
« dans l'établissement des tarifs de risques que des éléments objectifs.
« Lors de l'établissement des tarifs de risques, on doit tenir compte dans
« la limite du possible des dangers discernables ; mais il ne faut pas
« prendre pour base la valeur des indemnités auxquelles les mem-
« bres de la corporation ont donné lieu isolément. Ce dernier procédé,
« appliqué sur une vaste échelle, ne conduirait à rien moins qu'à
« reporter sur les chefs d'industrie, pris individuellement, une
« grande partie des charges pécuniaires, résultat contraire à l'esprit
« de la loi d'assurance obligatoire contre les accidents ». La circulaire
cite à cet égard l'exemple d'une exploitation dans laquelle, en dépit
de l'application scrupuleuse des mesures préventives, une explosion de chaudière vient à se produire ; bien que cet accident impose à
la corporation l'obligation de payer une indemnité élevée, cette charge
ne doit pas peser exclusivement sur l'exploitation considérée ; car,
aux termes de la même circulaire « il ne faut pas augmenter, par
« voie de tarification, la charge individuelle des exploitations qui ont
« imposé à la corporation le paiement de lourdes indemnités »[1].

1505. — En outre les art. 78 et s. ont donné aux corporations
d'assurance le droit de faire surveiller par des inspecteurs attitrés les
établissements industriels de leurs membres et de rendre obligatoires
les mesures qui seraient jugées les plus propres à augmenter la sécurité du personnel. L'infraction à ces prescriptions, lorsqu'elle témoigne d'une mauvaise volonté manifeste, a pour sanction l'inscription
du contrevenant à un tarif de risques plus élevé et, si le tarif maximum est atteint, l'imposition d'une taxe additionnelle. L'élévation
de classe, appliquée dans ces conditions, ne doit pas être confondue
avec celle résultant de l'établissement quinquennal des tarifs de risques. Elle en diffère soit par la cause qui est purement *subjective* et
personnelle au chef d'entreprise soit par la durée qui est seulement
d'un an. L'année expirée, le chef d'entreprise reprend son rang dans
la classe à laquelle il appartenait précédemment, à moins que le comité directeur de la corporation ne juge qu'il y a un motif à nouvelle
punition.

1506. — Si le législateur de 1884 a rendu l'assurance obligatoire
dans toute l'Allemagne et posé pour cette assurance des règles uniformes, il a eu soin cependant d'éviter une trop grande centralisation
administrative. Tous ses efforts ont tendu à former des associations
de professions auxquelles il a donné, au point de vue de l'assurance,
une autonomie complète. L'ancienne organisation des corporations,

---

[1] Bellom, *op. cit.*, p. 219.

qui en Allemagne avait connu une grande puissance, a singulièrement
facilité sa tâche. Presque tous les groupements d'industries similaires se sont formés sans contrainte, conformément aux dispositions
de l'art. 12 de la loi, et c'est dans des cas tout à fait exceptionnels
que l'Office impérial a dû interposer son autorité. En 1887, il existait
en Allemagne 62 corporations dont 26 comprenaient toute l'étendue
de l'empire. Leur nombre est aujourd'hui de 63. Ces corporations
ont, aux termes de l'art. 30 *in fine* de la loi de 1884, la faculté de
se syndiquer entre elles en vue de supporter en commun la totalité
ou une partie des risques d'accidents; elles peuvent aussi, dans le
même but, opérer des fusions (art. 31).

1507. — Chaque corporation, régulièrement constituée, a une administration indépendante; elle est libre d'établir son tarif de risques,
sous réserve, bien entendu, de l'approbation de l'Office impérial.

Ces risques sont extrêmement variables; car si l'on a groupé
les industries similaires, il ne s'ensuit pas qu'on ait réuni dans
une même association les mêmes métiers, et, partant, les risques
de même nature. C'est ainsi que dans la corporation du fer et de
l'acier de l'Allemagne du Nord, on trouve les ferblantiers, les fondeurs de fer, les fondeurs de canons, les serruriers, les fabricants de
wagons, les fabricants de machines agricoles, les maîtres de forge, les
chaudronniers, les constructeurs mécaniciens, et même les conduc-
teurs de machines à battre le blé, etc. De là, la nécessité de répartir
les risques en un certain nombre de classes; généralement on en distingue six ou sept ayant chacune un coefficient spécial. Entre les coefficients de deux classes voisines, on laisse une certaine marge, afin
de permettre d'établir une subdivision entre les classes elles-mêmes;
par exemple, le coefficient de la première classe étant 10, celui de la
deuxième classe sera 20, de la troisième classe 30 et ainsi de suite.
C'est qu'en effet deux usines appartenant à la même classe et
fabriquant les mêmes produits méritent rarement le même coefficient;
des circonstances aussi multiples que variées augmentent dans l'une
le danger industriel et l'atténuent dans l'autre; on en tient compte en
élevant ou en abaissant le coefficient dans les limites des chiffres
adoptés pour les deux classes voisines.

1508. — La répartition des exploitations entre les classes de risques
s'effectue en choisissant pour type dans chaque nature d'industrie une
usine installée dans des conditions normales, dont l'outillage est en
bon état et qui remplit les conditions de sécurité exigées par les règlements. Les ateliers, qui ne se trouvent pas dans ce cas, peuvent voir
leurs risques majorés proportionnellement au degré de danger qu'ils
présentent; cette majoration varie généralement de 5 à 25 0/0; elle

peut même, en cas de risque exceptionnel, atteindre le 50 0/0.

Certaines corporations ont subdivisé chaque classe de risques en trois catégories et affecté à chacune de ces catégories un coefficient spécial. Ainsi, dans la corporation du fer et de l'acier de l'Allemagne du Nord, le coefficient fixé pour la 1re classe est de 2, qui équivaut au danger normal. Dans cette même classe, le danger grave est représenté par 2,20 et le danger exceptionnel par 2,40. Les coefficients de la 2e classe sont 2,50 pour le danger normal, 2,75 pour le danger grave, et 3 pour le danger exceptionnel. Dans la 3e classe le danger normal est 3, le danger grave 3,25, et le danger exceptionnel, 3,55.

1509. — L'établissement du tarif de risques n'est pas la seule base qui doive servir à calculer la part contributive de chaque établissement industriel. La valeur du risque est égale au produit des trois éléments suivants : 1° la probabilité du sinistre ; 2° l'importance probable du dommage ; 3° le montant de l'assurance, c'est-à-dire la réparation du dommage. Or, la cotisation représentant la valeur du risque envisagée au point de vue d'un assuré pris individuellement, on doit, pour l'évaluer, prendre en considération non seulement le coefficient des risques, mais encore le montant de l'indemnité.

1510. — Dans la loi allemande l'indemnité est toujours proportionnée au salaire dont elle est une quote-part. Le salaire sera donc le deuxième facteur, qui devra, avec le coefficient de risques, entrer en ligne de compte pour déterminer la cotisation afférente à chaque industrie. Deux opérations sont nécessaires pour établir les fractions représentatives de cotisations : d'une part en multipliant le coefficient de danger de chaque établissement par le montant des salaires correspondants, on obtiendra une série de produits qui seront les numérateurs de ces fractions. D'autre part le total de ces divers produits en sera le dénominateur commun.

Par exemple, l'industrie A a, comme coefficient de risques, 2 ; elle distribue annuellement à ses ouvriers 50.000 francs de salaire. — L'industrie B a, comme coefficent de risques, 3 ; le montant annuel des salaires de ses ouvriers est de 40.000 francs. — L'industrie C a 4 comme coefficient de risques ; ses ouvriers reçoivent annuellement un salaire total de 60.000 francs.

La part contributive de A sera

$$\frac{2 \times 50.000}{(2 \times 50.000) + (3 \times 40.000) + (4 \times 60.000)}$$

La part contributive de B sera

$$\frac{3 \times 40.000}{(2 \times 50.000) + (3 \times 40.000) + (4 \times 60.000)}$$

La part contributive de C sera

$$\frac{4\times60.000}{(2\times50.000)+(3\times40.000)+(4\times60.000)}$$

Il peut arriver que, dans une même exploitation, certains ateliers appartiennent à des classes différentes de risques. On établit alors un coefficient moyen de risques en procédant de la façon suivante. Pour chaque atelier on multiplie la somme des salaires qui lui sont affectés par le coefficient qui s'y rapporte ; on ajoute tous ces produits et on divise par la somme totale de tous les salaires : le quotient de cette division sera le coefficient moyen. Par exemple, dans une usine se trouvent trois ateliers ; le n° 1 a comme coefficient 2, les salaires y sont de 40.000 francs. Le coefficient du n° 2 est 5 et ses salaires s'élèvent à 10.000 francs. Le coefficient du n° 3 est 7, et ses salaires sont de 3.000 francs. Le coefficient moyen sera :

$$\frac{(2\times40.000)+(5\times10.000)+(7\times3.000)}{40.000+10.000+3.000}$$

$$=\frac{80.000 + 50.000 + 21.000}{53.000} = \frac{151.000}{53.000} = \frac{151}{53} = 2,84$$

DEUXIÈME SECTION.

Du système de la répartition des capitaux.

1511. — EXPOSÉ DU SYSTÈME. — SES CARACTÈRES DISTINCTIFS. — Un des vices du système de la répartition des pensions est, ainsi que nous l'avons expliqué, l'imprévoyance, c'est-à-dire le défaut de mesures destinées à assurer dans l'avenir le paiement des rentes allouées à titre d'indemnité aux victimes d'accidents. A la vérité le législateur allemand y a remédié en s'appliquant à donner aux corporations industrielles une forte et solide constitution et en les rendant elles-mêmes débitrices des arrérages des pensions. Mais cette garantie supplémentaire, qui a été accordée aux ouvriers, prend sa source dans une organisation tout à fait indépendante du système financier de l'assurance ; elle est subordonnée à la possibilité de former entre les chefs d'entreprise des associations à la fois riches, stables et assurées d'une durée illimitée. Or tous les genres d'industrie ne se prêtent pas à un groupement remplissant ces conditions de stabilité dans le présent et de sécurité pour l'avenir. Les entreprises de travaux de construction sont notamment dans ce cas : la durée éphémère et la variation des travaux, les fréquents déplacements du siège de l'exploitation, le renouvellement incessant du personnel donnent à la profession d'entrepreneur un caractère de mobilité qui est difficilement compatible avec l'esprit d'association ou tout au moins dont une corporation ne manquerait pas de se ressentir au point de vue de ses garanties financières.

Aussi, en 1887, le législateur allemand a-t-il créé spécialement pour les entreprises de travaux de construction un système financier d'assurance, qui est connu sous le nom de *répartition des capitaux*. Ce système consiste à demander à la fin de l'exercice, non point le remboursement du montant des dépenses faites dans le courant de l'exercice, mais le versement du montant des capitaux correspondants[1] ; c'est, en un mot, le système de la répartition appliquée, non plus aux dépenses faites dans l'année écoulée, mais *aux capitaux nécessaires à la garantie de ces dépenses*.

1512. — Comme le système de la répartition des pensions, il évite à l'assureur la difficulté de calculer au préalable le montant de ses risques. Avantage considérable, à coup sûr, mais obtenu, au détriment des exploitations assurées qui doivent attendre la fin de chaque exercice pour connaître le montant de leur part contributive. Les effets de cette variation dans les cotisations ont été atténués dans une certaine mesure par la constitution d'un fonds de réserve analogue à celui qui fonctionne dans l'autre système. Le capital ne doit pas dépasser la valeur moyenne des contributions annuelles; il est destiné à faire face aux catastrophes imprévues; les intérêts seuls peuvent servir à alléger les cotisations.

Une des particularités de ce système est l'absence complète de liens entre chaque année. L'année qui suit est complètement indépendante de celle qui précède et réciproquement. On a vu que la répartition des pensions consacrait un principe tout différent, chaque année recevant de ses devancières un héritage de dettes, l'avenir étant escompté au profit du présent. On sait aussi que, dans l'assurance à primes fixes, il existe dans le temps une sorte de solidarité qui produit des effets identiques à ceux résultant de l'association des personnes : les années qui précèdent et celles qui suivent mettent en commun leur bonne et leur mauvaise fortune et se répartissent également entre elles les charges de l'assurance. Dans le système de la répartition des capitaux, l'association de personnes subsiste seule : aucun report de perte ou de bénéfice ne s'effectue d'une année à l'autre. A la fin de chaque exercice, il intervient un règlement aussi complet que s'il s'agissait d'une liquidation définitive. Si ce n'était le fonds de réserve qui est commun aux diverses annuités, on pourrait

[1] Bellom (Allem., p. 18).

dire que le système de la répartition des capitaux est une association mutuelle d'assurance dont la durée est limitée à un an et qui est renouvelable indéfiniment[1].

1513. — En résumé le système de la répartition des capitaux se distingue par trois caractères principaux : — 1° la capitalisation des rentes et pensions au fur et à mesure du règlement des sinistres ; — 2° l'obligation *in infinitum* des adhérents qui résulte de la répartition entre eux des charges intégrales de l'assurance en fin d'exercice ; — 3° la limitation de cette obligation à une durée d'un an par suite du renouvellement annuel des répartitions intégrales[2].

Si le premier de ces caractères le différencie nettement du système de la répartition des indemnités annuelles, il le rapproche de l'assurance à primes fixes qui, pour la détermination de ses réserves, est tenue d'évaluer le montant des capitaux représentatifs des rentes et pensions dont elle est redevable envers les sinistrés. A l'inverse, l'obligation *in infinitum* des adhérents est incompatible avec ce dernier mode d'assurance, les assurés n'étant jamais engagés au delà du montant de la prime stipulée d'avance et à forfait ; et c'est là en définitive le trait essentiel qui sépare la répartition des capitaux et l'assurance à primes fixes. Si en effet les primes sont généralement déterminées pour une série d'années, rien ne s'oppose à ce que la durée des polices soit réduite à un an et l'on trouve ainsi des liquidations périodiques à intervalles aussi rapprochés que dans la répartition des capitaux. Mais l'effet en est tout autre : la différence en plus ou en moins entre le montant des primes et celui des charges de l'assurance, au lieu de se répartir entre les assurés de l'exercice courant, est le lot exclusif de l'assureur dont la solvabilité doit être garantie par un supplément de réserve ou de cautionnement. Il en résulte que le fonctionnement d'une assurance à primes fixes, même avec des primes revisables annuellement, exige une accumulation de capitaux plus élevée que celui du système de la répartition des capitaux.

1514. — D'autre part, si l'assureur est un établissement public qui

---

[1] Dans son savant ouvrage sur les lois d'assurance ouvrière en Allemagne, M. Bellom dit (p. 19) que la répartition des capitaux impose des charges progressives. Je ne partage pas cette manière de voir. A part la première année, dont les charges sont moindres parce qu'une assurance ne peut produire son entier effet qu'après plusieurs mois de fonctionnement normal, toutes les autres sont placées, au point de vue des risques et du montant des indemnités sur un pied d'égalité parfait. Les cotisations sont, à la vérité, variables d'une année à l'autre ; mais il n'y a aucun motif pour que les charges de la dixième année soient plus lourdes que celles de la cinquième.

[2] Les syndicats de garantie français réunissent plusieurs de ces caractères, notamment l'engagement solidaire de leurs membres.

ne consente ni à profiter des bénéfices ni à supporter les pertes, la plus ou moins-value est reportée sur les exercices ultérieurs, c'est-à-dire sur un ensemble d'assurés et de risques différents de ceux qui ont contribué à la créer. Il est vrai que, sous un régime d'obligation et de monopole, comme en Autriche, les changements susceptibles de se produire d'une année à l'autre dans le personnel et dans les risques assurés par une association régionale, sont insignifiants. Mais cet inconvénient est beaucoup plus sérieux dans les assurances conventionnelles dont la durée est limitée à un an, par exemple dans les polices consenties par notre caisse nationale contre les accidents : les assurés et les risques d'une année peuvent, par le libre jeu des conventions, différer complètement de ceux de l'année précédente ou de l'année suivante.

1515. — ORGANISATION FINANCIÈRE. — L'organisation financière de ce système comprend deux parties : l'évaluation des charges annuelles de l'assurance et la détermination de la part contributive de chaque exploitation.

L'évaluation des charges annuelles ne se faisant qu'en fin d'exercice, la corporation assureur est dispensée de faire un calcul de probabilité. Mais, les rentes et pensions allouées dans le cours de l'année aux victimes d'accidents étant connues, il s'agit d'en déterminer le capital correspondant en ayant soin de tenir compte des frais généraux de gestion et autres accessoires. Le calcul de ce capital est à la fois complexe et délicat : trois facteurs importants entrent en ligne de compte, ce sont la mortalité des ayants-droit, la durée du service des pensions et l'intérêt de l'argent. De nombreuses tables de mortalité ont été dressées tant en France qu'à l'étranger ; mais, en matière d'accidents du travail, les observations diffèrent parfois de la loi commune à raison de ce que les blessés offrent une résistance moins grande aux atteintes des maladies naturelles ou de la vieillesse. L'Office allemand se sert des tables Münscher.

Lorsque les dépenses d'un exercice ont été établies, on doit les répartir entre tous les membres de la corporation. Cette répartition s'effectue sur les mêmes bases que la répartition des pensions, c'est-à-dire proportionnellement soit au tarif des risques, soit au montant des salaires alloués aux ouvriers de chaque entreprise.

TROISIÈME SECTION.

De l'assurance à primes fixes.

1516. — Nous avons vu que le système de la répartition des capitaux consiste dans l'association d'un certain nombre d'industriels en vue de supporter en commun les indemnités allouées aux victimes d'accident. Chaque année les indemnités mises à la charge de l'association sont calculées en capital et réparties entre les adhérents proportionnellement à la valeur du risque de chacun d'eux ; de là une cotisation essentiellement variable. Si l'assurance à primes fixes doit, comme le système de la répartition des capitaux, sa force et son crédit aux bienfaits de l'association, elle demande l'invariabilité de ses cotisations à un calcul de probabilité qui a pour but de déterminer à l'avance ses charges annuelles. Ce calcul a pour base l'observation depuis longtemps vérifiée que les événements, même fortuits, se reproduisent dans des circonstances données, avec une certaine régularité. Si l'on réunit dans une même observation un grand nombre de risques de même nature et si l'on détermine d'autre part le chiffre des sinistres correspondants, le rapport de ces deux nombres exprime la probabilité du sinistre.

« Les recherches multiples qui doivent aboutir à la connaissance de ce rapport sont l'objet de la statistique, sans laquelle aucune assurance ne peut être établie sur une base solide. Elles doivent porter d'une part sur un groupe homogène de faits présentant tous les caractères à observer, d'autre part sur le plus grand nombre de faits possible. En effet, la régularité, avec laquelle les événements fortuits se reproduisent, n'est évidemment pas absolue, et les chiffres qui l'expriment sont sujets à des écarts, à des oscillations qui ne permettent de les considérer que comme une moyenne. Il est clair que plus le nombre des faits relevés est grand, plus la moyenne est exacte [1] ».

1517. — L'assurance à primes fixes se combine nécessairement avec le système de la réserve technique. Dès que des rentes et pensions sont liquidées à la suite d'un sinistre, l'assureur met en réserve le capital nécessaire pour en assurer le service et l'amortissement. La loi autrichienne de 1887 ne se contente pas de prescrire dans son art. 16 cette mesure de précautions ; elle va plus loin. L'art. 15 exige, en outre, la formation d'un fonds de réserve supplémentaire qui ne doit pas dépasser le 1/10 du capital représentatif et qui est prélevé chaque année sur l'excédent des recettes sur les dépenses. Ce fonds

---

[1] Villetard de Prunières, *op. cit.*, p. 2.

de réserve est lui-même divisé en deux parts inégales : l'une, qui en représente les 2/3, reste la propriété de l'établissement d'assurance, l'autre, c'est-à-dire 1/3, est versée dans une caisse commune à tous les assureurs. La constitution de ce fonds commun crée ainsi entre les diverses associations d'assurances une solidarité qui leur permet de se prêter un mutuel concours en cas de catastrophe imprévue; le montant en est versé dans une caisse de l'État qui l'administre. — En étudiant plus loin le système imposé par les règlements d'administration publique aux sociétés d'assurances fonctionnant en France, nous verrons qu'il comporte aussi une triple garantie : 1° celle de la réserve mathématique, c'est-à-dire de la réserve afférente au capital représentatif; 2° celle du cautionnement ou du dépôt de valeurs dans une caisse de l'État; 3° un fonds de réserve pour les sociétés anonymes et un fonds de garantie pour les mutuelles. — Enfin, la loi autrichienne de 1887 permet aux établissements d'assurances de réviser chaque année, avec l'autorisation du ministre, leur tarif de primes. Cette disposition est nécessaire à raison des difficultés que l'on éprouve à calculer les charges annuelles d'une société d'assurances [1] (V. n° 1512).

1518. — Ces charges ne dépendent pas seulement de la probabilité du sinistre; l'intensité du sinistre, le montant de l'indemnité stipulée, la durée de l'assurance et les frais d'administration sont autant d'éléments qui doivent entrer en ligne de compte.

[1] Les événements l'ont d'ailleurs démontré. Depuis 1891 les dépenses annuelles des établissements d'assurance n'ont pas cessé de dépasser très sensiblement les recettes, de telle sorte que le taux moyen des cotisations a subi une augmentation progressive que le tableau ci-dessous met en relief :

ANNÉES Taux moyen de la cotisation	1890	1891	1892	1893	1894	1895	1896	1897	1898	1899
1° par tête assurée :	5 34	5 20	5 36	5 64	5 54	7 18	7 56	8 30	9 28	9 75
2° par 1.000 couronnes de salaire.........	13 96	13 66	13 72	13 69	13 65	15 20	15 60	17 12	19 02	20 24

Ce mouvement de progression ne paraît pas près de s'arrêter; car en 1899 les recettes se sont élevées à 26.161.671 couronnes et les dépenses à 33.665.076 couronnes soit un déficit de 7.533.405 couronnes. On sait que la couronne vaut à peu près 1 fr. 05 (*Bull. off. trav.*, 1902, p. 189).

I
Probabilité du sinistre.

1519. — Si l'on suppose un assureur et un seul assuré, la probabilité du sinistre n'est autre que le danger auquel l'assuré est exposé. Une usine employant un ouvrier voit en moyenne se reproduire un accident tous les cent ans. Pendant le cours d'une année, l'unique ouvrier a une chance sur cent d'être victime de l'accident. De même la probabilité du sinistre est de 1 0/0.

Dans la pratique, le contrat d'assurance comporte un grand nombre d'assurés ou plus exactement de bénéficiaires courant les mêmes dangers. Le risque, envisagé au point de vue de l'assureur, s'accroît alors avec le nombre de personnes appelées à bénéficier de l'assurance; il n'est plus égal au danger couru par un assuré, mais à la somme des dangers auxquels tous les bénéficiaires sont exposés. Ainsi, si dans l'usine dont il est parlé plus haut, il y a dix ouvriers dont chacun a une chance sur cent d'être victime d'un accident, la compagnie, quil es assurera tous les dix, aura dix chances sur cent d'avoir à payer une indemnité. Pour l'assureur, la probabilité du sinistre sera égale à $10/100 = 1/10$.

Prenons un autre exemple. Dans une industrie qui emploie mille ouvriers, il survient en moyenne cinq accidents en dix ans. Ces mille ouvriers étant assurés, la probabilité du sinistre au point de vue de l'assureur sera, pour un an, de $5/10 = 1/2$, c'est-à-dire qu'il se produira en moyenne tous les deux ans un accident donnant ouverture au droit à l'indemnité. Le danger, qui menace chaque ouvrier, sera, pendant le même laps de temps, mille fois moindre, c'est-à-dire égal à $1/2.000$.

En résumé, lorsque plusieurs bénéficiaires d'une assurance sont exposés dans la même mesure aux accidents dont la réparation est promise par la police, la probabilité du sinistre est le rapport qui existe entre le nombre des accidents qui surviennent en moyenne dans un laps de temps déterminé, par exemple un an, et le nombre des bénéficiaires d'assurance : c'est, en un mot, le quotient de deux termes dont le numérateur est le nombre des accidents et le dénominateur le nombre des ouvriers.

1520. — Mais les dangers qui menacent les ouvriers industriels varient à l'infini. « L'assureur, dit M. de Courcy en parlant de l'assurance maritime (*De l'assurance par l'État*, p. 12), ne doit négliger aucun élément d'appréciation, et, conséquemment, il fera très souvent acception des personnes, au moins autant que des choses. Il considérera la moralité de l'assuré, les antécédents du capitaine; il s'enquerra de l'âge du navire, de son état d'entretien, de son tonnage, de la nature de son chargement, de sa destination, de la date de son départ; il tiendra compte des moussons et des saisons, il s'efforcera de proportionner ses exigences à ces éléments combinés... Ce serait, ajoute-t-il, une grave erreur et qui pourrait entraîner à sa ruine un assureur novice ou systématique, de s'imaginer que la statistique des faits antérieurs serait un guide sûr à suivre. Les circonstances nautiques se modifient rapidement, les circonstances morales sont elles-mêmes très variables. L'assureur procède donc par tâtonnements; il se livre à une sorte d'inspection, incessamment contrôlée par l'observation et par l'expérience ». Ces observations peuvent être méditées avec fruit par l'assureur contre les accidents de travail.

Sans prétendre énumérer toutes les causes qui influent sur la probabilité des sinistres industriels, on peut les classer dans six catégories distinctes concernant : 1° la nature de l'industrie; 2° l'emploi des moteurs à force élémentaire; 3° l'état de l'outillage; 4° l'organisation du travail; 5° la direction du chef de l'entreprise; 6° des causes personnelles aux ouvriers bénéficiaires de l'assurance.

1521. — I. CAUSES INHÉRENTES A LA NATURE DE L'INDUSTRIE. — L'expérience a démontré, par exemple, que les accidents étaient bien plus fréquents dans une mine ou dans un établissement métallurgique que dans une usine de tissage. On doit en conclure que l'assurance des mineurs et des ouvriers en métallurgie est plus onéreuse que l'assurance des tisseurs, les charges des assurances des différentes industries étant en rapport direct avec la probabilité de sinistre afférente à chacune d'elles. De là la nécessité d'attribuer à chaque industrie un coefficient de dangers et d'établir une classification de risques d'après la profession de l'assuré. « Mais si l'accord est complet sur ce point, dit M. Villetard de Prunières (*loc. cit.*, p. 54), d'assez graves divergences existent dans l'application. Les coefficients de danger ne peuvent être fournis que par la statistique; or, l'insuffisance de statistiques actuelles n'a pas permis jusqu'à ce jour d'établir d'une manière définitive les bases de cette classification. On rencontre deux tendances distinctes chez les assureurs. Les uns inclinent à attribuer un coefficient de danger à chaque profession et à distinguer autant de risques qu'il existe d'industries. Les autres estiment qu'il suffit de grouper les diverses professions en un certain nombre de catégories, en attribuant à tous les risques compris dans une même catégorie un coefficient de danger unique. Ces derniers ne sont d'accord ni sur le nombre des catégories à fixer ni sur le groupement des industries dans chacune d'elles. En France les deux systèmes sont appliqués dans la pratique par les compagnies. Parmi celles-ci quelques-unes se bornent à répartir en trois classes les différentes industries. D'autres évaluent directement le danger propre à chaque profession. On retrouve à l'étranger les mêmes incertitudes. En Belgique et en Suisse les compagnies suivent les procédés adoptés par les compagnies françaises ».

1522. — Nous avons exposé plus haut (n°s 1508 et s.) comment en Allemagne, depuis la loi de 1884, les corporations avaient établi leurs classifications des risques. En Autriche la loi du 28 décembre 1887, dans son art. 14, divise toutes les industries en différentes classes selon les risques qu'elles présentent; on compte 12 classes de risques, et chaque classe comporte plusieurs unités, de telle sorte que le coefficient appliqué aux industries les plus dangereuses est représenté par 100 et celui afférent aux industries les moins dangereuses est égal à 1. La 1re classe comprend les coefficients 5 à 7; la 2e les coefficients de 8 à 10; la 3e les coefficients 11 à 13; la 4e les coefficients 18 à 21; la 5e, 28 à 34 et ainsi de suite.

1523. — Souvent dans un même établissement industriel, le risque varie d'une partie à l'autre, de tel atelier à tel atelier. Dans une usine de tissage, par exemple, l'ouvrier chargé de diriger un métier est moins exposé que le chauffeur ou le mécanicien de l'exploitation, il l'est plus que l'employé préposé au mesurage des étoffes ou à l'entretien des magasins. D'où nécessité d'une nouvelle subdivision.

Bien plus, il arrive parfois qu'entre les entreprises d'une même industrie des différences considérables existent, au point de vue de la sécurité des ouvriers, sans qu'aucune cause extérieure ne les révèle; dans les mines de charbon par exemple, il y a des écarts de risques très sensibles qui tiennent à la friabilité et à l'altérabilité des roches, à la présence de gaz nuisibles, à la puissance des courbes, à la nature du toit, à la présence de failles et de rejets, etc. [1]:

1524. — II. Emploi de moteur a force élémentaire. — La présence d'un moteur à force élémentaire dans une usine accroît singulièrement les risques. Le petit tisserand qui travaille à la main n'est pas aussi exposé que l'ouvrier qui alimente une machine à peigner les laines brutes. Un serrurier de village a un emploi incontestablement moins dangereux que le lamineur d'un train de fil de fer ou que l'ouvrier d'un atelier Bessemer. La même comparaison peut être faite entre l'ouvrier occupé dans une scierie à vapeur et le menuisier qui travaille le rabot à la main. Cette aggravation de danger a été préci-

---

[1] V. Gruner, *Charges probables résultant des lois d'assurances contre les accidents.*

sément l'une des causes déterminantes du mouvement d'opinion qui
s'est produit depuis un certain nombre d'années en faveur d'une législation spéciale sur les accidents industriels.

1525. — III. ÉTAT DE L'OUTILLAGE. — Dans deux usines similaires et
d'égale importance, la sécurité du personnel dépend aussi du degré de
perfectionnement de l'outillage et spécialement des appareils destinés
à isoler les rouages dangereux. Il en est de même dans les mines où
la conduite des travaux dans les puits et galeries et les installations
mécaniques ont une influence incontestable sur le nombre et la gravité
des accidents.

1526. — Les compagnies privées d'assurances font de fréquentes
applications de ce principe en refusant d'assurer les industriels qui
n'adoptent pas certains perfectionnements jugés nécessaires et elles
stipulent généralement qu'elles ne répondent pas des accidents causés par une infraction du chef d'entreprise aux lois ou règlements
d'administration publique concernant la sécurité des ateliers. Nous
avons même eu l'occasion de faire remarquer que la loi du 12 juin
1893 sur l'hygiène et la sécurité des travailleurs et le décret réglementaire du 10 mars 1894 contiennent des dispositions si minutieu-
ses, qu'il est rare de ne pas trouver dans les circonstances d'un accident une infraction à ces dispositions ; d'où la conséquence que la
clause de déchéance insérée dans les polices arrive à rendre à peu
près illusoire l'assurance des patrons.

1527. — La loi allemande de 1884 s'est aussi tout particulièrement occupée de cet ordre d'idées (V. n° 1505). En Autriche la surveillance des exploitations industrielles est confiée à des inspecteurs qui,
aux termes de l'art. 28, al. 3 de la loi de 1887, doivent transmettre
directement à l'établissement d'assurances le résultat de leurs constatations. En se fondant sur ces renseignements, l'établissement d'assurances a le droit de demander à l'autorité administrative compétente
de prescrire aux patrons les mesures de sécurité et d'hygiène reconnues nécessaires.

1528. — IV. ORGANISATION DU TRAVAIL. — L'organisation du travail comprend deux branches distinctes : 1° la division du travail,
c'est-à-dire l'attribution à chaque ouvrier d'une tâche spéciale et déterminée ; 2° la durée du travail journalier et la fixation des heures
de repos.

1529. — a) *Division du travail.* — La division du travail part de
ce principe expérimental que plus la tâche d'un ouvrier est bornée,
mieux elle est remplie. La manufacture d'épingles citée par Adam
Smith est devenue un exemple classique : le travail combiné de dix
ouvriers dont chacun a sa spécialité donne un produit quotidien de

48.000 épingles soit 4.800 épingles par jour et par ouvrier, alors que chaque ouvrier travaillant isolément n'aurait pas fabriqué une épingle dans sa journée. Ainsi comprise, la division du travail permet d'employer les ouvriers selon la force et les aptitudes de chacun et par suite de diminuer les chances d'accidents ; car il est certain que plus un ouvrier acquiert de l'expérience et de l'habileté, mieux il sait se garantir contre les dangers de sa profession.

Tout d'ailleurs s'enchaîne dans l'industrie : une division intelligente du travail développe chez l'ouvrier l'esprit d'invention et nous avons vu que les progrès de l'outillage se traduisent par une diminution du risque.

1530. — b) *Durée du travail journalier.* — La durée du travail journalier et la fixation des heures de repos ont aussi une étroite corrélation avec le nombre des accidents, c'est-à-dire avec la probabilité des sinistres. « La concurrence intérieure et internationale, dit M. Raoul Jay (*Étude sur la question ouvrière en Suisse*, p. 180) oblige l'entrepreneur à fabriquer le plus vite et au meilleur marché possible, et pour cela à tirer de ses auxiliaires comme de ses machines tout le service qu'ils peuvent donner. L'ouvrier ainsi pressé est incapable trop souvent de donner une complète attention aux dangers qui le menacent, de prendre des précautions qui le retarderaient. Son attention fût-elle, au début du travail, suffisamment éveillée, qu'elle s'émoussera nécessairement avec la prolongation de ce travail, l'échauffement, la fatigue qui en sont la suite. Cet effet redoutable de la prolongation du travail peut être aujourd'hui considéré comme mathématiquement démontré. On a voulu savoir en Allemagne à quelles heures de la journée les accidents se produisaient en plus grand nombre et voici la statistique qu'on a pu établir.

de 6 à 7 h. du matin	435 accid.		de 12 à 1 h. du soir	587 accid.	
de 7 à 8	—	794 —	de 1 à 2	—	745 —
de 8 à 9	—	815 —.	de 2 à 3	—	1037 —
de 9 à 10	—	1069 —	de 3 à 4	—	1243 —
de 10 à 11	—	1598 —	de 4 à 5	—	1178 —
de 11 à 12	—	1590 —	de 5 à 6	—	1306 —
			de 6 à 7	—	979 —

Ainsi de huit heures à dix heures du matin, il se produit 1.884 accidents : de dix heures à midi 3.188. Il est probable, d'ailleurs, que ce second chiffre serait beaucoup plus élevé et que l'heure qui s'écoule de onze heures à midi donnerait beaucoup plus d'accidents que l'heure précédente si, dans bien des ateliers, le travail véritable ne cessait quelque peu avant midi.

De midi à une heure peu d'accidents. La plupart des ateliers sont fermés. Mais dès une heure, la progression signalée le matin recommence. Elle s'arrête seulement légèrement de quatre à cinq. A ce moment, a lieu le repos de l'après-midi. Il n'y a lieu évidemment de ne tenir aucun compte du chiffre indiqué pour les accidents de six à sept heures. A ce moment un grand nombre d'ateliers sont déjà fermés; dans d'autres, l'équipe de nuit a pris la place de l'équipe de jour. L'institut impérial d'assurances allemand, ajoute le savant professeur, interprète de la même façon que nous la statistique donnée plus haut. Le nombre des accidents augmente d'une manière extraordinairement rapide, à mesure que la fatigue et l'affaiblissement de l'ouvrier se développent insensiblement ». Il suit de là qu'en coupant les heures de travail par des interruptions et des repos intelligemment combinés, on arriverait à réaliser un nouveau progrès dans la voie de la sécurité.

1531. — V. DIRECTION DU CHEF DE L'EXPLOITATION. — Nous avons vu que le risque d'un établissement industriel est étroitement lié à la régularité de son fonctionnement. Or, dans une usine comme dans toute société, le respect de l'autorité est une des conditions essentielles de vitalité. L'intelligence et la fermeté de la direction, la discipline du personnel sont des éléments qu'une assurance ne doit pas négliger dans son calcul de probabilité.

1532. — VI. CAUSES PERSONNELLES AUX OUVRIERS. — Les différents ateliers d'une même usine, avons-nous dit, ne présentent pas toujours le même degré de sécurité. On pourrait aller plus loin et dire que deux ouvriers travaillant côte à côte dans un même atelier ne courent point des risques identiques; car le danger, auquel ils sont l'un et l'autre exposés, dépend non seulement de la nature de leur travail et de l'outillage mis à leur disposition, mais aussi de leurs facultés personnelles : un ouvrier léger, distrait ou maladroit sera plus facilement victime d'un accident qu'un ouvrier attentif et habile.

1533. — On conçoit que des compagnies d'assurances ne puissent se préoccuper du degré d'aptitude de chacun des ouvriers qu'elles assurent; elles partent de ce principe qu'ils ont en général une adresse moyenne : les défauts des uns se trouvent compensés par les qualités des autres. Elles ont cependant pour devoir de veiller à ce que le travail de l'ouvrier soit en rapport avec ses forces, son âge et son sexe. « En général, dit M. Villetard de Prunières (*op. cit.*, p. 146), les polices fixent pour les salariés un âge minimum et un âge maximum en dehors desquels ils ne sont pas compris dans l'assurance. L'âge minimum est en général de douze à quatorze ans (certaines compagnies excluent simplement les apprentis); l'âge maximum varie de soixante à soixante-dix ans; quelques compa-

gnies se bornent à élever la prime à raison des ouvriers âgés de
soixante à soixante-cinq ans. Le plus souvent les statuts permettent
de déroger à ces exclusions par des conventions spéciales. Mais, à
défaut de tout accord à cet égard, la simple constatation de l'âge d'un
ouvrier exclu doit suffire pour que la compagnie soit déchargée de
toute obligation si cet ouvrier est victime d'un accident. Les polices
excluent également de l'assurance, les personnes atteintes d'infirmités
graves ». A ce propos, nous avons cité au chapitre II de notre titre I,
l'exemple de ces crétins du Valais qui étaient autrefois employés
dans les usines, mais qui, depuis la promulgation de la loi fédérale
sur le renversement de la preuve, ont été congédiés par tous les
fabricants, parce qu'avec eux les accidents étaient plus fréquents
qu'avec d'autres.

1534. — Si les qualités physiques et intellectuelles de l'ouvrier
sont à considérer dans une assurance, ses qualités morales n'ont pas
une importance moindre. Nous parlions plus haut de l'influence
de l'autorité du patron sur la probabilité des sinistres. Or, cette
autorité dépend, non seulement de celui qui l'exerce, mais aussi de
ceux qui la subissent. L'esprit de la population ouvrière doit être
l'objet de l'investigation de l'assureur.

1535. — En résumé, les causes de variation du risque ne sont pas
seulement matérielles et susceptibles d'être consignées dans une statistique, telles que la nature de l'industrie, l'aménagement intérieur
de l'exploitation, les conditions de sécurité de chaque atelier, le degré
de perfectionnement de l'outillage, la durée et la répartition des heures
de travail, etc. ; il en est d'autres (et ce ne sont pas les moins impor-
tantes) qui échappent à toute classification méthodique, ce sont les
qualités intellectuelles et morales du chef et de ses subordonnés.
Aussi M. de Courcy avait-il raison de dire « que l'assurance doit procéder par tâtonnements et se livrer à une sorte d'inspiration incessamment contrôlée par l'observation et l'expérience ».

II

De l'intensité des sinistres.

1536. — Nous avons supposé jusqu'à présent que tous les accidents couverts par l'assurance avaient la même gravité. Point n'est
besoin de faire remarquer qu'il n'en est pas ainsi dans la pratique.
L'importance des sinistres varie à l'infini ; et, comme l'assurance a
précisément pour objet de réparer dans une certaine mesure le préjudice matériel qui en résulte, l'indemnité prévue par l'assurance est

elle-même essentiellement variable. D'où l'on doit conclure que plus l'accident est dommageable, plus grand est le risque de l'assureur.

Si tous les accidents prévus par une police d'assurance étaient identiques et devaient donner droit à une seule et même indemnité égale, par exemple, à un franc, l'évaluation du risque dépendrait uniquement de la probabilité du sinistre. Dans l'exemple rapporté plus haut, nous supposions que, dans une usine de mille ouvriers, il survient cinq accidents tous les dix ans ; de telle sorte, disions-nous, que le danger, qui menace chaque ouvrier est égal à 1/2.000 et la probabilité du sinistre envisagée au point de vue de l'assureur égale à 1/2. Si l'indemnité promise, en cas d'accident, était de un franc, le risque de l'assureur vaudrait pour un an 1/2 de franc, soit 0 fr. 50 et le danger couru par chaque ouvrier équivaudrait à 1/2.000 de franc.

L'indemnité est-elle élevée à 10.000 francs par exemple, le risque devient pour l'assureur dix mille fois plus onéreux, puisqu'au lieu d'avoir à payer un franc au moment de l'accident, il devra verser une somme dix mille fois plus élevée ; la valeur de ce risque sera donc de 500 francs, au lieu de 0 fr. 50.

1537. — Cette variation du risque suivant l'importance du sinistre conduit à un nouveau calcul de probabilité. Pour calculer la probabilité des sinistres, nous avons reconnu la nécessité de faire un premier classement des assurés, sinon d'après leur profession, du moins en catégories comportant des coefficients de risques à peu près identiques. Les accidents étant aussi d'inégale importance, il est indispensable de les diviser en un certain nombre de classes suivant leurs conséquences dommageables. Supposons que cette classification puisse être faite d'une façon mathématique ; qu'il y ait, par exemple, quatre catégories d'accidents, à chacune desquelles correspondrait une indemnité fixe, par exemple : 1.000 francs pour les accidents de la première classe ; — 2.000 francs pour ceux de la deuxième classe ; — 5.000 francs pour ceux de la troisième classe ; — 10.000 francs pour ceux de la quatrième classe, et reprenons l'exemple cité au paragraphe précédent.

Dans une usine qui emploie mille ouvriers, il se produit cinq accidents tous les dix ans. Nous avons vu que si tous les accidents étaient de la même classe et susceptibles de donner droit à une indemnité de 10.000 francs, le risque de l'assureur serait de 5/10 ou de 1/2 et la valeur de ce risque de $1/2 \times 10.000 = 5.000$ francs. Supposons maintenant que des 5 accidents décennaux, il y en ait en moyenne 2 de la première classe et 1 de chacune des trois autres classes, il faudra tout d'abord rechercher quelle proportion existe entre le nombre des accidents de chaque classe et le nombre total des accidents; la fraction ainsi obtenue représentera ce qu'on est convenu d'appeler l'intensité des sinistres dans chacune des classes. Ainsi dans notre exemple, l'intensité des sinistres de la première classe sera égale à 2/5; dans la deuxième classe elle sera de 1/5, il en sera de même dans les troisième et quatrième classes.

Le total de ces intensités sera égal au chiffre des accidents survenus pendant un nombre d'années connu. Si ensuite on divise cette somme totale par le nombre des années, on obtiendra la fraction qui représente la probabilité du sinistre.

$$\text{Dans notre exemple nous aurons} \quad \frac{\frac{2}{5}+\frac{1}{5}+\frac{1}{5}+\frac{1}{5}}{10} = \frac{5}{10}$$

Veut-on évaluer le risque, on multipliera l'intensité de chaque classe par l'indemnité correspondante, on additionnera les produits et on multipliera le tout par le nombre des années. La fraction deviendra ainsi

$$\frac{\left(\frac{2}{5}\times 1.000\right)+\left(\frac{1}{5}\times 2.000\right)+\left(\frac{1}{5}\times 5.000\right)+\left(\frac{1}{5}\times 10.000\right)}{10}$$

$$=\frac{\frac{2.000}{5}+\frac{2.000}{5}+\frac{5.000}{5}+\frac{10.000}{5}}{10}$$

$$=\frac{400+400+1.000+2.000}{10}=\frac{3.800}{10}=380.$$

L'intensité d'un sinistre ne doit pas être confondue avec son importance; mais il y a une étroite corrélation entre ces deux termes; le calcul de l'intensité est subordonné à la classification préalable des sinistres d'après leur degré d'importance.

III

Du montant de l'indemnité.

1538. — Sans revenir sur nos développements concernant l'indemnité, nous pouvons faire remarquer qu'on ne saurait nier le rapport direct qui existe entre le montant de l'indemnité et la valeur du risque. Si l'indemnité était invariable pour chaque classe d'accidents, le calcul d'évaluation du risque serait relativement simple; il consisterait, ainsi que nous l'avons expliqué dans le paragraphe précédent, dans la multiplication de l'intensité du sinistre de chaque classe par l'indemnité correspondante. Mais il n'en est pas ainsi dans la pratique. La loi de 1898, comme les législations allemande et autrichienne, a d'abord proportionné l'indemnité au salaire et lui a généralement donné la forme de pension viagère ou temporaire. Ce qui complique encore le problème, c'est la variabilité des indemnités dans chaque classe d'accidents. Si dans les incapacités permanentes et absolues et dans les incapacités temporaires elle est fixée simplement à une quotité du salaire (2/3 du salaire annuel ou 1/2 du salaire quotidien), elle est graduée suivant la gravité de la blessure dans les incapacités permanentes partielles, et elle varie suivant la situation de famille de la victime dans les accidents mortels. Or, il importe avant tout de calculer d'avance et par approximation le chiffre moyen des indemnités afférentes à chaque classe. On juge de la difficulté de l'opération. La statistique est, à coup sûr, une aide puissante ; mais elle n'est pas infaillible et malheureusement en France nos statistiques industrielles sont fort incomplètes. Et puis chaque année apporte son contingent de modifications dont il faut tenir compte. L'appréciation d'éléments aussi instables se prête difficilement à une formule mathématique. Il ne suffit pas qu'un assureur soit un actuaire impeccable, on doit exiger de lui une perspicacité et une finesse peu communes.

1539. — Une administration publique ou l'État ne peuvent être à ce point de vue que de mauvais assureurs. L'Allemagne s'en est rendu compte et c'est le motif qui lui a fait préférer, à l'assurance obligatoire à primes fixes, le système un peu hybride, mais moins périlleux, de la répartition des indemnités annuelles ou de la répartition des capitaux. Ces difficultés n'ont pas davantage échappé au législateur autrichien qui, tout en adoptant le principe de l'assurance à primes fixes, y a apporté, comme correctif, la faculté de révision annuelle des primes; mesure de prudence, dont il n'a pas tardé à éprouver l'utilité. Les statistiques nous montrent en effet que jusqu'en 1900 les dépenses annuelles des assurances autrichiennes ont toujours dépassé le montant des recettes[1].

IV

Durée de l'assurance. — Frais d'administration.

1540. — La durée de l'assurance a aussi une influence qui n'est pas négligeable sur l'étendue des obligations de l'assureur envers l'assuré. Si elle accroît dans la même proportion les obligations res-

---

[1] V. plus haut, nº 1517, note 1.

pectives de l'assuré, sans qu'il soit besoin de faire intervenir un calcul de probabilité, elle permet du moins à l'assureur d'escompter l'avenir, c'est-à-dire de grouper les pertes probables de plusieurs années et d'en déduire une moyenne qui constituera, avec les frais d'administration, ses charges annuelles. Plus l'assureur a des bases solides d'évaluation des risques, plus il a intérêt à contracter à long terme; mais, à l'inverse, si ces bases lui paraissent incertaines ou fragiles, il jugera prudent de restreindre la durée de ses engagements, c'est ce qu'ont fait les associations autrichiennes en déclarant leurs primes révisables chaque année et la caisse française d'assurance contre les accidents en ne consentant que la souscription de polices annuelles.

1541. — La gestion d'une assurance nécessite des frais que l'assureur doit faire supporter par les assurés proportionnellement à l'importance de son assurance. C'est ce que les compagnies d'assurances appellent le chargement.

QUATRIÈME SECTION.

Des différents projets qui ont précédé le vote de la loi sur les accidents du travail. — De la loi italienne.

I

Des différents projets français.

1542. — Les premiers députés qui se sont occupés de la question des accidents du travail sont MM. Martin Nadaud (29 mai 1880, 4 nov. 1881, 20 janv. 1882), Georges Graux (29 nov. 1881), Remoiville (15 déc. 1881), Alfred Girard (10 janv. 1882), Peulevey (14 janv. 1882, 26 nov. 1883), Maurel (21 janv. 1882), Félix Faure (21 févr. 1882), Henri Maret (7 mars 1882). Deux principes nouveaux étaient proposés : 1° présomption de responsabilité du patron pour les accidents survenus à ses ouvriers dans leur travail, présomption qui ne pourrait être détruite que par la preuve de la force majeure, du cas fortuit ou de la faute de la victime; 2° obligation de l'assurance, sans toutefois le monopole de l'État. Ces réformes furent étudiées en 1884 et 1885 par une commission parlementaire et firent l'objet d'un projet de loi déposé le 2 février 1886 par M. Lockroy, ministre du Commerce [1].

1543. — Vers la même époque, le législateur suisse se préoccup-

---

[1] *J. O.*, Doc. parl., Ch., 1886, p. 978.

pait de la situation des victimes des accidents industriels et procla-
mait, dans une loi du 25 juin 1881, le patron responsable du dommage causé à un employé ou ouvrier tué ou blessé dans les locaux
de la fabrique ou par son exploitation, à moins qu'il ne prouvât que
l'accident avait pour cause ou la force majeure ou la faute de la victime ou le crime d'une personne étrangère.

1544. — En France, le premier texte voté par la Chambre des
députés remonte au 10 juillet 1888 [1]. Il substituait aux règles générales des art. 1382 et s. du Code civil, le principe qu'on a appelé
du nom de risque professionnel et qui consiste à faire supporter par
l'entreprise, c'est-à-dire par le patron les dommages éprouvés par les
victimes d'accidents industriels. La Chambre des députés ne procla-
mait pas l'assurance obligatoire, mais elle contraignait moralement
les patrons à s'assurer, en créant au profit des victimes d'accidents un
privilège destiné à garantir le capital constitutif des pensions et deux
années d'arrérages des dites pensions et en leur donnant en outre le
droit d'obliger les chefs d'entreprise soit à verser à la Caisse des retraites de l'État le capital destiné à assurer le service des pensions
viagères soit à garantir, par d'autres sûretés jugées suffisantes, le
paiement des dites pensions. En même temps elle mettait à la disposition des patrons trois systèmes d'assurances différents : une assurance d'État à primes, des assurances organisées par des associations
d'industriels réunis en syndicat, enfin les compagnies privées.

1545. — Le Sénat modifia profondément ce projet : il estima que
les victimes d'accidents avaient une garantie suffisante dans l'hypothèque judiciaire résultant du jugement qu'elles pouvaient obtenir
contre le patron ; il repoussa les dispositions touchant la création d'un
nouveau privilège et se contenta de maintenir le privilège de l'art.
2101 pour la garantie de deux années d'arrérages. Il décida en même
temps qu'il n'y avait pas lieu d'insérer dans la loi l'organisation de
l'assurance par l'État, par des syndicats professionnels ou par tout
autre moyen. L'utilisation, en vue de l'assurance, des syndicats in-
stitués par la loi du 21 mars 1884 lui parut suffisante. Le projet du
Sénat fut voté le 20 mai 1890 [2].

1546. — A ce moment il se produisit un mouvement en faveur de
l'assurance obligatoire. Plusieurs chambres de commerce, quelques
industriels importants, les congrès internationaux de Paris (1889), de
Berne (25 sept. 1891) s'étaient prononcés dans ce sens. Le Gouverne-

---

[1] V. Les déb. parl. des 28, 29 mai et 10 juill. 1888, *J. O.*, Déb. parl., p. 1538,
1553 et 2067.
[2] V. Les déb. parl. du Sénat des 13 févr. et 20 mai 1890, *J. O.*, p. 112 et 461.

ment, cédant à cette impulsion, déposa par l'intermédiaire de M. Jules Roche alors ministre du Commerce, un nouveau projet imposant l'obligation de l'assurance. « L'obligation de l'assurance s'impose, disait l'exposé des motifs, si l'on veut que les ouvriers soient certains de toucher l'indemnité qui leur est promise par la loi et que les patrons ne soient pas ruinés par le paiement de cette indemnité ». Ce système consistait dans une mutualité entre les chefs d'entreprise du pays tout entier, qui seraient réunis dans ce but en associations, par nature d'industrie. Cette mutualité avait pour base des cotisations, non l'éventualité d'un accident comme dans les assurances ordinaires, mais le fait accompli de l'accident lui-même et les indemnités allouées à la suite de l'accident. C'était en un mot le système de la répartition des capitaux, tel qu'il est pratiqué en Allemagne pour les ouvriers des entreprises de construction.

1547. — Sur le rapport remarquable de M. Ricard, la Chambre apporta, à son tour, certaines modifications au projet qui lui était soumis. Dans son vote du 10 juin 1893, elle consacra le principe de l'assurance obligatoire [1]; mais elle substitua à l'assurance mutuelle professionnelle et directe par l'État l'assurance mutuelle par circonscriptions territoriales comprenant un ou plusieurs départements, c'est-à-dire un groupement régional des industriels rappelant les dispositions de la loi autrichienne. L'organisation financière consistait, comme dans le projet de M. Jules Roche, dans une liquidation annuelle des charges de l'assurance.

1548. — Lorsque ce texte revint au Sénat, il fut l'objet de nombreuses controverses. M. Trarieux, nommé rapporteur, soumit tout d'abord à la commission un projet dans lequel il supprimait l'assurance mutuelle obligatoire et le remplaçait par un ensemble de garanties que le patron, exposé au risque professionnel, devait fournir pour assurer le service éventuel des pensions prévues par la loi. S'il refusait de fournir ces garanties qui étaient limitativement énumérées, il était contraint à s'assurer.

M. Trarieux, ayant été nommé garde des Sceaux, fut remplacé à la commission par M. Poirrier. Sous ce nouveau rapporteur, la commission déposa un premier projet qui, comme le précédent, écartait l'assurance obligatoire et adoptait le système des garanties [2]. Toutefois la sanction du refus ou de l'impossibilité de fournir des garanties consistait, non dans l'obligation de s'assurer, mais dans celle de verser à la Caisse des dépôts et consignations, avec affectation spéciale, la somme

---

[1] J. O., Déb. parl., Ch., 1893, p. 1665.
[2] J. O., Doc. parl., Sénat, 1895, p. 268.

nécessaire pour couvrir la totalité des risques auxquels le chef d'entreprise était exposé; il était à cet effet décerné contre celui-ci une contrainte, comme en matière de contributions directes, sur un arrêté du préfet du département; et le percepteur de la commune était chargé d'en opérer le recouvrement.

1549. — Ce projet fut encore remanié à la suite d'un débat public devant le Sénat. On fit remarquer que le système des garanties présentées porterait une grave atteinte au crédit des industriels et que l'accumulation dans une caisse d'assurance de l'État des capitaux constitutifs des pensions présenterait un réel danger économique. C'est alors que la commission imagina un nouveau système de mutualité entre les industriels non en vue de faire entre eux une répartition proportionnelle des indemnités en capital ou en pension, mais seulement de garantir les victimes d'accidents contre l'insolvabilité éventuelle des débiteurs de ces indemnités [1]; elle proposa à cet effet de créer un fonds d'assurance qui serait alimenté chaque année par des cotisations payées par chaque industriel et calculées d'après un coefficient de risque. La cotisation mise à la charge de chaque chef d'entreprise était presque insignifiante; on a calculé qu'elle atteindrait au maximum le 3 0/0 des sommes annuelles qu'un patron aurait à verser à titre d'indemnité. Moyennant cette minime contribution, le chef d'entreprise ne serait point exposé à voir ses biens grevés de privilège ou d'hypothèque du chef de ses ouvriers (sauf pour frais médicaux et pour les indemnités en matière d'incapacité temporaire) et ses capitaux frappés d'indisponibilité.

Ce système consistait, comme on le voit, dans la solidarité de tous les industriels au regard des victimes d'accidents. Je me permets d'insister sur cette idée; car nous allons la retrouver dans notre loi actuelle. La difficulté était d'organiser cette vaste association appelée à rayonner sur le territoire français. Trois opérations distinctes s'imposaient : 1° le versement du montant des indemnités aux victimes ou à leurs ayants-droit. Ce versement étant garanti, aucune considération ne devait l'arrêter ou le différer. Il devait donc précéder le recouvrement; de là nécessité de faire l'avance de la somme à payer; 2° le recouvrement de ces indemnités sur les industriels débiteurs; 3° le compte des indemnités irrecouvrables et des frais de gestion et la répartition proportionnelle du montant de ce compte entre tous les industriels. Il fallait donc trouver un banquier assez puissant pour

---

[1] Rapport supplémentaire Poirrier du 28 juin 1895, *J. O.*, Doc. parl., p. 297. Adoption par le Sénat en première délibération les 26, 28 nov. et 2 déc. 1895, *J. O.*, Déb. parl., p. 962, 973 et 1002.

se charger d'une mission aussi lourde et aussi complexe. L'État seul parut offrir des garanties suffisantes.

1550. — En résumé, d'après ce texte de 1896, chaque industriel restait tenu personnellement de toutes les pensions et indemnités mises à sa charge; mais il n'avait à payer directement aux victimes que les indemnités journalières correspondant aux incapacités temporaires, ainsi que les frais médicaux et pharmaceutiques. Ces sortes d'indemnités et ces frais étaient garantis par le privilège de l'art. 2101. Quant aux autres indemnités allouées en cas de mort ou de blessures incurables, elles devaient être versées entre les mains de l'État; et, comme pour la totalité ou tout au moins la plus grosse part, elles affectaient la forme d'une rente viagère ou d'une pension temporaire, le chef d'entreprise n'avait à débourser que les arrérages de ces rentes ou pensions. De là pas d'indisponibilité de capitaux. C'était un avantage très appréciable. Il est vrai que tous les industriels étaient tenus de contribuer, proportionnellement à l'importance et aux risques de leur usine, à payer la part des arrérages dus par les industriels insolvables; mais cette charge supplémentaire était minime; on l'évaluait au 3 0/0 du total des indemnités annuelles. Tel est, dans ses grandes lignes, le texte de 1896 qui se rapproche sur plus d'un point de notre loi.

On lui a fait deux ordres d'objections fondées les unes sur l'ingérence de l'État, les autres sur les complications résultant de la répartition des charges du fonds de garantie suivant l'importance et les risques de chaque établissement.

1551. — L'État, a-t-on dit, est le pire des administrateurs. A lui les complications de formalités inutiles et surannées, les lenteurs de toutes sortes. N'eût-il pas mieux valu laisser les industriels assujettis s'associer en mutuelles comme en Allemagne ou en Autriche et administrer eux-mêmes leurs associations sous le contrôle de l'État. Enfin, a-t-on ajouté, cette immixtion de l'État est le premier pas dans la voie du socialisme d'État. Dire que l'État centralisera les fonds pour les pensions d'accidents, c'est assimiler, qu'on le veuille ou non, à un impôt le paiement de ces fonds. Entre l'ouvrier d'une part et le patron de l'autre, une puissance nouvelle s'interpose, l'État. C'est l'État qui, désormais, sera tenu pour assureur véritable. C'est lui seul que les ouvriers considéreront comme leur débiteur. Au surplus ne se porte-t-il pas garant de tous les risques.

A cette objection, le rapporteur de la commission du Sénat répondait que ce système de garantie n'engageait en aucune façon les finances de l'État, que le Trésor public remplissant un simple rôle de banquier et ayant, comme garantie du remboursement de ses avances, l'engagement solidaire de toute l'industrie ne courait aucun risque; que, si les formalités administratives sont quelquefois longues et coûteuses, celles-ci auraient du moins l'avantage d'être économiques, puisque toutes les opérations financières seraient faites par le personnel des contributions directes qui ne demanderait qu'un surcroît de traitement insignifiant; qu'enfin il n'existe aucun rapport entre l'organisation de cette mutualité et le socialisme d'État; que, si les ouvriers victimes d'accidents devaient toucher leurs arrérages dans les caisses publiques, ils n'en seraient pas pour cela des pensionnés de l'État, mais qu'ils resteraient des créanciers du patron.

1552. — La deuxième critique vise les difficultés qu'on éprouvera à classer les industries suivant les coefficients de risques pour faire supporter à chacune d'elles sa part de contribution aux fonds de garantie. Il faudra, a-t-on dit, organiser une véritable assurance d'État. Un coefficient de risques est chose extrêmement délicate. On ne peut pas se borner à donner un même coefficient à chaque nature d'industrie; il faut faire des catégories dans chaque industrie à raison de leur mode particulier d'exercice; il faut même tenir compte à chaque industriel des soins particuliers qu'il apporte ou de la négligence excessive à laquelle il se laisse aller dans son exploitation. A qui confiera-t-on le soin de faire un tel classement? Aux inspecteurs du travail? Mais c'est permettre à ces fonctionnaires de se mettre au courant des procédés de fabrication de chaque exploitation. N'est-ce pas abusif? Est-on bien assuré de leur discrétion? Vaut-il vraiment la peine de mettre en mouvement un organisme aussi compliqué pour arriver à percevoir une somme qui ne dépassera pas, assure-t-on, cinq cent mille francs?

1553. — Le 24 mars 1896, le Sénat détruisit dans une deuxième délibération l'œuvre précédente et vota un texte dont il est inutile d'exposer l'économie[1].

1554. — Au mois d'octobre 1897, la Chambre des députés reprit comme base de sa discussion le premier projet du Sénat, mais elle en modifia profondément les dispositions relatives au système de garantie[2]. Immédiatement après la fixation du chiffre de la pension, les chefs d'industrie étaient tenus de verser le capital représentatif à la Caisse nationale des accidents, laquelle se chargeait à forfait, moyennant le versement de ce capital, de servir la pension toute la vie de l'ouvrier et de ses ayants-droit. L'État devenait ainsi le réassureur des chefs d'entreprise; il les garantissait dans l'avenir contre toute ré-

---

[1] *J. O.*, Déb. parl., p. 320.
[2] Séance du 28 oct. 1897, *J. O.*, Déb. parl., p. 2227.

clamation. Quelles que soient les fluctuations du taux de l'intérêt, quelles que soient la justesse et la précision des tables de mortalité ayant servi à calculer le capital, l'État était seul responsable envers l'ouvrier.

Ce projet présentait les plus graves inconvénients. L'honorable M. Thévenet rapporteur de la commission du Sénat les a mis en lumière avec une grande netteté. Tous les capitaux versés entre les mains de l'État à fonds perdus peuvent, a-t-il dit, s'élever à des sommes considérables. On a calculé que la première année ils représenteraient 65 millions et qu'au bout d'une vingtaine d'années ils dépasseraient un milliard ; et encore est-on vraisemblablement au-dessous de la vérité, car on ne tient pas compte des frais de gestion. Il suffit d'énoncer ces chiffres pour comprendre combien il eût été dangereux d'enlever à l'industrie ces énormes capitaux et de les accumuler improductifs dans les caisses de l'État.

En second lieu, ce système entravait la liberté individuelle de l'industriel et paralysait absolument sa libre initiative. Le chef d'entreprise ne serait plus libre, puisqu'il serait tenu de se soumettre à un mode de paiement inflexible impliquant l'abandon d'un capital à fonds perdu. Enfermé dans le cercle étroit qui aurait été tracé par le législateur, il n'aurait aucun moyen de se soustraire à cette obligation impérative. Ferait-il partie d'une association mutuelle présentant la solvabilité solidaire de tous ses membres? Peu importe. Serait-il assuré à une grande compagnie à primes fixes présentant toutes les garanties? Peu importe encore, le débours du capital serait obligatoire. Il ne pourrait plus le faire fructifier dans ses affaires.

Si on compare ce texte aux différentes organisations financières de l'assurance obligatoire de l'Allemagne, on constate qu'il se rapproche du système de la répartition des capitaux en ce sens qu'il exige le versement immédiat du capital représentatif de la pension; mais, tandis qu'en Allemagne ce capital représentatif est réparti entre les assurés proportionnellement à leurs coefficients de risques et à l'importance de leur exploitation, en France il devrait être versé en totalité par le sinistré. Il en résulte que ce mode de garantie présentait tous les inconvénients du système allemand sans en avoir les avantages. C'est donc avec raison que le Sénat a refusé de l'accueillir et que la Chambre des députés y a elle-même renoncé.

1555. — Nous arrivons ainsi au texte définitif qui est l'œuvre du Sénat[1]. Il reproduit la plupart des dispositions du projet voté en première lecture en 1896, avec cette différence que le chef d'indus-

---

[1] Sénat, séance du 3 mars 1898, *J. O.*, Déb. parl., p. 231.

trie aura, quelle que soit la nature de l'accident, à payer directement aux victimes ou à leurs ayants-droit les indemnités et pensions mises à sa charge et que le fonds de garantie administré par l'État sera alimenté, non par des cotisations soumises à des coefficients de risques, mais par des centimes additionnels aux patentes des industriels assujettis à la loi. Cette dernière modification a été introduite en vue de répondre à la deuxième critique formulée plus haut contre le projet de 1896.

En un mot, le patron est assureur de l'ouvrier. Une caisse de l'État, constituée à l'aide des centimes additionnels payés par les industriels, garantit la solvabilité des patrons au regard des victimes d'accidents. En ce qui touche les assurances, la liberté la plus complète est laissée aux industriels ; ils peuvent se constituer en syndicats ou en mutuelles, s'assurer à des compagnies privées, être leur propre assureur ou même ne pas s'assurer du tout. Enfin, certaines dispositions sont relatives aux cas de cession de fonds de commerce ou de déconfiture des chefs d'entreprise. Toutes ces mesures ne concernent que les pensions et indemnités afférentes aux accidents mortels et à ceux qui sont suivis d'incapacité permanente absolue ou partielle. Les indemnités journalières dues en cas d'incapacité temporaire, ainsi que les frais funéraires médicaux et pharmaceutiques sont simplement garantis par le privilège de l'art. 2101 du Code civil.

Enfin à la veille de la mise en vigueur de la nouvelle législation, les prétentions exorbitantes formulées par les compagnies d'assurances mirent le législateur dans la nécessité de réorganiser la Caisse nationale d'assurances et de lui permettre de faire concurrence aux compagnies privées pour les assurances des accidents suivis d'incapacité permanente seulement (loi du 24 mai 1899).

1556. — Si l'on jette un coup d'œil d'ensemble sur les différents textes votés successivement par l'une et l'autre des Chambres, on peut arriver à les grouper en six systèmes

1° Assurance obligatoire et monopolisée entre les mains de l'État ou de corporations professionnelles ou régionales ; ce sont les systèmes allemand et autrichien, dont on retrouve les principes dans le projet adopté en 1893 par la Chambre des députés ;

2° Obligation alternative ou de verser, au moment de l'accident, le capital représentatif des rentes et pensions ou de s'affilier à un syndicat de garantie ou de s'assurer à la caisse de l'État (Projet voté par la Chambre des députés le 10 juill. 1888). Ce système a pour effet, sinon d'obliger juridiquement, du moins de contraindre en fait l'industriel à s'assurer ; il conduit aussi d'une façon indirecte au monopole de l'État ;

3° Assurance purement facultative (projets votés par le Sénat le 20 mai 1890 et le 14 mars 1896).

4° Assurance facultative, mais formation aux frais de l'industrie française d'une caisse de garantie contre les insolvabilités, caisse qui serait alimentée par des cotisations proportionnelles à l'importance et aux risques de chaque établissement industriel (projet voté par le Sénat le 5 déc. 1893).

5° Assurance facultative et formation d'une caisse nationale industrielle différant de la précédente en ce qu'elle serait alimentée par un supplément de centimes additionnels.

6° Même système que le précédent, mais avec adjonction d'une caisse nationale d'assurance, destinée à faire concurrence aux compagnies privées pour les assurances d'accidents entraînant une incapacité permanente (c'est le texte de la législation en vigueur).

1557. — Nous avons expliqué les motifs qui nous faisaient repousser le monopole de l'État ou de grandes corporations en matière d'assurance ; il est inutile de revenir sur ce sujet. Nous avons également montré dans notre introduction les graves inconvénients que présente l'institution d'une caisse de garantie mise à la charge de toute l'industrie française; nous y insisterons de nouveau dans un des chapitres suivants n°s 1709 et s., auquel nous prions le lecteur de se reporter. Ces deux sortes de sûretés étant écartées, nous avons à nous demander comment on parviendrait à donner à l'ouvrier la certitude du paiement de son indemnité, sans contraindre le chef d'entreprise à verser, au moment de l'accident, le capital représentatif de la rente ou pension ; car tel est bien le double but que nous poursuivons. Dans notre introduction, nous avons proposé d'obliger le chef d'entreprise à contracter une assurance ou tout au moins à s'affilier à un syndicat de garantie et en même temps de lui laisser la faculté de choisir son assureur, voire même d'être, sous certaines conditions, son propre assureur. Nous pensons que cette proposition contient effectivement la solution de notre problème.

Objectera-t-on que ces deux ordres d'idées sont inconciliables et que l'obligation de l'assurance ne peut se réaliser sans le monopole de l'État ? Une telle objection ne résiste pas à l'examen. La plupart des partisans de l'assurance obligatoire demandent la liberté pour le patron de choisir son assureur [1]. Il va sans dire qu'une telle mesure devrait être accompagnée d'une réglementation étroite des compagnies d'assurances actuelles : c'est d'ailleurs ce qu'ont déjà fait les règle-

[1] Voir les citations relevées par Tarbouriech, *op. cit.*, p. 292 et s., n°s 399 et s.

ments d'administration publique rendus en exécution de notre loi [1].

II

Loi italienne.

1558. — La loi italienne qui est postérieure à la nôtre (elle a été votée le 17 mars 1898) a concilié dans son texte l'obligation de l'assurance et la liberté dans le choix de l'assureur. Il existe également en Italie une caisse nationale d'assurances qui, à la différence de la caisse nationale française, assure tous les risques et à laquelle sont assurés tous les travaux exécutés par l'État, les provinces et les communes soit directement soit par l'entremise d'adjudicataires ou de concessionnaires. L'origine et l'organisation de cette caisse ont été exposées aux nos 21 et 40.

L'économie de la loi italienne au point de vue des dispositions de garantie peut se résumer en quelques mots : Les chefs d'entreprise sont tenus ou de s'assurer ou de constituer individuellement de leurs deniers une caisse d'assurance ou de se réunir en syndicat d'assurance mutuelle (art. 16 et 17).

L'assurance peut être contractée ou bien avec la Caisse nationale, ou bien avec une compagnie ou société privée, autorisée à exercer dans le royaume conformément aux règles spéciales et aux garanties établies par les règlements (art. 16).

Peuvent être leurs propres assureurs les établissements industriels qui fondent par leurs soins et à leurs frais des caisses reconnues par une loi ou par un décret royal, de nature à pourvoir, d'une façon permanente, aux risques d'un nombre d'ouvriers supérieur à 500, et de leur allouer, en cas d'accident de travail, des indemnités qui ne sont pas inférieures à celles prévues par la loi. Ces mêmes établissements déposent en outre à la *Caisse des dépôts et prêts*, en titres émis ou garantis par l'État, un cautionnement dans la forme et la mesure déterminées par décision du ministre de l'Agriculture, de l'Industrie et du Commerce (art. 17, n° 2).

Les syndicats d'assurance mutuelle sont tenus de se conformer aux statuts régulièrement approuvés par le ministre de l'Agriculture, de

---

[1] Avant la loi du 24 mai 1899 on pouvait encore soutenir que, si l'obligation de l'assurance n'impliquait pas nécessairement le monopole de l'État, elle commandait du moins la création d'une caisse nationale d'assurance destinée à faire une libre concurrence aux compagnies privées et à servir de contrepoids aux prétentions exagérées que ces compagnies pourraient essayer un jour d'imposer à l'industrie. Aujourd'hui la Caisse nationale d'assurances étant réorganisée, l'objection, que nous avions d'ailleurs réfutée dans notre première édition, tombe d'elle-même.

l'Industrie et du Commerce. Pour obtenir le droit de se constituer, les syndicats doivent comprendre 4.000 ouvriers au moins et avoir versé à la *Caisse des dépôts et prêts* en titres émis ou garantis par l'État un cautionnement de 10 lires par ouvrier employé jusqu'à un maximum de 500.000 lires. — Lors de la constitution, les industriels syndiqués versent pour la première année, à titre provisionnel et par anticipation, dans la caisse du syndicat, à valoir sur les contributions annuelles qui leur sont assignées, une somme égale à la moitié des primes qui seraient réclamées par la Caisse nationale pour assurer à leurs ouvriers les indemnités prévues par la loi. Quand la somme ainsi avancée dépasse l'importance totale des indemnités liquidées dans l'année et définitivement réglées, l'excédent est remboursé aux industriels syndiqués. Au commencement de chacune des années suivantes, les industriels syndiqués paient une prime dont le montant est déterminé en prenant pour base les indemnités liquidées pendant l'année précédente.

Les industriels réunis en syndicat répondent solidairement de l'exécution des obligations prescrites par la loi, et les contributions dues par les associés sont perçues conformément aux règles et avec les privilèges établis pour la perception des contributions directes (art. 17, n° 3).

1559. — En résumé, les syndicats italiens d'assurance mutuelle sont tenus de répartir chaque année le total des indemnités entre leurs membres suivant un coefficient de risques. Comme ces indemnités sont fixées en capital dans les accidents suivis de mort ou d'incapacité permanente et en allocations quotidiennes dans les accidents ayant entraîné une incapacité temporaire, il en résulte que l'organisation financière des syndicats tient le milieu entre les deux systèmes allemands, celui de la répartition des indemnités annuelles et celui de la répartition des capitaux, tout en se rapprochant un peu plus de celui-ci que de celui-là. D'une part les charges des assurés ne sont que fort peu progressives, l'augmentation ascendante ne pouvant provenir que des indemnités afférentes aux incapacités temporaires. D'autre part l'accumulation excessive des capitaux n'est pas à craindre soit parce que les victimes ou leurs ayants-droit les touchent dans certains cas soit parce que le montant des indemnités en capital est relativement bien moins élevé qu'en Allemagne.

Les règles concernant l'augmentation, la libération et la reconstitution du cautionnement des caisses privées et des syndicats sont déterminées par un règlement d'administration publique.

1560. — Deux différences méritent d'être signalées entre les assurances françaises et les assurances italiennes.

D'une part, en Italie les indemnités étant généralement fixées en capital, la réserve mathématique est inutile. Aussi les sociétés italiennes ne sont-elles soumises qu'au cautionnement. — D'autre part, les tarifs de primes sont, en Italie, soumis à l'homologation du Gouvernement, tandis que les compagnies françaises sont libres dans la détermination de leurs primes; de là une différence au point de vue du montant du cautionnement (V. sur ce point, nos 1750 et 1758).

L'art. 18 de la loi italienne exonère les compagnies de chemins de fer de l'obligation de s'assurer, à la condition qu'elles mettent leurs caisses de pension et de secours en harmonie avec les dispositions de la loi.

CHAPITRE II

DU PRIVILÈGE DE L'ART. 2101 DU CODE CIVIL.

OU DE LA GARANTIE EN MATIÈRE D'INCAPACITÉ TEMPORAIRE ET DE FRAIS MÉDICAUX, PHARMACEUTIQUES ET FUNÉRAIRES.

1561. — Art. 23 : « *La créance de la victime de l'accident ou de ses ayants-droit relative aux frais médicaux, pharmaceutiques et funéraires, ainsi qu'aux indemnités allouées à la suite de l'incapacité temporaire du travail est garantie par le privilège de l'art. 2101 du Code civil et y sera inscrit sous le n° 6. — Le paiement des indemnités pour incapacité permanente de travail ou accidents suivis de mort est garanti conformément aux dispositions des articles suivants* ».

PREMIÈRE SECTION.

Des créances garanties par le privilège de notre loi.

1562. — Les créances, garanties par le privilège la loi de 1898, sont : 1° celle relative aux frais médicaux et pharmaceutiques ; 2° celle relative aux frais funéraires ; 3° celle relative aux indemnités allouées à la suite de l'incapacité temporaire de travail.

1563. — *Les frais médicaux et pharmaceutiques* sont ceux dont il est parlé à l'art. 4. Ils peuvent être dus par le chef d'entreprise, non seulement lorsque l'accident n'a entraîné qu'une incapacité temporaire, mais encore lorsque la victime a été atteinte d'une infirmité incurable ou lorsqu'elle est morte après plusieurs jours de maladie. La créance de ces frais implique que la victime n'a pas accepté les soins du médecin attaché à l'établissement industriel et qu'elle a fait choix elle-même de son médecin. La créance privilégiée ne consiste pas dans tous les honoraires qui pourraient être dus par la victime à ce médecin, mais seulement dans la somme qui sera fixée par le juge de paix du canton conformément aux tarifs adoptés dans chaque département pour l'assistance médicale gratuite. Nous renvoyons à ce que nous avons dit sur cette question au chapitre VII du titre I, n⁰ˢ 619 et s.

Si la victime a été admise dans un hôpital, cet établissement peut faire condamner le patron à lui rembourser le montant des frais médicaux et pharmaceutiques; et le recouvrement de sa créance est garanti par notre privilège.

1564. — *Les frais funéraires* sont aussi réglés par le même art. 4 de notre loi. En cas de contestation, c'est au juge de paix qu'il appartient de les fixer. Ils ne peuvent être évalués à une somme supérieure à 100 francs.

1565. — *Les indemnités allouées pour incapacité temporaire de travail* sont celles que l'art. 3, al. 4, qualifie *d'indemnités journalières*. Elles sont dues lorsque l'incapacité de travail, tout en étant temporaire, a duré plus de quatre jours, et elles ne sont exigibles qu'à partir du cinquième jour. Leur taux est égal à la moitié du salaire touché au moment de l'accident. Les contestations, auxquelles elles donnent lieu, sont aussi de la compétence du juge de paix du canton où l'accident s'est produit.

1566. — Nous avons vu que les victimes atteintes d'incapacité permanente ont droit, elles aussi, à une indemnité journalière tant que la blessure n'est pas consolidée et en attendant la fixation du montant de leur pension. Est-ce que cette indemnité journalière est garantie par le privilège de l'art. 2101, n° 6? Non, les dispositions de notre article sont, sur ce point, aussi claires que formelles; elles ne s'appliquent qu'aux indemnités allouées à la suite de l'incapacité temporaire de travail. On doit en conclure que le paiement de cette sorte d'indemnité journalière jouit des mêmes garanties que la pension qui en est la suite. Le deuxième alinéa de l'art. 23 n'est pas moins explicite; il ajoute, en effet: « Le paiement des indemnités pour incapacité permanente de travail ou accidents suivis de mort est garanti conformément aux dispositions des articles suivants ». Le terme « *indemnité* », qui y est employé, est aussi général que possible; il comprend, non seulement les pensions viagères ou temporaires, mais encore les allocations sous n'importe quelle forme et par suite les indemnités journalières[1]. Les termes de l'art. 24 confirment encore cette interprétation (V. n° 1628).

Peut-être eût-il été préférable que l'indemnité journalière, due dans les accidents suivis d'incapacité permanente, fût aussi garantie par notre privilège ; mais en présence du texte de la loi, il n'est pas possible d'adopter cette solution. Nous savons, en effet, que les privilèges constituent une exception au droit commun et que, par suite, toute disposition établissant un privilège doit recevoir une interprétation restrictive, d'après la règle « *Exceptio est strictissimœ interpretationis* ».

DEUXIÈME SECTION.

Étendue et effets du privilège de l'art. 2101, n° 6.

1567. — Le privilège établi par la loi de 1898 est, suivant l'expression de l'art. 2181 du Code civil, un privilège sur la généralité des meubles. D'autre part, l'art. 2104 dispose que les privilèges qui s'étendent sur les meubles et les immeubles sont ceux énoncés à l'art. 2101. Nous examinerons successivement l'application de notre privilège aux meubles et son extension aux immeubles.

a) *Application à la généralité des meubles.*

1568. — Par généralité des meubles, il faut entendre des effets mobiliers pris dans leur acception la plus large, y compris ceux qui, d'après l'art. 533 du Code civil, sont exceptés du mot « *meubles* » employé seul : « argent comptant, pierreries, dettes actives, livres, médailles, instruments des sciences, des arts et métiers, linges de corps, chevaux, équipages, armes, grains, vins, foin et autres denrées, ainsi que ce qui fait l'objet du commerce ».

1569. — Le privilège s'exerce sur les meubles incorporels aussi bien que sur les meubles corporels, sur les rentes, même

---

[1] *Contrà*, Trib. Seine, 23 janv. 1903, *Gaz. Pal.*, 1903. 1. 355.

sur les rentes dites foncières qui sont meubles, aux termes de l'art. 530, enfin sur les créances et les actions ou intérêts dans les sociétés de finance, de commerce ou d'industrie [1]. Il suffit que ces effets mobiliers appartiennent au chef d'entreprise débiteur envers la victime d'un accident pour l'une des causes susénoncées.

1570. — Exception devrait être faite toutefois pour les meubles déclarés insaisissables par la loi et qui se trouvent ainsi soustraits au droit de gage général des créanciers; tels sont notamment les objets énumérés dans les art. 580 à 582 et 592 du Code de procédure civile, une quote-part du traitement des fonctionnaires (loi du 21 vent. an IX), les pensions de retraites des fonctionnaires publics (art. 26 de la loi du 9 juin 1853) et celles des militaires (art. 28 de la loi du 11 avr. 1831 pour l'armée de terre et art. 30 de la loi du 18 avr. 1831 pour l'armée de mer); les neuf dixièmes des appointements ou traitements des employés ou commis et des fonctionnaires lorsqu'ils ne dépassent pas 2.000 francs par an (art. 1er de la loi du 12 janv. 1895), etc.

1571. — *Quid* des rentes sur l'État? On se fonde en général sur l'art. 4 de la loi du 8 ventôse an VI et sur la loi du 22 floréal an VII pour soutenir que les rentes sur l'État sont insaisissables. La question est controversée.

Dans la pratique, c'est seulement en cas de faillite du chef d'entreprise que les victimes d'accidents auront l'occasion d'invoquer notre privilège. Or, les partisans de l'insaisissabilité absolue reconnaissent que, dans cette hypothèse, les rentes sur l'État appartenant au failli ne cessent pas d'être le gage des créanciers [2]. Quelle que soit l'opinion qu'on adopte, elles doivent donc être comprises au nombre des valeurs mobilières sur lesquelles le privilège de la loi de 1898 pourra s'exercer.

1572. — Notre article dispose que le privilège de la vic-

---

[1] Pont, t. I, n° 59; Aubry et Rau, t. III, p. 127, § 260, note 1; Laurent, t. XXIX, n° 312; Baudry-Lacantinerie et de Loynes, *Privilèges*, t. I, p. 256 à 309; Cass., 22 juill. 1854, S. 54. 1. 569, D. 54. 1. 303.

[2] Aubry et Rau, t. III, p. 456, § 777; Lyon-Caen et Renault, *Dr. comm.*, t. II, n° 2672. Garsonnet, *Traité de la proc. civ.*, t. III, p. 527, n° 549. Rennes, 31 janv. 1889, S. 91. 2. 134, D. 90. 2. 61. Paris, 21 mars 1889, S. 91. 2. 134, D. 90. 2. 62. Paris, 19 déc. 1889, D. 91. 2. 19. Angers, 10 janv. 1893, S. 93. 2. 186, D. 93. 2. 111.

time d'un accident sera celui de l'art. 2101 du Code civil et qu'il sera inscrit sous le n° 6. L'art. 2101 énumère en effet cinq classes de créances privilégiées : « 1° les frais de justice ; 2° les frais funéraires ; 3° les frais quelconques de la dernière maladie, quelle qu'en ait été la terminaison, concurremment entre ceux à qui ils sont dus ; 4° les salaires des gens de service pour l'année échue et ce qui est dû pour l'année courante ; 5° les fournitures de subsistances faites au débiteur et à sa famille : savoir pendant les six derniers mois, par les marchands en détail, tels que boulangers, bouchers et autres et, pendant la dernière année, par les maîtres de pension et marchands en gros ». A cette nomenclature, il convient d'ajouter les privilèges suivants créés par des lois postérieures :

1° Celui qui est accordé soit aux ouvriers pour leur salaire des trois derniers mois soit aux commis attachés à des maisons de commerce pour leurs appointements fixes afférents à la même période et pour les remises proportionnelles à eux dues pour les six derniers mois (art. 549, C. comm. modifié successivement par les lois du 28 mai 1838, 2 mars 1889 et 6 févr. 1895). Ce privilège vient au quatrième rang, concurremment avec celui des gens de service ;

2° Le privilège accordé par l'art. 4 *in fine* de la loi du 27 décembre 1895 aux ouvriers et employés sur les biens meubles et immeubles de leur patron pour assurer la restitution des retenues et autres sommes affectées aux institutions de prévoyance et qui, lors de la faillite ou de la liquidation, n'auraient pas été effectivement versées à l'une des caisses prévues par la loi. Ce privilège ne garantit que les sommes afférentes à la dernière année et à l'année courante ; il prend rang concurremment avec le privilège des salaires des gens de service établi par l'art. 2101 du Code civil ;

3° Le privilège pour les mois de nourrice, qui prend rang entre les n°s 3 et 4 de l'art. 2101 du Code civil (art. 14 de la loi du 23 déc. 1874).

1573. — Les privilèges ayant pour cause la faveur attachée à la créance, il appartenait au législateur d'en fixer le classement. L'ordre de préférence des créances privilégiées sur la généralité des meubles est indiqué par l'art. 2101. Aux termes de notre art. 23, la créance des victimes d'accidents industriels y figure sous le n° 6 ; elle ne doit donc être payée qu'après désintéressement des créanciers garantis par les privilèges inscrits sous les cinq premiers numéros. Nous avons vu qu'en réalité elle n'arrive qu'au septième rang, puisqu'entre le n° 3 et le n° 4 la loi de 1874 a intercalé le privilège pour les mois de nourrice. En outre, l'art. 549 du Code de commerce établit au quatrième rang un concours entre les gens de service, les ouvriers et les commis pour le paiement de leurs gages, de leurs salaires et de leurs appointements, et la loi du 27 décembre 1895 comprend dans les salaires les retenues et autres sommes affectées aux institutions de prévoyance.

b) *Extension à la généralité des immeubles.*

1574. — Le privilège institué par notre loi au profit des victimes d'accidents étant celui de l'art. 2101 doit s'étendre aussi aux immeubles (art. 2104). Il a, en ce qui concerne les immeubles, la même généralité qu'en ce qui concerne les meubles. Toutefois, on admet généralement, par interprétation des termes de l'art. 2105 du Code civil, que les créances privilégiées de l'art. 2101 ne peuvent être colloquées sur les immeubles qu'à titre subsidiaire, après avoir pris la part pouvant leur revenir sur la masse mobilière[1].

1575. — Du caractère subsidiaire de l'extension de notre privilège aux immeubles découlent les conséquences suivantes :

En premier lieu, le créancier qui, par fraude ou par négligence, aurait omis de se présenter à la distribution mobilière, sera déchu du droit de figurer dans l'ordre ouvert sur le prix des immeubles ou tout au moins il devra déduire de sa demande de collocation ce qu'il aurait pu toucher[2].

---

[1] Guillouard, *Des privil. et hyp.*, t. II, p. 4 et s., n° 454 ; Aubry et Rau, t. III, p. 165, § 252, texte et note 3 ; Pont, t. I, n°s 44 et 242 ; Baudry-Lacantinerie et de Loynes, *du Nantiss.*, t. I, p. 489, n° 641. — *Contrà*, Colmet de Santerre, t. IX, n° 61 *bis*-I.

[2] Baudry-Lacantinerie et de Loynes, *op. cit.*, t. I, p. 490, n° 642 ; Guillouard, *op. cit.*, t. II, p. 7, n° 456. — *Contrà*, Colmet de Santerre qui prétend que cette déchéance peut être invoquée, non par les créanciers hypothécaires, mais seulement par les créanciers privilégiés de l'art. 2103, t. IX, n° 61 *bis*-II.

En second lieu si la distribution du prix des immeubles précède celle du prix des meubles, le créancier privilégié de l'art. 2101 peut demander à être colloqué, mais il n'obtiendra qu'une collocation conditionnelle, en ce sens qu'elle ne devra produire d'effet qu'après la distribution des valeurs mobilières du débiteur et seulement pour la portion de créance qui n'aurait pas été acquittée dans cette distribution. Dans la pratique on impartit ordinairement un délai au créancier de l'art. 2101 pour qu'il provoque la discussion du mobilier. Si ce créancier soutient que l'actif mobilier est insuffisant pour couvrir les frais de saisie, de vente et de mise en distribution et se refuse par suite à exercer des poursuites, les créanciers hypothécaires ou privilégiés qui requièrent cette discussion préalable sont tenus de faire l'avance des frais[1].

Aux termes de l'art. 2105 du Code civil, les privilèges de l'art. 2101 s'exercent sur les immeubles de préférence aux privilèges de l'art. 2103.

1576. — L'art. 2107 les dispense de la formalité de l'inscription. Cette dispense d'inscription n'est qu'une application du droit commun, en tant que le privilège porte sur les meubles. On sait en effet que le privilège sur les meubles n'engendrant qu'un droit de préférence n'est assujetti à aucune formalité spéciale de publicité pour sa conservation. Il en est tout autrement pour les privilèges sur les immeubles qui, comme les hypothèques, comportent un droit de préférence et un droit de suite. La dispense de l'art. 2107 du Code civil constitue donc à ce point de vue une dérogation au droit commun ; elle s'explique par la faveur toute spéciale que la loi attache aux créances garanties par le privilège de l'art. 2101. Au surplus, le chiffre de ces créances, en général modique et variable, se prêterait difficilement à l'évaluation qui doit en être faite dans une inscription ; enfin, il serait souvent inférieur aux frais nécessités par ce mode de publicité.

Des dispositions de l'art. 2107, nous devons conclure que, sans qu'ils aient besoin de recourir à une inscription, les créanciers privilégiés de l'art. 2101 conservent un droit de

---

[1] Aubry et Rau, t. III, n° 262, texte et note 7, p. 166 ; Baudry-Lacantinerie et de Loynes, t. 1, p. 493, n° 644 ; Guillouard, t. II, p. 9, n° 458.

préférence sur les immeubles de leur débiteur; par suite, ils ont le droit de produire à l'ordre ouvert pour la distribution du prix desdits immeubles et de demander à être colloqués par préférence aux autres créanciers ayant une inscription de privilège en vertu de l'art. 2103 ou une inscription hypothécaire. Il importe peu que l'ordre ait été ouvert à la suite d'une vente amiable ou d'une expropriation forcée [1].

1577. — Quant à la conservation du droit de suite, on admet en général qu'elle exige l'inscription préalable même pour les privilèges de l'art. 2101 du Code civil. La dispense de l'art. 2107 ne concernant que le droit de préférence, il faut dans ce cas que l'inscription soit prise dans les formes et dans les délais de la loi [2].

1578. — Si les créanciers de l'art. 2101 n'ont pas fait inscrire leur privilège sur les immeubles, ils pourront bien exercer leur droit de préférence; mais ils ne recevront pas les sommations et les notifications prescrites en cas de purge et d'ordre. Ils seront cependant soumis aux mêmes déchéances que les créanciers inscrits. La loi les dispense d'inscription; elle ne les relève pas des déchéances qu'ils pourraient encourir. Ainsi ils doivent produire avant la clôture de l'ordre s'il se règle à l'amiable ou avant l'expiration des délais de l'art. 754 du Code de procédure civile, s'il se règle judiciairement (art. 717, 754, 755, C. proc. civ.). Mais il n'est pas nécessaire que l'ordre s'ouvre dans les trois mois à partir de la perte du droit de suite. L'art. 772 du Code de procédure civile est spécial aux hypothèques légales et sa disposition ne peut être étendue à une hypothèse autre que celle qu'il prévoit [3].

---

[1] Troplong, t. 1, n° 74 ; Aubry et Rau, t. III, p. 300, § 269, texte et note 4 ; Baudry-Lacantinerie et de Loynes, t. II. p. 608, n° 808.

[2] Art. 2146 et s. du Code civil, Aubry et Rau, t. III, p. 300, § 269, texte et note 5 ; Colmet de Santerre, t. IX, n° 147 *bis*-XIV ; Laurent, t. XXXI, n° 242 ; Baudry-Lacantinerie et de Loynes, t. I, p. 608, n° 809. Cependant certains auteurs sont d'avis que le privilège de l'art. 2101 n'engendre jamais de droit de suite (Thézard, n° 381).

[3] Baudry-Lacantinerie et de Loynes, *op. cit.*, p. 608, n° 81.

CHAPITRE III

PREMIER ORDRE DE GARANTIES
DANS LES CAS DE MORT OU D'INCAPACITÉ PERMANENTE.

OBLIGATION DU CHEF D'ENTREPRISE. — ASSURANCE. — SYNDICAT
DE GARANTIE. — VERSEMENT DU CAPITAL REPRÉSENTATIF.

1579. — Ce chapitre comprendra deux sections :
La première sera relative aux droits et actions de la victime
contre le chef d'entreprise, contre l'assureur ou contre le
syndicat de garantie ; la deuxième traitera de la faculté qui
est accordée aux chefs d'entreprise de verser le capital représentatif et des cas dans lesquels le versement de ce capital est
obligatoire (art. 28). Nous consacrerons un chapitre spécial
(le 6e de notre titre) à l'étude de l'organisation des sociétés
d'assurance et des syndicats de garantie et des mesures prises
à leur égard par le décret d'administration publique du
28 février 1899.

PREMIÈRE SECTION.

Des droits et actions du bénéficiaire de l'indemnité contre
le chef d'entreprise, contre l'assureur ou contre le syndicat de garantie.

1580. — Trois hypothèses sont à considérer : ou bien le
chef d'entreprise n'était ni assuré ni lié à un syndicat de garantie, ou bien il avait contracté avec un assureur, ou bien il
était affilié à un syndicat de garantie.

1581. — PREMIÈRE HYPOTHÈSE. — *Le chef d'entreprise
n'était ni assuré ni lié à un syndicat de garantie.* — Lorsqu'un
accident mortel ou entraînant une incapacité de travail est
survenu, la victime ou les parents survivants doivent suivre
la procédure tracée par les art. 11 et suivants de notre loi
pour obtenir l'indemnité à laquelle ils prétendent avoir droit.
Et alors de deux choses l'une ; — ou bien l'accord s'établit

entre eux et le chef d'entreprise, accord dont il est donné acte, conformément à l'art. 16, par ordonnance du président qui fixe définitivement le taux de l'indemnité ; — ou bien il y a désaccord et l'instance suit son cours jusqu'à ce qu'un jugement ou arrêt acquière l'autorité de la chose jugée. Dans l'un et l'autre cas, il y a une décision de justice, mais cette décision diffère à deux points de vue des jugements et arrêts de droit commun. — En premier lieu les juges ne peuvent pas ordonner le versement du capital représentatif des pensions allouées en vertu de la présente loi, si ce n'est dans les limites et dans les conditions prévues par l'art. 9 (art. 28); ils ne peuvent pas davantage imposer au crédirentier des garanties autres que celles stipulées par notre texte. — En second lieu la décision dont il s'agit n'emporte pas hypothèque (art. 26, *in fine*).

Cette double restriction aux principes généraux de notre droit a été établie dans l'intérêt du chef d'entreprise. Sous l'empire du droit commun, quand les tribunaux condamnaient un patron à payer à la victime d'un accident une rente viagère, ils prescrivaient en même temps des mesures spéciales destinées à assurer le versement régulier des arrérages ; ces mesures consistaient généralement dans l'achat d'un titre de rente française perpétuelle 3 0/0 produisant un revenu égal à la pension fixée, le dit titre devant être immatriculé au nom du débiteur pour la nue propriété et à celui du créditrentier pour l'usufruit; certaines décisions prescrivaient parfois le versement dans les caisses d'une assurance sur la vie du capital représentatif de la rente. L'une ou l'autre de ces mesures imposaient au patron une charge écrasante. Si le chef d'entreprise ne s'exécutait pas immédiatement, il voyait ses biens grevés de l'hypothèque judiciaire. De là des frais nouveaux et une grave atteinte à son crédit.

1582. — La législation nouvelle supprime tous ces inconvénients. Désormais plus de capital à verser, si ce n'est dans certains cas exceptionnels (diminution de garanties, art. 28 et s., n°s 1602 et s. ou conversion facultative du quart en capital), plus d'hypothèque à craindre. Et cependant le paiement des pensions et arrérages est assuré à l'ouvrier grâce à l'institution du fonds spécial de garantie. Il est vrai que ce fonds est alimenté à l'aide de cotisations auxquelles le patron participe. Mais sa contribution ne représente qu'une somme très faible, 3 ou 4 centimes additionnels.

L'art. 24 de la loi de 1898 est ainsi conçu : « *A défaut, soit par les chefs d'entreprise débiteurs, soit par les sociétés d'assurances à primes fixes ou mutuelles ou les syndicats de garantie liant solidairement tous leurs adhérents, de s'acquitter, au moment de leur exigibilité, des indemnités mises à leur charge à la suite d'accidents ayant entraîné la mort ou une incapacité permanente de travail, le paiement en sera assuré aux intéressés par les soins de la Caisse nationale des retraites pour la vieillesse, au moyen d'un fonds spécial de garantie, constitué comme il va être dit et dont la gestion sera confiée à la dite caisse* ».

La victime ou ses parents survivants ne pourront donc exiger du chef d'entreprise débiteur d'une pension aucune garantie spéciale; mais ils auront, à défaut de paiement, le droit de s'adresser à la Caisse nationale des retraites, en suivant la procédure tracée par le premier décret du 28 février 1899 (V. n° 1632).

1583. — DEUXIÈME HYPOTHÈSE. — *Le chef d'entreprise avait contracté avec une société d'assurances mutuelles ou à primes fixes.* — Dans cette hypothèse, il faut distinguer deux périodes : celle qui précède la fixation de l'indemnité et celle qui la suit.

Pendant la première, c'est-à-dire durant le cours de la procédure, la loi ne prévoit pas l'intervention de l'assureur. Le règlement de l'indemnité doit être conclu ou jugé entre l'ouvrier et le patron seul. A ce point de vue, l'intention du législateur est formelle. Il y a danger pour l'ouvrier, avait dit en substance M. le sénateur Poirrier, à permettre à une compagnie d'assurances de se substituer au patron pour le règlement des indemnités; car la compagnie, qui est une collectivité, ne connaît qu'une chose : l'intérêt. Le patron apporte au contraire pour le règlement un grand esprit de conciliation. Ainsi en Allemagne où l'association remplace le patron, le nombre des procès s'accroît dans des proportions inquiétantes. A cette objection M. le rapporteur répondit : « Dans les règlements de pension il y a plusieurs phases distinctes. Dans la première, l'ouvrier ou ses ayants-droit sont en face du chef d'entreprise; ils discutent avec lui sur la quotité de la pension qui doit être allouée à titre d'indemnité. Dans cette première phase, l'ouvrier ne perdra pas contact avec son patron; c'est à lui qu'il s'adressera. Par suite le péril que redoute M. Poirrier n'existe pas. Quand s'ouvrira la deuxième phase, de quoi sera-t-il question? Il ne pourra plus s'agir de régler l'indemnité; ce sera fait. Il faudra en assurer le paiement. C'est alors seulement que l'ouvrier peut se trouver en face d'une compagnie; mais à ce moment l'indemnité aura été fixée[1] ». Est-ce à dire que, si la société mutuelle ou à primes fixes d'assurances ne figure pas en nom dans l'instance, elle n'ait aucune influence sur l'attitude et les prétentions du chef d'entreprise dans le cours de la procédure? La plupart du temps, c'est elle qui agira sous le nom du patron, et celui-ci ne consentira aucune transaction sans avoir obtenu l'assentiment préalable de son assureur[2].

1584. — Quoi qu'il en soit, admettons que l'indemnité est fixée ou par accord des parties constaté dans une ordonnance du président ou par une décision devenue définitive. Contre qui les bénéficiaires de cette indemnité auront-ils le droit de l'exécuter?

1585. — A. *Contre le chef d'entreprise.* — Que le chef d'entreprise soit assuré ou non, les droits de la victime ou de ses représentants contre lui sont les mêmes. Par suite, *stricto jure*, il peut être l'objet des voies d'exécution de droit commun, saisie-arrêt, saisie-exécution, voire même saisie immobilière, le fait de ne pouvoir prendre une hypothèque judiciaire n'impliquant nécessairement l'interdiction de poursuivre l'expropriation du débiteur[3]. En fait il n'y a pas lieu de crain-

---

[1] *J. O.*, 8 mars 1898, Sénat, séance du 7 mars 1898, p. 269 et 270.

[2] Toutes les polices d'assurances contiennent une clause aux termes de laquelle la compagnie se réserve la direction des procès et qui contraint les patrons, sous peine de déchéance, à transmettre au siège de la compagnie toutes les pièces de la procédure (no 1793).

[3] Pour prévenir des exécutions de cette nature, la commission du Sénat (décembre 1903) a proposé d'ajouter à l'art. 16 une disposition, aux termes de laquelle le jugement ou l'ordonnance fixant la rente substituerait, en cas d'assurance, l'assureur

dre que les bénéficiaires d'indemnité aillent jusque-là ; ils se borneront à formuler une réclamation extrajudiciaire, soit par lettre recommandée, soit par mandat postal, soit par exploit d'huissier ; et si la réponse du chef d'entreprise est négative, ils s'adresseront à la Caisse des retraites en suivant la procédure tracée par le règlement d'administration publique.

De son côté, le chef d'entreprise, menacé d'une poursuite, ne manquera pas de mettre en demeure son assureur de le garantir contre des actes d'exécution possibles, et, si cette sommation reste sans effet, il se verra dans la nécessité de l'assigner devant le tribunal [1].

Un point important est ici à signaler : si la victime ou ses ayants-droit peuvent, en droit strict, procéder à des voies d'exécution contre le chef d'entreprise, alors même que celui-ci est assuré ou syndiqué, la caisse de garantie, qui a payé pour un patron assuré n'a un recours que contre l'assureur et se trouve privée de toute action contre le patron lui-même ; c'est ce qu'exprime formellement l'art. 26 de notre loi. Cette disposition a eu surtout en vue de soustraire le patron assuré aux effets de l'hypothèque judiciaire qu'emportent les décisions rendues au profit de la caisse de garantie.

1586. — B. *Contre l'assureur*. — Lorsqu'une victime ou ses ayants-droit ont obtenu contre le patron une décision de justice condamnant celui-ci à leur payer une indemnité à raison d'un accident ayant entraîné la mort ou une incapacité permanente, ils pourront réclamer directement le montant de leur créance à l'assureur du chef d'entreprise débiteur. Ce n'est pas à dire que cette décision soit *ipso facto* exécutoire contre la société d'assurances [2] ; mais, aux termes de l'art. 11, n° 3 du 2° décret du 28 février 1899, les sociétés d'assurances prennent dans leurs polices l'engagement de n'opposer aux

---

au chef d'entreprise et supprimerait tout recours direct contre celui-ci. Il est bien entendu qu'en pareil cas l'assureur figurerait dans l'instance comme défendeur, au même titre que le chef d'entreprise (V. n° 1157, note 1).

[1] Sur le point de savoir si le patron peut appeler l'assureur en garantie ou tout au moins en intervention dans l'instance en règlement d'indemnité, V. n°s 1214 et s.

[2] La commission du Sénat propose de rendre cette décision exécutoire *ipso facto* contre l'assureur (V. n° 1585, note 3).

ouvriers créanciers aucune clause de déchéance. Si donc l'assureur résistait, les bénéficiaires d'indemnités pourraient l'assigner directement en paiement et obtenir contre lui une condamnation qui serait alors exécutoire dans les termes de droit commun. Mais, par les motifs énoncés plus haut, les sociétés d'assurances n'ont pas à craindre des poursuites de ce genre. Un simple refus de leur part autorise en effet les bénéficiaires d'indemnités à s'adresser à la Caisse des retraites, et il n'est pas douteux que ceux-ci préféreront cette voie économique et expéditive aux dangers et aux lenteurs d'une instance judiciaire.

1587. — C. *Contre la Caisse des retraites.* — Il suffit que les bénéficiaires d'indemnités se heurtent à un refus du patron et de l'assureur pour qu'ils aient le droit de s'adresser à la Caisse des retraites. Les formalités qu'ils ont à remplir en pareil cas sont indiquées plus loin (nos 1632 et s.).

1588. — Troisième hypothèse. — *Le chef d'entreprise était affilié à un syndicat de garantie.* — Ainsi que nous le verrons plus loin, un syndicat de garantie implique l'obligation solidaire de tous ses adhérents au regard des bénéficiaires d'indemnités.

Dans l'instance en fixation d'indemnité le syndicat de garantie n'est pas plus admis à intervenir qu'une société d'assurances. Mais lorsque l'indemnité a été déterminée par décision devenue définitive, le bénéficiaire peut en demander l'exécution soit au patron soit au syndicat. S'il se heurtait à un refus, il pourrait procéder immédiatement à des voies exécutoires contre le patron, comme il a été dit ci-dessus, et obtenir contre le syndicat une condamnation qui, elle aussi, deviendrait susceptible d'exécution. En fait la victime ou ses représentants trouveront bien plus avantageux de se faire payer le montant de leur créance par la Caisse des retraites.

1589. — Une différence est à noter entre le cas d'assurance et celui d'affiliation à un syndicat de garantie : dans le premier, la Caisse des retraites n'a plus de recours contre le chef d'entreprise, mais elle jouit d'un privilège sur l'indemnité due par l'assureur. Dans le second, au contraire, le syndicat de garantie ne doit à son adhérent aucune indemnité ;

car il est, non son assureur, mais seulement sa caution [1]. Dès lors la Caisse nationale, ne pouvant avoir de privilège, conserve son recours contre le chef d'entreprise : aussi bien tous les syndiqués étant des obligés solidaires, il serait étrange que la Caisse nationale fût privée d'action contre celui des obligés solidaire qui doit en définitive supporter l'intégralité de la dette.

DEUXIÈME SECTION.

Versement facultatif et versement obligatoire du capital représentatif.

1590. — Les paragraphes 2, 3 et 4 de l'art. 28 sont ainsi conçus : «... *Toutefois, les débiteurs qui désireront se libérer en une seule fois pourront verser le capital représentatif de ces pensions à la Caisse nationale des retraites qui établira à cet effet, dans les six mois de la promulgation de la loi, un tarif tenant compte de la mortalité des victimes d'accidents et de leurs ayants-droit. — Lorsqu'un chef d'entreprise cesse son industrie soit volontairement, soit par décès, liquidation judiciaire ou faillite, soit par cessio d'établissement, le capital représentatif des pensions à sa charge devient exigible de plein droit et sera versé à la Caisse nationale des retraites. Ce capital sera déterminé au jour de son exigibilité d'après le tarif visé au paragraphe précédent. — Toutefois le chef d'entreprise ou ses ayants-droit peuvent être exonérés du versement de ce capital, s'ils fournissent des garanties qui seront à déterminer par un règlement d'administration publique* ».

D'après le texte que nous venons de reproduire, le versement du capital représentatif des pensions constitue tantôt une faculté accordée au chef d'entreprise qui peut trouver, dans cette combinaison, un avantage ; tantôt il devient une obligation qui lui est imposée dans l'intérêt du fonds de garantie. Nous étudierons successivement dans deux paragraphes le versement facultatif et le versement obligatoire.

---

[1] Il est vrai que dans la pratique la plupart des syndicats de garantie se substituent à leurs affiliés pour le paiement des indemnités dues par ces derniers aux victimes d'accidents du travail. Mais leur organisation financière n'étant pas soumise à des règles aussi étroites que celles des sociétés d'assurance, il n'était pas possible de mettre leurs membres affiliés à l'abri du recours de la Caisse nationale des retraites.

I

Du versement facultatif.

1591. — Le chef d'entreprise, débiteur d'une pension, a toujours la faculté d'en verser le capital représentatif. C'est un droit que lui confère la loi; il peut en user quand bon lui semble, à partir du règlement définitif de l'indemnité [1].

Une seule condition lui est imposée, c'est celle de faire fixer le montant de ce capital d'après le tarif établi par la Caisse nationale des retraites. Ce capital sera déterminé au jour du versement; car jusqu'à cette époque le chef d'entreprise aura été tenu de payer régulièrement les arrérages échus.

a) *Formalités à remplir.*

1592. — Le chef d'entreprise, qui désire verser le capital représentatif de la rente dont il est débiteur, doit adresser une demande au conseiller d'État, directeur général de la Caisse des dépôts et consignations à Paris, soit directement sans affranchir, soit par l'intermédiaire des trésoriers-payeurs généraux, receveurs particuliers des finances, percepteurs ou receveurs des postes.

Cette demande doit indiquer la nature du contrat à souscrire et tous les renseignements utiles sur le montant de la rente à convertir, l'adresse et l'âge des titulaires, le salaire annuel, la date à laquelle le versement du capital représentatif sera effectué; elle sera accompagnée de l'expédition du titre constitutif de la rente (ordonnance, jugement ou arrêt) de l'extrait de l'acte de naissance de chacun des titulaires de la rente et d'une façon générale de tous les actes d'état civil utiles [2].

b) *Calcul et effet du versement.*

1593. — Le capital représentatif à verser est calculé d'a-

---

[1] La même faculté est accordée aux sociétés d'assurance qui sont substituées aux chefs d'entreprise pour le paiement de la rente (V. plus loin, chap. VI, sect. 1, *in fine*, n°s 1785 et s.).

[2] Voir pour plus de détails, une note de la Caisse nationale des retraites (*J. O.*, 9 août 1900).

près les barêmes établis par la Caisse nationale des retraites
(tableaux I, II, III) [1].

Le versement de ce capital à la Caisse des retraites a pour
effet de libérer complètement le patron de sa dette envers
la victime ou ses ayants-droit, *si du moins cette dette ne subit
aucune modification ultérieure* [2]. Il n'importe que, par l'effet
de la diminution du taux de l'intérêt, le capital soit dans la
suite reconnu insuffisant pour faire face au paiement des arrérages de la rente viagère ou de la pension temporaire. La
Caisse nationale, qui a été substituée de plein droit au débirentier par la réception du capital, supportera cette perte et
sera sans recours contre le patron. De même, si à l'inverse
l'élévation du taux de l'intérêt fait produire à la somme versée des annuités supérieures au montant des arrérages, la
différence constituera un profit pour la Caisse nationale et ne
pourra être répétée par le chef d'entreprise. En un mot
le versement du capital représentatif est un paiement à forfait
dont la Caisse nationale supporte les risques.

1594. — Le décès prématuré de la victime ne pourrait pas
davantage donner lieu à une restitution d'une partie du capital versé ; car l'éventualité de ce décès est entrée en ligne de
compte dans le calcul du capital représentatif. Mais si ce
décès devait avoir pour effet une révision de la rente, c'est-
à-dire la constitution d'une pension nouvelle au profit d'un
enfant ou d'un parent du défunt, cette pension ne saurait être
à la charge de la Caisse des retraites, à moins qu'il n'y ait eu
une convention spéciale à cet effet ; ce qui aurait en pour conséquence d'élever le montant du capital représentatif, ainsi
que nous le verrons plus loin (n° **1601**).

c) *Modification de la rente, après versement du capital représentatif.*

1595. — Plusieurs événements ultérieurs peuvent modifier
le chiffre de la rente ; ce sont : 1° pour l'invalide de nationalité étrangère, le transfert de sa résidence hors du territoire

---

[1] V. plus loin annexe X les tarifs de la Caisse nationale des retraites.
[2] Le paiement entre les mains de la victime du capital converti légalement d'une
rente ne dépassant pas 100 francs produit les mêmes effets que le versement du
capital représentatif à la Caisse des retraites (V. n°s 1475 et s.).

français ; 2° pour le conjoint survivant d'une victime, un nouveau mariage ; 3° pour l'orphelin de père, la naissance posthume d'un frère ou d'une sœur dans les 300 jours de l'accident. Enfin l'action en révision peut elle-même, dans les trois années qui suivent la fixation de la rente, avoir pour effet d'augmenter ou de diminuer le montant de cette rente ou encore, en cas de décès du titulaire, transformer la rente initiale en une pension au profit de descendants ou d'ascendants. Chacun de ces événements donne lieu à un nouveau règlement de compte que nous allons étudier.

1596. — 1° Résidence de l'invalide étranger hors du territoire français. — Si cet événement se produit, la Caisse des retraites paie à l'étranger titulaire de la rente une somme égale à trois annuités de sa pension, ainsi que les arrérages échus au jour de son départ et elle restitue au patron débiteur de la rente l'excédent du capital représentatif par lui versé, c'est-à-dire la différence entre ce capital représentatif et les sommes payées au titulaire de la rente.

C'est généralement par le certificat de vie dont la production est exigée à chaque échéance que la Caisse nationale est informée du transport de la résidence à l'étranger.

1597. — 2° Nouveau mariage du conjoint survivant d'une victime décédée. — En pareil cas, le conjoint survivant voit aussi sa rente transformée en une somme égale à trois annuités. La Caisse nationale établit un compte identique à celui du cas précédent. C'est aussi le certificat de vie qui porte généralement le nouveau mariage à la connaissance de la Caisse des retraites.

1598. — 3° Naissance posthume d'un enfant dont le père est décédé des suites d'un accident. — Cette naissance a pour effet d'augmenter le prix de la rente soit qu'elle élève effectivement le montant de la rente à servir, soit qu'elle en prolonge seulement la durée. Par suite, le chef d'entreprise est tenu de verser, si cet événement se produit, un capital complémentaire correspondant à cette augmentation de charge pour la caisse.

1599. — 4° Révision de la rente d'un invalide dans le sens d'une augmentation. — Le surcroît de charge résultant de l'élévation du taux de la rente est calculé d'après les barêmes de la caisse et doit donner lieu au versement d'un capital complémentaire. A défaut du versement de ce complément, la Caisse des retraites n'est débitrice envers la victime que de la rente initiale; le surplus reste dû par le chef d'entreprise.

1600. — 5º Révision de la rente d'un invalide dans le sens d'une diminution. — Cette révision favorable au chef d'entreprise produit une réduction de charges qui est évaluée d'après les barêmes de la caisse et qui donne lieu à un remboursement. Le remboursement est effectué, sur la demande du chef d'entreprise et dans les quinze jours de l'arrivée de cette demande et des pièces justificatives à la direction générale de la Caisse des retraites. Il appartient au débiteur de la rente, c'est-à-dire au patron, de faire diligence pour mettre la Caisse nationale des retraites en mesure de procéder à la réduction de la rente et pour obtenir le remboursement l'intéressant.

1601. — 6º Révision opérant, après décès de la victime, transformation d'une rente d'invalidité en pension au profit d'ayants-droit survivants. — Au cas où le décès de la victime survient avant l'expiration du délai de révision, le patron débiteur de la rente peut être condamné à servir une pension aux ayants-droit du défunt. Cette pension étant une charge toute nouvelle doit, en principe, donner lieu à un deuxième versement de la part du patron, si celui-ci veut se décharger du service de la dite rente. Toutefois la Caisse nationale des retraites permet aux patrons et d'une façon générale à tous les débiteurs des rentes de se garantir contre cette éventualité et elle accepte des contrats d'assurance temporaire de rentes de survie au profit des ayants-droit des invalides, en cas de décès de ceux-ci avant l'expiration du délai de révision, mais à la double condition que ce contrat soit souscrit en même temps que le contrat initial de constitution de rente viagère au profit de l'invalide et que tous les contrats de constitution de rente viagère conclus dans l'année avec le même débiteur de la rente soient accompagnés du contrat d'assurance complémentaire[1].

---

[1] V. pour plus de détails, note de la Caisse nationale des retraites, *J. O.*, 9 août 1900.

II

Du versement obligatoire et des moyens de s'y soustraire.

1602. — Si les chefs d'entreprise peuvent trouver un peu élevées les rentes et pensions qu'ils sont tenus de servir aux victimes d'accidents ou à leurs ayants-droit, ils ont du moins une compensation dans la dispense de fournir aux titulaires de ces rentes ou pensions les sûretés et garanties de droit commun qui avaient le grave inconvénient de grever leurs immeubles ou de frapper leurs capitaux d'indisponibilité : désormais plus d'hypothèques judiciaires, plus de condamnations au versement du capital représentatif des rentes ou pensions, etc. Toutes ces mesures destinées à sauvegarder les droits des victimes d'accidents ou de leurs représentants sont remplacées par une sûreté qui présente le double avantage d'être d'une efficacité absolue pour le créancier et de ne porter aucune atteinte au crédit du débiteur, je veux parler de l'engagement de la Caisse nationale de garantie.

En se portant caution pour tous ses membres pris individuellement, l'industrie française n'entend pas leur faire une libéralité pure et simple. Le cautionnement implique chez le garant une confiance en la solvabilité du débiteur garanti, c'est-à-dire la conviction que celui-ci exécutera son obligation et l'intention d'exercer, dans le cas contraire, un recours contre lui. Mais certains événements, tels que la cessation volontaire de l'industrie, la faillite, la liquidation judiciaire, la cession d'établissement, sont de nature à amoindrir cette confiance et à faire naître la crainte que la Caisse nationale ne soit dans la nécessité de payer, aux lieu et place du chef d'entreprise, et que son recours contre celui-ci ne soit illusoire. Les rédacteurs de notre loi ont justement pensé qu'il convenait, en pareille occurrence, d'obliger le chef d'entreprise à verser immédiatement le capital représentatif des rentes et pensions ou à fournir des garanties suffisantes qui sont déterminées par un règlement d'administration publique.

1603. — Cette situation des patrons au regard de la Caisse nationale de garanties offre plus d'une analogie avec celle où

la caution est exceptionnellement autorisée par l'art. 2032 du
Code civil à se faire rembourser par anticipation. Il est vrai
que notre art. 28 est bien plus favorable à la Caisse nationale
que ne l'est le Code civil à l'égard de la caution ordinaire.
Les motifs de cette différence s'expliquent aisément : le cautionnement de la Caisse nationale est une faveur toute exceptionnelle; c'est la garantie de tous, on pourrait dire la
garantie de l'État, accordée à une dette privée. Il est de l'intérêt public que la solvabilité du débiteur soit étroitement
contrôlée.

Au surplus, on admet généralement que la caution n'est
pas protégée suffisamment par les dispositions trop restric-
tives de l'art. 2032 du Code civil. Notre ancien droit donnait
au juge un pouvoir d'appréciation plus étendu sur les cas où
elle pouvait exercer son action en indemnité contre le débiteur principal. Le nouveau Code civil allemand, allant encore
plus loin dans cette voie, autorise dans son art. 677 la caution
à exiger sa libération, lorsque l'état de la fortune du débiteur principal a sensiblement empiré ou encore lorsque la
poursuite contre le débiteur principal est devenue beaucoup
plus difficile en raison d'un changement de domicile ou de
résidence survenu depuis le cautionnement.

Enfin, une dernière considération mérite d'être exposée :
la dette d'une rente viagère ou d'une pension temporaire n'est
autre qu'une dette à terme. Or, l'art. 1188 du Code civil pro-
nonce la déchéance du bénéfice du terme, en cas de faillite
du débiteur ou de diminution des sûretés données. Les sûretés
varient suivant l'intention des parties. Ne pourrait-on pas
dire qu'au nombre des sûretés imposées au chef d'entreprise
débiteur d'une rente ou d'une pension, se trouve l'obligation de rester à la tête de son industrie. L'art. 1977 du Code
civil sur les rentes viagères et l'art. 1912 du même Code sur
les rentes perpétuelles ont fait, comme notre législateur, des
applications du principe posé par l'art. 1188.

1604. — Les motifs qui ont dicté les dispositions de notre
texte étant connus, nous allons en rechercher la portée et
les effets. Nos explications sur cette matière seront divisées
en deux parties : dans la première partie, nous passerons en

revue les cas dans lesquels le chef d'entreprise est tenu de
verser le capital représentatif ou de fournir des garanties supplémentaires. Dans la deuxième, nous étudierons les effets de
cette obligation, c'est-à-dire : 1° la formalité du versement;
2° la nature des garanties exigées par le règlement d'administration publique; 3° les droits de la Caisse nationale en cas
d'inexécution de l'une ou de l'autre de ces obligations.

a) *Des cas dans lesquels le versement est obligatoire.*

1605. — Aux termes de l'art. 28, ces cas sont les suivants :
1° cessation volontaire de l'industrie; 2° cessation par décès;
3° cessation par faillite ou par liquidation judiciaire ; 4° cession d'établissement.

1606. — 1° Cessation volontaire de l'industrie. — L'industrie française ne se porte garante que des industriels ou plus
exactement que des chefs d'entreprise assujettis à la loi de 1898;
son obligation est subordonnée à la condition que le débiteur
cautionné restera à la tête de son exploitation. Du jour où un
patron liquide volontairement son entreprise, le régime de
faveur sous lequel il était placé prend fin et le droit commun
reprend son empire. Rien n'est donc plus naturel qu'on l'o-
blige à verser le capital représentatif des rentes ou pensions
dont il est débiteur ou à fournir des sûretés suffisantes. Cette
obligation cesse, comme nous le verrons plus loin n° 1620,
lorsque le cessionnaire s'engage solidairement avec le cédant
à acquitter les pensions et indemnités dues par celui-ci. —
Comment la Caisse nationale sera-t-elle informée qu'un chef
d'entreprise cesse son industrie? La plupart des patrons,
assujettis aux règles du risque professionnel, sont patentés.
Lorsque l'un d'eux demandera à l'administration des finances
de se faire décharger de l'impôt des patentes, on l'invitera à
se conformer, pour les rentes et pensions, dont il est débiteur, aux dispositions de l'art. 28. Mais quelques chefs d'exploitations, tels que les agriculteurs, peuvent tomber sous
l'application de notre loi, sans être soumis à la patente. En
pareil cas, l'administration aura plus de difficulté pour se
renseigner ; il lui appartiendra de prendre des mesures spéciales de surveillance à cet égard.

1607. —｜2° Cessation par décès. — Le décès d'un chef d'entreprise n'entraînera pas nécessairement l'application de l'art. 28 ; il faut encore que le décès soit accompagné d'une cessation, c'est-à-dire que l'entreprise ne soit pas continuée par les héritiers.

Si l'exploitation passe des héritiers en des mains étrangères, il y a cession d'établissement et par suite obligation pour la succession du défunt d'exécuter les obligations imposées par l'art. 28. Que décider lorsque l'industrie est continuée non par tous les héritiers, mais seulement par quelques-uns d'entre eux? En pareil cas, la dette d'indemnité se divise de plein droit entre les héritiers. La part, qui sera à la charge des continuateurs de l'exploitation, ne cessera pas de jouir des bénéfices de notre loi; seule la part, due par ceux des héritiers qui auront renoncé à l'industrie, devra être capitalisée et donner lieu à un versement à la Caisse des retraites.

1608. — 3° Cessation par faillite ou par liquidation judiciaire. — La faillite a pour effet de rendre immédiatement exigible le capital représentatif. La Caisse nationale de garantie se présente à la faillite comme créancière de ce capital ; et elle devient, au regard des victimes d'accidents ou de leurs représentants, débitrice pure et simple des rentes et pensions dont le failli était redevable. De leur côté les victimes d'accident ou leurs représentants, pleinement rassurés par l'engagement de la Caisse nationale, s'abstiennent de produire au passif de la faillite.

La situation juridique des parties rappelle celle qui est prévue par l'art. 2032 du Code civil, avec cette différence toutefois que la Caisse nationale de garantie n'est pas seulement subrogée dans les droits des titulaires des rentes et pensions, mais qu'elle a encore des droits plus étendus, puisqu'elle peut exiger le paiement du capital représentatif de la rente ou de la pension, tandis que les créanciers subrogeants n'avaient des droits que sur les arrérages. Il est vrai que, dans les rapports du crédirentier et du débirentier, les arrérages non échus sont devenus immédiatement exigibles par le fait de la faillite (art. 1188 et 1977, C. civ.).

Ces principes restent les mêmes, quelle que soit la solu-

VERSEMENT OBLIGATOIRE. 259

tion de la faillite. En cas de concordat, aussi bien que dans l'état d'union ou qu'en cas de clôture pour insuffisance d'actif, la Caisse nationale se reconnaît débitrice pure et simple des rentes et pensions envers la victime ou ses représentants. Quant aux rapports de la Caisse nationale et du failli, ils seront étudiés plus loin dans la deuxième partie de ces explications.

La liquidation judiciaire produit, en ce qui concerne les droits de la victime ou de ses resprésentants sur la Caisse nationale, des effets identiques à ceux de la faillite. Rien n'est plus juste, puisque, comme la faillite, elle implique la cessation des paiements du débiteur.

1609. — Le législateur s'est placé à un point de vue exclusivement commercial. Il n'a pas songé que, si la plupart des chefs d'entreprise assujettis à notre loi sont commerçants, ils ne le sont cependant pas tous. Or, les non-commerçants (par exemple les sociétés minières, les agriculteurs, etc.) peuvent devenir insolvables; on dit alors qu'ils sont en déconfiture. Est-ce que la déconfiture aura, comme la faillite ou la liquidation judiciaire, pour effet de substituer l'engagement de la Caisse nationale à celui du patron débiteur au regard du crédirentier et de rendre immédiatement exigible le capital représentatif? L'affirmative ne nous paraît pas douteuse. Il y a même raison de décider dans les deux cas. Les motifs sur lesquels sont fondées les dispositions de notre article, se représentent même avec plus d'énergie pour la déconfiture que pour la faillite ou la liquidation judiciaire; car un débiteur failli ou liquidé judiciairement peut ne pas être au-dessous de ses affaires (la faillite ou la liquidation judiciaire résulte du seul fait de la cessation des paiements, et on comprend que de simples embarras puissent forcer un commerçant dont l'actif excède le passif à cesser ses paiements), tandis que la déconfiture est l'insolvabilité certaine et constatée. A cette raison s'ajoute un argument tiré de l'art. 2032 du Code civil qui, ainsi que nous l'avons expliqué plus haut, vise exactement notre hypothèse. Les dispositions de ce texte autorisent la caution, même avant d'avoir payé, à agir contre le débiteur pour être par lui indemnisé, non seulement lorsque celui-ci est en faillite, mais encore lorsqu'il est en déconfiture. Or, nous avons vu que les rédacteurs de notre article ont voulu placer le fonds de garantie dans une situation plus favorable qu'une caution ordinaire.

1610. — 4° Cession d'établissement. — La cession d'établissement c'est-à-dire la vente de l'exploitation entraîne nécessairement la cessation de l'industrie par le patron débiteur de la rente ou de la pension. Les raisons qui ont fait placer la cessation volontaire (V. n° 1) au nombre des causes d'exigibilité du capital représentatif, s'appliquent à notre cas. C'est aussi par la mutation de l'impôt des patentes que l'administration sera généralement avertie d'une cession d'établissement.

b) *Effets du versement du capital représentatif ou de la remise des sûretés équivalentes.*

1611. — Un chef d'entreprise, qui se trouve dans l'un des cas prévus par l'art. 28, prendra l'un des trois partis suivants : — ou bien il versera le capital représentatif — ou bien il fournira les sûretés prescrites par le règlement d'administration publique, — ou bien il ne se conformera pas à la loi. Chacune de ces hypothèses doit être envisagée séparément.

1612. — 1° Versement du capital représentatif. — Le capital représentatif des rentes ou pensions sera, dit l'art. 28, déterminé au jour de son exigibilité d'après un tarif qui devra être établi dans les six mois de la promulgation de la présente loi, et qui tiendra compte de la mortalité des victimes d'accidents et de leurs ayants-droit.

Il y avait, en effet, deux moyens de calculer le capital représentatif : ou bien le capital à fournir devait être tel que les intérêts de ce capital, calculés au taux légal, fussent équivalents au service de la rente, — ou bien il devait consister dans une somme suffisante pour permettre d'acquérir, d'après le tarif des compagnies d'assurances sur la vie, la rente viagère ou la pension temporaire due par le chef d'entreprise. Dans le premier cas, le capital représenté était, il est vrai, beaucoup plus élevé que dans le second; mais son aliénation, au lieu d'être définitive et de porter sur la pleine propriété, ne concernait que l'usufruit, de telle sorte qu'au décès du crédirentier ou à l'expiration du terme de la pension temporaire, il serait revenu en toute propriété au chef d'entreprise qui l'avait fourni.

Entre ces deux systèmes le législateur a donné, avec raison, sa préférence au second. L'industrie a besoin en effet de la libre disposition de tous ses capitaux. La créance à terme du montant du capital représentatif ne compensait pas le dommage résultant de l'immobilisation temporaire de la différence entre les deux sommes. Au surplus, le premier moyen figure, ainsi que nous le verrons plus loin, au nombre des sûretés que le débirentier est libre de fournir aux lieu et place de l'abandon définitif du capital représentatif.

1613. — La somme à verser sera calculée comme il a été dit pour le versement facultatif et les effets de ce versement seront les mêmes : libération du patron et substitution de la Caisse nationale au chef d'entreprise dans l'obligation d'acquitter les arrérages de la rente dont le capital a été versé. Toutefois, comme cette rente est elle-même soumise à des modifications dans certains cas déterminés, notamment en cas de révision, de nouveau mariage du conjoint de la victime, de départ de l'invalide de nationalité étrangère, de naissance d'un enfant posthume, la Caisse nationale conserve le droit d'exiger, le cas échéant, le paiement d'un capital complémentaire et à l'inverse elle peut être tenue à des remboursements partiels (V. n° 1595).

1614. — 2° Sûretés prescrites par le règlement d'administration publique. — Le versement du capital représentatif a été considéré par le législateur comme le moyen le plus simple et le plus sûr de garantir le service des arrérages et pensions et, par suite, de mettre à couvert la Caisse nationale. On peut cependant concevoir des sûretés, qui, tout en étant aussi efficaces, se prêtent mieux aux exigences de l'industrie ou aux convenances du chef d'entreprise.

M. le sénateur Poirrier, se référant à un texte voté antérieurement le 5 décembre 1890 par le Sénat, avait proposé d'admettre, au nombre des garanties jugées suffisantes en cas de cession d'établissement, l'engagement solidaire du cédant et du cessionnaire. M. Félix Martin était d'avis d'y ajouter la consignation, soit en espèces, soit en titres et valeurs limitativement déterminés, d'une somme égale au capital représentatif des rentes ou pensions, avec faculté d'évaluation nou-

velle tous les trois ans, ce qui aurait permis au déposant de retirer
peu à peu son capital jusqu'à extinction des rentes.

Le législateur, tout en admettant le principe des garanties
équivalentes, a jugé prudent de s'en rapporter, pour la détermination de ces sûretés, à un règlement d'administration publique.

1615. — Le décret portant règlement d'administration
qui énumère les garanties susceptibles d'exonérer les chefs
d'entreprise de l'obligation du versement du capital représentatif est du 28 février 1899. L'art. 1er en est ainsi conçu :
« *Lorsqu'un chef d'entreprise cesse son industrie dans les cas
prévus par l'avant-dernier alinéa de l'art. 28 de la loi du 9 avril
1898, ce chef d'entreprise ou ses ayants-droit peuvent être
exonérés du versement à la Caisse nationale des retraites du
capital représentatif des pensions à leur charge s'ils justifient :*

« *1° Soit du versement de ce capital à une des sociétés visées
à l'art. 18 du décret du 28 février 1899 portant règlement
d'administration publique en exécution de l'art. 2 de la loi ci-
dessus visée ;*

« *2° Soit de l'immatriculation d'un titre de rente pour l'usufruit au nom des titulaires de pensions, le montant de la rente
devant être au moins égal à celui de la pension ;*

« *3° Soit du dépôt à la Caisse des dépôts et consignations, avec
affectation à la garantie des pensions, de titres spécifiés au
§ 3 de l'art. 8 du décret précité. La valeur de ces titres, établis
d'après le cours moyen de la Bourse de Paris au jour du dépôt,
doit correspondre au chiffre maximum qu'est susceptible d'atteindre le capital constitutif exigible par la Caisse nationale des
retraites. Elle peut être révisée tous les trois ans à la valeur
actuelle des pensions, d'après le cours moyen des titres au jour
de la révision ;*

« *4° Soit de l'affiliation du chef d'entreprise à un syndicat
de garantie liant solidairement tous ses membres et garantissant le paiement des pensions ;*

« *5° Soit, en cas de cession d'établissement, de l'engagement
pris par le cessionnaire vis-à-vis du directeur général de la
Caisse des dépôts et consignations, d'acquitter les pensions dues*

*et de rester solidairement responsable avec le chef d'entre-
prise »*.

Notre article offre au chef d'entreprise qui se trouve dans
l'un de ces cas prévus par l'art. 28, cinq moyens de se soustraire au versement du capital représentatif : 1° l'assurance ;
2° le placement d'une somme d'argent à capital réservé ; 3° le
dépôt de titres produisant un revenu au moins égal au montant des pensions ; 4° l'affiliation à un syndicat de garantie ;
5° l'engagement solidaire du cédant et du cessionnaire.

1616. — a) *Assurance.* — Il faut, dit notre article, que
le chef d'entreprise justifie du versement de ce capital à une
des sociétés visées à l'art. 18 du décret du 28 février 1899
rendu en exécution de l'art. 27.

Le versement du capital peut avoir été opéré à l'aide de
primes ou de cotisations, ce qui revient à dire qu'il suffit que
le chef d'entreprise ait contracté une assurance pour la totalité de l'indemnité dont il est redevable à une des sociétés
autorisées à fonctionner en France dans les termes de la législation sur les accidents.

1617. — b) *Placement d'une somme d'argent à capital
réservé.* — Ce placement doit consister, dit notre article, dans
l'immatriculation d'un titre de rente pour l'usufruit au nom
des titulaires des pensions, le montant de la rente devant être
au moins égal à celui de la pension.

Cette garantie était l'une de celles que les tribunaux ordon-
naient autrefois lorsqu'ils condamnaient un chef d'entreprise
à servir une pension à la victime d'un accident. Un tel placement ne présente que le risque résultant d'une conversion,
mais risque si minime qu'il n'y a pas lieu de s'y arrêter.

1618. — c) *Dépôt de titres produisant un revenu au moins
égal au montant des arrérages de pensions.* — Cette garantie
repose sur le même principe que la précédente. Elle est soumise à quatre conditions, à savoir : 1° que le dépôt des titres
soit effectué à la Caisse des dépôts et consignations, avec affectation à la garantie des pensions ; 2° que ces titres consistent
en valeur de l'État, ou jouissant d'une garantie de l'État, en
obligations négociables et entièrement libérées des départements, des communes et des chambres de commerce, en obli-

gations foncières et communales du crédit foncier (art. 8,
§ 3 du 1ᵉʳ décret du 28 févr. 1899); 3° que leur valeur, es-
timée au cours moyen de la Bourse, soit au moins égale au
chiffre maximum qu'est susceptible d'atteindre le capital exigible par la Caisse nationale des retraites. S'il en était autrement, cela prouverait que ces titres produisent un revenu
supérieur au taux qui a servi de base au calcul du capital
représentatif et l'on pourrait craindre des conversions pro-
chaines. Enfin, 4° dernière précaution : la valeur de ces titres
peut être révisée tous les trois ans.

1619. — d) *Affiliation à un syndicat de garantie.* — Il faut,
dit notre article, que le syndicat de garantie lie solidairement
tous ses membres et garantisse le paiement des pensions. Ces
conditions sont celles qui sont imposées par le deuxième
décret d'administration publique du 28 février 1899 pour la
validité des syndicats de garantie (V. n°ˢ 1810 et s.).

1620. — e) *Engagement solidaire du cédant et du cessionnaire.* — Cette condition est spéciale au cas de cession d'une
entreprise ou d'une exploitation. Si le nouveau chef d'entreprise s'engage solidairement avec le cessionnaire, il a droit
au même crédit que son prédécesseur, puisqu'il paie les centimes additionnels afférents au risque d'insolvabilité. Dès
lors, il n'y a plus lieu à versement du capital représentatif.
Notre article exige que cet engagement soit pris vis-à-vis du
directeur général de la Caisse des dépôts et consignations;
nous verrons, en effet, plus loin que c'est ce haut fonctionnaire qui est l'administrateur et le mandataire du fonds de
garantie.

1621. — Les contestations sur le point de savoir si les
sûretés offertes par le chef d'entreprise remplissent les conditions prévues par le décret précité, seront portées devant les
tribunaux civils. Le tribunal compétent sera-t-il celui du lieu
de l'accident (art. 16) ou celui du domicile du défendeur?
Nous ne voyons pas la nécessité, ni même l'utilité de saisir
de ces sortes de litige le tribunal du lieu de l'accident. Au
surplus, l'art. 16, qui a institué cette compétence spéciale, résiste à une telle extension : il ne vise que les actions en fixation d'indemnité exercées par la victime ou ses représentants

envers le chef d'entreprise. Or, l'objet du litige est ici tout différent; il s'agit, non plus d'une action en paiement d'indemnité, mais d'un différend sur la valeur d'une sûreté offerte. D'autre part, la victime ou ses représentants ne sont pas au nombre des parties litigantes : c'est la Caisse nationale qui agit en leurs lieu et place.

Ces considérations nous font donc incliner à penser que le tribunal compétent pour statuer sur ces sortes d'affaires est celui du domicile du défendeur, conformément aux règles du droit commun. Au surplus, l'art. 19 du premier décret d'administration publique attribue compétence au tribunal du domicile du débiteur pour toutes les contestations afférentes au recours exercé par la Caisse des retraites contre les débiteurs d'indemnités.

1622. — 3° DE L'INEXÉCUTION DE L'OBLIGATION SPÉCIALE DE GARANTIE IMPOSÉE PAR L'ART. 28. — Le chef d'entreprise qui, se trouvant dans l'un des cas prévus par l'art. 28, refuse ou est dans l'impossibilité soit de verser le capital représentatif, soit de fournir les autres sûretés équivalentes, s'expose à être poursuivi en justice par la Caisse nationale en versement du capital représentatif. Le jugement de condamnation, qui est alors prononcé, emporte hypothèque judiciaire au profit de la Caisse nationale (art. 26, *in fine*) (V. n°s 1697 et s.). La procédure est engagée par voie de contrainte, conformément à l'art. 17 du premier décret d'administration publique et l'opposition à contrainte est jugée par le tribunal du domicile du débiteur (art. 20) (V. n°s 1679 et s., et 1693 et s.).

CHAPITRE IV

DEUXIÈME ORDRE DE GARANTIES
DANS LES CAS DE MORT OU D'INCAPACITÉ PERMANENTE.

DROITS DES BÉNÉFICIAIRES D'INDEMNITÉ CONTRE LA CAISSE
DES RETRAITES — RECOURS DE LA CAISSE DES RETRAITES.

1623. — Ce chapitre est divisé en deux sections : I. Des droits et de l'action de la victime ou de ses représentants contre la Caisse nationale des retraites. — II. Du recours de la Caisse des retraites contre le chef d'entreprise ou contre l'assureur.

PREMIÈRE SECTION.
Des droits et de l'action de la victime ou de ses représentants sur la Caisse nationale des retraites.

1624. — Cette section comporte une division tripartite : 1° des créances cautionnées par le fonds de garantie et de leur consistance ; 2° procédure à suivre pour obtenir de la Caisse nationale des retraites le paiement des rentes et pensions et 3° des effets de cette procédure.

I

Quelles créances sont cautionnées par le fonds de garantie et quel est le montant des créances cautionnées.

1625. — Aux termes de l'art. 24, la Caisse nationale ne garantit que le paiement des indemnités allouées à la suite d'accidents ayant entraîné la mort ou une incapacité permanente de travail.

Ainsi, pour qu'une créance soit cautionnée par le fonds de garantie, il faut qu'elle réunisse les deux conditions suivantes : 1° qu'elle ait pour objet une indemnité ; 2° que cette indemnité ait été allouée à la suite d'un accident ayant entraîné la mort ou une incapacité permanente. Ces deux conditions se trouvent encore reproduites à l'art. 1er du premier décret d'administration publique du 18 février 1899.

Première condition. — Il faut que la créance ait pour objet une indemnité.

1626. — Par indemnité, on doit entendre une rente, une pension ou, dans les cas de conversion spécialement autorisés par la loi, le capital représentatif d'une partie ou de l'intégralité de ces rentes ou pensions.

Les frais médicaux et pharmaceutiques, ainsi que les frais funéraires, ne sont pas compris dans la dénomination d'indemnités. Aussi sont-ils exclus de la garantie de la Caisse nationale. Ils jouissent du privilège de l'art. 2101, n° 6 du Code civil (art. 23 de notre loi).

Deuxième condition. — Il faut que l'indemnité ait été allouée à raison d'un accident ayant entraîné la mort ou une incapacité permanente.

1627. — De là il suit que les indemnités dues pour accidents suivis d'incapacité temporaire ne sont pas cautionnées par la Caisse nationale des retraites. L'art. 23 les a placées, avec les frais médicaux, pharmaceutiques et funéraires, au nombre des créances garanties par le privilège de l'art. 2101, n° 6. Il pourrait arriver cependant que ce privilège fût inefficace et que l'actif du chef d'entreprise se trouvât absorbé par le paiement des créances ayant un privilège de rang préférable. Même dans ce cas, la victime ou ses ayants-droit n'auraient aucune action contre le fonds de garantie.

1628. — Que doit-on décider en ce qui concerne l'indemnité journalière due pendant la durée du traitement médical au blessé atteint d'une invalidité permanente? Les avis sont partagés sur ce point. Nous avons expliqué n° 1566 pour quels motifs nous la considérions comme ne jouissant pas du privilège de l'art. 2101, n° 6. L'art. 23, qui crée ce privilège, est spécial aux incapacités temporaires; on ne saurait en étendre les termes, sans méconnaître ce principe que les privilèges, étant de droit étroit, doivent être interprétés restrictivement. D'autre part, l'art. 24, en édictant la garantie de la

Caisse nationale en faveur de toutes les indemnités, sans distinction, qui sont afférentes aux accidents suivis de mort ou
d'incapacité permanente, confirme cette interprétation. On
est donc amené à conclure que l'indemnité journalière, allouée
à la victime totalement invalide avant la consolidation de sa
blessure, est garantie par le fonds des insolvabilités patronales.

1629. — En ce qui concerne les provisions allouées par le
tribunal en cours d'instance, il ne saurait y avoir aucun
doute : le paiement en est garanti par la Caisse des retraites ;
car ce sont des acomptes à valoir sur la rente ou la pension
qui doit être ultérieurement fixée. Toutefois il pourrait arriver qu'une provision ayant été allouée, le tribunal ou la
cour reconnaissent, après expertise médicale, que contre
toutes les prévisions l'accident n'a entraîné qu'une incapacité
temporaire et ne donne droit à aucune rente viagère. En pareil cas, la provision devrait s'imputer sur l'indemnité temporaire et échapperait à la garantie de la Caisse nationale.

1630. — La Caisse nationale ne sera-t-elle tenue de payer
que l'indemnité proprement dite ? Ne devra-t-elle pas aussi
les intérêts échus de ces indemnités et les frais ?

En ce qui concerne les intérêts, il faut distinguer entre le
cas exceptionnel où l'indemnité aurait été, en tout ou en partie, convertie en un capital et celui le plus fréquent où elle
consistera en une rente ou une pension.

S'il y a eu une conversion en capital, le chef d'entreprise
doit les intérêts de ce capital depuis la date fixée par le tribunal, c'est-à-dire depuis le jour où les arrérages de la partie
de la rente convertie ont cessé d'être dus. Ces intérêts font
corps avec l'indemnité dont ils sont l'accessoire, et la Caisse
nationale, qui a pris les lieu et place du chef d'entreprise,
est débitrice du tout. Toutefois, si, par négligence ou par tout
autre motif, le bénéficiaire avait laissé écouler un certain
temps après l'échéance sans réclamer l'indemnité au débiteur
ou sans faire la déclaration prescrite par l'art. 1, du décret
de 1899, la Caisse nationale ne saurait supporter les intérêts
courus pendant la période d'inaction de l'ayant-droit.

L'indemnité consiste-t-elle dans une rente viagère ou dans

une pension temporaire, les arrérages de cette rente ou de cette pension ne sont pas, en principe, productifs d'intérêts. Toutefois, si des arrérages étaient échus avant le jour de l'acte introductif de l'instance en règlement d'indemnité, le jugement, en condamnant le chef d'entreprise à payer ces arrérages, pourrait décider que les intérêts en sont dus à partir de la demande en justice (art. 1153, C. civ.). Dans ce cas encore, et pour les motifs énoncés plus haut, la Caisse nationale serait, au même titre que le chef d'entreprise, redevable des intérêts dont il s'agit.

1631. — On doit admettre la même solution en ce qui concerne les frais. Nous entendons parler des frais faits par la victime ou par ses représentants pour arriver à faire liquider le montant de leur indemnité et que le tribunal a mis à la charge du chef d'entreprise. Ils sont, comme les intérêts, les accessoires inséparables de l'indemnité et, à ce titre, ils doivent être payés par la Caisse nationale, s'ils ne l'ont été par le débiteur principal.

On objectera peut-être que la victime ou ses représentants, ayant été admis de plein droit au bénéfice de l'assistance judiciaire, n'en ont pas fait l'avance et que dès lors, ils n'ont rien à réclamer. Cette observation ne contient qu'une part de vérité. Sans doute, la victime ou ses représentants, n'ayant en réalité déboursé aucune somme pour les frais de leur instance, n'auront personnellement aucune action en remboursement de ce chef contre la Caisse nationale. Mais de ce que les titulaires des rentes ou pensions ont plaidé sous le couvert de l'assistance judiciaire, il ne s'ensuit pas que les frais soient nuls.

Nous verrons plus loin en étudiant l'art. 29 (nos 1851 et s.) que l'État a fait, à la vérité, un sacrifice pécuniaire en renonçant d'une façon définitive aux droits de timbre et d'enregistrement afférents aux actes de notre procédure. Mais il est d'autres frais indispensables qui ont été faits réellement (tels que taxe des témoins, honoraires d'expert, frais de transport, etc., etc.). Aux termes des art. 14, 17 et 18 de la loi du 30 janvier 1851 sur l'assistance judiciaire, l'État en fait l'avance, mais, en cas de condamnation aux dépens prononcée contre l'assisté judiciaire, il a le droit d'en opérer le recouvrement contre la partie condamnée et sa créance est même garantie par un privilège ; ces dispositions sont évidemment applicables à notre matière. Par suite, le fonds de garantie sera débiteur : 1° envers la victime ou ses représentants, du capital et des intérêts de l'indemnité ; 2° envers le Trésor, des frais dont celui-ci a fait l'avance pour le compte de la victime ou de ses représentants.

Il est bon de rappeler ici que le fonds de garantie, bien que géré par la Caisse nationale, est autonome et ne se confond pas avec le Trésor public. Il s'ensuit que l'État aura un réel intérêt à exiger ce remboursement.

II

De la procédure à suivre pour obtenir de la Caisse nationale le paiement de l'indemnité.

1632. — Aux termes de l'art. 24 de la loi, la Caisse nationale assure aux intéressés le paiement des indemnités dont il s'agit, à défaut, soit par les chefs d'entreprise débiteurs, soit par les sociétés d'assurances à primes fixes ou mutuelles ou les syndicats de garantie, de les acquitter au moment de leur exigibilité. L'art. 26 ajoute qu'un règlement d'administration publique déterminera les conditions dans lesquelles les victimes d'accidents ou leurs ayants-droit sont admis à réclamer à la caisse le paiement de leurs indemnités.

Pour obtenir de la Caisse nationale l'exécution de ses engagements de garantie, la victime d'un accident ou ses représentants doivent donc tout d'abord justifier qu'ils se trouvent dans les conditions prévues par la loi et ensuite remplir certaines formalités de procédure. Nous étudierons successivement ces conditions et ces formalités.

a) *Des conditions que la victime ou ses représentants doivent remplir pour être admis à formuler leur réclamation à la Caisse nationale.*

1633. — Ces conditions sont au nombre de deux : la victime ou ses représentants doivent tout d'abord justifier de leur

créance d'indemnité et en second lieu de l'impossibilité où ils
se trouvent d'en obtenir le paiement.

1634. — La justification de la créance se fera par la production d'une expédition de la décision de justice qui aura fixé
le montant de la rente ou de la pension à la charge du chef
d'entreprise. L'art. 1 du décret rendu le 28 février 1899 en
exécution de l'art. 26 de la loi dit expressément que, pour
formuler une réclamation contre la Caisse nationale, il faut
être bénéficiaire d'une indemnité liquidée en vertu de l'art. 16
de la loi du 9 avril 1898.

L'art. 16 prévoit plusieurs hypothèses : l'accord des parties
devant le président, la fixation par le tribunal de l'indemnité
définitive, l'attribution d'une provision et enfin le paiement
de l'allocation journalière afférente à la période de traitement
médical.

Et d'abord le président peut, en conciliation, constater l'accord des parties intéressées. Son ordonnance immédiatement
exécutoire devient pour les parties un titre suffisant.

Le jugement du tribunal, qui détermine l'indemnité définitive, permet aussi à la victime ou à ses représentants de s'a-
dresser à la Caisse nationale; mais il faut que cette décision
ait acquis l'autorité de la chose jugée; on se fera délivrer à cet
effet par le greffier un certificat dressé en exécution de l'art. 548
du Code de procédure civile. Il n'est pas nécessaire que le délai de l'action en révision soit expiré. En cas d'appel, le titre
exécutoire résulte de l'arrêt de la cour.

La victime ou ses représentants peuvent aussi réclamer à
la Caisse nationale le montant des indemnités provisionnelles
allouées par le tribunal; le jugement est alors exécutoire nonobstant appel.

Il en est de même de l'indemnité journalière afférente à
la période du traitement médical (V. n°ˢ 1566 et 1628).

1635. — Comment se fera la justification de non-paiement? Cette justification n'est soumise à aucune règle déterminée. Il suffit que la victime ou ses représentants produisent
des documents établissant qu'ils se sont adressés à leur débiteur et que celui-ci a refusé de payer.

Il n'est pas nécessaire qu'il y ait eu de la part de l'ayant-

droit des voies d'exécution ou même un commencement de
poursuite. Une lettre ou un écrit quelconque, par lequel le
débiteur déclare ne pas pouvoir ou ne pas vouloir payer,
suffit. Il en est de même d'une sommation par huissier restée
sans effet et sur laquelle l'officier ministériel constate la réponse négative du débiteur. Le protêt ou même le simple retour impayé d'une lettre de change ou encore le retour impayé d'un mandat postal constituent des preuves suffisantes
de refus.

A plus forte raison en serait-il de même d'un document
établissant la faillite du chef d'entreprise ou de son assureur
ou encore l'état de déconfiture du chef d'entreprise. Ces
documents peuvent être ou bien une décision judiciaire ou
encore un certificat délivré par le greffe du tribunal de commerce ou par le syndic de la faillite.

1636. — La difficulté pour la victime ou pour ses représentants sera parfois de connaître le véritable débiteur. Sans
doute le chef d'entreprise est celui contre qui la condamnation a été prononcée. Mais il peut être assuré ou affilié à un
syndicat de garantie.

Quand et comment la victime ou ses représentants sau-
ront-ils que le patron est assuré? Disons tout de suite qu'il
est permis d'espérer qu'à l'avenir les sociétés d'assurances
ne chercheront plus à se dissimuler, aux yeux des ouvriers,
comme elles avaient l'habitude de le faire sous l'empire de la
précédente législation. Désormais on ne discutera plus en
jurisprudence sur la nature de l'action de l'ouvrier envers
l'assureur; d'une part en effet pour la fixation de l'indemnité,
l'ouvrier n'a qu'une action contre le patron; la société d'assurance ou le syndicat de garantie n'ont même pas le droit
d'intervenir à l'instance judiciaire. D'autre part une fois l'indemnité fixée, l'ouvrier peut en demander le paiement soit
au patron, soit à l'assureur du patron, et la société d'assurances ne peut, aux termes de l'art. 11 du deuxième décret
réglementaire du 28 février 1899, opposer à l'ouvrier aucune
cause de déchéance résultant des termes de la police, elle
est en outre tenue de se conformer aux prescriptions de la loi.

En général, le chef d'industrie portera, par voie d'affiche

dans ses ateliers ou par tout autre moyen, à la connaissance de ses ouvriers et employés, son assurance à telle ou telle société ou son affiliation à tel syndicat[1]. Au surplus à l'issue de l'instance en fixation d'indemnité ou au moment de la première échéance de la pension, il ne manquera pas d'indiquer l'assureur ou le syndicat qui a pris ses lieu et place.

Si donc le refus du patron est fondé sur ce qu'il serait assuré ou syndiqué, la victime ou ses représentants devront, avant de formuler leurs réclamations contre la Caisse nationale, s'adresser à la société d'assurance ou au syndicat de garantie désigné ; et, c'est seulement en cas de refus de cette association, qu'ils pourront remplir les formalités destinées à obtenir le paiement de la Caisse nationale.

b) Des formalités de procédures à remplir pour obtenir le paiement de la Caisse nationale.

1637. — Ces formalités exigent l'intervention de quatre personnes : — 1º le bénéficiaire de l'indemnité ; — 2º le maire ; — 3º le directeur général de la Caisse des dépôts et consignations ; — 4º le juge de paix. Nous étudierons successivement le rôle de chacune d'elles.

1638. — 1º RÔLE DU BÉNÉFICIAIRE DE L'INDEMNITÉ. — Le bénéficiaire doit se conformer aux dispositions des art. 1, 2, 3 et 4 du décret précité du 28 février 1899 :

Art. 1er. — *Tout bénéficiaire d'une indemnité..... qui n'aura pu obtenir le paiement, lors de leur exigibilité, des sommes qui lui sont dues, doit en faire la déclaration au maire de la commune de sa résidence.*

Art. 2. — *La déclaration est faite soit par le bénéficiaire de l'indemnité ou son représentant légal soit par un mandataire; elle est exempte de tous frais.*

Art. 3. — *La déclaration doit indiquer :*

1º Les nom, prénoms, âge, nationalité, état civil, profession et domicile du bénéficiaire de l'indemnité.

2º Les noms et domicile du chef d'entreprise débiteur ou la désignation et l'indication du siège de la société d'assurances

---

[1] D'ailleurs depuis la loi du 22 mars 1902 qui a modifié l'art. 12, l'enquête du juge de paix devra rechercher la société d'assurances à laquelle le chef d'entreprise était assuré ou le syndicat de garantie auquel il était affilié (V. nos 1018 et 1042 et s.).

ou du syndicat de garantie qui aurait dû acquitter la dette à ses lieu et place ;

3° *La nature de l'indemnité et le montant de la créance réclamée ;*

4° *L'ordonnance ou le jugement en vertu duquel agit le bénéficiaire ;*

5° *Le cas échéant, les noms, prénoms, profession et domicile du représentant légal du bénéficiaire ou du mandataire.*

Enfin, l'art. 4 parle des pièces qui sont remises au maire par le réclamant « *à l'effet d'établir l'origine de la créance, ses modifications ultérieures et le refus de paiement opposé par le débiteur : chef d'entreprise, société d'assurance ou syndicat de garantie* ».

1639. — Ainsi, dès que le bénéficiaire s'est vu refuser par son débiteur le paiement à l'échéance des sommes qui lui sont dues, il doit faire une déclaration au maire, soit par lui-même ou par un mandataire de son choix, s'il est majeur et maître de ses droits civils, soit par son représentant légal (père ou mère survivant, tuteur, époux, etc.) s'il n'a pas l'exercice de ses droits civils, c'est-à-dire s'il est mineur, interdit, femme mariée, etc.

Le mandat peut être verbal ; s'il est écrit, l'acte qui le constate peut être dressé sur papier libre (art. 29). Il en est de même de la déclaration qui est exempte de tous frais.

1640. — Le maire compétent pour recevoir la déclaration est celui de la commune où réside le déclarant. La résidence est le siège de fait d'une personne par opposition au domicile qui est le siège juridique ; elle ne doit pas être confondue avec la simple habitation qui implique un séjour purement accidentel. Les auteurs du décret ont voulu que le bénéficiaire de l'indemnité ait toutes facilités pour faire sa déclaration ; ils ont tenu toutefois à ce qu'il la fît dans une commune où il ne serait ni un inconnu ni un simple habitant de passage.

1641. — Les autres mentions obligatoires sont énumérées dans l'art. 3 avec une précision et une clarté qui nous dispensent de commentaire. Une simple explication nous paraît utile sur le n° 3 relatif *à la nature de l'indemnité* et au *montant* *de la créance réclamée.* Une indemnité peut être de plusieurs natures différentes : si généralement elle consiste dans une pension viagère ou temporaire, nous avons vu que dans certains cas exceptionnels elle affecte la forme d'un capital, ou elle comprend certains intérêts ou des frais. On aura soin, dans la déclaration, de faire ressortir tous ces détails.

Le bénéficiaire de l'indemnité doit, en outre, remettre au maire les pièces destinées à établir l'origine de sa créance, ses modifications ultérieures et le refus du paiement opposé par le débiteur.

L'origine de la créance est établie comme il est dit n° 1634.

Les modifications de cette créance peuvent résulter : 1° d'une conversion totale ou partielle dans les cas où cette conversion est facultative ou obligatoire (n°s 495 et s.); — 2° d'une majoration ou d'une diminution résultant d'une modification ultérieure de la situation juridique de l'un des ayants-droit (n° 578); — 3° d'une décision rendue en suite d'une action en révision (n° 1335).

Le refus de paiement opposé par le débiteur est attesté par les pièces dont nous avons parlé n° 1635.

Lorsque le déclarant est le mandataire du bénéficiaire, il ne doit pas laisser au maire sa procuration ; il se contente de mentionner sur la déclaration ses nom, prénoms, profession et domicile.

Enfin le comparant est tenu de signer la déclaration qui est elle-même écrite et signée par le maire[1] (art. 4).

1642. — 2° Rôle du maire. — Les art. 4 et 5 résument la mission du maire :

Art. 4 : « *La déclaration, rédigée par les soins du maire, est signée par le déclarant. — Le maire y joint toutes les pièces qui lui sont remises par le réclamant à l'effet d'établir l'origine de la créance, ses modifications ultérieures et le refus de paiement opposé par le débiteur : chef d'entreprise, société d'assurance ou syndicat de garantie.*

---

[1] Des imprimés, conformes aux modèles annexés au décret du 28 févr. 1899, se trouvent dans toutes les mairies. Il y a deux modèles différents, l'un pour les déclarations faites par la victime elle-même de l'accident, l'autre pour les déclarations faites par toute personne autre que la victime (ayant-droit survivant, mandataire, administrateur légal, etc.).

Art. 5 : « *Récépissé de la déclaration et des pièces qui l'accompagnent est remis par le maire au déclarant. — La déclaration et les pièces produites à l'appui sont transmises par le maire au directeur général de la Caisse des dépôts et consignations dans les vingt-quatre heures* ».

Le maire rédige la déclaration et la fait signer par le déclarant. Il veille à ce que cette déclaration contienne exactement toutes les mentions indiquées par l'art. 3.

En ce qui concerne la remise des pièces désignées à l'art. 4, il a un rôle purement passif; il doit se contenter de les recevoir et de les annexer à la déclaration, sans se préoccuper du point de savoir si elles sont complètes et régulières.

1643. — Ces formalités remplies, le maire remet au déclarant un récépissé de la déclaration et des pièces qui l'accompagnent; puis, dans les vingt-quatre heures, il transmet le tout au directeur général de la Caisse des dépôts et consignations. Cette transmission, qui est faite en franchise postale, offre un caractère réel d'urgence, à raison de l'état de misère et de dénuement dans lequel se trouvent en général les réclamants.

Le délai de vingt-quatre heures, tout en étant impératif, est dépourvu de sanction : les maires se feront, nous n'en doutons pas, un devoir de l'observer rigoureusement.

1644. — 3° RÔLE DU DIRECTEUR GÉNÉRAL DE LA CAISSE DES DÉPÔTS ET CONSIGNATIONS. — Art. 6 : « *Le directeur général de la Caisse des dépôts et consignations adresse, dans les quarante-huit heures à partir de sa réception, le dossier au juge de paix du domicile du débiteur, en l'invitant à convoquer celui-ci d'urgence par lettre recommandée* ».

La transmission au directeur de la Caisse des dépôts et consignations a simplement pour but d'aviser l'administration intéressée de la réclamation du bénéficiaire de l'indemnité. Le directeur de la caisse n'a que le droit de prendre connaissance des pièces; il ne peut ni les faire modifier ni les faire compléter. Quelque irrégulières qu'elles soient, il est tenu, dans les quarante-huit heures, de les faire parvenir au juge de paix. Exception doit être faite cependant pour le cas où, le chef d'entreprise débiteur n'étant pas assuré, ses

noms et domicile ne seraient pas indiqués dans la déclaration; car on serait alors dans l'impossibilité de connaître le
juge de paix compétent et de procéder à l'accomplissement
des formalités prescrites par la loi.

1645. — Le juge de paix, à qui le dossier doit être adressé,
est celui du domicile du débiteur. Le débiteur est en effet
défendeur, et c'est à son domicile, c'est-à-dire au siège principal de ses affaires, qu'il se trouve le mieux placé pour se
défendre. Cette disposition est au surplus en harmonie avec
les principes de la compétence judiciaire.

Le débiteur dont il est parlé à l'art. 6 peut être soit le chef
d'entreprise, soit, le cas échéant, une société d'assurance ou
un syndicat de garantie. Dans ce dernier cas, le domicile est
au siège social de ces établissements.

Une difficulté peut s'élever sur la désignation du juge de
paix, lorsque le refus du paiement est motivé par une contestation entre le patron d'une part et l'assureur ou le syndicat
de garantie d'autre part, le premier soutenant qu'il est garanti par le second, et celui-ci déniant l'existence de tout
contrat. En pareil cas, le juge de paix compétent doit être
celui du domicile du chef d'entreprise; car, généralement les
sociétés d'assurances ont, dans les départements, des agences
qui leur permettent de se faire représenter en justice. D'ailleurs si la société d'assurance ou le syndicat de garantie exci-
pait de l'incompétence du juge de paix, le dossier pourrait
être adressé ensuite au magistrat du canton du siège social de
l'assureur ou du syndicat.

1646. — 4° RÔLE DU JUGE DE PAIX. — Le juge de paix, dit
l'art. 6, *in fine*, doit convoquer d'urgence le débiteur par *lettre
recommandée*.

L'art. 7 ajoute : « *Le débiteur doit comparaître au jour fixé
par le juge de paix soit en personne, soit par mandataire.*

« *Il lui est donné connaissance de la réclamation formulée
contre lui. Procès-verbal est dressé par le juge de paix des déclarations faites par le comparant qui appose sa signature sur
le procès-verbal* ».

Telle est la formalité matérielle. Le juge de paix ne met
pas en présence deux parties litigantes : il n'agit ni comme

juge, ni comme conciliateur, mais seulement pour dresser procès-verbal des déclarations faites par une partie ; son rôle ressortit à la juridiction gracieuse. La présence du greffier est nécessaire pour donner au procès-verbal un caractère d'authenticité.

Si le comparant refuse d'apposer sa signature, mention est faite du refus et du motif qui en est donné. S'il ne sait ou ne peut signer, mention en est également faite sur le procès-verbal qui, dans tous les cas, n'en conserve pas moins son caractère authentique. Le procès-verbal du juge de paix est dressé sur papier libre ; il peut être, le cas échéant, visé pour timbre et enregistré gratis (art. 29 de la loi). Il est alloué au greffier un droit d'assistance de 2 francs (art. 1, 3 du décret du 5 mars 1899).

1647. — Les art. 8, 9 et 10 ont prévu trois des explications que pourrait fournir le débiteur : 1° reconnaissance de la dette et acceptation de se libérer ; 2° reconnaisance de la dette, mais demande de délai pour se libérer ; 3° contestations sur le principe ou le montant de la dette. Enfin l'art. 11 est relatif au cas où le débiteur ne comparaîtrait pas. De là quatre hypothèses que nous allons successivement examiner. Nous les compléterons par le commentaire de l'art. 12 qui indique ce que le juge de paix doit faire une fois son travail terminé.

1648. — Première hypothèse. — *Le comparant ne conteste ni la réalité, ni le montant de la créance.*

En pareil cas, dit l'art. 8, le juge de paix l'invite : « *soit à s'acquitter par devant lui, soit à expédier la somme due au moyen d'un mandat-carte et à communiquer au greffe le récépissé de cet envoi. — Cette communication doit être effectuée au plus tard le deuxième jour qui suit la comparution devant le juge de paix. — Le juge de paix statue sur le paiement des frais de convocation. — Il constate, s'il y a lieu, dans son procès-verbal la libération du débiteur* ».

Chacune de ces dispositions demande quelques explications. Tout d'abord le procès-verbal doit constater la reconnaissance faite par le débiteur de la réalité et du montant de la dette et son désir de se libérer immédiatement. Le juge de paix agira sagement en faisant signer séance tenante cette déclaration par le comparant, sauf à lui faire apposer sa signature une deuxième fois au bas du procès-verbal définitivement clos.

Le décret offre au débiteur deux moyens de tenir sa promesse : ou bien en versant immédiatement la somme entre les mains du magistrat ou bien en l'expédiant au réclamant à l'aide d'un mandat-carte. Dans le premier cas, le juge de paix doit sans délai transmettre par son greffier au réclamant la somme qu'il vient de recevoir ; cet envoi est fait par mandat-carte ; le tout est constaté dans le procès-verbal. Dans le second cas, le débiteur est tenu, dans les deux jours, d'expédier au réclamant le montant de sa dette et de communiquer au greffier le récépissé du mandat-carte, afin que mention en soit faite dans le procès-verbal du juge de paix. Après l'expiration du délai de deux jours, le juge de paix clôt son procès-verbal, ainsi qu'il sera dit plus loin. Si le débiteur ne s'est pas libéré, le procès-verbal le constate également : l'inexécution de sa promesse le fait alors rentrer dans l'une des hypothèses suivantes.

1649. — Le juge de paix, ajoute l'art. 8, statue sur le paiement des frais de convocation.

Ces formalités devant le magistrat cantonal ont donné lieu à des frais minimes qui comprennent ceux d'envoi de la lettre recommandée et le droit de 0 fr. 50 dû au greffier (art. 1er-2° du décret du 5 mars 1899). Qui devra supporter ces frais ? Le débiteur ou le créancier ? En principe, ils devraient, semble-t-il, incomber au débiteur dont le défaut de paiement à l'échéance a motivé la réclamation du créancier. Mais peut-être le débiteur a-t-il eu de justes motifs pour retarder ce paiement. Il n'est pas impossible que le retard soit dû à la faute ou au fait du créancier. On ne saurait alors sans injustice mettre les frais à la charge du débiteur. C'est pourquoi les auteurs du décret ont laissé au juge de paix le soin d'apprécier. Mais sur ce point la décision du magistrat ne laisse pas que d'être embarrassante à caractériser. En effet, le juge de paix statue, non après avoir entendu les explications contradictoires des parties, mais seulement après avoir lu les réclamations écrites de l'une et recueilli les explications verbales de l'autre : les deux situations ne sont pas égales. Aussi ne doit-on pas considérer une telle appréciation comme constituant un jugement. Il s'agit là plutôt d'un règlement provisoire qui ne peut devenir définitif que s'il est suivi d'un acquiescement des parties. De deux choses l'une : ou bien le juge de paix met les frais à la charge du débiteur qui accepte et qui envoie au créancier la somme intégrale, et alors toute contestation prend fin, ou bien le juge de paix décide que le débiteur est autorisé à prélever les frais sur le montant de sa dette. Dans ce dernier cas, le créancier ne saurait être tenu d'accepter cette décision; il lui est loisible d'assigner devant la juridiction compétente son débiteur en paiement de la somme complémentaire. Cette juridiction sera généralement celle du juge de paix qui aura déjà statué. Comme on le voit, un tel mode de procéder prête à la critique, en théorie du moins. Je me plais à reconnaître que, dans la pratique, il sera le plus simple et le plus expéditif. Les frais litigieux seront, en effet, si minimes que les parties auront tout intérêt à s'incliner devant l'opinion du juge de paix.

Restent les frais du mandat-carte. Ici encore nous sommes dans les infiniment petits. Il importe cependant de rappeler les principes. Pour savoir à qui ces frais incombent, il faudra rechercher à quel endroit la somme due était payable. Le lieu du paiement était-il au domicile du créancier ou à celui du débiteur? Dans le premier cas, les frais sont à la charge du débiteur, dans le second à la charge du créancier (V. n°ˢ 653 et s.).

1650. — Deuxième hypothèse. — *Le comparant, tout en reconnaissant la réalité et le montant de sa dette, déclare ne pas être en état de s'acquitter immédiatement.*

L'art. 9 qui prévoit cette hypothèse dispose que : « *Le juge « de paix est autorisé, si les motifs invoqués paraissent légi- « times, à lui accorder pour sa libération un délai qui ne peut « excéder un mois. — Dans ce cas, en vue du paiement immé- « diat prévu par l'art. 13 ci-dessous, le procès-verbal dressé « par le juge de paix constate la reconnaissance de dette et « l'engagement pris par le comparant de se libérer dans le*

« *délai qui lui a été accordé au moyen soit d'un versement*
« *entre les mains du caissier de la Caisse des dépôts et consi-*
« *gnations à Paris ou des préposés de la Caisse dans les dépar-*
« *tements, soit de l'expédition d'un mandat-carte payable au*
« *caissier général à Paris* » :

Comme dans l'hypothèse précédente, le juge de paix doit
commencer par donner acte dans son procès-verbal de la déclaration qui lui est faite par le débiteur et inviter celui-ci à
la signer séance tenante. Ensuite, il examine le point de savoir si la demande de délai mérite ou non d'être accueillie.
S'il juge à propos de la rejeter, il constate sa décision dans
son procès-verbal. S'il y fait droit, il indique, dans le procès-
verbal, la durée du délai qui, d'après l'art. 9, ne peut excéder un mois et en même temps il invite le comparant à
prendre l'engagement de se libérer, dans ce délai, au moyen
soit d'un versement entre les mains du caissier de la Caisse
des dépôts et consignations ou des préposés de la caisse dans
les départements, soit de l'expédition d'un mandat-carte payable au caissier général à Paris. Cet engagement est mentionné
sur le procès-verbal qui est revêtu de la signature du débiteur.

1651. — TROISIÈME HYPOTHÈSE. — *Le comparant déclare ne
pas être débiteur du réclamant ou n'être que partiellement son
débiteur.*

Dans cette hypothèse, dit l'art. 10 : « *Le juge de paix con-*
« *state dans son procès-verbal le refus total ou partiel du paie-*
« *ment et les motifs qui en ont été donnés.* — *Il est procédé*
« *pour l'acquittement de la somme non contestée suivant les*
« *dispositions des art. 8 et 9, tous droits restant reservés pour*
« *le surplus* ».

L'art. 10 prévoit ainsi trois cas différents : ou bien le débiteur conteste l'existence même de la dette, et alors le juge de
paix donne acte de son refus total de paiement.

Ou bien le débiteur ne conteste que le chiffre de la dette et
il offre de payer immédiatement la somme qu'il reconnaît devoir: dans ce cas, le juge de paix constate, dans le procès-
verbal, le refus partiel ainsi que les motifs du refus, il donne
acte de la reconnaissance de l'autre partie de la dette et il

procède comme il est dit dans la première hypothèse (art. 8).

Ou bien le débiteur, tout en ne reconnaissant qu'une partie de sa dette, déclare ne pas être en mesure de s'acquitter immédiatement. Le juge de paix commence, comme dans le cas précédent, par constater la divergence existant entre le débiteur et le créancier sur le montant de la dette, ainsi que les motifs allégués par le débiteur à l'appui de sa prétention, et, en ce qui concerne la partie de la dette reconnue, il apprécie, comme dans la deuxième hypothèse (art. 9), s'il convient de faire droit à la demande de délai.

1652. — QUATRIÈME HYPOTHÈSE. — *Le débiteur convoqué ne comparaît pas au jour fixé.*

« *Le juge de paix*, dit l'art. 11, *procède alors dans la huitaine à une enquête à l'effet de rechercher : 1° si le débiteur convoqué n'a pas changé de domicile ; 2° s'il a cessé son industrie soit volontairement, soit par cession d'établissement, soit par suite de faillite ou de liquidation judiciaire, et, dans ce cas, quel est le syndic ou le liquidateur, soit par suite de décès et, dans l'affirmative, par qui sa succession est représentée. Le procès-verbal dressé par le juge de paix constate la non-comparution et les résultats de l'enquête* ».

Cette hypothèse peut elle-même donner lieu à une alternative : ou bien le débiteur empêché se fait excuser et demande une convocation ultérieure ; — ou bien il s'abstient de faire connaître le motif de sa non-comparution.

Dans le premier cas, il appartient au juge de paix d'apprécier le mérite de l'excuse et d'ordonner, s'il le juge à propos, une nouvelle convocation. Si, au nouveau jour fixé, le débiteur se présente effectivement, on procède comme il est dit dans une des trois hypothèses précédentes.

Dans le second cas, le juge de paix fait l'enquête prescrite par l'art. 11. Cette enquête n'est soumise à aucune règle de forme. Elle peut consister dans un échange de correspondances avec le maire, avec le percepteur ou d'autres fonctionnaires qui seraient en situation de fournir les renseignements nécessaires. A raison de l'urgence le juge de paix doit la commencer sans retard.

Le délai de huit jours, qui est imparti par l'art. 11, est dé-

pourvu de sanction. Le décret n'indique pas dans quel laps
de temps elle doit être terminée. Si le magistrat est tenu
d'agir aussi rapidement que possible, il ne faut pas cependant que sa célérité nuise à la découverte de la vérité.

1653. — L'enquête porte sur deux points :

Premier point. — Le débiteur convoqué a-t-il changé de
domicile? Si oui, le dossier est transmis immédiatement au
directeur général de la Caisse des dépôts et consignations qui
le fait parvenir au juge de paix du nouveau domicile du débiteur. Si non, le magistrat enquêteur recherche les motifs
qui l'ont empêché de comparaître et de s'excuser. Ces motifs
sont-ils légitimes, le juge de paix adresse une nouvelle convocation. Dans le cas contraire, il constate le résultat de ses
recherches dans son procès-verbal.

Deuxième point. — Le débiteur a-t-il cessé son industrie
soit volontairement soit par cession d'établissement soit par
suite de faillite ou de liquidation judiciaire soit par suite de
décès? S'il y a eu faillite ou liquidation judiciaire, quel est le
syndic ou le liquidateur? S'il y a eu décès, par qui la succession est-elle représentée? Tous ces points ont une très
grande importance pour déterminer si la Caisse nationale
doit exiger le versement du capital représentatif et prendre
les lieu et place du débiteur au regard du bénéficiaire de
l'indemnité (voir plus haut, n°s 1605 et s.). Le résultat de
l'enquête est consigné dans le procès-verbal.

1654. — Pour terminer nos explications sur le rôle du
juge de paix, il nous reste à dire quelques mots de la clôture
du procès-verbal et de l'envoi de ce document au directeur
général de la Caisse des dépôts et consignations. Tel est l'objet
de l'art. 12 ainsi conçu : « *Dans les deux jours qui suivent soit
la libération immédiate du débiteur, soit sa comparution devant
le juge de paix au cas où il a refusé le paiement ou obtenu
un délai, soit la clôture de l'enquête dont il est question en l'article précédent, le juge de paix adresse au directeur général de
la Caisse des dépôts et consignations le dossier et y joint le procès-verbal par lui dressé* ».

Le juge de paix a un délai de deux jours pour transmettre
le dossier au directeur général de la Caisse des dépôts et con-

signations. Le point de départ de ce délai varie suivant les hypothèses. Quand le débiteur se présente en personne ou par un mandataire, c'est-à-dire dans l'une des trois premières hypothèses, le délai court du jour de la comparution qui, comme on l'a vu, peut être accompagnée du paiement immédiat de la dette; dans la quatrième hypothèse il ne commence à courir que de la clôture de l'enquête.

Les pièces, que le juge de paix adresse au directeur général de la Caisse des dépôts et consignations, consistent dans le dossier qu'il a reçu de ce fonctionnaire et auquel il annexe son procès-verbal. Quant à l'enquête, elle est conservée au greffe de la justice de paix; le résultat seul en est consigné dans le procès-verbal. Les récépissés de la poste, en cas d'envoi de somme d'argent au bénéficiaire de l'indemnité, restent entre les mains de celui qui a fait l'envoi (débiteur ou greffier).

III
Effet de la procédure en réclamation dirigée
par le bénéficiaire d'une indemnité
contre la Caisse nationale.

1655. — Cinq hypothèses différentes sont à considérer.

Ou bien l'intervention du juge de paix a donné satisfaction au créancier qui a reçu, par la poste, le montant de son indemnité;

Ou bien le réclamant n'a reçu par la poste qu'une partie de l'indemnité à laquelle il prétendait avoir droit;

Ou bien le réclamant, tout en ayant un droit incontestable, n'a pas été payé par son débiteur, parce que celui-ci se trouve dans un des cas prévus par le § 3 de l'art. 28 de la loi;

Ou bien le réclamant, tout en ayant un droit incontestable, n'a pas été désintéressé pour un motif ne rentrant pas dans les cas prévus par le § 3 de l'art. 28 de la loi;

Ou bien le droit du réclamant n'est pas suffisamment établi.

1656. — *Première hypothèse.* — Le bénéficiaire a reçu, grâce à l'intervention du juge de paix, le montant de l'indemnité qu'il réclamait.

Satisfaction entière lui étant donnée, toute contestation cesse.

1657. — *Deuxième hypothèse*. — L'intervention du juge de paix n'a pas été entièrement efficace, et le réclamant n'a reçu de son débiteur qu'une partie de la somme à laquelle il prétendait avoir droit.

Dans ce cas, il est, pour le surplus, placé dans l'une des hypothèses suivantes : ou bien son droit sera reconnu par la Caisse des retraites qui paiera immédiatement, — ou bien son droit sera considéré comme insuffisamment établi et alors le réclamant devra se pourvoir par les moyens légaux, ainsi que nous l'expliquerons à la cinquième hypothèse.

1658. — *Troisième hypothèse*. — Le droit du réclamant est justifié en entier ; mais le débiteur se trouve dans l'un des cas prévus par l'art. 28, *in fine* de la loi pour le versement obligatoire du capital représentatif de la pension.

Dans ce cas la Caisse des retraites ne se contentera pas de payer, comme il sera dit dans l'hypothèse suivante, l'indemnité échue ; elle prendra les lieu et place du débiteur pour toutes les échéances suivantes. Nous expliquerons plus loin que, si la Caisse des retraites administre le fonds de garantie, celui-ci a cependant une autonomie complète. Lorsque le capital représentatif devient exigible conformément à l'art. 28, al. 3 de la loi, le fonds de garantie est tenu, à défaut du chef d'entreprise, d'en verser le montant à la Caisse des retraites. Celle-ci est constituée alors débitrice, pour son propre compte, des arrérages de pension envers les bénéficiaires d'indemnité.

La loi ni le décret ne disent pas comment elle en effectuera les paiements périodiques ; mais des instructions du directeur général en date du 30 juin 1899 assimilent les ayants-droit de notre loi aux titulaires des pensions de retraite ; on leur délivre un extrait d'inscription, qu'ils ont à produire, à chaque échéance, avec un certificat de vie pour toucher les arrérages de leur rente.

En cas de conversion en capital, ils ne peuvent toucher la somme capitale à laquelle ils prétendent qu'à la condition de produire en outre le titre qui a opéré la conversion, c'est-à-dire : 1° pour la femme remariée, l'acte de second mariage ; 2° pour l'étranger, le certificat de résidence hors de France ;

3° pour la conversion partielle en capital, une expédition de la décision de justice.

1659. — *Quatrième hypothèse.* — Le droit du réclamant est incontestable; mais le motif qui a empêché le débiteur de se libérer n'est pas un des cas prévus par l'art. 28, *in fine.*

L'art. 13, qui contient la solution de cette hypothèse, s'exprime ainsi :

« *Dès la réception du dossier, s'il résulte du procès-verbal dressé par le juge de paix que le débiteur n'a pas contesté sa dette, mais ne s'en est pas libéré, ou si les motifs invoqués pour refuser le paiement ne paraissent pas légitimes, le directeur général de la Caisse des dépôts et consignations remet au réclamant ou lui adresse, par mandat-carte, la somme à laquelle il a droit. Il fait parvenir également au greffier de la justice de paix le montant de ses déboursés et émoluments* ».

« *Il est procédé de même, si le débiteur ne s'est pas présenté devant le juge de paix et si la réclamation du bénéficiaire de l'indemnité paraît justifiée.* »

Dans cette hypothèse encore, le créancier reçoit complète satisfaction. Seulement, si, aux échéances suivantes, il se heurte à un nouveau défaut de paiement amiable, il devra faire devant le maire de sa résidence une nouvelle déclaration qui sera suivie des mêmes formalités. De son côté la Caisse nationale n'aura que le droit de répéter contre le débiteur la somme qu'elle a avancée pour lui, ainsi que les intérêts de cette somme et les frais.

1660. — *Cinquième hypothèse.* — La Caisse nationale estime que le droit du réclamant n'est pas suffisamment justifié.

Cette hypothèse est prévue par l'art. 14 qui est ainsi conçu :

« *Dans le cas où les motifs invoqués par le comparant pour refuser le paiement paraissent fondés ou, en cas de non-comparution, si la réclamation formulée par le bénéficiaire ne semble pas suffisamment justifiée, le directeur général de la Caisse des dépôts et consignations renvoie, par l'intermédiaire du maire, au réclamant le dossier par lui produit en lui laissant le soin d'agir contre la personne dont il se prétend le créancier, conformément aux règles du droit commun. Le montant des déboursés et émoluments du greffier est, en ce cas, acquitté par les soins du directeur général et imputé sur le fonds de garantie. »*

Les causes susceptibles de faire naître des doutes sur le droit du réclamant sont nombreuses : elles peuvent consister soit dans un vice inhérent au titre, soit dans un événement postérieur qui aurait eu pour effet de modifier ou d'éteindre le droit du bénéficiaire, soit enfin dans la prétention émise par le débiteur qu'il se serait libéré et dans la production d'une pièce qui, sans constituer une quittance indiscutable, rendrait cependant vraisemblable son allégation. Dans ces différents cas, c'est aux tribunaux compétents qu'il appartient de trancher le différend élevé entre les parties.

La contestation portera quelquefois sur une prétendue inapplicabilité du titre au débiteur ou au créancier à raison d'une erreur dans la désignation de l'état civil des parties. Dans ce cas encore l'intervention des tribunaux judiciaires pourra être nécessaire.

Mais, si le défaut de paiement se fonde sur un litige pendant entre le chef d'entreprise et son assureur ou son syndicat de garantie, la Caisse nationale ne pourra se refuser à acquitter la dette, sauf à se faire rembourser par qui de droit.

1661. — C'est au directeur général de la Caisse des dépôts et consignations qu'il appartient, aux termes de notre article, de décider si les droits du réclamant sont assez certains pour que la Caisse nationale puisse le désintéresser et prendre ses lieu et place au regard du débiteur. Admettons qu'une décision de ce genre a été prise contre un réclamant. Que doit faire celui-ci? De deux choses l'une : ou bien il se range à l'opinion du directeur général ou bien il entend la contester.

S'il reconnaît que son droit est contestable, il agira par les voies ordinaires, afin de faire régulariser son titre. Son action en justice contre son débiteur aboutira peut-être à un paiement, et alors tout sera réglé. Si, malgré un titre régulier, le débiteur refuse ou se trouve dans l'impossibilité de payer, le créancier fera une nouvelle déclaration en vue d'obtenir la garantie effective de la Caisse nationale, et alors recommenceront les formalités dont nous avons parlé plus haut.

1662. — Mais il peut arriver que le réclamant évincé par

le directeur général de la Caisse des dépôts et consignations
entende résister à la décision de ce fonctionnaire. Quelle
action aura-t-il contre la Caisse nationale? Devant quelle juridiction devra-t-il la porter? La difficulté avait été prévue
et tranchée par la commission spéciale chargée par le ministre d'élaborer les projets de décrets qui ont été ensuite soumis au Conseil d'État. D'après le texte primitif, la réclamation
de paiement présumée non justifiée n'était écartée par le directeur général de la Caisse des dépôts et consignations, que
sauf bénéfice de recours au ministre du Commerce. Le Conseil
d'État ayant supprimé cette voie, le droit commun reprend
son empire. Or, quel est le droit commun? La Caisse nationale, avons-nous dit, est une caution. L'obligation principale
qu'elle garantit, c'est-à-dire l'obligation qui lie le chef d'entreprise au bénéficiaire de l'indemnité, relève de la compétence
des tribunaux civils. De même, les tribunaux civils sont appelés à juger l'action récursoire de la Caisse nationale contre le
patron débiteur principal. On ne comprendrait pas que l'action du créancier contre la caution dût être introduite devant
une juridiction différente. C'est donc le tribunal civil qui
devra être saisi par la victime de l'accident ou par ses représentants de la contestation qu'ils croiraient devoir soulever
contre la Caisse nationale des retraites.

1663. — Les formes de cette instance seront celles prescrites par l'art. 20 du décret, dont nous commenterons plus
loin les dispositions sous les nos 1689 à 1693.

Les actes de procédure relatifs à cette instance bénéficie-
ront des avantages prévus par l'art. 29 de notre loi; ils seront
visés pour timbre et enregistrés gratis (n° 1848). Ce sont, en
effet, des actes qui, étant faits ou rendus en exécution de la
loi de 1898, remplissent les conditions exigées pour l'application de l'art. 29. Toutefois, l'assistance judiciaire ne serait
pas conférée de plein droit au demandeur; il est nécessaire
que celui-ci remplisse, pour l'obtenir, les formalités prescrites
par la loi de 1852.

DEUXIÈME SECTION.

Du recours de la caisse des retraites contre le chef d'entreprise contre l'assureur ou contre le syndicat de garantie.

1664. — L'art. 26 est ainsi conçu : « *La Caisse nationale des retraites exercera un recours contre les chefs d'entreprise débiteurs, pour le compte desquels des sommes auront été payées par elle, conformément aux dispositions qui précèdent. — En cas d'assurance du chef d'entreprise, elle jouira pour le remboursement de ses avances, du privilège de l'art. 2102 du Code civil sur l'indemnité due par l'assureur et n'aura plus de recours contre le chef d'entreprise. — Un règlement d'administration publique déterminera les conditions d'organisation et de fonctionnement du service conféré par les dispositions précédentes à la Caisse nationale des retraites et notamment les formes du recours à exercer contre les chefs d'entreprise débiteurs ou les sociétés d'assurance et les syndicats de garantie... — Les décisions judiciaires n'emporteront hypothèque que si elles sont rendues au profit de la Caisse des retraites exerçant son recours contre les chefs d'entreprise ou les compagnies d'assurance* ».

Nous avons vu plus haut n°ˢ 1602 et s., que, comme la caution, la Caisse nationale des retraites avait, dans certains cas limitativement déterminés, un recours préventif contre le chef d'entreprise, en ce sens qu'elle pouvait, avant d'avoir elle-même payé l'indemnité, contraindre le chef d'entreprise à verser le capital représentatif des rentes et pensions dont il était débiteur. A plus forte raison a-t-elle, après un paiement effectif de la dette cautionnée, le droit de se faire rembourser les sommes qu'elle a dépensées.

1665. — A propos de ce que nous appelons le paiement préventif, il importe de dissiper à l'avance une équivoque qui pourrait se produire dans l'esprit du lecteur. La Caisse des retraites est, dans les cas prévus par le troisième alinéa de l'art. 28 de notre loi, créancière du capital représentatif qui devient immédiatement exigible. Elle a pour débiteur principal le chef d'entreprise et pour caution le fonds de garantie,

qu'elle administre, mais dont elle est complètement distincte.
Si donc le chef d'entreprise ne paie pas, elle se fait remettre
le capital représentatif par le fonds de garantie et elle continue à poursuivre le chef d'entreprise non pour son propre
compte, mais pour le compte du fonds de garantie. Cette
distinction a son importance ; car si la poursuite n'aboutit pas
à un remboursement intégral, la perte est pour le fonds de
garantie seul. La Caisse des retraites a, dans tous les cas, le
capital représentatif intégral et elle est débitrice des arrérages
de pension envers les bénéficiaires de l'indemnité.

La présente section sera consacrée à l'étude de l'action de la
Caisse nationale soit en remboursement de ses avances effec-
tives soit en paiement des sommes qu'elle est, dans certains
cas, en droit d'exiger préventivement. Nous la diviserons en
trois paragraphes : 1° Quelles sommes peuvent faire l'objet de
cette action ; contre qui cette action peut être dirigée. Durée
de l'action ; 2° De la procédure à suivre par la Caisse nationale pour l'exercice de cette action ; 3° Des garanties accordées par la loi à la Caisse nationale contre ses débiteurs :
hypothèque judiciaire ; privilège de l'art. 2102 du Code civil.

I

Exercice, objet et durée du recours.

a) *Quelles sommes peuvent faire l'objet de l'action.*

1666. — Il faut distinguer suivant que le chef d'entreprise
se trouve ou non dans l'un des cas prévus par l'art. 28 de la
loi pour le versement obligatoire.

1667. — Première hypothèse. — *Le chef d'entreprise ne
se trouve pas dans l'obligation légale de verser le capital représentatif de la pension.*

La Caisse nationale ne peut alors exiger que le remboursement de ses avances et des accessoires de ses avances. En quoi
ces sommes consisteront-elles ? L'art. 2028 du Code civil pose
en cette matière le principe général : « Le recours de la caution contre le débiteur principal a lieu tant pour le principal
que pour les intérêts et les frais ». Il ajoute : « néanmoins la
caution n'a de recours que pour les frais faits depuis qu'elle a

dénoncé au débiteur principal les poursuites dirigées contre elle. Elle a aussi recours pour les dommages-intérêts s'il y a lieu ».

Nous réservant d'examiner ultérieurement si cette disposition finale est applicable à notre sujet, nous dirons immédiatement quelques mots du principe général.

Il est certain tout d'abord que la Caisse nationale doit être remboursée de tout ce qu'elle a payé à raison de la dette du chef d'entreprise envers la victime ou ses représentants. Or ce qu'elle a payé peut consister : 1° en arrérages ; 2° en capital, dans les cas où la conversion de la rente en capital est autorisée par la loi ; 3° en intérêts de ce capital, si les intérêts étaient devenus exigibles ; 4° en frais que la victime ou ses représentants auraient été obligés de faire contre le chef d'entreprise. Aux n°s 1630 et 1631, nous avons donné des détails sur chacun de ces éléments. Tout cela constitue ce que l'art. 2028 du Code civil appelle le principal, car, tout ce que la caution doit payer est, pour elle, une dette principale [1].

1668. — La Caisse nationale, comme la caution ordinaire, a droit en outre aux intérêts des sommes par elle déboursées pour acquitter cette dette principale, et les intérêts dont il s'agit sont dus à partir du jour du paiement. C'est dans ce sens que la majorité des auteurs et la jurisprudence interprètent l'art. 2028 du Code civil. La caution est en effet considérée comme ayant payé en qualité de mandataire du débiteur principal ; or l'art. 2001 du Code civil fait courir les intérêts de plein droit au profit du mandataire pour les avances par lui faites en exécution de son mandat [2].

1669. — En ce qui concerne les frais, on distingue ceux de poursuite contre le débiteur et ceux de poursuite contre la caution. Les premiers sont compris dans la dette principale acquittée par la caution et pour le montant de laquelle celle-ci a un recours intégral. Les seconds sont ceux dont parle tout spécialement l'art. 2028 ; quoi qu'en semble dire ce dernier

---

[1] Laurent, t. XXVIII, n° 232.

[2] Cass., 21 juin 1825, Sirey, C. N., t. VIII, p. 139. Caen, 4 juill. 1842, S. 43. 2. 247. Aubry et Rau, t. IV, § 427, texte et note 12 ; Guillouard, *Cautionnement*, n° 171, p. 194. — *Contrà*, Larombière, *Des oblig.*, t. I, art. 1153, n° 37.

texte, ils comprennent aussi bien ceux faits par la caution
que ceux faits contre elle. Mais, ajoute l'art. 2028, la caution
ne peut réclamer que ceux qui sont postérieurs à la dénonciation signifiée au débiteur principal des poursuites dirigées
contre elle. Rien n'est plus juste ; car, si le débiteur principal avait été averti plus tôt il aurait pu éviter les frais antérieurs en désintéressant son créancier. Cette considération
nous montre que la restriction de l'art. 2028 ne trouvera pas
d'application en notre matière ; car, dans aucun cas, ces frais
ne seront faits dans les rapports de la victime ou de ses représentants et de la Caisse nationale avant que le chef d'entreprise ait été mis en demeure de payer. Par suite on peut dire
que tous les frais acquittés par la Caisse nationale devront
être remboursés par le patron ; il en sera ainsi notamment
de ceux qui auront été faits devant le juge de paix en exécution des art. 7 et 12 du 1er décret réglementaire du 28 février
1899.

Restent les dommages-intérêts. Pour qu'il en fût dû, il faudrait que, de la part du chef d'entreprise, il y ait eu un acte
constitutif de délit ou de quasi-délit, c'est-à-dire une faute ou
un dol qui ait causé un dommage à la Caisse nationale. Tel
serait, par exemple, le cas où un chef d'entreprise aurait, par
des manœuvres frauduleuses, dissimulé son actif de façon à
faire croire à une insolvabilité fictive.

1670. — DEUXIÈME HYPOTHÈSE. — *Le chef d'entreprise se
trouve dans l'un des cas prévus par l'art. 28 (cessation volontaire ou forcée d'industrie ou cession d'établissement) et il n'a
fourni aucune des garanties susceptibles de l'exonérer du
versement obligatoire.*

Dans cette hypothèse, l'art. 28 de la loi de 1898 dispose que
le capital représentatif des pensions à sa charge devient exigible de plein droit et sera versé à la Caisse nationale des retraites. D'après cet article, c'est la Caisse nationale des retraites
qui d'une part est constituée créancière de ce capital représentatif et d'autre part débitrice des arrérages des rentes et
pensions envers les bénéficiaires d'indemnité. Mais à l'encontre de qui sera-t-elle créancière du capital représentatif ? Tout
d'abord à l'encontre du chef d'entreprise qui est débiteur prin-

cipal et, subsidiairement, à l'encontre du fonds de garantie en sa qualité de caution. Il importe de ne pas perdre de vue que, si la Caisse des retraites administre le fonds de garantie, elle ne se confond nullement avec lui : ce sont là deux institutions tout à fait distinctes. De là il suit que le fonds de garantie versera à la Caisse des retraites le capital représentatif et que, par l'effet de ce versement, il sera subrogé dans les droits de la Caisse des retraites. c'est-à-dire qu'il deviendra à son tour créancier personnel du chef d'entreprise pour le montant du capital représentatif. Il pourra en outre réclamer les accessoires de sa créance, c'est-à-dire les intérêts à partir du jour du versement et enfin les frais, s'il y en a eu.

b) *Contre qui l'action peut être dirigée.*

1671. — Il importe encore ici de distinguer suivant que le patron a contracté une assurance ou qu'il est affilié à un syndicat de garantie ou qu'il n'est ni assuré ni syndiqué.

1672. — S'il n'est ni assuré ni syndiqué, il est le seul débiteur de la victime ou de ses représentants. C'est contre lui seul que la Caisse nationale a une action.

1673. — S'il a contracté une assurance, il échappe au recours de la Caisse nationale. C'est ce qu'exprime l'art. 26, al. 2 : « En cas d'assurance du chef d'entreprise, la Caisse nationale jouira, pour le remboursement de ses avances, du privilège de l'art. 2102 du Code civil sur l'indemnité due par l'assureur et n'aura plus de recours contre le chef d'entreprise ». Cette disposition a été vivement critiquée : on a fait observer qu'un patron solvable qui aurait traité avec une compagnie insolvable se trouverait complètement libéré. Par suite, il serait à craindre qu'un chef d'entreprise, n'ayant plus à se préoccuper de la solvabilité de son assureur, ne donnât la préférence aux compagnies ou sociétés offrant les prix les plus réduits, alors même qu'il aurait de sérieuses raisons de penser qu'elles sont hors d'état de tenir leurs engagements. Cette critique ne nous paraît pas fondée. L'art. 27 de la loi de 1898 et le décret d'administration publique ont pris soin de réglementer et de soumettre à une étroite surveillance les sociétés d'assurances contre les accidents, de telle sorte qu'il est permis d'espérer qu'elles se trouvent toutes désormais à l'abri d'éventualité fâcheuse. D'autre part, le législateur a voulu favoriser dans la mesure du possible le développement des assurances : le moyen le plus sûr était de promettre une sécurité complète aux patrons assurés.

1674. — Il peut arriver que le contrat d'assurance ne garantisse qu'une partie de l'indemnité. La Caisse nationale limitera alors son recours contre l'assureur au montant de la somme couverte par l'assurance; elle aura, pour le surplus, une action en remboursement contre le chef d'entreprise. Par exemple, une société d'assurance peut stipuler qu'elle prend à sa charge les indemnités fixées par la loi, mais non les frais d'instance. Dans ce cas, la Caisse nationale aura une action contre l'assureur pour le remboursement du montant des indemnités et une action contre le patron pour le remboursement des frais.

Comme elle est subrogée dans les droits de l'ouvrier, l'assureur ne pourra lui opposer aucune clause de déchéance de la police[1].

1675. — En cas de faute inexcusable du patron génératrice de l'accident, il y aura sans aucun doute des divergences de vue parmi les sociétés d'assurances : les unes stipuleront qu'elles ne seront redevables d'aucune indemnité, d'autres refuseront de prendre à leur charge le supplément d'indemnité allouée è raison de l'inexcusabilité de la faute, d'autres enfin accepteront tous les risques sans distinction. Dans le premier cas, la Caisse nationale n'aura une action que contre le chef d'entreprise, comme si celui-ci n'avait contracté aucune assurance; dans le second cas, elle aura une action contre l'assureur pour l'indemnité normale et une action contre le patron pour le supplément d'indemnité et enfin, dans le troisième cas, elle n'aura pour débiteur que la société d'assurances[2].

Si le contrat d'assurance est l'objet d'une contestation, le patron affirmant son existence, la société la déniant, la Caisse

---

[1] T. Seine, 4 juill. 1902, *Gaz. Trib.*, 20 nov. 1902.
[2] Les sociétés d'assurances acceptent actuellement tous les risques issus de la loi de 1898, même lorsqu'il y a eu faute inexcusable du patron.

nationale prendra des mesures conservatoires contre les deux parties en attendant l'issue du procès.

1676. — Si le patron est affilié à un syndicat de garantie, la Caisse nationale dirigera sans aucun doute son action contre le syndicat qui est sûrement solvable, mais il lui serait loisible aussi d'agir contre le chef d'entreprise. En effet tous les adhérents d'un syndicat sont liés solidairement. Le créancier peut donc, à son choix, s'adresser ou à son débiteur personnel ou aux cooligés de son débiteur.

c) Durée de l'action.

1677. — Ni la loi de 1898, ni les décrets de 1899 n'indiquent la durée de l'action de la Caisse nationale contre le chef d'entreprise, l'assureur ou le syndicat de garantie en remboursement de ses avances ou en paiement du capital représentatif. Nous devons en conclure que cette action est soumise à la prescription du droit commun, c'est-à-dire à la prescription trentenaire. Aussi bien la situation des débiteurs de la Caisse nationale n'est en aucune façon digne d'intérêt, et l'on ne comprendrait pas que le législateur ait édicté en leur faveur une prescription spéciale de courte durée.

II

De la procédure à suivre par la Caisse nationale pour l'exercice de son action soit en remboursement de ses avances soit en paiement du capital représentatif dans les cas où il est obligatoire.

1678. — Comme dans la première partie du paragraphe précédent, nous prévoyons deux situations distinctes : celle où la caisse réclame seulement le remboursement de ses avantages et celle où elle exige le paiement du capital représentatif. Le titre II du premier décret réglementaire du 28 février 1899 trace les règles de procédure à suivre dans les deux cas ; les art. 16 à 21 concernent l'action en remboursement, les art. 22 à 25 l'action en versement anticipé.

L'art. 15, qui s'applique aux deux actions, est ainsi conçu : « *Le recours de la Caisse nationale des retraites est exercé aux requête et diligence du directeur général de la Caisse des dépôts et consignations dans les conditions énoncées aux articles suivants ».*

Une observation est nécessaire pour dissiper une équivoque que les termes de notre article pourraient faire naître dans l'esprit du lecteur. Le directeur général de la Caisse des dépôts et consignations est constitué par notre texte le mandataire *ad litem* de la Caisse nationale des retraites. C'est la Caisse nationale des retraites qui agit en justice; mais elle n'y agit pas pour son propre compte; elle est elle-même l'administrateur du fonds de garantie dont la gestion et la comptabilité sont tout à fait distinctes. Nous reviendrons sur ces explications en traitant de l'administration du fonds de garantie (Chap. V de notre titre, n⁰ˢ 1729 et s.).

a) *Procédure à suivre pour l'exercice de l'action en remboursement.*

1679. — Cette procédure comprend trois phases : la lettre recommandée, la contrainte, l'instance judiciaire consécutive à l'opposition, à contrainte.

1680. — 1° LETTRE RECOMMANDÉE. — Art. 16 : « *Dans les cinq jours qui suivent le paiement fait au bénéficiaire de l'indemnité et au greffier de paix, conformément aux art. 13 et 14 ou à l'expiration du délai dont il est question à l'art. 9, si le remboursement n'a pas été opéré dans ce délai, le directeur général de la Caisse des dépôts et consignations informe le débiteur, par lettre recommandée, du paiement effectué pour son compte. — La lettre recommandée fait en même temps connaître que, faute par le débiteur d'avoir remboursé dans un délai de quinzaine le montant de la somme payée, d'après un des modes prévus au dernier alinéa de l'art. 9, le recouvrement sera poursuivi par la voie judiciaire ».*

La *lettre recommandée* est la formalité préliminaire à la procédure en recouvrement des avances de la Caisse des retraites.

Le délai, dans lequel elle doit être adressée au débiteur, varie suivant que le juge de paix avait ou non accordé au débiteur, conformément à l'art. 9, un délai de grâce pour se libérer. Dans le premier cas, la lettre est expédiée immédia-

tement après l'expiration du délai accordé par le juge de paix ;
dans le second cas, le directeur général doit l'envoyer dans
les cinq jours qui suivent le paiement fait au bénéficiaire de
l'indemnité et au greffier de la justice de paix, conformément
aux art. 13 et 14. Il est bien entendu que toute poursuite deviendrait inutile si dans l'intervalle le débiteur s'était libéré.
Mais une libération partielle ne serait pas de nature à arrêter
la procédure ; la créance de la Caisse des retraites en serait
seulement diminuée.

Cette lettre contient à la fois un avis et une sommation.
Elle prévient le débiteur du paiement effectué par l'État et lui
fait connaître exactement le montant de la somme dont il est
redevable envers la Caisse nationale. En second lieu, elle le
met en demeure d'avoir à rembourser cette somme dans *un
délai de quinzaine* d'après l'un des deux modes prévus au
dernier alinéa de l'art. 9, c'est-à-dire soit par un versement
entre les mains du caissier de la Caisse des dépôts et consignations à Paris ou des préposés de la Caisse dans les départements, soit par l'expédition d'un mandat-carte au caissier
général à Paris ; en même temps elle lui fait connaître que,
faute d'obtempérer à cette sommation, il sera poursuivi par
les voies judiciaires.

1681. — 2° CONTRAINTE. — Art. 17 : « *A l'expiration du délai imparti par le 2ᵉ alinéa de l'art. 16 ci-dessus, il est délivré
par le directeur général de la Caisse des dépôts et consignations, à l'encontre du débiteur qui ne s'est pas acquitté, une
contrainte pour le recouvrement* ».

Art. 18 : « *La contrainte décernée par le directeur général
de la Caisse des dépôts et consignations est visée et déclarée
exécutoire par le juge de paix du domicile du débiteur. — Elle
est signifiée par ministère d'huissier* ».

Le délai de quinzaine une fois expiré sans libération intégrale du débiteur, le directeur général décerne une contrainte.

La contrainte est le mandement généralement employé par
l'administration des finances contre les redevables de deniers
publics ou de droits fiscaux pour les mettre en demeure de
payer ou de donner ouverture à une instance judiciaire. Elle
doit exposer clairement les causes de la dette, indiquer avec

exactitude le domicile et la qualité des parties, et présenter tous les développements propres à démontrer aux redevables la légitimité de la demande de la Caisse nationale.

1682. — La contrainte n'a force exécutoire qu'autant qu'elle a été visée et rendue exécutoire par le juge de paix. Le juge de paix compétent pour viser la contrainte est celui du domicile du débiteur.

En matière d'enregistrement, la question est controversée sur le point de savoir si la formalité du visa doit être apposée à la fois sur l'original de la contrainte et sur la copie destinée au redevable ou si elle n'est obligatoire que sur l'original. Notre art. 18, qui reproduit textuellement l'art. 64 de la loi de frimaire an VII, donnera lieu à la même divergence d'interprétation. J'incline à penser que le simple visa de l'original suffit.

1683. — La contrainte est signifiée par *ministère d'huissier.*

Il n'y a aucun délai de rigueur pour la signification de la contrainte : il suffit que la Caisse nationale agisse dans l'intervalle accordé pour la durée de son action.

En matière d'enregistrement, il a été décidé que l'art. 584 du Code de procédure civile aux termes duquel tout commandement doit contenir, de la part du créancier poursuivant, élection de domicile dans la commune où doit se faire l'exécution, c'est-à-dire dans le lieu de la résidence du débiteur, ne s'applique pas aux contraintes décernées par les receveurs d'enregistrement. L'administration n'est tenue d'élire domicile que dans les bureaux où les droits réclamés doivent être acquittés [1]. De même, en notre matière, il faut décider que, dans l'exploit de signification, le directeur général de la Caisse des dépôts et consignations doit faire élection de domicile dans les bureaux du préposé de la caisse où le débiteur est tenu de s'acquitter.

La signification doit être faite à la personne ou au domicile du débiteur.

1684. — Lorsque la contrainte est devenue exécutoire

---

[1] C. civ., 16 févr. 1851, D. *J. g.*, v° *Enregistrement*, n° 5663.

par le visa du juge de paix et qu'elle a été signifiée, on peut en poursuivre l'exécution comme de tout jugement rendu au profit du Trésor, tant du moins que cette exécution n'est pas interrompue par une opposition.

Cette exécution consiste en général dans la réalisation des valeurs données en cautionnement, si le débiteur de l'indemnité est une société ou une compagnie d'assurance (n° 1767). Elle peut aussi consister, quel que soit le débiteur, dans une saisie-exécution, dans une saisie-arrêt et même dans une saisie immobilière.

1685. — Mais autorise-t-elle l'inscription d'une hypothèque judiciaire? En matière de douane, la question a été tranchée souverainement dans le sens de l'affirmative par un arrêt du Conseil d'État des 29 octobre-12 novembre 1811 qui a acquis force de loi. En matière d'enregistrement et de régie des contributions directes, après de nombreuses controverses en doctrine et en jurisprudence, la Cour de cassation a jugé à plusieurs reprises que la contrainte n'emportait pas hypothèque judiciaire[1]. Les motifs invoqués par la Cour suprême nous paraissent péremptoires. « Attendu, lit-on dans l'arrêt de 1880, que l'avis du Conseil d'État du 16 thermidor an XII, approuvé le 25 du même mois, s'applique exclusivement aux contraintes décernées par des administrateurs faisant office de juges : que s'il déclare que ces contraintes emportent hypothèque de la même manière et aux mêmes conditions que les décisions judiciaires, c'est parce qu'elles ne peuvent, dit-il, être l'objet d'aucun litige devant les tribunaux ordinaires et qu'ayant le caractère de jugements, elles doivent en produire les effets ; — Attendu que les contraintes décernées pour le paiement des droits par l'administration des contributions indirectes sont, non des actes de juridiction, mais des actes de pur commandement qu'une simple opposition met en litige devant les tribunaux civils : que, dès lors, elles ne sont pas comprises parmi celles auxquelles cet avis attache l'hypothèque ; — Attendu qu'aucune conséquence contraire

[1] C. civ., 28 janv. 1828, J. G., v° *Enregistrement*, n° 5176; S. 28. 1. 128. C. req., 9 nov. 1880, S. 81. 1. 304, D. 81. 1. 249; Baudry-Lacantinerie et de Loynes, 2e vol., p. 306, n°s 1245 et s.

ne peut être tirée de l'avis du Conseil d'État du 29 juin 1811,
approuvé le 12 novembre suivant, lequel ne dispose qu'en
faveur de la régie des douanes, dans une matière toute différente ».

Ces motifs s'appliquent à notre matière avec la même force
qu'aux contributions indirectes ; la contrainte décernée par
le directeur de la Caisse des dépôts et consignations n'est pas
une décision : elle ne constitue, pour employer l'expression
de la Cour de cassation, qu'un acte de pur commandement,
qu'une simple opposition met en litige devant les tribunaux
civils. Dès lors, elle n'est pas susceptible de conférer l'hypothèque judiciaire. Au surplus, si telle avait été l'intention
du législateur, il s'en serait expliqué à l'art. 26 *in fine*, dans
lequel il traite de l'hypothèque judiciaire dont la Caisse des
retraites peut se prévaloir. Or, cet article ne parle ni de contrainte ni d'acte de même nature émanant de l'administration ; tout au contraire il n'attache l'hypothèque qu'aux
décisions judiciaires rendues au profit de la Caisse des retraites
exerçant son recours contre les chefs d'entreprise ou les compagnies d'assurances.

1686. — Cette solution donne un intérêt à la question de
savoir si, au lieu de recourir à la voie de la contrainte, la
Caisse des retraites n'aurait pas la faculté d'intenter contre
son débiteur une action judiciaire par la procédure de droit
commun, par exemple dans les cas où elle penserait avoir
avantage à prendre inscription hypothécaire avant de recourir
à toute mesure d'exécution. Cette question sera étudiée sous
le n° 1692.

1687. — 3° Instance judiciaire consécutive à la contrainte.
— Si la contrainte n'est suivie d'aucune opposition, la Caisse
des retraites en poursuit l'exécution, ainsi qu'il vient d'être
dit plus haut. Une opposition est-elle signifiée, l'exécution de
la contrainte se trouve immédiatement interrompue et la justice est saisie du litige. « *L'exécution de la contrainte*, dit l'art.
19, *ne peut être interrompue que par une opposition formée par
le débiteur et contenant assignation donnée au directeur général de la Caisse des dépôts et consignations devant le tribunal civil du domicile du débiteur* ».

Deux conditions sont nécessaires pour la validité d'une opposition. Il faut : 1° Que l'opposition soit formée par le débiteur ; 2° Qu'elle contienne assignation au directeur général de la Caisse des dépôts et consignations devant le tribunal civil du domicile du débiteur. Toute opposition qui ne remplirait pas ces conditions n'aurait pas d'effet interruptif sur l'exécution de la contrainte ; et la Caisse nationale pourrait en demander la nullité.

1688. — Ces deux conditions sont-elles suffisantes ? Si on rapproche les dispositions de notre article des termes de l'art. 64 de la loi du 22 frimaire an VII dont elles dérivent manifestement, on relève une double différence : l'art. 64 exige en outre que l'opposition soit motivée et que l'assignation soit donnée à jour fixe. C'est avec intention que les auteurs du décret n'ont pas reproduit ces deux autres conditions. Elles sont en effet sans intérêt ; jusqu'à présent elles n'ont servi en matière d'enregistrement qu'à engendrer devant les tribunaux des discussions de forme tout à fait stériles. Nous ne pouvons qu'approuver cette suppression.

1689. — Le tribunal ayant été saisi par l'opposition, il s'agit de déterminer les formes et les délais de l'instance. C'est ce qu'ont fait les art. 20 et 21 de notre décret. Art. 20 : « *L'instance à laquelle donne lieu l'opposition à contrainte est suivie dans les formes et délai déterminés par l'art. 65 de la loi du 22 frimaire an VII sur l'enregistrement* ».

Art. 21 : « *Les frais de poursuites et dépens de l'instance auxquels a été condamné le débiteur débouté de son opposition sont recouvrés par le directeur général de la Caisse des dépôts et consignations, au moyen d'un état de frais taxé sur sa demande et rendu exécutoire par le président du tribunal* ».

1690. — Les principes posés par l'art. 65 de la loi de frimaire sont les suivants : Les instances en matière d'enregistrement sont de la compétence exclusive des tribunaux civils. L'instruction se fait par simples mémoires respectivement signifiés. Les plaidoiries orales sont interdites. Le ministère de l'avoué n'est pas obligatoire : si l'une des parties juge à propos de constituer avoué, les frais de cet officier ministériel n'entrent pas en taxe.

Un laps de temps suffisant est accordé aux parties pour produire leurs défenses, sans qu'il puisse dépasser trente jours. L'inobservation de ce délai n'entraîne d'ailleurs aucune déchéance. Le jugement est rendu sur le rapport d'un juge et après audition du ministère public : c'est en audience publique que le juge doit faire son rapport et le ministère public donner ses conclusions.

Les tribunaux sont tenus de rendre leurs décisions dans les trois mois à compter de l'acte introductif; mais ce délai est dépourvu de sanction. Enfin les jugements des tribunaux sont rendus en dernier ressort; ils ne peuvent être attaqués que par pourvoi en cassation.

Telles sont les règles auxquelles sont aussi soumises les instances sur opposition à contrainte décernée par la Caisse nationale des retraites.

Les divers actes de procédure et jugements de cette instance sont, conformément à l'art. 29 de notre loi, visés pour timbre et enregistrés gratis (V. no 1845).

1691. — La décision judiciaire, qui déboute l'opposant de sa prétention, consacre par cela même les droits de la Caisse nationale des retraites et permet à celle-ci de prendre inscription pour le montant de sa créance.

Dans les instances ordinaires, les frais de poursuites et dépens sont recouvrés au moyen d'un état dressé par l'avoué et taxé par le président du tribunal qui les rend exécutoires. En notre matière, le directeur général de la Caisse des dépôts et consignations, agissant sans ministère d'avoué, est autorisé à présenter lui-même son mémoire de frais à la taxe du président. L'exécution de l'ordonnance de taxe peut être poursuivie par les voies de droit. C'est ce que signifie l'art. 20 cité plus haut.

1692. — Le moment est venu de rechercher si la Caisse des retraites n'a, pour saisir le tribunal, que la voie exceptionnelle qui lui est tracée par les art. 16 et suivants du décret. Ne peut-elle pas, si elle le juge préférable, assigner son débiteur devant le tribunal, au lieu de procéder par voie de contrainte? Cette question n'est pas purement doctrinale. La Caisse des retraites peut avoir intérêt à retarder, pendant

quelque temps, ses mesures d'exécution et à prendre, en
attendant, une inscription hypothécaire. Une action introduite par exploit d'ajournement lui fournira seule ce moyen.
L'administration de l'enregistrement a fait reconnaître par
les tribunaux son droit d'agir en justice à son gré ou par voie
de contrainte ou par la voie d'assignation. Les décisions rendues sur cette matière se fondent sur deux motifs : d'une part
la contrainte, tout en étant le premier acte de poursuite, ne
fait pas, par elle-même, partie intégrante de l'instance. D'autre part, si l'art. 64 de la loi de frimaire dispose que le premier acte de poursuite pour le recouvrement des droits *sera*
une contrainte, il ne s'exprime pas d'une manière impérative
et n'exclut pas, par conséquent, l'idée que l'administration
puisse agir autrement[1].

Les mêmes motifs sont applicables à la Caisse nationale des
retraites ; ni les termes de l'art. 26 de la loi du 9 avril 1898,
ni ceux des art. 15 et suivants du décret du 28 février 1899,
ne sont exclusifs d'une action intentée par exploit d'ajournement. Toutefois les instances, introduites conformément au
droit commun, n'en restent pas moins soumises aux règles de
forme et de délai prescrites par l'art. 20 du décret du 28 février 1899 et par l'art. 65 de la loi du 22 frimaire an VII.

b) *Procédure à suivre par la Caisse des retraites pour obtenir le versement du*
capital représentatif, dans les cas où il est obligatoire.

1693. — Le décret de 1899 trace deux règles différentes
suivant que l'exigibilité du capital représentatif est déterminée par la faillite ou la liquidation judiciaire du débiteur ou
suivant qu'elle est due à une autre des causes prévues par
l'art. 28 (cessation d'industrie survenue volontairement ou
par décès ou bien cession d'établissement).

1694. — *Premier cas.* — Le capital représentatif d'une
pension est devenu exigible par suite de la faillite ou de la
liquidation judiciaire du débiteur.

En cette occurrence, dit l'art. 22 : « *Le directeur général*
de la Caisse des dépôts et consignations, représentant la Caisse

---

[1] Cass. req.; 18 mess. an X. Cass. req., 20 mars 1839, J. G., v° *Enregistrement,*
n° 5653. Trib. de Versailles, 19 nov. 1869, D. P. 72. 5. 183-184.

*nationale des retraites pour la vieillesse, demande l'admission
au passif pour le montant de sa créance. — Il est procédé,
dans ce cas, conformément aux dispositions des art. 491 et s.
du Code de commerce et de la loi du 4 mars 1889 sur la liquidation judiciaire. »*

Le directeur général devra faire sa production dans le délai imparti par l'art. 492 du Code de commerce. La créance
de la caisse sera soumise à la vérification de l'assemblée générale qui pourra l'admettre ou la contester. Admise, elle
sera classée immédiatement au nombre des créances chirographaires remboursables au marc le franc. En cas de contestation, le directeur général fera régulariser son titre en introduisant une instance devant le tribunal civil ; cette action
devra être, ce me semble, poursuivie par voie d'assignation,
tout en restant assujettie aux règles de forme et de délai prescrites par l'art. 20 de notre décret et par l'art. 65 de la loi de
frimaire an VII. Si la Caisse des retraites obtient gain de cause
devant le tribunal, elle verra sa créance admise d'une façon
définitive par le syndic.

1695. — *Deuxième cas.* — L'exigibilité du capital a eu une
cause autre que la faillite ou la liquidation judiciaire du débiteur ; elle a été déterminée par une cessation d'industrie survenue volontairement ou à la suite de décès ou par cession
d'établissement.

L'art. 23 qui prévoit ce cas contient la disposition suivante :
« *Le directeur général de la Caisse des dépôts et consignations,
par lettre recommandée, met en demeure le débiteur ou ses représentants d'opérer dans les deux mois qui suivront la réception de la lettre le versement à la Caisse nationale des retraites
du capital exigible, à moins qu'il ne soit justifié que les garanties prescrites par le décret du 28 février 1899, portant règlement d'administration publique en exécution de l'art. 28 de
la loi ci-dessus visée ont été fournies* ».

L'art. 24 ajoute : « *Si, à l'expiration du délai de deux mois,
le versement n'a pas été effectué ou les garanties exigées n'ont
pas été fournies, il est procédé au recouvrement dans les mêmes
conditions et suivant les formes énoncées aux art. 17 à 21 du
présent décret* ».

La procédure tracée par ces deux articles est identique à celle qui a été prescrite par les art. 16 à 21 pour le recouvrement des avances faites par la Caisse des retraites. Seul le libellé de la lettre recommandée diffère par la durée du délai dans lequel le débiteur doit se libérer et par l'objet de la demande.

Le directeur général envoie la lettre recommandée dès qu'il a connaissance d'une des causes d'exigibilité rentrant dans notre deuxième cas. Cette lettre, comme celle dont il a été parlé à l'alinéa précédent, contient un avis et une sommation. Elle expose clairement la cause qui rend exigible le capital représentatif de la pension, elle indique quel est le montant de ce capital et sur quelles bases il est calculé. En second lieu elle impartit au débiteur un délai de deux mois à partir du jour de réception soit pour verser le montant dudit capital représentatif à la Caisse nationale des retraites soit pour justifier qu'il a fourni les garanties prescrites par le décret du 18 février 1899 et qui ont été énumérées plus haut (n⁰ˢ 1614 et s.). Si le débiteur laisse écouler ce délai sans obtempérer aux injonctions de la lettre recommandée, le directeur général décerne une contrainte : et la procédure suit son cours.

Les motifs, que nous avons développés n° 1692 nous portent à penser que la Caisse des retraites peut, si elle y trouve son intérêt, agir par voie d'assignation, en se conformant également aux règles de forme et de délais de l'art. 20.

1696. — Enfin, l'art. 25 confère au directeur général les pouvoirs les plus larges. « *En dehors des délais fixés par les dispositions qui précèdent, le directeur général de la Caisse des dépôts et consignations peut accorder tous délais et toutes facilités de paiement. — Le directeur général peut également transiger* ».

III

Des garanties accordées par la loi à la Caisse nationale contre ses débiteurs : hypothèque judiciaire, privilège de l'art. 2102 du Code civil.

a) *Hypothèque judiciaire.*

1697. — L'art. 27, qui a supprimé l'hypothèque judiciaire au profit des victimes d'accidents ou de leurs représentants, l'a

expressément maintenue au profit de la Caisse des retraites.
C'est qu'en effet les bénéficiaires d'indemnité, ayant le cautionnement de la Caisse nationale, peuvent se passer de toute
autre sûreté. Au contraire, la Caisse nationale, qui a la charge
lourde et périlleuse de couvrir les chefs d'entreprise de sa
garantie, ne saurait rester désarmée contre ceux dont elle répond : la justice la plus élémentaire commandait de ne pas la
priver du droit de recourir aux mesures conservatoires que
tous les créanciers peuvent prendre contre leurs débiteurs.
Aussi bien, les chefs d'entreprise, qui laissent la Caisse nationale acquitter leurs propres dettes, cessent-ils par cela même
de mériter la sollicitude du législateur.

1698. — Aux termes de l'art. 27, toutes les décisions judiciaires rendues au profit de la Caisse des retraites exerçant
son recours contre les chefs d'entreprise ou les compagnies
d'assurances emportent hypothèque. A ce propos il convient
de rappeler : 1° que la contrainte décernée par le directeur
de la Caisse des retraites n'a pas le caractère d'une décision
judiciaire (V. n° 1684); — 2° que le patron, qui a contracté
une assurance, est à l'abri de tout recours (V. n°s 1672-1676).

b) Privilège de l'art. 2102 du Code civil.

1699. — L'al. 2 de l'art. 26 dispose que : « *en cas d'assurance du chef d'entreprise, la Caisse nationale jouira, pour
le remboursement de ses avances, du privilège de l'art. 2102 du
Code civil sur l'indemnité due par l'assureur et n'aura plus de
recours contre le chef d'entreprise* ».

Disons tout de suite que ce privilège n'est pas opposable
aux syndicats de garantie vis-à-vis desquels il aurait été inutile. En effet la Caisse nationale, en acquittant l'indemnité due
à la victime, se trouve subrogée dans les droits de celle-ci
contre le patron débiteur principal et en même temps contre
tous les membres du syndicat qui sont des cautions solidaires.

Nous étudierons successivement le but et les effets de notre
privilège.

1700. — But et fondement du privilège de notre loi. — Il
convient tout d'abord d'examiner, à la lueur des principes du
droit commun, la situation juridique de la Caisse nationale

qui acquitte l'indemnité aux lieu et place du chef d'entreprise dont elle est la caution. Aux termes de l'art. 1251, n° 3 du Code civil, elle est subrogée légalement *ipso facto* dans les droits et actions de la victime ou de ses représentants, créanciers de l'indemnité. Or, en quoi consistent ces droits et actions? La victime ou ses représentants ont, contre le chef d'entreprise, l'action en paiement de l'indemnité fixée par la loi de 1898; cela est incontestable. Ont-ils aussi une action directe contre l'assureur en paiement de l'indemnité stipulée au contrat d'assurance?

Si oui, cette action passe, par l'effet de la subrogation, sur la tête de la Caisse nationale qui peut alors se faire remettre le montant de l'indemnité à l'exclusion du chef d'entreprise ou des créanciers de celui-ci. Dans cette opinion, l'application à notre matière du privilège de l'art. 2102 du Code civil serait une superfétation juridique, la Caisse nationale ayant un droit exclusif à l'indemnité, on ne comprendrait pas ce qu'un privilège viendrait y ajouter.

Si, au contraire, on ne reconnaît à l'ouvrier que l'action indirecte de l'art. 1166 du Code civil contre la compagnie d'assurances, le droit dans lequel le fonds de garantie se trouve subrogé, ne fait pas obstacle à ce que le montant de l'indemnité tombe dans le patrimoine du chef d'entreprise. L'intérêt de l'institution d'un privilège en faveur de la Caisse nationale apparaît alors d'une façon manifeste puisque, sans ce privilège, elle n'aurait que les droits d'un créancier ordinaire et qu'elle serait payée au marc le franc sur le montant de l'indemnité, comme sur le surplus de la fortune du chef d'entreprise.

1701. — Avant la promulgation de notre loi, cinq systèmes divisaient, sur cette question, les auteurs et la jurisprudence. L'action directe, qui avait fini par prévaloir, avait, suivant les uns, son fondement dans un contrat de mandat intervenu tacitement entre le patron et ses ouvriers; elle dérivait, suivant d'autres, du quasi-contrat de gestion d'affaires; enfin une troisième opinion la rattachait aux dispositions de l'art. 1121 du Code civil sur la stipulation pour autrui. Les partisans de l'action indirecte considéraient le patron soit

comme l'assureur de ses ouvriers, soit comme ayant pris envers eux l'engagement de les faire bénéficier de l'indemnité
stipulée dans la police d'assurance. Cette dernière opinion,
savamment exposée par M. Labbé[1], tendait à reconnaître au
profit de l'ouvrier un droit de préférence sur la créance du
patron contre la compagnie[2].

1702. — Aujourd'hui le doute n'est plus possible. La loi
de 1898 a fait le patron assureur de ses ouvriers; elle a établi
les bases d'évaluation de l'indemnité à laquelle ils ont droit,
en cas d'accident, et elle leur a donné, dans le cautionnement
de la Caisse nationale, une garantie absolument sûre, qui n'a
nul besoin d'être complétée par une assurance. Dès lors,
quand un chef d'entreprise contracte avec un assureur, il agit
dans son intérêt exclusif; on ne peut le considérer ni comme
le mandataire ou le gérant d'affaires de ses ouvriers ni comme
ayant fait une stipulation en leur faveur. On ne saurait pas
même admettre, par hypothèse, comme le faisait M. Labbé,
qu'il ait pris l'engagement de faire bénéficier ses ouvriers du
montant de l'indemnité stipulée au contrat. De là découlent deux conséquences :

1° Par application des principes de droit commun, la victime ou ses représentants n'ont aucune action directe contre
l'assureur du patron et ils ne peuvent se prévaloir, sur l'indemnité, ni d'un droit de propriété ni d'un droit de préférence;

2° Par application des mêmes principes, le montant de l'indemnité due par l'assureur devrait, en cas d'accident, se confondre dans le patrimoine du chef d'entreprise et devenir le
gage commun des créanciers de celui-ci, sans que la Caisse
nationale, dont les droits sont les mêmes que ceux de ses subrogeants, puisse prétendre à un droit de préférence quelconque.

Qui ne comprend combien cette dernière conséquence
blesserait l'équité? Les créanciers du chef d'entreprise ver-
raient ainsi leur gage s'accroître du montant d'une indem-

---

[1] Sous Cass., 1er juill. 1885, S. 85. 1. 409.
[2] Voir pour l'exposé de ces différents systèmes avec la note précitée de M. Labbé,
les notes de M. Wahl, S. 97. 2. 153 et S. 98. 2. 257. Baudry-Lacantinerie et Wahl,
Tr. cont. de louage, t. II, nos 1353 et 1357.

nité d'assurance destinée en définitive à réparer le dommage éprouvé par les victimes d'un accident industriel. En d'autres termes, ils tireraient profit d'un sinistre au détriment de celui qui a désintéressé les victimes. C'est pour prévenir ce résultat vraiment injuste que le législateur de 1898 a accordé à la Caisse nationale le privilège de l'art. 2102 du Code civil sur l'indemnité due par l'assureur.

1703. — On peut faire un rapprochement entre la situation de la Caisse nationale de garantie au regard de l'assureur du chef d'entreprise, en cas d'accident, et la situation du propriétaire d'une maison louée au regard de l'assureur de son locataire, en cas d'incendie du bâtiment.

Avant la loi du 19 février 1889, qui a complété sur ce point les dispositions législatives du contrat de louage, le bailleur n'avait aucun droit exclusif sur le montant de l'indemnité d'assurance due à son locataire, de telle sorte que l'incendie des bâtiments du premier profitait aux créanciers chirographaires du second. L'art. 3, al. 2 de la loi de 1889 mit fin à cet état de choses en disposant qu' « en cas d'assurance du risque locatif ou du recours du voisin, l'assuré ou ses ayants-droit ne pourront toucher tout ou partie de l'indemnité sans que le propriétaire de l'objet loué, le voisin ou le tiers subrogé à leurs droits aient été désintéressés des conséquences du sinistre ». Cette formule assez obscure a donné lieu à de nombreuses divergences d'interprétations. Les uns[1] y voient l'octroi d'une action directe au profit du bailleur contre l'assureur, d'autres[2], celui d'un privilège; d'autres enfin admettent que l'assureur est tenu de payer le bailleur à l'exclusion des autres créanciers, mais que seul le locataire a le droit de poursuivre en justice l'exécution de cette obligation[3].

Notre législateur avait la faculté de choisir entre les trois systèmes : il s'est prononcé pour le privilège et spécialement pour celui de l'art. 2102 du Code civil.

1704. — Il n'est pas sans intérêt de comparer sur ce point les dispositions de notre loi avec celles de la loi anglaise. Le législateur anglais n'a pas créé de caisse de garantie. Aussi a-t-il dû conférer à l'ouvrier sur l'assureur du patron un droit analogue à celui que la loi

---

[1] V. Guillouard, *Priv. et hypoth.*, t. I, p. 196, n° 165.
[2] Labbé, *Rev. crit.*, 1876, p. 687.
[3] Darras et Tarbouriech, *De l'attrib. en cas de sinistre des indemnités d'ass.*, n°s 107 à 109 ; Baudry-Lacantinerie et de Loynes, *Priv. et hypoth.*, t. I, p. 244, n°s 295 et s.

française reconnaît au propriétaire d'un bâtiment contre l'assureur de son locataire. Dans la loi anglaise, il est parlé expressément de privilège, ce qui est plus clair que dans la loi française de 1889. « Toutes les fois, lit-on au titre V de la loi anglaise du 6 août 1897, qu'une indemnité sera exigible d'un patron pour cause d'accident, en vertu de la présente loi, et que lui-même sera créancier d'une assurance pour une somme quelconque destinée à remplir ses obligations envers l'ouvrier, en cas de faillite, concordat ou arrangement dudit patron avec ses créanciers ou en cas de liquidation s'il s'agit d'une société, ledit *ouvrier exercera un privilège sur ladite somme jusqu'à concurrence de ce qui lui est dû...* [1] ».

1705. — ÉTENDUE ET EFFETS DU PRIVILÉGE. — Le privilège de notre loi est destiné à garantir le remboursement des avances faites par la Caisse nationale. Par avances, il faut entendre toutes les sommes dont la Caisse nationale aurait pu exiger le remboursement du chef d'entreprise lui-même, s'il n'avait pas été assuré. Nous avons vu plus haut, nos 1666 et s., qu'elles peuvent consister : 1° en arrérages ; 2° en capital, dans les cas où la conversion de la rente en capital est autorisée par la loi ; 3° en intérêt de ce capital, si les intérêts étaient devenus exigibles ; 4° en frais que la victime ou ses représentants auraient été obligés de faire contre le chef d'entreprise. A ces avances proprement dites, il faut ajouter ce qui en est l'accessoire, c'est-à-dire : 1° les intérêts depuis le jour du paiement ; car la Caisse nationale, n'ayant plus de recours contre le patron, doit se faire rembourser intégralement par l'assureur ; 2° les frais que la Caisse nationale a été obligée d'acquitter indépendamment de ceux faits par la victime ou ses représentants.

1706. — L'art. 26 ajoute que le privilège porte sur l'indemnité due par l'assureur. L'indemnité, dont parle notre article, comprend les sommes dues par la société d'assurances au chef d'entreprise en exécution du contrat qui les lie et à raison de l'accident survenu à la victime qui, par elle ou par ses représentants, a fait appel au cautionnement de la Caisse nationale.

Toute indemnité, qui ne remplirait pas ces conditions,

[1] Trad. du *Bull. de l'Off. du trav.*, nov. 1897, p. 727.

échapperait à l'action de notre privilège. Par exemple la loi
de 1898 n'exclut pas l'assurance de responsabilité. Parmi les
victimes d'un accident, il peut s'en trouver qui soient, non des
ouvriers de l'exploitation, mais des personnes étrangères.
Soumises au droit commun, elles ne peuvent obtenir une réparation qu'à la condition de démontrer la faute du chef d'entreprise. C'est pour se mettre à l'abri des conséquences d'une
action de cette nature, que les patrons contractent l'assurance
de responsabilité. Or, si, à raison d'un même accident, un
assureur se trouvait redevable envers un chef d'entreprise
de plusieurs indemnités concernant les unes l'assurance ouvrière, les autres l'assurance de responsabilité, le privilège
de notre article ne porterait que sur les indemnités de la première catégorie.

CHAPITRE V

LE FONDS DE GARANTIE.

1707. — Le fonds de garantie est un fonds alimenté par des taxes additionnelles spéciales à la charge de la généralité des industriels assujettis à la loi de 1898 et qui est destiné à garantir les victimes d'accidents contre le défaut de paiement des rentes et indemnités prévues par ladite loi. Cette garantie doit être complète et absolue ; en cas d'insuffisance, la taxe spéciale est élevée par la loi annuelle des finances. Il suit de là que l'institution du fonds de garantie constitue une association officielle et obligatoire des industriels en vue de garantir les ouvriers contre les risques de non-paiement des rentes et indemnités allouées en cas d'accidents.

1708. — La taxe additionnelle instituée par notre loi revêt la forme de l'impôt des patentes ; mais elle ne constitue pas, à proprement parler, un impôt ; car elle a une affectation spécialement déterminée et le produit n'en est pas versé dans les caisses de l'État, qui n'auraient pas le droit d'en disposer pour un service public. Aussi est-ce à tort qu'on a soutenu que cette taxe avait été votée en violation du principe posé par les lois constitutionnelles, à savoir que les impôts ne peuvent être votés que pour faire face aux charges publiques[1].

Nous étudierons successivement la constitution du fonds de garantie (art. 25 de la loi de 1898) et son administration avec ses recettes et dépenses (art. 28 et 29 du décret).

---

[1] Conseil d'État, 23 mai 1901, D. 1902. 3. 87

PREMIÈRE SECTION.
Constitution du fonds de garantie.

PRÉLIMINAIRES.

1709. — La logique et l'équité auraient commandé de faire participer à l'alimentation du fonds de garantie toutes les entreprises ou exploitations cautionnées par ledit fonds, c'est-à-dire toutes celles qui sont assujetties à notre loi et de proportionner la contribution de chacune d'elles au risque qu'elle court de manquer à ses obligations envers les victimes d'accidents et par suite de mettre en jeu le cautionnement du fonds national. Notre législateur a fait échec à ce double principe.

D'une part, en effet, sans parler des exploitations agricoles qui échappent à la taxe spéciale même dans le cas où elles font usage de moteurs inanimés, l'institution de deux juridictions distinctes et indépendantes, l'une pour déterminer les professions assujetties à la taxe additionnelle et l'autre pour régler l'indemnité des victimes en cas d'accident a eu pour conséquence inévitable de faire contribuer à l'alimentation du fonds de garantie des exploitations dans lesquelles les accidents sont réglés d'après les principes du droit commun et, par contre, d'exempter de la taxe spéciale d'autres exploitations dont les ouvriers bénéficient, en cas d'accident, des dispositions de la loi du 9 avril 1898 (V. nos 1720 et s.).

D'autre part, le risque d'insolvabilité sur lequel devrait être, en bonne règle, calculée la taxe additionnelle de la loi de 1898 n'a rien de commun avec le montant de la patente qui est cependant la base d'évaluation de la contribution au fonds de garantie. A ce point de vue, une différence paraîtrait devoir s'imposer entre les patrons assurés ou syndiqués qui n'exposent le fonds national à aucun aléa et les autres chefs d'entreprise qui seuls se trouvent dans une situation susceptible de provoquer la réalisation de la garantie. Et cependant il n'apparaît pas que dans les travaux préparatoires le législateur se soit préoccupé d'exonérer, même partiellement, les premiers d'une taxe à laquelle ils ne devaient en bonne justice nullement contribuer.

1710. — TRAVAUX PRÉPARATOIRES. — Le premier projet, qui remonte à 1895, confondait le risque d'insolvabilité avec le risque d'accident ; il prenait ce dernier risque comme base de la contribution des chefs d'entreprise à l'avoir du fonds de garantie[1]. Un second,

---

[1] V. nos 1549 et s., l'exposé détaillé de ce projet.

présenté d'abord par M. Poirrier et repris plus tard par M. Félix
Martin (séance du 19 mars 1896) [1], répartissait les sommes tombées
en souffrance par suite de l'insolvabilité entre les chefs d'entreprise
chez lesquels les accidents s'étaient produits dans l'année. Un troisième
système, dû à l'initiative de M. Félix Martin au Sénat dans la séance
du 24 mars 1896 [2], consistait dans la création d'une caisse mutuelle
de garantie et de secours pour les invalides du travail, qui eût été
alimentée soit par des subventions de l'État, soit par des dons et legs,
soit surtout par une cotisation annuelle de 1 franc par mille francs de
salaire versée par le patron avec faculté pour lui de la retenir sur le
salaire des ouvriers.

1711. — C'est dans les débats de 1897 à la Chambre des députés
qu'apparaît pour la première fois au parlement la proposition qui a
donné naissance au texte définitif. Ce projet s'est inspiré d'une idée
imaginée par M. Cheysson. Le savant ingénieur avait, dès le 24 décembre 1895, proposé dans une séance de la société d'Économie
sociale, de se servir de centimes additionnels ajoutés à l'impôt des
patentes pour percevoir les cotisations des industriels au fonds de garantie [3]. Puisqu'il fallait, pensait-on, renoncer à toute personnalité
établie sur des bases mathématiquement exactes, ce moyen était, à
coup sûr, le plus simple, le moins coûteux et le plus conforme aux
habitudes des contribuables; quelques francs ajoutés chaque année
aux impôts des chefs d'entreprise passeraient en quelque sorte ina-
perçus et suffiraient à constituer le fonds de la caisse de garantie.
M. le ministre du Commerce disait en substance à la Chambre des
députés dans la séance du 28 octobre 1897 [4] : Au pis aller, la contribution annuelle de toute l'industrie au fonds de garantie ne devra pas
dépasser 720.000 francs; on peut même compter qu'elle descendra à
un chiffre de 3 ou 400.000 francs. Or, le total des patentes payées par
les chefs d'entreprise assujettis à la loi sur les accidents est, en chiffres
ronds, de dix-huit millions. Un centime additionnel représentant
180.000 francs, il suffira de quatre centimes ajoutés à l'impôt des patentes pour faire face à toutes les obligations de la caisse de garantie.

1712. — Les *mines* échappant à la contribution des patentes, on
proposa de les frapper d'une taxe équivalente aux centimes additionnels. Un premier projet, voté par la Chambre en 1897, fixait cette taxe
à un franc par 10.000 francs de valeur extraite, d'après les estima-
tions admises à la redevance. Sur l'observation faite par le service

[1] *J. O.*, Déb. parl., p. 265.
[2] *J. O.*, Déb. parl., p. 320.
[3] V. *Réforme sociale* du 16 févr. 1896. Cherdiny, *op. cit.*, p. 274.
[4] *J. O.*, Déb. parl., p. 2227.

des mines qu'il serait préférable d'établir la taxe projetée sur les mêmes bases que celle déjà existante en prenant l'unité de mesure dans la superficie des concessions, le Sénat adopta le texte actuel qui en fixe le taux à raison de cinq centimes par hectare concédé. Cette prestation de cinq centimes doit, d'après les évaluations faites, produire une somme annuelle de cent mille francs. On estime que l'industrie minière contribuera ainsi, dans la même proportion que les autres industries, à l'alimentation du fonds de garantie.

1713. — Comme les mines, l'agriculture n'est pas soumise à l'impôt des patentes. Et, bien que le risque professionnel soit applicable aux accidents occasionnés par les machines agricoles, le législateur n'a pas cru devoir frapper les cultivateurs de la taxe spéciale du fonds de garantie. Sans doute l'usage des forces inanimées devient de plus en plus fréquent dans les campagnes ; mais il est rare que les machines dépendent de l'exploitation rurale, elles appartiennent généralement à des industriels patentés et soumis au risque professionnel. A la Chambre des députés[1], M. le ministre du Commerce a déclaré qu'il en était ainsi chez les 90 ou 94 0/0 des agriculteurs qui utilisent des moteurs inanimés ; et il a ajouté qu'on pouvait considérer comme négligeable le nombre de ceux qui, propriétaires et directeurs de machines, ne paient pas patente. Au surplus, a-t-il dit en terminant, si l'exploitation individuelle de ces machines venait à s'accroître dans des proportions telles que le risque d'involvabilité, couvert par la masse, fût de nature à augmenter la charge des patentés, la loi interviendrait. Ces paroles du ministre déterminèrent la Chambre à accepter la rédaction proposée par la commission.

1714. — NOTIONS SUR LES CENTIMES ADDITIONNELS. — Créée par la loi des 2-17 mars 1791 qui l'a substituée aux anciens droits de maîtrise et de jurande, la contribution des patentes est un impôt sur les bénéfices de l'industrie, du commerce et des professions libérales. En bonne règle, elle devrait être proportionnée à ces bénéfices diminués des frais généraux inhérents à chaque profession. En fait, elle est loin d'atteindre cet idéal, malgré les efforts tentés dans ce sens par les rédacteurs des deux dernières lois organiques du 25 avril 1884 et du 15 juillet 1880. Comme la constatation directe des bénéfices nécessiterait des investigations d'un caractère inquisitorial, le législateur a dû se résigner à ne frapper la matière imposable que d'une manière indirecte, d'après un ensemble de présomptions, telles que la valeur locative des bâtiments occupés par le commerçant ou l'industriel, la nature et l'importance de son exploitation, la population

---

[1] V. séance du 27 oct. 1897, *J. O.*, Déb. parl., p. 2227.

de la commune. A cet effet il a divisé cet impôt en deux droits : l'un, dit *fixe*, mais qui serait appelé plus exactement *professionnel*, est plus ou moins élevé suivant les professions, tout en restant le même pour chaque classe; l'autre, dit *proportionnel*, est basé sur la valeur locative des bâtiments et varie d'après une classification de toutes les industries du 1/10 au 1/50. Au point de vue de la fixation du tarif, les patentés sont répartis en quatre classes : 1° les commerçants ou marchands en détail et en demi-gros et artisans occupant des ouvriers; 2° les hauts commerçants, comprenant la plus grande partie des marchands en gros, les commissionnaires, les banquiers, etc.; 3° les industriels appelés aussi fabricants et manufacturiers [1]; 4° les professions libérales.

Comme les autres contributions directes, l'impôt des patentes est susceptible de s'accroître par des centimes additionnels. On entend par centimes additionnels un supplément proportionnel qui vient s'ajouter au principal dont il représente la centième partie. Au point de vue de la destination de ces impôts supplémentaires, on distingue trois sortes de centimes additionnels : 1° les centimes généraux que le parlement vote chaque année afin de pourvoir à l'insuffisance du principal des contributions directes et pour former un fonds de non-valeur; 2° les centimes départementaux qui sont votés annuellement, suivant les prescriptions des lois de finances, par les conseils généraux pour assurer dans chaque département le service des dépenses; 3° les centimes communaux votés suivant les besoins des communes par les conseils municipaux.

Les centimes additionnels prévus par notre loi viendront grossir les centimes additionnels généraux. Le nombre en sera fixé chaque année par la commission du budget d'après l'état de la caisse de garantie et suivant les calculs des actuaires.

1715. — NOTIONS SUR LA TAXE MINIÈRE. — Aux termes des décrets du 6 mai 1811 et du 11 février 1874, le concessionnaire d'une mine [2] est tenu de payer à l'État : 1° une redevance fixe et annuelle, égale à 0 fr. 10 par hectare concédé; 2° une redevance proportionnelle, qui est réglée chaque année par le budget, mais qui ne peut excéder 5 0/0 du produit net de l'extraction, plus un décime par franc et qui forme un fonds de non-valeur pour remise aux concessionnaires éprouvés par des pertes ou accidents. Cette dernière taxe peut d'ailleurs être remplacée par un abonnement annuel basé sur le pro-

---

[1] Ces deux dernières dénominations sont prises dans le sens des mots *fabriques* et *manufactures* dont nous avons donné les définitions au point de vue de la législation financière, chap. I, tit. I.

[2] Les *salines* sont imposées à la taxe des mines. Les *minières* et *carrières* sont assujetties à la patente (art. 17 de la loi du 15 juill. 1880, V. n° 83).

duit net moyen des cinq dernières années. L'une et l'autre sont perçues dans la forme des contributions foncières.

La taxe établie par notre loi grossira de 0 fr. 05 par hectare concédé la première de ces redevances.

———

1716. — L'art. 25 de la loi du 9 avril 1898 est ainsi conçu : « *Pour la constitution du fonds spécial de garantie, il sera ajouté au principal de la contribution des patentes des industriels visés par l'art. 1er, quatre centimes additionnels. Il sera perçu sur les mines une taxe de cinq centimes par hectare concédé.*

« *Ces taxes pourront, suivant les besoins, être majorées ou réduites par la loi de finances* ».

Le commentaire de cet article comporte une division en trois paragraphes : 1° désignation des patentables assujettis à l'imposition spéciale du fonds de garantie ; 2° détermination du montant de l'imposition pour chaque contribuable ; 3° compétence en cas de contestation.

I

Désignation des contribuables au fonds de garantie.

1717. — Avant de donner la nomenclature des professions passibles des centimes additionnels spéciaux, insistons tout d'abord sur cette idée qui nous paraît être d'une importance capitale, à savoir que l'inscription au rôle de cette imposition n'implique pas nécessairement l'assujettissement du patentable à la loi de 1898. Les tribunaux peuvent décider qu'un chef d'entreprise, bien qu'ayant régulièrement acquitté le montant des centimes additionnels du fonds de garantie, est cependant resté placé sous l'empire du droit commun pour le règlement des accidents survenus dans son établissement (V. n° 23). Il n'importe que l'inscription du patentable ait été ordonnée, après débats contradictoires, par le Conseil de préfecture ou le Conseil d'État. Ces décisions des juridictions administratives ne sont valables que pour la perception de l'impôt dans les rapports du Trésor et du chef d'entreprise ; elles ne sauraient être opposables à la victime ou à toute autre personne ayant intérêt à se prévaloir des principes du droit commun. Or les personnes intéressées à contester, le cas échéant, l'application du risque professionnel sont beaucoup plus nombreuses qu'on ne le pense. Dans les accidents mortels on peut citer : — 1° les ascendants et petits-enfants, en cas de survivance du conjoint ou d'un enfant; — 2° les frères et sœurs et autres parents plus éloignés; — 3° les parents des victimes de nationalité étrangère, même le conjoint et les enfants, s'ils résidaient hors de France au moment de l'accident. Tous ces parents en effet sont privés d'indemnité par la loi de 1898, alors qu'ils auraient pu obtenir une réparation sous l'empire du droit civil. Dans les accidents non mortels, le blessé peut aussi avoir le même intérêt en cas de faute manifeste, mais non inexcusable du patron; car l'art. 1383 du Code civil lui accorde une réparation intégrale, tandis que la loi de 1898 ne l'indemnise que jusqu'à concurrence de la moitié de la réduction de son salaire.

1718. — Au chap. 1 du tit. I, n°s 79 et s. nous avons traité des exploitations assujetties, en nous plaçant au point de vue de la jurisprudence de la Cour de cassation. Or cette jurisprudence diffère sensiblement des principes qui ont servi à établir la liste ci-dessous des patentables imposés à la taxe additionnelle du fonds de garantie. Le désaccord entre la Cour de cassation et l'administration des finances porte principalement sur les entreprises commerciales ayant de vastes entrepôts que l'administration et même le Conseil d'État assimilent à des *chantiers*. La Cour de cassation refuse d'admettre une telle assimilation et restreint rigoureusement à l'industrie le champ d'application de la loi du 9 avril 1898, hors le cas d'usage de moteur inanimé ou de mise en œuvre de matières explosibles. Pour faciliter le rapprochement des deux parties de notre ouvrage, nous avons eu soin d'imprimer en caractères *italiques* les professions qui, d'après la Cour de cassation, échappent à l'application de la législation sur le risque professionnel et nous avons mis, en regard de toutes celles qui ont été étudiées spécialement au chap. I du tit. I ou dans d'autres parties, les numéros du livre où se trouvent les développements qui les concernent.

1719. — *Nomenclature, par ordre alphabétique, des professions qui, d'après l'administration, sont passibles de la taxe additionnelle du fonds de garantie.*

(Instruction du 8 juin 1901).

NOTA. — *Les professions dont les noms sont imprimés en caractères italiques échappent, d'après la jurisprudence de la Cour de cassation, à l'application de la loi du 9 avril 1898.*

Les chiffres, qui sont en regard d'un certain nombre de professions, renvoient aux numéros de l'ouvrage où ces mêmes professions ont fait l'objet de développements sur le point de savoir si elles sont ou non assujetties au risque professionnel.

Accoutreur.

Acheveur en métaux.

Acier (fab. d').

Acier poli (fab. d'objets en).

Affiches (entrepreneur de la pose et de la conservation des).

Affineur de métaux.

Agglomérés, charbon artificiel (fabr. de).

Agrafes (fabr. d').

Agréeur.

Aiguilles de toute nature (fabr. d').

Albâtre (fabr. d'objets en).

Alcool de toute nature (fabr. d').

Alcool ou eau-de-vie (marchand d') en gros, 1721.

Allèges (maître d').

Allumettes (fabr. d').

Allume-feu (fabr. d').

Amidon (fabr. d').

Anatomie (fabr. de pièces d').

Anchois (saleur d').

Apparaux (maître d').

Appareils électriques ou air comprimé (fabr. d').

Appareils pour le filtrage (entrepreneur).

Appareils pour l'éclair. (fabr. d'), 110.

Appeaux pour la chasse (fabr. d').

Apprêteurs dans tous genres.

Approprieur de chapeaux.

Archets (fabr. d').

Architectes ayant intérêt dans entreprise de constructions ou occupant des employés dans l'industrie du bâtiment.

Arçonneur.

Arçons (fabr. d').

Ardoises (marchand d') en gros, 1721.

Ardoisières (exploitant d'), 83.

Armes de guerre (fabr. d').

Armurier (à façon ou autrement).

Armurier-rhabilleur.

Arrimeur, 139.

Arrosage, balayage, etc. (entreprise d').

Artificier.

Artiste en cheveux.

Asphalte ou bitume (fabr. d').

Assembleur ou brocheur.

Attelles, p. bêtes de trait (fabr. d').

Avironnier.

Bac (adj., concess. ou fermier), 131.

Badigeonneur, 109.

Balancier (fabr.).

Ballons pour lampe (fabr. de).

Bandagiste.

Baraquement (entrep. d'installation ou location), 113.

Bardeau (fabr. de), 110.

Baromètres (fabr. de).

Barques, bateaux ou canots (constructeur, entrepreneur, loueur, maître ou patron), 113, 131.

Bateau à vapeur de toute destination (entreprise de), 131.

Bateaux à laver (exploitant de).

Batelier.

Bâtier.

Bâtiment (entreprise de).

Bâtonnier.

Batteur de laine, par procéd. méc.
Batteurs d'or et d'argent.
Battoir de peaume (fabr. de).
Baudelier, 130.
Baudruche (apprêteur de).
Beaugeur.
Betteraves (entrepr. de charg. et d'en-
silage de), 139.
Biberons (fabr. de).
*Bière (Entreposit. ou march. en gros
de),* 1721.
Bijoutier (tous, excepté le marchand sans
atelier), 91, 100.
Billards (fabr. de).
Bimbeloterie (fabr. d'objets en).
Biscuits de mer (fabr. de).
·Bisette (fabr. de).
Blanc de baleine (raffinerie de).
Blanc de craie (extracteur ou fabr.).
Blanchisseurs (tous, même blanchisseurs
de linge sans buanderie).
Blutteaux ou bluttoirs (fabr. de).
Bobines (fabr. de).
Bois pour gravures, brosses, allumet-
tes, etc. (fabr. de).
*Bois (marchands de), tous, excepté
ceux sans chantiers ni magasin,* 126,
921 et s., 1721.
Bois de galoche ou de socques (faiseur
de).
*Bois sur pied (entreprise de l'abat-
tage et du façonnage de),* 127, 921.
Boisselier (fabr.).
Boîtes et bijoux à musique (fabr. de).
Bombagiste.
Bombeur de verre.
Bossetier.
Boîtes remontées (march. de), 1721.
Bottier ou cordonnier (march.), 1721.
Bottier ou cordonnier, tenant magasin
de chaussures communes sans assor-
tissement.
Bottier ou cordonnier travaillant sur
commande ou à façon.
Boucher en gros ou avec tuerie, 92, 94.
Boucherie chevaline avec tuerie, 92, 94.
Boucher en petit bétail avec tuerie, 92,
94.
Bouchons de liège ou de flacon (fabr.
de, ou ajusteur).
Boucles (enveloppeur de) à façon ou
fabr.
Bouclerie (fabr. de).
Bougies ou cierges en cire, stéarine, etc.
(fabr. de).
Boulangerie par tous procédés, 97.
Boules à teinture (fabr. de).

Boules vulnéraires (fabr. de).
Bourrelets de toute nature (fabr. de).
Bourrelier, 86.
Boutonnières (fabr. de).
Boutons de toutes sortes (fabr. de).
Boyaudier.
Brais, poix, résines, etc. (fabr. de).
Brasserie (exploitant de).
Brasseur à façon.
Bretelles ou jarretières (fabr. de).
Brioleur avec bêtes de somme.
Briques (march. de), 1721.
Briquetier.
Briquets phosphoriques et autres (fabr.
de).
Broches et cannelets (fabr. ou rechar-
geur).
Broderies (fabric., blanch., apprêt. ou
impr.), 91.
Brodeurs sur étoffes d'or et d'argent.
Bronze (metteur en bronze).
Brosses (fabr. de bois pour).
Brossier (fabric.).
Broyeur à bras.
Brunisseur.
Buanderie (loueur de).
Bulletier (fabr.).
Bustes et figurines en plâtre (mouleur).
Bustes en cire pour coiffeurs (fabr. de).
Cabas (faiseur de).
Câbles et cordages (fabr. de).
Cabriolets, fiacres, etc. de remise ou de
place (entrep. de), 130.
Cadrans de montres et pendules (fabr.
de).
Café de chicorée, glands, etc. (fabr. de).
Cafetières, bouillottes, etc. (fabr. de).
Cages, souricières, etc. (fabr. de).
Caisses de tambours (facteur de).
Calendreur en tous genres.
Calfat (radoubeur de navires).
Calorifères (fabr. ou entrepr.), 110.
Cambreur de tiges de bottes.
Camées faux ou moulés (fabr. de).
Canevas (dessinateur de).
Cannelles et robinets en cuivre (fabr. de).
Cannes (fab. de).
Cannetille (fabr. de).
Canots (loueur de), 131.
Caoutchouc, gutta-percha, etc. (établis-
sements pour parat. ou emploi du).
Caoutchouc, gutta-percha, etc. (fabr.
d'objets en).
Caparaçonnier.
Capsules métalliques (fabr. de).
Caractères métalliques ou autres (fon-
deur, graveur ou fabr.).

Caramel (fabr. de).
Carcasses de parapluies ou pour modes (fabr. de).
Cardes (fabr. de).
Cardeur en tous genres.
Carreleur, 109.
Carreau à carreler (marchand de), 1721.
Carré de montres (fabr. de).
Carrières (exploitant de), 83.
Carrioles (loueur de).
Carrossier (fab. ou raccommodeur), 91.
Cartier (fabr. de cartes à jouer).
Cartons de toute nature (fabr. de).
Casquettes, toques, etc. (fabr. de).
Castine (marchand de), 1721.
Ceinturons et objets en cuir (fabr. de).
Cendres (laveur de).
Cendres gravelées (fubr. de).
Cendres de métaux précieux (exploitant ou fondeur).
Cendres noires (extracteur de).
Cerclier.
Chaises de toute nature (fabr. ou empailleurs).
Chaises à porteur (loueur de), 130.
Chamoiseur.
Chandeliers (fabr. de).
Chandelles (fabr. de).
Chapeaux (fabr. de coiffes et garnisseurs de).
Chapelets (fabr. de).
Chapeliers.
Charbons de bois (march. en gros et en demi-gros., 123, 1721.
Charbons de terre (march. en gros, demi-gros et détail), 1721.
Charbonnier cuiseur.
Charcutier, 93, 94.
Chargements ou décharg. de navires (entrepr. de), 139.
Charnières (fabr. de).
Charpentier, 109.
Charpie (fabr. par proc. méc.).
Charrettes (loueur de), 130.
Charron, 91.
Chasse de lunettes (fabr. de).
Chasubles ou ornements d'église (fabr. de).
Chaudronnerie (fabr. de).
Chaudronnier.
Chaudronnier-rhabilleur.
Chauffage industriel (constr. ou installation pour).
Chaussons et chaussures de toute espèce (fabr. de), 91.
Chaussures (fabr. par procéd. méc.), 91.
Chaux (marchand de), 1721.

Chaux ou ciments naturels ou artificiels (fabr. de).
Chefs de ponts et pertuis.
Chemins de fer avec péage (concess. ou expl. de), 130.
Cheminées économiques (fabr. de).
Chenilles en soie (fabr. de).
Chevilleur.
Chiffonnier (marchand en gros), 122, 1721.
Chineur.
Chocolats (fabr. par procéd. méc. ou à la main).
Cidre (marchand en gros), 1721.
Cimentier (marchand), 1721.
Cirage ou encaustique (fabr. de).
Cire (blanchisserie).
Cire à cacheter (fabr. de).
Ciseleur.
Clinquant (fabr. de).
Clous et pointes (fabr. par procéd. méc.).
Cloutier au marteau.
Cocons (filerie de).
Coffretier, malletier en cuir ou bois, 91.
Coiffes de femme (faiseur de).
Coke (fabr. de).
Collage et séchage de chaînes et tissus (expl. établ. par procéd. méc. ou ordinaires).
Colle de toutes sortes (fabr. de), 91.
Colleurs en tous genres.
Colliers de chiens (fabr. de).
Coloriste enlumineur.
Cols, collets, etc. (fabr. de).
Commissaire-priseur, s'il y a une salle de vente spéciale, 142.
Commissionnaires, porteurs pour fabr. de tissus, 130.
Commissionnaires de transport par terre et eau, 130.
Condition pour les soies, la laine ou le coton (entrepreneur ou fermier d'une).
Confiseur.
Conservation des bois, toiles, cordages, etc. (établis. pour), au moyen de préparations chimiques.
Conserves alimentaires (fabr. de), 920.
Coraux (préparateur de).
Cordes d'écorces (fabr. de).
Cordes harmoniques ou métalliques (fabr. de).
Cordes ou ficelles (fabr. de, par procéd. méc.).
Cordier (fabr. de menus cordages, cordes, ficelles, etc.), 91.
Cordonnier, 91.
Cordons, lacets, tresse, etc. (fabr. de).

Corne (apprêteurs de).
Corne (fabr. de feuilles transparentes en).
Corroyeur (*march.*), 122, 1721.
Corsets (fabr. de), en gros, demi-gros ou détail, 97.
Cossettes de betteraves ou de chicorée (fabr. de).
Costumier.
Couleurs et vernis (fabr. de).
Coupeur, arracheur ou effilocheur de poils ou de déchets de poils par procéd. méc. ou ordinaires.
Couronnes ou ornements funéraires (fabr. de).
Courroies (apprêteur et fabr. de).
Coutelier à façon.
Coutellerie (fabr. de).
Couturier à façon, 99.
Couverts et service de table (fabr. de).
Couvreur, 109.
Couvreur en paille ou en chaume.
Crayon (fabr. de).
Crépin en buis (fabr. de).
Criblier.
Crics (fabr. de).
Crinières (fabr. de), à façon.
Crins de toute nature (apprêteur et fabr.).
Cristaux (tailleur de).
Crochets (fabr. de).
Cuillers d'étain (fondeur ambulant ou autres).
Cuirs bouillis ou vernis (fabr. de).
Cuirs ou pierres à rasoir (fabr. de).
Cuivre de navire (*marchand de vieux*), 1721.
Culottier en peau (*march.*), 1721.
Cylindres pour filature (tourneur et couvreur et garnisseur de).
Dallage en ciment ou mosaïque (fabr. de), 109.
Dalles (*marchand de*), 1721.
Damasquineur.
Débarreur d'étoffes.
Décatisseur.
Déchireur de chiffons, déchets, etc., par procédés mécaniques.
Déchireur ou dépeceur de bateau.
Découpeur d'étoffes ou de papiers.
Découpeur en marquetterie.
Découpoirs (fabr. de).
Décrueur en fil.
Défrichement ou dessèchement (compagnie de).
Dégraisseur.
Degras (fabr. de).
Déménagement (entrepr. de), 139.
Denteleur de scie.

Dentelles (fabr. de), même sans métiers, 91.
Dents et râteliers artificiels (fabr. de).
Dépeceur de voitures, 139.
Dépolisseur de verres.
Dés à coudre (fabr. de).
Dessèchement (entrepr. de tr. de).
Dessinateur, modeleur ou sculpteur pr. fabr.
Dessinateur ou écrivain sur pierres lithogr.
Dextrine, gommeline et autres prod. anal. (fabr. de).
Diamants (monteur de).
Diligences (entrepr. de), 130.
Distillateur de tous produits, 91, 918.
Docks, cales, etc. (exploitant ou conces.), 113.
Doreurs en tous genres et par tous procédés.
Dorures ou argentures sur métaux ou pour passementeries (fabr. de).
Dragues (exploitant de).
Dragueur avec machine ou à bras.
Drainage (entrepr. de).
Drap feutre (fabr. de), par procéd. mécan.
Drogues (pileur de).
Eau (fourniture et distribution d'), 110.
Eau filtrée ou clarifiée (établ. de).
Eaux gazeuses, limonades (fabr. de).
Ebéniste (fabr.), 91.
Ebéniste (*marchand*) *ayant boutique ou magasin*, 1721.
Echelles, fourches, etc. (fabr. de), 126.
Ecorces (déchireur d').
Ecorces de bois pour tan (*marchand de*), 1721.
Ecorcheur ou équarrisseur d'animaux.
Ecrans (fabr. d').
Elastiques (fabr. de).
Electricité (*march. d'appareils ou fournitures pour*) *ayant boutique ou magasin*, 1721.
Electricité (usine d'éclairage par l').
Emailleur.
Emballeur en toutes professions, 140.
Embouchoir (faiseur d').
Emplacement pour dépôt (exploitant un).
Encadreur d'estampes.
Enclumes, essieux, etc. (manufact. d').
Encre à écrire et à imprimer (fabr.).
Encriers perfectionnés (fabr. d').
Enduit contre l'oxydation (applicateur d').
Engrais (fabr. d'), 927.
Enjoliveur (fabr.).
Enlaceur de carton.
Entrepôts (concessionnaire, exploitant

ou fermier des droits d'emmagasinage dans un), 142.

Eperonnier.

Epinceleur.

Epingles (fabr. de).

Epinglier-grillageur.

Equarrisseur de bois, 126.

Équipage (maître d').

Equipeur-monteur.

Esprit ou eau-de-vie de toute nature (fabr. d').

Essence d'Orient (fabr. d').

Estampeur en tous métaux.

Etain (fabr. d' et fabr. de feuilles d').

Etameur d'ustensiles de cuisine.

Etameur de glace.

Etoffes (crêpeur d').

Etriers (fabr. d').

Etrilles (fabr. d').

Etuis et sacs de papier (fabr. d').

Eventailliste (fabr.).

Fabricant travaillant pour le commerce.

Fabricant d'équipement, habill. militaire.

Fabrication dans les prisons et dépôts de mendicité (entrepr. de), 144, 199.

Faïence (fabr. de).

Faux (fabr. de).

Fécules (fabr. de), 919.

Fendeur de brins de baleine ou de jonc.

Fendeur en bois.

Fer vieux (marchand de), en gros, 122, 1721.

Fer-blanc (fabr. de).

Ferblantier-lampiste, 91, 100, 115.

Ferblantier.

Ferrailleur.

Ferreur de lacets.

Ferronnerie (fabr. de).

Feutre (fabr. de).

Figures en cire (mouleur de).

Fil (dévideur ou retordeur de).

Filasse de nerfs (fabr. de).

Filatures de laines, de chanvre, de coton, de lin, de déchets, etc.

Filets en tous genres (fabr. de).

Fileur (entrepreneur).

Filigraniste.

Finisseur en horlogerie.

Fleuriste à la botte (fabr.).

Fleurs artificielles (fabr. ou monteur de), 91.

Flottage (entrepr. de), 131.

Fondeur de tous métaux.

Fontainier, sondeur ou foreur de puits artésiens.

Fontaine à filtrer (fabr. de).

Forces motrices (loueur de).

Forces (fabr. de).

Forets (fabr. de).

Forgeron et maîtres de forges, 91.

Formaire.

Formes à sucre (fabr. de).

Formes pour chaussures (fabr. de).

Formier.

Fossés mobiles, inodores (entrep. de), 110.

Fouets, cravaches, etc. (fabr. de).

Fouleurs en tous genres.

Foulonnier.

Fourbisseur (marchand).

Fournaliste.

Fournisseur de pain aux troupes ou dans les hospices civils et militaires.

Fourneaux potagers (fabr. de).

Fourreaux pour sabres (fabr. de).

Fourreur.

Frangier.

Frappeur de gaze.

Friseur de draps et autres étoffes.

Fromages (fabr. de), 915.

Fumiste.

Fuseaux (fabr. de).

Gabare (maître de).

Gainier.

Galochier.

Galonnier.

Galvanisation du fer (usine pour la).

Galvanoplastie (fabr. de).

Gantier-dresseur.

Gants (fabr. de).

Garde-robes inodores (fabr. de).

Gare d'eau (entrepr. de).

Garnisseur d'étuis.

Garnitures de parapluies et de cannes (fabr. de).

Gaufreur d'étoffes, etc.

Gaz (entrepr. ou concess. pour l'éclair. au), 110.

Gaz pour l'éclairage (fabr. de).

Gélatine (fabr. de).

Gibernes (fabr. de).

Glaces, eau congelée (fabr. de).

Glaces (fabr. de).

Globes terrestres et célestes (fabr. de).

Glucose (fabr. de).

Gommeur d'étoffes.

Goudron (fabr. de).

Gravatier, 109.

Graveur en tous genres.

Grues (maître de).

Guêtrier.

Guillocheur.

Guimperie (fabr. de).

Guimpier.

Hameçons (fabr. de).

Harmonicas (facteur d'.).
Harpes (facteur d').
Hauts-fourneaux (maître de).
Hongroyeur.
Horloger (fabr., rhabilleur ou repasseur), 91, 100.
Horlogerie (fabr, de pièces d').
Horloges en bois (fabr. d').
Housses et articles pour sellerie (fabr. de).
Huile de goudron (fabr. de).
Huiles (fabr. par procéd. chim.).
Huiles (marchand d'), en gros, 1721.
Hydromel (fabr. d').
Images (fabr. d').
Imprimeur par tous procédés, 91.
Ingénieur civil, s'il prend des intérêts dans les entreprises de constructions ou s'il occupe des employés dans des exploitations assujetties.
Inhumations et pompes funèbres (entrepr. de), 130.
Inhumations et exhumations (adjudication ou fermier du service des), 130.
Instruments aratoires (fabr. d').
Instruments pour chirurgie, sciences, optiques, etc. (fabr. d').
Instruments de musique (fabr. d').
Ivoire (fabr. d'objets en).
Jais ou jayet (fabr. d'objets en).
Joaillier (fabr.).
Jus de betteraves (fabr. de).
Lacets ou tresses (fabr. de).
Laineur.
Lamier-rotier.
Laminerie (entrepr. de).
Lamineur.
Lampiste.
Lanternier.
Lattes (marchand de), en gros, 1721.
Laveur de laines, de vieilles étoffes, etc.
Lavoir public (tenant un), s'il concourt aux opérations qui y sont effectuées.
Layetier (emballeur ou non).
Lien de paille d'écorce (fabr. de).
Limes (tailleur et fabr. de).
Lin ou chanvre (fabr. de).
Linger (fabr.).
Liqueurs (fabr. de), 91.
Liqueurs (marchand de), en gros, 1721.
Liseur de dessin.
Lithochrome et lithographe.
Lithophanies (fabr. de).
Lits militaires (entrepôt général des).
Livrets pour les batteurs d'or et d'argent (fabr. de).
Location de baraques (entrepr. de).

Loueur d'abris sur les marchés.
Loueur de bêtes de trait, 130.
Loueur d'échafaudages.
Loueurs de voitures suspendues, 130.
Lunetier (fabr.).
Lustres (fabr. de).
Lustreur de fourrure.
Lutherie (fabr. de pièces de).
Luthier (fabr. ou rhabilleur).
Machines à coudre (constr. de).
Machines à vapeur (constr. de).
Machines à faucher, à moissonner, etc. (exploitant de).
Machines à labourer mues par la vapeur (exploitant de).
Maçon, 109.
Magasin général (exploitant un), 142.
Magasinier, 142.
Maillechort et autres (fabr. d'objets en).
Malt (fabr. de).
Marbre (marchand de), en gros, 1721.
Marbre factice (fabr. d'objets en).
Marbreur sur tranche.
Marbrier, 109.
Maréchal-ferrant, 91.
Maroquin (fabr. de).
Maroquinier.
Martinets (maître de).
Masques (fabr. de).
Mâts (constructeur de).
Matelassier.
Matériaux (marchand de vieux), 1721.
Mécanicien, 91.
Mèches pour mines (fabr. de).
Mégissier.
Mélasse (raffinerie de).
Menuisier, 109, 115.
Mesures linéaires, équer (fabr. de).
Métaux autres que l'or, l'argent, le platine, le fer en barre, ou la fonte (marchand de) en gros, 122, 1721.
Métiers (fabr. de).
Métreur de bâtiments.
Metteur en œuvre.
Meules à aiguiser (fabr. de).
Meules de moulins (marchand de), 1721.
Meules de moulins (fabr. de).
Minerai (marchand de), 1721.
Minières (exploitant de), 83.
Miroitier.
Modiste, 99.
Moireur d'étoffes.
Monteur en bronze.
Monteur d'agrès de navires.
Monteur de boîtes de montre.
Mottes à brûler (fabr. de).

Moules de boutons (fabr. de).

Moulins ou autres usines à triturer, 913, 914.

Moulinier en soie.

Moulures (fabr. de).

Muletier.

Mulquinier.

Nacre de perles (fabr. d'objets en).

Nattier.

Naturaliste préparateur.

Navires (constructeur de).

Nécessaires (fabr. de).

Nerfs (batteur de).

Noir animal (fabr. de).

Objet en cuivre plaqué et pour sellerie (fabr. de).

Ocre (fabre d').

OEillets métalliques (fabr. d').

Oignons (cuiseur ou grilleur d').

Omnibus (entrepr. de), 130.

Opticien.

Orfèvre (fabr.).

Orgues d'églises et harmonium (fabr. d').

Oribus (faiseur d').

Ornemaniste.

Ornements funéraires (fabr. d').

Os (fabrique d'objets en).

Ouate (fabr. d').

Ourdisseur de fils.

Outres (fabr. d').

Ovaliste.

Paillassons (fabr. de).

Paille (fabr. de tissus, tresses enveloppes, etc. en).

Paille ou mousse teinte (fabr. de).

Paillettes et paillons (fabr. de).

Pains d'épices (fabr. de).

Pains à cacheter et à chanter (fabr. de).

Pantoufles (fabr. de).

Papier de toute nature ou pour tous usages (fabr. de).

Parapluie (fabr. de).

Parc aux charrettes (tenant un).

Parcheminier.

Parfumerie (fabr. d'articles de).

Parqueteur (menuisier). 109.

Parquets (fabr. de), 109.

Passementier.

Pastilleur.

Patachier, 130.

Pâtes alimentaires (fabr. de).

Pâte de rose (fabr. de bijoux en).

Pâte à papier (fabr. de).

Pâte à porcelaine (fabr. de).

Pâtissier vendant en gros.

Patouillet (fabr. de).

Pavés (marchand de), 1721.

Paveur, 1 9.

Peignes de toute nature (fabr. de).

Peignerie ou carderie de coton, bourre de soie ou laine.

Peigneur de chanvre, de lin. de laine, etc.

Peigneur ou gratteur de toiles de coton.

Peintre en bâtiment et tous les peintres patentés, 109.

Peinture sur verre (établiss. de).

Pelles en bois (fabr. de).

Perceur de perles, de pierres fines ou de diamants.

Perles fausses (fabr. de).

Phosphates naturels (extracteur ou laveur de), 83.

Photographe.

Photographie (fabrique d'appareils ou fournitures pour).

Pianos et clavecins (facteur de).

Pierres (tailleur de).

Pierres fines ou artificielles de toute nature (tailleur ou fabr.).

Pierres brutes ou taillées (marchand de), 1721.

Pinceau (fabr. de).

Pipes de terre (fabr. de).

Piquettes ou vins de marc de raisin (fabr. de).

Piqueurs de cartons, de cartes à dentelles ou de grès.

Plafonneur ou plâtrier.

Planches (marchand de) en gros, 1721.

Planches ou ifs à bouteilles (fabr. de).

Planeur en métaux.

Plaqué ou doublé d'or et d'argent (fabr. d'objets en).

Plaqueur.

Platine (fabr. d'objets en).

Plâtre (fabr. de).

Plâtre (marchand de), 1721.

Plieur d'étoffes, de fils de soie ou de dentelles.

Plomb et fonte de chasse (fabr. de).

Plombier et fabr. de plomb, 109.

Plumassier (fabr.).

Plumeau (fabr. de).

Plumes à écrire (fabr. ou apprêteur de).

Poêlier, en faïence, fonte, etc.

Pointes (fabr. de).

Poires à poudre (fabr. de).

Pois d'iris (fabr. de).

Polisseur d'objets de toute nature.

Polytypage (fabr. de).

Pompes à incendie (fabr. de).

Pompes de toutes sortes (fabr. de).

Ponceur de feutres, par procédés mécan.).

Ponton débarcadère (exploitant de).

Porcelaine (fabr. de).
Portefeuille ou objets en maroquins (fabr. de).
Porteur d'eau filtrée ou non filtrée.
Potier d'étain.
Poudre d'or ou autres métaux (fab. de).
Poulieur (fabr.).
Presseur d'étoffes pour teinturier ou dégraisseur.
Presseur de poissons de mer.
Procédés pour queue de billard (fabr. de).
Produits chimiques (fabr. de).
Puits (maître cureur de), 111.
Queues de billard (fabr. de).
Quincaillerie (fabr. de).
Ramonage (entrepr. de), 109.
Rampiste (menuisier).
Raquettes ou volants (fabr. de).
Raseur de velours.
Registres (fabr. de).
Régleur de papier.
Réglisse (fabr. de).
Relais (entrepr. de).
Relieur de livres.
Remiseur de charrettes.
Remises (fabr. de).
Remouleur ou repasseur de couteaux.
Rentrayeur ou conservateur de tapis ou de couverture.
Repasseuse de linge.
Reperceur.
Repriseuses de châles.
Ressorts de bandage herniaire (fabr. de).
Ressorts de montres (fabr. de).
Roulage (entrepreneur de), 130.
Rouleaux pour filatures (tourneurs de).
Routoir à lin ou à chanvre (exploitant de).
Ruches à abeilles (fabr. de).
Sabotier (fabricant).
Sabots, bois de galoches (fabr. de).
Sabots ou galoches garnis (fabr. de).
Sacs de toiles (fabr. de).
Saleur d'olives, de viande.
Salpêtrier.
Sarreaux ou blouses (fabr. de).
Satineur ou lisseur de papier.
Savon (fabr. de).
Scieurs de long et autres scieries, 127, 921 et s.
Scies (fabr. de).
Sculpteur en bois.
Sceaux à tous usages (fabr. de).
Sécheur de garance, de grains, de houblon.
Sécheur de morues, 122.

Séchoir à linge (exploitant un).
Sel (raffinerie).
Sellier, carrossier ou harnacheur.
Semelles de toutes sortes (fabr. de).
Serrurier en tous genres, 91, 109, 115.
Sertisseur ou monteur.
Sirop de fécules (fabr. de).
Socques en bois (fabr. de).
Soies de porc ou de sanglier (apprêteur de).
Sommiers élastiques (fabr. de).
Sondes (fabr. de grandes).
Soufflets (fabr. de).
Soufflerie de poils.
Sparterie pour modes (fabr. de).
Sparterie (fabr. d'objets en).
Spécialités pharmaceut. (fabr. de).
Sphères (fabr. de).
Stores (fabr. de).
Stucateur.
Sucre (fabr. et raffinerie de), 919.
Suif (fondeur de).
Tabacs en Corse (fabr. de).
Tabletterie (fabr. d'objets en).
Taillandier.
Tailleur ou couturier, 99.
Tailleur de pierres, 109.
Talons en bois (fabr. de).
Tambours, gros. cais., etc. (fabr. de).
Tamisier (fabr.).
Tan carbonisé (fabr. de).
Tanneur de cuirs.
Tapisserie à la main (fabr. de).
Tapissier-marchand, 1721.
Tapissier à façon, 115.
Tartrier.
Teinture (marchand en gros de matières premières pour la) (marchand en gros de bois de teinture), 1721.
Teinturerie (loueur d'établ. de).
Teinturier, dégraisseur et autres.
Terrassier (maître).
Tête en carton pour modiste (fabr. de).
Tiges de chaussures (fabr. de).
Tir au pistolet (maître de).
Tireur d'or et autres métaux.
Tireur de soie.
Toiles ou tapis cirés, vernis (fabr. de).
Toiles grasses (fabr. de).
Toiles métalliques (fabr. de).
Tôle vernie (fabr. d'ouvrage en).
Tôlier, 109.
Tondeur de drap, tapis et autres étoffes.
Tonneaux, barriques (fabr. de).
Tonnelier, 91.
Torcher.
Tourbes carbonisées (fabr. de).

Tourbières (exploitant de), 83.

Tourneur en bois ou sur métaux, marbre, pierre, etc.

Tours pour coiffeurs (fabr. de).

Traçons (maître de).

Transport de détenus (entr. de), 130.

Travaux publics (entrep. de).

Tréfilerie en fer ou laiton (exploit de).

Tréfileur.

Treillageur.

Tricots (fabr. de).

Trieur de laine, déchet de coton, etc.

Tubes en métal p. bijoutier (fabr. de).

Tubes en papier, en zinc pour filature (fabr. de).

Tuiles (marchand de), 1721.

Tuyaux en métal (fabr. de).

Tuyaux en fils de chanvre, en ciment, etc. (fabr. de).

Usines à lisser le cuir (loueur d').

Ustensiles en fer battu (fabr. de).

Vaisselle de bois (fabr. de).

Vannier.

Veilleuses (fabr. de).

Vente à l'encan (établiss. de), 142.

Vérificateurs de bâtiment.

Vernisseurs sur cuivre, cuirs, feutres, etc.

Verrerie (exploitant de).

Verres de montres ou de lunettes (fabr. de).

Vêtements confectionnés (fabr. de).

Viandes (découpeur ou dépeceur de).

Vidanges (entrepreneur de), 114, 927.

Vignettes et caract. à jour (fabr. de).

Vinaigre (fabr. de).

Vinaigre (marchand de) en gros, 124, 1721.

Vins (marchand de) en gros, 124, 1721.

Vis ou tire-bouchons (fabr. de).

Vitraux (faiseur ou ajusteur de).

Vitrier, 109.

Voilier emballeur ou non.

Voitures à bras (fabr. de).

Voituriers ou rouliers, 130.

Voitures de remise (maître de station de), 130.

Wagons ou voitures de voyageurs ou marchandises pour lignes de chemin de fer (exploitant de), 130.

Yeux artificiels (fabr. de).

Zinc doré, bronzé ou galvanisé (fabr. d'objets en).

1720. — La loi du 9 avril 1898 impose aux exploitations qui y sont assujetties deux obligations distinctes : 1° celle d'acquitter annuellement une taxe spéciale pour l'alimentation du fonds de garantie; 2° celle de réparer, suivant le tarif édicté par ladite loi, les accidents du travail dont leurs ouvriers sont victimes. Or, les contestations relatives à la première de ces obligations relèvent de la compétence des tribunaux de l'ordre administratif; celles relatives à la seconde ressortissent aux tribunaux de l'ordre judiciaire. Cette dualité de juridiction a eu pour conséquence inévitable une divergence d'interprétation des dispositions de la loi relatives à l'assujettissement des exploitations : la jurisprudence de la Cour de cassation s'est séparée nettement, à ce point de vue, de celle admise par le Conseil d'État. Il en résulte que beaucoup d'exploitations, contraintes par le Conseil d'État de contribuer annuellement à l'alimentation du fonds de garantie,

ont cependant leurs accidents exclus par la Cour de cassation
du bénéfice de la loi du 9 avril 1898. A l'inverse certaines
professions, que la jurisprudence administrative exempte de
la taxe additionnelle, sont condamnées par la jurisprudence
judiciaire, en cas d'accidents du travail, à payer aux victimes
l'indemnité légale. Enfin l'administration des finances a dressé
elle-même une liste des professions assujetties qui ne con-
corde ni avec la jurisprudence du Conseil d'État, ni avec
celle de la Cour de cassation. Nous allons passer successivement en revue : 1° les professions qui continuent à figurer
sur la liste administrative des patentables assujettis, alors
même que, d'après la jurisprudence de la Cour de cassation,
la loi de 1898 ne leur serait pas applicable; 2° celles que le
Conseil d'État a exemptées de l'assujettissement à la taxe et
que l'administration maintient sur la liste en invoquant la
jurisprudence de la Cour de cassation; 3° celles qui, d'après
les principes posés par la Cour de cassation, nous paraissent
soumises à la loi de 1898, bien qu'elles ne figurent pas sur la
liste administrative et que la Cour de cassation n'ait pas encore statué à leur égard. Nous saisirons en même temps l'occasion qui s'offre à nous de compléter nos explications antérieures du chap. I du tit. I : 1° sur les chantiers ; 2° sur les
magasins publics. Enfin nous dirons quelques mots dans un
dernier alinéa des entreprises commerciales qui ne sont assujetties qu'à raison de moteurs inanimés qu'elles emploient
ou de matières explosibles qu'elles mettent en œuvre.

a) *Professions qui continuent à figurer sur la liste d'assujettissement
contrairement aux principes posés par la Cour de cassation.*

1721. — Toutes ces professions présentent cette double
particularité, à savoir qu'elles sont exclusivement commerciales et qu'elles comportent des dépôts ou entrepôts plus ou
moins considérables de marchandises ou de matières premières. L'administration et aussi le Conseil d'État assimilent
ces dépôts ou entrepôts aux *chantiers* dont il est parlé à l'art.
1er de la loi. La Cour de cassation au contraire donne du
chantier une définition qui est exclusive de tout caractère
commercial (V. n° 117). Il suit de là que ces professions ne

concernent à peu près que des commerces en gros; dans la
nomenclature générale reproduite plus haut, leur nom est
imprimé en caractères italiques. Nous les énumérons succinctement de nouveau. Ce sont les *marchands en gros* d'alcool
ou eau-de-vie, d'ardoises, de bière, *marchands* de bottes remontées, de briques, de carreau à carreler, de castines, de
charbons, de chaux, de chiffons, de ciments, de cidre (*en
gros*), de cuirs, de dalles, de meubles tout fabriqués, d'écorces
de bois pour tan, d'appareils ou fournitures pour électricité,
marchands en gros de vieux fer, d'huiles, de lattes, de liqueurs,
de marbre, de vieux matériaux, de métaux, *marchands* de
meules de moulin, de minerai de fer, de pavés, de pierres
brutes ou taillées, de planches (*en gros*), de plâtre, de matières
premières ou de bois pour la teinture (*en gros*), de tuiles,
marchands en gros de vinaigres, de vin.

b) *Professions que le Conseil d'État a exemptées
de l'assujettissement à la taxe et que l'administration maintient cependant
sur la liste des patentables assujettis.*

1722. — Ces professions sont, en général, celles qui comportent de petits ateliers industriels. Or, nous avons vu (n°s 87
et s.) que les ateliers industriels exemptés par la jurisprudence constante du Conseil d'État de la taxe spéciale du fonds
de garantie sont, en cas d'accidents du travail, soumis, d'a-
près la jurisprudence de la Cour de cassation, au régime
du risque professionnel de la loi du 9 avril 1898. L'administration, qui pour maintenir sur la liste des patentables assujettis les professions visées à l'alinéa précédent invoque la
jurisprudence du Conseil d'État contre celle de la Cour de
cassation, se fonde, pour justifier l'assujettissement des professions du présent alinéa, sur la jurisprudence de la Cour de
cassation contre celle du Conseil d'État. Les principales des
professions qui se trouvent dans ce cas sont les suivantes :
balancier (fabr.), bandagiste, bijoutier, broderie à façon
(fabr.), chaussures (fabr. où travaille un seul ouvrier avec
une seule machine), chaises (empailleur de), charron, coffretier ou malletier en cuir, confiseur, cordonnier travaillant
sur commande, corsets (fabr. de), couronnes ou ornements

funéraires (fabr. de), couturier à façon, dégraisseur, fleurs
artificielles (fabr. ou monteur de), horloger, imprimeur-
typographe ne faisant usage que de presses à bras, lampiste,
layetier, modiste, sabotier, tailleur sur mesure, voilier-em-
balleur.

c) Exploitations qui ne figurent pas sur la liste
des patentables assujettis et à qui la loi de 1898 nous paraît
cependant applicable.

1722 bis. — Nous avons fait connaître les motifs pour
lesquels la cuisine d'un restaurant (V. n° 101), celle d'un café
(n° 102) et l'officine d'un pharmacien (n° 103) nous paraissent
être, à raison des transformations qu'y subit la matière, des
exploitations industrielles soumises, au même titre que les
manufactures et ateliers, à la loi du 9 avril 1898. Il est vrai
que la jurisprudence n'a pas encore eu à se prononcer d'une
façon décisive sur ces trois professions. Mais si, comme nous
le pensons, l'application des principes posés par la Cour de
cassation a pour résultat d'étendre jusqu'à elles le régime du
risque professionnel, elles devront être, par voie de conséquence naturelle, imposées à la taxe spéciale du fonds de
garantie.

d) Chantiers.

1723. — Nous avons défini le mot « chantier » (n° 117),
d'après les principes posés par la Cour de cassation et nous
avons en même temps fait remarquer (n°ˢ 120 et 924) qu'un
chantier créé et dirigé par un amateur pouvait, au même
titre qu'un chantier dirigé par un professionnel, tomber sous
l'application de la loi du 9 avril 1898; tel serait, par exemple,
le cas d'un rentier qui, se faisant son propre entrepreneur,
dirigerait lui-même les travaux de construction de sa maison
d'habitation après avoir embauché des ouvriers à sa solde.
Les motifs d'un récent arrêt de la Cour de cassation semble-
raient, à première vue, se trouver en contradiction avec notre
thèse. Dans cette décision[1] la Cour suprême avait à statuer
sur un accident survenu à des ouvriers qui procédaient au
marouflage d'une toile sous la direction de l'auteur même de
la peinture; elle a décidé que l'artiste n'était pas responsable

---

[1] Cass. civ., 6 janv. 1904, *Gaz. Pal.*, 1904. 1. 135.

dans les termes de la loi du 9 avril 1898; car, a-t-elle dit expressément dans un de ses motifs, « les personnes qui n'exercent aucune profession ou dont la profession n'est pas assujettie, demeurent sous l'empire du droit commun (art. 1382, C. civ.); leur situation juridique n'est pas modifiée par cette circonstance qu'elles ont, par exception, fait exécuter par des ouvriers de leur choix et sous leur direction, des travaux qui rentrent dans la classe de ceux que vise la loi sur les accidents du travail, quand ils sont entrepris par un assujetti. » Nous reconnaissons la justesse de ce principe pour l'industrie en général et aussi pour l'industrie des transports; le particulier, qui fait pour son propre compte exécuter des travaux de transformation industrielle ou effectuer des transports, ne tombe pas pour cela sous l'application de la loi du 9 avril 1898; car il n'a ni exploitation, ni entreprise. Mais en est-il de même quand il a un chantier? L'amateur qui, par plaisir, édifie sa propre maison ou construit une route avec des ouvriers embauchés par lui, ne devient-il pas chef d'un chantier dont les accidents sont garantis par la législation sur le risque professionnel? L'affirmative ne nous paraît pas douteuse à raison de l'insertion dans l'art. 1er du mot « chantier », qui, dans le cas contraire, ferait nécessairement double emploi avec les mots « industrie du bâtiment » et « manufacture ». On comprendrait difficilement d'ailleurs que des maçons, protégés par la loi de 1898 s'ils travaillent pour un entrepreneur de profession, cessassent de l'être du moment où ils sont embauchés par un non professionnel à l'effet d'exécuter le même ouvrage. Dans l'arrêt précité, la Cour suprême nous paraît avoir voulu dire simplement : En faisant procéder au marouflage de ses toiles, le peintre n'est pas sorti de son rôle d'artiste : il n'a pas exercé une profession assujettie et les travaux auxquels il a fait procéder ne sont pas de ceux qui comportent l'établissement d'un *chantier* dans le sens de l'art. 1er. Dès lors il n'importe de savoir si les travaux, au cours desquels l'accident s'est produit, sont de ceux qui auraient donné lieu à l'application de la loi du 9 avril 1898, dans le cas où ledit peintre aurait exercé une profession assujettie.

e) *Magasins publics.*

1724. — D'après le comité consultatif, on doit considérer comme « magasins publics » dans le sens de l'art. 1er, les magasins généraux, docks, entrepôts, salles de vente publique, monts-de-piété, bureaux publics de conditions et généralement tous magasins ouverts au public, en vertu d'une autorisation administrative et où s'effectuent des opérations de chargement et de déchargement en vue d'un entrepôt, d'une vente ou d'un conditionnement.

Les commissaires-priseurs qui avaient une salle de vente spéciale ayant été, en vertu de cette interprétation, assujettis à la taxe additionnelle, se sont pourvus devant la juridiction administrative. Le Conseil d'État a exempté l'un d'eux de l'assujettissement par le motif que les employés de la salle de vente étaient rémunérés de leurs services, non par le commissaire-priseur, mais par les vendeurs ou acheteurs eux-mêmes [1].

f) *Entreprises commerciales employant des moteurs inanimés ou mettant en œuvre des matières explosibles.*

1724 bis. — Ces entreprises, bien qu'exclusivement commerciales, et ne figurant pas sur la liste générale des professions assujetties à la taxe spéciale, doivent cependant contribuer à l'alimentation du fonds de garantie ; car les moteurs inanimés qu'elles emploient ou les matières explosibles qu'elles mettent en œuvre ont pour effet de soumettre les accidents, dont leurs ouvriers sont victimes par le fait ou à l'occasion de leur travail, à la garantie de la loi du 9 avril 1898. Tel est le cas des hôtels et magasins qui se servent d'ascenseur pour mettre en communication les différents étages de leurs immeubles, et celui des commerçants qui assurent eux-mêmes leur éclairage électrique au moyen de machines installées dans les bâtiments de leurs propres magasins ou qui emploient des voitures automobiles pour effectuer des livraisons de marchandises au domicile de leurs clients. Mais l'assujettissement aux règles du risque professionnel est limité

---

[1] Arrêt de Conseil d'État du 28 janv. 1903.

à la partie de l'établissement où fonctionne le moteur et, s'il s'agit de mise en œuvre de matières explosibles, à la zone dangereuse (V. n⁰ˢ 147 et 148). Nous verrons plus loin n⁰ 1726 dans quelle mesure la taxe spéciale est imposée aux exploitations de cette catégorie.

II

Détermination du montant de la taxe additionnelle.

1725. — Le chiffre relativement modique de la taxe additionnelle et son assimilation aux impositions déjà perçues sur l'industrie et les mines ont déterminé l'administration des finances à l'incorporer au rôle des patentes et des taxes minières. Il ne fallait pas toutefois que cette simplification d'écriture créât une confusion nuisible aux droits de l'État ou inconciliable avec une équitable répartition de l'impôt entre les contribuables.

En ce qui concerne le Trésor, on pouvait craindre que le montant des non-valeurs restant à sa charge ne fût augmenté en cas d'irrecouvrabilité partielle. Un mode spécial d'imputation évita cet écueil. Les instructions de l'administration prescrivent aux comptables d'affecter le montant des recouvrements *d'abord et de préférence* au solde de la taxe principale (y compris les frais et les centimes généraux, départementaux et communaux), de façon à faire porter l'irrecouvrabilité en premier lieu sur la taxe additionnelle pour fonds de garantie [1].

En ce qui concerne la répartition entre les contribuables, il importait de réglementer la situation des commerçants ou industriels exerçant plusieurs professions dont une seule est soumise au risque professionnel. En pareil cas, le patentable n'est tenu de payer, aux termes de l'art. 7 de la loi du 15 juillet 1880, qu'un seul droit fixe; mais ce droit est le plus élevé de ceux qu'il aurait à payer s'il était assujetti à autant de droits fixes qu'il exerce de professions. Si donc ce droit fixe

---

[1] Circul. du ministre des Finances du 16 févr. 1900.

est afférent à une profession commerciale non comprise dans l'énumération de l'art. 1ᵉʳ de la loi de 1898, on ne saurait sans injustice le prendre pour base du calcul des centimes additionnels. Pour remédier à cet inconvénient, les agents de l'administration des finances déterminent, en principal, le droit que le patentable en question supporterait s'il n'exerçait que l'industrie assujettie et c'est sur ce principal fictif qu'ils calculent les centimes additionnels. Ce mode de procéder a été expressément prévu par l'art. 7 de la loi des finances du 11 juillet 1899. On y a également recours lorsqu'un patentable est à la fois imposé au droit fixe pour une industrie régie par le risque professionnel et au droit proportionnel pour des locaux servant exclusivement à l'exercice d'une profession commerciale [1].

1726. — Les mêmes principes sont applicables aux entreprises commerciales dont l'assujettissement à la loi de 1898 est dû uniquement à l'emploi de moteurs inanimés. L'imposition à la taxe additionnelle doit être corrélative à l'assujettissement même qui peut, aux termes de l'art. 1ᵉʳ, frapper de ce chef l'*exploitation tout entière* ou seulement *une partie de l'exploitation*. Par suite, lorsque tout l'établissement est assujetti, c'est-à-dire quand aucune partie du personnel qu'emploie l'établissement n'est confinée dans des locaux distincts et indépendants de ceux dans lesquels sont installés les moteurs inanimés, la taxe additionnelle est calculée sur l'ensemble de la patente de l'établissement. Si l'assujettissement est partiel, c'est-à-dire si les services spéciaux qui motivent l'imposition à la taxe additionnelle sont installés dans des locaux séparés où le personnel affecté à ce service a seul accès, on a soin, pour asseoir la taxe, de déterminer quelle est, dans la patente totale de l'établissement, la part afférente à la partie soumise au risque professionnel. Les droits de patente ainsi déterminés ne comprennent pas nécessairement une partie du droit fixe et du droit proportionnel; il arrive même que le plus souvent la fraction de patente destinée à servir de base à la taxe est fournie uniquement par le droit

---

[1] Instr. de l'adm. des contr. dir. du 18 oct. 1899.

proportionnel, à l'exclusion du droit proportionnel sur l'habitation[1].

1727. — En ce qui concerne les mines, la taxe est fixée à raison de cinq centimes par hectare concédé. Le montant de cette taxe étant proportionné à la superficie de la concession, on ne saurait en demander la réduction à raison des difficultés d'exploitation, de l'absence des bénéfices ou d'une exploitation seulement partielle de la concession[2]; elle est due intégralement, alors même que la mine ne serait pas exploitée[3].

1727 bis. — Les centimes additionnels et la taxe minière établis pour la constitution du fonds de garantie varieront suivant la situation financière de ce fonds. C'est à la loi des finances qu'il appartiendra d'en fixer le taux chaque année sur les indications fournies par le travail des actuaires.

III

Compétence et juridiction.

1728. — Si la taxe additionnelle du fonds de garantie n'a pas, à proprement parler, le caractère d'un impôt, elle est établie et recouvrée dans la forme de la contribution sur les patentes ou de la taxe sur les mines. Dès lors, les contestations relatives soit à l'assujettissement à cette taxe soit à la détermination de son taux soit à son recouvrement relèvent de la compétence des tribunaux administratifs. C'est donc au conseil de préfecture qu'il appartient de les trancher en premier ressort, sauf recours devant le Conseil d'État.

DEUXIÈME SECTION.

Administration du fonds de garantie.

1729. — L'administration porte sur trois points : les recettes, les dépenses et la gestion.

---

[1] Instruction de l'administration du contrôle des contributions directes du 13 mai 1901. Voir sur la distinction entre le droit fixe et le droit proportionnel en matière de patente, n° 1714.

[2] Cons. l'Ét., 9 nov. 1900 (S. 1903. 2. 22, D. 1902. 3. 12).

[3] Cons. d'Ét., 12 juill. 1901 (*Gaz. Trib.*, 18 juill. 1901).

I
Recettes.

1730. — Aux termes de l'art. 28 du premier décret du 28 février 1899, les recettes du fonds de garantie comprennent quatre chefs distincts, à savoir :

1° *Les versements effectués par le Trésor public représentant le montant des taxes recouvrées en conformité de l'art. 25 de la loi du 9 avril 1898.* — Ce premier article de recettes a fait l'objet de la première section.

1731. — 2° *Les recouvrements effectués sur les débiteurs d'indemnités dans les conditions prévues aux titres I et II du présent décret.* — Ces recouvrements peuvent provenir soit du recours exercé par la Caisse des retraites en remboursement des avances qu'elle a faites au bénéficiaire d'indemnité (art. 15 à 21 du décret), soit de l'action en paiement du capital représentatif des pensions dans le cas où le versement en est obligatoire (art. 22 à 25 du décret et 3ᵉ al. de l'art. 28 de la loi). Ces deux sortes de recouvrements ont été étudiés, le premier sous les nᵒˢ 1666 et s., le second sous les nᵒˢ 1670 et s.

Une seule explication nous paraît nécessaire sur la procédure en paiement du capital représentatif. Deux cas peuvent se produire : ou bien le chef d'entreprise, obtempérant aux injonctions contenues dans la lettre recommandée du directeur général, versera le capital représentatif ou bien il s'abstiendra de payer.

Dans le premier cas, le paiement, fait directement à la Caisse des retraites, n'enrichira, ni n'appauvrira le fonds de garantie qui sera resté complètement étranger à l'opération. Ce n'est pas celui dont parle notre paragraphe.

Dans le second cas, la Caisse des retraites, devenue, aux termes de l'art. 28 de notre loi, créancière du capital représentatif, en exigera le versement du fonds de garantie, si elle ne peut l'obtenir du chef d'entreprise débiteur principal. Le fonds de garantie s'acquittera de cette obligation, mais il exercera son recours contre le chef d'entreprise ; et, de même que tout à l'heure, nᵒ 1734, nous verrons figurer au passif du fonds de garantie le capital représentatif versé dans ces conditions à la Caisse des retraites, nous devons ici faire figurer à l'actif le montant des sommes que le fonds de garantie parviendra à recouvrer dans l'exercice de son recours contre le chef d'entreprise.

1732. — 3° *Revenus et arrérages et produit du remboursement des valeurs acquises en conformité de l'art. 30 du présent décret.* — L'art. 30, al. 1 de notre décret dispose que les ressources du fonds de garantie sont employées dans les conditions prescrites par l'art. 22 de la loi du 20 juillet 1886. La loi du 20 juillet 1886 est celle qui a réorganisé la Caisse des retraites pour la vieillesse : l'art. 22 relatif à l'emploi des fonds de cette caisse fait une distinction entre les sommes nécessaires pour assurer le service des arrérages et les fonds proprement dits qui constituent l'excédent des ressources sur les dépenses courantes.

En ce qui concerne ces derniers fonds, ils doivent être, aux termes de l'art. 22, employés en rentes sur l'État, en valeurs du Trésor, ou sur la proposition de la commission supérieure et avec l'autorisation du ministre des Finances, soit en valeurs garanties par le Trésor, soit en obligations départementales et communales.

Quant aux sommes nécessaires pour assurer le service des arrérages, elles sont, d'après le même article, déposées en compte courant au Trésor qui en paie un intérêt calculé à un taux déterminé.

La même distinction est faite dans les sommes dont dispose le fonds de garantie : une part est destinée à faire face aux dépenses courantes, une autre est mise en réserve. Le deuxième paragraphe de notre art. 28 ne s'occupe que de cette dernière portion ; c'est ce que l'art. 30, al. 1er appelle les ressources du fonds de garantie.

Ces ressources sont employées en acquisition de rentes sur l'État, de valeurs du Trésor ou encore, avec les autorisations dont parle l'art. 22 de la loi de 1886, de valeurs garanties par l'État ou d'obligations communales et départementales. Les rentes, valeurs et obligations dont il s'agit produisent des revenus ou des arrérages qui viennent périodiquement grossir le fonds de garantie ; c'est de ces revenus et arrérages que parle le deuxième paragraphe de notre art. 28.

Le même texte ajoute : « et *produit du remboursement* ». C'est qu'en effet ces rentes, valeurs ou obligations peuvent être remboursées avec primes ou lots. Le montant du remboursement est en général supérieur au cours moyen de la Bourse au jour fixé pour le remboursement ; il en résulte une plus-value dont on doit tenir compte dans l'évaluation de l'avoir du fonds de garantie.

1733. — *4° Les intérêts du fonds de roulement prévu au deuxième alinéa du même art. 30.* — Nous avons dit que l'actif du fonds de garantie était divisé en deux parts : l'une constituant les ressources proprement dites et employées comme il a été dit plus haut, l'autre destinée au fonds de roulement. C'est du fonds de roulement que s'occupe l'art. 30, al. 2, ainsi conçu :

Les sommes liquides, reconnues nécessaires pour assurer le fonctionnement du fonds de garantie, sont bonifiées d'un intérêt calculé à un taux égal à celui qui est adopté pour le compte courant ouvert à la Caisse des dépôts et consignations dans les écritures du Trésor public.

Ainsi tout l'actif du fonds de garantie est productif d'intérêts ou de revenus : l'actif employé est bonifié des revenus des valeurs affectées à son emploi, l'actif non employé produit des intérêts aux taux adoptés pour le compte courant existant entre la Caisse des dépôts et consignations et le Trésor public.

II

Dépenses.

1734. — Art. 29 du décret du 28 février 1899 : « *Les dépens du fonds de garantie comprennent :*

1° Les sommes payées aux bénéficiaires d'indemnités : ce sont celles dont les bénéficiaires d'indemnités se sont fait payer le montant par la Caisse des retraites en suivant la procédure tracée par les art. 1 à 13 de notre décret du 28 février 1899 (V. n°s 1624 et s.)

2° *Les sommes versées sur des livrets individuels à la Caisse nationale des retraites pour la vieillesse et représentant les capitaux des pensions exigibles dans les cas prévus par l'art. 28 paragr. 3 de la loi du 9 avril 1898.* Nous avons dit que le fonds de garantie était la caution des chefs d'entreprise non seulement au regard des victimes d'accidents ou de leurs représentants, mais encore envers la Caisse des retraites dans les cas où le capital représentatif est déclaré exigible : car la Caisse des retraites devient d'une part débitrice des pensions envers les bénéficiaires d'indemnités et d'autre part créancière du capital représentatif. Elle remplit, si je puis m'exprimer ainsi, le rôle de transformateur : l'indemnité entre dans sa caisse à l'état de capital pour en sortir sous forme de pension.

Notre paragraphe vise le cas où le fonds de garantie acquitte envers la Caisse des retraites l'obligation du chef d'entreprise. Les sommes, dit-il, sont versées sur des livrets individuels. Cette expression rappelle le mode de procéder qui est en usage devant la Caisse nationale des retraites. Aux termes de l'art. 21 de la loi du 20 juillet 1886, toute personne qui confie de l'argent à la Caisse des retraites reçoit un livret sur lequel sont inscrits les versements par elle effectués et les rentes viagères correspondantes. Les versements peuvent être faits au profit des tiers (art. 13 de la même loi de 1886); et tel est précisément le cas du fonds de garantie qui remet le capital représentatif destiné à être transformé en une rente viagère ou temporaire sur la tête du bénéficiaire de l'indemnité. La forme de ce livret est indiquée par les art. 11 et suivants du décret du 28 décembre 1886. Le livret est ensuite transformé en extrait d'inscriptions (art. 20 de la loi de 1886 et 27 du décret réglementaire de la même année).

3° *Le montant des frais de toute nature auquel donne lieu le fonctionnement du fonds de garantie.* » — Ces frais sont ceux afférents au fonctionnement de toute administration.

III

Gestion du fonds de garantie.

1735. — Aux termes de l'art. 24, la gestion du fonds de garantie est confiée à la Caisse nationale des retraites pour la vieillesse qui est chargée d'assurer, dans les cas prévus par la loi, le paiement des indemnités aux victimes d'accidents ou à leurs représentants.

1736. — La Caisse des retraites pour la vieillesse a été créée par la loi du 18 juin 1850 et réorganisée par celle du 20 juillet 1886 qui lui a donné le nom de Caisse *nationale* des retraites pour la vieillesse. Elle a pour objet de recueillir et de faire fructifier, par l'accumulation des intérêts, l'épargne réalisée par le déposant en vue de s'assurer une pension de retraite.

Jusqu'en 1884, la Caisse des retraites n'avait pas d'autonomie ; les rentes viagères qu'elle liquidait étaient inscrites tous les trois mois sur le grand-livre de la dette publique. Dans une étude, qui fut faite en 1883, on s'aperçut qu'elle servait à ses déposants des rentes supérieures à celles qu'elle retirait de ses placements en rentes sur l'État. La loi du 30 janvier 1884 s'empressa de combler le déficit et, pour éviter le retour de cette éventualité, elle disposa que la Caisse pourvoirait désormais, au moyen de ses propres ressources, au service des rentes viagères.

1737. — La loi du 20 juillet 1886, complétée par le décret réglementaire du 28 décembre de la même année, procéda à une réorganisation complète. Aux termes de l'art. 2 de cette loi, la Caisse nationale des retraites pour la vieillesse est gérée par l'administrateur de la Caisse des dépôts et consignations qui pourvoit aux frais de gestion. L'art. 3 institue, auprès du ministre du Commerce, une commission supérieure chargée de l'examen de toutes les questions qui la concernent. Cette commission composée de seize membres présente chaque année au président de la République, sur la situation morale et matérielle de la caisse, un rapport qui est distribué au Sénat et à la Chambre des députés. Au lieu d'être inscrites, comme avant 1884, sur le grand-livre de la dette publique, les rentes viagères pour la vieillesse sont enregistrées sur un grand-livre spécial qui est tenu à la Caisse des dépôts et consignations et dont des extraits sont délivrés aux crédirentiers pour leur servir de titre (art. 20). Cette mesure assure à la Caisse nationale des retraites une autonomie complète et lui permet de se rendre compte de sa situation financière.

1738. — Depuis la mise en vigueur de la loi de 1898, la gestion de la Caisse nationale des retraites comprend aussi celle du fonds de garantie des insolvabilités patronales.

L'art. 26 du décret réglementaire s'exprime ainsi : « *Le fonds de garantie institué par les art. 24 et 25 de la loi du 9 avril 1898 fait l'objet d'un compte spécial ouvert dans les écritures de la Caisse des dépôts et consignations* ».

La comptabilité du fonds de garantie est tout à fait distincte des opérations de la Caisse des retraites. Satisfaction est ainsi donnée à M. de Marcère, qui disait avec raison au Sénat : « La caisse des pensions des accidents sera-t-elle confondue dans la Caisse nationale des retraites de l'État, avec tous les autres fonds qui remplissent cette dernière? Non... Les sommes qui proviennent des versements appartiennent aux industriels eux-mêmes. Si par aventure il n'y avait pas d'insolvabilité, s'il arrivait un jour où il faudrait liquider cette caisse, à qui appartiendraient les fonds qui la constituent? Aux industriels qui les ont versés... C'est un cautionnement. Tous cautionnements restent la propriété de ceux qui les ont fournis. De même les fruits que produira cette caisse sont leur bien personnel. Ils n'ont pas placé leur argent à fonds perdu. Que résulte-t-il de ces principes? C'est que la caisse de garantie, tout en étant gérée par la Caisse nationale des retraites, doit rester une caisse à part, spéciale, ayant son autonomie ».

Nous avons déjà eu l'occasion de montrer plus haut combien la séparation entre le fonds de garantie et la Caisse des retraites est complète : dans les cas d'exigibilité du capital représentatif, le fonds de garantie est tenu, à défaut du chef d'entreprise, de verser le montant de ce capital à la Caisse des retraites, sauf à exercer son recours contre le patron débiteur. Il en résulte une double opération de comptabilité : d'une part, le capital représentatif qui est payé à la Caisse des retraites figure au passif du fonds de garantie, d'autre part, le recouvrement de ce capital à l'encontre du patron figure à l'actif, de telle sorte que, si la somme recouvrée est inférieure à celle versée, la différence grève le fonds de garantie.

1739. — Indépendamment de la surveillance étroite qui est exercée par l'autorité publique sur la gestion générale de la Caisse des retraites, l'art. 27 du décret réglementaire a institué un contrôle concernant spécialement le fonds de garantie. Ce texte est ainsi conçu : « *Le ministre du Commerce adresse au président de la République un rapport annuel publié au* Journal officiel *sur le fonctionnement du fonds de garantie visé par les art. 24 et 26 de la loi du 9 avril 1898* ».

Il importe, en effet, de connaître chaque année la situation exacte du fonds de garantie. Les excédents dépassent-ils les prévisions ? Ou, au contraire, un déficit est-il à craindre ?

1740. — La limite extrême des accidents paraît avoir préoccupé le Sénat. Dans la crainte que le fonds de garantie ne grossît démesurément, M. de Marcère proposa d'autoriser le Gouvernement à suspendre les perceptions de la caisse lorsque les réserves seraient jugées suffisantes. Cet amendement fut rejeté sur la demande du ministre du Commerce qui fit observer qu'une telle appréhension n'était pas justifiée. Avec la faible cotisation annuelle, dit-il, les capitaux accumulés en réserve atteindront au maximum 30 à 35 millions. Au surplus, ajouta-t-il, il serait imprudent d'interrompre d'une façon complète la prestation imposée aux industriels, parce que ce serait rejeter sur les générations suivantes un risque qui doit, en bonne justice, peser sur la génération actuelle. Les commissions du budget, avec le concours des actuaires, décideront d'après l'état de la caisse, s'il n'y a pas lieu de diminuer la prestation plus ou moins, mais sans la supprimer. Le rapport annuel prescrit par l'art. 27 du décret fournira à ce propos de précieux renseignements.

1741. — Il peut arriver que, par suite d'un événement imprévu, l'actif du fonds de garantie soit insuffisant à faire face au service des arrérages des rentes ou pensions. Nous n'avons pas à rechercher les causes qui seraient de nature à provoquer ce déficit. Il suffit qu'une telle hypothèse, si invraisemblable qu'elle paraisse, ne soit pas impossible, pour que nous ayons le devoir de l'envisager. En pareille occurrence, les bénéficiaires d'indemnité devront-ils attendre que le budget de l'année suivante vienne procurer au fonds de garantie

les ressources qui lui font défaut? Ou bien la Caisse des retraites devra-t-elle faire l'avance des sommes nécessaires,
sauf à se faire rembourser l'année suivante sur les centimes
additionnels et la taxe minière? La loi ni le décret n'ont tran-
ché la question. Dans le silence de ces textes, il ne me semble
pas que la Caisse des retraites soit autorisée à faire une avance
de cette nature : une loi seule, votée spécialement pour la
circonstance, serait susceptible de lui conférer un pareil
droit.

1742. — L'actif du fonds de garantie est administré conformément aux dispositions de l'art. 30 de notre décret réglementaire, que nous avons commenté sous le n° 1732.

CHAPITRE VI

SOCIÉTÉS D'ASSURANCES ET SYNDICATS DE GARANTIE. SURVEILLANCE. — CONTROLE. — CAUTIONNEMENT. — RÉSERVE.

GÉNÉRALITÉS.

1743. — Toutes les législations ont compris la nécessité de soumettre les sociétés d'assurances en général à une réglementation plus étroite que les autres sociétés. Ces règles spéciales peuvent être ramenées à trois types :

1° Obligation d'obtenir l'autorisation préalable du Gouvernement pour se constituer et assujettissement à la surveillance de l'autorité publique. C'est le système suivi en Autriche, où le contrôle préventif de l'État s'applique encore à toute société de capitaux, indépendamment de son objet; c'est aussi celui qui est adopté en Allemagne, quoique les sociétés y soient, en général, affranchies de l'autorisation [1]. C'est enfin le régime sous lequel la loi française du 27 juillet 1867 (art. 66) a exceptionnellement laissé les tontines et les assurances sur la vie;

2° Dispense d'autorisation préalable, pas de surveillance immédiate et directe de l'administration, mais obligation de se conformer aux règles tracées par la loi et de fournir certaines garanties, le tout sous le contrôle des intéressés. C'est le système en vigueur aux États-Unis et en Angleterre; c'est aussi celui que la loi française du 27 juillet 1867 et le décret du 18 février 1868 ont consacré pour les sociétés d'assurances autres que les assurances sur la vie;

3° Dispensé d'autorisation préalable, mais surveillance immédiate et directe de l'État et obligation soit de se conformer aux règles tracées par un règlement d'administration publique soit de fournir des garanties sous forme de réserves et de cautionnements, c'est le système adopté par notre loi de 1898 pour les sociétés d'assurances contre les accidents. Nous verrons que l'autorisation préalable est encore obligatoire pour les syndicats de garantie (art. 23 du deuxième décret du 28 févr. 1899).

---

[1] Chavegrin, *Grande encyclopédie*, t. IV, v° *Assurances*, p. 317.

1744. — Avant la loi de 1898, les sociétés d'assurances françaises étaient soumises à deux régimes différents, suivant leur objet : les assurances sur la vie se trouvaient placées sous la tutelle de l'État, les autres jouissaient d'une entière liberté pour leur formation et leur fonctionnement, sous la seule condition de respecter la loi de 1867 et le décret de 1868 et sans autre contrôle que celui des intéressés. Ces deux systèmes présentaient des inconvénients.

L'un était trop libéral surtout pour certaines natures d'assurances dont les opérations complexes ne pouvaient être utilement contrôlées par le public.

L'autre avait le tort d'être arbitraire : l'autorisation pure et simple du Gouvernement suppléait à toutes les garanties légales; il en résultait que l'investiture pouvait être accordée à la société la moins digne et refusée à celle réunissant les conditions les plus sérieuses de solvabilité et de bonne administration. Bien plus, le mode de surveillance de chaque société devait être spécifié dans l'arrêté d'autorisation ; il devenait ainsi une des conditions de l'existence de la société; de là deux conséquences : l'inobservation des prescriptions sur la surveillance pouvait entraîner la révocation de l'arrêté d'autorisation, c'est-à-dire la dissolution de la société ; mais la rigueur même de cette sanction la rendait en quelque sorte illusoire. En second lieu, les règles de contrôle, prévues par l'acte d'autorisation, faisaient la loi des parties dans les rapports de la société et de l'État et ne pouvaient plus être modifiées par celui-ci sans l'assentiment de celle-là, de telle sorte que, si, dans la suite, elles étaient reconnues insuffisantes ou inefficaces, l'autorité publique se trouvait désarmée.

1745. — Après la promulgation de la loi de 1867, on ne tarda pas à ressentir les effets de ce dernier inconvénient. La plupart des compagnies d'assurances à primes sur la vie, dont la fondation remontait à la première moitié du siècle, avaient été soumises par leurs règlements statutaires régulièrement approuvés à une surveillance tout à fait rudimentaire. Au contraire, les sociétés mutuelles d'assurances ainsi que les tontines étaient astreintes au contrôle le plus rigoureux : non seulement elles étaient tenues de produire périodiquement des états de situation, mais encore leurs livres de comptabilité étaient vérifiés par les agents de l'administration qui avaient accès dans leurs bureaux et dont le traitement était à leur charge (Av. Cons. d'Ét., 1er avr. 1809; Ord. 18 juin 1842). En 1877, le Gouvernement, justement préoccupé du développement considérable des compagnies à primes d'assurances sur la vie, voulut rendre à leur égard son contrôle effectif; un arrêté ministériel du 15 mai 1877 les assimila à peu près, au point de vue de la surveillance administrative, aux sociétés mutuelles et aux tontines et il chargea la commission de tontines de les inspecter. Les compagnies résistèrent; elles attaquèrent la décision du ministre devant le Conseil d'État et obtinrent gain de cause. « Le ministre, dit dans ses considérants la haute juridiction administrative, peut prescrire la surveillance des compagnies suivant le mode prévu par l'autorisation ; mais aucune disposition de loi ne lui donne compétence pour organiser une surveillance non prévue statutairement ». Le Gouvernement n'avait qu'à s'incliner, en attendant une occasion favorable de sortir de son impuissance. Cette occasion se présenta quelques années après, au moment où le taux de l'intérêt s'abaissa assez brusquement du 5 au 3 0/0. Les compagnies d'assurances sur la vie, dont les tarifs avaient été calculés d'après le taux 5, durent songer à relever leurs primes ; mais cette modification à leurs règlements exigeait l'approbation administrative. Force leur fut de s'adresser au Gouvernement. Le ministre leur répondit alors que, tout en reconnaissant le bien fondé de leur demande, il ne l'accueillerait qu'à la condition que de leur côté elles accepteraient son contrôle. Ce fut à leur tour de s'incliner. Une transaction fut conclue sur ces bases.

Depuis ce moment, toutes les compagnies d'assurances sur la vie sont tenues de remettre tous les six mois des états de situation au ministère du Commerce, à la préfecture de la Seine; à la préfecture de police, à la chambre de commerce et au tribunal de commerce. Ces états de situation sont dressés conformément aux modèles donnés par l'administration. D'autre part, le Conseil d'État a inséré dans les décrets approbatifs des nouveaux tarifs une clause en vertu de laquelle les compagnies visées par ces décrets sont tenues de publier chaque année le compte rendu de leurs opérations, en y annexant des tableaux conformes aux modèles déterminés par le ministre du Commerce[1]. Mais les inspecteurs de l'État n'ont pas accès dans les bureaux des compagnies à primes fixes et ne peuvent pas vérifier les comptes ni les éléments des états produits.

Des considérations qui précèdent, il ressort que, si actuellement les sociétés d'assurances sur la vie sont, en fait, surveillées et contrôlées d'une façon à peu près suffisante, ce résultat est dû moins à une application normale de la loi en vigueur qu'à une circonstance fortuite qui a permis à l'administration de raffermir son autorité. Or une loi bien faite ne devrait jamais laisser le Gouvernement désarmé et impuissant vis à vis des sociétés dont il a la surveillance.

1746. — L'art. 66 de la loi de 1867, sous l'empire duquel sont

---

[1] V. circulaire adressée le 15 mai 1894 par le ministre du Commerce aux conseils d'administration des compagnies d'assurances sur la vie.

placées les assurances sur la vie, mérite une autre critique non moins grave. Applicable seulement aux sociétés françaises, il ne fait pas obstacle à ce que les sociétés, régulièrement constituées à l'étranger, exercent en toute liberté leurs droits en France sans autorisation et sans contrôle; il en est ainsi du moins, aux termes de la loi du 30 mai 1857, pour toute société dépendant d'un pays compris au nombre de ceux dont un traité ou un décret admet les sociétés en général sur notre territoire. Or des traités ou des décrets font bénéficier de cet avantage presque tous les États de quelque importance, notamment l'Angleterre et les États-Unis d'Amérique; les compagnies anglaises ou américaines opèrent donc en France, avec dispense de l'autorisation préalable imposée à leurs concurrentes françaises[1].

Dans la séance du 19 mars 1898, M. le sénateur Lesouef citait l'exemple d'un groupe de capitalistes qui, s'étant vu refuser par le gouvernement français l'autorisation de fonder une société d'assurance sur la vie, se rendirent dans un pays voisin, y constituèrent leur société et revinrent ensuite à Paris où ils exercèrent en toute liberté et sans contrôle comme compagnie étrangère.

1747. — Bien que ces imperfections et ces abus aient été maintes fois signalés, on n'y a pas encore porté remède. Plusieurs projets de loi présentés dans ce but n'ont pas abouti, malgré les excellentes dispositions qu'ils contenaient. Notre législateur de 1898 en a du moins tenu compte dans la réglementation des assurances contre les accidents et spécialement dans son art. 27 qui est ainsi conçu : « *Les compagnies d'assurances mutuelles ou à primes fixes contre les accidents, françaises ou étrangères, sont soumises à la surveillance et au contrôle de l'État et astreintes à constituer des réserves ou cautionnements dans les conditions déterminées par un règlement d'administration publique. — Le montant des réserves ou cautionnements sera affecté par privilège au paiement des pensions et indemnités. — Les syndicats de garantie seront soumis à la même surveillance et un règlement d'administration publique déterminera les conditions de leur création et de*

---

[1] Chavegrin, *op. cit.*, p. 317.

leur fonctionnement. — Les frais de toute nature résultant de la surveillance et du contrôle seront couverts au moyen de contributions proportionnelles au montant des réserves ou cautionnement et fixés annuellement pour chaque compagnie ou association par arrêté du ministre du Commerce ».

Le régime qu'il a adopté établit une double garantie :

D'abord la surveillance et le contrôle de l'État réglementés par un décret d'administration publique et obligatoires pour toutes les sociétés d'assurances contre les accidents, à quelque nationalité qu'elles appartiennent, et aussi pour les syndicats de garantie, surveillance et contrôle qui consiste non seulement dans l'examen des documents produits par les sociétés, mais encore dans la vérification des registres et comptes par des inspecteurs ayant libre accès dans les bureaux desdites sociétés.

En second lieu, l'obligation pour les assurances françaises et étrangères de constituer des réserves et de déposer des cautionnements dans les conditions prévues par le règlement d'administration publique. Ce qui caractérise les dispositions de notre texte, c'est, d'une part, la suppression de l'autorisation administrative préalable jugée inutile et, d'autre part, la réglementation par décret d'administration publique du mode de surveillance et de contrôle des sociétés : désormais une règle uniforme est substituée au bon vouloir de l'État ; par suite, les contestations de la nature de celles qui se son élevées en matière d'assurances sur la vie, ne sont pas à craindre avec les sociétés d'assurances contre les accidents. Quant aux frais d'inspection, ils sont à la charge des compagnies contrôlées. De même, un décret d'administration publique réglemente les réserves et les cautionnements.

Enfin, les syndicats de garantie sont astreints, pour leur formation et leur fonctionnement, à des règles également déterminées par un règlement d'administration publique ; leurs statuts doivent être revêtus de l'approbation gouvernementale.

Telle est l'économie des dispositions de l'art. 27 de notre loi.

1748. — Nous en diviserons l'étude en quatre sections :

1° comparaison entre le cautionnement et la réserve; 2° du cautionnement; 3° de la réserve mathématique; 4° surveillance et contrôle; 5° syndicat de garantie.

PREMIÈRE SECTION.

Comparaison entre le cautionnement et la réserve.

1749. — Le législateur a voulu qu'une société d'assusurance contre les accidents, qui à un moment quelconque de son existence entrerait en liquidation, fût en mesure de faire face à toutes ses obligations. Or, ces obligations sont de deux natures différentes : les unes qui se rapportent aux pensions liquidées, sont déterminées d'une façon certaine et précise dans leur quantum, les autres, qui ont trait aux risques non encore réalisés, ne sont qu'estimées approximativement d'après les calculs de probabilité.

Pour faire face aux engagements de la première catégorie, les sociétés d'assurances sont tenues d'avoir dans leurs caisses des titres au moins équivalents au capital représentatif de ces pensions; c'est ce qu'on appelle la réserve mathématique. Sur ce point, pas d'aléa possible : les titulaires des pensions liquidées sont sûrs de trouver en tout temps dans cette réserve une somme suffisante pour les désintéresser complètement.

En ce qui concerne les risques non encore réalisés et dont la société a pris la charge dans les polices par elle souscrites, la valeur en est représentée, en théorie, par les primes dues par les assurés. Mais de la théorie à la pratique, il y a loin, alors surtout que nous sommes ici dans le domaine de la probabilité. Est-ce que, dans les polices, ces risques ont été évalués à leur juste prix? La société n'a-t-elle pas contracté dans des conditions défavorables? A-t-elle pris au préalable des renseignements assez précis sur tous ses assurés? Sa gestion n'est-elle pas elle-même défectueuse? Ce sont là autant de points importants pour l'issue de l'assurance et que l'avenir seul peut éclaircir. Nous avons montré sous les n°ˢ 1518 et s. combien la profession d'assureur exige de qualités différentes. Il suffit que l'une d'elles fasse défaut pour compromettre

l'équilibre entre les recettes et les dépenses. C'est de cet inconnu, de cet incertain que répond le cautionnement. A la différence de la réserve mathématique, qui est une garantie intrinsèque et normale de comptabilité, le cautionnement est une
garantie extrinsèque et supplémentaire : il consiste dans des
valeurs confiées à une caisse de l'État. Il n'est pas sans intérêt
de rapprocher la double garantie imposée par notre décret de
l'organisation financière de l'assurance en Autriche, où l'on
voit figurer, à côté des capitaux représentatifs une réserve
spéciale à chaque assureur et un fonds de réserve suprême
commun à tous les établissements d'assurances; nous renvoyons à ce que nous avons dit à ce sujet, n° 1517.

1750. — De ce principe découlent plusieurs propositions
dont nous trouverons des applications dans les articles de notre
décret :

En premier lieu, le cautionnement doit être exigé avant
que la société ait été admise à souscrire des polices (art. 2),
tandis que la réserve mathématique se constitue au fur et à
mesure des sinistres (art. 7).

En second lieu les sociétés anonymes à primes fixes trouveront aisément dans le capital social des ressources propres à
former le cautionnement; les sociétés mutuelles, au contraire,
auront de la peine à se procurer des avances suffisantes à cet
effet. Il conviendra donc de spécifier, en faveur des sociétés
mutuelles, des garanties équivalentes qui permettront de
suppléer dans une certaine mesure à cette obligation; c'est
ce qu'a fait l'art. 6.

En troisième lieu les sociétés, qui au fur et à mesure des
sinistres versent le capital représentatif des pensions à la
Caisse des retraites, sont dispensées d'avoir une réserve mathématique (art. 9); elles doivent toutefois continuer à avoir
un cautionnement que la sécurité de leurs opérations permet
de réduire dans une juste proportion (art. 3 de l'arrêté ministériel du 29 mars 1899). En Italie, où les indemnités sont
fixées en capital, les sociétés d'assurances ne sont pas astreintes à des réserves mathématiques; nous verrons que leur cautionnement est identique à celui qui est imposé en France aux
sociétés qui versent les capitaux représentatifs (V. n° 1758).

Enfin, lorsque la société a versé à la Caisse des retraites le capital représentatif de toutes les rentes et indemnités assurées et qu'il ne lui reste aucune obligation concernant des risques non encore réalisés, son cautionnement même réduit devient lui-même sans objet (art. 5, al. 2 du décret).

1751. — A ces quatre différences caractéristiques, il convient d'ajouter deux traits communs.

Tout d'abord le capital représentatif varie incessamment puisque chaque jour il diminue du montant des arrérages payés aux ayants-droit et s'accroît du capital représentant les nouvelles pensions liquides; d'où la nécessité d'établir des fixations périodiques de la réserve mathématique (art. 8). De même le cautionnement, étant destiné à répondre d'aléas soumis à de fréquentes fluctuations, a besoin d'être révisé à des intervalles réguliers (art. 3).

D'autre part, si en théorie la réserve et le cautionnement sont des garanties affectées à des catégories distinctes d'ayants-droit, dans la pratique la loi ne fait aucune différence entre les bénéficiaires d'indemnités. L'art. 27 dispose que le montant de la réserve et celui du cautionnement sont affectés par privilèges au paiement des pensions et indemnités.

Enfin nous verrons aux n°s 1753 et 1770 que la réserve mathématique et le cautionnement ne dispensent pas les sociétés anonymes de l'obligation d'avoir un capital de garantie et un fonds de réserve (art. 2 et 4 du décret du 22 janv. 1868) et les mutuelles de celle d'avoir un fonds de garantie et un fonds de prévoyance (art. 29 du même décret). Ces fonds sont destinés à parer aux premières éventualités et à celles qui, à raison de leur peu d'importance, ne sont pas de nature à éveiller l'attention des pouvoirs publics. Tout au contraire la réserve mathématique et le cautionnement sont intangibles; au surplus le privilège de l'art. 2102 en fait le gage spécial des créanciers d'indemnité.

1752. — Avant d'étudier séparément le cautionnement et la réserve, il importe de préciser à quelles sociétés cette double garantie est imposée par la loi. L'art. 1 du deuxième décret du 28 février 1899, répond à cette question. « *Toutes les so-* « *ciétés, y lit-on, qui pratiquent, dans les termes de la loi du*

« *9 avril 1898, l'assurance mutuelle ou à primes fixes contre*
« *le risque des accidents du travail ayant entraîné la mort ou*
« *une incapacité permanente sont astreintes, pour ce risque,*
« *aux dispositions du présent titre* ».

De ce texte il résulte que seules, les sociétés qui n'assurent
que le risqne des accidents suivis d'incapacité temporaire,
échappent à l'obligation du cautionnement et de la réserve;
cette exception vise les sociétés de secours mutuels, qui sont
soumises, comme nous l'avons vu, à une législation spéciale.

Les sociétés étrangères sont, au point de vue de cette double
garantie, assimilées aux sociétés françaises; l'arrêté ministériel du 28 mars 1899 leur impose même un cautionnement
majoré de 50 0/0.

Les sociétés mutuelles ne font pas davantage exception à la
règle; mais nous verrons que, dans certains cas, elles sont
autorisées à réduire leurs cautionnements.

Indépendamment de la double obligation de la réserve et
du cautionnement, les sociétés anonymes à primes fixes ou
mutuelles, dont nous avons à nous occuper, sont soumises aux
règles générales sur les sociétés anonymes et mutuelles en
général, telles qu'elles résultent du Code de commerce et de
la loi du 24 juillet 1867; elles restent en outre, ainsi que nous
le verrons aux commentaires des art. 2, 6 et 17 de notre décret, assujetties aux dispositions du décret du 22 janvier 1868
qui ne sont pas contraires à la législation nouvelle, notamment aux art. 2, 4 et 29 dudit décret de 1868.

DEUXIÈME SECTION.

Du cautionnement.

1752 *bis.* — Les règles concernant les cautionnements
varient suivant qu'il s'agit de sociétés anonymes à primes
fixes ou de sociétés mutuelles. D'autre part un arrêté ministériel du 5 mai 1899 et une loi du 4 juillet 1900 placent
dans une situation spéciale les sociétés d'assurances agricoles. De là une division tripartite. Les art. 2 à 5 du deuxième
décret du 28 février 1899 traitent des sociétés anonymes;
l'art. 6 est spécial aux sociétés mutuelles. Sous l'art. 2 nous

étudierons le premier arrêté ministériel du 29 mars 1899.

]

Cautionnement des sociétés anonymes à primes fixes.

Le cautionnement des sociétés anonymes à primes fixes mérite d'être étudié à cinq points de vue : 1° fixation ; 2° constitution ; 3° versement et gestion ; 4° affectation et réalisation ; 5° retrait.

a) *Fixation du cautionnement.*

1753. — L'art. 2 du deuxième décret du 28 février 1899 est ainsi conçu : « *Indépendamment des garanties spécifiées* « *aux art. 2 et 4 du décret du 22 janvier 1868 et de la réserve* « *mathématique, les sociétés anonymes d'assurances françaises* « *ou étrangères à primes fixes doivent justifier de la constitu-* « *tion préalable d'un cautionnement fixé d'après les bases que* « *détermine le ministre, sur l'avis du comité consultatif prévu* « *à l'art. 16 ci-après et affecté par privilège, au paiement des* « *pensions et indemnités conformément à l'art. 27 de la loi* ».

Aux termes de cet article, les sociétés anonymes françaises et étrangères qui pratiquent l'assurance à primes fixes dans les conditions indiquées ci-dessus sont soumises à quatre sortes d'obligations : 1° obligations prévues par l'art. 2 du décret du 22 janvier 1868 ; 2° obligations prévues par l'art. 4 du même décret ; 3° obligation de la réserve mathématique ; 4° obligation du cautionnement, dont le montant a été fixé par arrêté ministériel du 29 mars 1899.

La troisième obligation, relative à la réserve mathématique, sera étudiée plus loin à la troisième section, sous les n°ˢ 1781 et s.

1754. — Un mot nous paraît nécessaire sur chacune des deux premières obligations, avant d'arriver au commentaire de l'arrêté du 29 mars 1899.

En premier lieu, la société n'est valablement constituée, dit l'art. 2 du décret de 1868, qu'après le versement d'un capital de garantie qui ne peut être inférieur à 50.000 francs, alors même que le capital social serait de moins de 200.000 francs.

D'après la loi de 1867, la constitution d'une société anonyme en général est subordonnée au versement du quart du montant de chaque action. Les sociétés d'assurances ne sont pas seulement soumises à cette condition : le montant du capital effectivement versé doit atteindre 50.000 francs. C'est une façon déguisée d'exclure du domaine de l'assurance toute société dont le capital n'atteindrait pas 50.000 francs.

La deuxième obligation concerne le fonds de réserve. L'art. 4 du décret de 1868 dispose que la société est tenue de faire annuellement un prélèvement d'au moins 20 0/0 sur les bénéfices nets pour former un fonds de réserve. En outre, le prélèvement devient facultatif lorsque le fonds de réserve est égal au cinquième du capital. Dans les sociétés anonymes en général, le prélèvement à faire pour la constitution du fonds de réserve n'est, d'après l'art. 36 de la loi de 1867, que de 5 0/0; et il cesse d'être obligatoire du jour où le fonds de réserve atteint le 1/10 du capital.

1755. — Nous arrivons ainsi à l'obligation du cautionnement.

Le cautionnement, dit notre art. 2, est fixé d'après les bases que détermine le ministre, sur l'avis du comité consultatif. Conformément à ce texte, le ministre du Commerce et de l'Industrie a pris, à la date du 20 mars 1899, un arrêté qui comprend quatre articles[1].

Pour analyser cet arrêté ministériel, il est bon de rappeler les principes que nous avons exposés plus haut. Le cautionnement, avons-nous dit, est destiné à faire face aux aléas résultant soit des engagements de la société relativement aux risques non encore réalisés soit de la gestion du fonds social. Suivant la nature et la complexité des opérations et suivant l'administration de chaque société, ces aléas représenteront des sommes plus ou moins élevées. Partant de ces principes, l'arrêté ministériel fait d'abord une distinction entre les sociétés françaises et les sociétés étrangères.

En ce qui concerne les sociétés françaises, il les divise en trois classes : 1° les sociétés qui assurent les ouvriers de plu-

---

[1] *J. O.*, 2 avr. 1899.

sieurs professions présentant des risques différents (art. 1);
2° les sociétés qui n'assurent que des ouvriers d'une même
profession ou de plusieurs professions présentant un risque
identique (art. 2); 3° les sociétés dont les statuts stipulent
que les capitaux constitutifs de toutes les rentes et pensions
doivent être immédiatement versés à la Caisse nationale des
retraites (art. 3). Les sociétés de la première catégorie, étant
celles dont les opérations sont les plus variées et les plus incertaines, sont tenues de verser le cautionnement le plus élevé.
Dans celles de la deuxième catégorie, l'évaluation des risques
est rendue plus facile par ce fait que l'assurance est limitée à
une seule profession ou à plusieurs professions présentant un
risque identique ; dès lors, à la diminution des imprévus doit
correspondre une réduction de cautionnement. Enfin, les sociétés, qui versent au fur et à mesure des sinistres le capital
représentatif des rentes et pensions, sont celles dont les opérations laissent le moins de place aux inconnus; il est donc
juste qu'elles versent le cautionnement le plus faible.

En ce qui concerne les sociétés étrangères (art. 4), elles
sont divisées, comme les sociétés françaises, en trois classes ;
mais, à raison de l'action moins grande que le Gouvernement
a sur elles, leur cautionnement dans chacune des catégories
est majoré de 50 0/0.

Nous commenterons successivement chacun de ces articles.

1756. — 1° Sociétés françaises qui assurent des risques différents. — Cette catégorie comprend les sociétés françaises
qui assurent les ouvriers de plusieurs professions présentant
des risques différents et qui ne versent pas le capital représentatif des rentes et pensions.

Aux termes de l'art. 1er de l'arrêté ministériel « *le cautionnement doit représenter :*

« *1° La première année de fonctionnement sous le régime du
décret du 28 février 1899, 400.000 francs.*

« *2° Les années ultérieures 2 0/0 du total des salaires ayant
servi de base aux assurances pendant la dernière année, sans
que toutefois la somme ainsi calculée puisse être inférieure à
400.000 francs ni supérieure à 2 millions* ».

Le cautionnement étant proportionné au salaire et ne tenant pas compte du coefficient de risques, il en résultera que les sociétés, qui assureront les industries les plus dangereuses seront celles dont le cautionnement sera le moins élevé relativement aux primes ou au montant total des indemnités, c'est-à-dire à l'importance des opérations. D'autre part, les primes étant laissées à l'appréciation des assureurs, le législateur a craint qu'en se fondant sur elles pour fixer le cautionnement, les sociétés d'assurances ne fussent portées à les abaisser outre mesure, à seule fin de voir diminuer leur cautionnement.

En Italie, où les tarifs de primes des compagnies d'assurances sont soumis à l'homologation du ministre (V. n° 1560), cet inconvénient n'est pas à redouter : aussi le montant du cautionnement est-il toujours fixé proportionnellement au chiffre des primes. Nous verrons (n° 1758) que les bases d'évaluation de ce cautionnement sont les mêmes qu'en France.

1757. — 2° Sociétés françaises qui assurent des risques identiques. — L'art. 2 de l'arrêté ministériel place dans cette catégorie les sociétés françaises qui, d'après leurs statuts, n'assurent que des ouvriers d'une même profession ou de plusieurs professions présentant un risque identique et qui ne versent pas le capital représentatif.

Aux termes de cet art. 2, « *Le cautionnement doit représenter, sauf application du minimum et du maximum fixés à l'article précédent, une fois et demie la valeur des primes brutes à verser pour couvrir le risque d'accidents ayant entraîné la mort ou une incapacité permanente, à moins toutefois que la prime adoptée par la société se trouve inférieure à la prime déterminée par arrêté ministériel, en exécution du dernier alinéa de l'art. 6 du décret du 28 février 1899 susvisé. Dans ce dernier cas, la prime déterminée par l'arrêté ministériel sert de base au calcul du cautionnement.* »

Dans cette hypothèse c'est la prime, et non plus le salaire, qui sert de base à l'évaluation du cautionnement. Si elle continue à être fixée librement par l'assureur, elle est du moins soumise à un contrôle. Un arrêté ministériel détermine en effet les primes-types afférentes à chaque profession (Voir 3°

arrêté ministériel du 30 mars 1899, n° 1773). Si donc la prime conventionnelle est inférieure à la prime officielle, c'est sur cette dernière que le cautionnement est calculé.

Le cautionnement est égal à une fois et demie la valeur des primes brutes afférentes aux risques d'accidents ayant entraîné la mort ou une incapacité permanente ; le maximum et le minimum sont ceux de l'hypothèse précédente.

1758. — 3° Sociétés françaises qui versent le capital représentatif. — Aux termes de l'art. 3 de l'arrêté ministériel, cette catégorie comprend les sociétés françaises dont les statuts stipulent que les capitaux représentatifs de toutes les rentes ou indemnités prévues par la loi du 9 avril 1898 en cas d'accident ayant entraîné la mort ou une incapacité permanente doivent être immédiatement[1] versés à la Caisse nationale des retraites.

Nous avons expliqué que, dans ce cas, les opérations des sociétés d'assurances offraient beaucoup plus de sécurité. Aussi l'art. 3 dispose que « *le cautionnement ne doit représenter que la moitié de la somme spécifiée, suivant les cas, soit à l'art. 1, soit à l'art. 2 du présent arrêté, le minimum étant alors réduit à 200.000 francs et le maximum à 1 million* ».

Si donc la société, qui verse le capital représentatif, assure les ouvriers de plusieurs professions présentant des risques différents, elle devra verser, à titre de cautionnement : 1° la première année de fonctionnement, 200.000 francs ; 2° les années ultérieures 1 0/0 du total des salaires ayant servi de base aux assurances pendant la dernière année, sans que toutefois la somme ainsi calculée puisse être inférieure à 200.000 francs ni supérieure à 1 million.

Si elle n'assure que des ouvriers d'une même profession

---

[1] Un versement *immédiat* étant pratiquement impossible à effectuer, le ministre du Commerce accorde à ces sociétés d'assurance un délai de deux mois à partir du jour de la décision de justice qui a fixé le montant de l'indemnité. En cas d'impossibilité, ce versement doit être remplacé dans le même délai par la consignation d'un titre de rente 3 0/0 au porteur, de quotité égale à celle de la rente non constituée (arrêté ministériel du 18 déc. 1902. Circul. du minist. du Comm. des 16 avr. 1901 et 18 déc. 1902 (*Rev. des doc. sur les accid. du trav.*, n° 1, 1903, p. 128, 221 et 223). Dans tous les cas les sociétés sont tenues d'envoyer au ministre un état mensuel contenant l'indication exacte des versements opérés dans le mois et un état annexe spécifiant, avec les mêmes indications, les dépôts de titres effectués en consignations par application de l'arrêté du 18 déc. 1902 (Mêmes circulaires).

ou de plusieurs professions présentant un risque identique, son cautionnement devra représenter les deux tiers des primes brutes fixées par les polices ou les deux tiers des primes déterminées par arrêté ministériel dans le cas où celles-ci seraient plus élevées que celles-là, avec minimum de 200.000 francs et maximum de 1 million.

De même en Italie le cautionnement initial des sociétés d'assurances contre les accidents ne doit pas être inférieur à 200.000 francs et le cautionnement des années ultérieures est calculé, non sur le montant du salaire, mais sur celui des primes dont il doit représenter les 2/3 au maximum (art. 55 du règlement italien du 25 sept. 1898). Or on sait que, d'après la législation italienne, les indemnités sont presque toutes fixées en capital, ce qui équivaut au versement du capital représentatif. D'autre part, les tarifs des primes ne peuvent être adoptés par les sociétés d'assurances qu'après approbation du ministre (art. 56 du même règlement de 1898); ce qui est une garantie encore plus sûre que la condition imposée par l'art. 2 de notre arrêté du 29 mars 1899.

1759. — 4° Sociétés étrangères. — L'art. 4 de l'arrêté ministériel dispose que : « *pour les sociétés étrangères, le cautionnement est fixé sur les bases respectivement déterminées par les art. 1, 2 et 3 ci-dessus, avec majoration de 50 0/0, le minimum étant alors de 600.000 francs ou de 300.000 francs et le maximum de 3 millions ou de 1.500.000 francs suivant le cas* ».

Les dispositions de ce texte n'ont pas besoin de commentaires.

Le montant du cautionnement est, ainsi que nous l'avons déjà dit, affecté par privilège au paiement des pensions et indemnités conformément à l'art. 27 de la loi.

b) *Constitution du cautionnement.*

1760. — Aux termes de l'art. 3 du deuxième décret du 28 février 1899 : « *Le cautionnement est constitué dans les quinze jours de la notification de la décision du ministre à la Caisse des dépôts et consignations, en valeurs énumérées au 3° parag. de l'art. 8 ci-dessous. Il est révisé chaque année. Les titres sont estimés au cours moyen de la Bourse de Paris au jour du dépôt.* »

Le premier devoir d'une société en formation est de solliciter du ministre la fixation du montant du cautionnement qu'elle doit verser. Ce cautionnement est fixé, conformément à l'art. 2 sur l'avis du comité consultatif. Notification de la décision du ministre est faite à la société ; celle-ci doit, dans les quinze jours de la notification, verser à la Caisse des dépôts et consignations les valeurs constitutives de ce cautionnement.

1761. — Les seules valeurs admises sont énumérées au 3ᵉ paragr. de l'art. 8 ; ce sont : 1° les valeurs de l'État ou jouissant d'une garantie de l'État ; 2° les obligations négociables et entièrement libérées des départements, des communes et des chambres de commerce ; 3° les obligations foncières et communales du Crédit foncier. Les titres sont estimés au cours moyen de la Bourse de Paris au jour du dépôt. Dès que le versement a été effectué dans les conditions ci-dessus, mention de cette formalité en est faite, dit l'art. 19, au *Journal officiel* par les soins du ministre du Commerce.

Notre art. 3 ajoute : le cautionnement est révisé chaque année. Une révision périodique est en effet indispensable à raison des changements qui peuvent survenir soit dans l'importance de la société soit dans la valeur des titres déposés. Le décret ne dit pas à quelle époque cette révision doit être faite ; mais l'art. 18 dispose que chaque année, avant le premier décembre, le ministre du Commerce arrête, après avis du comité consultatif, et publie au *Journal officiel* la liste des sociétés mutuelles ou à primes fixes, françaises ou étrangères, qui fonctionnent dans des conditions prévues par les art. 16 et 27 de la loi du 9 avril 1898 et par le présent décret. On doit en conclure que la révision annuelle doit avoir lieu dans le courant du mois de novembre.

c) Versement et administration du cautionnement.

1762. — L'art. 4 du deuxième décret du 28 février 1899 est ainsi conçu : « *Le cautionnement est versé au lieu où la société a son siège principal, dans les conditions déterminées par les lois et règlements en vigueur sur la consignation des valeurs mobilières. — Les intérêts des valeurs déposées peuvent être retirés par la société. Il en est de même, en cas de rembourse-*

ment des titres avec primes ou lots, de la différence entre le prix de remboursement et le cours moyen à la Bourse de Paris, au jour fixé pour le remboursement de la valeur sortie au tirage.

— Le montant des remboursements, déduction faite de cette différence, doit être immédiatement employé en achat de valeurs visées au 3ᵉ paragr. de l'art. 8, sur l'ordre de la société ou d'office en rentes sur l'État, si la société n'a pas donné d'ordre dans les quinze jours de la notification de remboursement faite, sous pli recommandé, par la Caisse des dépôts et consignations. — Il en est de même pour les fonds provenant d'aliénations de titres demandées par la société ».

Cet article traite quatre points.

1763. — 1. *Forme et lieu du versement.* — A Paris, la consignation est effectuée entre les mains du caissier général de la Caisse des consignations établie au ministère des Finances. Dans les départements, elle a lieu dans les bureaux de la trésorerie générale des chefs-lieux de département ou de la recette particulière des chefs-lieux d'arrondissement.

En échange des valeurs versées, le déposant reçoit un récépissé à talon qu'il est tenu de faire viser et séparer de son talon, dans les vingt-quatre heures de sa date, par les fonctionnaires chargés de ce contrôle (art. 1ᵉʳ de la loi du 24 avr. 1833). Les fonctionnaires dont il s'agit sont les préfets pour les chefs-lieux de département, les sous-préfets pour les chefs-lieux d'arrondissement.

1764. — 2. *Intérêt des valeurs versées à titre de cautionnement.* — Les valeurs consignées produisent des intérêts que les sociétés déposantes ont le droit de retirer.

1765. — 3. *Sommes provenant des remboursements des titres à leur échéance avec primes ou lots.* — Ces valeurs peuvent arriver à échéance, soit que l'échéance soit fixe, soit qu'elle soit soumise à un tirage au sort. Le remboursement en est alors opéré au pair ; quelquefois il est accompagné d'un lot. Dans les deux cas, la somme remboursée peut être supérieure à la valeur d'un titre similaire, telle qu'elle est fixée à la Bourse de Paris d'après le cours moyen du jour de l'échéance. C'est cet excédent que la société déposante est autorisée à retirer.

Quant à la somme représentative de la valeur exacte du titre, elle doit être immédiatement employée, sur l'ordre de la société, en achat de valeurs comprises dans l'énumération du 3e paragr. de l'art. 8 ci-dessus reproduit. A cet effet la Caisse des dépôts et consignations notifie à la société le remboursement qui a été effectué. Si dans les quinze jours de cette notification la société n'a pas donné l'ordre de faire l'emploi prescrit par le décret, cet emploi est effectué d'office en achat de rentes sur l'État.

Le décret n'a pas prévu le cas où les titres consignés ayant dépassé le pair, leur remboursement à l'échéance donnerait lieu à une moins-value. Il est certain qu'alors la somme remboursée doit être intégralement remployée comme il a été dit. Quant au léger déficit résultant du remboursement, il est comblé à la révision ; je ne pense pas qu'avant cette date on puisse contraindre la société à faire la différence à l'aide des intérêts du cautionnement ou des autres plus-values. Aucun texte n'impose cette obligation.

1766. — 4. *Sommes provenant des aliénations volontaires.* — La société peut avoir intérêt à aliéner certains titres consignés, soit que la vente en soit avantageuse soit pour tout autre motif. Dans ce cas les fonds provenant de cette aliénation doivent être remployés, dans les quinze jours, comme il est dit ci-dessus ; sinon le remploi en est effectué d'office en rentes sur l'État.

d) *Affectation et réalisation du cautionnement.*

1767. — La Caisse nationale des retraites a le droit de réaliser le cautionnement toutes les fois qu'elle est obligée de payer, pour le compte de l'assureur, une indemnité à des victimes d'accident. On a vu qu'en pareil cas le directeur général de la Caisse des retraites, après avoir adressé une lettre recommandée restée sans effet, décerne contre l'assureur une contrainte qui est exécutoire immédiatement après le visa du juge de paix et dont l'exécution ne peut être suspendue que par une opposition régulière devant le tribunal civil (nos 1681 à 1687). Pour prévenir les difficultés auxquelles pourrait donner lieu dans la pratique l'exécution de la con-

trainte aux titres constitutifs du cautionnement, le directeur
général de la Caisse des retraites exige, avant tout nantis-
sement, que les sociétés ou compagnies d'assurances souscri-
vent un *acte d'affectation,* aux termes duquel elles consentent
à la vente en la forme administrative et *sans autorisation de
justice* des dits titres, si elles n'ont ni satisfait ni fait opposition à la contrainte dans un délai de huit jours ou si leur
opposition a été déclarée irrecevable[1]. Cet acte d'affectation
est dispensé des droits de timbres et d'enregistrement conformément à l'art. 29.

e) *Retrait du cautionnement.*

1768. — Le retrait du cautionnement est réglementé par
l'art. 5 du deuxième décret du 28 février 1899 dont la teneur
suit : « *Les valeurs déposées ou les valeurs acquises en remploi
de ces valeurs ne peuvent être retirées que : 1° dans le cas où le
cautionnement exigible a été fixé, pour l'année courante, à un
chiffre inférieur à celui de l'année précédente et jusqu'à concurrence de la différence ; 2° dans le cas où la société, ayant
versé à la Caisse nationale des retraites les capitaux constitutifs
des rentes et indemnités assurées, justifie qu'elle a complètement rempli toutes ses obligations. Dans les deux cas une décision du ministre du Commerce est nécessaire* ».

Le précédent article a traité des retraits portant sur les
bonifications du cautionnement. Ces retraits, laissant intact le
fonds constitutif du cautionnement, n'étaient soumis à aucune
autorisation préalable.

Notre art. 5 vise deux cas spéciaux où le retrait affecte le
montant même du cautionnement qu'il a pour effet d'amoindrir ou même de supprimer. A raison de son importance, ce
retrait ne peut être opéré qu'après décision du ministre du
Commerce. Les deux cas visés sont : 1° celui où, à la révision
annuelle, un cautionnement a été réduit après avis du comité
consultatif ; 2° celui où la société, généralement en vue d'une
liquidation, a versé à la Caisse des retraites les capitaux constitutifs des rentes et indemnités assurées. Dans le premier cas,

[1] Circ. du directeur général de la Caisse des retraites en date du 30 juin 1899.

la société ne peut toucher que le montant de la différence entre le chiffre du cautionnement de l'année précédente et celui du cautionnement fixé pour l'année courante. Dans le second cas, la société doit justifier qu'elle a versé à la Caisse nationale des retraites les capitaux constitutifs de toutes les rentes et indemnités qu'elle a assurées. Une pareille justification ne peut être faite que si la société a résilié toutes ses polices ; car, s'il lui reste encore des contrats d'assurance en cours, elle a des obligations qui la lient pour les accidents futurs et dès lors le cautionnement est nécessaire pour en garantir l'exécution.

II
Cautionnement des sociétés mutuelles.

1769. — L'association d'assurances mutuelles a été définie un contrat par lequel des personnes courant des risques de la même nature conviennent qu'elles supporteront en commun le préjudice pécuniaire pouvant résulter de la réalisation de ces risques pour quelques-unes d'entre elles [1]. Nous avons à nous occuper ici des sociétés mutuelles qui garantissent, dans les termes de la loi du 9 avril 1898, les risques des accidents de travail ayant entraîné la mort ou une incapacité permanente.

1770. — Ces sociétés sont soumises à certaines obligations énoncées au § 1 de l'art. 6 de notre décret, ainsi conçu : « *Indépendamment des garanties spécifiées à l'art. 29 du décret du 22 janvier 1868, les sociétés d'assurances mutuelles sont soumises aux dispositions des art. 2, 3, 4 et 5 ci-dessus* ».

Avant de passer au commentaire du § 2 qui vise le cas où les sociétés mutuelles sont admises à réduire de moitié leur cautionnement, il nous paraît indispensable de préciser les conditions imposées par le législateur à la constitution des sociétés mutuelles. Ces conditions sont les mêmes que celles auxquelles sont soumises les sociétés anonymes à primes fixes, avec cette différence que les obligations résultant des art. 2 et 4 du décret du 22 janvier 1868 sur le minimum du capital

[1] Lyon Caen et Renault, *Tr. droit commercial*, 2e vol., p. 687, no 930.

social et sur le fonds de réserve sont remplacées par celles spécifiées à l'art. 29 du même décret sur le fonds de garantie et sur le fonds de prévoyance. Elles peuvent donc se ramener à trois : 1° obligations de réserve mathématique dont nous nous occuperons plus loin; 2° obligations de cautionnement dont nous avons parlé au paragraphe précédent; 3° obligation de l'art. 29 du décret de 1868 concernant le fonds de garantie et le fonds de prévoyance.

Aux termes de l'art. 29 de ce décret, tout sociétaire est tenu chaque année d'une contribution destinée à payer les sinistrés et dont les statuts fixent le maximum. Le montant total maximum de toutes les contributions forme le *fonds de garantie.* Il y aurait en effet inconvénient à attendre la fin de chaque exercice pour réclamer à chaque sociétaire une contribution proportionnelle à la valeur qu'il a fait assurer et à l'importance des sinistres. L'association pourrait ne pas avoir entre les mains, au fur et à mesure des besoins, les sommes nécessaires au paiement des indemnités. Aussi les statuts peuvent décider que chaque sociétaire devra verser d'avance, au début de chaque exercice, une portion de contribution sociale : l'ensemble des sommes ainsi versées constitue le *fonds de prévoyance.* Le maximum des versements à faire pour la constitution de ce fonds est fixé par les statuts et le montant des versements annuels est déterminé par l'assemblée générale.

1771. — Les sociétés mutuelles sont en principe tenues de verser le même cautionnement que les sociétés à primes fixes, suivant les distinctions faites par l'arrêté ministériel du 29 mars 1899, que nous avons commenté sous les n°s 1755 à 1759. Toutefois leur cautionnement est réduit de moitié, dans chacun des cas prévus par ledit arrêté, lorsqu'elles réunissent les trois conditions prescrites par la deuxième partie de l'art. 6 de notre règlement d'administration publique, c'est-à-dire lorsque leurs *statuts stipulent :*

« 1° *Que la société ne peut assurer que tout ou partie des risques prévus par l'art. 3 de la loi du 9 avril 1898;*

« 2° *Qu'elle assure exclusivement soit les ouvriers d'une seule profession soit les ouvriers de profession appartenant à un même groupe d'industries, d'après une classification générale arrêtée à cet effet par le ministre du Commerce, après avis du comité consultatif;*

« *3° Que le maximum de contribution annuelle dont chaque sociétaire est passible pour le paiement des sinistres est au moins double de la prime totale fixée par son contrat pour l'assurance de tous les risques, et triple de la prime partielle déterminée par le ministre du Commerce, après avis du comité consultatif, pour les mêmes professions et pour les risques définis à l'art. 23 de la loi* ».

1772. — *Première condition.* — Interprétée à la lettre cette première condition semblerait écarter les frais prévus par l'art. 4, c'est-à-dire les frais médicaux et pharmaceutiques ainsi que les frais funéraires. Telle n'a pas été cependant l'intention des rédacteurs du décret. Ils ont entendu indiquer que, pour bénéficier de la réduction de la moitié du cautionnement légal, les sociétés mutuelles ne pourraient assurer aucun risque autres que ceux prévus par la loi de 1898, mais qu'elle pourrait les assurer tous, y compris celui d'incapacité temporaire, bien qu'il ne rentrât pas dans la sphère d'application de l'art. 27 et, par conséquent, du règlement d'administration publique. En effet, l'art. 3, auquel se réfère notre texte, vise les trois risques d'accidents mortels, d'incapacité permanente et d'incapacité temporaire. Toute mutuelle, qui assurerait des risques différents, tels que ceux résultant d'accidents survenus à des personnes non appelées au bénéfice de notre loi, devrait verser le cautionnement intégral.

Cette condition ne dispense pas la société mutuelle, qui assurerait les trois risques de notre loi et qui n'assurerait que ceux-là, de l'obligation d'avoir une double comptabilité et une double gestion : l'une afférente aux risques de mort et d'incapacité permanente, l'autre aux risques d'incapacité temporaire, ainsi que le prescrit l'art. 10, de notre décret dont on trouvera un commentaire sous le n° 1788.

1773. — *Deuxième condition.* — Ne pourront bénéficier de la réduction que les sociétés mutuelles assurant les ouvriers à une même profession ou à des industries qui, quoique différentes, appartiendront à un même groupe. A cet effet un arrêté du ministre du Commerce, que nous allons analyser, classe les industries par groupes d'exploitations présentant entre elles une certaine similitude. En imposant cette deuxième condition, les auteurs du règlement d'administration publique ont voulu réserver le bénéfice de la réduction de versement aux seules mutualités vraiment professionnelles[1].

L'arrêté ministériel de classement des professions par groupes est du 30 mars 1899, il comprend deux articles.

L'art. 1er dispose que les sociétés mutuelles, pour être admises à la réduction du cautionnement, doivent, indépendamment des autres conditions légales, justifier que les ouvriers assurés par elles appartiennent à des professions comprises dans un seul des neuf groupes ci-après : 1° mines et minières ; 2° industries agricoles et forestières, meunerie, sucrerie, distillerie, industries se rapportant à l'alimentation ; 3° hauts-fourneaux, forges et aciéries, travail des métaux, mécanique, chaudronnerie, fonderie ; 4° produits chimiques et dérivés, usine d'éclairage et d'électricité, cuirs et peaux, papiers et industries de transformation ; imprimerie ; 5° carrières, matériaux de construction, bâtiments, chantiers, travaux publics ; 6° travail du bois, ébénisterie, tabletterie, brosserie, vannerie, articles de Paris ; 7° poterie, céramique, verrerie ; 8° industries textiles, habillement ; 9° transport par terre et par eau, entreprises de chargement et de déchargement.

L'art. 2 ajoute que, lorsqu'une industrie emploie accessoirement pour son exploitation des ouvriers appartenant à une profession comprise dans un autre groupe que l'industrie principale, ces ouvriers peuvent être néanmoins assurés à la même mutualité.

1774. — *Troisième condition.* — Nous avons vu n° 1770 que le montant maximum de toutes les contributions des sociétaires constitue le fonds de garantie des sociétés mutuelles. Ce fonds de garantie est lui-même un multiple plus

---

[1] Les groupements d'industries similaires offrent, entre autres avantages, celui de permettre, dans la détermination des coefficients de risques, de tenir compte d'une façon plus équitable du degré de perfectionnement de l'outillage et de la bonne ou mauvaise tenue des usines. On comprend en effet qu'il soit plus facile de comparer, à ce point de vue, une forge et une fonderie, qui appartiennent à un même groupe, que deux établissements non similaires, tels qu'une mine et une entreprise de transport.

ou moins élevé des primes effectivement versées par les sociétaires et qui doivent être, si les tarifs sont régulièrement établis, la représentation exacte de la valeur des risques courus. Chaque sociétaire prend ainsi un double engagement : 1° celui de payer une prime annuelle ; 2° celui d'acquitter, si cette prime est insuffisante et seulement dans la mesure des besoins de l'association, le surplus de sa part contributive. Il suit de là que la différence entre le montant de la prime et celui de la contribution maxima constitue une garantie pour les imprévus et que, plus cette différence est comparativement élevée, plus la société est solvable, à la condition toutefois que la prime ait été calculée d'après les données de la statistique et sur les bases scientifiques des actuaires.

C'est cette différence qui est le fondement même de notre troisième condition ; les auteurs du décret ont exigé qu'elle réunît elle-même deux éléments essentiels, à savoir qu'elle fût au moins égale à la prime totale stipulée dans la police et double de la prime fixée par le ministre, ou, ce qui revient au même, que le maximum de la contribution de chaque sociétaire fût au moins double de la prime totale fixée par la police et triple de la prime partielle déterminée par le ministre. Quelques explications sont nécessaires sur chacun de ces éléments.

1775. — En ce qui concerne le premier élément, il serait à lui seul tout à fait inefficace ; car, si, par calcul ou par ignorance, une mutuelle fixait les primes de ses sociétaires à un chiffre bien inférieur au montant de la valeur réelle des risques, la contribution totale, tout en étant le double des primes, pourrait se trouver encore impuissante à faire face au paiement des indemnités. Il est vrai que notre article ajoute que les primes, servant de base au calcul de la contribution maxima, comprendront toutes celles stipulées dans la police, c'est-à-dire non seulement les primes afférentes aux risques d'accidents mortels et d'incapacité permanente, mais aussi celles qui pourraient s'appliquer aux incapacités temporaires. Il était en effet à craindre que, pour obtenir une réduction de cautionnement, certaines mutuelles ne vinssent à attribuer faussement à des incapacités temporaires des primes se rapportant en réalité à des accidents mortels ou à des incapacités permanentes. C'est pour prévenir de tels abus que cette disposition a été ajoutée; mais elle ne remédie en rien à l'insuffisance dans l'évaluation des charges.

1776. — Le deuxième élément se trouve être ainsi la véritable garantie compensatoire de la réduction du cautionnement. Il consiste dans l'obligation de fixer le maximum de contribution annuelle, dont chaque sociétaire est passible, au triple de la prime partielle déterminée par le ministre du Commerce pour les mêmes professions et pour les risques définis à l'art. 23 de la loi. Conformément aux dispositions de notre art. 6, le ministre du Commerce a, par un arrêté du 30 mars 1899[1], fixé les primes afférentes à plus de 400 professions. Cette prime officielle est le type sur lequel est calculée la somme que doit atteindre au moins la contribution maxima de chaque sociétaire. De cette façon aucune fraude n'est à craindre, et d'autre part l'intervention des actuaires de l'État dans la détermination de la prime-type offre une entière sécurité au point de vue de l'évaluation.

1777. — Dans son art. 2, l'arrêté ministériel du 30 mars 1899 dispose que les primes comprises dans le tableau annexé à l'art. 1er seront révisées pour le 1er janvier 1900, et l'art. 3 ajoute que pour les professions non déterminées audit tableau la prime sera fixée, le cas échéant, par décision ministérielle spéciale d'après l'analogie des risques.

III

Situation privilégiée des sociétés agricoles.

Des avantages particuliers ont été accordés aux sociétés agricoles tant au point de vue de leur cautionnement (arrêté ministériel du 5 mai 1899) que sous le rapport des formalités à remplir pour leur formation (Loi du 4 juill. 1900).

Nous commenterons successivement l'arrêté ministériel et la loi :

---

[1] *J. O.*, 2 avr. 1899.

1778. — Aux termes de l'art. 1er de l'arrêté ministériel du 5 mai 1899, pour les sociétés d'assurances dont les statuts limitent les opérations aux exploitations agricoles, viticoles et forestières, ainsi qu'aux entreprises industrielles y annexées, sous condition que ces dernières ne soient point assujetties à la patente et fassent l'objet de polices spéciales, le cautionnement prévu par l'art. 2 du décret du 28 février 1899 est fixé :

1° Pour la première année de fonctionnement sous le régime dudit décret à 40.000 francs ;

2° Pour les années ultérieures à une somme correspondant à 10 centimes par hectare d'immeubles agricoles et à 3 0/0 du total des salaires assurés dans les entreprises annexes, sans que ladite somme puisse toutefois être inférieure à 40.000 francs ni supérieure à 200.000 francs.

Le cautionnement peut être réduit de moitié dans le cas spécifié par l'art. 3 de l'arrêté du 29 mars 1899, le minimum étant alors réduit à 20.000 francs et le maximun à 200.000 francs. Le cas dont il s'agit est celui où les statuts de la société stipulent le versement du capital constitutif des rentes ou pensions immédiatement après chaque règlement d'indemnité.

L'art. 2 contient une disposition transitoire qui est devenue sans intérêt depuis le 1er janvier 1900.

Il est à remarquer que les dispositions de cet arrêté ministériel ne font pas de distinction entre les sociétés à primes fixes et les sociétés mutuelles. La limitation des risques agricoles a permis de restreindre dans des proportions très modérées les garanties à exiger des assureurs qui n'acceptent que ces risques.

1779. — Les sociétés ou caisses d'assurances mutuelles agricoles ont encore fait l'objet d'une loi du 4 juillet 1900 dont l'article unique est ainsi conçu : « *Les sociétés ou caisses d'assurances mutuelles agricoles qui sont gérées et administrées gratuitement, qui n'ont en vue et qui en fait ne réalisent* *aucun bénéfice, sont affranchies des formalités prescrites par la loi du 24 juillet 1867 et par le décret du 28 janvier 1868 relatifs aux sociétés d'assurances. — Elles pourront se constituer en se soumettant aux prescriptions de la loi du 21 mars 1884 sur les syndicats professionnels. — Les sociétés ou caisses d'assurances agricoles ainsi créées seront exemptes de tous droits de timbre ou d'enregistrement autres que le droit de timbre de 10 centimes prévu par le paragr. 1er de la loi des 23 et 25 août 1871 ».*

Cette loi a eu pour but de faciliter la constitution des sociétés ou caisses d'assurances agricoles. Son champ d'application est strictement limité aux sociétés remplissant les quatre conditions suivantes, à savoir : 1° qu'elles sont constituées entre agriculteurs ; 2° qu'elles reposent sur le principe de la mutualité, excluant toute spéculation ou production de bénéfices ; 3° qu'elles ont pour objet de garantir leurs membres contre des risques de la profession au nombre desquels il faut placer les accidents du travail ; 4° qu'elles se sont soumises pour leur constitution aux prescriptions de la loi du 21 mars 1884 sur les syndicats professionnels.

1780. — Ces conditions étant remplies, les sociétés ou caisses d'assurances mutuelles agricoles jouissent des deux avantages suivants : En premier lieu elles sont affranchies des formalités prescrites par la loi du 24 juillet 1867 et le décret du 22 janvier 1868 relatifs aux sociétés d'assurances. Au nombre de ces formalités il faut citer l'obligation de dresser leurs statuts par acte authentique et d'obtenir au préalable l'autorisation du Gouvernement. Il leur suffit désormais de suivre pour leurs constitutions les règles plus simples de la loi de 1884 sur les syndicats professionnels. — En second lieu elles sont exemptes de tous droits de timbre et d'enregistrement autres que le droit de 10 centimes prévu par la loi des 23 et 25 août 1871. Il est bon d'ajouter qu'elles échappent de plein droit à la patente, puisqu'elles ne font point spéculation ni commerce de leur assurance ; on ne peut pas davantage les assujettir à l'impôt sur les valeurs mobilières, lequel ne se perçoit que sur les bénéfices acquis.

TROISIÈME SECTION.

Réserve mathématique.

1781. — La réserve mathématique, qui a été définie plus haut, n° 1749, est constituée à l'aide de certaines valeurs que les sociétés d'assurances à primes fixes ou mutuelles sont tenues de conserver dans leurs caisses.

Les art. 7 et 8 du règlement d'administration publique traitent de la constitution de la réserve mathématique. L'art. 9 prévoit un cas de dispense de la constitution de cette réserve.

a) Constitution de la réserve mathématique.

1782. — Art. 7 : « *Les sociétés anonymes d'assurances à primes fixes et les sociétés mutuelles d'assurances sont tenues de justifier, dès la deuxième année d'exploitation, de la constitution d'une* réserve mathématique *ayant pour minimum de valeur le montant des capitaux représentatifs des rentes et indemnités à servir à la suite d'accident ayant entraîné la mort ou une incapacité permanente* ».

Les capitaux représentatifs sont calculés d'après un barème minimum déterminé par le ministre du Commerce, après avis du comité consultatif ».

Nous avons expliqué plus haut que la réserve mathématique est, à proprement parler, le capital représentatif des rentes et pensions que les assureurs sont tenus de servir aux bénéficiaires d'indemnités. Elle doit donc théoriquement se constituer au fur et à mesure que les sinistres se produisent. Mais comme le législateur ne peut pas exiger que dans la pratique elle suive les variations incessantes de la valeur des capitaux représentatifs, il s'est contenté d'exiger qu'au début de la deuxième année d'exercice, elle ait atteint son chiffre normal, c'est-à-dire qu'elle soit au moins équivalente à la somme nécessaire pour assurer le service et l'amortissement des rentes, pensions et indemnités.

Les capitaux représentatifs de ces rentes, pensions et indemnités sont calculés, ajoute notre article, d'après un barème minimum déterminé par le ministre du Commerce après avis du comité consultatif. Ce barème minimum a été déterminé par un arrêté ministériel du 30 mars 1899[1].

1783. — Art. 8 : « *Le montant de la réserve mathématique est arrêté chaque année, la société entendue, par le ministre du Commerce et à l'époque qu'il détermine.*

Cette réserve reste aux mains de la société. Elle ne peut être placée que dans les conditions suivantes :

1° Pour les deux tiers au moins de la fixation annuelle, en valeurs de l'État ou jouissant d'une garantie de l'État ; en obligations négociables et entièrement libérées des départements, des communes et des chambres de commerce ; en obligations foncières et communales du Crédit foncier ;

2° Jusqu'à concurrence du tiers au plus de la fixation annuelle en immeubles situés en France et en premières hypothèques sur ces immeubles pour la moitié au maximum de leur valeur estimative ;

3° Jusqu'à concurrence d'un dixième, confondu dans le tiers précédent, en commandites industrielles ou en prêts à des exploitations industrielles de solvabilité notoire.

« *Pour la fixation prévue au paragraphe premier du présent article, les valeurs mobilières sont estimées à leur prix d'achat. Si leur valeur totale descend au-dessous de ces prix de plus d'un dixième, un arrêté du ministre du Commerce oblige la société à parfaire la différence en titres nouveaux, dans un délai qui ne peut être inférieur à deux ans ni supérieur à cinq ans.*

« *Les immeubles sont estimés à leur prix d'achat ou de revient ; les prêts hypothécaires, les commandites industrielles ou les prêts à des sociétés industrielles, aux prix établis par actes authentiques.* »

Comme le cautionnement, le montant de la réserve mathématique est fixé chaque année par le ministre ; la société intéressée est admise à donner son avis.

1784. — La réserve mathématique reste aux mains de la société qui ne peut en disposer. Elle comprend trois ordres de valeurs : 1° des titres de même nature que ceux dont se

---

[1] *J. O.*, 2 avr. 1899.

compose le cautionnement (V. n° 1761); 2° des immeubles situés en France ou des prêts hypothécaires ; 3° des commandites ou prêts industriels.

Les titres de la première catégorie doivent représenter les deux tiers au moins du montant total de la réserve. Les valeurs des deux autres catégories réunies ne peuvent pas dépasser un tiers ; et dans ce tiers, les commandites ou prêts industriels ne sont admis que pour un dixième au maximum, c'est-à-dire pour 1/30 de la totalité.

Le deuxième paragraphe ne comprend, avec les immeubles, que les premières hypothèques et encore sous cette condition qu'elles figurent pour une somme ne dépassant pas la valeur des immeubles grevés. Les immeubles sont estimés à leur prix d'achat ou de revient, les prêts hypothécaires aux prix établis par actes authentiques.

Quant aux commandites et aux prêts, ils ne doivent s'appliquer qu'à des exploitations industrielles d'une solvabilité notoire ; ils sont également estimés aux prix établis par actes authentiques.

b) Dispense de constitution en cas de versement du capital représentatif.
Consistance du versement.

1785. — Art. 9 : « *Si les sociétés visées aux art. 2 et 6 ci-dessus ne font point elles-mêmes le service des rentes et indemnités attribuables aux termes de l'art. 3 de la loi du 9 avril 1898 pour les accidents ayant entraîné la mort ou une incapacité permanente de travail et si elles opèrent immédiatement le versement des capitaux constitutifs de ces rentes et indemnités à la Caisse nationale des retraites, il n'y a pas lieu pour elles à constitution de réserve mathématique.*

« *Si ces sociétés versent seulement, dans les conditions susdésignées une partie des capitaux constitutifs dont il s'agit, leur réserve mathématique est réduite proportionnellement* ».

Cet article démontre l'identité de la réserve mathématique et du capital représentatif et n'est que l'application aux sociétés d'assurance de l'art. 28, n° 2 de la loi de 1898 que nous avons interprété plus haut (n° 1591). Dès l'instant que la totalité ou une partie du capital représentatif est versée à la Caisse des retraites, la réserve mathématique disparaît ou est réduite proportionnellement. Il y a lieu à versement supplémentaire en cas de révision élevant le montant de la rente.

1786. — Quand, aux termes de ses statuts, une société est tenue de verser immédiatement à la Caisse des retraites les capitaux constitutifs des rentes ou pensions mis à sa charge, le montant du versement à opérer doit comprendre en principe deux éléments différents : 1° le capital représentatif proprement dit de la rente ou pension fixée par décision de justice, lequel capital est établi d'après les trois premiers tableaux du barême de la Caisse des retraites ; 2° une somme destinée à faire face aux risques de révision, ce complément de réserve fait l'objet du tableau IV de ce même barême [1].

QUATRIÈME SECTION.
Surveillance et contrôle.

1787. — La surveillance et le contrôle organisés par notre décret consistent dans huit ordres de mesures ou prescriptions concernant : 1° la comptabilité (art. 10) ; 2° les polices d'assurances (art. 11) ; 3° les états périodiques à fournir par les sociétés (art. 12) ; 4° la surveillance exercée dans les bureaux des sociétés (art. 13 et 14) ; 5° les droits du ministre ; service central du contrôle ; comité consultatif (art. 14, *in fine*, 15 et 16) ; 6° le maintien des garanties antérieures (art.

---

[1] Toutefois le ministre du Commerce autorise jusqu'à nouvel ordre ces sociétés d'assurance à ne verser que le capital représentatif proprement dit, si elles constituent directement elles-mêmes la réserve temporaire correspondant aux risques de révision, à la triple condition : 1° d'appliquer ce système pour l'année entière en prévenant le ministre avant le 1er janvier ; 2° de se conformer rigoureusement au tableau IV du barême, quelle que soit la situation de famille de chaque victime ; 3° d'établir pour la gestion de cette réserve un compte distinct qui en retrace les bases et le mouvement (Circ. du 16 avr. 1901, *Rec. des dot. sur les acc. de trav.*, 1903, n° 1, p. 132). Le ministre accorde également à ces sociétés pour effectuer leur versement un délai de deux mois à partir de la décision judiciaire fixant la rente ; mais il ne les autorise pas à user de la faculté réservée aux sociétés placées sous le régime de l'art. 3 de l'arrêté du 29 mars 1899, c'est-à-dire à remplacer temporairement ce versement par la consignation d'un titre de rente de valeur équivalente (Circ. du 18 déc. 1902, même recueil, p. 223).

17); 7° la publicité donnée aux noms des sociétés remplissant les conditions légales (art. 18 et 19); 8° les dispositions spéciales aux sociétés étrangères (art. 20); 9° sanction; 10° frais de contrôle et de surveillance (art. 27, *in fine*).

a) *Comptabilité.*

1788. — Il n'est pas interdit à une société d'assurer d'autres risques que celui prévu par notre loi, mais à la condition absolue d'avoir pour celui-ci une comptabilité et une gestion absolument distinctes. C'est ce qu'exprime l'art. 10 ainsi conçu : « *Les sociétés visées à l'art. 1 qui assurent d'autres risques que celui résultant de l'application de la loi du 9 avril 1898 pour le cas de mort ou d'incapacité permanente ou qui assurent concurremment un risque analogue dans des pays étrangers doivent établir, pour les opérations se rattachant à ce risque en France, une gestion et une comptabilité absolument distinctes* ».

Cette condition est en effet essentielle; s'il en était autrement la réserve mathématique et le cautionnement deviendraient des garanties illusoires. De là cette conséquence sur laquelle je crois devoir appeler l'attention du lecteur : *une société, qui assurera, avec les risques de mort et d'incapacité permanente, celui d'incapacité temporaire, sera tenue d'avoir une double gestion et une double comptabilité* [1].

---

[1] Tout en insistant sur ce principe, le ministre du Commerce autorise les sociétés à assurer ce double risque dans une seule et même police, mais il prescrit des dispositions spéciales pour que, depuis l'origine du contrat jusqu'au règlement final du sinistre, les opérations concernant le risque de mort et d'incapacité permanente fassent l'objet d'une comptabilité complètement distincte, il exige notamment que les polices de cette nature contiennent la mention expresse de la portion de prime qui est affectée à la couverture de ce risque et en outre que le contrat d'assurance afférent au dit risque figure sur un registre spécial (registre n° 3 dont il sera parlé plus loin, n° 1789, 3°). Enfin la ventilation, une fois faite, demeure invariable, quels que soient les événements ultérieurs. (Circ. du 16 avr. 1901, déjà citée).

Le ministre va même plus loin : l'incertitude dans laquelle on se trouve relativement à l'énumération des industries assujetties l'a conduit à autoriser des polices mixtes aux termes desquelles la société prend des engagements alternatifs; d'une part, elle se substitue sans réserve au chef d'entreprise, si la législation sur le risque professionnel est reconnue applicable à l'industrie du patron; d'autre part, dans le cas contraire, elle le garantit jusqu'à concurrence d'une certaine somme contre toute action en responsabilité civile, et, s'il n'y a pas responsabilité civile, elle prend l'engagement de payer à la victime ou à ses ayants-droit une indemnité déterminée par la police mais bien inférieure à celle fixée par la loi de 1898. De telles polices sont des sources inépuisables de procès.

1789. — Trois registres sont imposés aux sociétés d'assurances pour leur comptabilité [1] : — 1° *Un registre général des déclarations d'accidents* qui doit contenir toutes les déclarations des accidents régis par la loi du 9 avril 1898 ; — 2° *un registre des sinistres graves*, destiné à l'enregistrement intégral de tous les sinistres entraînant ou présumés devoir entraîner la mort ou une incapacité permanente [2] ; — 3° *un registre des contrats couvrant le risque de mort ou d'incapacité permanente dans les termes de la loi du 9 avril 1898.* Ce registre a pour but de donner une autonomie complète à la comptabilité des risques graves, alors même qu'une seule et même police assure des risques de natures différentes (V. la note du paragr. précédent).

En dehors de ces trois registres expressément obligatoires, les sociétés d'assurances sont implicitement dans la nécessité de tenir un certain nombre d'autres livres pour être en mesure d'adresser au ministre les états périodiques dont il sera parlé plus loin.

b) *Polices d'assurances.*

1790. — L'art. 11 contient deux dispositions ayant des objets distincts.

Le premier alinéa est ainsi conçu : « *Toutes les sociétés doivent communiquer immédiatement au ministre du Commerce dix exemplaires de tous les règlements, tarifs, polices, prospectus et imprimés distribués ou utilisés par elles* ». Il est

---

[1] Circ. du ministre du Commerce des 29 déc. 1899, 16 avr. 1901 et 18 déc. 1902 *Rec. des doc. sur les acc. du trav.*, 1903, n° 1, p. 116 et s., et 223 et s.

[2] Ce registre est le fondement même de la comptabilité des sociétés d'assurances : chaque accident y figure dans ses différentes phases depuis son début jusqu'au dernier acte de comptabilité du règlement définitif. Le modèle annexé à la circulaire du 16 avr. 1901 (rec. précité, p.136) est divisé en seize colonnes destinées à recevoir les mentions suivantes : — 1° numéro du sinistre (c'est celui qui doit figurer sur la fiche à envoyer au ministère) ; — 2° numéro du registre général ; — 3° date du sinistre, c'est-à-dire date de l'enregistrement de l'accident comme accident grave ou présumé grave ; — 4° date de l'accident ; — 5° numéro du contrat ; — 6° nom et prénoms de la victime ; — 7° nom et adresse du chef d'entreprise ; — 8° indemnités dues jusqu'à la fixation de la rente ; — 9° date de la décision fixant l'indemnité ; — 10° date du règlement financier, arrêté avec la victime ou ses ayants-droit ; — 11° nature du sinistre : mort, incapacité absolue ou incapacité partielle ; — 12° montant de la rente fixée ; — 13° date de l'entrée en jouissance ; — 14° capital constitutif évalué à l'époque du règlement financier, y compris décomptes d'arrérages depuis l'entrée en jouissance : comptes des rentes viagères ; — 15° même capital constitutif : Caisse nationale des retraites ; — 16° rachat des rentes ne dépassant pas 100 francs (capital payé).

bon, en effet, que le ministre soit tenu au courant de tous les actes et de toutes les prétentions des sociétés d'assurances.

Le deuxième alinéa est relatif à certaines clauses obligatoires pour les polices. Il s'exprime en ces termes : « *Les polices doivent : 1° Reproduire textuellement les art. 3, 9, 19 et 30 de la loi du 9 avril 1898;*

« *2° Spécifier qu'aucune clause de déchéance ne pourra être* « *opposée aux ouvriers créanciers;*

« *3° Stipuler que les contrats se trouveront résiliés de plein* « *droit dans le cas où la société cesserait de remplir les con-* « *ditions fixées par la loi et le présent décret* ». Quelques explications sont nécessaires sur chacune de ces trois clauses obligatoires.

Les art. 3, 9, 19 et 30, dont l'insertion dans les polices est prescrite, sont relatifs à la fixation des indemnités, à la conversion éventuelle du quart en capital, à l'action en révision et à la nullité d'ordre public dont sont frappées toutes les conventions contraires à la loi. Ces textes contenant les bases fondamentales de tout contrat d'assurance, il est naturel que les termes en soient rappelés dans chaque police.

1791. — Clause de déchéance. — L'engagement imposé à la société de n'invoquer contre les ouvriers créanciers aucune clause de déchéance a paru nécessaire à raison des abus que les sociétés d'assurances avaient fait des déchéances sous l'empire du droit commun. Dès 1890, M. Dron avait présenté à la Chambre des députés un projet dont l'art. 21 disposait qu'aucune clause de déchéance ne pourra être invoquée par les compagnies pour dégager leur responsabilité en cas de sinistre vis-à-vis de l'ouvrier. Le comité français des sociétés et compagnies d'assurances contre les accidents du travail, dans sa réunion du 9 mars 1891, appelé à donner son avis sur cette disposition, déclara expressément « que les sociétés mutuelles et anonymes pouvaient renoncer à opposer aux ouvriers ou à leurs ayants-droit les clauses de déchéances ordinairement édictées par les contrats actuellement en cours, en conservant néanmoins vis-à-vis du patron tout recours civil de droit ». Notre article paraît être entré dans ces vues; s'il interdit à la société d'invoquer les clauses de déchéance contre l'ouvrier, il lui permet implicitement de les laisser subsister à l'encontre du patron. De cette façon, si une société d'assurance, étant dans les conditions voulues pour faire annuler la police par elle contractée avec un patron, acquitte des indemnités dues à des ouvriers de celui-ci, elle sera admise à se faire subroger dans les droits de ceux qu'elle a désintéressés. Mais l'exercice de son recours contre le patron donnera lieu à de singulières difficultés. D'une part, en effet, agissant comme subrogée elle ne pourra avoir plus de droits que le subrogeant. Or, comme la victime d'un accident ou ses ayants-droit ne peuvent se prévaloir contre le patron de l'hypothèque judiciaire, il paraît difficile d'admettre que les décisions rendues au profit de la société confèrent hypothèque. D'autre part, le bénéficiaire de l'indemnité étant désintéressé, le fonds de garantie ne saurait cautionner la créance de l'assureur. Il en résultera qu'une société, subrogée dans les droits du bénéficiaire d'une indemnité, n'aura contre le chef d'entreprise qu'une action dépourvue de l'un de ses attributs les plus efficaces.

1792. — Pour éviter cet écueil, les compagnies d'assurances ont l'habitude d'insérer dans leurs polices une clause aux termes de laquelle le chef d'entreprise s'engage à leur rembourser toutes les sommes qu'elles auraient à payer à raison d'un sinistre frappé de déchéance. Ainsi nanties d'une action directe et personnelle contre le patron, elles n'ont plus besoin de recourir à la subrogation dans les droits de la victime et le jugement condamnant le chef d'entreprise à effectuer le remboursement stipulé par la police entraîne hypothèque judiciaire.

1792 *bis*. — Les sommes qu'une compagnie d'assurances aura à payer à raison d'un sinistre et dont elle pourra, par suite, exiger le remboursement varieront suivant les statuts de cette compagnie. Quand les statuts stipulent le versement à la Caisse des retraites du capital représentatif (n° 1785), l'assureur aura, sans aucun doute, le droit de réclamer à l'assuré frappé de déchéance le remboursement du capital par elle effectivement versé. Si au contraire l'assureur a constitué dans ses propres caisses la réserve mathématique (n° 1782), elle pourra obtenir : 1° le remboursement, avec intérêts de droit, des arrérages par elle payés au jour du jugement ; 2° la condamnation du chef d'entreprise à effectuer entre ses mains le dépôt d'une somme équivalente au montant de la réserve mathématique, laquelle somme sera restituable au décès du crédirentier ; 3° la condamnation du chef d'entreprise à lui payer les arrérages futurs, au fur et à mesure de leur échéance, mais déduction faite des intérêts produits par la réserve mathématique[1]. Tel sera, en effet, le préjudice exact supporté par l'assureur à raison de l'accident.

1793. — Les déchéances stipulées dans les polices d'assurances sont, en général, relatives : 1° au retard dans les paiements des primes ; 2° aux indications inexactes sur la profession, l'état civil et les appointements du personnel assuré[2] ; 3° à l'omission de déclarer les modifications de l'outillage susceptibles d'aggraver les risques. Les polices disposent aussi que la compagnie substituée au souscripteur pour le règlement des indemnités a seule la direction des procès et que le chef d'entreprise est tenu de lui faire parvenir dans les 48 heures toutes les pièces de la procédure, sous peine d'avoir à lui payer, à titre de dommages-intérêts, toutes les sommes que lui coûterait le sinistre[3].

[1] C. Douai, 28 nov. 1902, *Rec. min. Comm.*, n° 9, p. 136.
[2] La C. de Nancy a appliqué cette déchéance à un chef d'entreprise qui, lors de la conciliation, avait reconnu que le salaire le plus bas des ouvriers de la catégorie à laquelle appartenait un apprenti était de 3 fr. 50, alors que, dans la police, il avait déclaré que ce salaire était seulement de 2 francs ; et elle a condamné ledit chef d'entreprise à rembourser à la compagnie d'assurances toutes les sommes que celle-ci avait payées à raison de l'accident qui avait fait l'objet de la conciliation (Nancy, 13 juin 1903, *Gaz. Pal.*, 10 oct. 1903).
[3] Ainsi la Cour de Douai a déclaré déchu du bénéfice de sa police d'assurance un chef d'entreprise qui avait omis de faire parvenir à la compagnie la convocation à lui adressée de comparaître en conciliation et qui avait transigé avec la victime de sa propre initiative et à l'insu de la compagnie (C. Douai, 28 nov. 1902, *Rec. min. Comm.*, n° 9, p. 136). Au contraire, la Cour de Rennes, requise d'appliquer la même clause de déchéance à un patron qui en conciliation avait consenti un règlement de l'indemnité en l'absence et sans l'assentiment de l'assureur, a refusé de faire droit aux prétentions de la compagnie demanderesse par le motif que celle-ci avait en temps utile reçu du patron la convocation en conciliation et qu'elle avait commis elle-même la faute de ne pas comparaître. Mais comme l'accord consenti devant le magistrat conciliateur avait majoré l'indemnité au delà des limites légales en classant dans les incapacités totales une blessure qui manifestement ne diminuait que partiellement la validité de la victime, la Cour a estimé que par son adhésion à un tel accord le chef d'entreprise avait commis une faute préjudiciable à la compagnie et l'a con-

1794. — Résiliation en cas de retrait d'autorisation de l'assurance. — Enfin, ajoute l'art. 11, les polices doivent stipuler que les contrats se trouveraient résiliés de plein droit dans le cas où la société cesserait de remplir les conditions fixées par la loi et le présent décret, c'est-à-dire à partir du non-renouvellement de l'inscription de la société au *Journal officiel* le 1er décembre de chaque année (V. n° 1805). Ainsi que nous l'avons montré plus haut, une résiliation ne causerait aucun préjudice aux assurés pour les accidents survenus avant la résiliation; car les réserves mathématiques garantissent le remboursement des capitaux représentatifs des pensions et indemnités, et, dans le cas où ces réserves seraient insuffisantes, le cautionnement les compléterait. Mais il en serait tout autrement pour les accidents survenus dans les premiers jours qui suivent le retrait de l'autorisation de la compagnie : les assurés ne sont en mesure de connaître le retrait d'autorisation que par le *Journal officiel* qui annonce le fait accompli; aucun avis préalable ne leur permet de traiter avec une autre société pour garantir les accidents susceptibles de se produire immédiatement après la résiliation légale et obligatoire de leur police.

Cette situation a préoccupé le législateur. Avant d'adopter un texte définitif[1], il a voté une disposition applicable seulement pour l'année 1903. C'est la loi du 2 décembre 1903, dont l'article unique est ainsi conçu : « *Pour l'année 1903 et en ce qui concerne les accidents survenus dans les dix jours consécutifs à la publication au Journal officiel de l'arrêté ministériel mettant fin au fonctionnement d'assurances visées par l'art. 27 de la loi du 9 avril 1898, les rentes dues à raison des dits accidents seront exceptionnellement constituées par la Caisse nationale des retraites au moyen du fonds de garantie* ». Il résulte de ce texte que, dans les dix jours qui ont suivi la publication à l'Officiel de fin novembre 1903 du nom des sociétés d'assurances autorisées, les chefs d'entreprise assurés à des sociétés, dont le nom, inscrit à

damné à rembourser à celle-ci, à titre de dommages-intérêts, une partie de la rente allouée (C. Rennes, 15 avr. 1902, *Rec. min. Comm.*, n° 7, p. 215).

[1] V. le projet actuellement soumis au Parlement, n° 1805 *bis*, note.

l'Officiel de fin novembre 1902 n'a pas été réinscrit fin novembre 1903, sont garantis exceptionnellement, nonobstant la résiliation de leur assurance, par le fonds de garantie contre les accidents du travail survenus à leurs ouvriers. La publication au *Journal officiel* ayant eu lieu le 30 novembre 1903, la durée de ce traitement de faveur, a commencé le 1er décembre 1903 au matin et a fini le 10 décembre 1903 à minuit.

c) *États périodiques à fournir.*

1795. — L'art. 12 est ainsi conçu : « *Les sociétés doivent produire au ministre du Commerce, aux dates fixées par lui :*

« *1° Le compte rendu détaillé annuel de leurs opérations, avec des tableaux financiers et statistiques annexes dans les conditions déterminées par arrêté ministériel, après avis du comité consultatif. Ce compte rendu doit être délivré par les sociétés intéressées à toute personne qui en fait la demande, moyennant paiement d'une somme qui ne peut excéder un franc.*

« *2° L'état des salaires assurés et l'état des rentes et indemnités correspondant au risque spécifiés à l'art. 1er, ainsi que tous autres états ou documents manuscrits que le ministre juge nécessaires à l'exercice de ce contrôle* ».

Le compte rendu détaillé annuel des opérations de chaque société d'assurance doit être imprimé ; et vingt-cinq exemplaires doivent en être adressés chaque année au ministère du Commerce avant le 15 mai. Ce compte rendu doit être accompagné, s'il ne le contient pas intégralement, du texte du rapport des commissaires prévu à l'art. 32 de la loi du 24 juillet 1867 et à l'art. 21 du décret du 22 janvier 1868[1].

1796. — Les tableaux financiers et statistiques, qui doivent être annexés à ce compte rendu, ont été déterminés par un arrêté ministériel du 26 décembre 1899[2] ; ils sont au nombre de six et comprennent les matières suivantes : — 1° comptes financiers relatifs aux catégories d'assurances contre les

[1] Circ. du ministre du Commerce du 16 avr. 1901, déjà citée.
[2] *J. O.*, 29 déc. 1899, p. 8411.

accidents du travail; — 2° compte des profits et pertes; — 3° bilan relatif aux assurances contre les accidents du travail; — 4° rentes viagères; — 5° réserves mathématiques pour rentes viagères, et 5° *bis* réserve complémentaire correspondant à la période de révision et réserve complémentaire non couverte par la Caisse des retraites; — 6° état des valeurs composant l'actif de la société.

1797. — Indépendamment de ce compte rendu et de ces tableaux, les sociétés d'assurance doivent adresser au ministère du Commerce des états annuels, trimestriels et mensuels.

Les trois états annuels suivants doivent être adressés avant le 15 mai de chaque année, c'est-à-dire à l'époque fixée pour l'envoi du compte rendu des opérations : 1° état des réassurances; 2° état des risques assurés[1]; 3° extrait du registre des sinistres pour tous les sinistres restant en cours de règlement au 31 décembre avec mention de la provision mise en réserve par le règlement[2].

Un seul état trimestriel est prescrit : il doit contenir la nature et le numéro de chacune des valeurs composant la gestion spéciale avec indication des aliénations et remplois survenus. Il est adressé au ministère le dernier jour de chaque trimestre.

Les états mensuels sont au nombre de trois. Deux sont envoyés dans la première quinzaine de chaque mois, ce sont : 1° des fiches pour tous les sinistres suivis de mort ou d'incapacité permanente et ayant fait l'objet soit d'une déclaration, soit d'un règlement au cours du mois précédent[3]. Toute fiche de règlement est accompagnée d'une copie intégrale de la décision fixant l'indemnité[4]; 2° un état spécial indiquant toutes les décisions judiciaires parvenues à la connaissance de la société pendant le mois précédent. Cet état doit comprendre : le numéro de la fiche, le nom de la victime, la date de l'accident, celle de la décision judiciaire, l'indication du tribunal

---

[1] Ces deux états sont prescrits par le deuxième arrêté du 20 déc. 1899 (*J. O.*, 29 déc.).

[2] Circ. du 29 déc. 1899.

[3] Cet état est prescrit par le deuxième arrêté du 26 déc. 1899, précité qui contient des modèles des fiches.

[4] Circ. du 16 avr. 1901, VI, précitée.

et le montant de la rente [1] ; 3° enfin le dernier jour de chaque mois, les sociétés admises à une réduction de cautionnement sont tenues de produire un état des versements des capitaux constitutifs effectués à la Caisse nationale des retraites [2].

1798. — Il est à noter que le compte rendu détaillé des opérations des sociétés d'assurances n'est pas seulement porté à la connaissance du ministre, mais qu'il peut être connu de toute personne qui le désire; il suffit d'envoyer au siège social une somme d'un franc au maximum pour en avoir une copie *in extenso*.

d) *Surveillance exercée dans les bureaux des sociétés.*

1799. — L'art. 13 dispose que *les sociétés sont soumises à la surveillance permanente de commissaires-contrôleurs, sous l'autorité du ministre du Commerce, et peuvent être en outre contrôlées par toute personne spécialement déléguée à cet effet.*

Le ministre du Commerce peut exercer son pouvoir de surveillance et de contrôle sur les sociétés d'assurances de deux manières différentes : 1° en temps ordinaire à l'aide des fonctionnaires chargés de ce service et qu'on appelle les commissaires-contrôleurs ; 2° exceptionnellement par toute personne qu'il lui plaira de déléguer à cet effet.

L'administration du contrôle a été divisée en deux services : 1° le contrôle proprement dit qui est en contact immédiat avec les sociétés d'assurances; 2° le service central qui est au ministère (V. n° 1802).

1800. — L'art. 14 traite du recrutement des *commissaires-contrôleurs* [3] ainsi que de leurs devoirs et leurs droits. Les délégués du ministre en vue du contrôle exceptionnel ont évidemment les mêmes devoirs et les mêmes droits.

L'art. 14 est ainsi conçu : « *Les commissaires-contrôleurs*

[1] Cet état est prescrit par la circulaire du 18 déc. 1902 (*Rec. doc. sur les acc. du trav.*, 1903, n° 1, p. 223).

[2] Circ. du 16 avr. 1901. X.

[3] Les commissaires-contrôleurs sont recrutés au concours (arrêté ministériel du 31 mars 1899, *J. O.*, 2 avr. 1899). Leur avancement est réglé par l'arrêté ministériel du 9 avr. 1899 (*J. O.*, 10 avr. 1899). Cet arrêté établit quatre classes de commissaires-contrôleurs et une classe de commissaire-contrôleur adjoint.

*sont recrutés dans les conditions déterminées par arrêté du
minitre du Commerce, après avis du comité consultatif.*

« *Ils prêtent serment de ne pas divulguer les secrets commerciaux dont ils auraient connaissance dans l'exercice de
leurs fonctions.*

« *Ils sont spécialement accrédités, pour des periodes fixées,
auprès des sociétés qu'ils ont mission de surveiller.*

« *Ils vérifient, au siège des sociétés, l'état des assurés et des
salaires assurés, les contrats intervenus, les écritures et pièces comptables, la caisse, le portefeuille, les calculs des réserves et tous les éléments de contrôle propres, soit à établir
les opérations dont résultent des obligations pour les sociétés,
soit à constater la régulière exécution tant des statuts que
des prescriptions contenues dans le décret du 22 janvier
1868, dans le présent décret et dans les arrêtés ministériels
qu'il prévoit.*

« *Ils se bornent à ces vérifications et constatations sans
pouvoir donner aux sociétés aucune instruction ni apporter
à leur fonctionnement aucune entrave.*

« *Ils rendent compte au ministre du Commerce qui seul
prescrit, dans les formes et délais qu'il fixe, les redressements nécessaires* ».

Au point de vue de la vérification, les commissaires-contrôleurs ont les pouvoirs les plus étendus : ils ont le droit de
tout voir et de tout vérifier; rien ne doit leur être caché. Ils
doivent consigner dans leurs rapports au ministre les résultats de leur vérification. Mais là se borne leur mission. Toute
appréciation ou observation adressée aux sociétés leur est interdite. Ils ne peuvent ni donner des instructions ni prescrire aucune mesure même ayant un caractère provisoire. Un
tel droit rentre dans les attributions du ministre.

Enfin, ils sont tenus au secret professionnel le plus absolu,
et la violation de ce secret entraînerait l'application de l'art.
378 du Code pénal.

e) *Droit du ministre. Service central du contrôle. Comité consultatif.*

1801. — L'art. 14, *in fine*, dispose que le ministre, après
avoir pris connaissance du résultat des vérifications opérées

soit par les commissaires-contrôleur, soit par ses délégués, prescrit, dans les formes et délais qu'il fixe, les redressements nécessaires.

L'art. 15, al. 2 ajoute : « *Il adresse, le cas échéant, à chacune des sociétés les injonctions nécessaires et la met en demeure de s'y conformer* ».

Ces injonctions peuvent être accompagnées de poursuite en simple police (n° 1808) ou de radiation de la liste officielle à la fin de l'année (n° 1805).

Le ministre rend compte chaque année au président de la République de la situation des sociétés soumises à la surveillance. Tel est l'objet de l'art. 15 ainsi conçu : « *A l'aide des rapports de vérification et des contre-vérifications auxquelles il peut faire procéder soit d'office, soit à la demande des sociétés intéressées le ministre du Commerce présente chaque année au président de la République un rapport d'ensemble établissant la situation de toutes les sociétés soumises à la surveillance* ».

1802. — Le service de la surveillance des assurances est un des plus importants du ministère; il comporte en effet les attributions suivantes : contrôle des mutualités et des compagnies d'assurances contre les accidents du travail et des syndicats de garantie. Constitution et révision des cautionnements. Préparation et centralisation des travaux de contrôle. Tournées d'inspection : contrôle, vérification. Examen des documents produits par les sociétés. Calcul des réserves mathématiques. Correspondance avec les sociétés : redressements. Étude des barêmes et tarifs. Rapport annuel au président de la République sur la situation des sociétés surveillées.

Le ministre l'a placé sous l'autorité immédiate du directeur de l'assurance et de la prévoyance sociale auquel il a adjoint un commissaire-contrôleur délégué et un certain nombre d'auxiliaires recrutés au concours [1].

1803. — D'autre part, le ministre a auprès de lui un comité consultatif institué par l'art. 16 dont les dispositions sont ainsi conçues : « *Il est constitué auprès du ministre du*

[1] Arrêté ministériel du 7 oct. 1901 modifié par les arrêtés des 24 mai et 22 sept. 1902 (*Rec. des doc. sur les acc. du trav.*, 1903, n° 1, p. 190).

Commerce un comité consultatif des assurances contre les acci-
dents du travail dont l'organisation est réglée par arrêté du
ministre. — Ce comité doit être consulté dans les cas spécifiés
par le présent décret et par les décrets du même jour, rendus
en exécution des art. 26 et 28 de la loi du 9 avril 1898. Il peut
être saisi par le ministre de toutes autres questions relatives à
l'application de ladite loi ».

Ce comité consultatif est composé de vingt-quatre membres [1], savoir : 1° deux sénateurs ; 2° deux députés ; 3° cinq
personnes spécialement désignées par leur compétence juridique ou statistique en matière d'accidents ; 4° trois membres
agrégés de l'institut des actuaires français ; 5° l'actuaire de
la Caisse des dépôts et consignations ; 6° un membre du
comité permanent international du congrès des accidents du
travail et des assurances sociales ; 7° le président du tribunal
de commerce de la Seine ou un président de section délégué
par lui ; 8° le président de la chambre de commerce de Paris
ou un membre de la chambre délégué par lui ; 9° un président ou administrateur de sociétés d'assurances mutuelles
contre les accidents ; 10° le président du syndicat des compagnies d'assurances à primes fixes contre les accidents ;
11° un ouvrier membre du conseil supérieur du travail ; 12° le
président d'un syndicat professionnel d'ouvriers ; 13° le directeur de l'assurance et de la prévoyance sociale ; 14° le directeur du travail ; 15° le conseiller d'État, directeur de l'enseignement technique ; 16° le directeur général de la Caisse des
dépôts et consignations.

Les membres ci-dessus désignés sous les n°s 1 à 4°, 6°, 9°,
11° et 12° sont nommés par le ministre pour quatre ans. Par
exception, le premier renouvellement a lieu au bout de deux
ans par moitié, à la suite d'un tirage au sort. Les membres
sortants peuvent être renommés. Sont remplacés immédiatement les membres du comité qui perdent la qualité en raison
de laquelle ils avaient été nommés [2].

Le ministre a le droit de nommer le président du comité qui

---

[1] Arrêtés ministériels des 1er mars 1899, 24 août 1899, 10 oct. 1900, 10 mai 1902,
19 juill. 1902, *J. O.*. 20 juill. 1902.
[2] Arrêté ministériel du 1er mars 1899. art. 2.

doit être pris parmi les membres et en outre de désigner les secrétaires. En cas de partage, la voix du président est prépondérante [1].

Le comité peut, avec l'autorisation spéciale du ministre, procéder à des enquêtes et entendre les personnes qu'il jugerait en état de l'éclairer sur les questions qui lui sont soumises.

f) *Maintien des garanties antérieures.*

1804. — Le décret du 28 février 1899 a complété les mesures de garantie et de surveillance qui existaient antérieurement; mais il ne les a pas abrogées, en tant du moins qu'elles ne sont pas contraires aux nouvelles dispositions. C'est ce qu'exprime l'art. 17 dans les termes suivants : « *Le décret du 22 janvier 1868 demeure applicable aux sociétés régies par le présent décret en toutes celles de ses dispositions qui ne lui sont pas contraires* ».

g) *Publicité donnée aux noms des sociétés remplissant les conditions légales.*

1805. — L'art. 18 relatif à la publication annuelle sur le *Journal officiel* de la liste des sociétés légalement constituées est ainsi conçu : « *Chaque année, avant le 1er décembre, le ministre du Commerce arrête, après avis du comité consultatif, et publie au* Journal *officiel la liste des sociétés mutuelles ou à primes fixes, françaises ou étrangères, qui fonctionnent dans les conditions prévues par les art. 26 et 27 de la loi du 9 avril 1898 et par le présent décret* ».

Avant l'inscription de son nom à l'*Officiel*, une société ne peut pas pratiquer en France l'assurance contre les accidents du travail. Cette inscription est valable jusqu'au 31 décembre. Toute société dont l'inscription n'a pas été renouvelée avant cette date cesse d'avoir une existence légale ; ses contrats sont résiliés de plein droit (art. 11, n° 3). Elle pourrait toutefois déférer au Conseil d'État la décision d'exclusion rendue par le ministre.

1805 bis. — La pratique a révélé une lacune dans les pouvoirs du ministre. Celui-ci, en effet, ne peut qu'une fois par

_____
[1] Même arrêté, art. 3.

an, à une époque déterminée, le 1ᵉʳ décembre, s'opposer au
fonctionnement d'une compagnie d'assurances dont les agissements laissent à désirer ; de sorte qu'une compagnie d'assurances imprudente ou malhonnête peut, depuis le jour de
la publication de son nom au *Journal officiel* jusqu'au 1ᵉʳ décembre suivant se livrer impunément à des agissements ré-
préhensibles ou compromettants pour le fonds de garantie.
Un projet, dû à l'initiative de la commission du Sénat (déc.
1903), propose de combler cette lacune[1].

La situation des chefs d'entreprise assurés aux sociétés, dont
l'inscription au *Journal officiel* n'a pas été renouvelée fin
novembre 1903 a été réglée spécialement par la loi du
2 décembre 1903, dont le texte a été commenté, n° 1794.

1806. — La première publication à l'*Officiel* d'une société
nouvellement constituée est réglée en ces termes par l'art. 19 :
« *Dès que, après fixation du cautionnement, dans les conditions
déterminées par les art. 2 et 6 ci-dessus, chaque société actuellement existante aura effectué à la Caisse des dépôts et
consignations le versement du montant de ce cautionnement,
mention de cette formalité sera faite au* Journal officiel *par
les soins du ministre du Commerce, en attendant la publication de la première liste générale prévue à l'art. 18. Il en
sera de même ultérieurement pour les sociétés constituées après
publication de la liste générale* ».

h) *Dispositions spéciales aux sociétés étrangères.*

1807. — Nous avons vu que toute société française ou
étrangère doit avoir, pour l'assurance en France des risques
prévus par notre loi, une comptabilité et une gestion absolument distinctes. L'art. 20 est le complément de cette disposition pour les sociétés étrangères ; il exige qu'à la tête de

---

[1] Aux termes de ce projet, le ministre aurait, en tout temps, le droit de décider,
par un arrêté, qu'une société d'assurances cesse de remplir les conditions légales.
Mais cet arrêté ministériel ne pourrait être pris qu'après avis conforme du comité
consultatif publié à l'*Officiel* et après mise en demeure par lettre ministérielle à la
compagnie menacée, d'avoir, dans un délai de trois jours, à produire ses moyens de
défense devant le comité consultatif; passé lequel délai il sera définitivement statué.
D'autre part, comme il importait de ne pas porter atteinte aux droits des assurés, le
projet ajoute que la Caisse nationale des retraites n'aura un recours contre le chef
d'entreprise que pour les accidents survenus plus de quinze jours après la publication de l'arrêté ministériel au *Journal officiel*.

cette gestion et de cette comptabilité se trouve placé un agent spécial, domicilié en France et qui soit, pour le ministre du Commerce et pour la Caisse des dépôts et consignations, le seul représentant de la société.

Si l'agent est de nationalité étrangère, il ne peut être domicilié en France qu'à la condition d'y avoir été expressément autorisé par décret (art. 13, C. civ. modifié par la loi du 26 juin 1889); et l'effet de cette autorisation cesse à l'expiration du délai de cinq années, si l'étranger ne demande pas la naturalisation ou si sa demande est rejetée.

i) Sanction.

1808. — Un projet de 1896 contenait un article additionnel qui punissait d'une amende et même d'emprisonnement les administrateurs ou gérants coupables d'infractions aux dispositions du règlement d'administration publique. Cette sanction n'ayant pas été reproduite, les infractions de cette nature sont susceptibles de poursuites en simple police (art. 471, n° 15, C. pén.), sans préjudice du droit de radiation annuelle qui appartient au ministre.

j) Frais de contrôle et de surveillance.

1809. — L'art. 27 *in fine* de la loi de 1898 est ainsi conçu : « *Les frais de toute nature résultant de la surveillance et du contrôle seront couverts au moyen de contributions proportionnelles au montant des réserves ou cautionnements et fixés annuellement, pour chaque compagnie ou association, par arrêté du ministre du Commerce* ».

Le législateur a voulu que les sociétés prissent à leur charge les frais de surveillance et de contrôle. Ce n'est que justice. La répartition de ces frais doit être proportionnelle à l'importance des sociétés. La base, qui sert à établir cette proportion, est, d'après la loi, le montant des réserves ou cautionnements. Les rédacteurs de la loi de 1898 ne se sont pas fait une idée exacte de la réserve et du cautionnement qu'allait instituer le règlement d'administration publique; ils ont pensé que la réserve serait la garantie exigée des sociétés françaises et le cautionnement celle des sociétés étrangères; c'est pour ce motif qu'ils ont séparé les deux mots par la conjonction alter-native *ou*. Toutes les sociétés tant étrangères que françaises étant soumises à la double obligation du cautionnement et de la réserve, il convient de proportionner leur part contributive dans les frais au montant total du cautionnement et de la ré-serve ; j'estime en conséquence qu'on doit interpréter notre texte comme si les deux mots *cautionnement* et *réserve* étaient reliés par la conjonction cumulative *et*[1].

Ces frais sont fixés et répartis chaque année par arrêté du ministre.

CINQUIÈME SECTION.

Syndicats de garantie.

1810. — Les syndicats de garantie ne doivent pas être confondus avec les sociétés mutuelles d'assurances. Deux différences essentielles les séparent : l'une porte sur l'éten-due des obligations de chaque membre, l'autre sur l'objet du contrat.

Dans les associations mutuelles, l'obligation de chaque mutualiste est limitée à un chiffre fixé dans les statuts (art. 29 du décret du 22 janv. 1868), tandis que chaque syndiqué est tenu sur toute sa fortune solidairement avec les autres adhérents : il en résulte qu'au regard des tiers l'engagement d'un syndicat offre beaucoup plus de sécurité que celui d'une société mutuelle, pourvu que le syndicat soit composé de patrons assez nombreux et appartenant à la grande indus-trie.

En second lieu, les sociétés mutuelles ont pour objet l'as-surance des risques d'accidents courus par chaque associé ; le préjudice résultant de la réalisation de ces risques est sup-porté par le fonds social. Les syndicats de garantie ont, au contraire, pour objet principal de garantir au regard des béné-ficiaires d'indemnités l'exécution des obligations de ceux de leurs adhérents qui en sont débiteurs. A ce point de vue on a

---

[1] Dans son projet de décembre 1903, la commission du Sénat a effectivement proposé de remplacer dans cette phrase le mot *ou* par le mot *et*. La Chambre des députés avait déjà voté cette rectification.

pu dire que le syndicat de garantie diffère de la société d'assurances en ce qu'au lieu d'assurer le risque d'accident, il
garantit seulement le risque d'insolvabilité. Je m'empresse
d'ajouter que généralement les syndicats de garantie ne limitent pas leur garantie au risque d'insolvabilité, ce qui ferait,
en définitive, double emploi avec le fonds national de garantie [1], mais qu'ils l'étendent aussi au risque d'accident. En
pareil cas, ils ne diffèrent des sociétés mutuelles que par
l'obligation solidaire de tous leurs membres.

1811. — De ces deux traits caractéristiques nous dédui-
rons deux conséquences qui ont trouvé leur expression dans le
texte de la loi de 1898.

Tout d'abord la réserve mathématique n'a sa raison d'être
que si le syndicat pratique l'assurance des risques d'accidents; mais alors cette réserve ou l'équivalent de cette réserve
sont imposés par les statuts : et c'est au Gouvernement qu'il
appartient de vérifier, avant le décret d'autorisation, si les
statuts contiennent sur ce point des clauses suffisantes.

Quant au cautionnement, il est, dans tous les cas, remplacé
par l'obligation solidaire de tous les adhérents. Si cette solidarité *in infinitum* aggrave la situation des syndiqués par rapport à celle des mutualistes, elle leur procure du moins cet
avantage de les dispenser de faire l'avance des fonds d'un cautionnement : c'est le crédit issu de leur groupement qui tient
lieu d'un versement effectif des fonds [2].

1812. — La formation d'un syndicat de garantie est soumise à cinq conditions : il faut : 1° que les membres adhérents
soient liés solidairement entre eux (art. 21 du 2e décret du 28
févr. 1899); 2° qu'ils remplissent certaines conditions de
nombre et d'importance (art. 22); 3° que les statuts soient
approuvés par le Gouvernement (art. 23); 4° que le syndicat
se soumette à des règlements concernant la surveillance admi-

---

[1] Le fonds national de garantie est en effet le syndicat général et obligatoire des
industriels français en vue de garantir les ouvriers et employés contre le risque
d'insolvabilité de leur patron en ce qui concerne l'application de la loi sur les accidents.

[2] Il est intéressant de comparer les syndicats de garantie avec l'organisation du
système de la répartition des capitaux en vigueur en Allemagne pour l'assurance
des entrepreneurs de constructions (V. nos 1511 et s.).

392 TITRE IV. — CHAPITRE VI. — SECTION V. — ART. 27.

nistrative dont il doit être l'objet et les conditions dans lesquelles l'approbation gouvernementale peut être retirée
(art. 24); 5° qu'il contribue à payer les frais de surveillance
et de contrôle (art. 25).

Nous étudierons successivement chacune de ces conditions.

a) Obligation solidaire des adhérents.

1813. — L'art. 21 du 2ᵉ décret du 28 février 1899 est ainsi
conçu : « *Les syndicats de garantie prévus par la loi du 9 avril
1898 lient solidairement tous leurs adhérents pour le paiement
des rentes et indemnités attribuables en vertu de la même loi à
la suite d'accidents ayant entraîné la mort ou une incapacité
permanente. — La solidarité ne prend fin que lorsque le syndicat de garantie a liquidé entièrement ses opérations soit
directement soit en versant à la Caisse nationale des retraites
l'intégralité des capitaux constitutifs des rentes et indemnités
dues. La liquidation peut être périodique* ».

Dans un syndicat de garantie tous les adhérents sont tenus
solidairement des indemnités dues par chacun d'entre eux à
raison d'accidents du travail.

1814. — La solidarité prend fin de deux manières : ou
bien par le désintéressement des bénéficiaires d'indemnité,
ou bien par le versement à la Caisse nationale des retraites
des capitaux représentatifs des rentes ou pensions restant
dues. Dans le premier cas, en effet, l'obligation d'indemnité
est définitivement éteinte par l'extinction du droit des créanciers; dans le second cas, elle est l'objet d'une novation par
substitution de débiteur; la Caisse des retraites prend, conformément à l'art. 28, al. 2 de notre loi, les lieu et place du
syndicat de garantie qui se trouve ainsi délié de toute obligation. Toutefois le versement du capital représentatif n'éteint la
solidarité des syndiqués que pour les rentes constituées depuis
plus de trois ans, c'est-à-dire non susceptibles de révision.
Pour les autres, la Caisse des retraites ne consentirait à prendre
les lieu et place du syndicat que moyennant le paiement d'une
provision suffisante.

La liquidation, ajoute notre article, peut être périodique.
Cela signifie qu'il est loisible aux statuts de convenir qu'à des

intervalles déterminés, par exemple, tous les ans ou tous les cinq ans, les capitaux représentatifs seront versés à la Caisse des retraites. Chaque liquidation, ayant pour effet d'acquitter tous les engagements du syndicat, éteindra la solidarité par voie de conséquence.

b) *Composition des syndicats.*

1815. — « *Les syndicats de garantie doivent*, dit l'art. 22 du même décret, *comprendre au moins 5.000 ouvriers assurés et 10 chefs d'entreprise adhérents, dont cinq ayant au moins chacun 300 ouvriers* ». La composition d'un syndicat doit réunir trois éléments essentiels ; l'art. 22 exige : 1° un groupement de dix patrons au minimum ; 2° que parmi ces dix patrons il y en ait cinq ayant chacun au moins 300 ouvriers ; 3° que les ouvriers occupés chez les dix patrons syndiqués atteignent le nombre minimum de 5.000.

Du jour où ces conditions cesseraient d'être remplies, le syndicat n'offrirait plus, selon le vœu de la loi, des garanties suffisantes de solvabilité. Dépourvu d'existence légale, il entrerait immédiatement en liquidation ; et la liquidation s'opérerait très aisément par le versement des capitaux représentatifs à la Caisse des retraites.

c) *Des statuts et de l'approbation gouvernementale.*

1816. — On lit à l'art. 23 : « *Le fonctionnement de chaque syndicat est réglé par des statuts qui doivent être soumis, avant toute opération, à l'approbation gouvernementale.*

« *Il est statué par décret rendu en Conseil d'État, sur le rapport du ministre du Commerce, après avis du comité consultatif des assurances contre les accidents du travail, au vu des statuts souscrits et des pièces justifiant des conditions et des engagements prévus par les art. 21 et 22 ci-dessus* ».

A la différence des sociétés d'assurances qui sont seulement soumises à la surveillance de l'État et à l'obligation de se conformer aux règles générales tracées par le règlement d'administration publique, les syndicats de garantie sont assujettis à l'investiture préalable, en ce sens qu'ils n'ont pas d'existence légale tant que leurs statuts n'ont pas été approuvés par le Gouvernement. L'approbation est donnée par décret rendu en Conseil d'État, sur le rapport du ministre du Commerce, après avis du comité consultatif des assurances contre les accidents du travail : en déposant ses statuts, le syndicat en formation doit justifier qu'il a rempli les deux conditions prévues par les art. 21 et 22 ci-dessus.

1817. — A titre d'exemple, nous extrayons des statuts approuvés de plusieurs syndicats les clauses essentielles [1] qui permettent d'en faire ressortir le but et le fonctionnement :

1° Le syndicat garantit d'une part ses membres adhérents contre toutes les conséquences pécuniaires des accidents dans les limites de la loi de 1898. D'autre part, il se substitue à eux pour le règlement des sinistres, sans qu'il puisse invoquer à l'encontre des victimes ou de leurs ayants-droit aucune clause de déchéance ;

2° Les ressources du syndicat consistent dans les versements périodiques des cotisations ; ces cotisations sont fixées proportionnellement au salaire et d'après un taux qui varie suivant chaque profession et qui est déterminé par le conseil d'administration ;

3° Ces cotisations sont calculées de manière que chaque exercice soit liquidé sur ses propres ressources. En cas d'excédent ou de déficit, la balance est rétablie à l'aide des exercices suivants ;

4° L'emploi des cotisations s'effectue dans les conditions ci-après déterminées :

a) Pour les pensions dues à la suite d'accidents mortels, le capital constitutif est versé à la Caisse des retraites dans le mois qui suit l'arrêt du bilan ;

b) Pour les pensions et indemnités dues pour incapacité permanente, le conseil d'administration évalue chaque année la charge correspondante majorée de 50 0/0 en prévision des éventualités de la révision et met les fonds nécessaires en réserve jusqu'à l'expiration du délai de révision. Ce délai expiré, les capitaux constitutifs des rentes définitives sont versés à la Caisse des retraites ;

----

[1] V. J. O. du 24 juin et du 22 juill. 1899, p. 4210 et 4380.

c) Le service des incapacités temporaires, celui des frais généraux et de contrôle sont assurés par un fonds de roulement;

4° Le syndicat est administré par un conseil d'administration de 9 membres au moins et de 15 au plus. Les membres sont nommés pour trois ans par l'assemblée générale. L'assemblée générale se réunit annuellement;

5° L'engagement de chaque adhérent est résolu : par décès, par cessation d'industrie, par faillite, par défaut de paiement des cotisations ou par exclusion prononcée par le conseil d'administration. Toutefois l'engagement solidaire de l'adhérent sortant continue jusqu'à payement intégral des rentes et indemnités dues à raison des accidents survenus pendant la période de son affiliation au syndicat.

1818. — Les syndicats dont nous venons de reproduire quelques clauses statutaires, pratiquent l'assurance des risques d'accidents. Comme ils versent le capital représentatif des rentes à partir seulement de l'expiration du délai de révision, leurs statuts leur imposent une réserve mathématique pour assurer le service des rentes et pensions pendant les trois premières années, c'est-à-dire pendant le délai de la révision. Cette clause est en harmonie avec l'art. 9 du décret du 28 février 1899 sur les sociétés d'assurances (V. n° 1785).

Pour les motifs indiqués ci-dessus (n° 1811), il n'est pas exigé de cautionnement.

1819. — M. Louis Fontaine a imaginé une forme nouvelle de syndicat de garantie, dont la constitution présenterait de réels avantages[1]. Ce syndicat consiste dans une société d'assurance mutuelle ayant ses réserves mathématiques représentées par des créances sur ses assurés mêmes, liés solidairement. La dette de chaque syndicataire serait constatée au moyen d'un compte individuel, où il serait inscrit :

La première année : 1° Au débit, dès l'ouverture du compte; *a*) la « prime de couverture » correspondant à la nature et à l'importance de l'entreprise d'après le tarif adopté par le syn-

---

[1] Louis Fontaine, *Exposé d'un nouveau système financier d'assurances.* Rapport au Congrès des accidents du travail et des assurances sociales, Paris, 1900. Compte rendu du Congrès, t. I, p. 369 et s.

dicat et proportionnelle au temps à courir jusqu'à la fin de l'exercice; *b*) les intérêts de cette prime;

2° Au crédit successivement : *a*) les sommes payées par syndicataire à titre de « prime de répartition » pour sa part proportionnelle dans les frais de gestion, les indemnités journalières, les frais médicaux et pharmaceutiques, les frais funéraires et les arrérages de rentes dus à raison des accidents survenus depuis son entrée dans le syndicat; *b*) les intérêts de ces sommes;

3° Au crédit ou au débit, suivant le cas, la part du syndicataire dans le solde du compte de profits et pertes du syndicat.

La deuxième année et les années suivantes : 1° au débit : *a*) l'excédent du débit sur le crédit de l'année précédente; *b*) la « prime de couverture » de l'année; *c*) les intérêts de cet excédent et de cette prime;

2° Au crédit successivement : *a*) les fractions de la « prime de répartition » payées par le titulaire du compte pour l'acquittement des sommes diverses dues par le syndicat à raison des accidents survenus depuis l'adhésion du syndicataire; *b*) les intérêts de ces payements;

3° Au crédit ou au débit, suivant le cas, la part du syndicataire dans le solde du compte de profits et pertes du syndicat.

1820. — Dans ce système, le syndicataire ne paye que les primes afférentes aux accidents survenus depuis son adhésion. Ces primes, légères pour le nouveau syndicataire, vont en croissant progressivement de même que la dette du syndicataire vis-à-vis du syndicat. Mais cette marche ascendante n'est pas indéfinie ; elle atteindra à peu près sa limite extrême au moment où s'éteindront les premières promotions de titulaires des rentes constituées à partir de l'admission du syndicataire.

A toute époque, le syndicataire peut se retirer moyennant le versement du solde de son compte, en espèces dans la caisse du syndicat. Dans certains cas prévus où la solvabilité du syndicataire n'offre plus de sécurité suffisante, le versement devient obligatoire.

d) *Règlements sur la surveillance administrative et sur les conditions de retrait de l'approbation gouvernementale.*

1821. — Art. 24. « *Le décret portant approbation des statuts règle :*

« *1° Le fonctionnement de la surveillance et du contrôle, dans des conditions analogues à celles que détermine le chapitre II du titre I du présent décret.*

« *2° Les conditions dans lesquelles l'approbation peut être révoquée et les mesures à prendre, en ce cas, pour le versement des capitaux constitutifs des pensions et indemnités en cours* ».

En ce qui concerne la surveillance et le contrôle, les décrets qui approuvent les statuts, reproduisent les dispositions : — 1° de l'art. 11 sur l'obligation de communiquer au ministre dix exemplaires du règlement intérieur ou des modifications qui y sont apportées ; — 2° de l'art. 12 sur la production des comptes rendus annuels et de l'état des syndiqués, des salaires, des rentes payées, etc. ; — 3° de l'art. 13 sur la surveillance des commissaires-contrôleurs ; — 4° de l'art. 14 sur la vérification des contrôleurs.

Ils ajoutent que l'approbation peut être révoquée en cas d'inexécution des dispositions de la loi, du règlement, du décret ou des statuts.

Enfin ils disposent qu'en cas de révocation d'autorisation ou de dissolution volontaire du syndicat, tous les engagements en cours doivent faire, dans le mois de la décision, l'objet de versements en capitaux à la Caisse nationale des retraites. L'état de ces versements est apuré par le ministre du Commerce, sous réserve des droits des tiers.

Pour les rentes susceptibles de révision et pour les sinistres en cours de règlement, la solidarité subsiste entre les syndiqués jusqu'au versement à la Caisse nationale des retraites du capital constitutif des rentes définitivement fixées, à moins que le syndicat ne dépose à la Caisse des dépôts et consignations une provision consentie par la Caisse nationale des retraites et approuvée par décision du ministre du Commerce [1].

[1] V. deux décrets d'autorisation, 22 juin et 30 juin 1899, *J. O.*, 24 juin et 2 juill. 1899.

e) De la contribution aux frais de surveillance et de contrôle.

1822. — Les syndicats de garantie étant soumis à une surveillance et à un contrôle identiques à ceux qui sont organisés pour les sociétés d'assurances doivent en supporter une part proportionnelle des frais. Mais sur quelle base la proportion doit-elle être établie? L'art. 25 de notre décret contient sur ce point la disposition suivante : « *Les contributions pour frais de surveillance sont fixées d'après le montant du cautionnement auquel serait astreinte une société d'assurance pour le même chiffre de salaire assuré* ».

Pourquoi ne tient-il pas compte aussi de la réserve mathématique à laquelle serait astreinte une société d'assurance de même importance? Probablement parce que les syndicats insèrent généralement dans leurs statuts une clause les obligeant à verser à la *Caisse des retraites* les capitaux représentatifs des rentes et pensions. Nous avons vu cependant que ce versement n'est quelquefois obligatoire qu'après l'expiration du délai de révision; en pareil cas, il y a lieu à l'équivalent d'une réserve mathématique.

CHAPITRE VII

DE LA CAISSE NATIONALE D'ASSURANCE EN CAS D'ACCIDENTS.

1823. — Vers la fin du second empire, à l'époque où les idées libérales et philanthropiques semblaient revenir en faveur, une loi du 11 juillet 1868 créa deux caisses nationales d'assurance : l'une en cas de décès, l'autre en cas d'accidents. La première s'engageait à payer, au décès de chaque assuré, un capital dont le maximum ne pouvait dépasser 3.000 francs.

La deuxième, la seule dont nous ayons à nous occuper ici, avait pour objet de servir des pensions viagères aux personnes assurées qui, dans l'exécution des travaux agricoles ou industriels, seraient atteintes de blessures entraînant une incapacité permanente de travail et de donner des secours aux veuves et enfants mineurs des personnes assurées qui auraient péri par suite d'accidents survenus dans l'exécution desdits travaux.

Chaque assuré versait à son choix une cotisation annuelle de 8, 5 ou 3 francs. La pension afférente aux accidents suivis d'incapacité permanente totale consistait dans les arrérages d'un capital égal à six cent vingt fois le montant de la cotisation. Elle était de moitié moins élevée en cas d'accident entraînant une incapacité permanente partielle. Dans les accidents mortels, la veuve ou l'enfant mineur touchait un capital égal à deux annuités de pension ; s'il n'y avait ni veuve ni enfant, cette somme revenait au père ou à la mère sexagénaire. Les accidents suivis d'incapacité temporaire ne donnaient droit à aucune indemnité.

Ce simple exposé suffit à montrer combien l'organisation de cette caisse était défectueuse. Les règles les plus élémentaires de l'assurance y étaient méconnues. L'uniformité des primes, pour la fixation desquelles on ne tenait aucun compte de la probabilité des sinistres, devait fatalement conduire à un échec. Au surplus, le législateur lui-même paraissait avoir peu confiance dans son œuvre : il avait pris la précaution d'insérer à l'art. 9 de son texte que les ressources de la caisse se composeraient, non seulement du montant des cotisations versées par les assurés, mais encore d'une subvention annuelle de l'État et de la libéralité privée.

Je doute que les dons et legs des particuliers aient afflué dans cette caisse qui fort heureusement pour les finances de l'État est restée à peu près ignorée du public. Dans son existence de trente années, elle a touché seulement 36.572 cotisations et n'a payé que 74 sinistres, dont le règlement a cependant coûté au trésor une subvention de 2.100.000 francs. La caisse d'assurances en cas de décès n'a pas eu un succès plus grand : en 1883, elle comptait à peine 1.000 assurés.

1824. — Pendant la durée des travaux parlementaires, qui ont précédé le vote de la loi de 1898, il fut peu question de la Caisse nationale d'assurances. Son adaptation à la législation du risque professionnel ne paraissait nécessaire que si on rendait l'assurance obligatoire, et encore lui préférait-on généralement la création de vastes mutuelles régionales ou professionnelles placées sous le contrôle de l'État. Le système de l'assurance facultative ayant prévalu, on pensa que les compagnies privées d'assurances, les sociétés mutuelles et les syndicats de garantie suffiraient à faire face aux besoins de l'industrie.

Mais le législateur avait compté sans les prétentions exorbitantes des compagnies d'assurances. A la veille de la mise en vigueur de la loi, les assureurs, profitant de ce que les sociétés mutuelles étaient un peu lentes à s'organiser, élevèrent leurs tarifs dans des proportions telles que l'industrie dut solliciter l'intervention des pouvoirs publics. Le Gouvernement se trouvait désarmé : il avait un droit de contrôle sur la gestion financière, mais il était sans action sur la fixation des primes. La concurrence fut le seul moyen qui s'offrît à lui pour contraindre les compagnies à ne pas abuser de la situation. Il déposa sur les bureaux des chambres un projet tendant à la réorganisation de la Caisse nationale d'assurance et en obtint le vote immédiat. L'effet ne se fit pas attendre. Du jour au lendemain les compagnies d'assurances abaissèrent leurs tarifs de près de moitié.

1825. — Loi du 24 mai 1899, art. 1er : « *Les opérations de la Caisse nationale d'assurance en cas d'accidents, créée par la loi du 11 juillet 1868, sont étendues aux risques prévus par la loi du 9 avril 1898, pour les accidents ayant entraîné la mort ou une incapacité permanente absolue ou partielle. — Les tarifs correspondants seront, avant le 1er juin 1899, établis par la Caisse nationale d'assurances en cas d'accidents et approuvés par décret rendu sur le rapport du ministre du Commerce, de l'Industrie, des Postes et Télégraphes*

et du ministre des Finances. — Les primes devront être cal-
culées de manière que le risque et les frais généraux d'ad-
ministration de la caisse soient entièrement couverts, sans
qu'il soit nécessaire de recourir à la subvention prévue par
la loi du 11 juillet 1868 ».

Le commentaire de cet article comporte une division tripartite : — 1° objet et conditions de l'assurance ; — 2° formalités afférentes à la souscription des polices ; — 3° exécution
du contrat d'assurance. Enfin nous consacrons un quatrième
paragraphe aux assurances agricoles.

I

Objet et conditions de contrat.

1826. — DES RISQUES. — Nous avons vu que la Caisse nationale de 1868 limitait ses opérations aux risques de mort et
d'incapacité permanente et qu'elle excluait de sa garantie les
accidents suivis d'incapacité temporaire. Disposition sage et
prudente que notre législateur de 1899 a heureusement conservée dans son texte. On sait, en effet, combien les petits
accidents entraînent de fraudes et de simulations de la part
des victimes. Il ne faut rien moins que la vigilance et la sévérité des compagnies d'assurances et des sociétés de secours
mutuels pour éviter de graves abus. L'organisation administrative de la Caisse nationale se fût difficilement pliée aux nécessités de cette surveillance.

En ce qui concerne les risques afférents aux incapacités
temporaires, le chef d'entreprise a trois moyens de s'en décharger : l'assurance à une compagnie à primes fixes, l'association à une mutuelle ou l'affiliation de ses ouvriers à une
société de secours mutuels. Toutefois, la société de secours
mutuels ne garantit le paiement de l'indemnité temporaire
que pendant 30, 60 ou 90 jours suivant les statuts. Au delà de
cette période, les conséquences de l'incapacité de travail
restent à la charge du patron.

1827. — Le règlement de l'indemnité dans les accidents
suivis d'incapacité permanente comprend deux périodes : 1° La
période qui va du cinquième jour à celui de la consolidation

de la blessure, période pendant laquelle le blessé touche l'allocation journalière fixée à la moitié du salaire quotidien, avec droit aux frais du médecin et de pharmacien; 2° celle qui commence où finit la précédente, c'est-à-dire au moment où la blessure, ayant perdu son caractère aigu, se transforme en infirmité incurable. C'est seulement à partir de ce jour que la victime peut se prévaloir de la pension viagère afférente aux infirmités permanentes.

Les accidents mortels, qui ne provoquent pas le décès immédiat de la victime, comportent également deux périodes.

La Caisse nationale assure en principe le paiement de l'indemnité afférente à la seconde période soit dans les accidents suivis d'incapacité permanente, soit dans les accidents mortels. Sur la demande du souscripteur et moyennant un supplément de prime, elle garantit en outre le paiement de l'indemnité journalière afférente à la première période ainsi que les frais médicaux, pharmaceutiques et funéraires. Elle a ainsi un double tarif. Le nombre relativement restreint des accidents de ces catégories lui permet de se livrer sans danger à ces opérations, d'autant plus que les victimes ont tout intérêt à faire régler le plus rapidement possible la constitution de leurs pensions.

1828. — PERSONNEL SUSCEPTIBLE D'ÊTRE ASSURÉ. — En principe l'assurance porte sur tout le personnel (employés, ouvriers, apprentis) occupé ou à occuper soit par le souscripteur lui-même soit par ses tâcherons ou sous-traitants, pour l'exercice de la profession déclarée. Mais rien ne s'oppose, si le chef d'entreprise en fait la demande, à ce que l'assurance soit limitée à une portion du personnel de son établissement.

1829. — PRIMES. DURÉE. — Le tarif du 14 août 1890 [1], qui a remplacé celui du 26 mai 1899 indique la prime moyenne qui, suivant la nature de la profession, peut être réclamée pour couvrir les risques prévus. Cette prime peut être réduite ou majorée de 30 0/0 en raison des conditions particulières d'exploitation des entreprises assurées, notamment en ce qui

---

[1] Décret du 14 août 1900, *J. O*, 1900, p. 5582.

concerne l'état de l'outillage et les mesures de protection en usage dans les ateliers. Elle est calculée sur le montant des salaires et appointements payés ou alloués au personnel, et ces salaires et appointements sont eux-mêmes déterminés conformément aux art. 2, 8 et 10 de la loi de 1898.

1830. — L'assurance, qui, à l'origine, ne pouvait être contractée que pour un an, a maintenant la durée qui est fixée par la convention des parties ; aucune limitation n'est apportée sur ce point aux droits du directeur général de la Caisse des dépôts et consignations.

II
Des formalités afférentes à la souscription de la police.

1831. — FORMALITÉS PRÉLIMINAIRES. — Tout chef d'entreprise qui veut contracter une assurance peut s'adresser : à Paris, à la direction générale de la Caisse des dépôts et consignations, 56. rue de Lille ; chez le receveur central des finances de la Seine, 16, place Vendôme ; les receveurs-percepteurs des contributions directes ou les receveurs des postes ; dans les départements, les trésoriers-payeurs généraux, les receveurs particuliers des finances, les percepteurs des contributions directes ou les receveurs des postes.

Le chef d'entreprise souscrit une demande sur une formule qui lui est délivrée et qui contient un questionnaire auquel il doit répondre pour faire connaître notamment sa profession, la nature de son outillage, le nombre et le salaire moyen de son personnel, le comptable à la caisse duquel les primes sont versées, c'est-à-dire tous les renseignements nécessaires à la direction générale pour évaluer les risques, fixer la prime et établir la police.

Lorsque la Caisse des dépôts est en possession de la demande de souscription d'assurance et du questionnaire dûment rempli, il est procédé, s'il y a lieu, à une constatation des risques et la police est établie en double original. Elle est adressée au comptable désigné par le souscripteur. Celui-ci, en même temps, est informé de cet envoi et peut alors se faire remettre un des exemplaires de la police par le comptable pour en prendre connaissance. La police est encore à ce moment à l'état de simple projet et sans valeur juridique.

1832. — SOUSCRIPTION ET POINT DE DÉPART DE LA POLICE. — Si les conditions générales et particulières du contrat sont acceptées, le souscripteur signe les deux polices, en conserve une et en même temps doit remplir deux obligations; l'une consistant dans la production de la liste nominative des ouvriers assurés, l'autre dans le versement anticipé d'une portion de la prime.

La liste nominative diffère suivant que tout le personnel ou seulement une partie du personnel est assuré; dans le premier cas, elle comprend le nom de tous les employés, ouvriers et apprentis occupés à ce moment. Dans le second cas elle mentionne seulement les noms de ceux qui, occupés à ce moment, sont bénéficiaires de l'assurance.

Lors de la souscription de la police, le chef d'entreprise est tenu de verser, à titre de provision, une somme égale au tiers d'une prime annuelle basée sur le montant des salaires en espèces et en nature déclarés dans la demande de souscription d'assurance. Cette provision est affectée à due concurrence au paiement de la dernière prime quand le contrat prend fin pour quelque cause que ce soit et l'excédent, s'il y a lieu, est remboursé au souscripteur[1].

1833. — L'assurance ne court que du lendemain du paiement de la provision.

III

Exécution du contrat d'assurance, gestion, garantie.

1834. — OBLIGATIONS DE L'ASSURÉ. — Au cours de l'assurance, le chef d'entreprise doit mentionner toute mutation ultérieure de son personnel sur un bordereau spécial qui est transmis le jour même à la direction de la Caisse des dépôts. La mutation ne produit son effet pour les assurances partielles

[1] A l'origine le chef d'entreprise devait payer en outre lors de la souscription le premier quart de la prime. Cette disposition a été supprimée par des instructions du 10 oct. 1900.

que le lendemain du jour indiqué par le timbre de la poste au départ.

La prime est payable par trimestre et à terme échu aux dates fixées par la police.

1835. — Le montant de la prime étant proportionnel au salaire, le souscripteur est tenu d'adresser, dix jours au moins avant la date d'exigibilité de chaque terme de la prime, à la direction générale de la Caisse des dépôts et consignations, un relevé des salaires et appointements afférents au trimestre à régler et en outre une copie certifiée conforme des feuilles de paye dont le total en salaires et en appointements figure sur le relevé ci-dessus. Sur le vu de ces deux pièces, la Caisse avise le souscripteur de la portion trimestrielle de prime à verser. Le versement de cette somme doit être effectué à la date d'exigibilité chez un des comptables préposés de la Caisse nationale d'assurances. Le défaut de paiement à l'échéance peut entraîner la résiliation du contrat après l'envoi d'une lettre recommandée restée sans effet.

1836. — Toute modification apportée à l'outillage ou aux conditions générales de fonctionnement de l'industrie doit être préalablement déclarée à la Caisse nationale d'assurances. Dans le cas où cette modification serait de nature à aggraver le risque et si le souscripteur ne consent pas à supporter l'augmentation de prime correspondante, la caisse est en droit de résilier la police.

1837. — Toute déclaration fausse, inexacte ou incomplète donne lieu au remboursement des sommes non perçues ou des frais avancés par la caisse et permet en outre à celle-ci de résilier la police par lettre recommandée.

1838. — RÈGLEMENT DES SINISTRES. — La caisse d'assurance n'oppose aucune déchéance aux ouvriers victimes d'accidents. En cas d'accident, le souscripteur est tenu de prévenir immédiatement le directeur général de la caisse et d'envoyer au trésorier général ou au receveur des finances toutes les pièces de la procédure.

La caisse n'effectue aucun versement tant que les rentes dues aux victimes d'accidents ou à leurs ayants-droit n'ont pas été fixées définitivement par décision de justice. Jusqu'à cette date le souscripteur doit donc faire l'avance des indemnités journalières, provisions, frais médicaux et pharmaceutiques, frais funéraires. Ces sommes sont ensuite remboursées au souscripteur par la caisse dans la limite des droits reconnus aux victimes ou à leurs ayants-droit.

Après fixation des rentes, le souscripteur ne doit effectuer aucun paiement ; c'est la caisse seule qui est redevable.

Ces dispositions sont fort sages ; car c'est seulement à la décision définitive fixant la rente qu'on peut savoir si un accident entraîne une incapacité permanente. Souvent les blessures, qui paraissent les plus graves au début, sont suivies d'une entière guérison et ne laissent subsister aucune infirmité. Or la Caisse nationale n'assure pas le risque d'incapacité temporaire.

1839. — Les pensions viagères ou temporaires sont servies par la Caisse des retraites, moyennant la remise qui lui est faite par la caisse d'assurance du capital nécessaire à la constitution des rentes. Les arrérages des rentes ainsi constituées sont payables par trimestre les 1er mars, 1er juin, 1er septembre et 1er décembre, sur la production d'un certificat de vie délivré sur papier libre et sans frais par le maire. Les arrérages peuvent être touchés : à Paris, à la Caisse des dépôts et consignations et chez les receveurs-percepteurs, dans les départements chez les trésoriers généraux, receveurs des finances et percepteurs.

1840. — GESTION DE LA CAISSE : GARANTIE DE L'ÉTAT. — La Caisse nationale d'assurances est placée sous la garantie de l'État et gérée par la direction générale de la Caisse des dépôts et consignations (art. 1 et 17 de la loi du 11 juill. 1868).

La garantie de l'État accordée à la Caisse nationale a préoccupé à juste titre les membres du Parlement.

A la Chambre des députés, M. Guieysse, rapporteur de la commission, s'est exprimé ainsi [1] : « Les opérations résultant de la loi de 1898 constitueront à la caisse actuelle un compte nouveau qui devra se suffire par lui-même au moyen d'une péréquation entre les indemnités à payer et les primes per-

[1] Séance du 15 mai 1899, J. O., Déb. parl., p. 1362.

cues. Actuellement la caisse a un excédent considérable de plus de six millions de recettes sur les dépenses. Si l'on a la crainte que, dans l'incertitude où l'on se trouve relativement à la fixation des tarifs par suite du manque d'éléments statistiques absolument certain, le compte nouveau ne présente un déficit, l'excédent de la caisse pourra servir à le combler, sans avoir à recourir à des crédits spéciaux ; mais il doit être bien entendu que ce ne peut être qu'à titre d'avance et que les tarifs devront être relevés en conséquence. Il sera en tout cas absolument indispensable de reviser ces tarifs d'après les résultats de l'expérience qui seront fournis par le règlement du bilan annuel ».

Et pour donner plus de poids à ces déclarations, la Chambre adopta, sur la proposition de M. Drake, l'amendement suivant [1] qui est devenu le paragraphe final de l'art. 1er : « *Les primes devront être calculées de manière que le risque et les frais généraux d'administration de la caisse soient entièrement couverts sans qu'il soit nécessaire de recourir à la subvention prévue par la loi du 11 juillet 1868* ».

Au Sénat, l'honorable M. Sébline insista de nouveau sur cet ordre d'idées. « La Caisse nationale, dit-il dans la séance du 20 mai 1899, se suffira donc à elle-même. Elle ne devra, sous aucune forme, faire appel aux contribuables ni par la subvention prévue par la loi du 11 juillet 1868 ni par le fonds de garantie établi par la loi nouvelle ». M. le rapporteur Thévenet approuva ces paroles. « Il est certain, ajouta-t-il, que la Caisse nationale des accidents devra vivre de sa vie propre sans faire appel, en aucun cas, à la subvention de l'État. Cela est formellement dit dans l'art. 1er, que vous avez sous les yeux » [2].

IV

Assurances agricoles.

1841. — La Caisse nationale assure également certains accidents agricoles par des polices spéciales dont elle a mis

[1] *J. O.*, Déb. parl., p. 1391.
[2] Sénat, séance du 20 mai 1899, *J. O.*, Déb. parl., p. 512.

les clauses et conditions en harmonie avec les dispositions de la loi du 30 juin 1899.

Ces polices diffèrent sur les points suivants de celles qui assurent le risque issu de la loi de 1898.

Elles sont spéciales aux exploitants de batteuses agricoles mues par des moteurs inanimés. Elles garantissent toutes les personnes, quelles qu'elles soient, occupées à la conduite ou au service de la machine à battre et de son moteur.

La prime est de deux francs par jour et par machine, elle n'est due et l'assurance ne court que pour les journées de travail déclarées d'avance, toute fraction de journée étant considérée comme une journée entière.

1842. — La déclaration est faite sur un bulletin détaché d'un registre à souche et ce bulletin doit être remis par le chef d'entreprise à l'un des comptables préposés de la caisse la veille du jour où le travail doit commencer. Le souscripteur verse en même temps à la caisse du même comptable la prime correspondant au nombre de journées déclaré et il reçoit en échange un récépissé qui le libère entièrement envers la Caisse nationale.

TITRE V

DISPOSITIONS GÉNÉRALES

CHAPITRE UNIQUE

1843. — Les dispositions générales comprennent des matières de cinq ordres différents : — 1° dispense des droits de timbre et d'enregistrement, frais et émoluments des greffiers de paix (art. 29, décret du 5 mars 1899, loi du 13 avr. 1900); — 2° caractère d'ordre public de la loi (art. 30); — 3° obligation d'affichage dans les ateliers (art. 31); — 4° point de départ de l'application de la loi (art. 34 et loi du 24 mai 1899); — 5° faculté de résiliation des polices antérieures (loi du 29 juin 1899); — 6° de l'inapplicabilité de la loi de 1898 aux ouvriers de la marine et de la guerre spécialement visés par l'art. 32. De là une division en six sections.

PREMIÈRE SECTION.
Dispense des droits de timbre et d'enregistrement. Frais et émoluments.

1844. — Art. 29 : « *Les procès-verbaux, certificats, actes de notoriété, significations, jugements et autres actes faits ou rendus en vertu et pour l'exécution de la présente loi sont délivrés gratuitement, visés pour timbre et enregistrés gratis lorsqu'il y a lieu à la formalité de l'enregistrement.*

« *Dans les six mois de la promulgation de la présente loi, un décret déterminera les émoluments des greffiers de justice*

de paix pour leur assistance et la rédaction des actes de no-
toriété, procès-verbaux, certificats, significations, jugements,
envois de lettres recommandées, extraits, dépôts de la mi-
nute d'enquête au greffe, et pour tous les actes nécessités par
l'application de la présente loi, ainsi que les frais de trans-
port auprès des victimes et d'enquête sur place ».

Cet article a été modifié et complété par la loi du 13 avril
1900, dont l'art. 31 est ainsi conçu : « *Pour les délivrances*
d'actes visées dans l'art. 29 de la loi du 9 avril 1898, les
greffiers et les officiers ministériels ont droit à un émolu-
ment. Un règlement d'administration publique déterminera
les frais de transport des juges de paix.

« *En cas de conciliation et sur levu de l'ordonnance du pré-*
sident du tribunal, le greffier délivre à l'administration de
l'enregistrement et des domaines contre l'adversaire de l'as-
sisté sur état taxé par le président du tribunal, un exécutoire
de dépens qui comprend les avances faites par le Trésor,
ainsi que les droits, frais et émoluments dus aux greffiers
et aux officiers ministériels à l'occasion de l'enquête préa-
lable et de la conciliation ».

I
Dispense des droits de timbre et d'enregistrement.

a) A quels actes s'applique cette dispense.

1845. — Les dispositions de notre texte sont conçues dans
les termes les plus généraux. Elles visent « les procès-verbaux,
les certificats, les actes de notoriété, les significations, les jugements et les autres actes faits ou rendus en vertu et pour
l'exécution de la présente loi ».

D'après l'administration de l'enregistrement, l'art. 29 comprend dans l'expression *jugement* toutes les décisions judiciaires de quelque autorité qu'elles émanent, et embrasse
sous la dénomination d'*actes*, notamment toutes les pièces relatives à la constatation de l'accident (art. 11 et s.), le pouvoir donné par le chef d'entreprise pour se faire représenter en conciliation devant le président du tribunal (art. 16),
la convention constatant la transformation de la pension en

un autre mode de réparation dans les termes de l'art. 21, enfin les expéditions des actes de toute nature et les décisions judiciaires.

L'immunité s'étend aussi aux actes, procès-verbaux, quittances et pièces de toute nature rédigés en exécution des décrets du 28 février 1899, et aux instances relatives au recours exercé contre le débiteur de l'indemnité par la Caisse des dépôts et consignations, chargée de la gestion de la Caisse nationale des retraites.

Les actes d'exécution signifiés à la requête de la victime de l'accident, aussi bien que les oppositions qui y seraient faites par le chef d'entreprise, doivent également bénéficier de la dispense des droits de timbre et d'enregistrement inscrite dans l'art. 29.

1846. — Cette énumération englobe-t-elle encore les actes et jugements afférents à l'instance en révision? Cela ne paraît pas douteux. Le texte si compréhensif de l'art. 29 ne fait aucune distinction entre les deux actions. Aussi bien pourquoi l'une serait-elle plus favorisée que l'autre? N'intéressent-elles pas toutes deux l'ordre public au même degré? Il n'importe d'ailleurs que l'action en révision soit introduite à la requête de la victime ou à la requête du patron. Dans les deux cas la solution doit être une œuvre d'équité et, à ce titre, l'État doit son concours.

1847. — Par application des mêmes principes, la gratuité de l'enregistrement et du timbre s'étend aux instances en paiement de l'indemnité temporaire devant le juge de paix. Dans ces instances il faut comprendre le billet d'avertissement qui est visé gratis pour timbre et dont les frais d'affranchissement sont remboursés par le Trésor[1].

1847 *bis*. — Enfin les instances en référé relatives aux accidents de travail jouiront des mêmes avantages.

1848. — Nous avons admis également n° 1663 que l'action

---

[1] Circ. du ministre de la Justice du 10 juin 1899. En conséquence, les greffiers de justice de paix peuvent, lorsqu'il s'agit d'accident du travail, rédiger les bulletins d'avertissement sur des feuilles spéciales non extraites des registres à souche fournis par l'administration, sauf à soumettre ces bulletins au visa pour timbré (Instr. de l'administ. de l'Enregist. du 18 juin 1900).

éventuelle qui appartient au patron contre la Caisse des retraites jouit du même privilège. Il en serait autrement toutefois de l'action en paiement d'indemnité que le chef d'entreprise aurait, le cas échéant, à intenter contre son assureur : une telle instance a pour objet, non l'application de la loi, mais un contrat librement intervenu entre l'assuré et l'assureur. Lors même que l'assureur serait la Caisse nationale d'assurances, les actes de la procédure ne seraient pas dispensés du timbre et de l'enregistrement.

1849. — On pourrait encore se demander si les termes de l'art. 29 ne sont pas assez généraux pour comprendre également l'action réservée par l'art. 7 à la victime contre les personnes autres que le chef d'entreprise et l'action récursoire que le dernier paragraphe de ce même article accorde au patron dans le cas où la victime s'abstient d'agir contre l'auteur de l'accident. La simple lecture de l'art. 7 suffit à montrer qu'il ne crée pas une action nouvelle au profit de la victime ou de ses ayants-droit, mais qu'il leur conserve seulement l'exercice d'une action de droit commun. Quant à l'action récursoire du patron, elle n'est autre que celle qui compète à la victime ou à ses ayants-droit et dans laquelle ledit patron se trouve subrogé légalement. En définitive, l'art. 7 ne crée pas une action nouvelle; il ajoute simplement un cas nouveau de subrogation légale. De là il suit que les procès-verbaux, significations, jugements et autres actes afférents à une action récursoire du patron ou à une action directe de la victime contre une personne autre que le patron sont faits ou rendus, non en vertu de la loi sur les accidents, mais en exécution des principes du droit commun. De tels actes ne sont donc pas admis à bénéficier des dispositions de l'art. 29.

b) Effets du visa pour timbre et de l'enregistrement gratis.

1850. — Les actes spécifiés au paragraphe précédent sont, dit l'art. 29, « *visés pour timbre et enregistrés gratis lorsqu'il y a lieu à la formalité de l'enregistrement* ». Cette expression mérite de fixer un instant notre attention. La loi du 30 janvier 1851 sur l'assistance judiciaire dispose, dans son art. 14, que l'assisté est dispensé provisoirement du paiement des sommes dues au Trésor pour droits de timbre, d'enregistrement et de greffe, ainsi que de toutes consignations d'amende. Elle énonce en outre que les actes et titres produits par l'assisté pour justifier de ses droits et qualités sont *visés pour timbre et enregistrés en débet*. Nous avons à nous demander quelle différence il y a entre l'*enregistrement gratis* et l'*enregistrement en débet;* car, si les actes de l'assisté judiciaire sont visés pour timbre et enregistrés *en débet*, ceux « *faits ou rendus en vertu ou pour l'exécution de notre loi* » sont visés pour timbre et enregistrés *gratis*. Cette différence ressort avec la plus claire évidence du texte même de la loi ; les visa pour timbre et enregistrement *gratis* sont des formalités purement gracieuses qui ne font naître au profit du Trésor aucun droit de créance ; au contraire, le visa pour timbre et enregistrement *en débet* donne lieu à la perception des mêmes droits que les formalités de timbre et d'enregistrement ordinaire ; mais cette perception, au lieu d'être immédiatement exigible, était subordonnée à l'échéance d'un terme ou d'une condition : issue du procès, retrait de l'assistance, condamnation de l'adversaire de l'assisté aux dépens.

De là il suit qu'aux termes de notre art. 29, l'État renonce à percevoir tout droit de timbre et d'enregistrement sur les actes que nous avons énumérés. Cette intention du législateur a été exprimée sans la moindre ambiguïté par M. Ricard, dans son rapport de 1893. Après avoir énoncé les termes de l'art. 80 d'alors, dont notre texte est la reproduction littérale, l'honorable député ajoutait : « C'est le seul sacrifice pécuniaire que le projet demande à l'État. Il n'a pas paru trop considérable à votre commission en raison du grand intérêt social qui s'attache à la question ».

La circulaire de M. le garde des Sceaux est, sur ce point, en complet accord avec notre interprétation.

II
Frais et émoluments.

1851. — L'art. 29 de la loi de 1898 avait proclamé le principe de la gratuité pour la délivrance des actes se rapportant à l'exécution de la législation sur les accidents du travail. Le Conseil d'État et le ministère de la Justice, interprétant rigoureusement ce texte, ne reconnaissaient aux greffiers de paix qu'un droit aux émoluments expressément prévus par le règlement d'administration publique et ils refusaient toute rémunération aux greffiers des tribunaux. Ces sacrifices pécuniaires, si lourds qu'ils fussent, auraient été acceptés avec résignation par ceux à qui ils étaient imposés s'ils avaient dû servir à soulager des infortunes vraiment dignes d'intérêt. Mais il n'en était rien. Dans aucun cas la situation de la victime ou de ses représentants ne pouvait s'en trouver améliorée, les honoraires des officiers publics et ministériels n'étant pas exigibles en cas de condamnation de l'assisté aux dépens. En réalité, c'était aux chefs d'entreprises seuls ou plus généralement à leurs assureurs que revenait le bénéfice de la réduction que l'on opérait sur les émoluments des greffiers. Cette injustice souleva de vives protestations. L'art. 31 de la loi du 15 avril 1900, dû à l'initiative de M. le député Mirman, y a fort heureusement mis un terme.

1852. — La délivrance des actes et expéditions n'est gratuite qu'en faveur de la victime ou de ses ayants-droit comme elle l'est en faveur de tout assisté judiciaire (art. 16 de la loi de 1851), sous la réserve du droit qui appartient au greffier de recouvrer le montant de ses honoraires en cas de condamnation du chef d'entreprise aux dépens (V. n° 1859). Mais lorsque le chef d'entreprise réclame la délivrance d'un acte, il est tenu d'en payer le coût d'après le tarif. En ce qui concerne la délivrance à l'assisté, elle doit être, aux termes de l'art. 16 de la loi de 1851, précédée de l'autorisation du juge de paix ou du président. Cette autorisation n'est pas nécessaire lorsque la victime ou ses ayants-droit réclament au greffier de la justice de paix une expédition de l'enquête; ils sont, en pareil cas, autorisés par la loi elle-même (art. 13 de la loi du 9 avr. 1898).

1853. — Le commentaire de l'art. 31 de la loi du 13 avril 1900 et celui du 2ᵉ alinéa de l'art. 29 de la loi de 1898 comportent une double étude : 1° celle de la fixation des frais et émoluments en général; 2° celle de leur mode de paiement.

a) *Fixation des frais et émoluments.*

1854. — La procédure édictée par le législateur de 1898 en matière d'accidents suivis de mort ou d'incapacité permanente comprend trois parties distinctes : la première qui se déroule devant le juge de paix depuis la déclaration de l'accident jusqu'à la transmission au président du tribunal ; la deuxième qui consiste dans le préliminaire de conciliation devant le président ; et la troisième qui est l'instance devant le tribunal et devant la cour d'appel. Les deux premières, entièrement nouvelles, nécessitent des actes non prévus par l'ancien tarif et dont les émoluments ont dû faire l'objet d'une réglementation spéciale. D'autre part, le nouveau tarif des avoués de première instance et d'appel en date du 15 août 1903 a soumis les procédures d'accidents du travail à un régime exceptionnel. Nous étudierons donc successivement les frais et émoluments : 1° des juges de paix ; 2° des greffiers de paix ; 3° des greffiers de première instance et d'appel ; 4° des avoués de première instance ; 5° des avoués de cour d'appel.

1855. — JUGES DE PAIX. — Les frais de transport des juges de paix ont été fixés par le décret du 31 mai 1900. Aux termes de ce règlement d'administration publique, lorsque le juge de paix se transporte à plus de deux kilomètres du chef-lieu de canton pour l'exécution de la loi du 9 avril 1898, il lui est alloué : 1° par kilomètre parcouru en allant et en revenant si le transport est effectué par chemin de fer, 20 centimes ; si le transport a lieu autrement, 40 centimes ; 2° une indemnité de 4 francs. Si les opérations exigent un déplacement de plus d'une journée, l'indemnité est de 6 francs par jour.

1856. — GREFFIERS DE PAIX. — Le décret concernant les frais et émoluments des greffiers de justice de paix est du 5 mars 1899. Aux termes de ce règlement, il est alloué à ces officiers publics :

1° Pour assistance aux actes de notoriété, 4 francs ;

2° Pour assistance aux enquêtes sur place ainsi qu'aux constatations auxquelles il est procédé par le juge de paix, non compris le temps de voyage, pour chaque vacation de trois heures, 4 francs ;

3° Pour assistance à l'ensemble des opérations prévues par le règlement d'administration publique rendu en exécution de l'art. 26 de la loi du 9 avril 1898, 2 francs;

4° Pour chaque envoi de lettre recommandée, déboursés non compris, 50 centimes;

5° Pour dépôt de rapport d'expert ou de pièces, 2 francs;

6° Pour transmission de l'enquête au président du tribunal, tous frais de port compris, 4 francs;

7° Pour toute mention au répertoire, 10 centimes;

8° Pour transport à plus de deux kilomètres du chef-lieu de canton, par kilomètre parcouru, en allant et en revenant, si le transport est effectué par chemin de fer, 20 centimes; si le transport a lieu autrement, 40 centimes.

Pour les autres actes de leur ministère, les greffiers de paix ont droit à tous les honoraires auxquels ils pourraient prétendre s'il s'agissait d'une affaire d'assistance judiciaire ordinaire.

1857. — Greffiers de première instance et d'appel. — La situation des greffiers des tribunaux n'est pas moins claire. Le tarif habituel leur est applicable. Par analogie de situation on peut leur allouer un droit de 50 centimes par *lettre recommandée* envoyée aux parties convoquées en conciliation devant le président du tribunal[1]. Aucune modification n'a été apportée par la législation sur les accidents du travail aux émoluments des greffiers près les cours d'appel.

1858. — Avoués de première instance. — D'après le tarif du 15 août 1903, les avoués de première instance ont droit, en matière d'accidents du travail, aux honoraires suivants :

1° *Droit de conseil :* 10 francs, quel que soit l'intérêt du litige (art. 2 et 6).

2° *Droit de formalités :* 15 francs également uniforme, quel que soit l'intérêt du litige (art. 2 et 6). Toutefois, s'il y a plus de deux parties dans l'instance, ce droit peut être élevé d'un quart, c'est-à-dire de 3 fr. 75 par chacune des parties en sus de la première (art. 5, *in fine*). D'autre part l'avoué qui appelle en garantie ou en intervention reçoit, en sus du droit de

---

[1] Circ. du ministre de la Justice du 8 oct. 1899.

15 francs, la moitié dudit droit, soit 7 fr. 50, quel que soit le nombre des appelés (art. 24, *in fine*), sans toutefois que cette rémunération supplémentaire puisse se cumuler avec l'augmentation éventuelle du quart visée par l'art. 5 [1].

3° *Droit d'instruction.* Ce droit, qui est proportionnel à l'intérêt du litige, est fixé d'après les bases indiquées à l'art. 7. L'intérêt du litige est lui-même évalué à quatre fois la rente annuelle demandée jusqu'à 250 francs et, pour le surplus, par une valeur égale à quatre fois le chiffre résultant de la condamnation (art. 9, n° 3). Par suite et pour l'évaluation de cet intérêt il n'y a pas lieu de tenir compte des sommes réclamées, le cas échéant, pour indemnité temporaire ou pour frais médicaux et pharmaceutiques.

4° *Accord judiciaire.* Lorsque l'affaire se termine par un accord avant qu'elle soit en état, il est alloué à l'avoué le quart seulement des droits de formalités et d'instruction (art. 25, al. I). Si l'accord est postérieur au dépôt des conclusions, l'avoué peut prétendre aux 3/4 de ces mêmes droits (art. 25, al. II).

5° *Mesures d'instruction.* Lorsqu'une mesure d'instruction est ordonnée, il est alloué à l'avoué qui lève le jugement un droit supplémentaire de formalité de 10 francs (art. 26). L'art. 27 ajoute que, si les mesures ordonnées comportent l'assistance de l'avoué, il est alloué en outre à chacun des avoués un nouveau droit de formalité de 10 francs et le quart du droit d'instruction. Cet art. 27, est-il applicable aux instances concernant les accidents du travail? L'affirmative ne paraît pas douteuse, en présence de la généralité des termes de l'art. 26. Mais les seules mesures d'instruction comportant l'assistance de l'avoué et donnant, par suite, ouverture au nouveau droit de 10 francs de l'art. 27 ne sont que l'enquête sommaire et la comparution des parties. Une expertise médicale, qui est la mesure d'instruction la plus usuelle en matière d'accident, ne comporte pas l'assistance de l'avoué et serait dès lors inopérante au point de vue de l'augmentation des émoluments des officiers ministériels [2].

---

[1] Circ. du ministre de la Justice du 15 oct. 1903.

[2] En classant les expertises au nombre des mesures d'instruction comportant l'as-

6° *Frais de correspondance*. Le droit de correspondance est fixé à 5 francs (qui représentent les 2/3 des 15 francs [art. 76, n° 4]).

1859. — AVOUÉS PRÈS LES COURS D'APPEL. — Le tarif du 15 août 1903, alloue aux avoués près les cours d'appel les honoraires suivants :

1° *Droit de conseil :* 20 francs (art. 78).

2° *Droit de formalités :* 30 francs (art. 78), sauf augmentation du quart, c'est-à-dire de 7 fr. 50 s'il y a plus de deux parties en cause (art. 5, *in fine*).

3° *Droit d'instruction*. Ce droit est établi sur les bases indiquées à l'art. 79, et l'intérêt du litige est évalué comme pour les avoués de première instance.

4° *Mesures d'instruction*. Les mesures d'instruction ordonnées par la cour d'appel sont tarifées comme pour les avoués de première instance, avec cette différence que le droit de formalités est de 20 francs (art. 82, § II). La question de savoir, si l'art. 27 relatif au droit d'assistance à l'instruction peut être invoqué par les avoués d'appel, est controversable. Les termes de l'art. 78, n° 2, qui réserve exclusivement le droit de formalité alloué par l'art. 26, me font incliner vers la négative. Au surplus l'intérêt de la question est minime, les cours d'appel n'ayant que rarement l'occasion d'ordonner des mesures d'instruction.

b) *Paiement des frais et émoluments.*

1860. — On sait que la loi de 1851 sur l'assistance judiciaire a divisé les frais en trois catégories : 1° les droits de timbre et d'enregistrement; 2° les frais dont le Trésor fait l'avance et qui comprennent les déboursés des magistrats et hommes d'affaires, les honoraires des experts et les taxes des témoins (art. 14, *in fine*); 3° les honoraires et émoluments des officiers publics et ministériels.

Les premiers, que l'assisté était, sous l'empire de la loi de 1851, dispensé provisoirement de payer, sont abandonnés

---

sistance de l'avoué, la circulaire ministérielle du 15 oct. 1903 entend parler évidemment des expertises autres que les expertises médicales.

définitivement par l'État (art. 29 de notre loi); nous n'avons pas à nous en occuper.

Quant aux seconds, l'art. 14 de la loi de 1851 dispose qu'ils sont avancés dans tous les cas par le Trésor, conformément au décret du 18 juin 1811 sur le tarif des frais en matière criminelle. Leur mode de paiement varie suivant qu'il s'agit de *frais urgents* ou de *frais non urgents*.

Les frais *urgents* sont, à raison de leur nature, taxés et mandatés séance tenante par le juge. Cette formalité est, à elle seule, suffisante pour permettre d'en obtenir le paiement du receveur de l'enregistrement (art. 133 du décret de 1811). Les instructions ministérielles n'admettent maintenant, comme frais urgents, que les indemnités à témoins.

Les autres frais *avancés par le Trésor*, mais n'ayant pas le caractère d'urgence, sont : 1° les honoraires des experts; 2° les frais de transport des magistrats et officiers ministériels et les déboursés; 3° les allocations tarifées pour le juge de paix et son greffier en exécution de l'art. 29 de la loi de 1898 et de l'art. 31 de la loi de finances du 13 avril 1900 (art. 12, *in fine* modifié par la loi du 22 mars 1902), c'est-à-dire les émoluments énumérés aux n°s 1855 et 1856. Ces frais font l'objet de mémoires signés par les parties prenantes et mandatés par le président du tribunal sur les réquisitions du procureur de la République, qui les a préalablement soumis au visa du procureur général (art. 144 du décret de 1811; circulaires du ministre de la Justice des 23 févr. 1887 et 29 févr. 1888 [1]).

Il convient de rappeler ici que, si ces frais sont payés suivant la forme du tarif criminel, le montant doit en être fixé suivant les règles du tarif civil. Disons enfin, pour être complet, que ces frais, une fois payés par le Trésor, sont recouvrables contre la partie condamnée aux dépens, quelle qu'elle soit, sans distinction entre l'assisté et son adversaire (art. 17 et 19 de la loi de 1851).

Les mémoires ou états de frais que les greffiers de paix font mandater par le président du tribunal en matière d'accidents du travail doivent être, conformément au principe posé

---

[1] Dans ce sens, décision du ministre de la Justice du 8 mai 1900, S. 1902. 2. 87.

par l'art. 146 du décret du 18 juin 1811, dressés sur papier timbré si les frais qui y sont portés dépassent la somme de dix francs[1].

1861. — Restent les *honoraires et émoluments des officiers publics et ministériels*, à l'exception des émoluments des greffiers de paix et des juges de paix (loi du 22 mars 1902). Ces frais ne sont payés par le Trésor qu'en cas de condamnation de l'adversaire de l'assisté et après recouvrement opéré contre le condamné, ainsi que cela sera expliqué plus loin. Ils sont taxés en la forme civile par le magistrat compétent. Tout spécialement les greffiers cantonaux sont tenus en ce qui concerne les émoluments autres que ceux alloués par le décret du 5 mars 1899 de faire vérifier et viser par le juge de paix leurs mémoires, conformément à l'ordonnance du 17 juillet 1825, et de les transmettre ensuite au greffe du tribunal civil chargé de délivrer les exécutoires après condamnation du chef d'entreprise ou ordonnance de conciliation.

Ces principes exposés, envisageons les cinq solutions dont une affaire d'accidents est susceptible : 1° jugement condamnant la victime ou ses ayants-droit aux dépens ; 2° jugement condamnant le chef d'entreprise aux dépens ; 3° ordonnance de conciliation ; 4° répartition des dépens entre les deux parties ; 5° abandon de l'affaire.

1862. — 1° En cas de condamnation aux dépens prononcée par *jugement contre la victime ou ses ayants-droit*, les frais avancés par le Trésor sont seuls recouvrables contre l'assisté : l'exécutoire de taxe délivré par le greffier du tribunal au receveur d'enregistrement ne doit faire mention d'aucun émolument ou honoraire d'officier public ou ministériel (art. 19 de la loi de 1851).

1863. — 2° En cas de condamnation aux dépens prononcée par *jugement contre le chef d'entreprise*, la taxe comprend les frais de toute nature, honoraires et émoluments auxquels l'assisté aurait été tenu s'il n'y avait pas eu assistance judiciaire, à l'exception toutefois des droits de timbre et d'enregistrement auxquels l'État a renoncé définitivement par l'art.

[1] Décision du ministre de la Justice du 8 mai 1900, S. 1902. 2. 87.

29 de notre loi. Le greffier du tribunal délivre un exécutoire au nom de l'administration de l'enregistrement qui en poursuit le recouvrement, comme en matière d'enregistrement, contre le chef d'entreprise condamné. Les sommes une fois recouvrées, l'administration en fait la distribution aux ayants-droit, c'est-à-dire aux officiers publics et ministériels créanciers de leurs honoraires et émoluments, en tenant compte toutefois du droit de préférence dont l'État est investi pour le montant de ses avances (art. 17 et 18 de la loi de 1851).

1864. — 3° Le cas où une *ordonnance de conciliation* a été rendue est spécialement prévu par l'art. 31, 2° al. de la loi du 13 avril 1900 qui est ainsi conçu : « *En cas de conciliation et sur le vu de l'ordonnance du président du tribunal, le greffier délivre à l'administration de l'enregistrement et des domaines, contre l'adversaire de l'assisté, sur état taxé par le président du tribunal, un exécutoire de dépens, qui comprend les avances faites par le Trésor, ainsi que les droits, frais et émoluments dus aux greffiers et aux officiers ministériels à l'occasion de l'enquête préalable et de la conciliation* ». Cette hypothèse est de tous points identique à la précédente. Le législateur de 1900 n'a fait qu'appliquer ici les principes posés par celui de 1851. Nous avons vu n° 1177 et s. que, dans les ordonnances de conciliation reconnaissant à la victime ou à ses représentants un droit à une indemnité, les dépens sont toujours à la charge exclusive du chef d'entreprise. La taxe du président ne doit pas dispenser les juges de paix de vérifier et viser les mémoires de frais de leur greffier, comme il a été dit plus haut.

Par ordonnance de conciliation, la loi du 13 avril 1900 a entendu parler d'une ordonnance rendue en suite d'un accident ayant entraîné une incapacité permanente de travail ou la mort de la victime. Si, ce qui arrive quelquefois, il était reconnu par les parties que l'accident n'a entraîné qu'une incapacité temporaire de travail, l'ordonnance constatant l'abandon de l'affaire par le demandeur n'aurait nullement pour effet de mettre les frais à la charge du défendeur qui en définitive obtient gain de cause. En pareil cas, la situation de celui-ci ne peut pas être plus onéreuse pour lui que si sa prétention, au lieu d'être librement reconnue fondée par le demandeur devant le président, était déclarée justifiée par jugement du tribunal.

1865. — 4° Dans le cas où *la décision définitive répartit les dépens entre le demandeur et le défendeur*, on procède comme il est dit au n° 2 ; mais les honoraires et émoluments des officiers publics et ministériels ne sont recouvrables que pour une part proportionnelle à celle qui a été mise à la charge du chef d'entreprise.

1866. — 5° Enfin si l'instance *a été abandonnée par la victime ou ses représentants sans ordonnance ni jugement*, les officiers publics ou ministériels n'ont droit à aucune rémunération [1]. Cet abandon peut être motivé ou par le fait que l'accident n'avait pas de caractère industriel ou bien à raison de ce que, contrairement aux prévisions, l'incapacité de travail en résultant pour la victime a été seulement temporaire. Dans le second cas, comme dans le premier, le chef d'entreprise ne consentira pas à prendre les dépens à sa charge et le président ne pourra pas les lui imposer. L'État se bornera donc en pareille occurrence à recouvrer les frais par lui avancés.

1867. — L'art. 21 de la loi de 1851 dispose en outre que le retrait de l'assistance judiciaire a pour effet de rendre immédiatement exigibles les honoraires et émoluments des officiers publics et ministériels. Cette disposition est inconciliable avec le principe de notre loi qui, en proclamant l'admission *de plano et sans condition* de la victime ou de ses ayants-droit au bénéfice de l'assistance judiciaire, a implicitement supprimé le retrait. Nous avons vu en effet que la victime ou ses ayants-droit sont assistés judiciairement, quelle que soit leur situation de fortune.

1868. — Quel bureau d'enregistrement est compétent pour faire les avances ? D'après l'art. 154 du décret du 18 juin 1811, dont les dispositions s'appliquent aux avances à faire par le Trésor conformément à l'art. 14 § 8 de la loi du 22 janvier 1851, les mandats et exécutoires de frais de justice de paix sont payables par les receveurs établis près le tribunal duquel

---

[1] Toutefois les greffiers de paix ont droit aux émoluments qui leur sont alloués par le décret du 5 mars 1899.

ils émanent. Par suite les frais de transport et déboursés auxquels les greffiers de paix peuvent avoir droit à raison de leur participation à des procédures ou instances faites en vertu de la loi de 1898 avec le bénéfice de l'assistance judiciaire sont payables savoir : 1° S'il s'agit d'instances relatives aux frais funéraires, aux frais de maladie ou aux indemnités temporaires dont le jugement appartient aux juges de paix (art. 15), par le receveur d'enregistrement établi près la justice de paix du canton ; 2° s'il s'agit d'enquêtes (art. 12 et 13) par le receveur de l'enregistrement des actes judiciaires près le tribunal de première instance de l'arrondissement. L'enquête, en effet, bien que faite par les soins du juge de paix, doit servir de base soit à l'ordonnance de conciliation du président du tribunal soit au jugement du tribunal lui-même et il semble que c'est au président du tribunal ou à son délégué, à l'exclusion du juge de paix, qu'il appartient de taxer l'état et de le revêtir de son exécutoire. Les receveurs des bureaux du canton sont autorisés néanmoins, à payer, à titre de virement, pour le compte de leur collègue du chef-lieu d'arrondissement les états ou mémoires présentés dans ces dernières procédures. Quant aux déboursés des greffiers des tribunaux de première instance dans les procédures de conciliation et dans les instances de la compétence de ces tribunaux, ils sont évidemment payables comme ceux de l'enquête, sur la caisse du receveur des actes judiciaires de l'arrondissement [1].

DEUXIÈME SECTION.
Du caractère d'ordre public de la loi.

1869. — Ce caractère d'ordre public ressort des dispositions de l'art. 30 qui sont ainsi conçues : « *Toute convention contraire à la présente loi est nulle de plein droit* ».

La loi du 30 juin 1899 sur les accidents agricoles revêt-elle aussi un caractère d'ordre public? L'affirmative n'est pas douteuse. En soumettant certains accidents agricoles au principe du risque professionnel, le législateur de 1899 a entendu

---

[1] Instr. de l'administration de l'enregistrement du 18 juin 1900.

leur rendre applicable d'une façon générale toutes les dispositions de la loi du 9 avril 1898, dont l'art. 30 n'est pas la
moins importante. C'est ce qui résulte d'ailleurs expressément
du 4ᵉ alinéa de l'article unique de la loi de 1899 qui est ainsi
conçu : « En dehors des cas ci-dessus déterminés, la loi du
9 avril 1898 n'est pas applicable à l'agriculture ». On doit donc
en conclure qu'elle est applicable au cas ci-dessus, c'est-à-
dire aux accidents agricoles spécifiés par les alinéas précédents du même article.

Nous étudierons successivement : 1° les conventions contraires à la loi ; 2° le caractère et les effets de la nullité édictée
par l'art. 30.

I
Quelles conventions sont contraires à la loi.

1870. — Pour déterminer les conventions contraires à la
présente loi, il faut envisager trois phases distinctes : 1° la
période écoulée depuis et y compris la formation du contrat
de louage d'ouvrage jusqu'au moment de l'accident ; 2° celle
qui s'étend de l'accident à la fixation judiciaire de l'indemnité ;
3° enfin la période postérieure à la décision judiciaire.

a) Conventions antérieures à l'accident.

1871. — Les conventions passées dans cette première période ne peuvent rien retrancher ni rien ajouter au texte de
la loi ; toute dérogation quelconque, aussi bien en faveur de
l'ouvrier que dans l'intérêt du patron, est frappée d'une
nullité absolue [1]. De cette façon, le règlement des accidents
industriels est mis au-dessus de toute discussion au moment
de la formation du contrat de louage d'ouvrage ; on n'a à
craindre désormais ni abus d'autorité de la part de patrons
peu scrupuleux en vue d'imposer une réduction des indem-

---

[1] Le comité consultatif a émis l'avis qu'une société coopérative de production ne
saurait, par une clause de ses statuts, écarter ou atténuer sa responsabilité légale
vis-à-vis des sociétaires ou auxiliaires qu'elle emploie ; qu'en effet cette clause for-
merait, en l'espèce, un élément des conventions intervenues avec les intéressés et
qu'aux termes de l'art. 30 de la loi toute convention contraire à cette loi est nulle
de plein droit (*J. O.* du 6 janv. 1900).

nités légales ni coalitions d'ouvriers essayant d'obtenir par
la violence ou la menace une majoration des mêmes indemnités [1]. Tel a été effectivement le but du législateur. Le Sénat
a d'ailleurs été appelé à s'en expliquer [2]. Un de ses membres,
M. Grivart avait proposé d'ajouter à l'art. 30 un paragraphe
ainsi conçu : « Toutefois il sera permis de majorer les indemnités fixées par la loi en vertu d'un accord constaté par
écrit, mais pour le supplément accordé les ayants-droit ne
pourront prétendre à des garanties autres que celles du droit
commun ». A l'appui de son amendement, l'honorable sénateur faisait valoir les considérations suivantes : « il peut arriver, disait-il, que des patrons obéissant à un sentiment
d'humanité ou à une inspiration, très légitime du reste, dans
le but d'attirer à eux des ouvriers capables et dévoués,
consentent à ceux-ci des conditions plus favorables que celles
qui résultent des dispositions de la loi. Je pense que vous
jugerez que non seulement un tel accord est licite, mais qu'il
est digne d'encouragement. Or, si l'on s'en tenait au texte de
l'article, une convention de cette nature modifiant, même dans
un sens avantageux aux ouvriers, les tarifs de la loi pourraient être atteints par la prohibition générale et formelle
qu'il édicte ».

Malgré l'appui de la commission, la motion de M. Grivart
fut repoussée. Doit-on en conclure qu'il est interdit au patron
de faire acte d'humanité envers ses ouvriers et de leur allouer
une pension supérieure à celle prévue par la loi? Nullement.
Nous verrons ci-après, en étudiant la troisième phase, qu'une
fois l'indemnité fixée par justice, le chef d'entreprise a toutes
les facilités pour accorder à la victime une réparation plus
complète que celle à laquelle elle a droit; mais une telle réparation n'a jamais qu'un caractère provisoire, elle peut toujours être révoquée par l'une ou par l'autre des parties et la
victime ne cesse pas, quoi qu'il arrive, d'avoir le droit d'exiger
la pension qui lui a été allouée par jugement.

---

[1] Par application de ce principe nous avons décidé que toute convention modifiant
par anticipation la durée de la prescription était frappée d'une nullité d'ordre public.
V. nos 1323, 1324 et 1333.

[2] Séance du 19 mars 1898, *J. O.*, Déb. parl., p. 350.

1872. — Parmi les conventions contraires à la loi, on peut citer celle qui permettrait au patron de retenir sur le salaire de ses ouvriers une partie des primes destinées à les assurer contre les risques prévus par la loi sur les accidents; car le patron incontestablement débiteur de l'indemnité en cas d'accident est également débiteur exclusif de la prime d'assurance qui n'est que la couverture de sa responsabilité. Il ne lui est pas plus loisible de se décharger, par la perception de retenues sur le salaire, de la prime ou d'une portion de la prime d'assurance qu'il ne lui serait permis d'encaissser directement semblables retenues en atténuation de ses charges légales, s'il demeurait son propre assureur. De même que le patron ne peut pas imposer ces retenues, l'ouvrier ne peut pas valablement les consentir [1].

b) *Conventions postérieures à l'accident mais antérieures*
à toutes décisions de justice.

1873. — Ici une distinction s'impose : si l'accident a causé la mort de la victime ou une incapacité permanente de travail, aucune convention extrajudiciaire ne peut valablement intervenir entre le chef d'entreprise et la victime ou les ayants-droit de celle-ci. Nous avons vu que l'enquête est obligatoire ainsi que la convocation devant le président du tribunal civil (art. **12** et **13**). Un accord est-il conclu, le président doit en donner acte (art. **16**). Toute convention qui n'aurait pas été consignée dans une ordonnance de ce magistrat serait radicalement nulle [2]. De même la convention, par laquelle l'ouvrier victime d'un accident ayant entraîné une incapacité permanente consent, moyennant versement d'une indemnité déterminée, à ce que la demande en paiement de rente qu'il a portée devant le tribunal, à défaut d'un accord intervenu devant le président, soit rayée du rôle, est nulle, d'une nullité

---

[1] Circ. du ministre du Commerce du 24 août 1899. Mais les retenues librement consenties seraient licites, si elles étaient destinées à assurer les ouvriers contre des risques ne rentrant pas dans le cadre de la loi, tels que ceux de maladie ayant une cause autre qu'un accident industriel ou encore ceux des quatre premiers jours de chômage qui suivent les accidents. (Dans ce sens, Trib. comm. Seine, 17 nov. 1899, J. *La Loi*, 19 janv. 1900, J. *Le Droit*, 18 déc. 1899, D. 1900. 2. 17). Des applications de ces principes ont été faites aux nos 686 et s. sur le cumul des indemnités.
[2] Dans ce sens, T. Auxerre, 26 déc. 1900, D. 1901. 2. 252. Cass. civ., 6 janv. 1904, *Gaz. Pal.*, 1904. 1. 124.

d'ordre public que le juge a le devoir de prononcer d'office et que tout intéressé peut soulever[1].

1873 *bis*. — La situation est toute différente en ce qui concerne les accidents suivis seulement d'incapacité temporaire. Ces sinistres ne donnent lieu à aucune enquête préliminaire ; le règlement de l'indemnité ressortit à la compétence des juges de paix et ceux-ci ne sont point saisis d'office. Rien ne s'oppose donc à ce qu'une convention amiable soit consentie sur ce point par le patron et par l'ouvrier, à la condition du moins qu'elle soit conforme aux dispositions de la loi ; dans le cas contraire, elle serait nulle et la nullité pourrait en être demandée soit par le patron soit par le blessé (V. n° **1463**).

L'ordonnance du président qui constate un accord contraire à la loi est également frappée de la même nullité d'ordre public, et cette nullité peut être prononcée par le tribunal sur la demande de l'une ou de l'autre des parties (n°ˢ **1190** et s.).

c) Conventions intervenues après la décision de justice.

1874. — L'art. **21** qui est relatif à cette hypothèse, prévoit deux sortes de conventions : 1° celles qui ont en vue de remplacer l'indemnité légale par un autre mode de réparation ; 2° celles qui substituent à la pension judiciairement fixée un paiement en capital, lorsque cette pension n'est pas supérieure à **100** francs.

Les conventions de la première catégorie ne sont valables qu'à titre provisoire, l'une ou l'autre des parties ont toujours la faculté d'en obtenir la révocation et d'exiger l'exécution pure et simple de la décision de justice. Au contraire la conversion en capital d'une pension qui ne dépasse pas **100** francs peut être valablement consentie à titre définitif par le patron et par la victime ou par les ayants-droit de celle-ci. Nous renvoyons à ce que nous avons dit sur ces deux points aux numéros **1463** et s., **1470** et s.

[1] Cass. civ., 6 janv. 1904, 2 arrêts, *Gaz. Pal.*, 1904. 1. 124 et 29 janv. 1904.

II

Du caractère et des effets de la nullité édictée par l'art. 30.

1875. — La nullité édictée par notre article est une nullité qui opère *de plein droit*, c'est-à-dire une nullité d'ordre public. Pour produire effet, elle n'a pas besoin d'une décision de justice; c'est la loi elle-même qui l'impose à tous.

La convention, qui en est frappée, n'est pas simplement nulle ou annulable; elle est inexistante. Cette inexistence peut être invoquée non seulement par le patron ou par la victime ou par les ayants-droit de celle-ci, mais encore par tous les intéressés. Bien plus, les juges peuvent la constater d'office [1], et aucune prescription n'est opposable à celui qui entend s'en prévaloir. Enfin elle peut être invoquée pour la première fois, devant toutes les juridictions, même devant la Cour de cassation [2].

1876. — De ce qu'une convention contraire à la loi n'existe pas en tant que convention, il résulte qu'elle ne peut engendrer au profit ou à la charge de l'une ou de l'autre des parties aucun droit ni aucune obligation; mais on ne saurait aller jusqu'à déduire cette conséquence qu'elle soit dépourvue absolument de tout effet juridique. Nous avons vu en effet sous les nos 1307 et s., qu'on peut y trouver les éléments d'une reconnaissance interruptive de prescription. On sait que l'action de la victime en paiement d'une indemnité se prescrit par un an. Il peut arriver qu'un accident mortel ou suivi d'une invalidité permanente n'ait pas été déclaré et que, sans remplir aucune formalité judiciaire, le chef d'entreprise ait amiablement promis aux intéressés une indemnité périodique qui aurait été acceptée. Deux ans s'écoulent pendant lesquels la pension est servie régulièrement. Puis des difficultés surgissent; la convention est annulée comme contraire à l'art. 30. Le patron pourra-t-il opposer à l'action des intéressés la pres-

---

[1] Cass. civ., 6 janv. 1904, *Gaz. Pal.*, 1904. 1. 124.
[2] Cass., 6 août 1902, *Gaz. Pal.*, 1902. 2. 307, D. 1902. 1. 580. Voir une application de ce principe, n° 1191 sur les ordonnances de conciliation contraires à la loi.

cription annale? Non, avons-nous dit, car la victime ou les ayants-droit de celle-ci se prévaudront utilement de la convention, quoique nulle, comme d'une reconnaissance interruptive de prescription; les paiements effectués en exécution de ladite convention constitueront, eux aussi, des actes interruptifs de prescription.

TROISIÈME SECTION.

De l'affichage dans les ateliers.

1877. — Art. 31 : « *Les chefs d'entreprise sont tenus, sous peine d'une amende de 1 à 15 francs, de faire afficher dans chaque atelier la présente loi et les règlements d'administration relatifs à son exécution. — En cas de récidive dans la même année l'amende sera de 16 à 100 francs. — Les infractions aux dispositions des art. 11 et 31 pourront être constatées par les inspecteurs du travail* ».

Les chefs d'entreprise sont tenus de faire afficher dans chaque atelier la loi et les règlements d'administration publique [1].

1878. — Un affichage dans l'usine ne suffit pas; la loi exige qu'il y en ait un dans chaque atelier. Il arrive parfois que, dans un même établissement, certains ateliers sont soumis à l'application de notre loi et d'autres y échappent; la loi et les règlements ne doivent être affichés que dans les premiers. Par exemple, une exploitation, qui en principe ne rentre pas dans l'énumération de l'art. 1er, est divisée en plusieurs parties distinctes, dans l'une desquelles on se sert de machines mues par une force élémentaire ou on met en œuvre des matières explosives; l'affichage n'est obligatoire que dans les parties de l'établissement soumises au risque professionnel. La circonstance que l'assujettissement à la loi n'est que temporaire pour la totalité ou pour une partie de l'exploitation ne dis-

---

[1] On ne saurait considérer un chef de gare comme un *chef d'entreprise* et par suite le condamner personnellement pour défaut d'affichage. Cass. crim., 2 févr. 1901, *Gaz. Pal.*, 1901. 1. 464, D. 1901. 1. 531. La définition du chef d'entreprise a été donnée plus haut, chap. III du titre I.

pense pas de l'obligation de l'affichage. Par exemple, un agriculteur fait appel après les moissons au concours d'une batteuse à vapeur qui vient s'installer dans la ferme pendant plusieurs jours ou seulement pendant quelques heures. Un affichage de la loi et des règlements devra être fait à proximité du moteur et dans toute la partie de l'exploitation assujettie par le fait de la présence de la batteuse au principe du risque professionnel.

1879. — En cas d'infraction, l'amende est de 1 à 15 francs.

Si l'affichage a été omis dans plusieurs ateliers, il y a autant d'infractions que d'ateliers.

Le défaut d'affichage d'un seul des règlements constituerait une infraction ; mais il n'y aurait pas autant d'infractions que de documents non affichés. Ainsi, le fait de n'avoir placardé ni la loi ni aucun des quatre règlements d'administration publique constitue, non cinq contraventions, mais une seule et même infraction. C'est du moins ce qui nous paraît résulter des termes de l'art. 31.

L'amende, avons-nous dit, est de 1 à 15 francs, si le contrevenant n'est pas en état de récidive. C'est donc le tribunal de simple police qui est compétent pour la prononcer.

1880. — En cas de récidive dans la même année, elle est de 16 à 100 francs; la poursuite ressortit alors à la compétence du tribunal de police correctionnelle.

Pour qu'il y ait récidive, il faut que, dans les douze mois qui ont précédé l'infraction, il y ait eu condamnation à raison d'un fait identique. Une condamnation pour contravention à l'art. 11 (défaut de déclaration d'accident) ne mettrait pas en état de récidive le chef d'entreprise qui, dans les douze mois suivants, aurait omis d'afficher la loi ou les règlements. A plus forte raison, une condamnation pour infraction à la loi de 1893 sur l'hygiène et la sécurité des travailleurs ou à la loi de 1892 sur le travail des enfants et des femmes dans les manufactures serait-elle sans influence sur la récidive de notre article.

1881. — L'art. 31 ne permet pas d'appliquer les circonstances atténuantes. On doit en conclure que, devant le tribunal de police correctionnelle, pas plus qu'en simple police, les juges ne peuvent abaisser la peine au-dessous du minimum fixé par la loi.

1882. — Les infractions aux dispositions des art. 11 et 31 *pourront*, dit l'art. 31, être constatées par les inspecteurs du travail.

L'expression « *pourront* » montre que, si les inspecteurs du travail ont le droit de constater les infractions de notre loi, il n'est pas cependant sous ce rapport dérogé aux règles du droit commun.

A la vérité les inspecteurs du travail seront mieux placés que les autres officiers de police judiciaire pour assurer l'application de notre texte. La loi de 1893 sur l'hygiène et la sécurité des travailleurs leur donne libre accès dans l'intérieur de tous les établissements qui y sont assujettis; or, ces établissements sont à peu près les mêmes que ceux auxquels notre loi est applicable. Nous avons même eu l'occasion de faire remarquer que la loi de 1898 est moins extensive que celle de 1893.

1883. — Tous les officiers de police judiciaire, procureurs de la République, maires, commissaires de police, etc., ont le droit de relever les infractions à la présente loi ; mais comme ils ne peuvent pénétrer dans les établissements industriels qu'en cas de flagrant délit ou en vertu d'un mandat du juge d'instruction ou encore avec l'autorisation de l'exploitant, leur surveillance sera nécessairement moins efficace.

Enfin, les contraventions peuvent être établies par tout autre mode de preuve.

QUATRIÈME SECTION.

Point de départ de l'application de la loi du 9 avril 1898.

1884. — Art. 2 de la loi du 24 mai 1899 : « *La loi du 9 avril 1898 ne sera appliquée qu'un mois après le jour où la caisse des accidents aura publié ses tarifs au* Journal officiel *et admis les industriels à contracter des polices, et où ces tarifs auront été approuvés par décret sur le rapport du ministre du Commerce, de l'Industrie, des Postes et des Télégraphes et* *du ministre des Finances. — En aucun cas cette prorogation ne pourra excéder le 1er juillet 1899* ».

La Caisse nationale a publié ses tarifs le 27 mai au *Journal officiel*, après les avoir fait approuver dès la veille par décret du président de la République ; mais elle n'a admis les chefs d'entreprise à contracter des polices d'assurances qu'à partir du 1er juin. C'est donc le 1er juillet 1899 que la nouvelle législation sur le risque professionnel est entrée en vigueur.

Cet art. 2 de la loi de 1899 a abrogé l'art. 33 de la loi de 1898 qui rendait la législation nouvelle applicable un mois plus tôt.

En vertu du principe de la non-rétroactivité (art. 2, C. civ.), il faut décider que notre loi n'est applicable qu'aux accidents survenus depuis le jour de sa mise en vigueur. Tous les accidents antérieurs restent soumis à l'ancienne législation.

1885. — Art. 32 : « *Un règlement d'administration publique déterminera les conditions dans lesquelles la présente loi pourra être appliquée à l'Algérie et aux colonies* ».

Aucun décret n'a encore rendu la loi de 1898 applicable à l'Algérie ou aux colonies.

CINQUIÈME SECTION.

Résiliation des polices antérieures à l'application du risque professionnel.

1886. — Loi du 29 juin 1899, article unique : « *Pendant une période d'un an à partir du jour de la promulgation de la présente loi, les polices d'assurance-accidents concernant les entreprises prévues à l'art. 1er de la loi du 9 avril 1898 et antérieures à cette loi, pourront être dénoncées par l'assureur ou par l'assuré au moyen d'une déclaration au siège social ou chez l'agent local dont il sera donné récépissé soit par acte extrajudiciaire. — Les polices non dénoncées dans ce délai sont régies par le droit commun.* »

La mise en vigueur de la nouvelle législation sur le risque professionnel eut pour effet de faire naître une question délicate touchant la validité des polices d'assurances souscrites antérieurement par les chefs d'entreprise. La division de la jurisprudence et de la doctrine[1], appela fort heureusement l'intervention du législateur.

Un premier projet voté par la Chambre des députés annulait de plein droit à partir du 1er juillet 1899, non seulement les contrats d'assurances antérieurs à la promulgation de la loi du 9 avril 1898, mais encore ceux qui étaient intervenus depuis cette époque mais avant la loi du 16 mai 1899.

Le Sénat trouva la mesure un peu radicale : à la résolution obligatoire, qui lui parut porter atteinte à la liberté des conventions, il substitua une simple faculté de dénonciation limitée à une durée d'un an et concédée seulement aux souscripteurs de polices antérieures à la loi du 9 avril 1898.

Ce nouveau texte fut agréé par la Chambre des députés et devint la loi actuelle.

1887. — QUELLES ENTREPRISES PEUVENT USER DU DROIT DE RÉSILIATION? — La faculté de dénoncer les polices d'assurances appartient aux entreprises prévues à l'art. 1er de la loi du 9 avril 1898, c'est-à-dire non seulement aux industries expressément énoncées, mais encore à toute exploitation ou partie d'exploitation dans lesquelles sont fabriquées ou mises en œuvre des matières explosives ou dans lesquelles il est fait usage d'une machine mue par une force autre que celle de l'homme ou des animaux[2].

1888. — À QUI APPARTIENT LA FACULTÉ DE DÉNONCIATION. — DÉLAI. — La faculté de résiliation appartient à l'assureur et à l'assuré. Le législateur a voulu tenir la balance égale entre les deux parties contractantes.

Le délai de la dénonciation est d'un an à partir de la promulgation de la présente loi, c'est-à-dire, à partir du 30 juin 1899[3]. Il s'agit ici d'un délai franc, les rédacteurs de notre article s'étant servi d'une formule inclusive. Par suite il courra jusqu'à l'expiration de la journée du 30 juin 1900.

---

[1] Dans le sens de la validité des contrats (Seine, 18 mai 1899, *Gaz. Pal.*, 20 mai 1899). — *Contrà*, Loubat, *op. cit.*, n° 454.

[2] T. Fontainebleau, 11 nov. 1900, *Gaz. Pal.*, 1901. 1. 481.

[3] Par suite la dénonciation d'un contrat signifiée le 30 juin 1899 doit être considérée comme ayant été faite dans le délai utile; et on ne saurait tirer argument de ce que les lois ne sont exécutoires qu'un jour après leur promulgation (Cass. civ., 17 nov. 1903, *Gaz. Pal.*, 4 déc. 1903).

Avant l'expiration de ce délai, les parties peuvent librement s'interdire, mais par une convention *expresse*, d'user de la faculté légale de dénonciation. Une telle renonciation ne saurait être *tacite;* elle ne pourrait notamment s'induire de ce fait que l'une des parties ne s'est pas prévalu d'une clause de la police lui conférant la même faculté pour un délai arrivant à échéance avant l'expiration du délai légal[1].

1889. — DES POLICES RÉSILIABLES. — Les polices résiliables sont celles, dit notre article, qui sont *antérieures à la loi de 1898*. Que faut-il entendre par ces mots? Le législateur a-t-il entendu limiter la faculté de résiliation aux polices antérieures à la promulgation de la loi ou l'étendre à toutes les polices antérieures à la mise en vigueur de cette loi? On sait en effet que la loi promulguée le 9 avril 1898 n'est entrée en application que le 1er juillet suivant. La question a été controversée en doctrine et en jurisprudence. La Cour de cassation, s'appuyant sur l'intention présumée du législateur, l'a tranchée dans le sens le plus favorable aux assurés et a décidé que toutes les polices antérieures au 1er juillet 1898 étaient admises à la faculté de résiliation[2].

1890. — La question de savoir si la faculté de résiliation s'applique aux assurances individuelles de responsabilité doit se résoudre par une distinction :

Si l'assurance de responsabilité garantit le patron moyennant une prime unique contre l'action des ouvriers seuls ou à la fois contre celle des ouvriers et celle des tiers, telles que ces actions résultaient du droit commun, il n'est pas douteux que la faculté de résiliation est applicable, les risques couverts par une telle assurance ayant été, sinon pour la totalité, du moins pour une partie indivisible du surplus, transformés par la

---

[1] Dans ce sens, Trib. comm. Seine, 8 janv. 1900, *Gaz. Pal.*, 21 mars 1900. Cette faculté de résiliation est, dans certaines polices, qualifiée improprement de *tacite reconduction*. Par son étymologie (*re conducere*) la tacite réconduction est spéciale au contrat de bail et implique une possession matérielle. Ces deux conditions sont exclusives du contrat d'assurance.

[2] Cass. civ., 23 avr. 1902, *Gaz. Pal.*, 1902. 1. 651, D. 1902. 1. 277. Trib. comm. Seine, 5 déc. 1899, S. 1900. 2. 181. Trib. comm. Seine, 19 mai 1900, *Gaz. Pal.*, 1900. 2. 135. C. Paris, 21 mars 1901, S. 1902. 2. 209. — *Contrà*, Nogent-sur-Seine, 22 mars 1900, *Gaz. Pal.*, 1900. 2. 593. C. Douai, 7 août 1900 et C. Bourges, 25 nov. 1901, S. 1902. 2. 203 et 209.

législation de 1898. Le premier projet voté par la Chambre
des députés était absolument explicite sur ce point. Si le
Sénat a retranché de son texte les expressions « *individuelles
et collectives* », c'est qu'elles lui ont paru inutiles; rien ne
laisse supposer qu'il ait été à ce sujet d'un avis différent de
celui de la Chambre[1].

Il en serait tout autrement si l'assurance individuelle de
responsabilité ne visait que les accidents causés par des personnes autres que les employés ou ouvriers. En pareil cas,
les risques garantis n'ayant rien de commun avec l'application du principe de la loi de 1898, le patron ne saurait être
autorisé à user du bénéfice de dénonciation. La circonstance
que le même jour il aurait signé avec la même compagnie
une assurance collective en faveur de ses ouvriers ne modi-
fierait pas la solution, les deux polices étant distinctes en fait
et n'ayant pas un objet indivisible[2].

1891. — FORME DE LA DÉNONCIATION. — Le législateur a
prévu deux formes : la déclaration suivie de récépissé ou l'acte
extrajudiciaire. La déclaration de dénonciation est faite au
siège social de la société d'assurances ou chez l'agent local de
la société : il doit en être donné récépissé. L'acte extrajudiciaire consiste dans la signification d'un exploit par ministère
d'huissier.

La question de savoir si ces deux modes de résiliation sont
limitatifs est controversée. La Cour de cassation s'est prononcée pour la négative[3].

L'assuré qui a fait à l'agent compétent la déclaration de
résiliation prescrite par la loi n'est pas tenu de produire le
récépissé de cette déclaration pour être recevable à invoquer
le bénéfice de ladite loi[4].

---

[1] Dans ce sens, Trib. Montauban, 7 déc. 1900, *Gaz. Pal.*, 1901. 1. 481. — *Contrà*,
Paris, 21 mars 1901, *Gaz. Pal.*, 1901. 1. 520.

[2] Trib. comm. Seine, 12 déc. 1899, J. *La Loi*, 23 févr. 1900, J. *Le Droit*, 18 févr.
1900.

[3] Dans le sens de l'opinion affirmative qui considère comme nulle et inopérante la
dénonciation par lettre recommandée, T. Boulogne, 16 mars 1900, T. paix Paris,
22 mars 1900, *Gaz. Pal.*, 1900. 1. 703. T. comm. Seine, 19 mai 1900, *Gaz. Pal.*,
1900. 2. 105. T. Seine, 14 déc. 1900, *Gaz. Pal.*, 1901. 1. 55. — *Contrà*, T. Fontainebleau, 12 nov. 1900, *Gaz. Pal.*, 1901. 4. 481. C. Paris, 11 juill. 1901, *Gaz.
Pal.*, 1901. 2. 508. Cass. req., 17 juin 1903, *Gaz. Pal.*, 1903. 2. 74.

[4] Dijon, 14 févr. 1901, *Gaz. Pal.*, 1901. 1. 481, S. 1902. 2. 195.

1892. — Au début de l'application de la loi de 1898, quelques agents de compagnies d'assurances, sans doute un peu
trop zélés, refusèrent de délivrer aux assurés le récépissé de la
déclaration de résiliation. Il s'ensuivit que ceux-ci furent obligés de recourir à la signification d'un exploit d'huissier faisant
connaître leur intention d'user de la faculté légale et contenant mention de la police à résilier. Or, en général, les polices d'assurances contre les accidents ne sont pas enregistrées,
la formalité de l'enregistrement ne devenant obligatoire pour
les actes sous seings privés qu'en cas d'usage en justice. La
question se posa donc de savoir si la dénonciation par exploit
d'huissier constituait un usage de la police et était, par suite,
de nature à mettre le requérant dans la nécessité de faire
enregistrer son contrat. C'eût été, en cas d'affirmative, de
nouveaux frais à la charge des chefs d'entreprise et peut-être
une sérieuse entrave à l'application de la loi.

La solution négative a fort heureusement prévalu. Dans
une lettre commune n° **222**, adressée le 1er juillet 1899 aux
directeurs départementaux, l'administration supérieure de
l'enregistrement expose en ces termes les motifs de sa décision : « La partie qui fait procéder à une telle dénonciation
ne tient pas du contrat d'assurance le droit qu'elle exerce;
elle le tient exclusivement de la loi. Dès lors, on ne saurait
dire que la dénonciation soit faite en vertu ou en conséquence
de la police [1] ».

Tout en approuvant cette solution, nous pensons qu'il eût
été plus juridique de la fonder sur cette considération qu'une
annulation ne constitue pas un usage. C'est ainsi qu'on admet
qu'un acte de renonciation à des dispositions testamentaires
ne rend pas nécessaire l'enregistrement du testament au bénéfice duquel on renonce.

1893. — EFFETS DE LA DÉNONCIATION. — La dénonciation a
pour effet de résoudre immédiatement le contrat d'assurance,
c'est-à-dire de délier l'assureur et l'assuré de leurs obligations
réciproques [2]. A partir de la dénonciation, les accidents

---

[1] Comp. Ch. réunies, 20 juill. 1849, Instr. 1844, § 1.
[2] Trib. comm. Seine, 3 nov. 1899, *J. des assur.*, 1900. 2. 16; 8 janv. 1900, *Gaz. Pal.*, 1900. 1. 293. Trib. comm. Troyes, 26 févr. 1900, J. *La Loi*, 1900. 1. 293.

nouveaux ne sont plus garantis par l'assureur et les primes cessent d'être dues par l'assuré.

Par suite, si celui-ci a payé des primes d'avance, il a droit au remboursement de la portion afférente à la période postérieure à la dénonciation [1].

1894. — EFFETS DE LA NON-DÉNONCIATION. — Lorsque les parties n'ont point usé du droit de dénonciation facultative qui leur est accordée par la loi de 1899, la police d'assurance collective et de responsabilité civile demeure régie par le droit commun aux termes de cette loi. Par suite le règlement de l'indemnité fait entre le patron et l'ouvrier blessé selon les règles posées par la loi du 9 avril 1898 ne met aucun obstacle à la détermination dans les rapports d'assuré à assureur de la responsabilité civile encourue par le chef d'industrie assuré au cas où l'accident serait le résultat de sa propre faute et à l'exécution des engagements contractés par la compagnie précisément en vue de l'existence de cette faute [2].

SIXIÈME SECTION.

Inapplicabilité de la loi de 1898 aux ouvriers de la marine et de la guerre spécialement visés par l'art. 32.

1895. — L'art. 32 est ainsi conçu : « *Il n'est point dérogé aux lois, ordonnances et règlements concernant les pensions des ouvriers, apprentis et journaliers appartenant aux ateliers de la marine et celles des ouvriers immatriculés des manufactures d'armes dépendant du ministère de la Guerre* ».

Trib. Lyon, 20 juin 1900, *Gaz. Pal.*, 1900. 2. 179. Trib. Seine, 14 déc. 1900, *Gaz. Pal.*, 1901. 1. 55. Trib. Lyon, 30 oct. 1900, *Gaz. Pal.*, 1901. 1. 97. C. Paris, 21 mars 1901, *Gaz. Pal.*, 1901. 1. 520.

[1] Trib. comm. Troyes, 26 févr. 1900, *op. cit.* Trib. Seine, 14 déc. 1900, *Gaz. Pal.*, 1901. 1. 55. C. Paris, 21 mars 1901, déjà cité. — *Contrà*, Trib. Lyon, 20 juin 1900, déjà cité.

[2] Cass. req., 22 déc. 1902, *Gaz. Pal.*, 1903. 1. 83. Cass. req., 29 déc. 1903, *Gaz. Pal.*, 21 janv. 1904. — *Contrà*, Paris, 11 et 27 mars 1902, D. 1903. 2. 93. D'après ces deux décisions, la loi du 9 avr. 1898, en déplaçant la responsabilité et en mettant de plein droit à la charge du patron la réparation du préjudice résultant pour l'ouvrier des accidents du travail, a eu pour effet de faire disparaître le risque couvert par la police de responsabilité, contractée sous l'empire de la législation antérieure. Par suite, une telle police, devenue sans objet doit être considérée comme résiliée à partir du 1er juill. 1899, date de la mise en vigueur de la loi du 9 avr. 1898.

Les accidents survenus dans ces établissements donnent droit à des pensions réglées par des lois spéciales et en outre à des secours organisés par des décrets ou règlements. Cette réparation, a été jugée suffisante par le législateur de 1898 qui n'a pas cru devoir y déroger. Les dispositions de l'art. 32 ayant un caractère restrictif, l'application doit en être limitée aux seuls ouvriers, apprentis et journaliers qui y sont spécialement visés. Nous passerons successivement en revue les ateliers de la marine et les manufactures d'armes du ministère de la Guerre.

a) Ouvriers, apprentis et journaliers appartenant aux ateliers de la marine.

1896. — Cette catégorie de travailleurs, qui est exclue du bénéfice de la loi de 1898, comprend tout le personnel ouvrier des arsenaux de la marine, sans aucune exception, et en outre : 1° les apprentis civils dont l'admission dans les arsenaux a été autorisée par décret du 1er août 1899; 2° les jeunes gens admis à l'école d'apprentissage libre d'Indret (décision ministérielle du 30 nov. 1892); car ces apprentis se trouvent dans les ateliers en vue de leur enseignement pour se préparer aux services de la flotte[1]

Les employés désignés ci-dessus ont droit, en cas de blessures graves et incurables, à des pensions viagères qui sont fixées par les lois du 18 avril 1831 et 8 août 1883; un décret du 21 juin 1900 leur assure en outre la gratuité du traitement à l'hôpital et, en cas d'incapacité temporaire, une allocation journalière égale aux trois quarts de leur solde.

1897. — La loi du 9 avril 1898 est seule applicable à tous les autres ouvriers qui exécutent des travaux pour le compte du département de la Marine, notamment : 1° aux ouvriers en régie; 2° aux ouvriers au service des entrepreneurs; 3° aux jeunes escarbilleurs de Guérigny, ceux-ci collaborant à l'œuvre industrielle au même titre que les ouvriers en régie[2].

---

[1] Dans ce sens, Circ. du ministre du Commerce du 24 août 1899. Instruction du ministre de la Marine du 19 mai 1900.

[2] Instruction précitée du ministre de la Marine.

b) *Ouvriers immatriculés des manufactures d'armes*
dépendant du ministère de la Guerre.

1898. — Les manufactures d'armes dépendant du ministère de la Guerre occupent trois classes d'ouvriers : 1° des
ouvriers *libres* engagés par les directeurs de chaque manufacture suivant les besoins du service et dans des conditions
déterminées ; 2° des ouvriers *militaires* qui accomplissent dans
la manufacture tout ou partie de la période de leur service
militaire ; 3° des ouvriers *immatriculés*, c'est-à-dire ceux qui,
ayant contracté un engagement volontaire de six ans, conformément à l'art. 27 du règlement du 24 juin 1878, sont inscrits sur un registre matricule dont un double est dans les
archives du ministère de la Guerre.

Seuls les ouvriers de cette troisième classe sont exclus de
l'application du 9 avril 1898. Ils ont droit, en cas de blessures
graves et incurables, aux mêmes pensions que les militaires
en activité de service (Lois des 11 avr. 1831, 15 juill. 1889 et
26 juin 1892) ; ils sont aussi admis en traitement dans les
hôpitaux militaires et enfin, pendant la durée des chômages
provenant d'accident ou de maladie, ils reçoivent des allocations en argent ou en nature pour eux et pour leur famille,
grâce à l'organisation dans chaque arsenal d'une masse collective de secours mutuels.

ANNEXES

I. — LOI DU 9 AVRIL 1898

concernant les responsabilités des accidents dont les ouvriers
sont victimes dans leur travail.

(Modifiée par la loi du 22 mars 1902).
(Journal officiel du 10 avril 1898 et du 27 mars 1902).

TITRE PREMIER

INDEMNITÉS EN CAS D'ACCIDENTS.

ARTICLE PREMIER. — Les accidents survenus par le fait du travail, ou
à l'occasion du travail, aux ouvriers et employés occupés dans l'industrie du bâtiment, les usines, manufactures, chantiers, les entreprises de transport par terre et par eau, de chargement et de déchargement, les magasins publics, mines, minières, carrières et, en outre,
dans toute exploitation ou partie d'exploitation dans laquelle sont
fabriquées ou mises en œuvre des matières explosives, ou dans
laquelle il est fait usage d'une machine mue par une force autre que
celle de l'homme ou des animaux, donnent droit au profit de la victime ou de ses représentants, à une indemnité à la charge du chef
d'entreprise, à la condition que l'interruption de travail ait duré plus
de quatre jours.

Les ouvriers qui travaillent seuls d'ordinaire ne pourront être assujettis à la présente loi par le fait de la collaboration accidentelle d'un
ou de plusieurs de leurs camarades.

ART. 2 *(Modifié par la loi du 22 mars 1902)* [1]. — Les ouvriers et employés désignés à l'article précédent ne peuvent se prévaloir, à raison

---

[1] *Ancien texte.* — Les ouvriers et employés désignés à l'article précédent ne
peuvent se prévaloir, à raison des accidents dont ils sont victimes dans leur travail,
d'aucunes dispositions autres que celles de la présente loi.

Ceux dont le salaire annuel dépasse deux mille quatre cents francs (2.400 fr.) ne
bénéficient de ces dispositions que jusqu'à concurrence de cette somme. Pour le
surplus, ils n'ont droit qu'au quart des rentes ou indemnités stipulées à l'art. 3, à
moins de conventions contraires quant au chiffre de la quotité.

des accidents dont ils sont victimes dans leur travail, d'aucunes dispositions autres que celles de la présente loi.

Ceux dont le salaire annuel dépasse deux mille quatre cents francs (2.400 fr.) ne bénéficient de ces dispositions que jusqu'à concurrence de cette somme. Pour le surplus, ils n'ont droit qu'au quart des rentes stipulées à l'art. 3, à moins de conventions contraires élevant le chiffre de la quotité.

Art. 3. — Dans les cas prévus à l'art. 1er, l'ouvrier ou l'employé a droit :

Pour l'incapacité absolue et permanente, à une rente égale aux deux tiers de son salaire annuel;

Pour l'incapacité partielle et permanente, à une rente égale à la moitié de la réduction que l'accident aura fait subir au salaire;

Pour l'incapacité temporaire, à une indemnité journalière égale à la moitié du salaire touché au moment de l'accident, si l'incapacité de travail a duré plus de quatre jours et à partir du cinquième jour.

Lorsque l'accident est suivi de mort, une pension est servie aux personnes ci-après désignées, à partir du décès, dans les conditions suivantes :

A. Une rente viagère égale à 20 0/0 du salaire annuel de la victime pour le conjoint survivant non divorcé ou séparé de corps, à la condition que le mariage ait été contracté antérieurement à l'accident.

En cas de nouveau mariage, le conjoint cesse d'avoir droit à la rente mentionnée ci-dessus; il lui sera alloué, dans ce cas, le triple de cette rente à titre d'indemnité totale.

B. Pour les enfants, légitimes ou naturels, reconnus avant l'accident, orphelins de père ou de mère, âgés de moins de seize ans, une rente calculée sur le salaire annuel de la victime à raison de 15 0/0 de ce salaire s'il n'y a qu'un enfant, de 25 0/0 s'il y en a deux, de 35 0/0 s'il y en a trois, et 40 0/0 s'il y en a quatre ou un plus grand nombre.

Pour les enfants, orphelins de père et de mère, la rente est portée pour chacun d'eux à 20 0/0 du salaire.

L'ensemble de ces rentes ne peut, dans le premier cas, dépasser 40 0/0 du salaire ni 60 0/0 dans le second.

C. Si la victime n'a ni conjoint ni enfant dans les termes des paragraphes A et B, chacun des ascendants et descendants qui était à sa charge recevra une rente viagère pour les ascendants et payable jusqu'à seize ans pour les descendants. Cette rente sera égale à 10 0/0 du salaire annuel de la victime, sans que le montant total des rentes ainsi allouées puisse dépasser 30 0/0.

Chacune des rentes prévues par le paragraphe C est, le cas échéant, réduite proportionnellement.

Les rentes constituées en vertu de la présente loi sont payables par trimestre; elles sont incessibles et insaisissables.

Les ouvriers étrangers, victimes d'accidents, qui cesseront de résider sur le territoire français recevront, pour toute indemnité, un capital égal à trois fois la rente qui leur avait été allouée.

Les représentants d'un ouvrier étranger ne recevront aucune indemnité si, au moment de l'accident, ils ne résidaient pas sur le territoire français.

Art. 4. — Le chef d'entreprise supporte, en outre, les frais médicaux et pharmaceutiques et les frais funéraires. Ces derniers sont évalués à la somme de cent francs (100 fr.) au maximum.

Quant aux frais médicaux et pharmaceutiques, si la victime a fait choix elle-même de son médecin, le chef d'entreprise ne peut être tenu que jusqu'à concurrence de la somme fixée par le juge de paix du canton, conformément aux tarifs adoptés dans chaque département pour l'assistance médicale gratuite.

Art. 5. — Les chefs d'entreprise peuvent se décharger, pendant les trente, soixante ou quatre-vingt-dix premiers jours à partir de l'accident, de l'obligation de payer aux victimes les frais de maladie et l'indemnité temporaire, ou une partie seulement de cette indemnité, comme il est spécifié ci-après, s'ils justifient :

1° Qu'ils ont affilié leurs ouvriers à des sociétés de secours mutuels et pris à leur charge une quote-part de la cotisation qui aura été déterminée d'un commun accord, et en se conformant aux statuts-types approuvés par le ministre compétent, mais qui ne devra pas être inférieure au tiers de cette cotisation;

2° Que ces sociétés assurent à leurs membres, en cas de blessures, pendant trente, soixante ou quatre-vingt-dix jours, les soins médicaux et pharmaceutiques et une indemnité journalière.

Si l'indemnité journalière servie par la société est inférieure à la moitié du salaire quotidien de la victime, le chef d'entreprise est tenu de lui verser la différence.

Art. 6. — Les exploitants de mines, minières et carrières peuvent se décharger des frais et indemnités mentionnés à l'article précédent moyennant une subvention annuelle versée aux caisses ou sociétés de secours constituées dans ces entreprises en vertu de la loi du 29 juin 1894.

Le montant et les conditions de cette subvention devront être acceptés par la société et approuvés par le ministre des Travaux publics.

Ces deux dispositions seront applicables à tous autres chefs d'industrie qui auront créé en faveur de leurs ouvriers des caisses particulières de secours en conformité du titre III de la loi du 29 juin 1894. L'approbation prévue ci-dessus sera, en ce qui les concerne, donnée par le ministre du Commerce et de l'Industrie.

ART. 7 (*Modifié par la loi du 22 mars 1902*)[1]. — Indépendamment de l'action résultant de la présente loi, la victime ou ses représentants conservent, contre les auteurs de l'accident, autres que le patron ou ses ouvriers et préposés, le droit de réclamer la réparation du préjudice causé, conformément aux règles du droit commun.

L'indemnité qui leur sera allouée exonérera à due concurrence le chef de l'entreprise des obligations mises à sa charge. Dans le cas où l'accident a entraîné une incapacité permanente ou la mort, cette indemnité devra être attribuée sous forme de rentes servies par la Caisse nationale des retraites.

En outre de cette allocation sous forme de rente, le tiers reconnu responsable pourra être condamné, soit envers la victime, soit envers le chef de l'entreprise, si celui-ci intervient dans l'instance, au paiement des autres indemnités et frais prévus aux art. 3 et 4 ci-dessus.

Cette action contre les tiers responsables pourra même être exercée par le chef d'entreprise, à ses risques et périls, aux lieu et place de la victime ou de ses ayants-droit, si ceux-ci négligent d'en faire usage.

ART. 8. — Le salaire qui servira de base à la fixation de l'indemnité allouée à l'ouvrier âgé de moins de seize ans ou à l'apprenti victime d'un accident ne sera pas inférieur au salaire le plus bas des ouvriers valides de la même catégorie occupés dans l'entreprise.

Toutefois, dans le cas d'incapacité temporaire, l'indemnité de l'ouvrier âgé de moins de seize ans ne pourra pas dépasser le montant de son salaire.

ART. 9. — Lors du règlement définitif de la rente viagère, après le délai de révision prévu à l'art. 19, la victime peut demander que le quart au plus du capital nécessaire à l'établissement de cette rente, calculé d'après les tarifs dressés pour les victimes d'accidents par la Caisse des retraites pour la vieillesse, lui soit attribué en espèces.

Elle peut aussi demander que ce capital, ou ce capital réduit du

1 *Ancien texte.* — Indépendamment de l'action résultant de la présente loi, la victime ou ses représentants conservent contre les auteurs de l'accident, autres que le patron ou ses ouvriers et préposés, le droit de réclamer la réparation du préjudice causé, conformément aux règles du droit commun.

L'indemnité qui leur sera allouée exonérera à due concurrence le chef d'entreprise des obligations mises à sa charge.

Cette action contre les tiers responsables pourra même être exercée par le chef d'entreprise, à ses risques et périls, aux lieu et place de la victime ou de ses ayants-droit, si ceux-ci négligent d'en faire usage.

quart au plus comme il vient d'être dit, serve à constituer sur sa tête une rente viagère réversible, pour moitié au plus, sur la tête de son conjoint. Dans ce cas, la rente viagère sera diminuée de façon qu'il ne résulte de la réversibilité aucune augmentation de charges pour le chef de l'entreprise.

Le tribunal, en chambre du conseil, statuera sur ces demandes.

Art. — 10. Le salaire servant de base à la fixation des rentes s'entend pour l'ouvrier occupé dans l'entreprise pendant les douze mois écoulés avant l'accident, de la rémunération effective qui lui a été allouée pendant ce temps, soit en argent, soit en nature.

Pour les ouvriers occupés pendant moins de douze mois avant l'accident, il doit s'entendre de la rémunération effective qu'ils ont reçue depuis leur entrée dans l'entreprise, augmentée de la rémunération moyenne, qu'ont reçue, pendant la période nécessaire pour compléter les douze mois, les ouvriers de la même catégorie.

Si le travail n'est pas continu, le salaire annuel est calculé tant d'après la rémunération reçue pendant la période d'activité que d'après le gain de l'ouvrier pendant le reste de l'année.

TITRE II

DÉCLARATION DES ACCIDENTS ET ENQUÊTE.

Art. 11 (*Modifié par la loi du 22 mars 1902*)[1]. — Tout accident ayant occasionné une incapacité de travail doit être déclaré dans les quarante-huit heures, non compris les dimanches et jours fériés, par le chef d'entreprise ou ses préposés, au maire de la commune qui en dresse procès-verbal et en délivre immédiatement récépissé.

La déclaration et le procès-verbal doivent indiquer, dans la forme réglée par décret, les nom, qualité et adresse du chef d'entreprise, le

[1] *Ancien texte.* — Tout accident ayant occasionné une incapacité de travail doit être déclaré, dans les quarante-huit heures, par le chef d'entreprise ou ses préposés au maire de la commune qui en dresse procès-verbal.

Cette déclaration doit contenir les noms et adresses des témoins de l'accident. Il y est joint un certificat de médecin indiquant l'état de la victime, les suites probables de l'accident et l'époque à laquelle il sera possible d'en connaître le résultat définitif.

La même déclaration pourra être faite par la victime ou ses représentants.

Récépissé de la déclaration et du certificat du médecin est remis par le maire au déclarant.

Avis de l'accident est donné immédiatement par le maire à l'inspecteur divisionnaire ou départemental du travail ou à l'ingénieur ordinaire des mines chargé de la surveillance de l'entreprise.

L'art. 15 de la loi du 2 nov. 1892 et l'art. 11 de la loi du 12 juin 1893 cessent d'être applicables dans les cas visés par la présente loi.

lieu précis, l'heure et la nature de l'accident, les circonstances dans lesquelles il s'est produit, la nature des blessures, les noms et adresses des témoins.

Dans les quatre jours qui suivent l'accident, si la victime n'a pas repris son travail, le chef d'entreprise doit déposer à la mairie, qui lui en délivre immédiatement récépissé, un certificat de médecin indiquant l'état de la victime, les suites probables de l'accident et l'époque à laquelle il sera possible d'en connaître le résultat définitif.

La déclaration d'accident pourra être faite dans les mêmes conditions par la victime ou ses représentants jusqu'à l'expiration de l'année qui suit l'accident.

Avis de l'accident, dans les formes réglées par décret, est donné immédiatement par le maire à l'inspecteur départemental du travail ou à l'ingénieur ordinaire des mines chargé de la surveillance de l'entreprise.

L'art. 15 de la loi du 2 novembre 1892 et l'art. 11 de la loi du 12 juin 1893 cessent d'être applicables dans les cas visés par la présente loi.

ART. 12 (*Modifié par la loi du 22 mars 1902*)[1]. — Dans les vingt-quatre heures qui suivent le dépôt du certificat, et au plus tard dans les cinq jours qui suivent la déclaration de l'accident, le maire transmet au juge de paix du canton où l'accident s'est produit la déclaration et soit le certificat médical, soit l'attestation qu'il n'a pas été produit de certificat.

Lorsque, d'après le certificat médical, produit en exécution du paragraphe précédent ou transmis ultérieurement par la victime à la justice de paix, la blessure paraît devoir entraîner la mort ou une incapacité permanente, absolue ou partielle de travail, ou lorsque la victime est décédée, le juge de paix, dans les vingt-quatre heures, procède à une enquête à l'effet de rechercher :

1º La cause, la nature et les circonstances de l'accident ;

2º Les personnes victimes et le lieu où elles se trouvent, le lieu et la date de leur naissance ;

---

[1] *Ancien texte.* — Lorsque, d'après le certificat médical, la blessure paraît devoir entraîner la mort ou une incapacité permanente absolue ou partielle de travail, le maire transmet immédiatement copie de la déclaration et le certificat médical au juge de paix du canton où l'accident s'est produit.

Dans les vingt-quatre heures de la réception de cet avis, le juge de paix procède à une enquête à l'effet de rechercher :

1º La cause, la nature et les circonstances de l'accident ;
2º Les personnes victimes et le lieu où elles se trouvent ;
3º La nature des lésions ;
4º Les ayants-droit pouvant, le cas échéant, prétendre à une indemnité ;
5º Le salaire quotidien et le salaire annuel des victimes.

3° La nature des lésions ;

4° Les ayants-droit pouvant, le cas échéant, prétendre à une indemnité, le lieu et la date de leur naissance ;

5° Le salaire quotidien et le salaire annuel des victimes ;

6° La société d'assurance à laquelle le chef d'entreprise était assuré ou le syndicat de garantie auquel il était affilié.

Les allocations tarifées pour le juge de paix et son greffier en exécution de l'art. 29 de la présente loi et de l'art. 31 de la loi de finances du 13 avril 1900 seront avancées par le Trésor.

ART. 13. — L'enquête a lieu contradictoirement dans les formes prescrites par les art. 35, 36, 37, 38 et 39 du Code de procédure civile, en présence des parties intéressées ou celles-ci convoquées d'urgence par lettre recommandée.

Le juge de paix doit se transporter auprès de la victime de l'accident qui se trouve dans l'impossibilité d'assister à l'enquête.

Lorsque le certificat médical, ne lui paraîtra pas suffisant, le juge de paix pourra désigner un médecin pour examiner le blessé.

Il peut aussi commettre un expert pour l'assister dans l'enquête.

Il n'y a pas lieu, toutefois, à nomination d'expert dans les entreprises administrativement surveillées, ni dans celles de l'État placées sous le contrôle d'un service distinct du service de gestion, ni dans les établissements nationaux où s'effectuent des travaux que la sécurité publique oblige à tenir secrets. Dans ces divers cas, les fonctionnaires chargés de la surveillance ou du contrôle de ces établissements ou entreprises et, en ce qui concerne les exploitations minières, les délégués à la sécurité des ouvriers mineurs, transmettent au juge de paix, pour être joint au procès-verbal d'enquête, un exemplaire de leur rapport.

Sauf les cas d'impossibilité matérielle dûment constatés dans le procès-verbal, l'enquête doit être close dans le plus bref délai et, au plus tard, dans les dix jours à partir de l'accident. Le juge de paix avertit, par lettre recommandée, les parties de la clôture de l'enquête et du dépôt de la minute au greffe, où elles pourront, pendant un délai de cinq jours, en prendre connaissance et s'en faire délivrer une expédition, affranchie du timbre et de l'enregistrement. A l'expiration de ce délai de cinq jours, le dossier de l'enquête est transmis au président du tribunal civil de l'arrondissement.

ART. 14. — Sont punis d'une amende de un à quinze francs (1 à 15 fr.) les chefs d'industrie ou leurs préposés qui ont contrevenu aux dispositions de l'art. 11.

En cas de récidive dans l'année, l'amende peut être élevée de seize à trois cents francs (16 à 300 fr.).

L'art. 463 du Code pénal est applicable aux contraventions prévues par le présent article.

TITRE III

COMPÉTENCE. — JURIDICTIONS. — PROCÉDURE. — REVISION.

ART. 15. — Les contestations entre les victimes d'accidents et les chefs d'entreprise, relatives aux frais funéraires, aux frais de maladie ou aux indemnités temporaires, sont jugées en dernier ressort par le juge de paix du canton où l'accident s'est produit, à quelque chiffre que la demande puisse s'élever.

ART. 16. — En ce qui touche les autres indemnités prévues par la présente loi, le président du tribunal de l'arrondissement convoque, dans les cinq jours à partir de la transmission du dossier, la victime ou ses ayants-droit et le chef d'entreprise, qui peut se faire représenter.

S'il y a accord des parties intéressées, l'indemnité est définitivement fixée par l'ordonnance du président, qui donne acte de cet accord.

Si l'accord n'a pas lieu, l'affaire est renvoyée devant le tribunal, qui statue comme en matière sommaire, conformément au titre XXIV du livre II du Code de procédure civile.

Si la cause n'est pas en état, le tribunal surseoit à statuer et l'indemnité temporaire continuera à être servie jusqu'à la décision définitive.

Le tribunal pourra condamner le chef d'entreprise à payer une provision ; sa décision sur ce point sera exécutoire nonobstant appel.

ART. 17 (*Modifié par la loi 22 du mars 1902*) [1]. — Les jugements rendus en vertu de la présente loi sont susceptibles d'appel selon les règles du droit commun. Toutefois, l'appel, sous réserve des dispositions de l'art. 449 du Code de procédure civile, devra être interjeté dans les trente jours de la date du jugement s'il est contradictoire et, s'il est par défaut, dans la quinzaine à partir du jour où l'opposition ne sera plus recevable.

---

[1] *Ancien texte.* — Les jugements rendus en vertu de la présente loi sont susceptibles d'appel selon les règles du droit commun. Toutefois, l'appel devra être interjeté dans les quinze jours de la date du jugement s'il est contradictoire et, s'il est par défaut, dans la quinzaine à partir du jour où l'opposition ne sera plus recevable.

L'opposition ne sera plus recevable en cas de jugement par défaut contre partie, lorsque le jugement aura été signifié à personne, passé le délai de quinze jours à partir de cette signification.

La cour statuera d'urgence dans le mois de l'acte d'appel. Les parties pourront se pourvoir en cassation.

L'opposition ne sera plus recevable en cas de jugement par défaut contre partie, lorsque le jugement aura été signifié à personne, passé le délai de quinze jours à partir de cette signification.

La cour statuera d'urgence dans le mois de l'acte d'appel. Les parties pourront se pourvoir en cassation.

Toutes les fois qu'une expertise médicale sera ordonnée, soit par le juge de paix, soit par le tribunal ou par la cour d'appel, l'expert ne pourra être le médecin qui a soigné le blessé, ni un médecin attaché à l'entreprise ou à la société d'assurance à laquelle le chef d'entreprise est affilié.

Art. 18 (*Modifié par la loi du 22 mars 1902*) [1]. — L'action en indemnité prévue par la présente loi se prescrit par un an à dater du jour de l'accident ou de la clôture de l'enquête du juge de paix, ou de la cessation du paiement de l'indemnité temporaire.

L'art. 55 de la loi du 10 août 1871 et l'art. 124 de la loi du 5 avril 1884 ne sont pas applicables aux instances suivies contre les départements ou les communes, en exécution de la présente loi.

Art. 19. — La demande en revision de l'indemnité fondée sur une aggravation ou une atténuation de l'infirmité de la victime ou son décès par suite des conséquences de l'accident, est ouverte pendant trois ans à dater de l'accord intervenu entre les parties ou de la décision définitive.

Le titre de pension n'est remis à la victime qu'à l'expiration des trois ans.

Art. 20 (*Modifié par la loi du 22 mars 1902*) [2]. — Aucune des indemnités déterminées par la présente loi ne peut être attribuée à la victime qui a intentionnellement provoqué l'accident.

Le tribunal a le droit, s'il est prouvé que l'accident est dû à une faute inexcusable de l'ouvrier, de diminuer la pension fixée au titre Ier.

Lorsqu'il est prouvé que l'accident est dû à la faute inexcusable du patron ou de ceux qu'il s'est substitués dans la direction, l'indemnité pourra être majorée, mais sans que la rente ou le total des rentes

---

[1] *Ancien texte.* — L'action en indemnité prévue par la présente loi se prescrit par un an à dater du jour de l'accident.

[2] *Ancien texte.* — Aucune des indemnités déterminées par la présente loi ne peut être attribuée à la victime qui a intentionnellement provoqué l'accident.

Le tribunal a le droit, s'il est prouvé que l'accident est dû à une faute inexcusable de l'ouvrier, de diminuer la pension fixée au titre Ier.

Lorsqu'il est prouvé que l'accident est dû à la faute inexcusable du patron ou de ceux qu'il s'est substitués dans la direction, l'indemnité pourra être majorée, mais sans que la rente ou le total des rentes allouées puisse dépasser soit la réduction, soit le montant du salaire annuel.

allouées puisse dépasser soit la réduction, soit le montant du salaire annuel..

En cas de poursuites criminelles, les pièces de procédure seront communiquées à la victime ou à ses ayants-droit.

Le même droit appartiendra au patron ou à ses ayants-droit.

ART. 21. — Les parties peuvent toujours, après détermination du chiffre de l'indemnité due à la victime de l'accident, décider que le service de la pension sera suspendu et remplacé, tant que l'accord subsistera, par tout autre mode de réparation.

Sauf dans le cas prévu à l'art. 3, paragraphe A, la pension ne pourra être remplacée par le paiement d'un capital que si elle n'est pas supérieure à 100 francs.

ART. 22 (*Modifié par la loi du 22 mars 1902*) [1]. — Le bénéfice de l'assistance judiciaire est accordé de plein droit, sur le visa du procureur de la République, à la victime de l'accident ou à ses ayants-droit devant le président du tribunal civil et devant le tribunal.

Le procureur de la République procède comme il est prescrit à l'art. 13 (§§ 2 et s.) de la loi du 22 janvier 1851, modifiée par la loi du 10 juillet 1901.

Le bénéfice de l'assistance judiciaire s'applique de plein droit à l'acte d'appel. Le premier président de la cour, sur la demande qui lui sera adressée à cet effet, désignera l'avoué près la cour dont la constitution figurera dans l'acte d'appel, et commettra un huissier pour le signifier.

Si la victime de l'accident se pourvoit devant le bureau d'assistance judiciaire pour en obtenir le bénéfice en vue de toute la procédure d'appel, elle sera dispensée de fournir les pièces justificatives de son indigence.

Le bénéfice de l'assistance judiciaire s'étend de plein droit aux instances devant le juge de paix, à tous les actes d'exécution mobilière et immobilière et à toute contestation incidente à l'exécution des décisions judiciaires.

---

[1] *Ancien texte.* — Le bénéfice de l'assistance judiciaire est accordé de plein droit, sur le visa du procureur de la République, à la victime de l'accident ou à ses ayants-droit, devant le tribunal.

A cet effet, le président du tribunal adresse au procureur de la République, dans les trois jours de la comparution des parties prévue par l'art. 16, un extrait de son procès-verbal de non-conciliation; il y joint les pièces de l'affaire.

Le procureur de la République procède comme il est prescrit à l'art. 13 (§ 2 et s.) de la loi du 22 janvier 1851.

Le bénéfice de l'assistance judiciaire s'étend de plein droit aux instances devant le juge de paix, à tous les actes d'exécution mobilière et immobilière, et à toute contestation incidente à l'exécution des décisions judiciaires.

L'assisté devra faire déterminer par le bureau d'assistance judiciaire de son domicile la nature des actes et procédure d'exécution auxquels l'assistance s'appliquera.

TITRE IV

GARANTIES.

Art. 23. — La créance de la victime de l'accident ou de ses ayants-droit relative aux frais médicaux, pharmaceutiques et funéraires, ainsi qu'aux indemnités allouées à la suite de l'incapacité temporaire, de travail, est garantie par le privilège de l'art. 2101 du Code civil et y sera inscrite sous le n° 6.

Le paiement des indemnités pour incapacité permanente de travail ou accidents suivis de mort est garanti conformément aux dispositions des articles suivants.

Art. 24. — A défaut, soit par les chefs d'entreprise débiteurs, soit par les sociétés d'assurances à primes fixes ou mutuelles, ou les syndicats de garantie liant solidairement tous leurs adhérents, de s'acquitter, au moment de leur exigibilité, des indemnités mises à leur charge à la suite d'accidents ayant entraîné la mort ou une incapacité permanente de travail, le paiement en sera assuré aux intéressés par les soins de la Caisse nationale des retraites pour la vieillesse, au moyen d'un fonds spécial de garantie constitué comme il va être dit et dont la gestion sera confiée à ladite caisse.

Art. 25. — Pour la constitution du fonds spécial de garantie, il sera ajouté au principal de la contribution des patentes des industriels visés par l'art. 1er, quatre centimes (0 fr. 04) additionnels. Il sera perçu sur les mines une taxe de cinq centimes (0 fr. 05) par hectare concédé.

Ces taxes pourront, suivant les besoins, être majorées ou réduites par la loi de finances.

Art. 26. — La Caisse nationale des retraites exercera un recours contre les chefs d'entreprise débiteurs, pour le compte desquels des sommes auront été payées par elles, conformément aux dispositions qui précèdent.

En cas d'assurance du chef d'entreprise, elle jouira pour le remboursement de ses avances du privilège de l'art. 2102 du Code civil sur l'indemnité due par l'assureur et n'aura plus de recours contre le chef d'entreprise.

Un règlement d'administration publique déterminera les conditions d'organisation et de fonctionnement du service conféré par les dispositions précédentes à la Caisse nationale des retraites et, notamment les formes du recours à exercer contre les chefs d'entreprise débiteurs ou les sociétés d'assurances et les syndicats de garantie, ainsi que les conditions dans lesquelles les victimes d'accidents ou leurs ayants-droit seront admis à réclamer à la caisse le paiement de leurs indemnités.

Les décisions judiciaires n'emporteront hypothèque que si elles sont rendues au profit de la Caisse des retraites exerçant son recours contre les chefs d'entreprise ou les compagnies d'assurances.

ART. 27. — Les compagnies d'assurances mutuelles ou à primes fixes contre les accidents, françaises ou étrangères, sont soumises à la surveillance et au contrôte de l'État et astreintes à constituer des réserves ou cautionnements dans les conditions déterminées par un règlement d'administration publique.

Le montant des réserves ou cautionnements sera affecté par privilège au paiement des pensions et indemnités.

Les syndicats de garantie seront soumis à la surveillance et un règlement d'administration publique déterminera les conditions de leur création et de leur fonctionnement.

Les frais de toute nature résultant de la surveillance et du contrôle seront couverts au moyen de contributions proportionnelles au montant des réserves ou cautionnement, et fixés annuellement, pour chaque compagnie ou association, par arrêté du ministre du Commerce.

ART. 28. — Le versement du capital représentatif des pensions allouées en vertu de la présente loi ne peut être exigé des débiteurs.

Toutefois, les débiteurs qui désireront se libérer en une fois pourront verser le capital représentatif de ces pensions à la Caisse nationale des retraites, qui établira à cet effet, dans les six mois de la promulgation de la présente loi, un tarif tenant compte de la mortalité des victimes d'accidents et de leurs ayants-droit.

Lorsqu'un chef d'entreprise cesse son industrie, soit volontairement soit par décès, liquidation judiciaire ou faillite, soit par cession d'établissement, le capital représentatif des pensions à sa charge devient exigible de plein droit et sera versé à la Caisse nationale des retraites. Ce capital sera déterminé, au jour de son exigibilité, d'après le tarif visé au paragraphe précédent.

Toutefois, le chef d'entreprise ou ses ayants-droit peuvent être exonérés du versement de ce capital, s'ils fournissent des garanties qui seront à déterminer par un règlement d'administration publique.

TITRE V

DISPOSITIONS GÉNÉRALES.

ART. 29. — Les procès-verbaux, certificats, actes de notoriété, significations, jugements et autres actes faits ou rendus en vertu et pour
l'exécution de la présente loi, sont délivrés gratuitement, visés pour
timbre et enregistrés gratis lorsqu'il y a lieu à la formalité de l'enregistrement.

Dans les six mois de la promulgation de la présente loi, un décret
déterminera les émoluments des greffiers de justice de paix pour leur
assistance et la rédaction des actes de notoriété, procès-verbaux, certificats, significations, jugements, envois de lettres recommandées, extraits, dépôts de la minute d'enquête au greffe, et pour tous les actes
nécessités par l'application de la présente loi, ainsi que les frais de
transport auprès des victimes et d'enquête sur place [1].

ART. 30. — Toute convention contraire à la présente loi est nulle
de plein droit.

ART. 31. — Les chefs d'entreprise sont tenus, sous peine d'une
amende de un à quinze francs (1 à 15 fr.), de faire afficher dans chaque
atelier la présente loi et les règlements d'administration relatifs à
son exécution.

En cas de récidive dans la même année, l'amende sera de seize à
cent francs (16 à 100 fr.).

Les infractions aux dispositions des art. 11 et 31 pourront être constatées par les inspecteurs du travail.

ART. 32. — Il n'est point dérogé aux lois, ordonnances et règlements
concernant les pensions des ouvriers, apprentis et journaliers appartenant aux ateliers de la marine et celle des ouvriers immatriculés
des manufactures d'armes dépendant du ministère de la Guerre.

ART. 33. — La présente loi ne sera applicable que trois mois après la
publication officielle des décrets d'administration publique qui doivent
en régler l'exécution.

ART. 34. — Un règlement d'administration publique déterminera les
conditions dans lesquelles la présente loi pourra être appliquée à l'Algérie et aux colonies.

La présente loi délibérée et adoptée par le Sénat et par la Chambre
des députés, sera exécutée comme loi de l'État.

---

[1] L'administration de l'enregistrement a reconnu, le 29 janvier 1901, que l'immunité d'impôt inscrite dans cet article s'étendait aux quittances délivrées à l'occasion
d'accidents visés dans la loi du 30 juin 1899 (Lettre de M. le ministre des Finances
à son collègue du Commerce, en date du 6 mai 1901).

II. — LOI DU 24 MAI 1899

étendant, en vue de l'application de la loi du 9 avril 1898, les opérations de la Caisse nationale d'assurances contre les accidents[1].

ARTICLE PREMIER. — Les opérations de la Caisse nationale d'assurances en cas d'accidents, créée par la loi du 11 juillet 1868, sont étendues aux risques prévus par la loi du 9 avril 1898, pour les accidents ayant entraîné la mort ou une incapacité permanente, absolue ou partielle.

Les tarifs correspondants seront, avant le 1er juin 1899, établis par la Caisse nationale d'assurances en cas d'accidents et approuvés par décret rendu sur le rapport du ministre du Commerce, de l'Industrie, des Postes et des Télégraphes, et du ministère des Finances.

Les primes devront être calculées de manière que les risques et les frais généraux d'administration de la caisse soient entièrement couverts, sans qu'il soit nécessaire de recourir à la subvention prévue par la loi du 11 juillet 1868.

ART. 2. — La loi du 9 avril 1898 ne sera appliquée qu'un mois après le jour où la caisse des accidents aura publié ses tarifs au *Journal officiel* et admis les industriels à contracter des polices, et où ces tarifs auront été approuvés par décret rendu sur le rapport du ministre du Commerce, de l'Industrie, des Postes et des Télégraphes et du ministre des Finances.

En aucun cas, cette prorogation ne pourra excéder le 1er juillet 1899.

La présente loi, délibérée et adoptée par le Sénat et par la Chambre des députés, sera exécutée comme loi de l'État.

III. — LOI DU 29 JUIN 1899

relative à la résiliation des polices d'assurances souscrites par les chefs d'entreprise soumis à l'application de la loi du 9 avril 1898 sur les accidents[2].

ARTICLE UNIQUE. — Pendant une période d'un an à partir du jour de la promulgation de la présente loi, les polices d'assurances — accidents concernant les industries prévues à l'art. 1er de la loi du 9 avril 1898, et antérieures à cette loi — pourront être dénoncées par l'assu-

[1] *Journal officiel* du 25 mai 1899.
[2] *J. O.*, 30 juin 1899.

reur ou par l'assuré au moyen d'une déclaration au siège social ou
chez l'agent local dont il sera donné récépissé, soit par un acte extrajudiciaire.

Les polices non dénoncées dans ce délai seront régies par le droit
commun.

IV. — LOI DU 30 JUIN 1899

concernant les accidents causés dans les exploitations agricoles par l'emploi de machines mues par des moteurs inanimés [1].

ARTICLE UNIQUE. Les accidents occasionnés par l'emploi de machines agricoles mues par des moteurs inanimés et dont sont victimes,
par le fait ou à l'occasion du travail, les personnes, quelles qu'elles
soient, occupées à la conduite ou au service de ces moteurs ou machines, sont à la charge de l'exploitant dudit moteur.

Est considéré comme exploitant, l'individu ou la collectivité qui
dirige le moteur ou le fait diriger par ses préposés.

Si la victime n'est pas salariée ou n'a pas un salaire fixe, l'indemnité due est calculée, selon les tarifs de la loi du 9 avril 1898, d'après
le salaire moyen des ouvriers agricoles de la commune.

En dehors du cas ci-dessus déterminé, la loi du 9 avril 1898 n'est
pas applicable à l'agriculture.

V. — LOI DU 13 AVRIL 1900

portant fixation du budget général des dépenses et des recettes de l'exercice 1900 [2].

ART. 31. —Pour les délivrances d'actes visées dans l'article 29 de la
loi du 9 avril 1898, les greffiers et les officiers ministériels ont droit
à un émolument. Un règlement d'administration publique déterminera
les frais de transport des juges de paix.

En cas de conciliation et sur le vu de l'ordonnance du président du
tribunal, le greffier délivre à l'administration de l'enregistrement et
des domaines, contre l'adversaire de l'assisté, sur état taxé par le
président du tribunal, un exécutoire de dépens qui comprend les
avances faites par le Trésor, ainsi que les droits, frais et émoluments
dus aux greffiers et aux officiers ministériels à l'occasion de l'enquête
préalable et de la conciliation.

[1] J. O., 1er juill. 1899.
[2] J. O., 14 avr. 1900.

VI. — LOI DU 2 DÉCEMBRE 1903

déterminant pour l'année 1903 les conditions d'application des art. 26 et 27
de la loi du 9 avril 1898 sur les accidents du travail.

(Journal officiel du 3 décembre 1903).

ARTICLE UNIQUE. — « Pour l'année 1903 et en ce qui concerne les
accidents survenus dans les dix jours consécutifs à la publication au
Journal officiel de l'arrêté ministériel mettant fin au fonctionnement
d'assurances visées par l'art. 27 de la loi du 9 avril 1898, les rentes
dues à raison desdits accidents seront exceptionnellement constituées
par la Caisse nationale des retraites au moyen du fonds de garantie ».

VII. — PREMIER DÉCRET DU 28 FÉVRIER 1899

portant règlement d'administration publique pour l'exécution
de l'art. 26 de la loi du 9 avril 1898.

(Journal officiel du 1er mars 1899).

LE PRÉSIDENT DE LA RÉPUBLIQUE FRANÇAISE,

Sur le rapport du ministre du Commerce, de l'Industrie, des Postes
et des Télégraphes ;

Vu les avis du ministre des Finances en date des 5 décembre 1898
et 21 janvier 1899 ;

Vu l'avis du ministre de la Justice en date du 29 octobre 1898 ;

Vu la loi du 9 avril 1898 et notamment le troisième paragraphe de
l'art. 26 ainsi conçu : « Un règlement d'administration publique déterminera les conditions d'organisation et de fonctionnement du service conféré par les dispositions précédentes à la Caisse nationale des
retraites et notamment les formes du recours à exercer contre les
chefs d'entreprise débiteurs ou les sociétés d'assurances et les syndicats de garantie, ainsi que les conditions dans lesquelles les victimes
d'accidents ou leurs ayants-droit seront admis à réclamer à la caisse
le paiement de leurs indemnités » ;

Vu la loi du 20 juillet 1886 et le décret du 28 décembre 1886 ;

Le Conseil d'État entendu,

DÉCRÈTE :

TITRE PREMIER

CONDITIONS DANS LESQUELLES LES VICTIMES D'ACCIDENTS OU LEURS AYANTS-DROIT
SONT ADMIS A RÉCLAMER LE PAIEMENT DE LEURS INDEMNITÉS.

ARTICLE PREMIER. — Tout bénéficiaire d'une indemnité liquidée en
vertu de l'art. 16 de la loi du 9 avril 1898, à la suite d'un accident

ayant entraîné la mort ou une incapacité permanente du travail, qui n'aura pu obtenir le paiement, lors de leur exigibilité, des sommes qui lui sont dues, doit en faire la déclaration au maire de la commune de sa résidence.

ART. 2. — La déclaration est faite soit par le bénéficiaire de l'indemnité ou son représentant légal, soit par un mandataire; elle est exempte de tous frais.

ART. 3. — La déclaration doit indiquer :

1° Les nom, prénoms, âge, nationalité, état civil, profession, domicile du bénéficiaire de l'indemnité;

2° Les nom et domicile du chef d'entreprise débiteur ou la désignation et l'indication du siège de la société d'assurances ou du syndicat de garantie qui aurait dû acquitter la dette à ses lieu et place;

3° La nature de l'indemnité et le montant de la créance réclamée;

4° L'ordonnance ou le jugement en vertu duquel agit le bénéficiaire;

5° Le cas échéant, les nom, prénoms, profession et domicile du représentant légal du bénéficiaire ou du mandataire.

ART. 4. — La déclaration rédigée par les soins du maire, est signée par le déclarant.

Le maire y joint toutes les pièces qui lui sont remises par le réclamant à l'effet d'établir l'origine de la créance, ses modifications ultérieures et le refus de paiement opposé par le débiteur : chef d'entreprise, sociétés d'assurances ou syndicat de garantie.

ART. 5. — Le récépissé de la déclaration et des pièces qui l'accompagnent est remis par le maire au déclarant.

La déclaration et les pièces produites à l'appui sont transmises par le maire au directeur général de la Caisse des dépôts et consignations dans les vingt-quatre heures.

ART. 6. — Le directeur général de la Caisse des dépôts et consignations adresse, dans les quarante-huit heures à partir de sa réception, le dossier au juge de paix du domicile du débiteur, en l'invitant à convoquer celui-ci d'urgence par lettre recommandée.

ART. 7. — Le débiteur doit comparaître au jour fixé par le juge de paix soit en personne, soit par mandataire.

Il lui est donné connaissance de la réclamation formulée contre lui.

Procès-verbal est dressé par le juge de paix des déclarations faites par le comparant, qui appose sa signature sur le procès-verbal.

ART. 8. — Le comparant qui ne conteste ni la réalité, ni le montant de la créance est invité par le juge de paix soit à s'acquitter par-devant lui, soit à expédier au réclamant la somme due au moyen d'un mandat-carte et à communiquer au greffe le récépissé de cet envoi.

Cette communication doit être effectuée au plus tard le deuxième jour qui suit la comparution devant le juge de paix.

Le juge de paix statue sur le paiement des frais de convocation.

Il constate, s'il y a lieu, dans son procès-verbal la libération du débiteur.

Art. 9. — Dans le cas où le comparant, tout en reconnaissant la réalité et le montant de sa dette, déclare ne pas être en état de s'acquitter immédiatement, le juge de paix est autorisé, si les motifs invoqués paraissent légitimes, à lui accorder pour sa libération un délai qui ne peut excéder un mois.

Dans ce cas, en vue du paiement immédiat à l'art. 13 ci-dessous prévu, le procès-verbal dressé par le juge de paix constate la reconnaissance de la dette et l'engagement pris par le comparant de se libérer, dans le délai qui lui a été accordé, au moyen soit d'un versement entre les mains du caissier de la Caisse des dépôts et consignations à Paris ou des préposés de la caisse dans les départements, soit de l'expédition d'un mandat-carte payable au caissier général à Paris.

Art. 10. — Si le comparant déclare ne pas être débiteur du réclamant ou n'être que partiellement son débiteur, le juge de paix constate dans son procès-verbal le refus total ou partiel de paiement et les motifs qui en ont été donnés.

Il est procédé pour l'acquittement de la somme non contestée suivant les dispositions des art. 8 ou 9, tous droits restant réservés pour le surplus.

Art. 11. — Au cas où le débiteur convoqué ne comparaît pas au jour fixé, le juge de paix procède dans la huitaine à une enquête à l'effet de rechercher.

1° Si le débiteur convoqué n'a pas changé de domicile ;

2° S'il a cessé son industrie soit volontairement, soit par cession d'établissement, soit par suite de faillite ou de liquidation judiciaire et, dans ce cas, quel est le syndic ou le liquidateur, soit par suite de décès et, dans l'affirmative, par qui sa succession est représentée.

Le procès-verbal dressé par le juge de paix constate la non-comparution et les résultats de l'enquête.

Art. 12. — Dans les deux jours qui suivent la libération immédiate du débiteur, soit sa comparution devant le juge de paix au cas où il a refusé le paiement ou obtenu un délai, soit la clôture de l'enquête dont il est question en l'article précédent, le juge de paix adresse au directeur général de la Caisse des dépôts et consignations le dossier et y joint le procès-verbal par lui dressé.

Art. 13. — Dès la réception du dossier, s'il résulte du procès-verbal dressé par le juge de paix que le débiteur n'a pas contesté sa dette, mais ne s'en est pas libéré, ou si les motifs invoqués pour refuser le paiement ne paraissent pas légitimes, le directeur général de la Caisse des dépôts et consignations remet au réclamant ou lui adresse, par mandat-carte, la somme à laquelle il a droit. Il fait parvenir également au greffier de la justice de paix le montant de ses déboursés et émoluments.

Il est procédé de même si le débiteur ne s'est pas présenté devant le juge de paix et si la réclamation du bénéficiaire de l'indemnité paraît justifiée.

ART. 14. — Dans le cas où les motifs invoqués par le comparant pour refuser le paiement paraissent fondés ou, en cas de non-comparution, si la réclamation formulée par le bénéficiaire ne semble pas suffisamment justifiée, le directeur général de la Caisse des dépôts et consignations renvoie, par l'intermédiaire du maire, au réclamant le dossier par lui produit en lui laissant le soin d'agir contre la personne dont il se prétend le créancier, conformément aux règles du droit commun.

Le montant des déboursés et émoluments du greffier est, en ce cas, acquitté par les soins du directeur général et imputé sur les fonds de garantie.

TITRE II

DU RECOURS DE LA CAISSE DES RETRAITES POUR LE RECOUVREMENT DE SES AVANCES ET POUR L'ENCAISSEMENT DES CAPITAUX EXIGIBLES.

ART. 15. — Le recours de la Caisse nationale des retraites est exercé aux requête et diligence du directeur général de la Caisse des dépôts et consignations, dans les conditions énoncées aux articles suivants.

ART. 16. — Dans les cinq jours qui suivent le paiement fait au bénéficiaire de l'indemnité et au greffier de la justice de paix, conformément aux art. 13 et 14, ou à l'expiration du délai dont il est question à l'art. 9 si le remboursement n'a pas été opéré dans ce délai, le directeur général de la Caisse des dépôts et consignations informe le débiteur, par lettre recommandée, du paiement effectué pour son compte.

Cette lettre recommandée fait en même temps connaître que, faute par le débiteur d'avoir remboursé dans un délai de quinzaine le montant de la somme payée, d'après un des modes prévus au dernier alinéa de l'art. 9, le recouvrement sera poursuivi par la voie judiciaire.

ART. 17. — A l'expiration du délai imparti par le deuxième alinéa de l'art. 16 ci-dessus, il est délivré par le directeur général de la Caisse des dépôts et consignations, à l'encontre du débiteur qui ne s'est pas acquitté, une contrainte pour le recouvrement.

ART. 18. — La contrainte décernée par le directeur général de la Caisse des dépôts et consignations est visée et déclarée exécutoire par le juge de paix du domicile du débiteur.

Elle est signifiée par ministère d'huissier.

ART. 19. — L'exécution de la contrainte ne peut être interrompue que par une opposition formée par le débiteur et contenant assignation donnée au directeur général de la Caisse des dépôts et consignations devant le tribunal civil du domicile du débiteur.

ART. 20. — L'instance à laquelle donne lieu l'opposition à contrainte est suivie dans les formes et délais déterminés par l'art. 65 de la loi du 22 frimaire an VII sur l'enregistrement.

ART. 21. — Les frais de poursuites et dépens de l'instance auxquels a été condamné le débiteur débouté de son opposition sont recouvrés par le directeur de la Caisse des dépôts et consignations au moyen d'un état de frais taxé sur sa demande et rendu exécutoire par le président du tribunal.

ART. 22. — Lorsque le capital représentatif d'une pension est, conformément aux termes de l'art. 28 de la loi du 9 avril 1898, devenu exigible par suite de la faillite ou de la liquidation judiciaire du débiteur, le directeur général de la Caisse des dépôts et consignations représentant la Caisse nationale des retraites pour la vieillesse demande l'admission au passif pour le montant de sa créance.

Il est procédé dans ce cas, conformément aux dispositions des art. 491 et s. du Code de commerce et de la loi du 4 mars 1889 sur la liquidation judiciaire.

ART. 23. — En cas d'exigibilité du capital par suite d'une des circonstances prévues en l'art. 28 de la loi du 9 avril 1898 autre que la faillite ou la liquidation judiciaire du débiteur, le directeur général de la Caisse des dépôts et consignations, par lettre recommandée, met en demeure le débiteur ou ses représentants d'opérer, dans les deux mois qui suivront la réception de la lettre, le versement à la Caisse nationale des retraites du capital exigible, à moins qu'il ne soit justifié que les garanties prescrites par le décret du 28 février 1899, portant règlement d'administration publique en exécution de l'art. 28 de la loi ci-dessus visée, ont été fournies.

ART. 24. — Si, à l'expiration du délai de deux mois, le versement n'a pas été effectué ou les garanties exigées n'ont pas été fournies, il est procédé au recouvrement dans les mêmes conditions et suivant les formes énoncées aux art. 17 à 21 du présent décret.

ART. 25. — En dehors des délais fixés par les dispositions qui précèdent, le directeur général de la Caisse des dépôts et consignations peut accorder au débiteur tous délais ou toutes facilités de paiement.

Le directeur général peut également transiger.

TITRE III
ORGANISATION DU FONDS DE GARANTIE.

ART. 26. — Le fonds de garantie institué par les art. 24 et 25 de la loi du 9 avril 1898 fait l'objet d'un compte spécial ouvert dans les écritures de la Caisse des dépôts et consignations.

ART. 27. — Le ministre du Commerce adresse au président de la République un rapport annuel, publié au *Journal officiel*, sur le fonctionnement général du fonds de garantie visé par les art. 24 à 26 de la loi du 9 avril 1898.

ART. 28. — Les recettes du fonds de garantie comprennent :

1° Les versements effectués par le Trésor public, représentant le montant des taxes recouvrées en conformité de l'art. 25 de la loi du 9 avril 1898 ;

2° Les recouvrements effectués sur les débiteurs d'indemnités dans les conditions prévues aux titres I et II du présent décret ;

3° Les revenus et arrérages et le produit du remboursement des valeurs acquises en conformité de l'art. 30 du présent décret ;

4° Les intérêts du fonds de roulement prévu au deuxième alinéa du même article.

ART. 29. — Les dépenses du fonds de garantie comprennent :

1° Les sommes payées aux bénéficiaires des indemnités ;

2° Les sommes versées sur des livrets individuels à la Caisse nationale des retraites pour la vieillesse et représentant les capitaux de pensions exigibles dans les cas prévus par l'art. 28, § 3, de la loi du 9 avril 1898 ;

3° Le montant des frais de toute nature auxquels donne lieu le fonctionnement du fonds de garantie.

ART. 30. — Les ressources du fonds de garantie sont employées dans les conditions prescrites par l'art. 22 de la loi du 20 juillet 1886.

Les sommes liquides reconnues nécessaires pour assurer le fonctionnement du fonds de garantie sont bonifiées d'un intérêt calculé à un taux égal à celui qui est adopté pour le compte courant ouvert à la Caisse des dépôts et consignations dans les écritures du Trésor public.

ART. 31. — Le ministre du Commerce, de l'Industrie, des Postes et des Télégraphes, le ministre des Finances et le garde des Sceaux, ministre de la Justice, sont chargés, chacun en ce qui le concerne, de l'exécution du présent décret qui sera publié au *Journal officiel de la République française* et inséré au *Bulletin des lois*.

VIII. — DEUXIÈME DÉCRET DU 28 FÉVRIER 1899

portant règlement d'administration publique pour l'exécution de l'art. 27 de la loi du 9 avril 1898.

(*Journal officiel du 1er mars 1899*).

LE PRÉSIDENT DE LA RÉPUBLIQUE FRANÇAISE,

Sur le rapport du ministre du Commerce, de l'Industrie, des Postes et des Télégraphes;

Vu l'avis du ministre des Finances en date du 5 décembre 1898;

Vu la loi du 9 avril 1898 et notamment l'art. 27 ainsi conçu :

« Les compagnies d'assurances mutuelles ou à primes fixes contre les accidents, françaises ou étrangères, sont soumises à la surveillance et au contrôle de l'État et astreintes à constituer des réserves ou cautionnements dans les conditions déterminées par un règlement d'administration publique.

« Le montant des réserves ou cautionnements sera affecté par privilège au paiement des pensions et indemnités.

« Les syndicats de garantie seront soumis à la même surveillance et un règlement d'administration publique déterminera les conditions de leur création et de leur fonctionnement.

« Les frais de toute nature résultant de la surveillance et du contrôle seront couverts au moyen de contributions proportionnelles au montant des réserves ou cautionnements et fixés annuellement, pour chaque compagnie ou association, par arrêté du ministre du Commerce »;

Vu le décret du 22 janvier 1868, portant règlement d'administration publique pour la constitution des sociétés d'assurances;

Le Conseil d'État entendu,

DÉCRÈTE :

TITRE PREMIER

SOCIÉTÉS D'ASSURANCES MUTUELLES OU À PRIMES FIXES.

CHAPITRE PREMIER
Cautionnements et réserves.

ARTICLE [PREMIER. — Toutes les sociétés qui pratiquent, dans les termes de la loi du 9 avril 1898, l'assurance mutuelle ou à primes fixes contre le risque des accidents de travail ayant entraîné la mort ou une

incapacité permanente sont astreintes, pour ce risque, aux dispositions du présent titre.

Art. 2. — Indépendamment des garanties spécifiées aux art. 2 et 4
du décret du 22 janvier 1868 et de la réserve mathématique, les sociétés
anonymes d'assurances françaises ou étrangères à primes fixes doivent
justifier de la constitution préalable d'un cautionnement fixé d'après
des bases que détermine le ministre, sur l'avis du comité consultatif
prévu à l'art. 16 ci-après, et affecté, par privilège, au paiement des
pensions et indemnités, conformément à l'art. 27 de la loi.

Art. 3. — Le cautionnement est constitué, dans les quinze jours de
la notification de la décision du ministre, à la Caisse des dépôts et consignations en valeurs énumérées au troisième paragraphe de l'art. 8
ci-dessous. Il est revisé chaque année. Les titres sont estimés au cours
moyen de la Bourse de Paris au jour du dépôt.

Art. 4. — Le cautionnement est versé au lieu où la société a son
siège principal, dans les conditions déterminées par les lois et règlements en vigueur sur la consignation des valeurs mobilières.

Les intérêts des valeurs déposées peuvent être retirés par la société.
Il en est de même, en cas de remboursement des titres avec primes ou
lots, de la différence entre le prix de remboursement et le cours moyen
à la Bourse de Paris, au jour fixé pour le remboursement, de la valeur sortie au tirage.

Le montant des remboursements, déduction faite de cette différence, doit être immédiatement remployé en achat de valeurs visées au
troisième paragraphe de l'art. 8, sur l'ordre de la société, ou d'office
en rentes sur l'État, si la société n'a pas donné d'ordres dans les quinze
jours de la notification de remboursement faite, sous pli recommandé,
par la Caisse des dépôts et consignations.

Il en est de même pour les fonds provenant d'aliénations de titres
demandées par la société.

Art. 5. — Les valeurs déposées ou les valeurs acquises en remploi de
ces valeurs ne peuvent être retirées que : 1° dans le cas où le cautionnement exigible a été fixé, pour l'année courante, à un chiffre inférieur
à celui de l'année précédente et jusqu'à concurrence de la différence;
2° dans le cas où la société ayant versé à la Caisse nationale des retraites les capitaux constitutifs des rentes et indemnités assurées justifie qu'elle a complètement rempli toutes ses obligations. Dans les
deux cas, une décision du ministre du Commerce est nécessaire.

Art. 6. — Indépendamment des garanties spécifiées à l'art. 29 du
décret du 22 janvier 1868, les sociétés d'assurances mutuelles sont
soumises aux dispositions des art. 2, 3, 4 et 5 ci-dessus.

Toutefois, le cautionnement qu'elles auront à verser est réduit de moitié pour celles de ces sociétés dont les statuts stipulent :

1° Que la société ne peut assurer que tout ou partie des risques prévus par l'art. 3 de la loi du 9 avril 1898 ;

2° Qu'elle assure exclusivement soit les ouvriers d'une seule profession, soit les ouvriers de professions appartenant à un même groupe d'industries, d'après une classification générale arrêtée à cet effet par le ministre du Commerce, après avis du comité consultatif;

3° Que le maximum de contribution annuelle dont chaque sociétaire est passible pour le paiement des sinistres est au moins double de la prime totale fixée par son contrat pour l'assurance de tous les risques, et triple de la prime partielle déterminée par le ministre du Commerce, après avis du comité consultatif, pour les mêmes professions et pour les risques définis à l'art. 23 de la loi.

ART. 7. — Les sociétés anonymes d'assurances à primes fixes et les sociétés mutuelles d'assurances sont tenues de justifier, dès la deuxième année d'exploitation, de la constitution d'une *réserve mathématique* ayant pour minimum de valeur le montant des capitaux représentatifs des rentes et indemnités à servir à la suite d'accidents ayant entraîné la mort ou une incapacité permanente.

Les capitaux représentatifs sont calculés d'après un barème minimum déterminé par le ministre du Commerce, après avis du comité consultatif.

ART. 8. — Le montant de la réserve mathématique est arrêté chaque année, la société entendue, par le ministre du Commerce et à l'époque qu'il détermine.

Cette réserve reste aux mains de la société. Elle ne peut être placée que dans les conditions suivantes :

1° Pour les deux tiers au moins de la fixation annuelle, en valeurs de l'État ou jouissant d'une garantie de l'État; en obligations négociables et entièrement libérées des départements, des communes et des chambres de commerce; en obligations foncières et communales du Crédit foncier;

2° Jusqu'à concurrence du tiers au plus de la fixation annuelle, en immeubles situés en France et en premières hypothèques sur ces immeubles, pour la moitié au maximum de leur valeur estimative;

3° Jusqu'à concurrence d'un dixième, confondu dans le tiers précédent, en commandites industrielles ou en prêts à des exploitations industrielles de solvabilité notoire.

Pour la fixation prévue au § 1ᵉʳ du présent article, les valeurs mobilières sont estimées à leur prix d'achat. Si leur valeur totale descend au-dessous de ces prix de plus d'un dixième, un arrêté du ministre du Commerce oblige la société à parfaire la différence en titres nouveaux, dans un délai qui ne peut être inférieur à deux ans ni supérieur à cinq ans.

Les immeubles sont estimés à leur prix d'achat ou de revient; les prêts hypothécaires, les commandites industrielles ou les prêts à des sociétés industrielles, aux prix établis par actes authentiques.

Art. 9. — Si les sociétés visées aux art. 2 et 6 ci-dessus ne font point elles-mêmes le service des rentes et indemnités attribuables aux termes de l'art. 3 de la loi du 9 avril 1898 pour les accidents ayant entraîné la mort ou une incapacité permanente de travail et si elles opèrent immédiatement le versement des capitaux constitutifs de ces rentes et indemnités à la Caisse nationale des retraites, il n'y a pas lieu pour elles à constitution de réserve mathématique.

Si ces sociétés versent seulement, dans les conditions susdésignées, une partie des capitaux constitutifs dont il s'agit, leur réserve mathématique est réduite proportionnellement.

CHAPITRE II
Surveillance et contrôle.

Art. 10. — Les sociétés visées à l'art. 1er qui assurent d'autres risques que celui résultant de l'application de la loi du 9 avril 1898 pour le cas de mort ou d'incapacité permanente ou qui assurent concurremment un risque analogue dans des pays étrangers doivent établir, pour les opérations se rattachant à ce risque en France, une gestion et une comptabilité absolument distinctes.

Art. 11. — Toutes les sociétés doivent communiquer immédiatement au ministre du Commerce dix exemplaires de tous les règlements, tarifs, polices, prospectus et imprimés distribués ou utilisés par elles.

Les polices doivent :

1° Reproduire textuellement les art. 3, 9, 19 et 30 de la loi du 9 avril 1898 ;

2° Spécifier qu'aucune clause de déchéance ne pourra être opposée aux ouvriers créanciers ;

3° Stipuler que les contrats se trouveraient résiliés de plein droit dans le cas où la société cesserait de remplir les conditions fixées par la loi et le présent décret.

Art. 12. — Les sociétés doivent produire au ministre du Commerce, aux dates fixées par lui :

1° Le compte rendu détaillé annuel de leurs opérations, avec des tableaux financiers et statistiques annexes dans les conditions déterminées par arrêté ministériel, après avis du comité consultatif. Ce compte rendu doit être délivré par les sociétés intéressées à toute per-

sonne qui en fait la demande moyennant paiement d'une somme qui
ne peut excéder 1 franc ;

2° L'état des salaires assurés et l'état des rentes et indemnités correspondant au risque spécifié à l'art. 1er, ainsi que tous autres états
ou documents manuscrits que le ministre juge nécessaires à l'exercice
du contrôle.

Art. 13. — Elles sont soumises à la surveillance permanente de commissaires-contrôleurs, sous l'autorité du ministre du Commerce, et
peuvent être en outre contrôlées par toute personne spécialement déléguée à cet effet par le ministre.

Art. 14. — Les commissaires-contrôleurs sont recrutés dans les
conditions déterminées par arrêté du ministre du Commerce, après avis
du comité consultatif.

Ils prêtent serment de ne pas divulguer les secrets commerciaux
dont ils auraient connaissance dans l'exercice de leurs fonctions.

Ils sont spécialement accrédités, pour des périodes fixes, auprès
des sociétés qu'ils ont mission de surveiller.

Ils vérifient, au siège des sociétés, l'état des assurés et des salaires
assurés, les contrats intervenus, les écritures et pièces comptables, la
caisse, le portefeuille, les calculs des réserves et tous les éléments de
contrôle propres, soit à établir les opérations dont résultent les obligations pour les sociétés, soit à constater la régulière exécution tant
des statuts que des prescriptions contenues dans le décret du 22 janvier
1868, dans le présent décret et dans les arrêtés ministériels qu'il prévoit.

Ils se bornent à ces vérifications et constatations, sans pouvoir donner aux sociétés aucune instruction ni apporter à leur fonctionnement
aucune entrave.

Ils rendent compte au ministre du Commerce, qui seul prescrit,
dans les formes et délais qu'il fixe, les redressements nécessaires.

Art. 15. — A l'aide des rapports de vérification et des contre-vérifications auxquelles il peut faire procéder soit d'office, soit à la demande
des sociétés intéressées, le ministre du Commerce présente chaque
année au président de la République un rapport d'ensemble établissant la situation de toutes les sociétés soumises à la surveillance.

Il adresse, le cas échéant, à chacune des sociétés les injonctions
nécessaires et la met en demeure de s'y conformer.

Art. 16. — Il est constitué auprès du ministre du Commerce un
« comité consultatif des assurances contre les accidents du travail »
dont l'organisation est réglée par arrêté du ministre.

Ce comité doit être consulté dans les cas spécifiés par le présent
décret et par les décrets du même jour, rendus en exécution des

art. 26 et 28 de la loi du 9 avril 1898. Il peut être saisi par le ministre de toutes autres questions relatives à l'application de ladite loi.

ART. 17. — Le décret du 22 janvier 1868 demeure applicable aux sociétés régies par le présent décret, en toutes celles de ses dispositions qui ne lui sont pas contraires.

ART. 18. — Chaque année, avant le 1er décembre, le ministre du Commerce arrête, après avis du comité consultatif, et publie au *Journal officiel* la liste des sociétés mutuelles ou à primes fixes, françaises ou étrangères qui fonctionnent dans les conditions prévues par les art. 26 à 27 de la loi du 9 avril 1898 et par le présent décret.

ART. 19. — Dès que, après fixation du cautionnement, dans les conditions déterminées par les art. 3 et 6 ci-dessus, chaque société actuellement existante aura effectué à la Caisse des dépôts et consignations le versement du montant de ce cautionnement, mention de cette formalité sera faite au *Journal officiel* par les soins du ministre du Commerce, en attendant la publication de la première liste générale prévue à l'art. 18.

Il en sera de même ultérieurement pour les sociétés constituées après publication de la liste générale annuelle.

ART. 20. — Les sociétés étrangères doivent accréditer auprès du ministre du Commerce et de la Caisse des dépôts et consignations un agent spécialement préposé à la direction de toutes les opérations faites en France pour les assurances visées à l'art. 1er.

Cet agent représente seul la société auprès de l'Administration. Il doit être domicilié en France.

TITRE II

SYNDICATS DE GARANTIE.

ART. 21. — Les syndicats de garantie prévus par la loi du 9 avril 1898 lient solidairement tous leurs adhérents pour le paiement des rentes et indemnités attribuables en vertu de la même loi à la suite d'accidents ayant entraîné la mort ou une incapacité permanente.

La solidarité ne prend fin que lorsque le syndicat de garantie a liquidé entièrement ses opérations soit directement, soit en versant à la Caisse nationale des retraites l'intégralité des capitaux constitutifs des rentes et indemnités dues.

La liquidation peut être périodique.

ART. 22. — Ces syndicats de garantie doivent comprendre au moins 5.000 ouvriers assurés et 10 chefs d'entreprise adhérents, dont 5 ayant au moins chacun 300 ouvriers.

Art. 23. — Le fonctionnement de chaque syndicat est réglé par des statuts, qui doivent être soumis, avant toute opération, à l'approbation du Gouvernement.

Il est statué par décret rendu en Conseil d'État sur le rapport du ministre du Commerce, après avis du comité consultatif des assurances contre les accidents du travail, au vu des actes souscrits et des pièces justifiant des conditions et des engagements prévus aux art. 21 et 22 ci-dessus.

Art. 24. — Le décret portant approbation des statuts règle :

1° Le fonctionnement de la surveillance et du contrôle, dans des conditions analogues à celles que détermine le chapitre II du titre Ier du présent décret ;

2° Les conditions dans lesquelles l'approbation peut être révoquée et les mesures à prendre, en ce cas, pour le versement des capitaux constitutifs des pensions et indemnités en cours.

Art. 25. — Les contributions pour frais de surveillance sont fixées d'après le montant du cautionnement auquel serait astreinte une société d'assurances pour le même chiffre de salaires assurés.

Art. 26. — Le ministre du Commerce, de l'Industrie, des Postes et des Télégraphes et le ministre des Finances sont chargés, chacun en ce qui le concerne, de l'exécution du présent décret, qui sera publié au *Journal officiel de la République française* et inséré au *Bulletin des lois.*

IX. — TROISIÈME DÉCRET DU 28 FÉVRIER 1899

portant règlement d'administration publique pour l'exécution de l'art. 28 de la loi du 9 avril 1898.

(*Journal officiel* du 1er mars 1900).

Le Président de la République française,

Sur le rapport du ministre du Commerce, de l'Industrie, des Postes et des Télégraphes ;

Vu l'avis du ministre des Finances, en date du 2 février 1899 ;

Vu la loi du 9 avril 1898 et notamment les deux derniers alinéas de son art. 28 ainsi conçus :

« Lorsqu'un chef d'entreprise cesse son industrie, soit volontairement, soit par décès, liquidation judiciaire ou faillite, soit par cession d'établissement, le capital représentatif des pensions à sa charge devient exigible de plein droit et sera versé à la Caisse nationale des retraites. Ce capital sera déterminé, au jour de son exigibilité, d'après le tarif visé au paragraphe précédent.

« Toutefois le chef d'entreprise ou ses ayants-droit peuvent être exonérés du versement de ce capital, s'ils fournissent des garanties qui seront à déterminer par un règlement d'administration publique » ;

Vu le décret du 28 février 1899, portant règlement d'administration publique en exécution de l'art. 26 de la loi ci-dessus visée, et notamment les art. 22 à 25 dudit décret, relatifs à l'exigibilité des capitaux représentatifs des pensions dues en vertu de la loi du 9 avril 1898 ;

Vu le décret du même jour, portant règlement d'administration publique en exécution de l'art. 27 de la loi ci-dessus visée, et notamment le titre II, relatif aux syndicats de garantie prévus par ladite loi ;

Le Conseil d'État entendu,

DÉCRÈTE :

ARTICLE PREMIER. — Lorsqu'un chef d'entreprise cesse son industrie dans les cas prévus par l'avant-dernier alinéa de l'art. 28 de la loi du 9 avril 1898, ce chef d'entreprise ou ses ayants-droit peuvent être exonérés du versement à la Caisse nationale des retraites du capital représentatif des pensions à leur charge s'ils justifient :

1° Soit du versement de ce capital à une des sociétés visées à l'art. 18 du décret du 28 février 1899, portant règlement d'administration publique en exécution de l'art. 27 de la loi ci-dessus visée ;

2° Soit de l'immatriculation d'un titre de rente pour l'usufruit au nom des titulaires de pensions, le montant de la rente devant être au moins égal à celui de la pension ;

3° Soit du dépôt à la Caisse des dépôts et consignations, avec affectation à la garantie des pensions, de titres spécifiés au § 3 de l'art. 8 du décret précité. La valeur de ces titres, établie d'après le cours moyen de la Bourse de Paris au jour du dépôt, doit correspondre au chiffre maximum qu'est susceptible d'atteindre le capital constitutif exigible par la Caisse nationale des retraites. Elle peut être revisée tous les trois ans à la valeur actuelle des pensions, d'après le cours moyen des titres au jour de la revision ;

4° Soit de l'affiliation du chef d'entreprise à un syndicat de garantie liant solidairement tous ses membres et garantissant le paiement des pensions ;

5° Soit, en cas de cession d'établissement, de l'engagement pris par le cessionnaire, vis-à-vis du directeur général de la Caisse des dépôts et consignations, d'acquitter les pensions dues et de rester solidairement responsable avec le chef d'entreprise.

ART. 2. — Des arrêtés du ministre du Commerce, pris après avis du comité consultatif des assurances contre les accidents, règlent les mesures nécessaires à l'application du présent décret.

ART. 3. — Le ministre du Commerce, de l'Industrie, des Postes et des Télégraphes et le ministre des Finances sont chargés, chacun en ce qui le concerne, de l'exécution du présent décret, qui sera publié au *Journal officiel de la République française* et inséré au *Bulletin des lois*.

X. — TARIFS DE LA CAISSE NATIONALE DES RETRAITES

établis pour l'exécution de la loi du 9 avril 1898
concernant les responsabilités des accidents dont les ouvriers sont
victimes dans leur travail.

(Extrait du *Journal officiel* du 10 mai 1899).

(Taux 3 1/2 0/0).

Les tarifs et tables de mortalité se divisent en cinq tableaux : -

Le tableau I contient la table de mortalité et le tarif applicables aux conjoints et ascendants de victimes d'accidents mortels, c'est-à-dire à des personnes jouissant d'une entière validité.

Le tableau II contient la table de mortalité et le tarif applicables aux enfants et descendants de victimes d'accidents mortels.

Le tableau III contient la table de mortalité et le tarif applicables aux victimes d'accidents ayant entraîné l'incapacité absolue et permanente de travail.

Le tableau IV contient le tarif auxiliaire pour l'évaluation d'une rente viagère reposant sur la tête d'une victime d'accident ayant entraîné l'incapacité absolue et permanente de travail et réversible sur la tête du conjoint.

Le tableau V contient le tarif auxiliaire pour l'évaluation d'une rente viagère au profit d'un pensionnaire valide, réversible sur la tête du conjoint.

Nous nous contentons d'insérer ci-après les tarifs des tableaux I et III qui permettent de calculer les prix : 1° des rentes au profit des conjoints et ascendants ; 2° de celles dues aux victimes atteintes d'invalidité absolue et permanente ; 3° de celles dues aux victimes atteintes d'incapacité partielle permanente de travail [1].

---

[1] On trouvera les tables de mortalité et tarifs complets au *Journal officiel* du 10 mai 1899 et aussi dans une brochure publiée en 1892 par le ministère du Commerce (Berger-Levrault, éditeur). Enfin on pourra, le cas échéant, consulter utilement la direction générale de la Caisse des dépôts et consignations, 56, rue de Lille, Paris, VII.

TARIFS DE LA CAISSE NATIONALE DES RETRAITES

TABLEAU N° 1.

Tarif applicable aux conjoints et ascendants des victimes d'accidents mortels.
Taux 3 1/2 0/0.

AGE.	PRIX D'UNE rente viagère de 1 franc.	AGE.	PRIX D'UNE rente viagère de 1 franc.	AGE.	PRIX D'UNE rente viagère de 1 franc.	AGE.	PRIX D'UNE rente viagère de 1 franc.
12 ans...	21f 8284	35 ans...	18f 1758	58 ans...	11f 4319	81 ans.	4f 1191
13.......	21 6648	36.......	17 9455	59.......	11 0915	82.....	3 8979
14.......	21 5069	37.......	17 7078	60.......	10 7472	83.....	3 6891
15.......	21 3556	38.......	17 4630	61.......	10 3995	84.....	3 4947
16.......	21 2115	39.......	17 2120	62.......	10 0486	85.....	3 3151
17.......	21 0743	40.......	16 9551	63.......	9 6954	86.....	3 1512
18.......	20 9430	41.......	16 6920	64.......	9 3410	87.....	3 0026
19.......	20 8176	42.......	16 4221	65.......	8 9863	88.....	2 8690
20.......	20 6959	43.......	16 1447	66.......	8 6328	89.....	2 7456
21.......	20 5760	44.......	15 8597	67.......	8 2821	90.....	2 6320
22.......	20 4554	45.......	15 5666	68.......	7 9348	91.....	2 5197
23.......	20 3310	46.......	15 2662	69.......	7 5919	92.....	2 4036
24.......	20 1991	47.......	14 9599	70.......	7 2545	93.....	2 2833
25.......	20 0582	48.......	14 6493	71.......	6 9233	94.....	2 1552
26.......	19 9074	49.......	14 3359	72.......	6 5990	95.....	2 0115
27.......	19 7463	50.......	14 0212	73.......	6 2826	96.....	1 8560
28.......	19 5756	51.......	13 7058	74.......	5 9755	97.....	1 6842
29.......	19 3971	52.......	13 3895	75.......	5 6782	98.....	1 4880
30.......	19 2112	53.......	13 0715	76.......	5 3913	99.....	1 2412
31.......	19 0185	54.......	12 7512	77.......	5 1152	100....	0 9366
32.......	18 8190	55.......	12 4276	78.......	4 8502	101....	0 6673
33.......	18 6125	56.......	12 0999	79.......	4 5955	102....	0 4924
34.......	18 3980	57.......	11 7680	80.......	4 3519		

TABLEAU Nº 3.

Tarif applicable aux victimes d'accidents ayant entraîné l'incapacité absolue et permanente de travail.

TEMPS ÉCOULÉ DEPUIS L'ACCIDENT	AGE AU MOMENT DE L'ACCIDENT													
	12 ans.		13 ans.		14 ans.		15 ans.		16 ans.		17 ans.		18 ans.	
ans.	Âge actuel.	Prix d'une rente viagère de 1 franc.	Âge actuel.	Prix d'une rente viagère de 1 franc.	Âge actuel.	Prix d'une rente viagère de 1 franc.	Âge actuel.	Prix d'une rente viagère de 1 franc.	Âge actuel.	Prix d'une rente viagère de 1 franc.	Âge actuel.	Prix d'une rente viagère de 1 franc.	Âge actuel.	Prix d'une rente viagère de 1 franc.
0	12	12f9464	13	12f9663	14	12f9864	15	13f0077	16	13f0341	17	13f0563	18	13f0833
1	13	15.2888	14	15.2578	15	15.2297	16	15.2048	17	15.1835	18	15.1649	19	15.1495
2	14	16.9854	15	16.9196	16	16.8586	17	16.8016	18	16.7489	19	16.6999	20	16.6534
3	15	18.1782	16	18.0908	17	18.0036	18	17.9306	19	17.8579	20	17.7875	21	17.7186
4	16	18.9987	17	18.8987	18	18.8036	19	18.7133	20	18.6266	21	18.5411	22	18.4550
5	17	19.5508	18	19.4436	19	19.3419	20	19.2430	21	19.1464	22	19.0488	23	18.9478
6	18	19.9104	19	19.8003	20	19.6940	21	19.5890	22	19.4838	23	19.3748	24	19.2585
7	19	20.1330	20	20.0210	21	19.9109	22	19.7998	23	19.6856	24	19.5638	25	19.4333
8	20	20.2559	21	20.1421	22	20.0276	23	19.9092	24	19.7838	25	19.6496	26	19.5054
9	21	20.3055	22	20.1884	23	20.0679	24	19.9395	25	19.8027	26	19.6559	27	19.4991
10	22	20.2992	23	20.1767	24	20.0471	25	19.9083	26	19.7599	27	19.6011	28	19.4330
11	23	20.2490	24	20.1178	25	19.9784	26	19.8286	27	19.6687	28	19.4993	29	19.3222
12	24	20.1619	25	20.0242	26	19.8742	27	19.7106	28	19.5405	29	19.3624	30	19.1773
13	25	20.0452	26	19.8943	27	19.7337	28	19.5633	29	19.3847	30	19.1991	31	19.0067
14	26	19.9047	27	19.7436	28	19.5732	29	19.3947	30	19.2088	31	19.0161	32	18.8167
15	27	19.7463	28	19.5756	29	19.3971	30	19.2112	31	19.0185	32	18.8190	33	18.6125

TABLE DE MORTALITÉ C. R. L. Taux 3 1/2 0/0.

Tarif applicable pendant les quinze premières années d'invalidité. A partir de la seizième année, le tarif du tableau nº 1 devient applicable.

AGE AU MOMENT DE L'ACCIDENT

TEMPS ÉCOULÉ DEPUIS L'ACCIDENT	19 ans		20 ans		21 ans		22 ans		23 ans		24 ans		25 ans		26 ans		27 ans	
	Âge actuel.	Prix d'une rente viagère de 1 franc.	Âge actuel.	Prix d'une rente viagère de 1 franc.	Âge actuel.	Prix d'une rente viagère de 1 franc.	Âge actuel.	Prix d'une rente viagère de 1 franc.	Âge actuel.	Prix d'une rente viagère de 1 franc.	Âge actuel.	Prix d'une rente viagère de 1 franc.	Âge actuel.	Prix d'une rente viagère de 1 franc.	Âge actuel.	Prix d'une rente viagère de 1 franc.	Âge actuel.	Prix d'une rente viagère de 1 franc.
ans.	ans.		ans.		ans.		ans.		ans.		ans.		ans.		ans.		ans.	
0	19	13f1120	20	13f1412	21	13f1704	22	13f1973	23	13f2201	24	13f2361	25	13f2443	26	13f1513	27	13f0515
1	20	15 1355	21	15 1217	22	15 1066	23	15 0875	24	15 0611	25	15 0269	26	14 9836	27	14 8673	28	14 7438
2	21	16 6075	22	16 5602	23	16 5096	24	16 4517	25	16 3854	26	16 3100	27	16 2251	28	16 0885	29	15 9454
3	22	17 6486	23	17 5746	24	17 4938	25	17 4046	26	17 3059	27	17 1975	28	17 0803	29	16 9271	30	16 7674
4	23	18 3650	24	18 2677	25	18 1621	26	18 0471	27	17 9222	28	17 7880	29	17 6464	30	17 4790	31	17 3055
5	24	18 8392	25	18 7219	26	18 5953	27	18 4586	28	18 3127	29	18 1591	30	17 9984	31	17 8192	32	17 6334
6	25	19 1334	26	18 9985	27	18 8537	28	18 6995	29	18 5376	30	18 3684	31	18 1929	32	18 0029	33	17 8059
7	26	19 2928	27	19 1423	28	18 9825	29	18 8146	30	18 6398	31	18 4582	32	18 2702	33	18 0700	34	17 8622
8	27	19 3508	28	19 1871	29	19 0154	30	18 8364	31	18 6509	32	18 4584	33	18 2592	34	18 0490	35	17 8312
9	28	19 3323	29	19 1580	30	18 9764	31	18 7879	32	18 5930	33	18 3905	34	18 1808	35	17 9612	36	17 7337
10	29	19 2565	30	19 0733	31	18 8830	32	18 6860	33	18 4820	34	18 2699	35	18 0506	36	17 8216	37	17 5856
11	30	19 1373	31	18 9462	32	18 7478	33	18 5426	34	18 3295	35	18 1085	36	17 8798	37	17 6428	38	17 3989
12	31	18 9849	32	18 7864	33	18 5802	34	18 3663	35	18 1449	36	17 9150	37	17 6781	38	17 4335	39	17 1829
13	32	18 8073	33	18 6012	34	18 3868	35	18 1638	36	17 9347	37	17 6971	38	17 4526	39	17 2017	40	16 9449
14	33	18 6101	34	18 3959	35	18 1737	36	17 9433	37	17 7056	38	17 4609	39	17 2099	40	16 9530	41	16 6899
15¹	34	18 3980	35	18 1758	36	17 9455	37	17 7078	38	17 4630	39	17 2120	40	16 9551	41	16 6920	42	16 4221

¹ À partir de la seizième année d'invalidité, le tarif du tableau n° 1 devient applicable.

AGE AU MOMENT DE L'ACCIDENT

TEMPS ÉCOULÉ DEPUIS L'ACCIDENT	28 ans. Âge actuel.	28 ans. Prix d'une rente viagère de 1 franc.	29 ans. Âge actuel.	29 ans. Prix d'une rente viagère de 1 franc.	30 ans. Âge actuel.	30 ans. Prix d'une rente viagère de 1 franc.	31 ans. Âge actuel.	31 ans. Prix d'une rente viagère de 1 franc.	32 ans. Âge actuel.	32 ans. Prix d'une rente viagère de 1 franc.	33 ans. Âge actuel.	33 ans. Prix d'une rente viagère de 1 franc.	34 ans. Âge actuel.	34 ans. Prix d'une rente viagère de 1 franc.	35 ans. Âge actuel.	35 ans. Prix d'une rente viagère de 1 franc.	36 ans. Âge actuel.	36 ans. Prix d'une rente viagère de 1 franc.
ans.	ans.		ans.		ans.		ans.		ans.		ans.		ans.		ans.		ans.	
0	28	12f 9457	29	12f 8348	30	12f 7187	31	12f 5986	32	12f 4742	33	12f 3457	34	12f 2417	35	12f 0727	36	11f 8850
1	29	14 6148	30	14 4804	31	14 3406	32	14 1961	33	14 0464	34	13 8912	35	13 7297	36	13 5623	37	13 3599
2	30	15 7968	31	15 6427	32	15 4827	33	15 3172	34	15 1453	35	14 9675	36	14 7824	37	14 5915	38	14 3754
3	31	16 6026	32	16 4316	33	16 2541	34	16 0701	35	15 8794	36	15 6819	37	15 4775	38	15 2671	39	15 0386
4	32	17 1265	33	16 9408	34	16 7476	35	16 5475	36	16 3403	37	16 1265	38	15 9058	39	15 6797	40	15 4401
5	33	17 4418	34	17 2424	35	17 0354	36	16 8211	37	16 5999	38	16 3724	39	16 1386	40	15 8903	41	15 6491
6	34	17 6022	35	17 3907	36	17 1710	37	16 9446	38	16 7115	39	16 4726	40	16 2276	41	15 9769	42	15 7166
7	35	17 6475	36	17 4245	37	17 1941	38	16 9572	39	16 7140	40	16 4656	41	16 2104	42	15 9490	43	15 6785
8	36	17 6059	37	17 3731	38	17 1332	39	16 8874	40	16 6357	41	16 3782	42	16 1136	43	15 8418	44	15 5614
9	37	17 4993	38	17 2576	39	17 0096	40	16 7560	41	16 4961	42	16 2300	43	15 9558	44	15 6743	45	15 3841
10	38	17 3430	39	17 0937	40	16 8385	41	16 5775	42	16 3094	43	16 0344	44	15 7512	45	15 4602	46	15 1615
11	39	17 1493	40	16 8933	41	16 6308	42	16 3623	43	16 0858	44	15 8021	45	15 5100	46	15 2106	47	14 9053
12	40	16 9268	41	16 6641	42	16 3945	43	16 1178	44	15 8332	45	15 5407	46	15 2408	47	14 9348	48	14 6246
13	41	16 6822	42	16 4124	43	16 1351	44	15 8504	45	15 5574	46	15 2573	47	14 9541	48	14 6405	49	14 3273
14	42	16 4203	43	16 1429	44	15 8579	45	15 5648	46	15 2645	47	14 9581	48	14 6476	49	14 3342	50	14 0195
15¹	43	16 1447	44	15 8597	45	15 5666	46	15 2662	47	14 9599	48	14 6493	49	14 3359	50	14 0212	51	13 7058

¹ A partir de la seizième année d'invalidité, le tarif du tableau n° 1 devient applicable.

AGE AU MOMENT DE L'ACCIDENT

TEMPS ÉCOULÉ DEPUIS L'ACCIDENT.	37 ans.		38 ans.		39 ans.		40 ans.		41 ans.		42 ans.		43 ans.		44 ans.		45 ans.	
	Âge actuel.	Prix d'une rente viagère de 1 franc.	Âge actuel.	Prix d'une rente viagère de 1 franc.	Âge actuel.	Prix d'une rente viagère de 1 franc.	Âge actuel.	Prix d'une rente viagère de 1 franc.	Âge actuel.	Prix d'une rente viagère de 1 franc.	Âge actuel.	Prix d'une rente viagère de 1 franc.	Âge actuel.	Prix d'une rente viagère de 1 franc.	Âge actuel.	Prix d'une rente viagère de 1 franc.	Âge actuel.	Prix d'une rente viagère de 1 franc.
ans.	ans.		ans.		ans.		ans.		ans.		ans.		ans.		ans.		ans.	
0	37	11f6934	38	11f4978	39	11f2996	40	11f0991	41	10f8957	42	10f6894	43	10f4794	44	10f2659	45	10f0482
1	38	13 1528	39	12 9415	40	12 7271	41	12 5091	42	12 2868	43	12 0600	44	11 8282	45	11 5913	46	11 3497
2	39	14 1545	40	13 9290	41	13 6995	42	13 4653	43	13 2253	44	12 9799	45	12 7281	46	12 4711	47	12 2096
3	40	14 8052	41	14 5666	42	14 3229	43	14 0732	44	13 8169	45	13 5543	46	13 2853	47	13 0117	48	12 7345
4	41	15 1950	42	14 9439	43	14 6864	44	14 4224	45	14 1510	46	13 8737	47	13 5905	48	13 3040	49	13 0151
5	42	15 3929	43	15 1294	44	14 8592	45	14 5818	46	14 2974	47	14 0079	48	13 7140	49	13 4180	50	13 1208
6	43	15 4491	44	15 1741	45	14 8918	46	14 6028	47	14 3077	48	14 0091	49	13 7075	50	13 4050	51	13 1019
7	44	15 4005	45	15 1143	46	14 8217	47	14 5231	48	14 2203	49	13 9152	50	13 6084	51	13 3014	52	12 9936
8	45	15 2731	46	14 9774	47	14 6762	48	14 3709	49	14 0626	50	13 7533	51	13 4432	52	13 1324	53	12 8199
9	46	15 0869	47	14 7835	48	14 4762	49	14 1663	50	13 8547	51	13 5427	52	13 2297	53	12 9152	54	12 5982
10	47	14 8571	48	14 5482	49	14 2369	50	13 9242	51	13 6107	52	13 2962	53	12 9802	54	12 6620	55	12 3408
11	48	14 5956	49	14 2832	50	13 9696	51	13 6553	52	13 3400	53	13 0230	54	12 7037	55	12 3812	56	12 0545
12	49	14 3117	50	13 9974	51	13 6826	52	13 3669	53	13 0493	54	12 7296	55	12 4063	56	12 0791	57	11 7476
13	50	14 0129	51	13 6975	52	13 3815	53	13 0637	54	12 7435	55	12 4201	56	12 0925	57	11 7608	58	11 4248
14	51	13 7041	52	13 3879	53	13 0699	54	12 7498	55	12 4261	56	12 0984	57	11 7665	58	11 4305	59	11 0901
15[1]	52	13 3895	53	13 0715	54	12 7512	55	12 4276	56	12 0999	57	11 7680	58	11 4319	59	11 0915	60	10 7472

[1] A partir de la seizième année d'invalidité, le tarif du tableau n° 1 devient applicable.

AGE AU MOMENT DE L'ACCIDENT

TEMPS ÉCOULÉ DEPUIS L'ACCIDENT	46 ans.		47 ans.		48 ans.		49 ans.		50 ans.		51 ans.		52 ans.		53 ans.		54 ans.	
	Âge actuel.	Prix d'une rente viagère de 1 franc.	Âge actuel.	Prix d'une rente viagère de 1 franc.	Âge actuel.	Prix d'une rente viagère de 1 franc.	Âge actuel.	Prix d'une rente viagère de 1 franc.	Âge actuel.	Prix d'une rente viagère de 1 franc.	Âge actuel	Prix d'une rente viagère de 1 franc.	Âge actuel.	Prix d'une rente viagère de 1 franc.	Âge actuel.	Prix d'une rente viagère de 1 franc.	Âge actuel.	Prix d'une rente viagère de 1 franc.
ans.	ans.		ans.		ans.		ans.		ans.		ans.		ans.		ans.		ans.	
0	46	9f8270	47	9f6034	48	9f3778	49	9f1524	50	8f9272	51	8f7032	52	8f4807	53	8f2587	54	8f0372
1	47	11 1044	48	10 5571	49	10 6083	50	10 3600	51	10 1120	52	9 8647	53	9 6175	54	9 3698	55	9 1209
2	48	11 9451	49	11 6795	50	11 4129	51	11 1471	52	10 8811	53	10 6147	54	10 3473	55	10 0780	56	9 8063
3	49	12 4554	50	12 1761	51	11 8961	52	11 6165	53	11 3355	54	11 0534	55	10 7689	56	10 4814	57	10 1909
4	50	12 7253	51	12 4358	52	12 1451	53	11 8540	54	11 5606	55	11 2648	56	10 9658	57	10 6631	58	10 3574
5	51	12 8232	52	12 5257	53	12 2258	54	11 9249	55	11 6205	56	11 3129	57	11 0015	58	10 6864	59	10 3678
6	52	12 7980	53	12 4984	54	12 1857	55	11 8758	56	11 5616	57	11 2438	58	10 9221	59	10 5964	60	10 2675
7	53	12 6840	54	12 3729	55	12 0578	56	11 7397	57	11 4169	58	11 0906	59	10 7600	60	10 4257	61	10 0884
8	54	12 5053	55	12 1878	56	11 8657	57	11 5401	58	11 2101	59	10 8761	60	10 5383	61	10 1971	62	9 8531
9	55	12 2781	56	11 9545	57	11 6260	58	11 2940	59	10 9573	60	10 6171	61	10 2734	62	9 9267	63	9 5777
10	56	12 0146	57	11 6353	58	11 3511	59	11 0132	60	10 6710	61	10 3257	62	9 9771	63	9 6264	64	9 2745
11	57	11 7237	58	11 3392	59	11 0497	60	10 7068	61	10 3601	62	10 0105	63	9 6586	64	9 3055	65	8 9521
12	58	11 4120	59	11 0725	60	10 7286	61	10 3815	62	10 0311	63	9 6784	64	9 3246	65	8 9705	66	8 6176
13	59	11 0846	60	10 7408	61	10 3931	62	10 0424	63	9 6894	64	9 5351	65	8 9807	66	8 6275	67	8 2769
14	60	10 7459	61	10 3983	62	10 0474	63	9 6942	64	9 3399	65	8 9851	66	8 6318	67	8 2811	68	7 9338
15	61	10 3995	62	10 0486	63	9 6954	64	9 3410	65	8 9863	66	8 6328	67	8 2821	68	7 9348	69	7 5919

1 A partir de la seizième année d'invalidité, le tarif du tableau n° 1 devient applicable.

AGE AU MOMENT DE L'ACCIDENT

TEMPS ÉCOULÉ DEPUIS L'ACCIDENT	55 ans.		56 ans.		57 ans.		58 ans.		59 ans.		60 ans.		61 ans.		62 ans.		63 ans.	
	Âge actuel.	Prix d'une rente viagère de 1 franc.	Âge actuel.	Prix d'une rente viagère de 1 franc.	Âge actuel.	Prix d'une rente viagère de 1 franc.	Âge actuel.	Prix d'une rente viagère de 1 franc.	Âge actuel.	Prix d'une rente viagère de 1 franc.	Âge actuel.	Prix d'une rente viagère de 1 franc.	Âge actuel.	Prix d'une rente viagère de 1 franc.	Âge actuel.	Prix d'une rente viagère de 1 franc.	Âge actuel.	Prix d'une rente viagère de 1 franc.
ans.	ans.		ans.		ans.		ans.		ans.		ans.		ans.		ans.		ans.	
0	55	7f 8153	56	7f 5925	57	7f 3689	58	7f 1442	59	6f 9185	60	6f 6921	61	6f 4649	62	6f 2372	63	6f 0094
1	56	8 8703	57	8 6177	58	8 3633	59	8 1067	60	7 8485	61	7 5888	62	7 3278	63	7 0658	64	6 8039
2	57	9 5320	58	9 2550	59	8 9755	60	8 6933	61	8 4091	62	8 1230	63	7 8357	64	7 5477	65	7 2601
3	58	9 8974	59	9 6004	60	9 3007	61	9 9982	62	8 6936	63	8 3875	64	8 0806	65	7 7734	66	7 4679
4	59	10 0478	60	9 7350	61	9 4194	62	9 1010	63	8 7810	64	8 4602	65	8 1391	66	7 8192	67	7 5022
5	60	10 0454	61	9 7200	62	9 3920	63	9 0618	64	8 7306	65	8 3994	66	8 0094	67	7 7419	68	7 4179
6	61	9 9350	62	9 5996	63	9 2623	64	8 9237	65	8 5850	66	8 2475	67	7 9129	68	7 5812	69	7 2511
7	62	9 7479	63	9 4052	64	9 0615	65	8 7173	66	8 3746	67	8 0244	68	7 6978	69	7 3652	70	7 0383
8	63	9 5066	64	9 1591	65	8 8114	66	8 4646	67	8 1208	68	7 7802	69	7 4442	70	7 1134	71	6 7888
9	64	9 2276	65	8 8770	66	8 5279	67	8 1814	68	7 8383	69	7 4994	70	7 1663	71	6 8391	72	6 5187
10	65	8 9223	66	8 5711	67	8 2230	68	7 8781	69	7 5376	70	7 2025	71	6 8738	72	6 5517	73	6 2371
11	66	8 5998	67	8 2504	68	7 9045	69	7 5628	70	7 2266	71	6 8966	72	6 5736	73	6 2583	74	5 9524
12	67	8 2674	68	7 9206	69	7 5785	70	7 2416	71	6 9110	72	6 5871	73	6 2714	74	5 9648	75	5 6680
13	68	7 9298	69	7 5870	70	7 2500	71	6 9489	72	6 5947	73	6 2785	74	5 9718	75	5 6745	76	5 3878
14	69	7 5909	70	7 2535	71	6 9225	72	6 5981	73	6 2817	74	5 9748	75	5 6675	76	5 3905	77	5 1146
15	70	7 2545	71	6 9233	72	6 5990	73	6 2826	74	5 9755	75	5 6782	76	5 3913	77	5 1152	78	4 8502

¹ A partir de la seizième année d'invalidité, le tarif du tableau n° 1 devient applicable,

TABLE DE MORTALITÉ C. R. l. TAUX 3 1/2 0/0.

AGE AU MOMENT DE L'ACCIDENT

TEMPS ÉCOULÉ DEPUIS L'ACCIDENT	64 ans.		65 ans.		66 ans.		67 ans.		68 ans.		69 ans.		70 ans.	
	Âge actuel.	Prix d'une rente viagère de 1 franc.	Âge actuel.	Prix d'une rente viagère de 1 franc.	Âge actuel.	Prix d'une rente viagère de 1 franc.	Âge actuel.	Prix d'une rente viagère de 1 franc.	Âge actuel.	Prix d'une rente viagère de 1 franc.	Âge actuel.	Prix d'une rente viagère de 1 franc.	Âge actuel.	Prix d'une rente viagère de 1 franc.
ans.	ans.		ans.		ans.		ans.		ans.		ans.		ans.	
0	64	5f 7822	65	5f 5559	66	5f 3314	67	5f 1097	68	4f 8911	69	4f 6761	70	4f 4654
1	65	6 5426	66	6 2828	67	6 0258	68	5 7717	69	5 5215	70	5 2757	71	5 0349
2	66	6 9740	67	6 6905	68	6 4101	69	6 1334	70	5 8617	71	5 5951	72	5 3343
3	67	7 1650	68	6 8652	69	6 5694	70	6 2785	71	5 9932	72	5 7137	73	5 4413
4	68	7 1884	69	6 8785	70	6 5739	71	6 2747	72	5 9820	73	5 6963	74	5 4193
5	69	7 0980	70	6 7832	71	6 4744	72	6 1718	73	5 8768	74	5 5905	75	5 3133
6	70	6 9322	71	6 6162	72	6 3069	73	6 0049	74	5 7120	75	5 4284	76	5 1548
7	71	6 7171	72	6 4026	73	6 0961	74	5 7983	75	5 5102	76	5 2320	77	4 9647
8	72	6 4708	73	6 1606	74	5 8597	75	5 5680	76	5 2871	77	5 0164	78	4 7568
9	73	6 2062	74	5 9027	75	5 6092	76	5 3255	77	5 0530	78	4 7912	79	4 5398
10	74	5 9326	75	5 6373	76	5 3525	77	5 0782	78	4 8151	79	4 5623	80	4 3205
11	75	5 6562	76	5 3702	77	5 0952	78	4 8311	79	4 5775	80	4 3347	81	4 1030
12	76	5 3814	77	5 1059	78	4 8413	79	4 5870	80	4 3438	81	4 1114	82	3 8907
13	77	5 1118	78	4 8470	79	4 5925	80	4 3489	81	4 1164	82	3 8952	83	3 6866
14	78	4 8495	79	4 5948	80	4 3514	81	4 1186	82	3 8974	83	3 6884	84	3 4943
15	79	4 5955	80	4 3519	81	4 1191	82	3 8979	83	3 6891	84	3 4947	85	3 3151

Tarif applicable pendant les quinze premières années d'invalidité[1].

[1] A partir de la seizième année d'invalidité, le tarif du tableau n° 1 devient applicable.

NOTICE *sur l'application des tarifs établis par la Caisse nationale des retraites pour l'exécution de la loi du 9 avril 1898, concernant les responsabilités des accidents dont les ouvriers sont victimes dans leur travail.*

Conjoints ou ascendants d'ouvriers tués.

(Tableau I).

1er problème. — Évaluation du prix d'une rente viagère au profit du conjoint ou d'un ascendant de la victime d'un accident mortel.

Solution. — Déterminer, à un demi-trimestre près, l'âge trimestriel du titulaire de la rente à la date de l'évaluation ; lire, dans le tarif I, le prix d'une rente viagère de 1 franc correspondant à l'âge déterminé, si cet âge est représenté par un nombre entier d'années, ou le calculer par interpolation entre les prix qui correspondent aux deux âges annuels précédant et suivant l'âge trimestriel, s'il est représenté par un nombre fractionnaire d'années ; multiplier par le prix, lu ou calculé, le montant annuel de la rente à évaluer ; dans le produit, négliger les centimes, s'ils sont inférieurs à 50, ou augmenter d'une unité le chiffre des francs, si le produit présente 50 centimes ou plus.

Exemple. — Quel est le prix, à la date du 17 septembre 1899, d'une rente viagère de 184 francs reposant sur la tête d'une personne née le 28 janvier 1875 ?

Le titulaire de la rente a atteint l'âge de vingt-quatre ans et de deux trimestres et demi, le 13 septembre 1899, et atteindra celui de vingt-quatre ans et trois trimestres le 28 octobre 1899. Il doit être considéré, à la date du 17 septembre 1899, comme âgé de vingt-quatre ans et trois trimestres.

Le prix d'une rente viagère de 1 franc est :

À 24 ans, de	20f 1991
A 25 ans, de , ...	20 0582
La différence est de	0 1409
En ajoutant au chiffre de	20f 0582
le quart de cette différence, soit	0 0352
on a le prix d'une rente viagère de 1 franc à l'âge déterminé.	20 0934
Le produit de ce chiffre par le montant annuel de la rente	× 184
soit.	3.697f 1856

ou en chiffres ronds, 3.697 francs, représente le prix cherché.

Ouvriers frappés d'incapacité permanente de travail.

2e *problème.* — Évaluation du prix d'une rente viagère au profit de la victime d'un accident ayant entraîné une incapacité permanente de travail.

1er CAS. — INCAPACITÉ ABSOLUE.

(Tableau III).

Solution. — Déterminer, à une demi-année près, l'âge du pensionnaire au moment où il a été blessé et, à un demi-trimestre près, le temps écoulé depuis l'accident ; lire, dans le tarif III, dans la colonne correspondant à l'âge à l'époque de l'accident, le prix d'une rente viagère de 1 franc correspondant au temps écoulé depuis l'accident, si l'ancienneté de l'invalidité est représentée par un nombre entier d'années, ou le calculer par interpolation entre les deux prix correspondant aux deux anciennetés, en nombres entiers d'années entre lesquelles se trouve comprise l'ancienneté déterminée, si elle est représentée par un nombre fractionnaire d'années ; multiplier par le prix, lu ou calculé, le montant annuel de la rente à évaluer ; dans le produit, négliger les centimes, s'ils sont inférieurs à 50, ou augmenter d'une unité le chiffre des francs, si le produit présente 50 centimes ou plus.

Exemple. — Un ouvrier né le 25 novembre 1867, a été victime d'un accident survenu le 20 juin 1899, ayant entraîné une incapacité absolue et permanente de travail et à la suite duquel il a obtenu une pension de 660 francs. Quel est, à la date du 15 février 1903, le prix de cette pension ?

La différence entre la date de l'accident, 20 juin 1899, et celle du trente-deuxième anniversaire de la naissance, 25 novembre 1899, étant inférieure à six mois, le blessé peut être considéré comme âgé de trente-deux ans à l'époque de l'accident. D'autre part, le temps écoulé depuis le 20 juin 1899, date de l'accident, jusqu'au 15 février 1903, date de l'évaluation de la pension, étant supérieur à trois ans et deux trimestres et demi, délai qui a été atteint le 5 février 1903, et inférieur à trois ans et trois trimestres, délai qui sera atteint le 20 mars 1903, peut être compté pour trois ans et trois trimestres.

Le prix d'une rente viagère de 1 franc sur la tête d'un invalide absolu, blessé à l'âge de trente-deux ans, est :

Trois ans après l'accident, de.	15 8794
Quatre ans après l'accident, de.	16 3405
La différence est.	0 4609

En ajoutant au chiffre de . . . .   15^f8794

les trois quarts de cette différence 0 3457

on trouve 16 2251

Le produit de ce chiffre par le montant de la pension.   × 660

soit . . . .   10.708^f5660

ou, en chiffres ronds, 10.709 francs représente le prix cherché.

2e CAS. — INCAPACITÉ PARTIELLE.

(Tableaux I et III combinés).

Solution. — Déterminer d'abord, d'après le tarif III, comme si le pensionnaire était invalide absolu et soumis à la mortalité de la table C. R. I., le prix d'une rente viagère de 1 franc correspondant à son âge au moment où il a été blessé (calculé à une demi-année près) et au temps écoulé depuis ce moment (calculé à un demi-trimestre près); déterminer ensuite, d'après le tarif I, comme s'il était valide et soumis à la mortalité de la table C. R., le prix d'une rente viagère de 1 franc, correspondant à l'âge de compte obtenu en ajoutant à son âge à l'époque de l'accident le temps écoulé depuis, âge et temps calculés comme il vient d'être dit; retrancher de ce dernier prix une partie de son excédent sur le premier, proportionnelle à la réduction que l'accident a fait subir au salaire du blessé; multiplier ce reste par le montant annuel de la rente à évaluer; dans le produit, négliger les centimes ou augmenter d'une unité le chiffre des francs, suivant que le produit présente moins de 50 centimes ou 50 centimes au moins.

Exemple. — Un ouvrier, né le 25 novembre 1867, a été victime d'un accident survenu le 20 juin 1899, ayant entraîné une incapacité partielle et permanente de travail et à la suite duquel il a obtenu une pension de 167 francs, représentant la moitié d'une réduction d'un tiers sur un salaire annuel de 1.000 francs. Quel est, à la date du 15 février 1903, le prix de cette pension ?

Les dates indiquées dans cet exemple étant les mêmes que celles de l'exemple donné sous le titre du 1er cas du 4e problème, le prix d'une rente viagère de 1 franc qu'il y aurait à appliquer si le pensionnaire en question était absolument invalide est. . .   16^f2251

D'autre part, l'âge de compte de ce pensionnaire étant trente-cinq ans et trois trimestres, le prix d'une rente viagère de 1 franc obtenue par interpolation, comme à l'exemple donné sous le titre du 1er problème, entre

A reporter. 16 2251

Report.	16^f 2251

18 fr. 1758 et 17 fr. 9455 (prix correspondant à 35 ans
et à 36 ans, d'après le tarif I) et qu'il y aurait à appliquer si le pensionnaire était valide, est 18 0031

L'excédent de ce dernier prix sur le premier est. . . 1 7789

En retranchant du chiffre de 18 0031
le tiers de cet excédent. 0 5927
on trouve un reste de 17 4104
Le produit de ce reste par le montant de la pension . × 167

soit . . . . 2.907^f 5368

ou, en chiffres ronds, 2.908 francs, représente le prix cherché.

XI. — TABLEAU
DES INFIRMITÉS PERMANENTES LES PLUS USUELLES
ÉVALUÉES APPROXIMATIVEMENT
D'APRÈS LA JURISPRUDENCE DES COURS ET TRIBUNAUX FRANÇAIS
ET D'APRÈS CELLE DE L'OFFICE IMPÉRIAL D'ALLEMAGNE [1].

I. Système nerveux. Cerveau. Mœlle épinière.
Colonne vertébrale.

	Taux le plus fréquemment admis.	Oscillation moyenne des taux.
Hémorragie cérébrale suivie d'hémiplégie incurable.	100	100
Paralysie localisée.		40-80
Commotion cérébrale ayant produit vertiges, saignement de nez et mettant le blessé dans l'impossibilité de se baisser . . :		40-65
Accidents hystéro-épileptiques. Troubles nerveux profonds. Hypocondrie, etc		60-80
Abcès du cerveau déterminant violents maux de tête ou crises épileptiformes.		30-60
Lésions mentales d'origine traumatique.	100	100
Névrose traumatique ou hystéro-traumatisme (V. n° 527)		30-100
Lésions de la mœlle épinière.		40-100
Fracture d'une ou de plusieurs vertèbres . . .		30-80
Rupture des muscles et tendons de la région dorsale ou lombaire, lombago.		5-45

[1] Le tableau que nous donnons ici ne peut servir que de simples indications. En l'appliquant sans discernement à tous les cas, on s'exposerait à commettre les injustices les plus regrettables. On comprend aisément, en effet, qu'il est matériellement impossible de tarifer d'avance chaque lésion, deux cas exactement semblables ne se rencontrant jamais dans la nature. Deux lésions, qui portent le même nom en chirurgie, diffèrent toujours par les complications inévitables dont elles sont accompagnées. Au surplus, seraient-elles identiques de tous points, le dommage en résultant varierait encore suivant la profession, l'âge, le sexe et l'état de santé du blessé et aussi suivant mille autres circonstances qu'il est impossible de prévoir et dont le juge doit cependant tenir compte dans chaque espèce spéciale. Nous renvoyons le lecteur aux observations que nous avons présentées à ce sujet tome I, n° 479, p. 234.

II. Crâne. Mâchoires. Visage. Organes de la vue et de l'ouïe.

a) *Crâne, mâchoires et visage.*

	Taux le plus fréquemment admis.	Oscillation moyenne des taux.
Contusions, avec ou sans fracture des os du crâne :		
1° Entraînant vertiges, bourdonnements, violents maux de tête ou autres troubles graves, tels qu'impossibilité de se baisser, etc		50-75
2° Occasionnant troubles moins graves		30-45
Fracture de la mâchoire inférieure, suivie d'ankylose.		25-50
Perte de dents (V. n° 534)	0	0-10
Ablation totale ou partielle du nez, avec ou sans greffage de la peau du front (V. n°s 493 et 534).		5-20
Autres cicatrices ou rougeurs du visage suivant leur gravité et la profession de la victime (V. n°s 493 et 534)		0-15

b) *Organe de la vue.*

Cécité complète, alors même qu'avant l'accident la victime était déjà borgne, ou avait une acuité visuelle restreinte (n° 457).	100	100
Perte complète d'un œil avec diminution considérable de l'acuité visuelle de l'autre œil (n° 527).	100	100
Perte complète d'un œil avec diminution moins considérable de l'acuité visuelle de l'autre œil ou encore avec inflammation de l'autre œil		40-80
Vision double ou inflammation des deux yeux.		20-30
Perte d'un œil, l'autre étant sain.	33 1/3	25-40
Ce taux peut être plus élevé si l'autre œil avait une acuité visuelle déjà amoindrie (n°s 527 et s.). A l'inverse, il peut être moins élevé, si l'œil perdu était déjà lui-même atteint d'une tare.		
Diminution d'acuité visuelle d'un œil à des degrés divers, l'autre étant sain (n°s 459 et 534).		0-30

	Taux le plus fréquemment admis.	Oscillation moyenne des taux.
Suintement larmoyant nécessitant le port de lunettes.		15-25
Obnubilation d'un œil par suite de l'épaississement de la cornée.		15-25

c) Organe de l'ouïe.

Surdité complète des deux oreilles		45-60
Perte complète de l'ouïe d'un côté et partielle de l'autre.		30-45
Affaiblissement de l'ouïe des deux côtés.		5-30
Surdité complète d'une oreille, l'ouïe de l'autre restant intacte		15-25
Affaiblissement de l'ouïe d'une oreille (n° 534).		0-15

III. Perte ou blessures des bras, mains et doigts.

a) Bras.

Amputation des deux bras.	100	100
BRAS DROIT. — Amputation du bras ou de l'avant-bras ou impotence complète du bras tout entier y compris la main.	75	70-80
Amputation ou impotence complète, avec complication provenant du traumatisme ou aggravations dues à l'âge ou à la santé du blessé ou à des infirmités antérieures.		80-100
Ces différents taux peuvent, au contraire, être abaissés si le blessé était gaucher ou si, à raison d'une infirmité antérieure du bras droit, il se servait généralement de son bras gauche.		
Ankylose complète de l'articulation de l'épaule.		35-65
Ankylose incomplète de l'articulation de l'épaule.		10-45
Ankylose complète du coude.		15-60
Ankylose incomplète du coude.		5-35
Faiblesse et atrophie du bras à des degrés variables.		5-60
BRAS GAUCHE. — Amputation du bras ou de l'avant-bras ou impotence complète y compris la main, chez un sujet non gaucher	66 2/3	60-75

	Taux le plus fréquemment admis.	Oscillation moyenne des taux.
Ankylose complète de l'articulation de l'épaule.		20-60
Ankylose partielle de l'articulation de l'épaule.		10-40
Ankylose complète du coude		10-55
Ankylose partielle du coude.		0-35
Faiblesse et atrophie du bras à des degrés variables.		0-55

b) Mains et doigts.

Perte ou impotence complète des deux mains. .	100	100
Perte ou impotence complète de la main droite et faiblesse à des degrés divers de la main gauche		80-100
Perte ou impotence complète de la main gauche et faiblesse à des degrés divers de la main droite.		70-100
Mutilation ou impotence partielles à des degrés variables des deux mains.		20-80
CÔTÉ DROIT. — Amputation de la main ou de tous les doigts de la main.	66 2/3	60-75
Impotence complète de la main.		60-75
Ankylose complète du poignet		10-40
Ankylose incomplète du poignet		0-30
Perte de tous les doigts, excepté le pouce. . . .		50-70
Perte de deux ou trois doigts, avec ankylose et flexion en avant d'un doigt non amputé. . .		50-80
Perte du pouce et ankylose des autres doigts. .		60-75
Perte ou impotence totale de l'index et du médius.		35-50
Perte ou impotence totale du médius et de l'annulaire		25-35
Perte ou impotence totale du médius et du petit doigt		25-35
Amputation ou ankylose de phalanges à plusieurs doigts		10-25
<i>Pouce droit.</i> — Perte complète du pouce.	25	15-45
Perte de la première phalange du pouce		10-20
Autre raccourcissement du pouce.		0-10
Ankylose de l'articulation du pouce		5-10
<i>Index droit.</i> — Perte complète de l'index. . . .	16	10-20

	Taux le plus fréquemment admis.	Oscillation moyenne des taux.
Perte de deux phalanges de l'index.		5-20
Perte d'une phalange ou moins.		0-5
Ankylose complète ou partielle avec flexion du doigt en avant		10-35
Impotence complète avec sensibilité.		10-30
Ankylose sans flexion. . . . . ·. . . .		5-20
Médius droit. — Perte complète		·5-15
Ankylose des articulations avec courbure. . . .		5-20
Ankylose sans courbure.		0-10
Perte de deux phalanges.		0-5
Perte d'une phalange.	0	0
Annulaire droit. — Perte complète.		5-15
Ankylose avec courbure		5-20
Ankylose sans courbure.		0-10
Perte de deux phalanges		0-5
Autre raccourcissement.	0	0
Petit doigt. — Perte complète		5-10
Ankylose avec courbure		5-15
Perte de deux phalanges		0-5
Autre raccourcissement.	0	0
CÔTÉ GAUCHE. — Amputation de la main ou des cinq doigts	60	50-70
Impotence complète de la main. . . . . . . ,. .	60	50-70
Ce taux pourrait être un peu augmenté, si le sujet était gaucher, et, à l'inverse, on pourrait l'abaisser, si le blessé était apte à exercer une profession ne nécessitant pas l'usage de la main gauche, telle que celle de copiste, etc.		
Ankylose complète du poignet		5-30
Ankylose incomplète du poignet		0-20
Perte de tous les doigts, le pouce excepté. . . .		45-60
Perte du pouce et ankylose des autres doigts. .		45-70
Perte de deux ou trois doigts avec ankylose et courbure d'un doigt non amputé.		45-75
Ankylose de tous les doigts excepté le pouce . .		30-50
Perte ou impotence totale de l'index, du médius et de l'annulaire.		30-45

	Taux le plus fréquemment admis.	Oscillation moyenne des taux.
Perte ou impotence totale de l'index et du médius.		25-40
Perte ou impotence totale du médius et de l'annulaire.		20-30
Perte ou impotence du médius et du petit doigt.		15-20
Perte ou ankylose de phalanges à plusieurs doigts.		0-20
Pouce gauche. Perte complète.	20	10-40
Ankylose complète du pouce gauche		10-25
Perte de la première phalange		5-20
Raccourcissement moindre.		0-10
Ankylose d'une articulation (V. n° 534).		0-10
Index gauche. Perte complète.	14	5-20
Ankylose avec courbure en avant		10-25
Perte de deux phalanges.		5-15
Perte de la première phalange avec ankylose de la deuxième.		0-10
Perte de la première phalange sans complication (V. nᵒˢ 493 et 534).	0	0-5
Médius gauche. Perte complète		5-15
Ankylose avec courbure.		10-25
Perte de deux phalanges.		0-10
Perte d'une phalange (V. nᵒˢ 493 et 534)		0-0
Annulaire gauche. Perte complète.		0-10
Ankylose avec courbure ou sensibilité		5-10
Perte d'une ou de deux phalanges (V. nᵒˢ 493 et 534).		0-0

IV. Amputation ou blessures des jambes, pieds et orteils.

a) *Jambes.*

Amputation des deux cuisses.		95-100
Amputation des deux jambes au-dessous du genou (V. n° 533).		90-100
Amputation d'une jambe compliquée de l'impotence de l'autre (V. n° 527).		95-100
Amputation d'une jambe au-dessus du genou.	70	60-80
Amputation d'une jambe à la hauteur du genou.	65	60-75
Amputation d'une jambe au-dessous du genou.	60	50-70

	Taux le plus fréquemment admis.	Oscillation moyenne des taux.
Impotence presque complète de la jambe qui ne permet que le travail assis		60-75
Ankylose complète de la hanche.		35-80
Ankylose partielle de la hanche.		10-60
Genou ballant.		45-65
Ankylose complète du genou.		25-55
Ankylose partielle du genou.		10-40
Raccourcissement de sept centimètres et au-dessus, avec complication ne permettant de marcher qu'avec des béquilles		50-80
Raccourcissement avec complication rendant difficile le travail *debout*.		35-65
Raccourcissement de cinq à sept centimètres. .		25-55
Raccourcissement de trois à cinq centimètres. .		15-40
Autres raccourcissements.		0-20

b) *Pieds et orteils.*

Amputation d'un pied.		40-70
Amputation de la plus grande partie du pied. .		30-60
Impotence du pied qui oblige à travailler assis. .		55-75
Lésion du pied qui interdit les marches longues ou les stations *debout* un peu prolongées. . .		25-60
Pied plat en suite d'un traumatisme.		25-30
Perte de plusieurs doigts de pied.		5-30
Perte du gros orteil.		0-25
Perte d'un autre doigt de pied [1].		0-5
Perte de la phalange d'un ou de deux doigts de pied.	0	0

[1] L'Office impérial d'Allemagne a adopté, comme jurisprudence constante, d'exclure des incapacités permanentes la perte d'un seul doigt de pied, autre que le gros orteil; décisions des 21 juin 1895 et 1er mars 1899 relatives au 2e doigt de pied (*Rekursentscheidungen des Reichsversicherungsamts*, t. IX, p. 167, n° 330 et t. XIII, p. 4, n° 2); déc. des 14 avr. 1898 et 5 déc. 1898 relatives au 3e doigt de pied (*Rekurs. des Reichsvers.*, t. XII, p. 91, n° 132 et p. 268, n° 387); déc. des 20 janv. et 2 nov. 1897 relatives au 4e doigt de pied (*Rekurs. des Reichsvers.*, t. XI, p. 123, n° 190 et p. 342, n° 530); enfin deux décisions du 11 mai 1888 relatives au petit doigt de pied (*Rekurs. des Reichsvers.*, t. II, p. 248, n°s 870 et 871). On trouve même des décisions qui refusent toute rente viagère à raison de l'amputation du gros orteil (29 oct. 1898 et 1er mars 1899, *Rekurs. des Reichsvers.*, t. XII, p. 236, n° 338 et t. XIII, p. 82, n° 111); mais elles sont exceptionnelles; beaucoup d'autres accordent dans ce cas une rente de 8 à 15 ou 20 0/0.

V. Épaules, thorax, bassin et organes internes.

a) *Épaules, thorax et bassin.*

	Taux le plus fréquemment admis.	Oscillation moyenne des taux.
Fracture et luxation de la clavicule ou de l'omoplate avec ankylose de l'articulation de l'épaule (côté droit).		40-75
Fracture et luxation de la clavicule ou de l'omoplate avec ankylose de l'articulation de l'épaule (côté gauche).		30-65
Fracture et luxation moins grave de la clavicule ou de l'omoplate (côté droit).		15-50
Fracture et luxation moins grave de la clavicule ou de l'omoplate (côté gauche).		10-40
Fractures de côtes ayant occasionné des lésions plus ou moins graves des organes internes. .		50-100
Ankylose totale ou partielle de la hanche. . . .		50-90
Désarticulation de la hanche.		75-90
Luxation de la hanche suivant la gravité. . . .		20-60
Fracture des os du bassin.		20-80

b) *Organes internes.*

	Taux le plus fréquemment admis.	Oscillation moyenne des taux.
Lésions de la trachée.		25-50
Affections pulmonaires.		50-100
Lésions du cœur.		40-70
Ablation de la rate.		40-60
Ulcère traumatique de l'estomac.		40-100
Lésion traumatique de l'intestin ou du péritoine.		15-70
Hernies inguinales sans complications graves (n° 290).	10	5-20
Hernies inguinales avec complications exceptionnelles (n° 290).		20-50
Hernies ombilicales, ventrales, crurales, épigastriques, etc. (n° 290).		10-30
Affection des reins.		20-60
Lésions du canal urinaire.		10-25
Ablation partielle ou totale des testicules. . . .		5-20
Hydrocèle ou varicocèle traumatique.		10-25

	Taux le plus fréquemment admis.	Oscillation moyenne des taux.
Orchite ou épididymite double ou simple sans complication[1].		0
Orchite ou épididymite accompagnée d'accidents tuberculeux[2].		60-100

[1] T. Tulle, 20 mars 1902, *Rec. min. Comm.*, n° 9, p. 30.

[2] T. Lille, 11 mars 1902, qui admet l'invalidité totale, *Rec. min. Comm.*, n° 7, p. 59.

TABLE ANALYTIQUE DES MATIÈRES

CONTENUES DANS LE TOME II.

——————

TITRE III

CHAPITRE IV

CHAPITRE V

CHAPITRE VI

CHAPITRE V

CHAPITRE VI

ANNEXES

TABLE ALPHABÉTIQUE DES MATIÈRES

CONTENUES DANS LES DEUX TOMES

Les chiffres renvoient aux numéros des alinéas de l'ouvrage.

La liste des professions assujetties par l'administration des contributions directes aux centimes additionnels du fonds de garantie n'a pu, à raison de sa longueur, trouver place dans cette table. Elle a été dressée séparément dans l'ordre alphabétique au nº 1719 page 319 du tome II de l'ouvrage; le lecteur est prié de s'y reporter.

1478. — III. — MÉDICALE GRATUITE, taxe des frais médicaux et pharmaceutiques, 619, 620.

Association coopérative. — Les membres de l' — sont-ils des ouvriers garantis? 180 ; calcul du salaire dans l' — , 837.

Assujettissement à la loi ou à la taxe additionnelle (V. *Exploitations assujetties, Fonds de garantie*).

Assurance contre les accidents. — I. PRINCIPES FONDAMENTAUX, 1486 à 1488 : 1º *Système de la répartition des indemnités annuelles* (Allemagne), 1491 ; exposé, 1492 ; inconvénients, 1494 ; motifs d'adoption, 1497 ; remèdes apportés par la loi de 1900, 1499 ; organisation financière, 1500 ; tarif de risques, 1503 et 1507 et s.; surveillance et sanction, 1505 ; associations professionnelles, 1506 ; 2º *Système de la répartition des capitaux* adopté en Allemagne spécialement pour les travaux de constructions, 1511 ; exposé, 1511 ; caractères distinctifs, 1513; organisation financière, 1515 ; 3º *Assurances à primes fixes* (Autriche), 1516; exposé. 1517 ; probabilité du sinistre, 1519 ; nature de l'industrie, 1521 ; tarif de risques, 1522 ; emploi de moteurs, 1524 ; état de l'outillage, 1525 ; organisation du travail, 1528; division, 1529; durée, 1530; direction du chef d'entreprises, causes personnelles aux ouvriers, 1532 ; intensité des sinistres, 1536; montant de l'indemnité, 1538; durée de l'assurance, 1540; frais d'administration, 1541. — II. TRAVAUX PRÉPARATOIRES, 1542 ; projets successifs, 1542 à 1555; résumé de ces projets, 1556; conclusions, 1557; système d'assurance adopté par la loi italienne, 1558 à 1560. — III. SOCIÉTÉS D'ASSURANCES RÉGLEMENTÉES PAR LA LOI DE 1898 (V. *Société d'assurances*). — IV. CAISSE NATIONALE D'ASSURANCES (V. *ces mots*).

Assurance sur la vie. — Une assurance sur la vie qui a payé aux représentants de la victime le capital stipulé peut-elle exercer un recours contre le patron, 756.

Assuré et assureur : 1º *Droits de la victime et de ses représentants : o*) contre le patron assuré, 1583, 1585 ; *b*) contre l'assureur du patron : action directe, 1586 ; juridiction compétente, 1586 ; 2º *Droits du patron assuré contre l'assureur*, 1586 ; 3º *Droits de l'assureur contre le patron assuré en cas de déchéance*, 1792 ; 4º *Recours de la caisse des retraites contre l'assureur*, 1664; peut-elle l'exercer contre le patron assuré, 1673.

Ateliers. — Les — industriels sont-ils assujettis, 87 à 89 ; distinction entre l'industrie et le commerce, 90 (V. aussi *Exploitations assujetties*).

Ateliers de la marine, 1895.

Atténuation d'infirmités. — V. *Révision*.

Auriculaire (amputation ou ankylose de l'). — Annexe, XI, t. II, p. 489.

Australie du Sud, 48.

Automobile dans une entreprise commerciale, 135, 148, 1724 *bis;* employé par un particulier, 135.

Autopsie. — Le juge de paix peut-il ordonner l'autopsie de la victime ? 1087; peut-il ordonner l'exhumation ? 1088; pouvoirs du juge des référés, 1144 : *quid* dans les instances en révision, 1376 *bis.*

Autriche. — Notions générales sur l'assurance ouvrière, comparaison avec l'Allemagne, 32; exploitations assujetties, 65-71 ; ouvriers assurés, 153 ; patron, 224 ; maladies professionnelles, 254; accidents garantis, 303 ; forme des indemnités, 499 ; taux des indemnités, 529 ; secours médicaux et pharmaceutiques, 603; trai-

Enfants. — Pension due aux — de la victime, 560 : 1º *Enfants légitimes*, 561; preuve de la filiation légitime, 561; conception avant l'accident, 561; enfants adoptifs, 561 *bis*; 2º *Enfants naturels*, 562; reconnaissance avant l'accident, 562; preuve de la filiation naturelle, 563; 3º *Fixation de la pension*, 564; durée et taux, 564; calcul, 565; orphelins simples, 566; orphelins doubles, 566; concours avec conjoint, 568; concours avec enfant d'un autre lit, cinq cas, 569 à 577; réduction proportionnelle, 572 et s.; 4º *Accroissement et réversion en cas de prédécès d'un enfant*, 578 et s.; 5º *Point de départ, mode et lieu de paiement.* (V. *Paiement des indemnités*).

Engrais. 123, 927.

Enquête. — I. — FAITE IMMÉDIATEMENT APRÈS L'ACCIDENT, 1007; législation étrangère, 1007; travaux préparatoires, 1007 : 1º *Quand elle est nécessaire*, 1008; décès de la victime, 1009; certificat unique, 1010; appréciation du juge de paix, 1011; pluralité de certificats, 1012; absence de certificat, 1013 ; délai pour commencer l'—, 1014; 2º *Compétence*, 1016; mines, 1016; accident sur territoire étranger, 1016; incompétence, 1017 ; 3º *But de l'*—, 1018; cause de l'accident, 1019; sa nature, 1021; circonstances de temps, 1022; de lieu, 1023; autres circonstances, 1024; identité des victimes, 1025; nature des lésions, 1026; identité des ayants-droit, 1027 à 1031; salaire annuel, 1032 à 1038; salaire journalier, 1039, 1041; société d'assurances, 1042; recommandations générales, 1043; 4º *Procédure d'*—, 1044; lieu où elle doit être faite, 1045; pouvoirs du juge, 1046, 1048; commission rogatoire, 1049; pouvoir du juge commis, 1049; personnes qui y assistent, 1050; minorité de la victime, 1052; mandataire, 1053; assureur ou syndicat de garantie, 1054; convocation des parties, 1056; convocation des témoins, 1058; défaillance, 1060; commission rogatoire, 1061; 5º *Forme de l'* —, 1062; nullité, 1064; expédition, 1065; clôture, 1066; délai pour délivrance de l'expédition, 1068; transmission au président, 1069; du cas où l'accident donne lieu à une poursuite criminelle, 1090 et s.; frais, 1852; 6º *Effets de l'* — *sur la prescription*, clôture de l'enquête comme point de départ de la prescription, 1272; l'— est-elle suspensive de prescription? 1293; est-elle interruptive? 1297. — II. — ORDONNÉE PAR LE TRIBUNAL, 1239; droit du tribunal, 1239. — III. — DU JUGE DE PAIX DANS LA PROCÉDURE EN PAIEMENT D'INDEMNITÉ CONTRE LA CAISSE DES RETRAITES, 1653.

Enregistrement. — V. *Gratuité*.

Enseignement (établissement d'). — V. *École*.

Entorse de la colonne vertébrale, 302.

Entrepôt des commerçants en gros, 117, 122 et s., 1721; — de douane, 142; — publics, 1724.

Entreprises : 1º — administrativement surveillées, 1079 et s. ; 2º — de l'État avec contrôle distinct, 1079 et s., 1083; 3º — de chargement et de déchargement, 139 et s. ; 4º — de transport (V. *Transport*); 5º — assujetties à la loi (V. *Exploitation*).

Énumération limitative ou énonciative, 80.

Épaule (luxation de l'). — Annexe XI, t. II, p. 492.

Épiciers, 122.

Épidémique (maladie), contractée dans un hôpital, 465.

Épilepsie (chute dans une attaque d'), 416.

Époux. — V. *Conjoint*.

Expertise. — I. — TECHNIQUE, 1071 : 1º *Dans les entreprises privées*, 1072; um ou plusieurs experts, 1075; rôle de l'expert, 1076; peut-il recueillir des témoignages, 1078; 2º *Dans les entreprises administrativement surveillées*, 1079 à 1082; 3ª *Dans les entreprises d'État avec contrôle distinct*, 1079 à 1081 et 1083; 4º *Dans les établissements nationaux effectuant des travaux secrets*, 1079, 1081 à et 1084. — II. — MÉDICALE : 1º *Ordonnée par juge de paix*, 1085; devoirs de l'expert, 1086; autopsie, 1087; exhumation, 1088; choix du médecin, 1089; 2º *Ordonnée en référé*, 1144 et 1175; 3º *Ordonnée par le tribunal*, 1238; choix du médecin, 1238.

Exploitant d'une machine agricole. — V. *Agriculture.*

Exploitations assujetties. — *Préliminaires*, 52; Allemagne, 53, 64; Autriche, 65 à 70; Suisse, 71; Norwège, 73; Angleterre, 73 *bis*; Danemark, 74; Italie, 75; travaux préparatoires, 76; loi de 1898, 78. — I. — SANS CONDITION, 79; énumération limitative ou énonciative, 80; extension de la loi d'après la Cour de cassation, 81 : 1º *Industrie minière*, 83; mines, 83; minières, 83; carrières, 83; salines, 84; ouvriers de fond et ouvriers de jour, 85; 2º *Industrie manufacturière*, 87; usine et manufacture, 87; ateliers, 87 à 89; distinction entre l'industrie et le commerce, 90; applications, 91; bouchers, 92; charcutiers, 93; travail commercial, 94; dualité de professions, 94; partie commerciale et partie industrielle distinctes, 96; boulangerie, 97; pâtissier et confiseur, 97; confusion des parties commerciales et industrielles, 98; tailleurs, couturiers, 99; corsetiers, 99; modiste, 99; confection, 99; restaurant, 101; café, 102; buvette, 102; pharmacien, 103; marchands de prunes, 104; État, départements, communes, 107; incompétence des tribunaux administratifs, 108; 3º *Industrie du bâtiment*, énumération, 109; ramonage de cheminées, 109; installation de calorifères, sonneries électriques, fosses mobiles inodores, etc., 110; puisatier, 111; curage des égouts, 112; entreprises de baraques foraines, 113; constructions de barques, docks, cales, etc., 113; entreprises de vidanges, 114; tapissiers, menuisiers, ferblantiers, 115; 4º *Chantiers*, 116; définition, 116 à 117 : a) chantiers de terrassement, 118; pluralité d'ouvriers est-elle nécessaire? 119; construction des édifices, 120; chantier d'amateur, 120 et 1723; de marchand forain, 120; b) chantiers industriels, 121; préparation industrielle des matières, 121; entrepôts de commerce, 122; marchands de charbons, chiffons, etc., 122; étuvage de prunes, 122; sécheries de morues, 122; mélange d'engrais chimiques, 123; marchand de vins en gros, 124; pasteurisation, 124; champagnisation, 124; tonnellerie, 124; coulisses d'un théâtre, 125; travail du bois, échelles, équarrisseurs, 124; marchand de bois, 126; sciage de planches, 126; exploitations forestières, 127 et s., abattage, ébranchage, sciage en bûches, 127 et s.; 5º *Industrie des transports*, 129; personnes et choses, 129 : a) Transport par terre, roulage, camionnage, fiacres, charrettes, fauteuils roulants, 130; pompes funèbres, transport de détenus, enlèvement de boues, 130; b) transport par eau, 131; navigation fluviale et par canaux, 131; halages, etc., 131; *quid* de la navigation maritime, 132; marins, 133; inscrits maritimes, 134; de l'expression « entreprise », 135; entreprise temporaire, 136; fait unique de transport, 137; véhicules à moteurs, 138; c) chargement et déchargement, 139; déménagement, 139; emballage, pesage, 140; ouvriers employés au chargement ou déchargement, 141; d) magasins publics, 142, 1724. — II. — A MOTEURS INANIMÉS OU A MATIÈRES EXPLOSIBLES, 143; de l'expression « exploitation », 144; école, 144; asile d'aliénés, 144; prison, 144 : 1º *Fabrication ou mise en œuvre de matières explosibles*, 146; énumération des matières explosibles, 146; mise en œuvre, 146; partie d'exploitation, 147, 1724 *bis*;

Nature (allocation en) pour le calcul du salaire annuel, 834; du salaire journalier, 893.

Naturel (enfant). — V. *Enfant.*

Navigation : 1º — *fluviale*, 131; halage, flottage, bacs, bateaux, 131; remorquage, 131; 2º — *maritime*, 132; marins, 133; inscrits maritimes, 134.

Nécrose phosphorique, 269.

Névrose traumatique. — Annexe XI, t. II, p. 485.

Nez (perte d'une partie du), 493. — Annexe XI, t. II, p. 486.

Norvège. — Assurance contre les accidents, 33; exploitations assujetties, 72; taux des indemnités, 529; caisse de maladie, 720; salaire de base, 807; tribunal spécial, 1097.

Nouvelle-Zélande, 48.

Nu propriétaire, 231

Nullité. — V. *Ordre public, Vice du consentement*

Nystagamus, 276 *bis.*

Obligation : 1º — du chef d'entreprise et du maire en cas d'accident (V. *Déclaration*); 2º — du juge de paix (V. *Enquête, Juge de paix*); 3º — pour la victime de se laisser soigner, 470 et s. (V. *Aggravation*, II-2º); 4º — de la Caisse nationale des retraites (V. *ce mot*).

Œil (perte d'un). — V. *Vue.*

Office impérial d'Allemagne, 27, 31, 1096.

Offres faites en conciliation, 1186; doivent-elles être réelles, 1186; influence sur les dépens, 1186; sont-elles interruptives de prescription? 1310.

Opération chirurgicale. — Décès dû à une —; 463; refus de subir une — (V. *Aggravation*, II-2º).

Ophtalmie. — V. *Vue.*

Opposition à une ordonnance de non-conciliation, 1196; — à un jugement, 1240; — dans les instances en révision, 1379.

Orchite traumatique. — Annexe XI, t. II, p. 493.

Ordonnance du président : 1º — *sur la compétence*, 1172; appel, 1172; 2º — *de référé*, 1175; expertise médicale, 1175; 3º — *de conciliation ou de non-conciliation* (V. *Conciliation*); force probante et force exécutoire d'une — (V. *ces mots* et aussi *conciliation*).

Ordre public. — Caractère d' — de la loi, 1869; applicabilité aux accidents agricoles, 1869 : 1º *Conventions contraires à la loi*, 1870; antérieures à l'accident, 1871; retenue sur le salaire, 1872; postérieures à l'accident, 1873; incapacité permanente, 1873; incapacité temporaire, 1873 *bis*; postérieures à la décision de justice, 1874; 2º *Effets de la nullité*, 1875; peut-elle être soulevée en cassation, 1875; effet interruptif de prescription, 1876; 3º *Irrecevabilité des actions autres que celles de la loi de 1890* (V. *Irrecevabilité*).

Oreilles. — V. *Ouïe.*

Orphelins. — V. *Enfants.*

Orteil (amputation ou ankylose de l'). — Annexe XI, t. II, p. 491.

Ostréiculture, 906.

pacité du débiteur, 1315; preuve de la reconnaissance, 1316; 6° *Effets de l'interruption*, 1317; demande en justice, 1318; reconnaissance, 1320; interversion, 1321; 7° *Modification du délai : a)* renonciation anticipée, 1323-1326; *b)* renonciation à — acquise, 1327; expresse, 1327; tacite, 1328; postérieure à la — de l'action publique, 1329; capacité du renonçant, 1330; interversion, 1332; *c)* convention qui abrège la durée de la —, 1333; 8° *Actions prescriptibles*, 1334; action contre tiers responsable, 1335; action contre le patron auteur d'un attentat criminel, 1335; action de la Caisse des retraites contre le patron, l'assureur ou le syndicat en remboursement de ses avances, 1677; 9° *Effets de l'exercice de l'action publique sur la —*, 1336; pas de poursuite pénale, 1338; poursuite exercée dans l'année, 1339; poursuite exercée après l'expiration de l'année, 1340; 10° *Quelles personnes peuvent invoquer la —*, 1341 : *a)* Patron, 1342; *b)* créanciers du patron, 1345; *c)* le juge d'office, 1348.

Président : — 1° de Cour d'appel, 1250 et s.; — 2° de tribunal civil (V. *Conciliation, référé*).

Prestataires, 188.

Prêt d'ouvriers entre patrons, 141, 191, 945 et s.

Preuve du contrat de louage d'ouvrage, 162; — du contrat d'apprentissage, 163; — de l'accident, 436; de la relation de l'accident avec le travail, 437; — de la relation de l'incapacité ou du décès de la victime avec l'accident, 439 et 444; — de la filiation légitime, 561; — de la filiation naturelle, 562; de la parenté légitime, 592; — de la parenté naturelle, 593; — de la circonstance que l'ascendant ou le descendant était à la charge de la victime, 585; du montant du salaire, 864; — du dol et de la faute inexcusable, 1020 et 1388.

Prévoyance. — Élément de l'assurance, 1486; fonds de — dans les sociétés mutuelles, 1769 et s.

Primes. — I. — DANS LE CALCUL DU SALAIRE DE BASE, 828; pour économie de combustibles, etc., 828. — II. — DANS LES ASSURANCES; distinction avec cotisations, 1486 et s.; dans les assurances allemandes, 1502 et 1513; dans les assurances autrichiennes, 1517 et 1540; — partielles fixées par le ministre du Commerce, 1771 et 1774; dans l'assurance de la Caisse nationale, 1829.

Prisons. — Travail dans les —, 144, 198 et s.

Privilège. — I. — DE L'ART. 2101 DU CODE CIVIL, 1561 : 1° *Créances garanties* : frais médicaux et pharmaceutiques, 1563; frais funéraires, 1564; indemnités pour incapacité temporaire, 1565; *quid* de l'indemnité journalière pour incapacité permanente, 1566; 2° *Étendue : a)* généralités des meubles, 1568; rentes foncières et créances, 1569; meubles insaisissables; 1570; *quid* des rentes sur l'État; 1571; rang, 1573 : *b)* extension à généralité des immeubles. 1574; caractère subsidiaire, 1575; dispense d'inscription, 1576; conservation du droit de suite, 1577; droit de préférence, 1578. — II. — DE L'ART. 2102 DU CODE CIVIL en faveur de la Caisse des retraites, 1697; but et fondement, 1699; étendue et effets, 1705.

Procédure — V. *Déclaration, Enquête, expertise, Juge de paix, Conciliation, Tribunal, Appel, Cassation, Caisse nationale des retraites.* Irrecevabilité de l'action en cas d'inobservation de la procédure spéciale, 1220.

Procès-verbal de déclaration d'accident, 994; — de contravention pour défaut d'affichage, 1882.

Traitement médical. — V. *Frais médicaux et pharmaceutiques, Aggravation.*

Trajet. — Accident survenu dans l' — à l'usine, 321 ; transport à la charge du patron, 322 ; résiliation du contrat de louage, 323 ; transport incidemment effectué par le patron, 324 ; difficultés ou dangers d'accès de l'exploitation, 326 ; choix entre deux chemins dont un seul est dangereux, 329 ; obscurité ou solitude, 330 (V. aussi *Accident du travail*, II-1°, 2°, 3°).

Transaction. — V. *Conciliation.*

Transformation de la matière, comme critérium de l'industrie manufacturière, 89 et s.; et des chantiers, 117, 121 et s.

Transport. — I. Entreprises de —; Allemagne, 63 ; Autriche, 70 ; Angleterre, 73 ; Italie, 75 ; sont-elles assujetties ? 129 : 1° — *par terre*, 130 ; 2° — *par eau*, 131 ; navigation maritime, 132 ; loi du 23 avril 1898, 133 ; inscrits maritimes, 135 ; 3° *Limitation aux entreprises*, 135 ; entreprises temporaires, 136 ; fait unique de transport, 137 ; véhicules à moteurs, 138 ; 4° *Taxe du fonds de garantie*, 1719 ; 5° *Sociétés mutuelles*, 1773. — II. — de l'ouvrier avant, pendant ou après son travail (V. *Accident du travail*, II-1°, 2°, 3°). — III. — sur les lieux pour l'enquête (V. *Enquête*).

Transporteur des matières premières ou marchandises d'une exploitation, 237.

Travail. — Définition, 310 ; durée et lieu du — (V. *Accidents du travail*, II).

Travail à la tâche ou à forfait : 1° — *exécuté en dehors de l'établissement*, 172 et s.; 2° *Marchandage*, 177 ; le sous-entrepreneur est-il un patron, 178 ; *quid*, s'il est propriétaire de ses outils, 178, note 2 ; 3° *Calcul du salaire dans le* — , 838, 840, 897.

Travaux publics, 107, 118, 1168.

Tremblement mercuriel, 269.

Tremblement de terre, 406.

Tribunal civil. — I. Instance de la victime ou de ses ayants-droit contre le chef d'entreprise en fixation de la rente ou pension légale, 1198 : 1° *Compétence* ratione materiæ, 1199 ; indemnités temporaires dans les incapacités permanentes, 1200 ; frais médicaux et pharmaceutiques, 1201 ; frais funéraires, 1202 ; indemnités temporaires dans les accidents mortels, 1203 ; du cas où le tribunal ne constate qu'une incapacité temporaire, 1204 ; décision en premier ressort, 1205 ; 2° *Compétence* ratione loci, 1206 ; nécessité de soulever l'exception *in limine litis*, 1207 ; enquête faite par juge de paix incompétent, 1208 ; accidents sur territoire étranger, 1210 ; 3° *Exception de chose jugée*, 1211 ; 4° *Parties en cause*, 1212 ; victime et ayants-droit, 1212 ; chef d'entreprise, 1213 ; assureur, 1214 ; la victime peut-elle assigner l'assureur dans l'instance ? 1214 ; le chef d'entreprise peut-il l'appeler en garantie, 1215 ; ou le contraindre à intervenir, 1216 ; intervention volontaire de l'assureur, 1217 ; tiers responsable, 1218 ; 5° *Introduction de l'instance*, 1219 ; peut-elle être introduite suivant les formes de droit commun, 1220 ; nullité d'ordre public, 1220 ; du cas où la victime a été empêchée par maire ou juge de paix, 1221 ; le demandeur peut-il conclure subsidiairement à des dommages-intérêts, 1222 ; département, 1224 ; commune, 1224 ; 6° *Mesures provisoires*, 1225 ; dans quels cas elles peuvent être ordonnées, 1226 ; taux de la provision, 1227 et s.; indemnité temporaire en appel, 1229 ; décision provisoire concomitante à la décision sur le fond, 1230 ; exécution provisoire, 1231 ; nonobs-

BAR-LE-DUC — IMPRIMERIE CONTANT-LAGUERRE.

www.ingramcontent.com/pod-product-compliance
Lightning Source LLC
Chambersburg PA
CBHW031351210326
41599CB00019B/2727